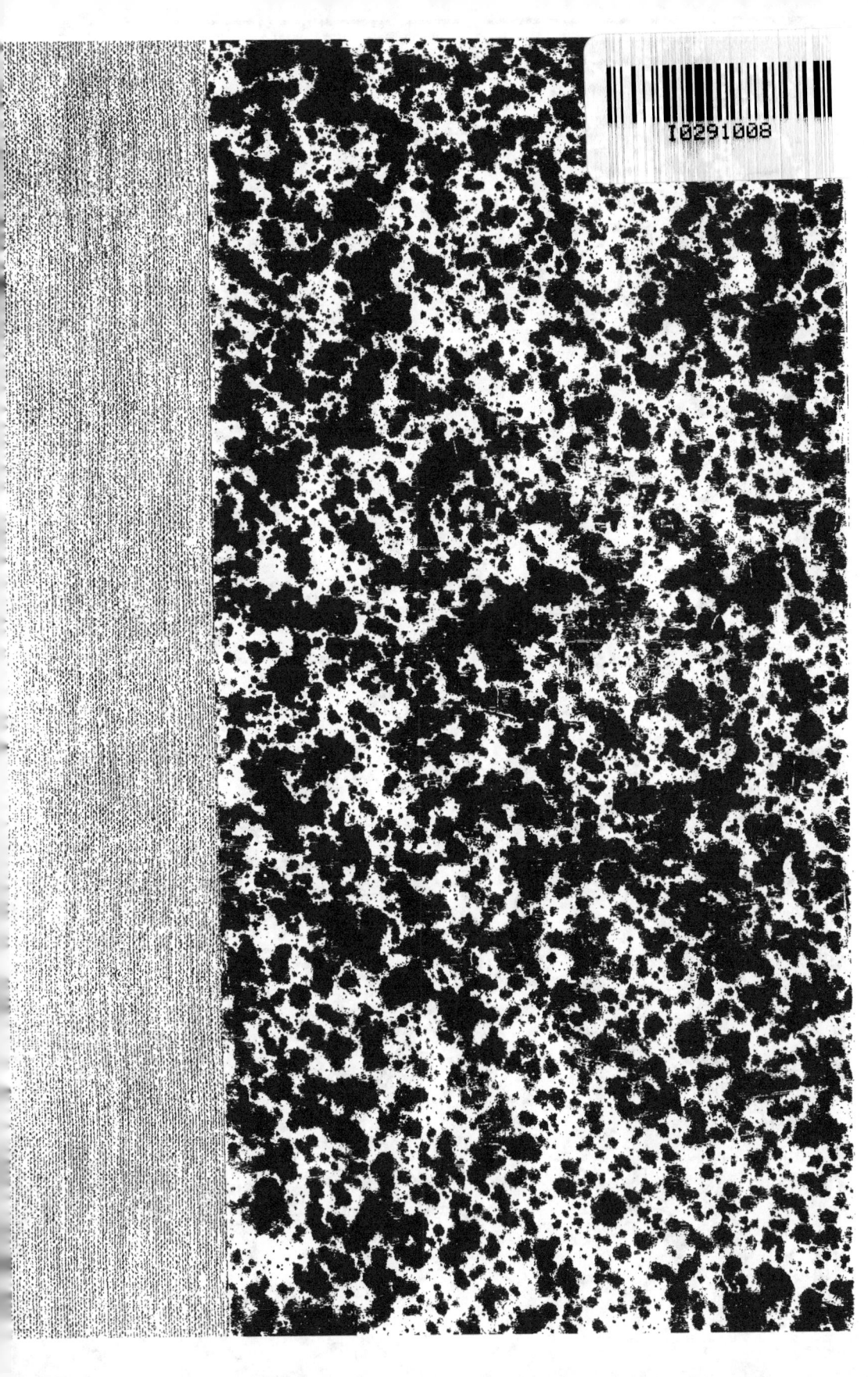

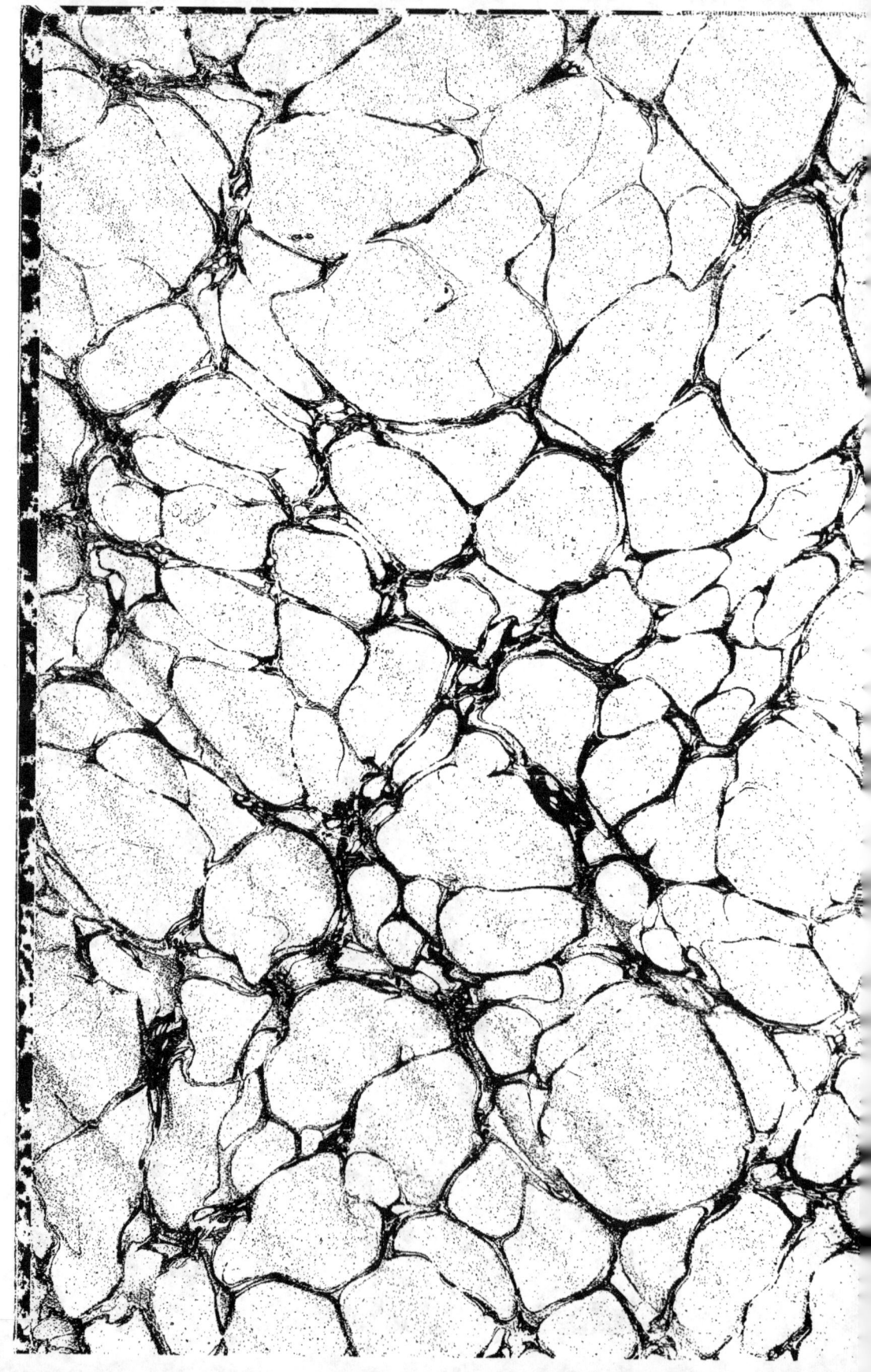

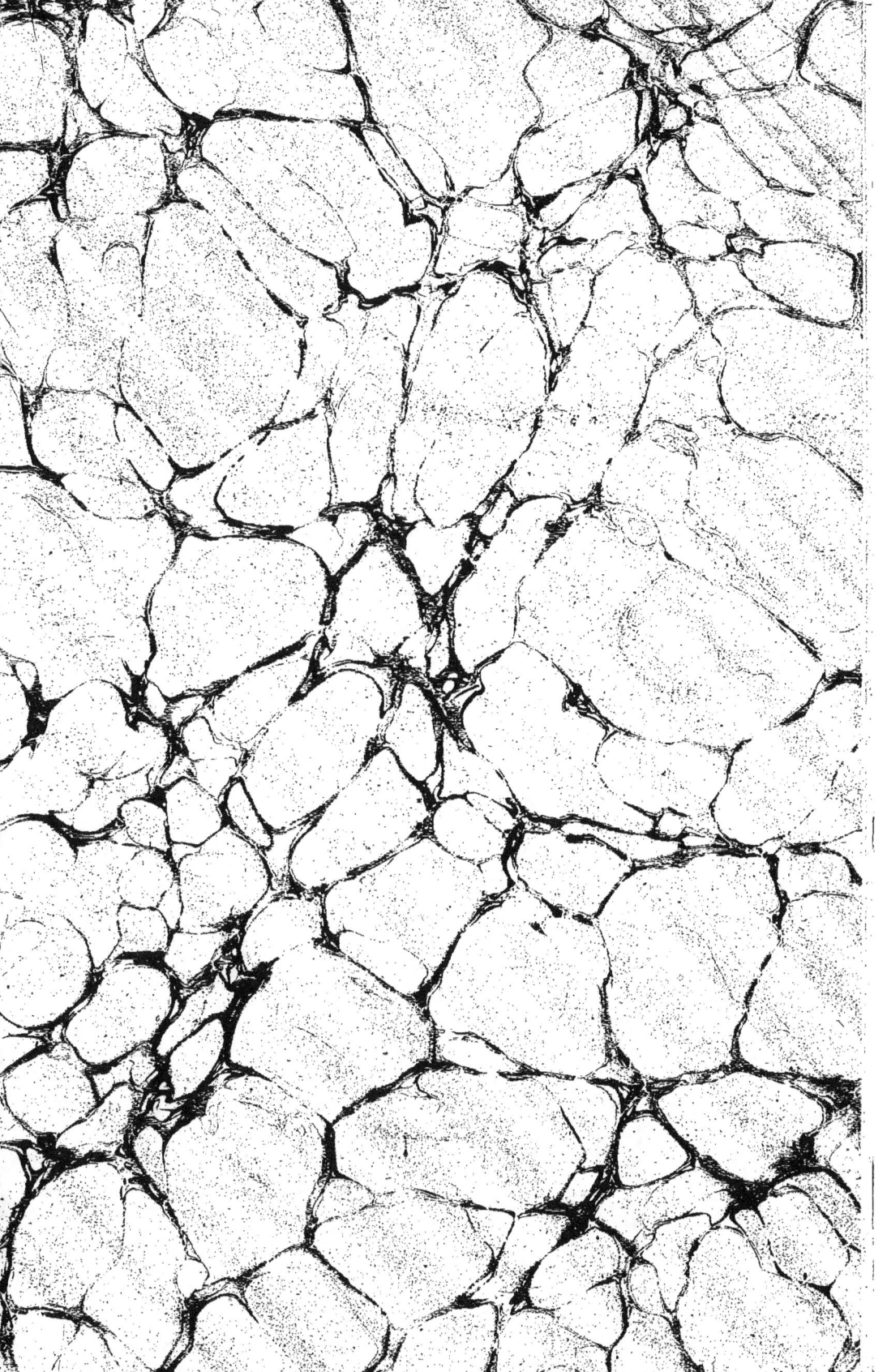

TRIOMPHE
DE
L'ENERGIE MORALE

A LA JEUNESSE

QUE J'AI TANT AIMÉE

JE DÉDIE CE LIVRE

BRUXELLES. — IMP. J. JANSSENS, 16, RUE MARCQ.

F. BLONDIAU

TRIOMPHE
DE
L'ÉNERGIE MORALE

Ouvrage orné de 109 gravures, couronné par l'Académie royale de Belgique et par la Société littéraire et artistique « L'ÉMULATION » de Liége; honoré d'une souscription du Ministère des Sciences et des Arts; adopté par les Conseils de Perfectionnement de l'Enseignement moyen et de l'Enseignement primaire, ainsi que par un grand nombre d'importantes communes belges et étrangères.

BRUXELLES
J. LEBÈGUE & Cie, LIBRAIRES-ÉDITEURS
36, RUE NEUVE, 36

1912

*Tout exemplaire doit être revêtu
de la signature de l'auteur.*

*Droits de traduction et de reproduction
réservés.*

PRÉFACE

C'est pour vous, jeunes gens et jeunes filles, que j'ai composé ce livre. En l'écrivant, j'ai pensé sans cesse à vous et avec tous ceux qui s'intéressent à votre bonheur. Accueillez-le donc comme venant, non d'un maître austère, mais d'un ami qui ne veut que votre bien et désire faire de vous de véritables artisans du progrès.

La longue expérience que m'ont donnée trente-cinq années de professorat m'autorise à remplir ce rôle qui me tente et me réjouit plus que vous ne le pensez. C'est donc elle qui m'a dicté ce livre, sous la haute inspiration de cette pensée si profonde et si vraie : que la jeunesse n'est pas seulement l'espoir de la famille et l'avenir de la patrie, mais aussi et surtout la pépinière de la société future, la légataire universelle du patrimoine commun transmis à travers les siècles par des centaines de générations honnêtes et laborieuses, par toute une humanité pensante et agissante qui a lutté, souffert, triomphé enfin.

« Ayant donc tant reçu, à quoi n'êtes-vous pas tenus, chers amis, envers tous ceux qui vous ont précédés et ceux qui viendront après vous! »

Le passé, le présent, l'avenir forment une chaîne ininterrompue et indissoluble; il vous appartient d'en consolider les anneaux et d'y en ajouter d'autres. Vous êtes les dépositaires d'un legs sacré dont vous êtes responsables, car il vous est confié pour que vous en fassiez un noble usage. Telle est la tâche qui vous incombe; mais ce rôle si digne, si admirable, ne s'improvise pas; il ne s'apprend point en un jour. Pour le remplir habilement, consciencieusement, il demande un lent et long apprentissage; vous ne sauriez donc commencer trop tôt d'apprendre votre métier d'homme. Et meilleur sera l'apprenti, plus parfait sera l'artisan. C'est donc dès votre jeunesse qu'il faut vous y préparer avec une foi ardente.

Mais pour réussir, il faut que vous soyez bien armés, bien préparés; et vous le serez, dès que vous posséderez les qualités morales indispensables : l'esprit d'initiative, d'ordre et d'économie; la ponctualité, la probité, la tempérance, la prévoyance et la simplicité; le sentiment de la solidarité et de la tolérance; une noble ambition, le respect de soi-même et des autres et, par-dessus tout, la grandeur d'âme en face de l'adversité, des revers ou des difficultés.

Que cette longue énumération ne vous effraie pas; elle se résume en ceci : acquérir une volonté forte et raisonnée, une énergie ferme et persévérante, une conscience morale solide.

Les Grecs de l'antiquité exprimaient cette action continue et souveraine sur soi-même en cette formule lapidaire : « Fais-toi toi-même ». Ils laissaient entendre par là que des deux éducations que l'homme reçoit, l'une de ses semblables et l'autre de lui-même, celle-ci est de beaucoup la plus importante. Sans cette préparation primordiale, vous risquez, mes amis, dès que vous prendrez contact avec la société, de ne pouvoir mettre à profit les précieux enseignements qu'elle vous apportera, ou bien de dévoyer malgré vos qualités natives si pleines de promesses et de charme : vous êtes généreux, enthousiastes, impulsifs, doués d'un grand besoin d'activité et d'une volonté latente qui ne demande qu'à être comprise et dirigée pour se manifester.

Malheureusement, de multiples circonstances peuvent ternir l'éclat de ces heureuses dispositions, en contrarier ou en arrêter l'expansion, en tarir les sources vives et fécondes. Sachez-le, mes chers amis, chaque jour vous serez exposés à rencontrer sur votre chemin des tentations malsaines, des sollicitations pernicieuses, à voir se dérouler sous vos yeux les pires exemples; toutes choses qui vous inciteront au mal et vous entraîneront à des écarts de conduite déplorables, sinon irréparables. Agents démoralisateurs insoupçonnés qui s'infiltreront, à votre insu, dans votre vie et conspireront tout à la fois contre votre sécurité, votre bonheur et votre avenir. Ce sont autant de pièges et d'embûches que vous tendront fatalement les mauvais éléments, les ferments dissolus inhérents à toute société et contre lesquels vous aurez à vous prémunir.

Mais comment parer à tant de dangers? Comment enfin se préparer à tenir tête à l'orage et sortir vainqueurs de la lutte?

Les exhortations, les conseils, l'influence de la famille, de l'école, du collège, de l'université, sont incontestablement des facteurs précieux, mais combien insuffisants pour vous donner cette force morale inflexible, que rien n'abat ni ne déroute. Il est une école de haute éducation morale, seule capable de former des caractères virils. Et par Morale, il faut entendre ici non pas une morale de préceptes, qui a sa valeur sans doute, mais une morale en action d'où se dégage une atmosphère vivifiante et saine.

Pénétré de cette idée, j'ai résolu de vous faire vivre dans les réalités de la vie sociale, au sein de l'immense travail qui a forgé, pétri l'humanité, et par suite de vous dévoiler la vie de ces grands hommes qui, quoique pourvus de faibles moyens et sortis pour la plupart des rangs inférieurs de la société, se sont élevés, dans toutes les sphères de l'activité humaine, au-dessus des autres hommes par leur vaillance, leur abnégation, leur amour du travail et de la vérité, par une volonté inflexible, une énergie indomptable et une grandeur d'âme qui émeut et provoque l'admiration.

Modèles universels, leurs vies offrent une source inépuisable d'exemples réconfortants, en même temps qu'une admirable synthèse des efforts qui ont enfanté ce bel ensemble de merveilles dans les arts, les sciences, les lettres, l'industrie et le commerce.

En vous imprégnant de toutes ces existences noblement vécues par « d'autres vous-mêmes », vous en respirerez toute la suave beauté et toute l'ineffable grandeur. Les leçons de haute éducation sociale qui s'en dégageront en traits flamboyants, jetteront dans vos jeunes âmes les germes de toutes les vertus, des aspirations ardentes et un idéal fécond qui vous permettront, sinon d'égaler ces génies, du moins de modeler votre vie sur la leur. C'est pourquoi j'ai pensé que l'heure était venue de faire défiler devant vos yeux les vivantes images, les augustes figures de ces héros trop longtemps méconnus, véritables « Professeurs d'énergie », si nécessaires à notre époque enfiévrée, positive et vénale, pour relever le niveau moral amoindri et retremper les caractères.

Ces spectacles cinématographiques laisseront dans vos cœurs et vos cerveaux une empreinte ineffaçable et salutaire, car la puissance de l'exemple ainsi compris, est et restera le facteur par excellence de tout système d'éducation. De même que l'on ne devient réellement et foncièrement un artiste qu'en s'inspirant des œuvres des Grands Maîtres, de même on ne peut devenir véritablement des hommes qu'en s'inspirant des actions et de la méthode de ceux qui sont des modèles les plus purs, les plus impeccables de ce grand art qu'est la Vie sociale.

Vous mettre en contact avec ces « Êtres d'élite », avec la vie des belles choses, c'est vous fournir, mes amis, d'uniques occasions de vous initier à la Science de la Vie. Initiation qui vous conduira insensiblement à vous estimer vous-mêmes ce que vous valez ; à vous laisser gouverner non par vos passions mais par le cœur et l'esprit, le sentiment et la raison ; « à sentir en vous quelque chose de l'âme collective qui illumine l'Univers de ses rayons ; à étendre enfin l'horizon de votre pensée, à élever votre esprit et par suite à exalter et à fortifier le sentiment de soi-même ».

Puissiez-vous, mes amis, vous pénétrer des hauts enseignements qui vont se dégager des biographies suivantes dont le nombre a été forcément limité ; la série en est inépuisable, et considérables seraient les volumes nécessaires à la relater tout entière. Mais le choix que j'ai fait suffira, j'en suis convaincu, à glisser dans vos intelligences cette conviction profonde que : quel que soit le Savoir, sans une volonté raisonnée et tenace, sans une énergie constante, il n'y a point de triomphe possible, ni de succès durable.

GUTENBERG, Jean [1]

1400-1468

Savoir lire! que de choses renferment ces deux mots.

Savoir lire! premier désir et premier triomphe de l'enfant; source intarissable de jouissances intellectuelles et morales pour la jeunesse, de perfectionnement pour l'homme.

Savoir lire! signe distinctif des races civilisées; cause essentielle de l'évolution des peuples depuis quatre siècles; agent primordial de l'émancipation de la conscience humaine.

Mais pour que cela fût, la création d'un instrument précieux était nécessaire, indispensable : le livre imprimé. Envisagé quant à son contenu, qu'est-ce donc qu'un livre? C'est, dit Laboulaye, « une voix qu'on entend, une voix qui vous parle; c'est la pensée vivante d'une personne séparée de nous par l'espace ou le temps, c'est une âme. Les livres réunis dans une bibliothèque, si nous les voyions avec les yeux de l'esprit, représenteraient pour nous les grandes intelligences de tous les pays et de tous les siècles qui sont là pour nous parler, nous instruire et nous consoler. C'est là, la seule chose qui dure; les hommes passent, les monuments tombent en ruines; ce qui reste, ce qui survit, c'est la pensée humaine. »

---

[1] Chaque biographie est suivie : 1° de notes explicatives ; 2° de notes biographiques. Deux listes alphabétiques : l'une des inventions et des découvertes, et l'autre des personnages cités dans l'ouvrage, figurent à la fin du volume.

« Un livre est comme un ami qui nous parle bas et en quelque sorte à l'oreille et qui, pour peu qu'il ait d'art, d'habileté et d'agrément, gagne d'autant mieux notre confiance, qu'il s'insinue plus doucement et plus intimement dans notre âme. »

Et cette chose si belle, qu'est-ce matériellement ? Peu de chose : quelques feuilles de papier blanc marquées de signes noirs rangés en lignes régulières, et réunies sous deux feuilles de carton formant couverture. Les signes sont des lettres, les lettres groupées forment des mots, les mots forment des phrases.

Peut-on imaginer qu'un outil aussi simple ait pu accomplir un des plus beaux miracles du genre humain : la perception, par les yeux, de la pensée humaine ?

Mais cette simplicité n'est qu'apparente — et les apparences sont souvent trompeuses. Ce qui le prouve, c'est que ce ne fut qu'en 1452 que le premier livre fut imprimé, et que, jusqu'à cette date, les civilisations avaient succédé aux civilisations pendant une période de cinq à six mille ans sans qu'un cerveau conçût cette idée si simple. Il était réservé au xve siècle de faire cette conquête, qui devait bouleverser le monde.

Cette voix séduisante et réconfortante qu'est le livre, ne fut donc pas entendue par tous les siècles passés ; cette âme si vibrante et si pleine de clarté, toutes les générations disparues ne l'ont point connue. « Et voilà pourquoi le peuple de ces époques lointaines était malheureux, plongé qu'il était dans l'ignorance et que l'ignorance c'est la nuit. »

« Oh ! combien nous devons nous estimer heureux de vivre en ce temps qui est le nôtre, et combien nous devons plaindre nos ancêtres qui étaient privés de ce bienfait ! »

Mais pour que le livre existât, il fallait que des hommes ingénieux, patients, énergiques, trouvassent le moyen de le créer, de le répandre par milliers et à bon marché dans toutes les sphères sociales, de le faire pénétrer partout : dans la chaumière du pauvre aussi bien que dans le palais des rois. En un mot, il fallait inventer l'imprimerie. Or, parmi les inventeurs de cet art nouveau, le premier et le plus célèbre est Jean Gutenberg, dont la vie agitée, tourmentée et si vaillamment supportée, provoque à la fois la pitié et l'admiration.

A quinze ans, devenu orphelin, il quitta Strasbourg, sa ville natale, voyagea de ville en ville pour étudier les monuments et visiter les hommes célèbres par leur science et leur art. Il parcourut ainsi les bords du Rhin, l'Italie, la Suisse, l'Allemagne, enfin la Hollande.

Observateur, chercheur et ingénieux, il était occupé dès ce temps-là, de l'idée de multiplier rapidement et à peu de frais, les copies d'un même manuscrit, par le moyen de l'impression.

« Un jour, à Harlem, écrit Lamartine, le sacristain de la cathédrale lui fit admirer dans la sacristie, une grammaire latine ingénieusement reproduite par des caractères taillés sur une planche de bois et destinée à l'instruction des séminaristes.

» À l'aspect de cette ébauche grossière, l'éclair jaillit du nuage et illumina l'esprit de Gutenberg. Il contemple la planche et dans sa pensée il l'analyse, il la décompose, il la modifie, il la disloque, il l'enduit d'encre, il l'applique, il la presse par une vis.

» Le sacristain, étonné de son long silence, assiste, à son insu, à cette éclosion d'une idée couvée en vain depuis dix ans dans le cerveau de son visiteur.

» Quand Gutenberg se retire, il emporte avec lui, en germe, tout un art ; il avait vu et compris tous les inconvénients du vieux procédé. Ceci se passait en 1437.

» Alors il se dit : « Si, au lieu de graver sur une même planche toutes les lettres de chaque mot, j'avais une provision de petites lettres gravées à part, chacune sur un petit pieu de bois ou plutôt de métal ? j'arriverais au même résultat avec cet avantage que mes lettres, l'ouvrage terminé, pourraient servir à exécuter d'autres compositions. Idée lumineuse et heureusement trouvée. »

La grande invention, la précieuse découverte du caractère mobile, base de tout l'art merveilleux de l'imprimerie, était entrevue et proche de la réalisation, car ces lettres, toujours les mêmes et en provision suffisante, pouvaient servir à imprimer autant de pages différentes, autant de livres qu'on voudrait.

Comme on peut en juger, la conception était simple, mais encore fallait-il la trouver. Seulement l'exécution n'était pas chose commode, en ces temps-là ; le récit de la vie de Gutenberg montre combien il en coûta de peines, d'efforts intelligents au pauvre inventeur pour produire la première œuvre imprimée.

Une étape pénible, un calvaire douloureux de quinze années, le séparait du jour mémorable où devait paraître le premier livre.

« Le lendemain de sa visite à Harlem, comme un homme qui

possède un trésor et qui n'a ni repos ni sommeil avant de l'avoir déposé en secret, il revient à Strasbourg, s'enferme dans son laboratoire, se façonne lui-même ses outils, achète des presses et toutes sortes d'instruments et de matériaux coûteux. »

Comme il n'était pas riche, il eut bientôt dépensé le peu qu'il possédait.

Que faire? Abandonner son projet? Renoncer à la lutte? C'eût été trop cruel; et puis il voyait dans un tel acte d'abdication une désertion honteuse, indigne d'un homme. Sa conscience lui criait bien haut de poursuivre sa tâche et d'accomplir une œuvre qui devait régénérer le monde.

Mais une aide lui est absolument indispensable. Eh bien! il la cherchera. Après bien des démarches, il a le bonheur de rencontrer trois hommes intelligents et courageux : Jean Riffe, André Heilmann, André Dritzehen, avec lesquels il s'associe. Il leur confie ses projets et leur explique ses procédés; puis il loue un vieux couvent abandonné, délabré, près de Strasbourg, où il installe ses ateliers.

Tous quatre se mettent au travail avec une telle ardeur, un tel acharnement que le plus ingénieux et le plus actif, André Dritzehen, en devient malade et meurt. Ce fut un grand malheur pour Gutenberg : d'abord il perdait son meilleur aide; puis les héritiers vinrent lui redemander la part d'argent que leur frère lui avait prêté en s'associant, et qui avait servi à l'achat du matériel; en outre, on lui fit un procès qui dura longtemps et lui coûta beaucoup d'argent. Pour comble d'infortune, les travaux ayant été interrompus pendant tout ce temps, les autres associés se retirèrent. Gutenberg était ruiné. Il lui restait seulement ses presses, quelques outils et des ouvrages commencés. Obstinément, il essaya de se remettre à l'œuvre, mais l'argent, l'aide, tout lui manquait.

Cependant, au milieu de ces vicissitudes, il conservait une foi virile et un courage indéfectible. Héroïquement, il prend son parti, charge sur une petite voiture les débris de son atelier, puis, triste, à pied, suivi seulement d'un pauvre apprenti, il quitte son vieux couvent et se rend à Mayence.

A ce moment de son existence, Gutenberg n'était pas arrivé à imprimer d'une manière bien nette et bien correcte par les procédés de son invention; c'est que les petites lettres mobiles qu'il fallait avoir en grande provision, étaient fort difficiles à fabriquer. Sculpter une lettre à l'extrémité de petits bâtonnets, constituait un travail très délicat, lent et difficile. Tout d'abord, il avait essayé de faire ces lettres en bois, mais elles se brisaient ou s'usaient trop vite. Le métal s'imposait; mais quel métal? Le fer était trop dur, le plomb trop mou. Il essaya de combiner ensemble plusieurs métaux pour former un alliage qui eût une résistance convenable. Il y avait donc là toute une série de difficultés à vaincre, toute une suite de créations à faire, toutes choses qui mirent sa patience, ses ressources et sa santé à de rudes épreuves. Car l'alliage trouvé, il s'agissait de chercher le moyen de former les lettres. Tout d'abord, il les gravait ou les faisait graver, à la main, une à une, avec des burins. Et si l'on songe à l'énorme quantité de lettres nécessaires pour imprimer, on jugera du labeur prodigieux auquel l'inventeur était astreint. Outre que ce travail exigeait une peine infinie, il entrainait à des dépenses excessives.

Restait un moyen : celui de fondre les lettres dans des moules afin que chacun de ceux-ci, une fois fait, pût servir à fabriquer un très grand nombre de lettres semblables. Il essaya et ne réussit qu'à moitié. Mais la nécessité l'aiguillonne, il faut qu'il trouve. Alors, arrivé à Mayence, il rassemble ce qui pouvait lui rester d'argent, emprunte à sa famille et à ses amis; puis il loue une maison, y installe son atelier et recommence ses travaux avec une telle persévérance qu'il triomphe des dernières difficultés : il réussit parfaitement à fondre ses lettres.

Ces découvertes successives : les caractères mobiles, l'alliage, la confection des moules et la manière de couler le métal dans les moules lui assurent enfin le succès (1450).

Il se décide alors à imprimer un livre énorme, une Bible en latin. Malheureusement, une chose lui manque : l'argent, toujours l'argent! Ah! la pauvreté, si elle ne l'a pas empêché de réussir, elle lui a rendu la réussite bien rude, bien difficile et bien amère!

N'ayant plus de ressources, ne trouvant plus à emprunter, le voilà de nouveau obligé, lui le génial ouvrier, à s'humilier et à chercher encore quelque associé qui lui fournisse de l'argent.

Le hasard lui fit rencontrer un bourgeois riche, mais avare, appelé Fust ou Faust, qui comprit tout de suite le profit qu'il pouvait retirer de cette affaire; il conclut un marché avec l'inventeur et lui prêta l'argent nécessaire ; seulement, il s'arrangea de manière à garder pour lui la plus grosse part du profit. Contraint et forcé, le pauvre inventeur accepta le marché. Avec les fonds reçus, il travailla pendant deux ans à perfectionner ses outils et à fondre ses lettres.

A cette époque, il rencontra un ouvrier habile et instruit, appelé Pierre Scheffer, dont il fit par la suite son associé. Ce jeune homme se mit avec ardeur à l'ouvrage, fit des essais, perfectionna les procédés, inventa même une manière de fondre les lettres, meilleure et plus rapide. Cette heureuse association permit d'achever l'impression de la Bible commencée par Gutenberg.

L'imprimerie était définitivement inventée (1452).

Dès ce jour, Gutenberg eut le droit de se dire « citoyen du monde » comme ce sage de la Grèce auquel on demandait de quel pays il était. Par cette pacifique conquête, en effet, tout va changer. « Des livres, on en fera par milliers, par millions. Tout le monde pourra donc lire ; tout le monde pourra s'instruire. Et voilà qu'on retrouve les ouvrages des savants de l'antiquité ; on va les chercher dans les coins poudreux des vieilles bibliothèques, où personne ne les lisait ; on les retire de la poussière, on les imprime, on les répand. Tous veulent les lire, tous les admirent et les étudient ! Ah ! les temps noirs sont passés. Le moyen âge est fini. On se réveillait de l'ignorance comme d'un mauvais rêve. Et les hommes d'alors étaient tellement ravis de la science antique retrouvée, qu'ils appelèrent ce réveil une « renaissance ».

Pour avoir si merveilleusement réussi, le génial inventeur n'était pas au bout de ses peines ; on faisait de grands bénéfices et il semblait qu'il allait être récompensé de tant de labeur. Mais Fust en avait décidé autrement. Maintenant qu'il connaissait tous les secrets, que tout allait bien, il n'avait plus besoin de l'inventeur. Il lui chercha querelle : « Rendez-moi, lui dit-il, l'argent que je vous ai prêté. » Mais le malheureux ne l'avait plus cet argent, et Fust le savait bien ; il avait été employé à l'achat des outils et au salaire des ouvriers. De là un procès que Gutenberg perdit.

Pour la deuxième fois, il était ruiné. Quant à ses associés, ils s'enrichirent. Fust poussa même l'impudence et l'esprit de lucre jusqu'à vendre des livres imprimés pour des manuscrits. Certains biographes mal renseignés imputèrent cette supercherie à Gutenberg.

Comment la désespérance ne s'empara-t-elle pas du malheureux, victime d'une telle spoliation ? Comment résista-t-il à tant d'injustice et de perfidie ? Par ce fait que la façon d'agir de ses deux associés avait indigné le monde et particulièrement un riche bourgeois de Mayence qui accueillit l'inventeur aux abois, et, généreusement, lui avança l'argent nécessaire pour monter un nouvel atelier. De sorte qu'il y eut deux imprimeries dans la ville ; encore ne pouvaient-elles suffire aux commandes, car les livres imprimés se répandaient de plus en plus.

Dès lors, Gutenberg ne fit plus mystère de ses procédés ; il enseigna son art à plusieurs de ses ouvriers et forma des élèves dont quelques-uns devinrent célèbres. Désormais, il allait pouvoir vivre et travailler heureux et tranquille. Hélas ! cette quiétude si chèrement et si douloureusement gagnée fut de courte durée ; un dernier malheur vint bouleverser son existence : la guerre. La ville fut prise et saccagée, l'imprimerie fut détruite, les élèves s'enfuirent et se dispersèrent en Allemagne, en France, en Italie, où ils fondèrent de nouvelles imprimeries et propagèrent leur art. Quant au pauvre inventeur, ruiné, abandonné, il erra pendant dix ans, en proie à la misère la plus profonde. Il serait mort de souffrances et de privations si l'archevêque de Mayence n'eût eu connaissance de cette poignante détresse. Ce prélat le recueillit et, voulant l'honorer, lui fit une pension. Grâce à cette générosité, le premier des imprimeurs vécut encore quelques années dans cette tranquille médiocrité qui suffisait à un homme modeste et sage comme lui. Puis il mourut sans avoir joui de la gloire dont les siècles futurs devaient entourer son nom.

« Cette histoire est bien simple, bien sérieuse, assez triste même. Ah ! mes chers amis, les hommes de science et de travail, les inventeurs surtout, ont rarement une histoire gaie et des aventures divertissantes. Leur vie est sérieuse comme leurs pensées. Ils ont de la peine, de la fatigue, des difficultés toujours, du bonheur rarement. Et tous ceux qui profitent de leurs idées et de leurs travaux devraient avoir pour eux plus de reconnaissance. »

NOTES EXPLICATIVES

1. GUTENBERG, Jean. — Né à Strasbourg en 1400, mort à Mayence en 1468. Son titre de bourgeois de Mayence, qu'il avait conquis lorsqu'il s'établit en cette ville, a causé l'erreur, longtemps accréditée, qui lui donnait Mayence pour patrie et aussi par ce fait que la découverte de l'imprimerie y eut lieu en 1452. En 1640, les libraires de l'Allemagne et les habitants de Strasbourg célébrèrent, pour la première fois, en l'honneur de Gutenberg, la fête de l'invention de l'imprimerie; et, depuis lors, cette fête est célébrée tous les cent ans. Cette ville lui a élevé une statue (1841), due au ciseau du sculpteur français David (d'Angers). Il en existe une également à Mayence dont l'une des faces porte l'inscription suivante :

EN 1839, LES HABITANTS DE MAYENCE
ONT ÉRIGÉ CE MONUMENT A J. G. GUTENBERG
AVEC L'ARGENT RECUEILLI DANS TOUTE L'EUROPE.

La ville de Francfort-sur-Mein lui a également élevé un monument.

2. LABOULAYE, Ed., écrivain français (1811-1883). — 3. STRASBOURG, ville d'Alsace, appartient à l'Allemagne depuis 1870, sur l'Ill et près du Rhin (151,000 habitants). Cathédrale admirable, horloge célèbre (voir Horlogerie). — 4. MANUSCRIT (manus = main; scriptus = écrit; qui est écrit à la main). — 5. HARLEM, ville de Hollande (69,000 habitants), célèbre par la culture des fleurs. — 6. LAMARTINE, célèbre poète français (1790-1869). — 7. MAYENCE, ville d'Allemagne, sur le Rhin (85,000 habitants). — 8. L'alliage des caractères d'imprimerie est composé de plomb et d'antimoine. — 9. BIOGRAPHIE (*bios* = vie; *graphein* = écrire; qui écrit la vie des hommes). — 10. BIBLE, signifie livre par excellence. Recueil des saintes Écritures. Elle comprend deux parties : l'*Ancien* et le *Nouveau Testament*. — 11. EPOQUE DE LA RENAISSANCE : comprend la seconde moitié du XVe siècle et la première moitié du XVIe. Elle vit se réveiller le goût des lettres, des sciences et des arts, grâce à l'invention de l'imprimerie qui, plus qu'aucune autre, devait contribuer au développement de l'esprit humain. C'est donc par le nom de Gutenberg que commencera la glorieuse série des hommes illustres dont les travaux ont fait faire à la science de remarquables progrès.

12. C'est à tort qu'on reproche à Gutenberg d'avoir caché trop longtemps son secret (1436-1452). D'une part, il redoutait, non sans raison, qu'on ne le lui volât; en outre, il craignait, tant l'invention était merveilleuse, d'être accusé de sorcellerie.

BIBLIOGRAPHIE

1. Documents (Archives des villes de Strasbourg et de Mayence). — 2. *Gutenberg*, par Ch. DELON, écrivain français contemporain, auteur d'excellents ouvrages qui se recommandent à la jeunesse et parmi lesquels *Histoire d'un livre*. Hachette, Paris. — 3. *Leçons de choses*, par Paul ROUSSELOT. Delagrave, Paris, 1876. — 4. *Les Bienfaiteurs de l'humanité*, par C. FALLET. Mégard, Rouen, 1875.

L'IMPRIMERIE

LA GRAVURE. — LA LITHOGRAPHIE. — LA PHOTOGRAPHIE

NOTICE HISTORIQUE

Durant des siècles, l'homme n'eut pour exprimer ses volontés, pour communiquer ses idées, pour transmettre ses connaissances, d'autre instrument que la parole.

L'invention de l'écriture marqua le début d'une ère nouvelle et de progrès rapides. Seulement, il n'existait point de livres imprimés; ceux qu'on avait étaient manuscrits, c'est-à-dire écrits à la main. Ils étaient rares et coûteux.

« Chez les Grecs, chez les Romains et en Gaule jusque vers le IVe siècle, ce qu'on appelait un livre n'était pas autre chose qu'une large et très longue bande de parchemin couverte d'une écriture fine et serrée, disposée en colonnes étroites comme les colonnes de texte imprimé d'un journal. Pour serrer cette bande, on la roulait sur un petit bâtonnet de bois comme nous roulons encore certaines cartes géographiques; pour lire, on déroulait la bande à mesure. Dès le VIIIe siècle, un peu avant Charlemagne, on faisait un livre en assemblant un certain nombre de feuillets de parchemin (voir notice papier) écrits des deux côtés et protégés par une couverture de parchemin aussi ou de cuir. Enfin, vers la fin du moyen âge, au XIVe siècle, l'usage du papier se répandit : beaucoup de livres furent faits avec ce papier qui était fort et rude, très solide : la couverture seule était en parchemin. Ceux-là avaient donc déjà tout l'aspect des nôtres. Mais qu'il fût de parchemin ou de papier, le livre, alors, était toujours copié à la main, avec la plume : on ne connaissait pas d'autre moyen. Il y avait des copistes qui gagnaient leur vie à ce lent et minutieux travail. Et ce travail, il fallait le recommencer autant de fois qu'on voulait d'exemplaires. Les copistes se plaisaient même à orner leur écriture de beaux traits de plume élégamment enroulés. Souvent, ils y ajoutaient de grandes majuscules à l'encre rouge et à l'encre bleue, délicatement tracées. Enfin, certains livres étaient enluminés, c'est-à-dire ornés, presque à chaque page, de charmants dessins encadrant l'écriture, figurant des feuillages, des fleurs, des oiseaux, peints des plus vives couleurs avec des traits d'argent et d'or; quelques-uns, en outre, avaient en tête de chaque chapitre des miniatures, c'est-à-dire de petits tableaux très finement peints représentant des personnages. Un livre ainsi orné était un objet rare très précieux; il coûtait un travail énorme, et valait des sommes considérables. —

Mais il vint un jour où l'écriture elle-même ne suffit plus aux besoins de l'humanité sans cesse grandissante. Ce jour-là, l'imprimerie apparut. De l'Allemagne, son berceau, l'art typographique (*tupos* = type; *graphein* = écrire; écrire avec des types ou caractères) se propagea rapidement. Des imprimeries s'établirent dans plusieurs villes de l'Allemagne, de la Suisse, de l'Italie, de la France, de la Belgique et de l'Angleterre. On n'employa d'abord que les caractères gothiques ou allemands. Trois Allemands fondèrent la première imprimerie parisienne en 1469. En Suisse, Jean Froben (1460-1527) acquérait une renommée universelle en devenant l'éditeur du célèbre écrivain hollandais Erasme (1467-1536). En Belgique, Colard Mansion et Thierry Martens, d'Alost (1450-1534), trouvaient dans Christophe Plantin (1514-1589) un continuateur de premier ordre. En Angleterre, la première imprimerie fut fondée par Guillaume Caxton en 1474. Les Elzevier s'illustrèrent en Hollande (1592 à 1692) par la netteté de l'impression. Leur devise était : « Par la concorde, les petites choses grandissent ». Alde Manuce, en Italie (1490), popularisa les chefs-d'œuvre de l'antiquité, en caractères italiques. Estienne et ses successeurs se distinguèrent en France, de 1503 à 1629, par leur grande érudition. L'imprimerie de l'Italien Bodoni (1740-1813) marqua une ère nouvelle dans l'histoire de la typographie italienne, grâce à la beauté et à l'éclat des caractères, l'élégance dans la distribution des pages et des matières, la pureté du papier, la correction et une grande érudition. En France, les Didot ont beaucoup contribué au progrès de l'imprimerie par les perfectionnements qu'ils apportèrent dans les procédés usités, notamment la stéréotypie. La stéréotypie (*stéréos* = solide; *tupos* = type, caractère, empreinte) est l'art de convertir en formes ou planches solides, les pages composées avec des caractères mobiles.

Cet art fut inventé d'abord en Hollande, puis mis en pratique en Saxe (Allemagne). Ce ne fut qu'au milieu du XVIIIe siècle qu'on en fit les premiers essais en France et en Allemagne.

Aujourd'hui les expressions : *stéréotypie*, *stéréotyper*, sont remplacées par celles de : *clicherie* et *clicher*.

Didot inventa une presse qui foulait également et d'un seul coup la feuille de papier dans toute son étendue.

L'imprimerie royale de France, fondée à Paris sous Louis XIII, porte aujourd'hui le titre d' « Imprimerie Nationale ». C'est un établissement unique pour la richesse et la variété du matériel; sa collection de caractères orientaux est admirable; elle emploie ordinairement mille ouvriers dans ses divers ateliers de fonderie, d'imprimerie et de reliure.

L'invention de l'imprimerie a donné naissance à deux autres découvertes d'une grande utilité : 1° les estampes ou l'art de reproduire sur le papier les gravures faites sur les métaux; 2° la lithographie (*lithos* = pierre; *graphein* = écrire).

L'origine de la gravure est très ancienne : les Égyptiens, les Grecs et les Romains l'ont connue, mais ils

ALOYS SENEFELDER.

ne gravaient que sur des cristaux, sur des pierres et sur de petites plaques de métal. L'art de reproduire les chefs-d'œuvre de la peinture au moyen de la gravure sur cuivre est une découverte des temps modernes. Maso Finiguerra, orfèvre de Florence, est regardé comme l'inventeur de la gravure au burin, vers 1452. Il créa aussi les estampes, dont les anciens n'avaient eu aucune idée. Cette invention passa en Flandre où elle reçut des améliorations. Le célèbre Marc Antoine Raymondi remplaça l'étain par le cuivre et porta cet art à sa perfection. Plus tard, on substitua l'acier au cuivre. Outre la gravure au burin, il y a également la gravure à l'eau-forte.

C'est au XVI° siècle que commença la belle lignée des graveurs en Belgique. Leur talent et leurs œuvres ont été mis en relief par M. Alfred Micha, ancien échevin de la ville de Liége, dans un ouvrage intitulé : *les Graveurs liégeois*.

La galvanoplastie, invention toute moderne, vint apporter son précieux concours dans la gravure sur bois, qui a pris une extension étonnante. Les illustrations des livres et des journaux ne sont autre chose que des gravures reproduites par la galvanoplastie (voir la notice).

Avant l'invention des procédés galvanoplastiques, on avait cherché le moyen de multiplier à bas prix les œuvres que la gravure seule pouvait reproduire.

JOSEPH NIEPCE.

La lithographie avait en partie réalisé ce but. L'idée première de cet art graphique précieux fut donnée par Aloys Senefelder, de Prague (capitale de la Bohême sur la Moldau), en 1796. La vie de lutte et de privations de l'inventeur fut récompensée par le succès et la fortune. L'invention se propagea bientôt en Allemagne et pénétra en Italie en 1802. Elle fut importée en France de 1806 à 1808 et vulgarisée par le comte de Lasteyrie. Ce dernier fonda un établissement d'où sont sortis les premiers lithographes de France. Après lui, M. Engelmann, de Mulhouse (Alsace), fit prospérer définitivement le nouvel art.

A l'imprimerie, se rattache encore l'héliographie (*helio* = soleil ; *graphein* = décrire) ou photographie (*photos* = lumière).

L'imprimerie, la gravure, la lithographie, le dessin, la photographie constituent les arts graphiques.

La photographie est certes la découverte la plus curieuse du XIX° siècle. Joseph Niepce, de Châlon-sur-Saône (France), en est le créateur. Il connaissait le phénomène d'optique qui se passe dans la chambre obscure (appareil imaginé fin du XVI° siècle par le physicien napolitain Porta), et qui a pour résultat de donner, à l'intérieur de cet instrument, une image renversée des objets extérieurs. Niepce entreprit le problème qui consistait à fixer les images de la chambre obscure. Il commença ses recherches en 1813 et les poursuivit pendant vingt années. Toutefois, en 1820, il s'était associé à un peintre parisien nommé Daguerre, inventeur du diorama (1822) et qui s'occupait du même problème. Cette association amena la découverte de procédés supérieurs à ceux de Niepce. Celui-ci mourut en 1833, à l'âge de soixante-huit ans, pauvre et ignoré. Daguerre continua les recherches et apporta un perfectionnement notable au point que, en 1839, Arago (voir Philippe de Girard) annonça à l'Académie des sciences de Paris, la découverte de Niepce et Daguerre. Le gouvernement accorda une récompense au fils de Niepce et à Daguerre.

LOUIS DAGUERRE.

Son procédé porta le nom de Daguerréotypie ou photographie sur métal, dont les défauts furent corrigés, d'abord en 1841 par Claudet, peintre français, et ensuite par Fizeau, physicien français (1819-1896), qui parvint à fixer les épreuves. Mais la photographie sur plaque métallique offrait des inconvénients : chaque opération ne fournissait qu'un type de peu de durée, avec un miroitage désagréable.

FOX TALBOT.

La photographie sur papier marqua la seconde étape de cette découverte. Modification heureuse, brillant complément apporté à la méthode de Niepce et de Daguerre. Elle fut imaginée en 1839 par Fox Talbot, savant anglais. En 1869, Cros et Ducos, savants français, imaginent un procédé pour obtenir photographiquement des images polychromes (*poly* = plusieurs ; *khroma* = couleurs) ; en 1890, Lippmann, physicien originaire du grand-duché de Luxembourg, photographie les objets avec leurs couleurs naturelles (voir notes explicatives Rœntgen).

Outre que la photographie sert à faire des portraits, des copies de tableaux, etc., elle a été mise avec succès au service de la science, notamment de l'histoire naturelle et de l'astronomie. Le célèbre Edison en a fait une merveilleuse application dans son kinématographe ou cinématographe (voir la notice).

Le problème de la photographie aérienne a reçu sa solution définitive, grâce à l'appareil inventé par le capitaine Saconnay, de l'armée française (1909), et qui permet de photographier à 200 mètres de hauteur villes et villages.

Enfin, en ces derniers temps, il a été question d'étendre à d'autres phénomènes physiques l'usage de la photographie : photographie des sons ou de la parole grâce à l'appareil (1908) de l'ingénieur français Devaux-Charbonnel. On pourra, en outre, se rendre compte de l'état de la voix dans les maladies du larynx. Ce sera le couronnement glorieux d'un art graphique dont les usages semblaient, au début, bien limités (voir optique et électricité).

Les perfectionnements apportés, au XIXe siècle, aux machines à imprimer, à lithographier et à polychromer ont suivi une marche progressive, étonnante, merveilleuse. Dans les dernières créations, qui tiennent du prodige, il convient de citer : 1° celles de Marinoni (voir la biographie) ; 2° la linotype (*linea* = ligne ; *tupos* = type, modèle, empreinte), machine à composer très ingénieuse, mais qui ne peut servir qu'à la composition d'ouvrages ou de journaux n'exigeant qu'un petit nombre de sortes de caractères.

Avec la linotype et à l'aide d'un clavier ressemblant à celui des machines à écrire, on compose et on fond les caractères par lignes complètes. Au lieu d'assembler des caractères mobiles, la machine compose des matrices poinçons. Lorsque la ligne est complète, un jet de matière en fusion est projeté dans le moule formé par l'assemblage des matrices et donne ainsi une ligne complète pouvant servir à l'impression, puis les matrices reprennent leur place.

BIBLIOGRAPHIE

1. Ch. DELON, *Histoire d'un livre*. Hachette, Paris, 1883. — 2. C. FALLET, *les Bienfaiteurs de l'humanité*. Mégard, Rouen, 1875. — 3. Documents (Bibliothèque nationale de Paris).

MARINONI, Hippolyte

1823-1904

Le 8 mars 1908, les habitants de Beaulieu inauguraient, parmi les palmiers de la Côte d'azur, sur la route qui conduit de Nice à Menton, un monument simple mais élégant et sobre avec, sur le soubassement, l'inscription suivante :

A HIPPOLYTE MARINONI.
LES HABITANTS DE BEAULIEU.

Hommage de reconnaissance rendu à un homme auquel la charmante cité doit son développement, sa prospérité.

La cérémonie, très simple, traduisait la gratitude d'une population villageoise envers celui qui, « durant le dernier quart de son existence, vint chaque année demander là, aux brises marines et à l'arome des arbres et des fleurs, l'élixir de longue vie, et le paya en répandant dans la riante contrée autant de bien qu'il en reçut, avec une bonne grâce silencieuse et naturelle, sans compter et comme sans savoir ».

C'est à lui, en effet, à ses efforts généreux, à ses initiatives, à ses audaces, que ce ravissant coin de la Provence, « où jadis les villas étaient rares et où les cabanons foisonnaient dans les champs d'oliviers, est devenu l'admirable cité de soleil et de fleurs, un des joyaux les plus purs parmi les villes d'hiver si joliment coquettes et accueillantes ». Esprit large autant que généreux, il remplit son mandat de conseiller en homme de progrès : il fit construire des routes, fonda des écoles, et accorda sa protection aux œuvres de bienfaisance. De son visage ouvert, de belle et saine humeur, se dégageait une bienveillance qui lui gagnait tous les cœurs ; aussi l'appelait-on « le père Marinoni » à cause de la paternelle bonté qui irradiait de lui, tout autour de lui.

Et ce titre, nul ne le mérita plus que lui, car s'il songeait aux siens, il n'oubliait pas les autres ; c'est ainsi qu'il fit deux parts de sa fortune. Mais il ne fut pas que le modèle accompli du bienfaiteur, il fut surtout le fils de ses œuvres et, par cela même, un « Professeur d'énergie » par excellence, ainsi qu'en témoignent ses rudes débuts dans la vie et sa noble carrière vaillamment parcourue et bien faite pour édifier la jeunesse travailleuse.

Son père, originaire de Brescia (Italie), était brigadier de gendarmerie à Paris. C'était un colosse vigoureux qui, enthousiasmé par la gloire de Napoléon, s'était engagé. A sa suite, il fit plusieurs campagnes avec des sorts divers et notamment cette fameuse retraite de Russie où il trouva les germes de la phtisie contre laquelle sa forte constitution se débattit longuement. Il fut terrassé prématurément, laissant à sa femme, jeune encore, le soin d'élever dix enfants.

Cette tâche fut plus douloureuse que pénible, car la malheureuse en perdit le plus grand nombre en gravissant son rude calvaire. Un seul garçon lui resta, c'était le plus jeune : Hippolyte.

Bien qu'il n'eût que huit ans à la mort de son père, il était déjà une lourde charge pour la veuve. Il fut mis en garde chez une de ses tantes à Sivry, petit village près de Melun qui était le pays de sa mère; en échange du vivre et du couvert, il dut passer la journée aux champs, occupé à garder la vache qui constituait le plus clair de la fortune de cette parente.

Il n'a pas dit, mais on peut le penser non sans raison, que son jeune esprit, livré à lui-même dans la solitude des champs, s'habitua à regarder en lui-même, à méditer, à réfléchir, à raisonner et qu'il y puisa cette sûreté de jugement dont son expérience et ses connaissances ultérieures surent tirer un si brillant parti.

Pendant trois ans, son temps fut partagé entre l'aide matérielle qu'il apportait à la parente pauvre et quelques heures à l'école primaire. Mais il devenait déjà une charge trop lourde et sa tante dut le renvoyer. C'est là où il comprit qu'il devait gagner son pain; n'ayant pas d'argent, il prit son paquet et partit pour la grande ville. Sa première étape fut Melun où il entra chez un mécanicien, puis Corbeil chez un fabricant de moulins et de pompes, et enfin Paris.

Il entra alors en apprentissage chez un fabricant de composteurs qui l'employait à fabriquer ces outils et qui l'envoyait ensuite les vendre dans les imprimeries.

Les débuts de Marinoni ont donné la direction à sa carrière : c'est dans l'imprimerie qu'il a débuté et c'est à l'imprimerie que sa vie entière sera consacrée. Les fées ne lui avaient départi que l'instinct du génie mécanique, c'est-à-dire rien, s'il n'avait trouvé en lui, le vouloir, l'acharnement au travail, la ténacité qu'il faut à celui qui arrive nu de toute autre chose sur la terre, pour mettre en valeur un simple don natif.

Cet humble mécanicien sans culture initiale, cet infatigable ouvrier n'a donc pas eu le loisir de chercher d'autre maîtresse d'école que la vie.

Mais il était doué d'une admirable intelligence, vive et pénétrante; la réflexion, le sens du pratique, le contact des choses et des hommes suppléèrent à l'enseignement. Modeste artisan, mais chercheur patient et sagace, il observa tous les détails de l'art de l'imprimeur. C'est pourquoi il fut successivement mécanicien, fondeur en caractères et imprimeur. C'est là la raison pour laquelle il apporta dans ses conceptions mécaniques, cet esprit pratique que l'on a toujours admiré, et qui non seulement s'inspirait du résultat à obtenir, mais tenait compte des difficultés que devaient ou que pouvaient rencontrer ceux qui seraient chargés d'exécuter ses œuvres.

Son apprentissage terminé, il entra comme ouvrier chez un fabricant de presses à bras, les seules employées alors, du nom de Gaveau.

Ouvrier intelligent, son patron s'intéressa à lui. Il appréciait la vaillante énergie de ce jeune homme qui, sa journée finie, allait demander aux cours du soir de compléter ce qu'il avait sommairement appris dans un court passage à l'école primaire et qui voulait surtout apprendre la théorie du métier dans lequel il commençait à devenir un habile praticien.

Ces dispositions n'étaient pas le résultat d'un caprice de jeune homme. Elles se maintinrent si bien, que, en 1843, à l'âge de vingt ans, son patron lui confia la direction de l'atelier.

La fonction nouvelle, au lieu d'endormir son activité, servit d'aliment à la légitime ambition qui fit le succès de sa vie. Il se mit à l'œuvre avec ardeur, s'attachant non seulement à seconder son patron dans la marche du travail, mais encore à joindre ses recherches personnelles à celles de son chef dans la voie des améliorations aux machines ou de la création de modèles nouveaux.

De cette collaboration sortit, en 1847, la presse à « réaction à quatre cylindres ».

C'est pendant son passage dans la maison Gaveau qu'il fut chargé du montage des machines dans les principales villes d'Europe et qu'avec sa vivacité d'esprit, sa clarté de jugement, il étudia un peu partout les besoins de l'imprimerie; c'est là que se forma et se développa l'idée première des machines qu'il construisit plus tard pour répondre à des besoins qu'il connaissait. Cette préoccupation de faire des machines simples réalisant, sans efforts et sans complications inutiles, le travail précis auquel elles sont destinées, a toujours guidé Marinoni dans ses recherches. C'est le programme qu'il s'est toujours imposé et qu'il a, par la suite, imposé à ses collaborateurs. Cela peut se résumer dans la formule : maximum de résultats avec le minimum d'organes.

Il ne s'attarda pas à chercher sa voie; dès 1847, il quittait Gaveau pour s'installer à son compte avec deux camarades, ouvriers comme lui. A partir de ce moment, chaque année vit paraître quelque invention nouvelle, quelques perfectionnements sensationnels.

Que d'obstacles à vaincre pour parvenir à faire accepter et à faire fonctionner les machines qu'il imagine! Que de résistances et de mauvaises volontés à surmonter! et aussi que de difficultés techniques à résoudre! Marinoni résista à tout et triompha des embarras qu'on ne cessait de lui susciter.

La liste des brevets principaux, au nombre de soixante-dix, montre à la fois l'activité dévorante du chercheur et l'étendue de son champ d'action. Quelques citations suffiront pour en donner

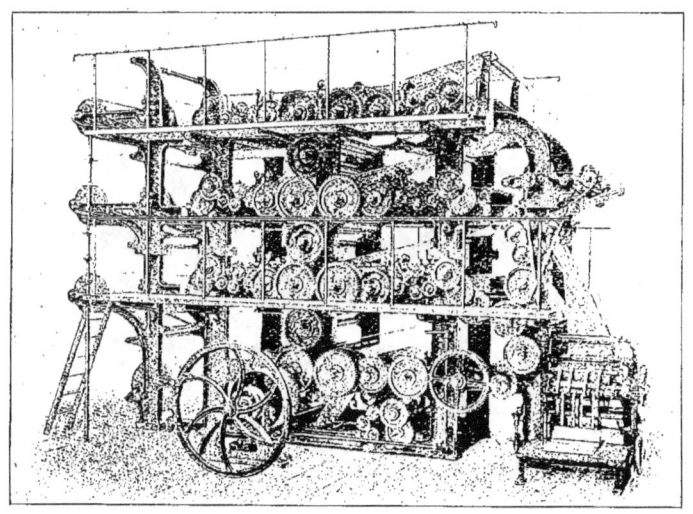

Machine quadruple à grande vitesse pour journaux de quatre à seize pages.

une idée, bien faible sans doute, mais éloquente toutefois : 1847, presse à réaction à quatre cylindres; 1851, presse universelle; 1855, machine typo-litho; nouveau système de calage actuellement adopté par tous les constructeurs; 1867, *rotative à six margeurs* (conception la plus géniale de Marinoni). Cette machine, qui tient du prodige, révolutionna l'art typographique. Elle permet de tirer vingt mille journaux à l'heure, tirage que l'inventeur accrut encore par des perfectionnements successifs et en employant le papier continu en rouleau; 1870, flan pour stéréotypie (flan = carton pour prendre empreinte, fait séance tenante avec des feuilles de papier, de la colle de pâte et du blanc d'Espagne); 1876, impression directe des galvanos sur rotative; 1878, machine à satiner; 1883, plieuse mécanique; 1886, *presse lithographique cylindrique*.

Cette machine est une des plus surprenantes, des plus ingénieuses qui soient sorties des mains de Marinoni, par la perfection qu'elle apporta dans la lithographie. Alors que tous les métiers, toutes les industries avaient vu leurs outils ou leurs machines perfectionnées et bouleversées de fond en comble, seule la lithographie avait résisté jusqu'à ce jour à toutes les améliorations. En attendant une machine qui réalisât ses vœux, la lithographie, patiente et résignée, continuait de produire lentement et chèrement, pendant que la typographie, sa sœur aînée, grâce aux perfectionnements de toute nature, lui enlevait peu à peu ses travaux les plus productifs. La pierre lithographique exigeait

Machine rotative pour imprimer et plier les journaux illustrés de quatre à seize pages avec décharge continue.

l'emploi de leviers, poids et contrepoids, bau et ressorts, sans compter que, pour la caler, on était obligé de la relever souvent, jusqu'à vingt fois, pour lui faire, feuille par feuille, millimètre par millimètre, un lit d'une épaisseur suffisante pour arriver à une hauteur réglementaire. Marinoni pensa qu'il serait préférable que la pierre fût mobile et allât chercher la pression au lieu de l'attendre. De l'idée à l'exécution, il n'y avait qu'un pas, et du premier coup, il construisit une machine présentant tous les avantages cherchés et demandés : calage instantané, mise en train rapide, tirage parfait et accéléré. Puis il la compliqua d'un receveur de feuilles, le plus adroit et le plus original qu'il soit possible d'imaginer ; 1888, *rotative à formats variables pour impression en couleurs*. Cette machine à polychromer (*polus* = plusieurs; *khrôma* = couleur), que l'on peut considérer comme un nouveau trait de génie de Marinoni, ajoute un troisième fleuron à sa gloire. Jusqu'alors, les impressions en chromo-lithographie s'obtenaient sur des machines plates à très petite vitesse et par autant de tirages successifs qu'il y a de couleurs à imprimer. Aujourd'hui, elles peuvent s'obtenir en un seul tirage quel que soit le nombre de couleurs à superposer, et à très grande vitesse. Le papier se déroule à la vitesse de 120 mètres à la minute, soit 7,200 mètres à l'heure, soit enfin douze mille exemplaires du journal à l'heure; 1892, couture et brochage sur rotative; 1894, plieuse, machine à enduire, machine phototypique à main; 1895, photo-pédale; 1898, machine plate à papier continu, coupage, réunion, comptage de diverses feuilles formant une publication; 1903, machine à imprimer, découper et tracer les cartons pour boîtes.

Dans cette énumération très écourtée, on voit le résultat pratique des recherches de Marinoni en ce qui touche le monde de l'imprimerie. Mais, à côté de ces inventions et de leurs perfectionnements successifs, son esprit en éveil s'était utilement exercé dans d'autres directions. A seize ans, il avait déjà inventé une machine à décortiquer le riz et le coton. Ensuite, la presse hydraulique sollicita son attention; il en trouva d'ailleurs, un peu plus tard, l'application à la stéréotypie. Ce qui le préoccupa longtemps, ce fut la création d'une source de force motrice pratique, peu encombrante et d'usage facile, dans les imprimeries où les poussières de charbon et l'humidité de la vapeur occasionnaient des dégâts importants. Il s'acharna à la recherche d'un moteur à gaz ou à air chaud, prit de nombreux brevets et obtint quelques résultats mécaniques. Cette industrie, qui a enrichi plus tard de nombreuses maisons, lui donna des déboires financiers qui le mirent à deux doigts de la ruine. Il l'abandonna juste à temps, laissant à d'autres le profit de ses recherches.

Si l'on voulait analyser le résultat de chacune de ses inventions, il faudrait écrire un traité complet d'imprimerie.

Mais le beau résultat que nous venons de relater n'a pas été obtenu sans peine et sans soucis. Marinoni connut des heures de défaillance physique et des heures de détresse financière. Si son énergie et sa volonté triomphèrent des obstacles, il connut l'amertume et l'angoisse.

Sa jeunesse fut laborieuse et pénible; son adolescence, consacrée au travail, prit sur le repos nécessaire le temps de compléter son instruction très sommaire. Son acharnement au travail, motivé par le désir de réaliser ses conceptions mécaniques, lui faisait perdre la notion du temps et oublier les appels de la nature : les repas et le repos se prenaient quand il pouvait et comme il pouvait. N'a-t-il pas raconté lui-même qu'au moment où il montait au journal *la Presse*, de Girardin, les premières « réaction à quatre cylindres », il resta deux mois sans se déshabiller, sans se coucher dans un lit, et se nourrissant de bols de bouillon pris sur le chantier.

Il avouait aussi que quatre heures de sommeil lui suffisaient; tous ces efforts, qui mirent sa santé en péril, aboutirent par deux fois à la ruine, sans altérer son courage. Il avait pour devise : « Persévérance », et il a persévéré jusqu'au résultat final.

Les récompenses successives que l'inventeur obtint dans les Expositions lui valurent de nombreuses médailles; en outre, l'éclat de son nom en France et à l'étranger inspira à un groupe d'hommes éminents de France le légitime désir de le voir figurer sur les listes de la Légion d'honneur : le 3 février 1875, un décret lui accordait la Croix; quelques années après, sa persévérance d'inventeur transformait la Croix en Rosette, et en 1886, la cravate de Commandeur venait couronner cette carrière industrielle si dignement remplie jusque-là.

On reste confondu, en effet, devant ce prodigieux labeur, ces immenses progrès réalisés par tant d'inventions merveilleuses, et l'imagination frappée de stupeur, entrevoit toute l'impulsion qu'un tel perfectionnement a pu donner à l'essor de la pensée humaine. Aussi, peut-on considérer les machines à imprimer à grande vitesse comme de celles ayant exercé l'influence la plus certaine sur le développement de l'esprit humain. C'est grâce à elles que les livres, les journaux et les publications de toutes sortes pénètrent chaque jour dans les coins les plus reculés des campagnes, que l'instruction s'y répand, et que la démocratie prend conscience d'elle-même, en se familiarisant peu à peu avec les questions d'où dépendent les progrès de l'Humanité.

Ce ne sont donc pas seulement les penseurs et les écrivains qui salueront avec reconnaissance le modeste monument élevé à Beaulieu à la mémoire de Marinoni : le plus humble citoyen s'inclinera avec respect devant l'image de cet enfant du peuple dont le travail acharné aida si puissamment au relèvement de sa condition. Par cela même, il a sa place marquée non seulement au Panthéon de la Presse, mais à côté de Gutenberg dont il est le digne et génial continuateur. « Si l'inventeur de l'imprimerie pouvait sortir du tombeau, que penserait-il ? que dirait-il ? en présence de la gigantesque étape franchie par l'imprimerie depuis la rudimentaire presse à bras, jusqu'à la presse hydraulique de l'illustre Français ? Gutenberg trouverait l'étape toute naturelle, attendu que sa première découverte l'avait conduit lui-même, du caractère en bois au caractère mobile en métal et à la presse à bras. Il savait bien qu'en son rudiment même, toute invention contient le germe de son évolution et de sa fin et qu'il en est de l'idée comme de l'être humain ou végétal qui naît fatalement avec la sève créatrice de générations futures, sans cesse en progrès sur les précédentes. Seulement, Gutenberg revenant sur terre et reconnaissant dans le système de la clicherie et de la presse cylindrique, l'oméga d'une prodigieuse trouvaille dont il avait conçu l'alpha, s'empresserait de chercher et d'embrasser les hommes qui, après lui, ont marché dans le chemin ouvert par son admirable intuition et amené son principe d'imprimerie à un haut degré d'épanouissement. Et, parmi ces continuateurs de lui-même, il reconnaîtrait Hippolyte Marinoni et le glorifierait d'un seul mot : « Vous êtes un de mes fils. »

Ce fut donc une belle vie que la sienne. Pouvait-il en être autrement chez un homme qui s'était imposé un programme qu'il résumait lui-même en ces simples mots : « Travailler, c'est toute la vie ; vivre au milieu des siens, employer utilement sa fortune à faire le bien, c'est tout le plaisir. » Programme de haute humanité qu'il sut remplir si bien et jusqu'à sa dernière heure. Il fut à l'avant-garde de son temps : par son existence d'enfant du peuple arrivé peu à peu au sommet grâce à la persistance acharnée de l'effort ; par sa préoccupation du mieux social ; par l'exemple qu'il donna du noble usage qu'il faut faire d'une grande fortune noblement gagnée. Et à ce sujet, bien des faits seraient à citer, notamment celui-ci : en 1894, deux personnes vinrent le trouver un matin pour lui exposer la situation des mineurs du puits Monthieu, à Saint-Étienne. Les propriétaires de la mine allaient l'abandonner, laissant sans travail un groupe d'ouvriers chargés de famille; ceux-ci, pour lutter contre la misère qui devait résulter de cette situation, désiraient que l'on ouvrît une souscription dans le journal pour, avec le produit, se rendre eux-mêmes acquéreurs de leur gagne-pain. Trouvant cette tentative intéressante, Marinoni réfléchit un instant et demanda à ses interlocuteurs :

— De quelle somme ont-ils besoin?
— Cinquante mille francs.
— Eh bien! je les leur donnerai moi-même.

Quelques jours après, un chèque de cette somme était envoyé; la mine était achetée.

Signalons enfin sa bienfaisante influence au Syndicat de la Presse parisienne où, pendant de longues années, il fit partie du comité, et où il fut le promoteur de tant d'œuvres de bienfaisance ; à la présidence de la Caisse des victimes du devoir ; enfin à Beaulieu où il a laissé tant de fondations charitables pieusement maintenues et complétées par sa veuve.

C'est ainsi que son nom ne signifie pas seulement génie ou renommée; il est synonyme de générosité et de solidarité, par conséquent digne de figurer à côté de ceux de Jacquard, de Philippe de Girard et de tant d'autres qui ont illustré la France et honoré l'humanité.

NOTES EXPLICATIVES

1. MARINONI, Hippolyte. Né à Paris en septembre 1823, mort en 1904. A sa mort, il était sorti plus de quinze mille machines de ses ateliers. Aussi est-il impossible de fixer un seul point de la carte du globe où le drapeau français n'ait pénétré avec les caisses qui renfermaient ses géniales productions. Le jour de l'inauguration du monument, Mme MARINONI a fait don de l'école des filles à la commune de Beaulieu. — 2. BEAULIEU, NICE et MENTON (côte de la Méditerranée, en Provence). — 3. PROVENCE, ancienne province de France qui forme aujourd'hui les cinq départements du Var, des Basses-Alpes, des Bouches-du-Rhône, des Alpes-Maritimes, la partie orientale de celui de Vaucluse. — 4. MELUN, ville de France (département de Seine-et-Marne), 13,000 habitants. — 5. CORBEIL, ville de France, sur la Seine (département de Seine-et-Oise), 9,000 habitants. — 6. COMPOSTEUR, appareil dans lequel le compositeur assemble les caractères d'imprimerie. — 7. PHOTOTYPIE (*photos* = lumière; *tupos* = type ou caractère) ou HÉLIOTYPIE (*hélios* = soleil) ou PHOTOCOLLOGRAPHIE. Procédé de reproduction aux encres diverses dans lequel on fait usage de substances colloïdes (gélatine, bitume, etc.) rendues propres à l'encrage par l'intervention de la lumière. — 8. DÉCORTIQUER (*dé* = dehors,

séparation; *corticis* = écorce). Enlever l'écorce, l'enveloppe des arbres, des grains, etc. — 9. HYDRAULIQUE (voir Renkin Sualem). — 10. DE GIRARDIN, Emile, illustre publiciste français. Journaliste célèbre; il fonda le journal *la Presse*, celui des *Connaissances utiles* et publia le *Panthéon littéraire*. Nombreuses sont ses œuvres comme économiste et comme penseur. — 11. LÉGION D'HONNEUR (voir Jacquard). — 12. ALPHA et OMEGA, première et dernière lettres de l'alphabet grec. Au figuré : « Le commencement et la fin ». — 13. PARIS (voir Clouet).

BIBLIOGRAPHIE

1. Documents inédits. — 2. Gérard HARRY, publiciste.

Renkin SUALEM

1645-1708

Versailles! nom magique dont la France s'enorgueillit à juste titre et qui éveille dans tous les esprits des idées de splendeurs historiques et artistiques. Pareils à un phare immense, son palais et ses jardins incomparables attirent chaque année des milliers de visiteurs venus de tous les points du globe. Or, parmi ceux-là qui ont pu admirer les superbes jeux hydrauliques, combien ont reporté leur pensée, ne fut-ce qu'un instant, vers celui auquel la France est redevable de l'installation primitive d'une œuvre qui fit l'étonnement et l'admiration de plusieurs générations? Peu ou point. L'histoire cependant mérite à des titres divers d'être contée : le milieu et l'époque où le fait s'est passé lui donnent un caractère tout particulier.

RENKIN SUALEM.

C'était vers le milieu du XVIIe siècle, époque à laquelle la splendeur intellectuelle de la France rayonnait sur le monde civilisé. En ce temps-là, un grand problème était posé aux mécaniciens.

Le roi Louis XIV, dont le goût et le faste d'un éclat incomparable attiraient et fascinaient tous les peuples, avait résolu de faire venir à profusion sur le plateau et dans le parc de Marly, les eaux de la Seine. La question demeura longtemps à l'étude, car il s'agissait de fouler l'eau à plus de 150 mètres de hauteur. On avait fait appel à tous les mécaniciens en renom, mais en vain ; chacun se déclarait incapable ou impuissant à exécuter la machine rêvée. Les illustres physiciens Huygens et Papin avaient essayé inutilement de résoudre le problème.

Le bruit de ce vaste projet arriva aux oreilles d'un jeune artisan liégeois, Renkin Sualem, fils d'un modeste charpentier.

Il n'avait point d'instruction; il savait à peine lire; ce qui n'a rien d'étonnant si l'on se reporte à ces temps lointains d'avant la Révolution de 1789, où le peuple n'était rien. Mais les qualités maîtresses qui devaient plus tard lui assurer le succès : l'esprit d'observation, la réflexion concentrée, l'initiative dans les entreprises, en firent un des plus ingénieux et des plus habiles artisans de son temps.

Il fit lui-même sa propre éducation, en exerçant la profession de son père et en s'initiant, dès le jeune âge, par tradition de famille, aux travaux fort usités au pays de Liége, pour l'épuisement des eaux dans les mines. C'est ainsi qu'il s'appliqua de bonne heure à la construction de roues hydrauliques.

Comment se fit-il que lui, obscur mécanicien, ait été appelé à exercer ses talents à Versailles, près de la cour de Louis le Grand? Il a fallu un intermédiaire : ce fut un gentilhomme liégeois, le chevalier Arnold De Ville, qui était en relation avec le comte de Marchin, maréchal de France, dont le château de Modave était pourvu d'une machine faite par Renkin, pour élever les eaux à 50 mètres de hauteur. Le gentilhomme s'en vint trouver le jeune artisan et lui dit : « Si tu veux te joindre à moi, la gloire et la fortune t'attendent. » Et en peu de mots, il le mit au courant du travail à accomplir. Tout autre que Renkin eût hésité, reculé, renoncé peut-être à affronter cette entreprise, ou se fût enorgueilli outre mesure de cette faveur. Il accepta tout simplement. Et cependant, il ne parlait que sa langue maternelle, « le wallon », si énergique, si pittoresque, si expressif; il ne disposait d'aucune connaissance technique, ni de l'outillage actuel. C'est que la confiance en soi, dès qu'elle a pris possession d'un être épris de son art, garantit celui qui la possède, des faiblesses et des mesquineries humaines et le protège contre les travers ridicules.

Accompagné de De Ville, il partit pour Paris. Sa simplicité, son bon sens, son air franc et résolu lui gagnèrent les sympathies de l'entourage royal.

Il se rendit aussitôt à Marly, examina la topographie des lieux, entrevit d'un coup d'œil les difficultés à vaincre et jugées jusqu'alors insurmontables. Il demanda à réfléchir et s'en revint au pays où il se remit à l'étude avec acharnement. Pénible labeur qui dura cinq mois. C'est que, travailleur consciencieux, il tenait à son honneur, à sa renommée et à sa dignité. Dès qu'il eut la certitude que ses expériences et ses essais étaient concluants, il reprit le chemin de Paris avec son frère et son protecteur, mais cette fois le cœur rempli d'une espérance légitime que soutenaient une conviction inébranlable et une foi ardente dans le succès. Il exposa ses plans dans un langage clair et simple où se reflétait une grande probité; il inspira confiance, et l'exécution du projet lui fut abandonnée. Dès ce moment, il s'établit près de Paris et se mit à l'œuvre. Son travail fut long et semé d'obstacles imprévus, d'écueils insoupçonnés. Des contre-temps fâcheux mirent plus d'une fois sa patience à l'épreuve. Mais ni les déboires, ni les fatigues, ni les ennuis de tous genres n'abattirent un seul instant son courage. Les railleries des uns, l'envie et les intrigues des autres vinrent s'ajouter encore aux difficultés qui l'obligeaient à modifier ou à bouleverser ses plans.

Il supporta tout avec résignation, sans jamais éprouver la moindre défaillance, le plus léger découragement qui aurait pu le détourner ou le distraire de sa tâche. Sa constance mise ainsi à l'épreuve et la vision du but qu'il s'était assigné le soutinrent plus et mieux que l'appât du gain ou la perspective des honneurs.

Pour alléger ses tourments, endormir ses souffrances, il fredonnait quelque vieux refrain du « Bon Pays de Liége ». La chanson, vive ou gaie ou langoureuse, dissipait les idées noires, et, le cœur content, joyeux, il poursuivait sa besogne avec plus d'ardeur. Aussi, eut-il la satisfaction d'arriver à ses fins : on reconnut unanimement qu'il avait répondu à la confiance qu'il avait inspirée.

Or, on jugera de l'importance de l'œuvre gigantesque accomplie par ce génial créateur, cet habile constructeur, en disant que l'État y avait dépensé 7 à 8 millions qui en représenteraient plus de 20 aujourd'hui, et qu'en outre, Renkin y avait consacré six années (1676-1682) qui altérèrent profondément sa santé, mais non sa bonne humeur, cette autre force du travailleur.

Il exprima toute sa joie triomphante, non sans une pointe de fierté, dans ces simples mots dits en son langage de terroir : « J'ai peiné et peiné beaucoup, mais je m'en moque, je suis resté le maître. » Il reçut la digne récompense à laquelle il avait droit : il fut anobli par Louis XIV qui le créa baron; de plus, il fut chargé de la direction de la machine et, jusqu'à son dernier jour, il ne la quitta point. Soixante ouvriers veillaient à son entretien; elle fournissait 5,769 mètres cubes d'eau en vingt-quatre heures. Elle finit par disparaître, subissant le sort réservé aux choses humaines susceptibles de perfectionnements. Démolie au début du XIX° siècle, elle fut remplacée par l'installation actuelle, grâce aux énormes progrès réalisés dans l'art hydraulique. Quoi qu'il en soit, l'œuvre de Renkin fut une révélation et eut son heure de célébrité. Pour les mécaniciens d'aujourd'hui, elle n'a plus qu'un intérêt historique; pour les compatriotes, c'est un souvenir glorieux; pour les travailleurs, c'est un des plus beaux exemples d'initiative mise au service d'une résistance morale et physique peu commune.

Pour l'histoire des arts utiles, elle marque une époque dans l'histoire de la construction des machines, comme celle de Watt, un siècle plus tard. Avant elle on n'avait rien fait d'aussi grand, d'aussi largement étudié; elle fut un point de départ, une voie ouverte au perfectionnement, car, après elle, la mécanique appliquée fit un grand pas en avant. C'est seulement au commencement du XVIII° siècle que parurent les premiers ouvrages importants traitant de cette science : ceux de Leupold, de Weidler et de Belidor.

NOTES EXPLICATIVES

1. SUALEM, Renkin, né à Jemeppe-sur-Meuse (province de Liége, Belgique) le 29 janvier 1645; mort à Bougival en juillet 1708. Fils de Renard SUALEM et de Catherine DAVID. Le prénom de « Renkin » est la traduction wallonne de René. Son invention lui fut disputée par son protecteur De Ville, qui était simplement un homme d'affaires, âpre au gain, rusé, habile à profiter des talents des autres. Intrigant et ambitieux, il chercha à s'approprier tout le mérite de l'invention, mais son plan fut déjoué. Son seul titre est d'avoir été le négociateur de l'affaire et d'avoir tiré Renkin de l'ombre. Celui-ci fut enterré dans la petite église de Bougival, la paroisse dont la construction dépendait. Une tablette en marbre y portait une double inscription relatant

sa mort, celle de sa femme et son titre d'inventeur. Cette épitaphe fut, par la suite, transportée dans une maison de Port-Marly. — 2. VERSAILLES, ville à 18 kilomètres de Paris, fondée par Louis XIV qui fit édifier, vers 1661, le monument qui fut le centre d'attraction de la ville royale aux rues symétriques et aux avenues imposantes. Dans le palais que complètent le grand et le petit Trianon, on voit un riche musée de peintures et de sculptures relatives à l'histoire de France. Le parc fut dessiné par le célèbre jardinier-architecte Le Nôtre. — 3. HYDRAULIQUE ($hydr$ = eau; $aula$ = tuyau), science qui enseigne à conduire, à élever les eaux. — 4. MODAVE, petit village près de HUY, ville très pittoresque et très industrielle de la province de Liége, sur la Meuse (Belgique), 15,000 habitants. — 5. PARIS (voir Clouet). — 6. TOPOGRAPHIE ($topos$ = lieu; $graphein$ = décrire). — 7. LIÉGE (voir Grétry).

BIBLIOGRAPHIE

1. Documents (Bibliothèque de l'Université de Liége). — 2. HOUZEAU, Jean-Charles, directeur de l'Observatoire de Bruxelles; né à Mons (1820-1888). Savant aussi profond que modeste, on lui doit de nombreux et remarquables travaux de vulgarisation. Sa renommée a passé nos frontières (voir Annuaire de 1885). — 3. Ph. LESBROUSSART, les Belges illustres. Bruxelles, 1845. — 4. DWELSHAUWERS-DERY, Quelques Antiquités mécaniques en Belgique, éditeur Jules Massart, à Trooz (Belgique), 1906.

JACQUARD, Joseph

1752-1834

« A la fin du XVIIIe siècle, les ouvriers en soie de Lyon formaient la race la plus misérable qu'il fût possible de rencontrer. Les canuts se reconnaissaient, non seulement à leur costume héréditaire, mais surtout à leurs membres grêles, à leur taille déviée, à leurs traits altérés par une fatigue au-dessus de leurs forces. Les enfants surtout faisaient peine à voir : pâles, rachitiques, presque idiots, ils n'avaient rien de la gaieté de leur âge; et cette vieillesse précoce ne pouvait qu'inspirer une pitié profonde à ceux qui en connaissaient la cause. La fabrication des étoffes de soie était alors très compliquée. Le métier à tisser se composait d'une foule de pièces, cordes, pédales, au milieu desquelles il fallait, pour se reconnaître,

JACQUARD.
(Musée industriel de Lyon.)

une longue habitude et une continuelle application. Ce métier, placé dans un réduit de quelques mètres carrés où le jour pénétrait à peine, le remplissait presque tout entier. Le maître tisseur, assis sur un escabeau élevé, lançait ses bras et ses jambes à droite, à gauche, pour donner aux fils de la chaîne le mouvement ordonné par la liseuse de dessins; d'autres ouvriers faisaient manœuvrer les cordes et les pédales : c'étaient les tireurs de lacs.

» On employait généralement à ce dernier travail des enfants et surtout des jeunes filles. Les pauvres tireurs de lacs passaient leurs journées au milieu de ce réseau de fils et de cordes, obligés, pour obéir au commandement du maître ouvrier, de prendre toutes sortes de positions plus pénibles les unes que les autres; aussi, en mourait-il beaucoup, et ceux-là n'étaient pas les plus à plaindre, car ceux qui survivaient à cette torture, pâles, amaigris, les membres noués et difformes, devaient s'attendre à de continuelles souffrances.

» Ce qu'il y avait de plus pénible encore, c'est que ce travail auquel se livrait la famille du canut ne lui donnait pas toujours du pain. Ces magnifiques étoffes, tissées pour ainsi dire de la sueur et du sang des pauvres, n'étaient pas à la portée de toutes les bourses; on en vendait peu, et souvent le chômage condamnait au jeûne la plus grande partie de cette population. »

Les choses allaient ainsi depuis longtemps sans que personne s'inquiétât d'y remédier, quand le fils d'un maître ouvrier et d'une liseuse de dessins, Joseph-Marie Jacquard, profondément touché des souffrances des tireurs de lacs, se mit à étudier les moyens de transformer ce métier qui avait été pour lui comme pour eux, un instrument de supplices. Sa santé, gravement atteinte, le contraignit à renoncer à son métier. Placé chez un relieur, il en profita pour acquérir seul l'instruction élémentaire que ses parents n'avaient pu lui donner. De là, il entra chez un fondeur de caractères où il prit goût pour la mécanique et où germèrent ses idées d'inventions.

Après la mort de ses parents, il commença ses essais qui, peu à peu, engloutirent son modeste héritage, le plongeant dans une détresse affreuse, un dénuement atroce. Sa jeune femme, qui comprenait l'importance de ses recherches, vendit jusqu'à son dernier bijou, jusqu'à son lit, pour l'encourager et le soutenir dans les épreuves. Si cet acte admirable de dévouement et d'abnégation le sauva du découragement, la lecture du livre de Franklin : *la Science du bonhomme Richard*, le releva et lui donna un nouveau courage. « J'étais sobre, écrit-il; après cette lecture, je devins tempérant; j'étais laborieux, je devins infatigable; j'étais intelligent, j'essayai de devenir savant. »

D'un commun accord, les deux époux prirent une décision héroïque : se séparer. Il part seul pour aller chercher du travail loin de sa ville natale. Mais la première république française venait de naître; il est enrôlé dans l'armée du Rhin et a la douleur de voir son fils tué sous ses yeux. La mort dans l'âme, il revient à Lyon. Il y retrouve sa femme dans un misérable réduit, tressant, des chapeaux de paille. Emu jusqu'aux larmes, mais résolu à faire face à la misère qui les guette tous les deux, il unit ses efforts à ceux de la courageuse ouvrière en partageant ses modestes travaux. Touchante union de deux êtres bien faits pour se comprendre et se soutenir! Tant d'abnégation et d'endurance auraient dû trouver grâce devant les coups du sort. Il n'en fut rien : Jacquard eut la douleur de perdre sa digne compagne. Ce tragique événement porta un coup terrible au vaillant lutteur : frappé dans ses chères et uniques affections, il resta quelque temps désemparé, anéanti sous le poids du désespoir. Mais il se ressaisit; ce court moment de défaillance passé, il se remit résolument à l'étude de la mécanique vers laquelle le portait son irrésistible désir d'être utile aux pauvres tireurs de lacs.

Au milieu de ses recherches, il apprend par un journal, que la Société royale de Londres offrait un prix à l'inventeur d'un procédé mécanique pour la fabrication des filets de pêche. Sa curiosité inventive mise en éveil, le décida à chercher la solution du problème. Il fit longtemps des essais infructueux; finalement, la difficulté fut vaincue, et le filet fabriqué. Il le mit simplement de côté et ne songea même pas à réclamer la récompense qui lui était due : ses préoccupations étaient ailleurs. Travaillant sans cesse, le jour pour gagner son pain, la nuit pour mener à bonne fin la conception de son métier, il put, en 1801, soumettre au jury de l'Industrie nationale, le modèle d'un métier simplifié. Il obtint une médaille de bronze. Pendant trois autres années, il chercha à le perfectionner; il obtint un brevet, mais personne ne se préoccupa de son invention. Cette indifférence et ce dédain, loin de l'abattre, ne firent qu'aiguillonner son désir d'arriver à son but.

Une circonstance vint servir ses desseins. Elle se présenta sous les traits d'un ami qui s'était emparé, à son insu, du filet de pêche délaissé dans un coin de la chambre et l'avait porté au préfet du Rhône. L'inventeur fut aussitôt mandé à la préfecture. Il s'y rendit, non pas sans inquiétude; il avait été assez éprouvé pour n'avoir pas grande confiance en sa fortune. Toutefois, cette entrevue le rassura, surtout après que le préfet eut manifesté le désir de voir fonctionner l'ingénieux engin.

Quelques jours après cet incident, quelle ne fut pas sa stupéfaction de recevoir l'ordre de se rendre à Paris auprès du premier consul, porteur de son appareil. Il fut reçu au Conservatoire des Arts et Métiers; là, il dut fabriquer un filet en présence du consul et de son ministre Carnot. Il demanda ensuite la faveur de pouvoir établir une autre machine sans sortir de l'établissement afin qu'on ne le soupçonnât pas de n'en être point l'inventeur. Son séjour au Conservatoire fut des plus heureux pour lui. C'est là, en effet, qu'il retrouva les pièces éparses d'un procédé de tissage inventé par Vaucanson. Il reconstitua l'appareil et entrevit du coup les transformations et les perfectionnements dont il était susceptible. A partir de ce moment, il n'eut plus ni trêve ni repos, car cette trouvaille très imparfaite avait été pour lui un trait de lumière qui venait confirmer ses conceptions et ses espérances, en même temps qu'elle lui faisait entrevoir le triomphe prochain. Il consacre ses jours et ses nuits à chercher, faire, défaire, refaire son ouvrage avec une patience et une ténacité inlassables. Après des alternatives d'espoir et de déceptions, d'illusions et de déboires, la victoire couronne enfin ses efforts, la machine rêvée est trouvée! Son cœur déborde de joie triomphante, son âme radieuse et ravie entrevoit, comme dans un mirage, toutes les heureuses conséquences de son invention. En ce moment inoubliable, il ne songe, lui qui a tant souffert, qu'aux souffrances qu'il va enfin soulager et à la régénération de ses concitoyens. Il voit, en son imagination exaltée, l'enthousiasme que va produire l'apparition de son métier à tisser, les élans de reconnaissance de la multitude des travailleurs, l'admiration pour les bienfaits de la science! Et cette perspective si consolante lui fait oublier sa misère passée, ses nuits sans sommeil, sa santé ébranlée, les éloges des savants, la récompense flatteuse du premier consul, la gloire enfin!

Rempli de ces pensées, il revient à Lyon; la ville lui confie la direction d'un atelier de tissage. Mais le jour où il veut introduire le nouveau métier, oh! déception cruelle! oh! réveil décevant! les ouvriers s'ameutent contre lui et ne lui épargnent ni les outrages ni les mauvais traitements. Les imprécations les plus odieuses sortent de toutes les bouches : « Le traître, l'infâme, qu'on brise son métier, qu'on le jette lui-même dans le Rhône. S'il était fabricant, patron, on comprendrait, mais ouvrier lui-même, fils d'ouvrier, mettre des ouvriers comme lui sur le pavé! Il est vendu à nos maîtres! Non, nos maîtres, il les ruine aussi; il est vendu à l'étranger. A mort le faiseur de pauvres! à mort Jacquard! » L'exaspération devint si grande que le conseil des prud'hommes crut devoir ordonner la destruction du métier. On le mit en pièces sur la place publique. « Le fer fut vendu pour du vieux fer, et le bois comme bois à brûler, » dit le pauvre inventeur qui assistait à cette exécution. Lui-même allait être jeté dans le fleuve si des hommes de cœur n'étaient venus à temps, l'arracher aux mains des forcenés qui le tenaient.

Qu'est-ce donc qui avait pu susciter ces colères, provoquer cette révolte, déchainer cette tempête de fureur contre l'inventeur et son invention? Il faut, pour l'honneur de l'humanité, en rechercher les causes dans l'état d'ignorance, la dégénérescence et l'abrutissement dans lesquels vivait la classe ouvrière au sort de laquelle nul ne s'intéressait, machine vivante, victime de machines meurtrières. Et puis, il y avait les préjugés, les préventions à l'égard des machines industrielles qui perdurèrent longtemps encore après la mort de Jacquard. Sans doute, son invention supprimait à chaque métier trois ouvriers et deux ouvrières; désormais, un seul homme suffisait pour exécuter dans les étoffes les dessins les plus variés. Si de nombreux ouvriers se trouvèrent, à l'origine, réduits à l'inaction, ce ne fut que pour un très court laps de temps. Au contraire, les dédommagements produits par son invention furent importants et durables. Et voilà pourquoi, pendant de longues années, le bienfaiteur fut en butte aux persécutions des ignorants et des envieux. Mais il était écrit qu'il ne capitulerait point devant l'inconscience aveugle, la criante injustice et l'immense ingratitude de ses concitoyens. Quand on a un caractère trempé au creuset de l'énergie et de l'adversité, vivifié par le travail honnête et laborieux, les méchancetés, le mépris ou le dédain des humains n'ont point de prise ni sur le vrai talent, ni sur le génie bienfaisant.

Jacquard envisagea donc les choses avec cette sérénité, cette confiance en soi, cette force morale que seul pouvait lui donner l'accomplissement d'un devoir sacré. Aussi, n'attendit-il pas longtemps pour assister au succès de son invention qui, mal appréciée par ses compatriotes, se répandit à l'étranger. Non seulement le tissage de la soie, mais celui de la laine, du coton, du chanvre, du lin y gagnèrent une notable économie de temps et d'argent. Bientôt ce métier fut employé à la fabrication des châles, des rubans, des tulles et des mousselines. Peu à peu, un revirement se manifesta en France : quelques fabricants adoptèrent la nouvelle machine et, quand les préjugés furent dissipés, tous voulurent l'employer, et leur fortune s'accrut rapidement.

L'Angleterre avait fait à Jacquard des offres magnifiques pour qu'il allât organiser à Manchester ses métiers à tisser; il refusa par esprit de patriotisme. A James Watt qui lui adressait cette proposition, il releva avec fierté sa tête couronnée de cheveux blancs et dit : « Je gratterais plutôt la terre avec mes ongles, que d'aller porter aux rivaux de l'industrie française les moyens de la vaincre. » Comme digne pendant à cette réponse, il en est une autre faite à un étranger qui trouvait que sa patrie s'était montrée peu généreuse à son égard : « Oh! elle l'a été bien assez! je n'en demandais pas tant et je n'en voudrais pas davantage. » Il fit preuve, en effet, du plus grand désintéressement en s'engageant, moyennant une pension de 3,000 francs, à consacrer tout son temps, tous ses travaux au service de la ville de Lyon et à la faire jouir de tous les perfectionnements qu'il apporterait à ses précédentes inventions.

Il jouissait d'ailleurs de la plus douce des récompenses, celle de voir les enfants naguère emprisonnés au milieu des cordes du métier de leurs pères, s'en aller gaîment à l'école, jouer dans les rues et recouvrer peu à peu la force, la santé, l'intelligence.

En 1819, il reçut la décoration de la Légion d'honneur; ce fut une des plus grandes joies de sa vieillesse. Il en trouva d'autres dans la vie simple et occupée qu'il sut se créer. Retiré à Oullins, il cultivait avec amour son petit jardin, recevait la visite d'un grand nombre d'illustres voyageurs, savants, industriels, magistrats, et surtout celle des pauvres du pays, qu'il ne renvoyait jamais sans les consoler et les secourir. Les étrangers s'étonnaient de voir dans une humble retraite l'homme dont l'Europe entière acclamait le nom; mais il se trouvait assez riche, tant qu'il avait quelque chose à donner. Il vécut ainsi sans rien perdre de son inaltérable douceur, sans s'étonner et sans se plaindre de l'ingratitude dont ses merveilleux travaux avaient été payés.

Cette ingratitude le poursuivit au delà du tombeau. Quelques amis et un seul fabricant l'accompagnèrent à sa dernière demeure; une souscription ouverte par le Conseil des prud'hommes pour élever un monument à sa mémoire ne réunit pas 10,000 francs.

Mais il vient un jour où l'envie s'éteint, et ce jour-là, le génie reçoit les hommages qui lui sont dus. Les étrangers peuvent admirer aujourd'hui, sur l'une des places de la ville de Lyon, la statue de l'humble artisan qui a édifié sa prospérité et fait, d'une race misérable et abâtardie, une population aussi fière que laborieuse.

Frappant symbole que cette statue, s'écrie M. H. Baudrillart : « C'est la pensée, sous les traits de l'ouvrier, qui ouvre l'ère du travail intellectuel chez le travailleur manuel. »

NOTES EXPLICATIVES

1. JACQUARD, Joseph-Marie, né à Lyon en 1752, mort en 1834. — 2. LYON, grande ville de France, au confluent du Rhône et de la Saône, 460,000 habitants. Soieries. Patrie d'une pléiade d'hommes illustres. — 3. CANUTS, ouvriers et ouvrières en soie des fabriques à métier de Lyon. — 4. LONDRES (voir Bauwens). — 5. PRÉFET : administrateur civil d'un département. — 6. RHÔNE, fleuve de France; prend sa source en Suisse (glacier du Rhône), traverse le lac de Genève et a son embouchure dans la Méditerranée, 860 kilomètres. — 7. PARIS (voir Clouet). — 8. PREMIER CONSUL, Napoléon Bonaparte (1799-1804). — 9. CONSERVATOIRE DES ARTS ET MÉTIERS, établissement public à Paris pour l'enseignement des arts et des sciences appliquées. — 10. MINISTRE CARNOT, célèbre mathématicien ; créa les quatorze armées de la première république française et traça tous les plans de la campagne (1753-1823). — 11. VAUCANSON, Jacques, mécanicien français, né à Grenoble en 1709, mort en 1782. Ses automates, surtout le joueur de flûte et le canard, sont célèbres. — 12. MIRAGE (mirer). Phénomène d'optique particulier aux pays chauds, consistant en ce que les objets éloignés produisent une image renversée. Au figuré : illusion trompeuse. — 13. CONSEIL DE PRUD'HOMMES, conseil électif composé, par moitié, de patrons et d'ouvriers, pour juger ou terminer les différends professionnels par voie de conciliation. — 14. MANCHESTER, grande ville d'Angleterre, 554,000 habitants. Industrie cotonnière. — 15. JAMES WATT (voir notice sur la vapeur). — 16. LÉGION D'HONNEUR, ordre institué en 1802 par le premier consul Bonaparte, pour récompenser les services militaires et civils (ruban rouge).

BIBLIOGRAPHIE

1. C. FALLET, *Bienfaiteurs de l'humanité*. Rouen, 1872. — 2. BEAUFRAND et DESCLOZIÈRES, *les Grands Inventeurs*. Donnaud, Paris, 1879. — 3. D. KEIFFER, *l'Ouvrier à l'école*. Hoste, Gand, 1879. — 4. Documents (Bibliothèque de la ville de Lyon).

LES TISSUS

NOTICE HISTORIQUE

Les anciens connaissaient déjà les tissus, mais d'une manière moins complète que nous, qui savons en fabriquer de nombreuses variétés et qui les employons à d'autres usages encore qu'aux vêtements. Sous ce rapport, tout est descendu à des prix à la portée de toutes les bourses.

Les anciens ne portaient ni chemise ni bas. On eut comme exemple mémorable celui de l'empereur romain Alexandre Sévère (régna de 222 à 235 après J.-C.), qui avait, dit-on, des bas et des chemises de soie. Charlemagne possédait un mouchoir de poche, deux nappes, une paire de draps. La reine Isabeau de Bavière, épouse de Charles VI, roi de France (1371-1435), célèbre par sa coquetterie, possédait deux chemises de toile, et il paraît qu'elle fut la première à en avoir de ce tissu ; auparavant, on les faisait en serge, étoffe de laine assez rude et peu souple, et encore étaient-elles fort rares, car on en donnait en présent, comme chose de prix : un duc de Bretagne, nommé Salomon, en envoya trente au pape Adrien II (867-872) ; c'était un cadeau royal pour l'époque. La reine Elisabeth (1547-1603) est la première qui, en Angleterre, ait porté des bas tricotés ; les plus riches ne connaissaient que les bas de drap.

Au XVIIIe siècle, tout le monde ne pouvait se procurer des vêtements de laine, des souliers, même des chaussures. Les châles étaient absolument inconnus et les deux premiers qui aient paru en Europe, furent rapportés d'Egypte par le général Bonaparte à sa femme Joséphine de Beauharnais.

Il n'y a pas lieu de s'étonner, si l'on songe à tout le travail qu'exigent la préparation et la confection des tissus et aux machines merveilleuses qu'il a fallu inventer et perfectionner.

Le tissage est un des premiers arts que l'homme ait connus.

Certains ustensiles de l'âge de la pierre portent des dessins qui témoignent de la connaissance de cet art. De la période néolithique (*néos* = nouveau; *lithos* = pierre. Période la plus récente de l'âge de la pierre) on possède des tissus façonnés, incontestablement produits sur des métiers. Dans l'âge de bronze, on fabriquait des vêtements de laine et même des étoffes croisées. Les Egyptiens, les Perses et les Assyriens ont poussé l'art du tissage à un haut degré de perfection; chez les Grecs, les tapisseries rivalisèrent souvent avec la peinture; mais c'est la Rome impériale qui mit le plus de raffinement dans la recherche des tissus façonnés. Pendant le haut moyen âge, les étoffes d'Orient dominèrent le marché européen, et ce n'est que vers le XIIe siècle que l'Occident put opposer des créations originales aux soieries et lainages byzantins (de Byzance, ancien nom de Constantinople) et sarrasins (nom donné dans le moyen âge aux Arabes qui envahirent l'Europe et l'Afrique). Dès lors, les procédés de tissage et de décoration s'adaptèrent au goût de l'époque (style gothique, Renaissance), pour s'enrichir, au commencement du XVIIIe siècle, des idées originales apportées en Europe par la révélation de l'art japonais et chinois.

L'industrie des « toiles imprimées », originaire de la Perse, passa en Alsace. Cette province allemande, conquise par Louis XIV, roi de France, en 1648, et reprise par les Allemands en 1871, se couvrit de fabriques d' « indiennes » (étoffe fabriquée anciennement aux Indes) et de « cotonnades ». La première fabrique fut établie à Mulhouse (Alsace), en 1746, par Koechlin, Schmalger et Dollfus. L'aune (1^m,30) se payait 24 francs. En 1740, un nommé Sarrazin établit une fabrique de toiles imprimées à Jouy près Versailles. En 1767 elle passa aux mains de deux associés, Oberkampf et Demaraise, pour devenir, en 1783, manufacture royale qui ne fit que des chefs-d'œuvre, car les planches étaient gravées par de grands artistes. On disait alors les « indiennes, les perses » de Jouy. L'étoffe nécessaire à la confection d'une robe valait 500 francs. Cela nous amène aux « mouchoirs à carreaux » d'autrefois, qui venaient d'Allemagne, que l'on voulait tels parce qu'on prisait et que l'on engouffrait avec la tabatière dans la poche de côté de l'habit à la française. On en trouve encore dans quelque coin de province. Ils ont fini en fichus sur les épaules des paysannes. Il y eut également les fameux mouchoirs de Cholet

(France) qui étaient à la mode avant la Révolution de 1789 et que le barde Botrel, mort récemment, a si joliment chantés. Les généraux vendéens (Vendée, département français, rappelle les guerres civiles que provoquèrent les prêtres et les nobles lors de la révolution de 1789) ne se distinguaient aux yeux de leurs troupes que par un mouchoir de Cholet noué autour de la tête sous le chapeau.

Quant à l'outillage du tisserand, il n'a guère varié à travers les âges jusqu'à l'introduction du tissage mécanique. Dès le XVIe siècle, on voit des ateliers où un moteur hydraulique (voir Renkin) meut plusieurs métiers ordinaires. C'est le premier acheminement vers la suppression du travail à la main.

En 1678, De Genne, et en 1745, Vaucanson (en France), imaginèrent des appareils qui ne reçurent pas d'application. Cartwright, mécanicien anglais, obtint, en 1787, une récompense du parlement britannique pour son métier mécanique, et des brevets furent accordés, en 1803 et en 1805, à Harracks, autre mécanicien anglais de Stokport. Depuis cette époque, grâce à la mécanique de Jacquard, inventée en 1808, les métiers mécaniques ont été perfectionnés sans cesse et rendus aptes, par leurs combinaisons, à l'exécution des travaux les plus délicats.

Quant au filage, celui du coton s'exécutait à l'origine, à la main, depuis le battage jusqu'au filage. On n'avait ainsi que des fils très gros dont l'emploi était limité à la formation de la trame d'étoffes communes, connues sous le nom de futaines (de Fostat, faubourg du Caire. Etoffe pelucheuse de fil et de coton).

Les uns attribuent à l'Anglais Thomas Highs, fabricant de peignes à tisser, l'invention de la Mule-Jenny ou Spinning-Jenny (Jeanne-la-fileuse) du nom de sa fille; d'autres, à l'Anglais Samuel Crompton, en 1769. Successivement les mécaniciens anglais Hargraeves, et surtout Richard Arkwright, améliorèrent ce matériel mécanique primitif qui produisit une révolution dans l'industrie cotonnière par la prodigieuse extension qu'il lui imprima. En 1775, Crompton le perfectionna de nouveau. En 1810, le mécanicien français Philippe de Girard invente la machine à filer le lin et le chanvre. Bodmer, de Zurich, imagine, à son tour, en 1824, le métier à filer continu. Vers 1850, les peigneuses mécaniques, dues à Heilman, de Mulhouse (Alsace), firent leur apparition, complétant ainsi, en quelque sorte, l'ensemble des machines usitées pour le travail du coton. Jusqu'à nos jours, ce matériel a subi de nombreux et continuels perfectionnements. On se sert aujourd'hui des métiers à tisser mécaniques où la vapeur et l'électricité jouent un grand rôle.

Le velours est de fabrication ancienne dans l'Inde. Les Romains en eurent seulement connaissance, et dans tout le cours du moyen âge, on ne le trouve même pas comme étoffe de grand luxe. Venise et Gênes eurent longtemps le monopole de l'importation en Europe; en 1536, la fabrication s'établit à Lyon. La révocation de l'Edit de Nantes répandit cette industrie en Allemagne et en Hollande. (Cet édit fut rendu par Henri IV (1598) en faveur des protestants, mais il fut révoqué par Louis XIV en 1685. Cette révocation amena l'expatriation d'un grand nombre de protestants, surtout parmi les plus actifs et les plus industrieux.)

BIBLIOGRAPHIE

J. Rousselot, *Leçons de choses*. Delagrave, Paris, 1876. — 2. Marie Toussaint, *Travaux de couture et de coupe*. Charavay, Paris. — 3. Conservatoire des Arts et Métiers (Paris).

Philippe de GIRARD

1775-1845

Il est un fait digne de remarque et qui mérite d'être mis en évidence pour l'édification de la jeunesse : c'est que jusque la première moitié du XIXᵉ siècle, les grands inventeurs, les grands savants n'ont rencontré bien souvent, en récompense de leurs nobles et rudes travaux, que l'injustice, l'ingratitude, parfois la haine et la trahison; et qui, outre le sacrifice de leur vie, se sont ruinés pour enrichir le patrimoine commun. Parmi ceux-là qui appartiennent à la catégorie des martyrs de la science, il faut citer Philippe de Girard qui échappa, moins que les autres, aux tribulations innombrables dont sa route fut parsemée, comme si l'homme et le destin se fussent ligués pour lui rendre la vie plus amère, le triomphe plus difficile et la gloire plus tardive.

PHILIPPE DE GIRARD
(d'après Henry Scheffer).

Vie de lutte et d'incessant labeur, de belle énergie morale, de résignation aussi; vie pleine de grandeur et de patriotisme ardent. Elle fut un long et douloureux combat poursuivi sans trêve jusqu'à l'heure dernière où il disparut, méconnu et leurré.

De noblesse ancienne, sa famille, quoique vaudoise (canton de

Vaud en Suisse) et protestante, n'en était pas moins attachée à la France. Son père, qui professait un grand amour pour les lettres et les sciences, lui fit donner une éducation austère et virile, une solide instruction scientifique et littéraire. Par goût, il étudia la sculpture et la peinture qui lui permirent, à certains moments difficiles, de supporter la vie et de faire face à l'adversité. Son père le destina d'abord à la médecine; mais deux circonstances, la mort de sa mère et la révolution de 1789, interrompirent sa carrière d'étudiant. Son père partit pour la Suisse avec le plus jeune de ses enfants. Quant à lui, il se réfugia avec ses deux frères à Port-Mahon, où ils débarquèrent dans le plus complet dénuement.

« Avec du talent, du savoir, de la bonne volonté, de l'énergie, se trouve-t-on jamais sans ressources? Philippe subvint aux besoins les plus pressants en tirant parti de ses études artistiques : il peignit des paysages et des portraits qui rapportèrent quelque argent. De Port-Mahon, les jeunes gens se rendirent à Livourne où leurs connaissances en chimie leur permirent d'établir, à l'instigation de Philippe, une fabrique de savon à laquelle ils appliquèrent l'action de la vapeur dont l'industrie ne tirait pas encore parti en France et en Italie. »

C'est à dater de ce moment que Philippe, à peine âgé de vingt ans, se consacra aux découvertes et aux entreprises industrielles. Il installe une fabrique de produits chimiques à Marseille; mais, menacé de nouveau par les événements politiques, il se réfugie à Nice où il est nommé professeur de chimie et d'histoire naturelle. Enfin, en 1799, il rentre en France et vient habiter Paris pour continuer ses études et ses recherches.

Ce qui frappe le plus dans l'œuvre de ce laborieux, c'est non seulement la diversité de ses travaux, mais surtout la puissance de « l'observation » qui facilite l'assimilation, et la constance avec laquelle il pénètre toute chose. Il lui suffisait de reconnaître un défaut dans telle machine, une imperfection dans tel travail pour qu'il trouvât aussitôt le remède ou l'amélioration. « Il n'avait, dit Arago, qu'à regarder pour inventer. » Tout enfant, il construisit de petites roues que faisait tourner le ruisselet de son jardin. Un jour (il avait quatorze ans), qu'il était arrêté sur le bord de la mer, son esprit est frappé par le mouvement des vagues. Il est saisi devant cette puissance, cette force inutilisée; il pense, il réfléchit et voit en imagination l'utilité qu'il y aurait à capter cette force, à la transmettre au loin et à la faire servir au profit de l'homme. Cette idée germe en lui, grandit, prend corps, et finalement il invente, à vingt-quatre ans, sa fameuse turbine (*turbo, turbinis* = tourbillon. Roue hydraulique à axe vertical que l'eau fait tourner en agissant sur des augets ou aubes) dont le brevet date de 1799.

Puis reportant sa généreuse et haute pensée sur le bien-être des familles, il produit toute une série d'inventions. Pendant son séjour à Livourne, il est douloureusement impressionné par le rude labeur des tailleurs de camées; aussitôt il imagine un appareil à tailler les pierres dures. Une autre fois, il voit des artistes s'essayant péniblement à la réduction d'œuvres d'art; sans tarder il invente une machine à réduire les statues afin de reproduire, à bas prix, les œuvres des grands sculpteurs. Un jour son père s'étant plaint d'avoir la vue fatiguée, quand il travaillait le soir avec le système d'éclairage défectueux de l'époque, Philippe n'eut plus qu'une idée : remédier à cette pénible situation. C'est alors qu'il crée (1806) un système de lampe hydrostatique avec enveloppe en tôle vernie qui donne plus de lumière et à meilleur marché que celle de Carcel, les globes en verre dépoli qui rendent la lumière diffuse et font disparaître le supplice du point lumineux. Il y avait donc là trois inventions : appareil d'éclairage, le verre dépoli, enfin la tôle vernie qui fut ensuite appliquée à la confection de vases, de plateaux, d'ustensiles vulgairement employés aujourd'hui.

Une pareille découverte pouvait enrichir l'inventeur. Il n'en fut rien. Un compatriote, qu'il avait recueilli par charité, lui vola son secret et vint l'exploiter en Belgique où il s'enrichit de plusieurs millions.

Successivement, il invente une machine à confectionner rapidement et économiquement les bois de fusils, puis un appareil pour le traitement des betteraves sucrières; ensuite un grenier mobile dans lequel le grain était conservé, agité, vanné, ventilé pour le soustraire à la fermentation et le mettre à l'abri des insectes destructeurs. En outre, il imagine un chronothermomètre qui indiquait la correspondance des heures et des températures; enfin un météorographe qui relatait la température pour chaque heure, les variations barométriques et hygronométriques, la quantité de pluie tombée, la direction et la vitesse du vent.

C'est lui encore qui apporta d'importantes innovations dans la machine à vapeur, en créant un nouveau modèle (emploi de l'expansion de la vapeur dans un seul cylindre), qui permettait de réaliser une grande économie de combustible et qui fut faussement attribué à l'Américain Evans et à l'Anglais Maudsley. Enfin, un dernier perfectionnement apporté à la machine à vapeur lui valut un prix de 6,000 francs. L'invention lui avait coûté plus cher. Que lui importe la spéculation! La vénalité ne hante point son cerveau; c'est pour la science qu'il travaille, pour le progrès, pour le bien de ses semblables. Mais son plus beau titre de gloire réside dans la création de la filature mécanique du lin qui, plus que toutes les autres, attache à sa mémoire l'immortelle reconnaissance de tous les peuples. Comme Jacquard, il s'était ému du sort des malheureux filateurs à la main et s'était apitoyé sur le travail déprimant auquel ils étaient condamnés. Travail pénible qui usait et déprimait le corps, ankylosait les membres et détruisait la santé. Remplacer l'effort mécanique, machinal de l'homme, par celui d'une machine, c'était, selon lui, un moyen de relever la dignité humaine.

C'était à l'époque où Napoléon Ier avait imposé le blocus continental : la prohibition des objets manufacturés et les difficultés de l'approvisionnement des matières premières menaçaient le bien-être de la population, paralysaient l'industrie, minaient le commerce. La prospérité naissante de l'industrie cotonnière introduite sur le continent par l'héroïque Liévin Bauwens et propagée en France par Richard-Lenoir, ne pouvait satisfaire aux nécessités de la consommation. Au coton, produit exotique, il fallait ajouter la mise en œuvre du lin et du chanvre, produits indigènes. D'autre part, le filage à la main, long et dispendieux, ne donnait que des résultats insignifiants. Le mécanisme dans cette branche devenait donc une question économique de premier ordre.

« Un matin de mai 1810, la famille de Girard était réunie, à l'heure du déjeuner, dans la salle à manger de la maison paternelle. Le père parcourait des yeux le *Moniteur*; il y lut un décret impérial qui promettait « un prix d'un million de francs à l'inventeur de quelque nation qu'il puisse être, de la meilleure machine propre à filer le lin ». Il passa le journal à Philippe, lui montra du doigt le décret en disant :

» — Tiens! voilà qui te regarde. »

» Philippe lut et devint songeur. Il s'esquiva sans mot dire, erra quelque temps dans le jardin. Le feu sacré de l'inventeur s'allume, son patriotisme s'exalte, sa piété filiale brûle de rendre à sa famille ce que lui a enlevé la Révolution. Il s'enferme dans sa chambre avec du lin, du fil, une loupe. Il passe la nuit à étudier, disséquer la plante; il l'examine à la loupe, prend quelques brins, les décompose par l'action de l'eau, de manière à en séparer les fils élémentaires; les fait glisser l'un sur l'autre, les tord et en forme un fil d'une extrême finesse. Le lendemain matin, il se jetait au cou de son père en s'écriant : « Le million est à moi, il est à nous; il me reste à faire avec une machine ce que je fais avec mes doigts. »

La machine est enfin trouvée; et deux mois après (juillet 1810), l'inventeur écrivait à l'empereur ces belles paroles que la ville de Lille a gravées sur le monument érigé par l'industrie linière avec les bronzes d'Austerlitz : « Quand Votre Majesté proposait un prix à l'Europe, elle ordonnait à un Français de le mériter. »

Le problème était résolu; et la récompense?... Hélas! elle ne vint point. Ce qui prouve, une fois de plus, que nul n'est prophète en son pays.

Philippe, confiant en la promesse du souverain, consacra, sans hésiter, son patrimoine et celui de sa famille à l'établissement d'une filature. Mais survinrent la funeste campagne de Russie (1812) et les événements de 1815 (chute de Napoléon Ier à Waterloo) qui entraînèrent sa ruine; alors, les créanciers, perdant tout espoir, décidèrent de recourir à la contrainte par corps, à l'égard de celui à qui un million était dû. C'est dans cette situation désespérée que le malheureux inventeur accepta, en octobre 1815, les propositions de l'Autriche et transporta à Vienne l'industrie qui devait enrichir la France après avoir ruiné sa famille. « Les ateliers qu'il dirigeait fournirent des machines aux fabriques de Bohême, de Moravie, de Silésie, de Saxe. Pas un instant son activité ne se ralentit. Constamment, il perfectionna ses appareils et ses procédés; il améliora le peignage du lin, inventa une machine à peigner les étoupes afin d'utiliser les déchets sans valeur, trouva le moyen de multiplier la surface de chauffe des machines à vapeur, amoindrissant ainsi les dangers d'explosion; il imagina les générateurs à tubes étroits que l'on peut considérer comme la première application des chaudières tubulaires qui ont fait la gloire et la fortune de Seguin et de Stephenson (voir notice vapeur). En 1818, il appliquait son système de générateurs au premier bateau à vapeur qui ait navigué sur le Danube.

» Pendant ce temps, comment jugeait-on son œuvre? Une commission d'experts chargée de l'apprécier, déclarait ses machines mauvaises comme mécanique et comme système. Les termes du rapport laissaient percer une hostilité systématique et une rancune inspirée par la politique contre un noble qui avait déserté sa caste pour se fourvoyer dans l'industrie. Il en résulta que le nouveau gouvernement ne donna aucune suite aux réclamations réitérées de l'inventeur.

» Or, ce système de filature déclaré défectueux en France, était introduit en Angleterre en 1816 par deux contremaîtres de Philippe qui avaient copié ses dessins et ses brevets. Les deux traîtres reçurent 625,000 francs de l'industriel Horace Hall qui fut considéré dans son pays comme un inventeur de génie, alors qu'il n'était qu'un habile receleur. Certes, généraliser une invention est plutôt un bien, un devoir même, mais à la condition de n'être pas une spéculation. Philippe, plus malheureux de la ruine des siens que de ses propres malheurs, accepta, dans l'espoir de pouvoir éteindre les hypothèques qui grevaient le domaine patrimonial, les offres du gouvernement russe qui l'envoya en Angleterre, en 1826, pour étudier l'exploitation des mines.

» Quelles furent sa stupéfaction et sa douleur en constatant la fraude qui l'avait dépouillé de son invention au profit des fabriques anglaises !

» L'ostracisme qu'il subissait depuis dix ans, se prolongea dix-huit ans encore. Pendant son long séjour en Pologne, il endigua le lac Bobrza et créa des chutes qui distribuèrent la force motrice à de nombreuses usines et des canaux qui fertilisèrent le pays; puis il dota celui-ci d'une filature mécanique de lin qui, en 1829, devint le centre d'un bourg de cinq cents familles auquel, par délicatesse et par gratitude, le gouvernement donna le nom de Girardow. »

« Loin de sa patrie qu'il aimait chèrement, loin de sa famille qu'il adorait et qu'il n'avait pu rencontrer qu'à de rares intervalles en compromettant sa sécurité (condamnation pour dettes) et au prix de mille fatigues, il avait trouvé une consolation dans l'affection d'un neveu qu'il avait appelé auprès de lui. Ce jeune homme, qui donnait les plus belles espérances, fut blessé en combattant pour la cause polonaise en 1834, et vint mourir en France. »

Ce fut un coup terrible pour Philippe. Tous les malheurs fondaient donc sur lui !

Courageusement, stoïquement, il supporta tous les coups du sort; il ne faillit point un instant, et tête haute toujours, il envisagea l'avenir avec la sérénité de l'homme de bien, qui a rempli des devoirs sacrés et dont la tâche n'est point finie. En avant ! toujours en avant ! Faire bien, faire mieux ! Telle devait être sa devise. Vers cette époque (1835), l'industrie linière de la France ne pouvant plus faire concurrence aux fabriques anglaises, les industriels français s'emparèrent par ruse des procédés inventés naguère par un Français et dont la France n'avait pas voulu. Et, chose stupéfiante, en dépit des brevets, des dates, de l'évidence flagrante, manifeste, la presse et la haute administration persistèrent à considérer la filature du lin comme étant d'origine anglaise. Cet état de choses plongea le malheureux Philippe dans le plus profond chagrin. C'étaient donc ses concitoyens qui, après lui avoir refusé la récompense promise et gagnée, lui enlevaient jusqu'à la gloire d'une découverte qu'il avait payée au prix de sa fortune et de sa liberté !

« Un sentiment de révolte bien légitime le saisit, et, décidé à ne pas se laisser dépouiller sans protester énergiquement, il adressa de Varsovie, en 1840, un mémoire éloquent au roi, aux ministres et aux Chambres dans lequel il démontrait triomphalement que la priorité de l'invention lui appartenait. La Société d'encouragement pour l'industrie ouvrit enfin les yeux et décerna une médaille d'or à l'inventeur méconnu.

» Pour hâter sa réhabilitation, il fallait qu'il revînt en France. Mais les souffrances de l'exil et les maux qu'amène un climat rigoureux avaient profondément altéré sa santé. Sur la promesse de François Arago, qui s'engageait à être « son œil pour voir et son bâton pour marcher », sa nièce vint le chercher à Varsovie et le ramena dans sa patrie après vingt-neuf ans d'exil.

» L'exposition de l'industrie en 1844 fut pour de Girard une réhabilitation glorieuse, un véritable triomphe. Toutes ses inventions y étaient représentées et il y fut désormais établi « que la filature mécanique du lin était due à son initiative ».

Mais le bruit glorieux fait autour de son nom lui fut malheureusement funeste : le possesseur d'une importante créance datant de 1814 fit saisir les machines, appareils et instruments exposés. L'inventeur dut se cacher hors de Paris jusqu'à ce qu'il eût atteint soixante-dix ans, âge qui le mettait à l'abri de la contrainte par corps.

« Ce jugement, remontant à trente ans, prouve que Philippe de Girard n'avait quitté son pays natal que pour fuir la prison pour dettes et qu'il n'avait pas été, dans un but d'intérêt personnel, livrer son admirable invention aux nations étrangères.

FRANÇOIS ARAGO.

« Et ce grand citoyen, dont le génie et la vaillance opiniâtre avaient doté la France de tant de merveilleuses inventions et particulièrement d'une création qui rapporte plusieurs centaines de millions à son commerce extérieur, mourut sans avoir obtenu d'autres satisfactions que de vagues promesses ; et, chose triste à dire, il n'eut pas même la croix de la Légion d'honneur sur son cercueil !

« La mort se chargea de faire triompher la grandeur d'un génie qui éclatait aux yeux de tous : on lui fit des funérailles imposantes et les plus grands honneurs lui furent rendus. Du reste, dès le 15 octobre 1845, Arago, parlant du grand homme, écrivait dans *le Journal des Débats* : « Tous ceux qui l'ont approché peuvent dire qu'il était aussi distingué par l'âme que par l'intelligence ; il avait la simplicité des natures supérieures, oubliant toujours ses intérêts pour ses idées, quand ce n'était pas pour les intérêts d'autrui ; plein de sympathie et d'abandon, allant sans regarder où le poussait le mouvement de sa pensée et l'entraînement de son cœur ; enfin, d'une infatigable confiance dans les hommes et dans le sort qui tous deux le trompèrent. »

De son côté, J.-B. Dumas, président de la Société d'encouragement pour l'industrie, s'écriait en pleine séance du 18 février 1846 :
« Une grande nation comme la France devrait traiter les maré-

chaux de la paix et de la création à l'égal des maréchaux de la guerre et de la destruction. Quand un homme fait de sa vie tout entière une campagne persévérante contre la nature ; qu'il lui arrache un à un tous ses secrets ; qu'il dote sans réserve son pays de ses découvertes ; quand celles-ci ont de si vastes conséquences pour le progrès de la civilisation et le bonheur de l'espèce humaine, cet homme est un grand conquérant : il a gagné de rudes batailles. »

Ces éclatants témoignages d'admiration envers le beau caractère, le noble dévouement et les admirables travaux de l'illustre inventeur, consolent de l'injustice, de l'ingratitude et de la trahison dont il fut récompensé.

NOTES EXPLICATIVES

1. PHILIPPE DE GIRARD, né à Lourmarin, France (département de Vaucluse), en 1775 ; mort à Paris en 1845. En 1882, la ville d'Avignon lui éleva une statue. Précédemment, Amiens (sur la Somme, en France, 91,000 habitants), Lille (sur la Deule, France, 211,000 habitants), Paris (voir Clouet), lui avaient rendu honneur en donnant son nom à des rues, à des places, en érigeant son buste, ou en inscrivant son nom au fronton d'un édifice public. — 2. RÉVOLUTION DE 1789 (voir Lavoisier). — 3. PORT-MAHON, ville des îles Baléares (Méditerranée), 16,000 habitants. — 4. LIVOURNE, ville d'Italie (Toscane), 98,000 habitants ; port sur la Méditerranée. — 5. MARSEILLE, ville de France ; port important sur la Méditerranée. Fondée six cents ans avant J.-C., 492,000 habitants. — 6. NICE, ville de France sur la Méditerranée. Station hivernale, 105,000 habitants. — 7. ARAGO, Dominique-François, l'un des plus grands savants du XIXe siècle ; né à Estagel (France). Directeur de l'Observatoire de Paris. Il fit des cours d'astronomie restés célèbres. La physique et l'astronomie lui doivent de précieuses découvertes. Ses travaux suffiraient à l'illustration de tout un corps de savants (1786-1853). — 8. TURBINE (tourbillon). Roue hydraulique que l'eau fait tourner. HYDRAULIQUE (voir Renkin). — 9. CAMÉE, pierre fine de couleur, sculptée en relief. — 10. LAMPE HYDROSTATIQUE, lampe dans laquelle l'huile, placée au-dessous de la mèche, est déterminée à monter par la pression d'une colonne d'eau chargée de sels. Hydrostatique. ($hydro$ = eau : $statikos$ = qui a rapport à l'équilibre des forces). — 11. CARCEL (voir éclairage). — 12. CHRONOTHERMOMÈTRE ($khronos$ = temps ; $thermos$ = chaud ; $metron$ = mesure). — 13. MÉTÉOROGRAPHE (voir Van Rysselberghe). — 14. HYGRONOMÉTRIQUE ($hugros$ = humide ; $metron$ = mesure). — 15. BLOCUS CONTINENTAL, ensemble des mesures prises en 1806, par Napoléon Ier, pour fermer, au commerce de l'Angleterre, tous les ports du continent et ruiner sa marine. — 16. RICHARD LENOIR (voir Bauwens). — 17. AUSTERLITZ, village de la Moravie (Autriche), où Napoléon Ier défit les Autrichiens et les Russes en 1805. — 18. CONTRAINTE PAR CORPS, droit d'un créancier de faire emprisonner son débiteur pour le forcer à acquitter sa dette. Elle a été abolie en 1867.

Actuellement, elle n'est appliquée que pour le recouvrement des condamnations pécuniaires. — 19. VIENNE, capitale de l'Autriche, sur le Danube; 1,675,000 habitants. — 20. BOHÊME, en Autriche-Hongrie, capitale Prague sur la Moldau; 200,000 habitants. — MORAVIE, province ou margraviat d'Autriche. — SILÉSIE, province de la Prusse, capitale Breslau sur l'Oder; 423,000 habitants. — SAXE, Etat de l'Allemagne du Nord, capitale Dresde sur l'Elbe; 480,000 habitants. — 21. DANUBE, grand fleuve d'Europe. Prend sa source dans la forêt Noire, traverse l'Allemagne, l'Autriche, la Hongrie, la Serbie, la Roumanie, la Bulgarie, la Russie (embouchure dans la mer Noire); 2,860 kilomètres. — 22. HYPOTHÈQUE (gage), droit réel dont est grevé un immeuble pour garantir le paiement d'une créance. — 23. OSTRACISME, synonyme d'exclusion. — 24. VARSOVIE, ancienne capitale de la Pologne, sur la Vistule, 638,000 habitants. — 25. LÉGION D'HONNEUR (voir Jacquard).

BIBLIOGRAPHIE

1. Documents (Bibliothèque nationale de Paris et Musée industriel de Lille). — 2. Conservatoire des Arts et Métiers de Paris. — 3. MÉLON, *Vie de Philippe de Girard*, Caen, 1889. — 4. *Echo du monde savant*, 1845. — 5. ALCAN, *Histoire des industries textiles*. — 6. AMPÈRE, *Notice sur Ph. de Girard*, 1850.

BAUWENS, Liévin

1769-1822

Quelle que soit la gloire qu'un pays attache à une découverte faite par un de ses enfants, quels que soient les énormes profits qu'il puisse en retirer, il serait souverainement injuste, inhumain et anti-social qu'il n'en fît pas bénéficier les autres nations.

Un génie, et par suite ses œuvres, n'appartiennent pas en propre à tel ou tel pays, mais à tous sans distinction. Une invention, d'où qu'elle vienne, fait logiquement partie du patrimoine commun; ses bienfaits doivent rayonner sur le monde pour le plus grand profit de l'humanité.

Cette belle loi sociale, expression d'un sentiment altruiste bien compris, n'a pas toujours été observée. C'est ainsi

LIÉVIN BAUWENS.

qu'au XVIIIe siècle, l'Angleterre ayant eu le rare bonheur d'être dotée de machines à filer le coton, voulut conserver pour elle seule le monopole de la filature de la précieuse matière. Cette industrie était pour elle une source de richesse incomparable. Par un égoïsme implacable, elle déclara cette industrie fortune nationale. Des lois, d'une rigueur exceptionnelle, interdirent aux étrangers la visite des fabriques, défendant, sous peine de mort et de confiscation, d'exporter d'Angleterre aucune pièce du nouveau métier à filer. La surveillance active exercée sur les navires sortant des ports anglais créait des difficultés presque insurmontables à celui qui, sans se laisser intimider par la crainte du châtiment, eût voulu surprendre et emporter les secrets de la filature mécanique.

Un homme se rencontra pourtant qui brava, au péril de sa vie, cette loi draconienne et dota l'Europe continentale des machines auxquelles l'Angleterre avait dû, tout d'un coup, une prospérité sans égale.

Ce fut un Belge, Léon Bauwens.

Pénétré de cette idée que l'emploi de ces machines en Belgique, en France, partout enfin serait pour les populations, pour la classe laborieuse surtout, une source de bien-être, il résolut de transplanter l'industrie cotonnière sur le continent. Il fallait, pour tenter un tel coup d'audace qui confinait à l'héroïsme, un homme au caractère trempé, résolu; aux idées larges, généreuses, humanitaires. Bauwens était tout désigné pour accomplir ce haut fait, marqué au coin du sentiment altruiste le plus pur, le plus sincèrement désintéressé.

Ses parents qui exploitaient une tannerie à Gand, avaient toujours cherché à habituer de bonne heure leur nombreuse progéniture au travail industriel.

Ce temps n'est plus où le métier se transmettait de père en fils, où les enfants suivaient la voie tracée par les pères, mettant à profit l'expérience paternelle, se faisant les continuateurs d'une œuvre édifiée, d'une situation établie, au grand profit de l'union du foyer, de la prospérité de la famille et de la patrie.

C'est ainsi que, à peine sorti de l'enfance, le jeune Liévin fut chargé de surveiller les ouvriers d'une succursale de la tannerie. Il avait treize ans.

Lorsqu'il eut dix-sept ans, on l'envoya à Londres dans une importante tannerie afin qu'il pût se perfectionner : coutume éminemment utile que l'on n'observe plus guère à notre époque. Après un séjour de trois ans, Liévin rentra à Gand pour prendre la direction d'un établissement que son père avait fondé peu de temps avant sa mort. Les perfectionnements qu'il appliqua dans l'industrie du cuir lui permirent de faire sur tout le continent et même en Angleterre, la concurrence aux cuirs anglais; digne récompense de l'initiative et de l'esprit d'entreprise unis à une grande probité et à un bon sens qui sont les secrets des affaires.

Ces brillants résultats augmentèrent la prospérité de la famille Bauwens, mais en même temps, l'économie sociale y trouvait son compte par l'emploi d'un grand nombre d'ouvriers et par l'aisance répandue dans la classe ouvrière. Mais la pensée, l'objectif de Liévin était ailleurs.

Au cours des fréquents voyages qu'il fit en Angleterre, il fut frappé des magnifiques progrès de la filature mécanique du coton en même temps que des ressources immenses mises à la portée de la classe ouvrière, dont l'aisance constituait une cause de son relèvement moral. C'est alors que l'idée d'introduire sur le continent les machines à filer, s'empara absolument de son esprit.

« Qui veut la fin, veut les moyens, » dit le proverbe — une fin honnête et louable — et celle de Bauwens l'était en tous points. Avec une prudence que commandaient les circonstances, et après d'infinies précautions et de patients travaux, il parvint à posséder les plans d'une machine à filer. Il s'agissait de les emporter sans éveiller les soupçons. Il fallait dès lors employer la ruse, user de subterfuges, car les voyageurs en partance pour le continent, aussi bien que les valises, les malles, etc., étaient rigoureusement visités.

Son ingéniosité autant que son désir d'être utile à ses semblables, lui suggérèrent un moyen qui lui fait honneur. Il fit construire une voiturette anglaise dont les rayons étaient évidés ; il y introduisit les plans, puis, ayant remis le tout en ordre, il s'embarqua et arriva à Gand sans encombre. Mais, soit que les plans fussent insuffisants ou peu exacts, soit que les ouvriers fussent inhabiles dans ce genre de construction ou incapables d'interpréter les croquis, on ne put mener les choses à bonne fin. Il fallait trouver autre chose.

Bauwens ne fut point en peine, et loin de se décourager et de renoncer à ses projets, bien décidé à ne reculer devant aucun obstacle, quelque insurmontable qu'il fût, il se dit : « J'ai risqué ma tête une fois, je puis la risquer une deuxième. » Et il retourna en Angleterre. Ce fut en 1798 qu'il tenta hardiment sa seconde entreprise, pleine de dangers et de périls.

Tout d'abord, il entra en relations avec Kenyon, son futur beau-père, chef d'atelier à Manchester, qui lui vendit secrètement quelques Mull-Jenny et resta, à partir de ce moment, son plus dévoué collaborateur. Il démonta ces Mull-Jenny, en cacha les différentes pièces dans des caisses de sucre et des balles de café ; puis, comme il s'agissait de faire partir le tout, il raconta qu'il allait joindre au commerce des cuirs, celui des denrées coloniales. En même temps, des ouvriers séduits par l'or qu'il répandait à pleines mains, s'embarquèrent pour Hambourg sur un vaisseau qui portait une partie des prétendues marchandises. Peu après, Bauwens se disposait à quitter également le port de Gravesend avec le reste de ses ballots, une nouvelle escouade d'ouvriers et un nommé Harding qu'il avait embauché en qualité de contre-maître, quand la femme de ce dernier vint s'opposer violemment au départ de son mari et mit la police au courant de tout le complot. Moment d'indescriptible angoisse, de désarroi et de terreur. C'en est fait; c'est la prison perpétuelle, la mort peut-être !

Pendant qu'on ouvre les caisses et qu'on arrête Harding et ses hommes, Bauwens, méconnaissable, a le temps de s'esquiver dans la foule. Il retourne précipitamment à Londres, frète un navire, fait lever l'ancre et va prendre à Hambourg les quarante ouvriers qui l'attendaient et les précieux colis où se trouvaient renfermées les principales pièces des machines à filer. Quelques jours plus tard, il se retrouvait sain et sauf à Gand, en dépit des vaisseaux anglais qui n'avaient pas manqué de lui donner la chasse.

Et voilà comment le sang-froid et l'esprit de décision, fortifiés par l'idée de faire le bien, épargnèrent une fin tragique à cet illustre enfant des Flandres.

L'Angleterre fut réduite à le juger par défaut. Condamné à mort, il fut pendu en effigie sur l'une des places de Londres pour avoir, dit le jugement : « organisé une conspiration tendant à priver les Anglais d'une industrie qui leur est chère comme la prunelle de leurs yeux. »

En outre, tout ce qu'il possédait à Manchester et à Londres fut saisi et confisqué. Quant à Harding, il fut puni de la peine de la déportation, et les ouvriers arrêtés, de celle de l'emprisonnement. Bauwens s'empressa d'indemniser largement leurs familles. Cet acte de haute justice, spontané, désintéressé, dépeint l'homme tout entier et montre la noblesse du but qu'il poursuivait et qui sera la note dominante de toute sa vie.

C'en était fait définitivement pour l'Angleterre, du monopole de la filature du coton qu'elle détenait depuis si longtemps.

Les ballots dont Bauwens avait su se faire précéder, ne renfermaient pas, il est vrai, tous les organes de la machine à filer, mais le vaillant Gantois possédait, outre de remarquables

aptitudes pour la mécanique, des croquis faits à la dérobée et
des renseignements fournis par les ouvriers anglais. Malgré cela,
il lui fallut deux ans de patientes recherches et d'essais, avant
de parvenir à reconstituer et à faire fonctionner le métier à filer.
C'est en 1800 que les premières filatures mécaniques fonctionnèrent sur le continent. Le courageux industriel eut des ateliers
d'abord à Gand et ensuite à Passy, près de Paris (nous étions à
cette époque sous le régime français). Dès ce moment, il donna
libre cours à ses nobles aspirations. Mettant d'accord ses actes
avec ses admirables principes de désintéressement et de dévouement à la chose publique, il refusa d'exploiter à son profit
exclusif l'invention conquise par lui au péril de sa vie, et au prix
des plus grands sacrifices. Il laissa visiter librement ses ateliers,
livrant généreusement les secrets de la fabrication. En même
temps, il s'occupait de fonder une tannerie à Saint-Cloud. « Faire
mieux, toujours mieux, » semblait être sa devise. Toute son œuvre
en est une preuve éclatante ; elle en est imprégnée.

Dès 1800, ce grand honnête homme fut nommé maire de sa
ville natale et obtint la direction des travaux de la prison de Gand
qui renfermait alors quinze cents condamnés. Il y établit, en 1802,
des ateliers pour diverses industries (filatures de coton, fonderies,
carderies, tissages de velours, etc.), et y fit essayer les premières
mécaniques à filer le lin imaginées en France par Philippe de
Girard (voir biographie) et employées en Angleterre.

Plus tard, il organisa de semblables ateliers dans la prison
de Saint-Bernard près d'Anvers. Il ne supportait pas qu'il y eût
des activités inertes et stériles, sachant que l'inactivité et le
désœuvrement sont des causes de déchéance morale et physique.
Sous ce rapport, il fut un perpétuel et vivant exemple de labeur
intelligent ; et cette conception tout humanitaire des affaires dans
lesquelles il apportait un grand bon sens, une clairvoyance et
une ténacité remarquables, lui gagna l'estime et l'amour de ses
concitoyens. Aussi le succès et les encouragements couronnèrent-ils ses constants efforts. Napoléon ayant visité les établissements
de Gand et de Paris, fut tellement enthousiasmé de ce qu'il
avait vu, qu'il fit remettre 4,000 francs pour être distribués aux
ouvriers. Voulant encourager la filature mécanique de coton, le
gouvernement proposa, en 1803, un prix de 100,000 francs pour
les machines les plus perfectionnées. Ce prix fut décerné à Liévin

Bauwens pour un assortiment de deux machines à carder, une à laminer et deux Mull-Jenny.

C'est vers cette époque qu'il fonda une nouvelle filature de coton à Tronchiennes, près de Gand, et y introduisit l'emploi de la vapeur. Comme on le voit, il avait l'œil à tout, ne laissant échapper aucune occasion de transformer ses manufactures et de perfectionner l'outillage à mesure que des progrès nouveaux surgissaient dans la mécanique. Un tel esprit d'observation et d'à-propos ne pouvait qu'engendrer une prospérité remarquable et le bien-être de l'ouvrier. C'est pourquoi, l'estime publique le soutenait dans toutes ses entreprises et qu'en 1805, alors qu'il était devenu membre du conseil général du département, le conseil municipal de Gand lui offrit, au nom de la commune, une médaille d'or comme « témoignage de remerciements et de considération ».

L'Institut de France rendit à son tour hommage à l'esprit d'initiative du manufacturier gantois. Sur sa proposition, en 1810, Napoléon lui décerna la croix de la Légion d'honneur. On assure même que l'Empereur lui avait d'abord offert le titre de comte, mais qu'il l'avait refusé. C'est que chez cet homme d'une bonté de caractère exceptionnelle, la modestie et la simplicité égalaient les talents et la générosité devenue proverbiale. Celle-ci était, en effet, inépuisable, surtout envers les artisans qui, dépourvus de ressources, s'adressaient à lui pour commencer ou entreprendre une industrie. D'une nature franche et communicative, il se plaisait à donner des conseils aux fabricants qui adoptaient ses procédés mécaniques; par ses avis, il devint souvent la cause première de leur prospérité. De tous les points de l'Europe, on venait consulter son expérience; ses ateliers étaient ouverts à tous les visiteurs, à qui il communiquait ses perfectionnements avec le plus rare désintéressement.

Il ne se contentait pas d'être un ami sincère et dévoué, il se comportait aussi en véritable père envers les petits et les faibles. Plus d'une fois, il se montra leur protecteur et sut toujours joindre! les plus généreuses qualités du cœur aux aspirations d'un véritable génie industriel. Malheureusement, l'adversité vint l'atteindre : ayant consacré sans cesse de nouveaux capitaux à des expériences et à des essais souvent très onéreux, il éprouva des pertes successives considérables. Il fut obligé de recourir, en

1814, à une liquidation qui le ruina complètement. Il résista à ce choc qui venait le surprendre en pleine maturité de l'âge. Il fit face à l'adversité avec une énergie que rien ne pouvait altérer. Dans ces pénibles circonstances, il s'adressa, mais en vain, au roi Guillaume Ier et à l'Infante d'Espagne, pour obtenir l'autorisation d'établir des filatures de coton en Hollande et en Espagne. Voyant enfin qu'il ne pouvait compter que sur lui-même, il tenta de créer une nouvelle industrie et chercha à tirer parti des déchets ou bourre de soie. Ses premiers essais réussirent. Il vint se fixer à Paris en 1819 et prit un brevet qu'il céda moyennant un traitement annuel de 5,000 francs et une part dans les bénéfices de la fabrication.

Il était à la veille de refaire sa fortune quand la mort vint le surprendre au milieu de ses travaux, sans lui laisser, comme à tant d'autres, le privilège de pouvoir goûter un repos bien mérité et de jouir un peu de la vie.

Liévin Bauwens est bien de sa race, de cette race flamande énergique, tenace au travail, résistante au labeur pénible et ayant au cœur cet amour ardent et indéfectible du sol natal. Il est bien le digne descendant de ces glorieux enfants de cette Flandre au passé historique si remarquable, et dont le souvenir est impérissable dans le cœur de tout Belge : Pierre de Coninck, Jean Breydel, Zannequin, Jacques et Philippe Van Artevelde, défenseurs de la cause populaire au temps des Communes (XIVe siècle).

En se remémorant les hauts faits de ces héros et en reportant sa pensée sur Bauwens, on comprend « le sergent de Bruyne » (voir biographie).

NOTES EXPLICATIVES

1. BAUWENS, Liévin, né à Gand (Belgique) en 1769; mort à Paris en 1822. Sa ville natale a donné son nom à une de ses places publiques et lui a élevé une statue en 1885. Œuvre de justice et de réparation tardive, bien que l'idée d'ériger un monument surgit déjà en 1837. Les biographes français commettent une erreur en soutenant que l'honneur d'avoir, le premier, introduit sur le continent les métiers à filer le coton, revient à un Français : Richard-Lenoir. Le jugement rendu à la suite d'un procès intenté par les successeurs de Bauwens, reconnaît que ce titre appartient à celui-ci. On peut citer encore la *Biographie des hommes vivants* publiée à Paris en 1816, qui spécifie que Bauwens fut le premier qui importa les métiers à filer. Et, quant à Richard-

Lenoir, elle dit qu'il fut simplement un des plus grands fabricants de l'Europe. — 2. DRACONIENNE (de Dracon, législateur d'Athènes dont les lois étaient si sévères qu'on les disait écrites avec du sang). — 3. GAND, ville de Belgique, au confluent de l'Escaut et de la Lys, 163,000 habitants. Manufactures de lin et de coton de la plus haute importance. Vastes établissements horticoles d'une renommée mondiale. — 4. LONDRES, capitale de l'Angleterre, sur la Tamise, 5,500,000 habitants. Ville la plus peuplée, la plus commerçante et la plus riche du globe. Port de premier ordre. Son British Museum est une merveille, unique au monde. — 5. MANCHESTER (voir Jacquard). — 6. MULL-JENNY (nom de la fille d'un des inventeurs, M. Highs), métier à filer le coton. — 7. HAMBOURG, ville d'Allemagne, sur l'Elbe, 700,000 habitants. Un des plus grands ports du monde avec Londres, Anvers et Liverpool. — 8. GRAVESEND, ville et port d'Angleterre, à l'embouchure de la Tamise, 8,500 habitants. — 9. EFFIGIE, représentation ou image d'une personne. — 10. SAINT-CLOUD, localité française (arrondissement de Versailles). Ancienne résidence impériale; brûlée par les Allemands en 1870. — 11. NAPOLÉON 1er, Bonaparte : général, consul et enfin empereur des Français en 1804. Né à Ajaccio (Corse) en 1769 ; mort à Sainte-Hélène en 1821, après une pénible captivité. Célèbre par son génie militaire et ses qualités de suprême énergie. — 12. INSTITUT DE FRANCE, palais situé à Paris; construit au XVIIe siècle pour y installer les collèges des savants. — 13. LÉGION D'HONNEUR (voir Jacquard).

BIBLIOGRAPHIE

1. *Liévin Bauwens*, par M. Prosper CLAEYS, le distingué historiographe de la ville de Gand. Edit. Vuylsteke, Gand. — 2. *Liévin Bauwens*, par HARTHAUG. Lebègue, Bruxelles. — 3. *Messager des sciences historiques*.

PAPIN, Denis

1647-1714

« Les historiens et les auteurs de mémoires de la fin du XVIIe siècle, tout entiers aux récits des événements de la guerre, n'ont pas eu une ligne à consacrer à ces esprits d'élite qui employaient tous les moments de leur laborieuse existence à préparer à l'humanité des destinées meilleures, et qui, souvent, ne recevaient en retour que la misère et l'oubli.

» Le nom d'Amontons, l'un des physiciens français les plus remarquables du XVIIe siècle est à peine prononcé dans les écrits de l'époque; et le génie de Mariotte s'éteignit au milieu de l'indifférence de son temps. Papin n'a pas attiré davantage l'attention des historiens.

» C'est dans ses propres ouvrages ou dans des lettres éparses de quelques savants qu'il faut aller puiser les rares documents qui restent sur les événements de sa vie. »

Son père, qui était médecin à Blois, et appartenait à la religion protestante, lui fit faire des études médicales à

DENIS PAPIN.

Paris où Denis exerça l'art de guérir. Mais il ne tarda pas à tourner exclusivement son esprit vers les travaux de la physique expérimentale et de la mécanique appliquée. Il eut la bonne fortune d'aider le célèbre Huygens dans ses expériences de mécanique et, dès 1674, il fit paraître son premier ouvrage : *Nouvelles Expériences du vide avec description des machines qui servent à le faire;* publication qui lui attira la protection des savants.

En 1675, il se rend en Angleterre. Pour quel motif? On l'ignore. Là, il se lie avec le savant physicien et chimiste irlandais Robert Boyle, l'illustre fondateur de la Société royale de Londres, la première des académies fondées en Europe et dans laquelle Denis eut l'honneur d'être admis en 1680. L'année suivante, il fit connaître son « digesteur », surnommé « marmite de Papin », qui permettait de cuire les viandes en peu de temps et à peu de frais, tout en améliorant leur goût. Il donnait en même temps le moyen de ramollir les os (transformation en une substance appelée aujourd'hui gélatine). Cette marmite était munie d'une soupape de sûreté qui constitue l'un des organes les plus importants de la machine à vapeur moderne.

Cette même année, il dit adieu à l'Angleterre pour accepter une chaire à l'Académie de Venise. Mais, n'ayant pas suffisamment de ressources, il quitte au bout de deux ans et revient à Londres où une grande déception l'attendait. N'y trouvant plus le crédit dont il y jouissait, il dut se contenter, pour vivre, de copier la correspondance de la Société royale, moyennant 62 francs par mois. La rémunération étant trop insuffisante, il songe à rentrer en France ; l'interdiction faite aux protestants d'y résider, renverse tous ses projets. Il aurait pu faire tomber d'un seul mot les barrières qui le séparaient de son pays, entrer à l'Académie des sciences et recevoir des traitements flatteurs : il lui suffisait de renoncer à sa religion ; mais il préféra un exil éternel à la honte d'une abjuration. Heureusement, une chaire de mathématiques lui fut offerte à Marbourg ; il put alors reprendre la suite de ses travaux accoutumés. Depuis 1687, il cherchait, mais sans résultat, à faire le vide dans un corps de pompe pour donner le mouvement au piston au moyen de la pression atmosphérique ; il avait cherché à faire le vide au moyen de détonations de poudre capables de chasser l'air. C'était puéril sans doute ; aussi, s'en rendit-il bientôt compte. Réfléchissant sur les agents pouvant remplacer la poudre à canon, il eut l'idée hardie et profondément nouvelle d'employer la vapeur d'eau à cet usage. Cette pensée, véritable inspiration du génie, suffit à l'immortaliser. Le Mémoire dans lequel il relate sa découverte date de 1690. « Il croyait de bonne foi que son système pouvait trouver tout de suite une application dans l'industrie. En cela, il se trompait étrangement, car les imperfections étaient telles, qu'elles ne présentaient aucune des conditions que la plus médiocre machine industrielle exige. Cette erreur devait nuire malheureusement à sa destinée, les défauts de sa machine étant d'une évidence frappante. »

L'indifférence que rencontra sa découverte eut pour lui une conséquence funeste. Les critiques le déroutèrent ; il crut qu'il avait fait fausse route et abandonna les projets de sa machine à vapeur. Et cependant, il y avait peu de perfectionnements à faire pour la rendre applicable à l'industrie : supprimer toute intervention de la pression atmosphérique, laisser à la seule force de la vapeur, le rôle d'agir sur le piston pour déterminer un double mouvement. Entre temps, il employait son génie inventif à la construction d'un bateau à vapeur. Dès que celui-ci fut prêt, en 1707, Papin sollicita l'autorisation de pouvoir en faire l'essai sur la Fulda, affluent du Weser. Ce permis lui fut refusé. Il est vraiment pénible de penser qu'un projet qui avait coûté toute une vie de travaux pût échouer devant un si misérable obstacle.

Papin irrité, passa outre. Il s'embarque à Cassel sur la Fulda et arrive à Munden le même jour. Il comptait poursuivre sa route sur le Weser et arriver ainsi à Brême. Là, il se serait embarqué sur un vaisseau qui l'aurait conduit à Londres en remorquant son petit bateau. Mais les bateliers du Weser, redoutant une concurrence, mirent l'embarcation en pièces et Papin dut s'enfuir pour échapper à leur fureur.

On est saisi d'un profond sentiment de compassion quand on se représente l'infortuné vieillard, privé des moyens sur lesquels il avait fondé toutes ses espérances, sans ressources, presque sans asile et ne sachant plus en quel coin de l'Europe il allait finir ses derniers jours. Il prit la résolution de continuer sa route vers l'Angleterre; il voulait mourir sur le sol hospitalier où avaient fleuri les quelques jours heureux de son existence. Faible et malade, il s'achemina tristement vers ce dernier asile de sa vieillesse. Arrivé là, il eut la douleur de constater que ses anciennes relations avaient disparu; son nom était inconnu aux nouveaux membres de la Société royale. Il obtint cependant un modeste emploi et, dès ce moment, il se trouva, jusqu'au dernier jour de sa vie, réduit à un état voisin de la misère. Faute de ressources, il fut contraint de renoncer à poursuivre les expériences de son bateau à vapeur. « Je suis obligé, dit-il, dans une de ses lettres, de mettre mes machines dans le coin d'une pauvre cheminée. » La pauvreté et l'abandon dans lesquels il traîna le poids de ses derniers jours devaient lui être d'autant plus douloureux qu'il était chargé de famille.

Il languit quelques années encore dans l'isolement et la détresse, mais on ignore où il finit ses jours. Il mourut vers l'an 1714, sans avoir soupçonné l'importance capitale que devait acquérir un jour la découverte du principe fondamental de la vapeur pour faire le vide et soulever un piston.

Denis Papin forme avec Salomon de Caus et James Watt le triumvirat qui révéla l'importance de la vapeur : Salomon de Caus trouva la force motrice nouvelle ; Denis Papin appliqua cette force par la combinaison de l'élasticité de la vapeur et de la pression atmosphérique ; James Watt perfectionna l'application en supprimant toute intervention de la pression atmosphérique, laissant à la seule force de la vapeur le rôle d'agir sur le piston pour déterminer un double mouvement.

NOTES EXPLICATIVES

1. PAPIN, Denis, né en 1647 à Blois, ville de France, sur la Loire, 23,000 habitants ; château remarquable du xiii⁰ siècle. — 2. MARIOTTE (l'abbé Edme) (1620-1684). Physicien français, né à Dijon. Compléta la théorie de Galilée sur le mouvement des corps et découvrit la loi qui porte son nom : Une masse de gaz à température constante varie en raison inverse de la pression exercée sur elle. — 3. PARIS (voir Clouet). — 4. HUYGENS (voir optique). — 5. VENISE, ville d'Italie bâtie sur les lagunes de l'Adriatique, 152,000 habitants. Edifices remarquables. Riches musées. — 6. LONDRES (voir Bauwens). — 7. MARBOURG, ville de l'Autriche-Hongrie (Styrie), sur la Drave, 17,000 habitants. — 8. WESER, fleuve d'Allemagne ayant son embouchure dans la mer du Nord. — 9. CASSEL, ville d'Allemagne, 64,000 habitants. Une ville du nord de la France porte le même nom. — 10. MUNDEN, petite ville allemande au confluent de la Fulda et du Weser. — 11. BRÊME, port allemand à l'embouchure du Weser, 164,000 habitants.

BIBLIOGRAPHIE

1. DE LA SAUSSAYE ancien recteur de l'Académie de Lyon), *Correspondance de Papin*. — 2. FIGUIER, *les Grandes Inventions*. Hachette, Paris, 1869. — 3. DECLOZIÈRES, *les Grands Inventeurs*. Paris, 1867.

LA VAPEUR

NOTICE HISTORIQUE

L'idée qui présida à la création des chemins de fer, était de faciliter la traction des véhicules en faisant rouler les roues sur une surface polie. Cette conception remonte à une époque déjà lointaine. Elle fut appliquée dans la plupart des villes d'Italie, il y a bien longtemps. On voyait dans les rues deux rangées de dalles parallèles en marbre poli destinées à porter les roues. L'avantage de ces surfaces planes était de diminuer la résistance à la force qui met les voitures en mouvement. Partant de ce principe, on imagine d'établir des chemins à ornière en bois.

Ces chemins, installés en Angleterre dès 1676, consistaient en deux rangées de pièces de bois droites et parallèles fixées sur des traverses. Ces voies servaient au transport du charbon de terre, à partir des puits d'extraction jusqu'au lieu de vente et d'embarquement. Un cheval y traînait une charge deux ou trois fois plus forte que sur le chemin de terre. C'est le premier progrès. Mais on comprend aisément tous les inconvénients de ces rails en bois : le mauvais temps, l'action des roues, la flexibilité du bois humide nécessitaient des renouvellements fréquents. Une pluie suffisait pour rendre la route impraticable et il fallait alors suspendre les transports. Au point de vue économique, il restait donc deux questions à résoudre : éviter des dépenses inutiles et gagner du temps. C'est à cela que vont tendre les efforts incessants des hommes

C'est en 1754 que les roues en fonte furent introduites et, quelques années plus tard, l'installation des rails en fonte. A l'origine, c'etaient des barres de fonte placées de champ sur des pièces de bois transversales, ensuite des bandes posées à plat sur des pièces de bois et portant un rebord pour empêcher les roues de dévier. En 1789, l'ingénieur William Jessop introduisit une forme nouvelle de rails dite à « ornière saillante » et qui fut généralement adoptée. En 1797, on substitua aux traverses ou supports en bois, des supports en pierre.

La découverte de la force expansive de la vapeur, dont on se préoccupait déjà dès le commencement du xviie siècle, va bientôt transformer les moyens de locomotion. Une force inépuisable va remplacer la force vite usée des mains et des bras et permettre à l'homme de devenir pour ainsi dire maître du temps et de l'espace.

« Cette histoire de la découverte de la force expansive de la vapeur et de ses applications comprend trois phases :

» 1° Inventeurs qui ont découvert les principes généraux de l'action de la vapeur et l'ont employée comme force motrice au fonctionnement des machines ;

» 2° Application à la navigation ;

» 3° Extension à la locomotion sur terre. »

La découverte de la force de la vapeur est due à Salomon de Caus (né dans le pays de Caux, en Normandie, vers la fin du xvie siècle, mort en 1630), qui publia, en 1615, un ouvrage ayant pour titre : *Raisons des forces mouvantes avec diverses machines, tant utiles que plaisantes*. Il est donc le premier qui ait songé à se servir de la force élastique de la vapeur aqueuse dans la construction d'une machine hydraulique (voir Renkin) pour opérer des épuisements.

En possession de son merveilleux secret, il alla trouver le cardinal de Richelieu, ministre de Louis XIII, roi de France, pour lui expliquer les prodiges de la vapeur qui ferait tourner des manèges, des voitures, des vaisseaux. Le cardinal le prit pour un fou, le fit enfermer à Bicêtre (village de France ; magnifique hospice pour les vieillards et les aliénés), où il est mort en criant d'une voix brisée, derrière les barreaux de sa cellule : « Je ne suis pas fou ; la découverte que j'ai faite enrichira le pays qui voudra la mettre à exécution. »

Denis Papin, qui avait pressenti tout le parti qu'on pouvait tirer de l'application de la vapeur au fonctionnement des machines, réalisa un grand nombre d'inventions parmi lesquelles la machine à haute pression ou à simple effet, très imparfaite et peu pratique ; la soupape de sûreté, qui constitue l'un des organes essentiels de la machine à vapeur moderne ; et le premier bateau à vapeur. Vers la même époque (1698), un Anglais, Thomas

Savery, s'était efforcé de pratiquer l'épuisement des eaux dans une houillère à l'aide d'une machine qui fonctionnait au moyen de la pression de l'eau. Cette expérience, jointe à celle de Papin, excita la curiosité des esprits. Parmi ceux dont l'imagination était le plus puissamment frappée, se trouvait le mécanicien anglais Newcomen. Ayant eu connaissance de l'opinion de Hooke, savant anglais : « Si Papin pouvait faire subitement le vide sous son piston, tout serait fini, » il eut le pressentiment que par les machines existantes, on ne produisait pas tout l'effet qu'on pouvait en obtenir. Partant de cette idée, il parvint à obtenir le vide plus instantanément et plus efficacement, au moyen de l'injection d'une petite quantité d'eau froide dans le cylindre, remplaçant le procédé extérieur de refroidissement imaginé par Papin. Secondé par Cawley, son collaborateur et associé, il réalisa sa machine qui fut utilisée dans l'exploitation des mines et dans la distribution des eaux. Elle était connue sous le nom de « machine atmosphérique » parce que c'était la pression de l'air qui poussait le piston en bas, quand la vapeur, qui l'avait soulevé, condensée par un jet d'eau froide, avait produit le vide à l'intérieur du cylindre. A Londres, cette machine conserva sa renommée jusqu'au moment où James Watt, mécanicien écossais, s'inspirant d'observations

JAMES WATT.

nouvelles, introduisit dans le fonctionnement de la machine à vapeur, une innovation qui devait amener d'immenses résultats.

Il fallait, pour manœuvrer le système de Newcomen, un ouvrier intelligent, ouvrant et fermant à propos les robinets de vapeur et d'eau froide. En outre, le refroidissement continuel du cylindre diminuait la force d'expansion de la vapeur, au moment de son émission; il résultait de là qu'une plus grande production de calorique était nécessaire et que, par suite, la consommation du combustible devenait très considérable.

Watt parvint à réaliser une économie des trois quarts du combustible par l'invention d'un procédé qui consistait à déterminer la condensation dans une caisse séparée du cylindre, et constamment parcourue par un courant d'eau. Ce perfectionnement, qui reçut le nom de condenseur isolé, fut bientôt suivi de l'invention qui a rendu le nom de Watt immortel : la machine à vapeur à double effet.

Dans ce système nouveau, l'élévation et l'abaissement du piston étaient obtenus par la pression de la vapeur seule, sur les deux faces. L'air cessa d'intervenir comme moyen d'action et fut absolument remplacé par la force élastique de la vapeur. Enfin, Watt perfectionna cette machine en y ajoutant successivement le parallélogramme articulé, la manivelle, le régulateur à boules et ainsi la conduisit au degré d'avancement où l'industrie l'a trouvée vers le commencement du xix° siècle.

Dès que la machine à vapeur eut reçu de James Watt de si remarquables perfectionnements, on chercha à l'utiliser pour la traction des voitures. L'habile inventeur fit lui-même plusieurs essais qui ne réussirent point. Quoi d'étonnant à cela ? Les difficultés à vaincre étaient immenses et presque insurmontables : outils imparfaits, absence de machines de précision, ouvriers incapables, mécaniciens inhabiles. L'ouvrage terminé, il se trouvait que les soudures ne résistaient pas à la chaleur; le métal ne convenait pas; la pièce était trop longue, ou trop courte, ou trop grosse, ou trop mince. On avait recours pour ce dernier cas à de la toile, du coton, pour combler les vides, véritables emplâtres qui rendaient la pièce plus malade encore. Essais naïfs et sublimes qui durèrent dix ans pendant lesquels Watt fit tous les métiers pour gagner de quoi poursuivre ses essais. Enfin il rencontra un associé fortuné qui l'aida de son argent et lui permit ainsi de construire la première machine, mais bien imparfaite. D'autres, après lui, essayèrent différentes voitures à vapeur, mais sans succès. Ils ne pouvaient les maîtriser. Cugnot, ingénieur français, essaya à Paris, en 1769, une voiture à vapeur qui s'élança avec une telle violence qu'elle se heurta contre un mur et le renversa; en 1770, il construisit une machine à vapeur qui, le jour de l'expérience, perdit l'équilibre et culbuta (voir automobile).

Un mécanicien allemand, Leupold, donna, vers 1725, la description d'une machine, dite à haute pression, qui resta dans le domaine de la théorie. Un Américain, appelé Olivier Evans, imagina, en 1801, une machine à haute pression, mais il n'obtint pas le résultat qu'il en attendait. Deux constructeurs anglais, Vivian et Trevithick, construisirent, en 1802, une voiture à vapeur dans laquelle il était difficile de maintenir la pression voulue, et la machine poussive ne tardait pas à s'arrêter. C'est alors que Trevithick résolut d'associer la locomotive et la voie ferrée. En 1803, il inventa une locomotive dans laquelle le mouvement du piston était transmis aux roues par l'intermédiaire d'engrenages et de roues dentées. Malheureusement, elle brisait les rails, se détraquait et déraillait, de sorte qu'on l'abandonna.

En 1786, William Murdock construisit une petite machine à haute pression, une sorte de joujou, chauffé à l'esprit-de-vin et montée sur trois roues, quelque chose comme un tricycle. La lampe étant allumée, l'eau ne tarda pas à bouillir et la machine partit en avant, l'inventeur courant après elle.

En 1802, un ingénieur français, Charles Dallery, fils d'un facteur d'orgues (1754-1835), conçut l'idée, pour obtenir une grande quantité de vapeur, de faire circuler la flamme autour de plusieurs tubes verticaux remplis d'eau et communiquant avec le réservoir de la vapeur. Le principe de la chaudière tubulaire était trouvé. Il se servit de sa machine à vapeur pour actionner une voiture. Mais ses espérances furent déçues.

Une grave erreur s'était glissée, à cette époque, dans les esprits : on croyait que les roues de la locomotive (*locus* = lieu; *motus* = mû, mouvoir) n'auraient jamais assez d'adhérence avec le rail en fer et qu'elles tourneraient sur place au lieu de progresser. C'est ainsi qu'en 1811, un Anglais, Blenkinsop, prit un brevet d'invention pour un chemin de fer dans lequel un des rails était remplacé par une crémaillère avec laquelle engrenait la roue motrice de la locomotive; un pareil système comportait une vitesse très faible : quatre ou cinq kilomètres à l'heure, sinon les chocs des dents contre la crémaillère eussent bien vite tout brisé.

Vers 1813, un autre Anglais, M. Blackette, essaya une locomotive plus compliquée que la précédente : une fois mise sur les rails, elle refusa d'avancer. Furieux, le constructeur la fit sauter. En 1817, l'Anglais Mauly inventa le type de machine à vapeur dénommée « machine à cylindre oscillant » importée en France par Cavé.

C'est alors qu'apparaît Stéphenson pour résoudre définitivement le problème. Toutefois, il est juste de dire que la chaudière tubulaire dont il s'est servi était l'œuvre de l'illustre ingénieur français Marc Seguin et de son compatriote Philippe de Girard, qui s'étaient inspirés des conceptions de Dallery.

La locomotive, transformée par les Américains et appliquée aux travaux agricoles, est devenue la locomobile (*locus* = lieu; *mobilis* = mobile, mouvoir).

Depuis l'apparition de la création géniale de Stéphenson, de grands perfectionnements ont été apportés aux locomotives par toute une pléiade d'ingénieurs distingués.

Quelque vingt ans avant la conquête des moyens de transports sur terre, le génie de l'homme s'était rendu maître des mers par l'application de la vapeur aux navires.

L'idée d'appliquer la vapeur à la navigation revient sans conteste à Papin, qui, en 1707, construisit un bateau à vapeur (voir la biographie). Toutefois, d'après un document trouvé dans les archives de la ville de Madrid (capitale de l'Espagne, sur le Manzanarez, 540,000 habitants), le premier bateau à vapeur daterait du xvi° siècle (1543). Voici l'histoire d'après des mémoires de l'époque :

» Sous le règne de l'empereur Charles-Quint, vivait à Barcelone (port d'Espagne, sur la Méditerranée, 533,000 habitants) un capitaine de la marine marchande, nommé Blasco de Garay. Il avait, dans sa jeunesse, fait partie de toutes les expéditions de Christophe Colomb. Excellent ingénieur, il s'était appliqué, pendant toute sa vie, à la découverte d'un propulseur capable de faire avancer les navires sans rames et sans voiles. Ses premières propositions furent accueillies avec une telle défaveur, qu'il résolut, à un certain moment, de s'adresser à Jacques V d'Ecosse, le seul souverain de ce temps qui s'occupât sérieusement des questions artistiques et commerciales. Malheureusement, Jacques V mourut peu après.

» Blasco ne se découragea point, même après avoir été couvert de ridicule, abreuvé d'injures et menacé d'être brûlé comme sorcier par les inquisiteurs dominicains. Enfin, au moment où tout semblait désespéré, il obtint de l'empereur, l'autorisation de faire une expérience. Elle eut lieu à Barcelone, le 17 juin 1543, en présence d'une foule immense. L'empereur, à cheval, entouré de sa cour et de sa maison religieuse et militaire, assistait à l'événement.

» Un vaisseau de 200 tonnes (tonne = 1,000 kilogrammes),

nommé la *Trinidad*, commandé par un certain Pedro de Scarza, avait été choisi pour servir à l'expérience. De Garay n'avait confié son secret à personne. Il arriva au moment fixé, en compagnie de ses ouvriers, et plaça en travers du navire un axe muni aux deux bouts d'une roue en bois. Au centre, il y avait plusieurs autres roues mystérieuses, des barres et des bandages de fer, et une grande chaudière remplie d'eau, prise dans le puits du monastère de Montserrat dédié à la Vierge. Ceci pour éviter l'accusation de sorcellerie. Alors, l'inventeur alluma le bois préparé dans le foyer; bientôt l'eau commença à bouillir; les roues tournèrent et le bateau se mit en mouvement, traversant toute la baie en marchant contre le vent. Charles-Quint fut stupéfait et ordonna à son grand trésorier d'inspecter soigneusement la machine et de lui adresser un rapport détaillé à ce sujet. La morgue et l'ignorance de ce trésorier firent tout crouler. Comme il arrivait sur le pont du navire, ce personnage eut une partie de ses hauts-de-chausse (culotte d'autrefois)

FRÉDÉRIC SAUVAGE.

déchirée par la machine, et la sciure de bois dont ils étaient rembourrés se répandit à terre, sous les yeux amusés de l'équipage. Le « Grand de Castille » se vit insulté par cette « vile mécanique », et fit un rapport déplorable. En conséquence, l'empereur défendit à Blasco de Garay de continuer ses expériences; toutefois il lui fit donner 40,000 maravédis (maravédis vaut 1 centime et demi) et le créa chevalier. Mais l'inventeur, découragé, brisa sa machine à coups de hache et de marteau, et alla finir sa vie dans un coin ignoré, trop heureux d'avoir échappé aux griffes de l'Inquisition (voir Copernic). »

Après lui, deux mécaniciens anglais, J. Dickens et Jonathan Huls, proposèrent d'appliquer les machines, alors connues, à la locomotion des navires. En 1753, l'abbé Gauthier, physicien français, préconisa, lui aussi, cette application, mais la machine de

Newcomen était trop imparfaite pour se prêter aux exigences de la navigation. En 1752, le célèbre mathématicien suisse, Daniel Bernouilli, proposa d'appliquer aux navires un moteur de forme hélicoïde; seize ans plus tard, François Paucton, mathématicien français, présenta plusieurs projets dans lesquels les rames des navires étaient remplacées par des hélices.

Toutes ces belles idées restaient confinées dans le domaine théorique. Les perfectionnements apportés par l'Ecossais James Watt facilitèrent la solution du problème. C'est alors qu'un habile mécanicien français, le marquis de Jouffroy, construisit un bateau muni de deux roues à palettes ou à auges, mises en mouvement par la machine de Watt. L'essai fut tenté sur la Saône à Lyon, en 1783. C'était un progrès immense accompli; malheureusement, les circonstances empêchèrent de donner suite à cette admirable innovation.

ROBERT FULTON.

En 1803, Ch. Dallery (cité précédemment), quelques mois avant que Fulton eut commencé ses essais, inventa l'*hélice*, dont il adapta une paire à un navire actionné par une machine à vapeur à chaudière tubulaire. Ses expériences ne répondirent pas à ses espérances, à cause de l'imperfection des moyens qu'il proposait pour la transmission du mouvement du piston aux hélices. Le gouvernement, sur un rapport défavorable, refusa des fonds à l'infortuné constructeur pour continuer ses tentatives. Désespéré, à bout de ressources, il s'en alla mourir à Jouy, oublié de tous.

Dans le même ordre d'idées, le capitaine du génie Delisle démontra théoriquement les avantages de l'hélice sur les rames et les roues à palettes ou à auges. Puis vinrent les constructeurs anglais Smith et Rennie, qui tentèrent, avec un certain succès, des expériences pour appliquer ces théories. La question en était là lorsque Pierre Sauvage, ingénieux mécanicien français, entreprit d'appliquer l'hélice simple à une seule révolution. Chose triste à dire, les grandes difficultés qu'il rencontra pour exécuter financièrement son projet l'empêchèrent d'atteindre son but. Ruiné, dépouillé par d'avides plagiaires, il mourut épuisé et méconnu dans une maison de santé (1785-1857).

Dans ce concert admirable de talents et d'efforts si divers, apparaît le mécanicien américain Robert Fulton; avec lui, la navigation à vapeur devient un fait accompli. Ce fut, en effet, le 10 août 1807, qu'il lança sur l'Hudson (fleuve des Etats-Unis, découvert, dit-on, par Hudson, navigateur anglais, en 1610, mais plus certainement en 1524 par l'Italien Jean de Verrazzano, d'après des documents dignes de foi) le premier bateau à vapeur pour la navigation entre Albany et New-York, ville des États-Unis sur l'océan Atlantique, à l'embouchure de l'Hudson; 3,720,000 habitants. Il fallait le caractère entreprenant de Fulton, tempéré par un jugement sain et par son esprit de suite infatigable, pour défier les préjugés et la routine, et lutter efficacement contre les obstacles qui s'opposaient à la navigation à vapeur. Il dut soutenir de nombreux procès contre des contrefacteurs. Ruiné, il mourut de chagrin à New-York (1765-1815).

Dans la dernière moitié du xixe siècle, ce moyen de transport reçut de grands perfectionnements. Ce ne fut qu'en 1843 que M. Normand construisit, au Havre (port à l'embouchure de la Seine, 131,000 habitants), le premier navire français à hélice, système qui reçut par la suite un immense développement. C'est aux ingénieurs français Goubet et Zédé que l'on doit les premiers sous-marins.

Et maintenant que l'humanité jouit de tant de bienfaits inestimables, quelqu'un songe-t-il qu'il a fallu deux siècles pour les produire? Quelqu'un songe-t-il à la somme incalculable de science déployée, aux prodigieux efforts accomplis, aux peines, aux soucis, aux fatigues, que toute une phalange d'hommes ingénieux et patients a supportés pour nous épargner une foule de tracas et de multiples inconvénients? Nous trouvons cela tout naturel et nous passons indifférents. Voilà le mal. Nous n'avons plus le culte des grands hommes et des grandes choses. Profonde et regrettable lacune dans notre système éducatif. Mes amis, faites revivre ce culte, revenez-y. C'est le seul moyen de faire de grandes choses et de devenir ainsi des hommes de bien, des hommes utiles.

Pendant cette longue et laborieuse période, d'autres moyens de locomotion virent le jour. Véhicules d'une utilité plus ou moins relative, mais en tous cas intéressants à plus d'un titre, tels le célérifère, la draisienne, le vélocipède, le bicycle, la bicyclette, l'automobile.

Le célérifère (*celer, celeris* = rapide; et *ferre* = porter; qui porte vite) était un instrument grossier composé de deux roues de même hauteur placées l'une devant l'autre et reliées par une pièce de bois sur laquelle on pouvait s'asseoir. Inventé en 1790, par le mécanicien français Sivrac, il est l'ancêtre le plus éloigné de la bicyclette. Le cycliste de cette époque montait le célérifère à califourchon et se déplaçait en frappant alternativement le sol de l'un et de l'autre pied.

La draisienne, qui a succédé au célérifère avec lequel elle avait beaucoup de ressemblance, présentait, sur ce dernier, l'avantage d'une direction à pivot. Elle fut en vogue vers 1818.

Le vélocipède (*velox, velocis* = rapide; et *pedis* = pied; qui est mis rapidement en marche avec le pied). C'est en 1855, date à laquelle apparait le tricycle, que le Français Ernest Michaux, fils d'un serrurier, inventa la pédale et du même coup le bicycle (*bi* = deux; *kuklos* = cercle), vélocipède muni de deux roues dont la première est mise en mouvement par l'action des pieds sur deux pédales. Le premier type, construit en bois, était extrêmement lourd et grossier. L'évolution du bicycle fut lente. En 1869, le fer remplaça le bois et la jante fut munie de caoutchouc; en 1875, le Français Truffault inventa la jante creuse. Vers la même époque, se répandit de plus en plus le grand bicycle (la roue directrice était beaucoup plus grande que celle d'arrière). Cet appareil se perfectionna pour devenir la bicyclette dont la première fut construite en Angleterre en 1880. Depuis lors, des perfectionnements successifs y ont été apportés : tout d'abord, le mécanicien français Fernand Forest invente la roue de bicyclette avec les rayons tangents au moyeu; en 1887, le caoutchouc creux remplaça le caoutchouc plein et dès 1889, apparait le pneumatique, aujourd'hui couramment employé. Il fut inventé par l'Irlandais Dunlop en 1888. Toutefois l'Écossais William Thomson avait déjà, en 1845, imaginé pour son usage personnel, une espèce de pneu très élémentaire. Il existe aussi des vélocipèdes à trois roues ou tricycles. On a également fabriqué en ces derniers temps, des bicyclettes à moteur (motocyclettes) dont l'inventeur est l'ingénieur français Serpollet.

« La bicyclette n'est plus seulement un instrument de luxe; elle est devenue un outil précieux aux travailleurs. L'introduction de cet élément nouveau dans la vie courante, a eu des conséquences multiples : développement ou même éclosion subite chez beaucoup de gens, même complètement sédentaires, du goût du tourisme; prospérité donnée ou rendue à une foule de localités, précédemment délaissées. Son usage n'est pas nuisible; il est, au contraire, bienfaisant pour toute personne bien portante. Pratiquée avec modération, elle constitue un excellent exercice qui augmente la capacité pulmonaire et auquel le corps tout entier prend part. Une légère inclinaison du corps est nécessaire; elle constitue un repos, tandis que l'attitude droite amène une fatigue. »

Dans le même ordre d'idées, l'apparition de l'automobile marque une nouvelle et sérieuse étape dans les appareils de

Chariot à vapeur de Cugnot. *(Conservatoire des Arts et Métiers, Paris.)*

locomotion. Le prototype (*protos* = premier) de l'automobile actuelle fut le chariot à vapeur de Cugnot dont il a été parlé précédemment. Malgré les essais malheureux de cet ingénieur français, il n'en reste pas moins acquis que ce fut lui qui construisit (1769-1770) le premier véhicule automobile connu (*auto* = soi-même; *mobilis* = mouvoir; véhicule qui semble se mouvoir par lui-même).

Presque un siècle s'écoule avant l'apparition d'un moteur applicable à l'industrie. Les automobiles puissantes, les invisibles sous-marins, les ballons dirigeables, les audacieux aéroplanes n'auraient pas émerveillé le monde, si, en 1859, un génial mécanicien belge, Jean-Joseph Lenoir (1822-1900), de Mussy-la-Ville (province de Luxembourg), n'avait construit le premier moteur à gaz (moteur à explosion) et ensuite (1863) le moteur à pétrole qui lui permit de faire rouler une voiture automobile sur la route de Paris à Joinville-le-Pont, aller et retour en trois heures. La véritable automobile était inventée.

Lenoir, qui n'avait qu'une instruction rudimentaire et qui débuta à Paris comme garçon de café, a encore à son actif d'autres inventions : procédé de galvanoplastie (voir notice) en ronde bosse; frein et signaux de chemin de fer; moteur électrique, compteur d'eau, télégraphie autographique (*auto* = soi-même; *graphein* = écrire); pétrin mécanique; régulateur pour dynamos; méthode d'étamage des glaces; perfectionnement dans le tannage des cuirs.

LENOIR.

Nommé chevalier de la Légion d'honneur, il mourut dans une situation très modeste.

Un autre Belge, Frédéric de la Hault, fils de l'habile constructeur des premiers tramways européens (1871-1872) et frère d'Adhémar de la Hault, le mécène infatigable de la science aéronautique, inventa en 1885 (brevet, 1888) un moteur à pétrole qu'il adapta à un tricycle pour deux personnes qui émerveilla les Bruxellois d'alors. A la même époque, un mécanicien français, Fernand Forest, né à Thiers (1861), conçut un moteur de trente-deux cylindres qui permit d'atténuer la violence et de prolonger la détente. Ignoré, méconnu, il ne sortit de l'ombre que grâce aux efforts de spécialistes impartiaux, le 10 février 1910, date à laquelle cette iniquité fut réparée par l'octroi de la Croix de la Légion d'honneur.

Toutefois, c'est seulement à l'Exposition universelle de Paris, en 1889, qu'apparut pour la première fois un modèle à peu près pratique dû à l'ingénieur français Serpollet et aux constructeurs de Dion et Bouton : le moteur était à vapeur. L'année suivante (1890) le moteur à pétrole, perfectionné, de leur compatriote Daimler, qui devait provoquer une révolution dans l'industrie, actionnait les premières voitures des constructeurs français Panhard et Levasseur, dont les noms resteront liés aux débuts et au triomphe rapide de la locomotion automobile. En 1894, la course-concours de Paris à Rouen eut pour résultat de classer les découvertes et les applications pratiques. De ce jour, date vraiment l'ère de l'automobile.

Ce genre de véhicule, qui attend ses derniers perfectionnements, est destiné à un avenir de plus en plus brillant, car il rend d'importants services au commerce, à l'industrie et au tourisme.

BIBLIOGRAPHIE

1. A. DUBOIS, *Aujourd'hui et Autrefois*. Lebègue, Bruxelles, 1882. — 2. Grande encyclopédie Lamirault. — 3. Jules DE SOIGNIE, *les Moyens de communication*. — 4. BOGHAERT-VACHÉ, de la Société des sciences, des arts et des lettres du Hainaut. — 5. Adhémar DE LA HAULT, *la Conquête de l'air* (revue bi-mensuelle).

STÉPHENSON, Georges

1781-1848

Le xviiie siècle a été appelé, à juste titre, « le siècle des inventions ».

« Parmi celles qui ont le plus puissamment contribué aux progrès du genre humain, il convient de citer la découverte de la force expansive de la vapeur. Appliquée aux chemins de fer et à la navigation, elle a radicalement transformé les conditions de la vie moderne, car nous lui devons l'essor merveilleux de la civilisation actuelle. Nulle découverte, en effet, n'a mieux contribué à développer les sentiments de fraternité et de solidarité, en faisant disparaître les derniers vestiges de la barbarie et le vieil orgueil du préjugé guerrier; en amoindrissant considérablement les haines de races et de castes; en supprimant les frontières qui parquaient et isolaient les hommes. »

STÉPHENSON.
(Galerie Nationale, Londres.)

Par elle, les villages perdus, isolés, sont désormais reliés aux métropoles (*mêtêr* = mère; *polis* = ville. État, ville, considérés par rapport à leurs colonies. Ville la plus importante d'une région) par le réseau des voies ferrées qui enserrent dans ses mailles le monde civilisé; les peuples les plus lointains échangent leurs idées avec leurs produits. Et ainsi, l'humanité ne forme plus qu'une seule famille, vaste et puissante.

Cette belle conquête est due à toute une pléiade d'humbles chercheurs, d'esprits ingénieux et vaillants parmi lesquels Georges Stéphenson occupe une des premières places.

Comment l'a-t-il conquise? Par lui seul, par ses efforts personnels, son initiative, sa persévérance et sa haute probité. Il n'eut pas, en effet, le privilège d'avoir un père capable de s'occuper de son instruction, de bons maîtres et le bien-être nécessaire pour s'instruire sans autre préoccupation. Et cela s'explique par son origine qui est des plus humbles.

Par bonheur, dans le modeste logis, se trouvait le salut des familles pauvres : « la bonne conduite du père, la sagesse de la mère, les enfants doux et soumis, désireux d'aider, selon leurs forces, au ménage ». Tout jeune, il fut mis au travail — et quel travail! A sept ans, il gardait les vaches le long de la voie parcourue par les wagonnets de houille et fermait, le soir, les barrières de cette voie. Il gagnait alors 20 centimes par jour. A douze ans, il gagnait 4 sous au fond de la houillère. Entretemps, il exécutait, en argile, avec un de ses camarades, des modèles de pompes à feu qui excitaient l'admiration, non seulement des enfants de son âge, mais encore des vieux mineurs. A quatorze ans, il aidait son père à chauffer une machine à extraire l'eau de la mine, moyennant 25 sous. A quinze ans, c'était un jeune homme sobre, rangé, qui s'efforçait déjà de devenir un bon mécanicien. Lorsque les gages furent de 15 francs par semaine, il s'écria triomphant : « Et maintenant, je suis homme pour la vie. »

Bientôt, il monta en grade, il devint mécanicien de la pompe à feu, alors que le père en restait simple chauffeur. Dans ses loisirs, il démontait et nettoyait avec soin tous les organes, tous les engrenages de sa machine; elle devint pour lui une sorte de bijou qu'il ne se lassait point de contempler et de surveiller. Quelle salutaire et utile leçon de choses il donnait à tous ceux qui exercent un métier! Aimer et respecter ses outils de travail, c'est aimer son métier. Cet amour, cette contemplation, dit Samuel Smiles, est une véritable éducation pour l'homme intelligent et méditatif.

Absorbé par ses pénibles et ingrats débuts et tant d'humbles occupations, il était arrivé à dix-sept ans, ne sachant ni lire ni écrire. Homme fait et accomplissant le travail d'un homme, il n'eut pas honte d'avouer son ignorance et d'aller à l'école apprendre ses lettres. Dès qu'il fut en possession des premiers éléments, il n'eut plus qu'un but : étendre ses connaissances, parfaire son instruction. Il résolut d'acheter des livres. Seulement, il fallait de l'argent, beaucoup d'argent, car à cette époque, les livres coûtaient cher. Que fit-il? Pour augmenter son pécule, il consacra ses moments de loisir, voire même ses nuits, au raccommodage des souliers de ses compagnons. Avec une telle force de caractère, une aussi virile confiance en l'avenir, une telle constance dans l'effort pour accomplir toutes les besognes, un jeune homme est apte à se jouer de toutes les difficultés, à surmonter tous les obstacles.

On comprend que, dans ces conditions, et avec ce don de pénétrante observation qui le distinguait, Stéphenson soit arrivé à conquérir le titre d'ingénieur et à créer la première locomotive, prélude des progrès immenses qu'elle devait entraîner après elle. Aussi, rien de plus instructif que de suivre ce travailleur génial dans les diverses étapes de sa vie d'homme.

Il avait à peine dix-neuf ans, que déjà le souci de travailler à la sécurité et au bien-être des travailleurs le préoccupait. Un de ses plus ardents désirs était de trouver le moyen de préserver les mineurs des désastres du feu grisou. Un jour, il avait à lutter contre un de ces désastres. Il était descendu au fond d'un puits au moment où une foule de travailleurs étaient là, exposés au plus affreux danger. Par sa rapide décision et son habileté, à l'aide de quelques ouvriers dont il stimulait le courage, il avait réussi à prévenir l'explosion et à sauver ceux qui allaient périr. Constamment, il observait l'effet des courants d'air, les causes de combustions spontanées dans les mines, et ainsi, il en vint à inventer, un peu avant Davy, la lampe de sûreté. Lui-même voulut, au péril de sa vie, en faire l'expérience. Il descendit avec l'inspecteur et le sous-inspecteur de Killengworth sous une voûte profonde où une explosion semblait imminente. Il avait allumé sa lampe; il la prit pour aller à l'excavation d'où se dégageait le gaz inflammable. Ses compagnons épouvantés, se tenaient à l'écart et le conjuraient de renoncer à sa téméraire entreprise. « Ah! s'écria-t-il, songez que si cet essai réussit, je saurai que je puis sauver des milliers d'existences humaines. » Et d'un pas ferme, il s'avance vers l'endroit périlleux, approche sa lampe de la fissure où le gaz est prêt à éclater, et le gaz ne s'allume pas. Il va chercher ses compagnons; il les détermine à venir près de lui assister à une nouvelle expérience, et elle réussit comme la première. Quelle joie! Le problème est résolu! Les mineurs peuvent sans crainte promener une lumière dans la nuit de leurs souterrains. En même temps, Davy confectionnait, de son côté, une lampe de sûreté, mais plus légère et plus commode, et qui fut universellement adoptée. Elle fut remplacée, plus tard, par celle de l'ingénieur belge (un Liégeois) Mathieu Mueseler.

En 1802, date de son mariage avec une fille de ferme, il fut nommé conducteur d'une machine à charger et décharger la houille. Cette occupation ne l'empêchait nullement de travailler à son perfectionnement intellectuel, mettant ainsi en pratique cette maxime de Franklin : « Employez bien votre temps, c'est l'étoffe dont la vie est faite. » Mais l'adversité, qui n'épargne personne, le frappa coup sur coup : en 1803, un incendie consuma sa maison et, en 1805, il vit s'évanouir son bonheur domestique : sa femme vint à mourir. Ce fut une perte cruelle qui provoqua chez lui un profond découragement. Mais il lui restait un fils, Robert, sur lequel il reporta toute son affection. Il comprit ses devoirs de père, la nécessité de vivre et d'arriver coûte que coûte à une position honorable.

Après avoir confié son fils aux grands-parents, il partit pour l'Écosse afin de diriger, dans une filature, d'importantes machines à vapeur de Watt. Là, il se distingua par son intelligence et son travail; un an après, il revint avec 750 francs, le cœur débordant de joie et l'âme remplie d'une légitime fierté. Mais hélas! un spectacle navrant l'attendait : son père était devenu aveugle et impotent. Il eut un instant de défaillance; il pleura amèrement non pour lui-même, comme il le dit, mais pour les siens. Cette fois encore le mauvais sort n'eut point de prise sur son âme grande et fière. L'image de ses vieux parents qu'il adorait, la vue de son fils doublement cher, les rêves d'avenir qui le hantaient depuis longtemps et dont il avait entrevu la réalisation, furent autant de raisons de vivre, de lutter et de souffrir.

Sans hésitation, sans révolte, sans amertume, il se remit au travail avec une énergie nouvelle. Il reprit, de 1807 à 1808, ses modestes fonctions de conducteur de machines à la houillère de West Moor. Sa réputation de mécanicien alla croissant; en 1810 (il avait alors vingt-neuf ans), son adresse fut mise à l'épreuve : dans la houillère de Newcomen où il était surveillant, il répara en quelques jours une machine délaissée par les mécaniciens et les ingénieurs, comme irréparable. Ceci lui valut une gratification de 125 francs et une place de mécanicien. Ce modeste succès l'enivra de vaillance. Il se consacra avec un nouvel acharnement à l'étude des mathématiques, de la chimie et de la mécanique, car le génie ne devient réellement puissant que lorsqu'il est soutenu par l'art et la science. En même temps, il ne perdait point de vue l'éducation de son fils Robert. Il l'envoya dans une bonne école à Newcastle, estimant d'autant plus le prix de l'instruction qu'il en avait été privé et qu'il en sentait la nécessité absolue. Dès ce moment, un nouveau genre de vie illumina le foyer. Chaque soir, le fils communiquait à son père ce qu'il avait appris pendant le jour; il apportait des dessins, des traités de mécanique, et tous deux les étudiaient avec ardeur. L'un apportait son sens pratique, son expérience; l'autre, son savoir; tous deux, le même amour du travail. Dans ce labeur en commun, la joie du fils égalait celle du père. Touchante union de deux cœurs et de deux esprits bien faits pour se comprendre; spectacle admirable, bien digne de tenter un peintre ou un poète.

A partir de cette époque, ils gravirent, côte à côte, le chemin de la vie, partageant les joies et les soucis, les succès et les déboires qu'elle apporte avec elle, doublant ainsi le prix des uns, diminuant de moitié le poids des autres. Ce fut leur force et le véritable secret du triomphe final.

Une vie aussi digne, un labeur aussi tenace qui témoignaient de grandes qualités et annonçaient de hautes capacités, attirèrent l'attention sur Stéphenson, et lui gagnèrent la confiance des directeurs de houillères. C'est ainsi que l'année 1812 vit s'ouvrir pour lui l'ère de l'aisance : il fut nommé inspecteur principal de houillères aux appointements de 2,500 francs. Grâce à cette situation, il put, dès lors, donner libre cours à son initiative, faire des innovations, apporter des modifications ingénieuses, des transformations économiques à la locomotion, car il avait projeté, depuis longtemps, de remplacer par un nouveau moteur mécanique plus puissant, les chevaux sur les chemins de fer primitifs des houillères.

Tout d'abord, il substitua des rails en fer beaucoup plus résistants et plus lisses, aux rails en bois depuis longtemps établis en Angleterre pour faciliter et accélérer la marche des voitures.

De ce fait, le nombre de chevaux fut réduit. Mais c'étaient les chevaux eux-mêmes qu'il désirait remplacer par la vapeur. En 1814, il construisit un modèle de locomotive qu'il soumit à un lord anglais à qui il en expliqua les avantages avec une conviction si profonde, que ce riche seigneur consentit à lui fournir l'argent nécessaire à la construction de sa machine. Installée dans une mine de houille, elle traîna 80,000 kilogrammes, mais sans excéder la vitesse d'un cheval. Ce chétif résultat fut accueilli par des plaisanteries. Stéphenson ne se découragea pas ; sa machine marchait, c'était tout ce qu'il lui fallait ; il conservait la conviction qu'en la perfectionnant, il lui donnerait ce qui lui manquait. Il ne se trompait point, car, en 1815, il prenait un brevet pour une machine qui était loin de la perfection, mais qui marquait un progrès immense : il avait eu l'idée de substituer aux engrenages, le système de bielle et de manivelle encore en usage aujourd'hui ; il eut encore l'idée de jeter la vapeur s'échappant du cylindre, dans un conduit qui débouchait dans la cheminée et de produire ainsi un courant énergique dans le foyer ; enfin, un autre perfectionnement fut le développement inespéré de la surface de chauffe en remplaçant la chaudière cylindrique par la chaudière tubulaire imaginée par l'ingénieur français Seguin.

Pendant dix ans, cette invention resta sans être utilisée. Méconnu, incompris, l'inventeur dut attendre qu'une occasion favorable se présentât pour utiliser sa locomotive. C'est en 1825 qu'elle se produisit, date à laquelle fut décidée la création de la ligne de Stockton à Darlington. Stéphenson fut chargé de la conduire, aux appointements de 7,500 francs. L'inauguration fut un premier grand succès pour l'illustre ingénieur. À la même époque, il établit à Newcastle une usine pour la construction de ses locomotives, usine qui, après avoir végété, prit un brillant essor et répandit ses produits dans le monde entier. La construction du chemin de fer de Liverpool à Manchester, en 1830, mit le comble à sa renommée, et son nom devint universel. Mais il paya chèrement ce triomphe, car jamais il n'eut tant à souffrir qu'en cette circonstance à cause des ennemis que lui avaient suscités son grand mérite et ses succès. L'envie et la jalousie jointes à l'ignorance la plus grossière se donnèrent libre carrière. Tout d'abord, les propriétaires du canal entre ces deux villes se voyant menacés dans leurs intérêts par la création du chemin de fer, firent suspendre les études commencées. D'un autre côté, les habitants avaient conçu les plus violents préjugés contre le projet : ils poursuivaient les opérateurs à coups de pierres et de fourche et brisaient les instruments. Il fallut recourir à mille ruses pour livrer les plans exacts et faire le nivellement. Le projet lui-même était combattu de toutes parts dans les brochures et les journaux ; les intérêts coalisés cherchaient à jeter le ridicule sur le vaillant constructeur que rien ne put émouvoir. On prétendait que le chemin de fer empêcherait les vaches de paître et les poules de pondre ; on annonçait aux habitants des maisons voisines de la ligne, que leurs maisons seraient brûlées par le feu des locomotives ; que l'air empoisonné par la vapeur et la fumée tuerait les oiseaux qui s'en approcheraient. Désormais, les chevaux allaient devenir inutiles et leur race s'éteindrait ; l'avoine et le foin deviendraient invendables ; les aubergistes des campagnes seraient ruinés ; les locomotives feraient explosion et réduiraient les voyageurs en poudre. La principale revue de Londres disait : « Que peut-il y avoir de plus manifestement absurde, de plus ridicule que l'idée de locomotives deux fois plus rapides que les diligences ? autant dire que l'on voyagera bientôt sur une fusée. »

Devant le Parlement, Stéphenson dut soutenir, pendant deux années, une lutte violente. Il tint tête aux interruptions, au ridicule et même à l'injure. Des membres de cette assemblée mirent même en doute sa raison parce qu'il affirmait pouvoir donner à la locomotive une vitesse de 20 kilomètres à l'heure (aujourd'hui les express font de 60 à 100 kilomètres). C'était la vitesse qui effrayait le plus. Un des membres du comité chargé d'examiner le projet, lui demanda un jour ce qui arriverait si une vache égarée se trouvait sur la voie : « Ne serait-ce pas là, disait-il, une circonstance très embarrassante ? — Oh ! oui, dit Stéphenson, ce serait une circonstance des plus embarrassantes... pour la vache. »

Malgré tout, la victoire lui resta : la route fut construite sous sa direction. Il y consacra toute son ardeur, toute son intelligence, car il lui fallut tout régler, tout organiser, tout créer ; il fut même obligé de dresser des ouvriers, des dessinateurs, des mécaniciens. Par son travail opiniâtre, son endurance, il suffit à la tâche. La ligne fut inaugurée le 15 septembre 1830 : ce fut une véritable fête nationale à laquelle assistèrent tous les hommes illustres de l'Angleterre. La foule contemplait, dans l'admiration et la stupeur, des trains passant à la vitesse de 40 kilomètres à l'heure. Le génial mécanicien fut naturellement le héros du jour; la froideur fit place à des éloges sans fin. Bien qu'il ne gardât rancune à personne, il ne put s'empêcher de signaler la différence qui existe entre les amis des jours sereins et ceux des mauvais jours.

Sa réputation et celle de son fils Robert (alors âgé de vingt-cinq ans) grandirent rapidement et tous deux marchèrent de succès en succès : ils construisirent de nombreuses lignes ; ils furent appelés dans tous les pays du monde, honorés par les peuples et les souverains, comblés de faveurs et de présents.

La Belgique fut la première nation, sur le continent, qui eut recours au talent du célèbre ingénieur. Le roi Léopold 1er, qui savait si bien discerner les hommes et les choses, le reçut magnifiquement et le décora de son ordre. C'est en 1835 que fut inauguré le premier chemin de fer belge entre Bruxelles et Malines, grâce aux puissants efforts, à la vaillante ténacité, à l'éloquence persuasive du ministre Charles Rogier.

En 1845, l'aisance matérielle que Stéphenson avait acquise après tant de pénibles travaux, ne diminua pas son activité. Quand il rentrait dans sa demeure, il étudiait une question de géométrie ou de physique ; il dessinait un plan ou essayait un mécanisme, cherchant sans cesse quelque combinaison pour produire quelque œuvre utile. Jamais il ne se laissa pervertir par la fortune, ni aveugler par la vanité. De sa première condition, il gardait un fidèle souvenir. Il aimait à revoir les familles qu'il avait connues dans sa pauvre jeunesse et à venir en aide aux honnêtes ouvriers. Il se retira à la campagne où il se livra avec passion à l'horticulture. Il vécut là quelques années, au milieu de ses plantes et de ses animaux favoris, bienfaisant à tous, surveillant et aidant ses anciens ouvriers de ses conseils et de sa bourse, entouré de l'estime universelle, visité par de nombreux étrangers dont l'un d'eux, l'Américain Emerson, disait : « Que la vue seule de Stéphenson valait la peine de traverser l'Atlantique, tant cet homme avait de force naturelle dans le caractère et de vigueur dans l'intelligence. »

Avec une force de volonté comme la sienne, il était permis d'aspirer à tout. « Il ne voulut jamais admettre qu'il fût un génie ou qu'il eût rien fait qu'un autre homme aussi laborieux et aussi persévérant que lui, n'eût pu accomplir. » Il répétait souvent aux jeunes gens qui l'entouraient : « Faites comme j'ai fait, persévérez. »

Cet homme, remarquable par ses puissantes qualités morales et les utiles manifestations de son intelligence, s'éteignit avec la belle sérénité que donne la conscience du devoir accompli.

On peut dire de lui et de son fils qu'ils se complétèrent : quelle conscience chez l'un, de ses devoirs de père! quelle touchante piété filiale chez l'autre! et comme ils sont dignes tous deux d'être proposés en exemple!

NOTES EXPLICATIVES

1. STÉPHENSON, Georges. Né en 1781 à Wylam, près de Newcastle (Angleterre); mort à Chesterfield le 12 août 1848. On lui a élevé une statue à Liverpool et une à Newcastle (1862). Son fils Robert, qui fut président de la Société des ingénieurs de Londres, mourut en 1859, à la suite d'un voyage en Norvège et fut enterré à l'abbaye de Westminster, parmi les morts illustres de son pays. Par son testament, il légua à des œuvres philanthropiques (*philos* = ami; *anthrôpos* = homme) et religieuses une grosse part des millions que son père et lui avaient si légitimement gagnés. — 2. SMILES, Samuel, écrivain et vulgarisateur anglais; auteur du *Self-Help* (Connais-toi, toi-même). Né en Ecosse en 1812. — 3. ECOSSE, partie nord de la Grande-Bretagne; capitale Edimbourg. — 4. WATT, James, mécanicien écossais, né à Greenock (1736-1819); conçut le principe de la machine à vapeur à double effet. — 5. WEST MOOR, localité anglaise non loin de Newcastle. — 6. NEWCOMEN, Thomas, mécanicien anglais (fin du XVIIe siècle), inventeur d'une des premières machines à vapeur. — 7. NEWCASTLE, ville d'Angleterre sur la Tyne, 222,000 habitants, centre houiller. — 8. LORD, titre donné en Angleterre aux pairs du royaume et aux membres de la Chambre Haute. — 9. STOCKTON, ville d'Angleterre, sur le Tees, 51,000 habitants. — 10. LIVERPOOL, ville d'Angleterre; un des plus grands ports du monde, dans l'estuaire de la Mersey (océan Atlantique), 716,000 habitants. — 11. MANCHESTER (voir Jacquard). — 12. LONDRES (voir Bauwens). — 13. PARLEMENT. Assemblée qui exerce le pouvoir législatif (Sénat et Chambre des députés). — 14. BRUXELLES, capitale de la Belgique, sur la Senne, 200,000 habitants (548,000 habitants avec faubourgs). Grande et belle ville très appréciée des étrangers. — 15. MALINES, ville de Belgique, sur la Dyle, 57,000 habitants. Dentelles renommées. — 16. DAVY (voir biographie).

N. B. — A part la Belgique, l'invention des chemins de fer rencontra en Europe une hostilité bien marquée. C'est ainsi que, au Collège Royal de Munich, on déclara que les chemins de fer étaient une invention funeste pour la santé publique, la locomotive devant ébranler le cerveau des voyageurs et provoquer le vertige chez les riverains. M. Thiers, alors président de la République française, déclara que les chemins de fer étaient un jouet d'enfant et qu'en tous cas, ils ne pourraient être utilisés que pour les courtes distances.

Rappelons ici, mais dans un autre ordre d'idées, la trouvaille du *giffard* dû à Henri Giffard, modeste élève des Arts et Métiers, de Paris, ingénieux et hardi chercheur qui construisit le premier ballon dirigeable avec lequel il s'éleva au champ de Mars (Paris) en 1852. Sa découverte supprima la pompe d'alimentation sur les locomotives et lui substitua un entraînement continu de l'eau emmagasinée dans le tender, par un effet nouveau et inattendu de la vapeur. Jusqu'alors, les locomotives se livraient dans les gares à des allées et venues interminables, uniquement pour actionner leur pompe d'alimentation. L'*injecteur* fut une trouvaille de premier ordre, aussi importante pour la locomotive que les tubes de Marc Séguin, et qui rapporta des millions que l'inventeur abandonna à l'État par testament.

BIBLIOGRAPHIE

1. L. FIGUIER, *les Grandes Inventions*. Hachette, Paris, 1859. — 2. C. FALLET, *les Bienfaiteurs de l'humanité*. Mégard, Rouen, 1872. — 3. DEBAUVE, *Stéphenson*. Hachette, Paris. — 4. X. MARMIER, de l'Académie française, *le Succès par la persévérance*. Hachette, Paris, 1894. — 5. Bibliothèque du British Muséum (Londres).

Saint VINCENT DE PAUL

1576-1660

Justice ! Charité ! deux mots qui résument tous les devoirs de l'homme et dont la haute signification est tout entière dans les deux formules inséparables : « Fais à autrui ce que tu veux qu'on te fasse », — « Ne fais pas à autrui ce que tu ne voudrais pas qu'on te fît. »

« Quand nous avons respecté la personne des autres, que nous n'avons ni contraint leur liberté, ni étouffé leur intelligence, ni maltraité leur corps, ni attenté à leur famille ou à leurs biens, pouvons-nous dire que nous avons accompli toute la morale à leur égard ? Un malheureux est là, souffrant devant nous. Notre conscience est-elle satisfaite si nous pouvons nous rendre le témoignage de n'avoir pas contribué à ses souffrances ? Non ; quelque chose

Phot. Paris, Petit.
SAINT VINCENT DE PAUL.
(D'après un tableau conservé à l'hôpital de Moutier Saint-Jean.)

nous dit qu'il est bien encore de lui donner du pain, des secours, des consolations. Et cependant cet homme, qui souffre et qui va mourir, peut-être, n'a pas le moindre droit sur la moindre partie de votre fortune, fût-elle immense ; et s'il usait de violence pour vous arracher une obole, il commettrait une faute. L'homme peut recourir à la force pour faire respecter ses droits, il ne peut imposer à un autre un sacrifice quel qu'il soit. »

La justice respecte ou restitue, la charité donne. C'est pourquoi ce sentiment, fait de compassion et d'amour, et qui suppose tant de vertus, restera le premier parmi tous ceux qui animent les hommes. Or, il n'a jamais été aussi profond, aussi vivace et aussi fécond qu'en ce dernier siècle, pendant lequel ont été créées une multitude d'œuvres philanthropiques (*philos* = ami ; *anthrôpos* = homme), dues à des initiatives désintéressées, à des dévouements sans bornes, à un patient labeur qu'accompagne souvent une abnégation sublime. Jamais, à aucune époque de l'histoire, la fraternité et la solidarité des peuples ne se sont plus admirablement affirmées, démontrées qu'aujourd'hui. Qu'une catastrophe éclate au sein des travailleurs obscurs ; qu'une calamité s'abatte sur un pays, aussitôt part, de tous les pays civilisés, un élan irrésistible de pitié et de générosité. Ce n'est plus un deuil partiel, c'est un deuil universel : le cœur de l'humanité tout entière palpite dans le cœur de chacun. En ces circonstances, il n'y a plus ni frontières, ni races, ni castes, ni rien de ce qui divise. Les malheureux, les infortunés ne sont plus de tel ou tel pays, ils sont citoyens du monde.

Mais les nations civilisées ont compris mieux encore ce grand devoir social d'immense fraternité, en soulageant le malheur d'une façon permanente. Partout, on a vu se fonder des orphelinats, des hospices pour la vieillesse, des hôpitaux, des maisons de santé, des asiles pour les enfants trouvés ou abandonnés, des bureaux de bienfaisance, des sociétés de mutualité, de caisse de retraite, d'assurance contre le chômage, la maladie ou les infirmités ; des crèches, des salles d'asile, des œuvres pour les convalescents sortis des hôpitaux, pour les condamnés libérés, pour les pauvres honteux ; des instituts spéciaux pour les sourds-muets et les aveugles ; enfin, la création des ambulances est venue clore la série de ces œuvres humanitaires ; aucune misère, aucune souffrance n'échappe à l'œil vigilant et aux sentiments altruistes du monde moderne. Et, bien que tout cela existe, fonctionne et répande ses bienfaits inestimables, peu de gens se rendent compte de ce qu'il a fallu de travail personnel, de patientes démarches, de luttes, de courage et d'énergie morale, d'héroïsme souvent pour édifier, maintenir et assurer l'avenir de ces œuvres protectrices.

Et ces manifestations de la charité ne sont pas, comme d'aucuns le supposent, l'apanage exclusif de notre siècle. Déjà, au moyen âge, on voit pratiquer par les corporations et les confréries la maxime : « Il faut s'entr'aider, » en instituant dans leur sein une caisse destinée à secourir les confrères malheureux. Il en est de même aux XVIe, XVIIe et XVIIIe siècles, dans des limites beaucoup plus restreintes qu'aujourd'hui sans doute, mais qui furent comme de belles lueurs projetées sur l'avenir, des germes prometteurs pour les siècles futurs.

Parmi les grands cœurs et les grands esprits qui, à cette époque déjà lointaine, se vouèrent au soulagement des misères humaines et par ce fait même s'imposent à la reconnaissance et à l'admiration de toutes les générations, on doit citer en première ligne Vincent de Paul qui poussa la pratique de la charité jusqu'à la dernière limite du sacrifice et de l'héroïsme : la préoccupation, l'idéal de toute sa vie fut, en effet, de soulager ses semblables des maux et des misères engendrés par un état social déplorable.

En toutes choses, son esprit de suite, sa clairvoyance n'avaient d'égale que sa bonté inaltérable, infinie. La grandeur de la tâche qu'il accomplit est d'autant plus surprenante et plus prodigieuse qu'il est né dans une humble chaumière de la triste contrée qu'on nomme les Landes. Ses parents étaient de pauvres paysans. Aussi, dès que Vincent put se rendre utile, ils le chargèrent de la garde de leurs troupeaux. Il ne connut donc point les jeux de l'enfance et, malgré une occupation peu faite pour développer l'intelligence et le cœur, il mit cependant à profit ses heures paisibles : il contemplait les beautés de la nature qui développèrent en lui la sensibilité, la bonté et l'amour pour tout ce qui vit et souffre. Si quelque infirme venait à passer, si quelque pauvre lui tendait la main, il les consolait et les soulageait. Il donnait son pain et jusqu'à ses vêtements.

Son père ayant remarqué son intelligence, son goût pour l'étude, son esprit de réflexion et son amour pour le bien, se décida à le mettre aux études. Il le conduisit chez les cordeliers d'Acqs qui se chargèrent gratuitement de son éducation. Après quoi, Vincent se présenta à l'Université de Toulouse où il subit avec honneur divers examens. Quelque temps après, un héritage lui étant échu, il alla le recueillir à Marseille. Malheureusement l'idée lui vint de revenir par mer à Narbonne. Son bateau fut pris par les pirates, et les passagers, transportés à Alger, y furent vendus comme esclaves. Vincent fût acheté par un pêcheur qui le revendit à un alchimiste. A la mort de ce dernier, il passa à un nouveau maître qui le prit en amitié et avec la famille duquel il s'échappa d'Alger. Aussitôt débarqué, il se rend à Rome et enfin à Paris. A quelque temps de là, il est placé à la tête d'une modeste cure près de cette dernière ville et chargé d'instruire les enfants d'une riche famille. Mais il renonça bientôt à ses fonctions : « Il lui semblait, disait-il, qu'en se consacrant à l'instruction des fils d'un noble seigneur, il volait aux pauvres ignorants, ses peines et son temps. » Il quitta furtivement le château et alla prendre possession d'une petite cure où il fonda la première association de charité. La vue d'un vieillard infirme, mourant de misère dans une chambre isolée, lui suggéra l'idée de recueillir des aumônes qui lui permissent non seulement de sauver le moribond, mais de créer un fonds de réserve pour l'avenir, dans le but de porter aux malades la nourriture et les médicaments, de les soigner, de les veiller et de protéger les petits orphelins.

Telle fut l'origine des associations de charité devenues aujourd'hui si nombreuses.

Saint Vincent de Paul peut donc être regardé comme le grand initiateur des œuvres philanthropiques qui sont l'honneur de notre époque. Il a sa place marquée à côté de nos plus célèbres inventeurs et de nos plus illustres savants. Il a fait dans le domaine moral ce que ceux-là ont accompli dans le domaine matériel et intellectuel. Il a donc coopéré à la grande œuvre civilisatrice, car ces trois domaines constituent une trilogie harmonique, chacun réagissant sur l'autre pour le perfectionnement du genre humain.

Grâce à une propagande active, incessante, inlassable, au service de laquelle il apporta une éloquence émue, entraînante, persuasive, Vincent parvint à intéresser à ses œuvres, des femmes distinguées, des princes, des hommes éminents. Touché de compassion envers les forçats soumis à un traitement inhumain, il demanda et obtint l'autorisation de s'occuper des galériens.

« Je me mis en devoir de les consoler, dit-il ; j'écoutais leurs plaintes avec patience ; je compatissais à leurs peines, j'embrassais leurs fers pour les rendre plus légers, j'employais toutes mes forces pour que les officiers les traitassent avec plus d'humanité. »

Louis XIII, instruit du bien que Vincent faisait au milieu de ces malheureux, le nomma, en 1619, aumônier général des galères. Rentré à Paris, il obtint l'autorisation de réunir, dans une maison du faubourg Saint-Honoré, tous les condamnés qui attendaient le départ de la chaîne. Il s'y réserva une cellule, afin de s'éloigner le moins possible des pauvres forçats qu'il traitait comme ses propres enfants, et pour lesquels il éprouvait d'autant plus de pitié et de tendresse, qu'ils étaient plus coupables et plus malheureux.

Pendant son séjour en Normandie et dans la Bresse, il avait été frappé de l'ignorance du peuple des campagnes. Pour remédier à cette plaie, il fonda le collège des « Bons-Enfants » d'où chaque année, devaient sortir des missionnaires « allant, aux dépens de leur bourse commune, prêcher la doctrine du Christ, instruire, exhorter les pauvres gens sans prendre aucune rétribution, de quelque sorte que ce fût ». Il recommandait surtout à ces missionnaires d'être humbles et charitables. « Le paradis du missionnaire, leur disait-il, c'est la charité ; or la charité est l'âme des vertus, et c'est l'humilité qui les attire et qui les garde. »

Vincent, qui avait été si vivement touché des maux du peuple des campagnes, ne put habiter longtemps Paris sans reconnaître que la misère y était encore plus grande que partout ailleurs. Dès lors, il eut l'idée d'y établir une association de charité en rapport avec les besoins qu'elle serait appelée à supporter. Il eut le bonheur de rencontrer un aide puissant, un auxiliaire précieux dans Mme Legras (Louise de Marillac), dont le nom mérite de figurer à côté de celui du héros de la charité. Le concours de cette femme, joint à celui de quelques autres dames, amena l'établissement de confréries de charité dans toutes les paroisses de la capitale. Du reste, Mme Legras donnait à toutes l'exemple d'un courage héroïque. Non seulement elle abandonna sa fortune aux pauvres, mais encore elle se mit tout entière à leur service. Elle instruisait les enfants, soignait les malades, consolait les affligés. La peste s'étant déclarée dans les hôpitaux de Paris, elle s'y rendit pour que les malheureux qui en étaient atteints ne mourussent pas sans secours et sans consolation.

Ce fut à elle que Vincent confia le soin d'un hôpital pour les condamnés aux galères. C'est de cette époque (1634) que date l'institution des « Filles de Charité » (Jeunes filles qui se vouaient au service des pauvres). Le nombre de ces jeunes filles s'accrut si rapidement que l'inlassable bienfaiteur put bientôt en envoyer dans les provinces du Nord, qui étaient alors le théâtre d'une guerre sanglante. Il y avait, à Calais, plus de 600 soldats blessés ou malades. Mais il ne se contenta pas d'envoyer ces femmes dévouées dans la province dévastée par la guerre, il y alla lui-même avec quelques missionnaires pour réprimer la licence des soldats et soulager la misère affreuse du peuple. Il y avait une province encore plus affligée que la Picardie, c'était la Lorraine, où la famine sévissait de telle sorte qu'on y voyait des mères se nourrir du cadavre de leurs enfants. A ce récit, le cœur de Vincent fut brisé de douleur et, ne sachant que faire pour soulager tant de souffrances, il alla se jeter aux pieds de Richelieu : « La paix, Monseigneur, s'écria-t-il en fondant en larmes; je viens au nom du pauvre peuple vous demander la paix. Donnez-la-nous, Monseigneur, pour l'amour de Dieu. » Richelieu lui assura que la paix serait bientôt conclue.

En attendant la réalisation de cette promesse sur laquelle il ne comptait qu'à demi, Vincent alla mendier pour les pauvres Lorrains, dont les villes reçurent, grâce à lui, en argent, en grains, en vêtements, plus de 5 millions. Ce n'était pas encore assez de remédier aux nécessités du présent, il songeait à l'avenir, ajoutant ainsi à ses belles qualités, celle de la prévoyance. Il envoya dans les provinces ruinées par la guerre, du grain pour ensemencer la terre, des charrues et des bœufs pour la cultiver.

La Champagne ne fut pas plus oubliée que la Lorraine. Il distribua dans cette province et en Picardie, plus de 2 millions. Il frappait à toutes les portes : le roi, la reine, les princes, les dames de la cour, les prélats ne pouvaient lui fermer ni leur cœur ni leurs bourses; et les bourgeois, les marchands, les artisans, les pauvres même, ne restaient pas insensibles à ses instances.

C'est au milieu de ces multiples travaux qu'il conçut la fondation d'une nouvelle institution qui suffirait seule à immortaliser son nom.

D'après le rapport des échevins de Paris, le nombre des enfants abandonnés chaque année dans les rues de la capitale était de trois à quatre mille. Ces pauvres innocents étaient confiés à des femmes auxquelles on allouait une certaine somme. Mais celle-ci étant insuffisante, les pauvres enfants mouraient presque tous, faute de soins. Ceux qui résistaient au jeûne prolongé et aux mauvais traitements, étaient encore plus à plaindre : on les vendait vingt sous la pièce; on les donnait même pour rien à ceux qui ne pouvaient les payer.

Touché du sort de ces infortunés, Vincent s'adressa de nouveau aux protecteurs des œuvres existantes et parvint à réunir, pour ses protégés, un revenu qui lui permit d'édifier l'hospice des « Enfants trouvés ».

A peine son vœu est-il réalisé, qu'il porte ses vues vers la vieillesse pour laquelle il fonde « l'hôpital de la Salpêtrière » où dès 1657, cinq mille vieillards des deux sexes trouvèrent un asile.

Malgré son grand âge (il avait 84 ans), Vincent ne renonça pas à ses travaux, quoique ses forces fussent épuisées et ses souffrances presque continuelles. Ses quatre dernières années furent un véritable martyre pendant lequel il montra un courage, une force morale aussi sublime que sa charité. Sa modestie n'était pas moins admirable; il avait soin de rappeler à ceux qui l'oubliaient, l'obscurité de sa naissance et les humbles travaux de son enfance. « Ne m'appelez pas Monseigneur, disait-il, votre méprise serait trop grande; je ne suis qu'un porcher et le fils de pauvres paysans. »

L'énorme labeur accompli jusque dans l'extrême vieillesse par ce héros de la charité, est la plus belle glorification du travail et des sentiments altruistes qui puisse être donnée en exemple aux hommes de bonne volonté. Bien sûr, l'illustre écrivain Michelet dut s'inspirer de cette belle vie lorsqu'il s'écria : « La bonté, oh! quelle grande chose! Tout le reste est secondaire : grâce, esprit, raison, tout cela ne vaut que par elle. Même seule, elle est toute-puissante. »

NOTES EXPLICATIVES

1. VINCENT DE PAUL, né à Pouy, près de Dax, Landes (France), en 1576; mort à Paris en 1660. Par ordre de Louis XVI, une statue lui a été élevée à Paris. — 2. LANDES, grande étendue de terre où ne croissent que des plantes sauvages. — 3. CORDELIERS D'ACQS, religieux de l'ordre des Franciscains. — 4. TOULOUSE, ville de France, sur la Garonne, 150,000 habitants. — 5. MARSEILLE, port français important sur la Méditerranée, 492,000 habitants. Fondée six cents ans avant Jésus-Christ. — 6. NARBONNE, ville du sud de la France, 30,000 habitants. — 7. PIRATES, bandits qui courent les mers pour voler et piller. — 8. ALGER, capitale de l'Algérie. Belle rade sur la Méditerranée, 98,000 habitants. — 9. ROME (voir Grétry). — 10. PARIS (voir Clouet). — 11. GALÈRE, ancien navire de guerre ou de commerce. Les GALÈRES, peines des

criminels, condamnés à ramer sur les galères de l'Etat. Synonyme de travaux forcés; d'où le nom de galériens ou de forçats donné à ces condamnés. — 12. Louis XIII, roi de France; fils de Henri IV et de Marie de Médicis (1601-1643), épousa Anne d'Autriche. Son fils régna sous le nom de Louis XIV. — — 13. Normandie, province de France; capitale Rouen, 117,000 habitants, sur la Seine. — 14. Bresse, ancien pays de France; avait pour capitale Bourg, sur un affluent de la Saône. Forme aujourd'hui le département de l'Aisne. — 15. Calais, port de mer français, sur le pas de Calais, 60,000 habitants. — 16. Picardie, ancienne province de France; capitale Amiens, 91,000 habitants; comprend plusieurs départements. — 17. Lorraine, province française cédée à l'Allemagne en 1871. — 18. Richelieu, cardinal et ministre de Louis XIII. Un des plus grands hommes d'Etat qu'ait eus la France. — 19. Champagne, ancienne province de France comprenant quatre départements; capitale Troyes, 54,000 habitants. — 20. Michelet, illustre écrivain et historien français, né à Paris en 1798, mort en 1874.

BIBLIOGRAPHIE

1. Documents (Bibliothèque nationale de Paris). — 2. *Les Bienfaiteurs de l'humanité*, par Ch. Fallet. Mégard, Rouen. — 3. *Histoire de Saint-Vincent*, par Mgr Bougaud. Poussielgue, Paris, 1889.

SOURDS-MUETS ET AVEUGLES

NOTICE

Parmi les œuvres humanitaires citées dans le chapitre précédent, il en est deux qui revêtent un caractère particulièrement intéressant : ce sont les institutions des sourds-muets et des aveugles.

On ne peut, en effet, imaginer de situation plus misérable, plus atroce que celle de ces êtres incomplets, condamnés à vivre en parias, à charge à eux-mêmes et à la société. Aussi combien doivent-ils bénir ceux qui se sont consacrés à réparer dans la plus large mesure possible, les maux causés par la nature cruelle et impitoyable!

Il faut remonter au milieu du xvie siècle pour voir surgir l'idée d'améliorer le sort des sourds-muets. C'est de l'Espagne qu'est parti le mouvement. Le bénédictin Pierre Ponce enseigna la lecture et l'écriture à quelques aveugles. Après lui, un autre Espagnol, Jean Bonet, publia, en 1620, *l'Art d'enseigner à parler aux muets*. Sa réputation se répandit dans les principaux pays de l'Europe. Il eut des imitateurs et de dignes émules : Dygby (1640), John Bulwer (1648), le docteur Wallis et Burnet en Angleterre; Romirez et Castro en Italie; Van Helmon en Belgique (1640); Jean Amman en Hollande, dont les *Traités* (1672 et 1700) firent époque l'Espagnol Jacob Pereire, qui vint s'établir à Paris vers 1735 et y introduisit la méthode orale. En 1760, Thomas Braidwood ouvrit à Edimbourg (Ecosse) une école à l'usage des sourds-muets.

Mais ces tentatives se limitaient à des cas isolés et à la publication de *Traités* sur la méthode et les principes suivis par les auteurs. Il faut en arriver à la fin du xviiie siècle pour voir une organisation sérieuse et définitive. Le Saxon Samuel Heinicke, mettant en pratique les principes exposés par Jean Amman, ouvrit (1780), pour les sourds-muets de sa patrie, une école publique à

Leipzig. Il devint le père de « l'école allemande », et la « méthode orale » qu'il employa dans son enseignement prit le nom de « méthode allemande » en opposition avec la « méthode française » imaginée par l'abbé de l'Epée (1776). La première consiste à faire lire le sourd-muet sur les attitudes que prennent les lèvres de son interlocuteur; la seconde consiste en attitudes de la main correspondant aux diverses lettres de l'alphabet. Un moment vint où l'on combina les deux méthodes et l'on eut la méthode mixte ou phonomimie (sons et gestes) qui fait intervenir les gestes de la main et les mouvements des lèvres. La méthode par signes, dite dactylologie (*daktulos* = doigt; *logos* = langage), eut un succès retentissant et bien mérité; elle régna d'une façon presque absolue jusqu'en 1880, date du Congrès international de surdi-mutité de Milan (Italie), où la méthode orale fut proclamée comme seule rationnelle, parce qu'elle permet aux sourds-muets une communication suivie et efficace avec les entendants-parlants. Toutefois, la méthode mixte (sons et gestes combinés) est encore en usage dans nombre d'établissements.

Le Congrès de Milan fut présidé par l'abbé Jules Tarra, justement surnommé « l'abbé de l'Epée italien et le père de la méthode pure ». Il naquit à Milan en 1832 et fut, pendant quarante-quatre ans, directeur de l'école des sourds-muets pauvres de la campagne milanaise. Sa mort, survenue en 1889, provoqua un deuil général.

Un autre partisan convaincu de la méthode orale est Graham Bell (né à Edimbourg en 1847), inventeur du téléphone, et auquel on est redevable de nombreux mémoires du plus haut intérêt sur l'éducation des sourds-muets.

Grâce à l'enseignement ingénieux approprié à cette triste infirmité, près de cent vingt mille sourds-muets peuvent s'instruire, se comprendre entre eux, former ainsi une corporation intelligente, active, heureuse, une vaste famille. Partout, ils ont constitué des sociétés qui ont entre elles des rapports constants. Ils possèdent des journaux, organisent des congrès, pratiquant ainsi la solidarité la plus étroite et la plus touchante. Débarrassés de l'isolement pénible et de l'esclavage impitoyable que la nature leur avait imposés, ils sont devenus des hommes libres et utiles à la société.

Restait à s'occuper du sort des aveugles. Pour qu'ils prissent rang aussi dans la vie active, qu'ils devinssent des travailleurs, il fallait leur apprendre à vaincre la cécité. Or, pendant de longs siècles, les mots *cécité* et *travail* furent considérés comme une antonymie (*ant* = opposé, contraire; *onuma* = nom). Dans l'antiquité païenne, l'aveugle, comme tout infirme incapable de porter les armes, demeurait, si on ne le supprimait pas dès sa naissance, un être faible, mineur et fatalement opprimé. Au moyen âge, en restant mendiants, les aveugles se faisaient chanteurs, jongleurs, amuseurs du public; ils formaient même des corporations.

En 1260, Louis IX fonda à Paris l'hospice des Quinze-Vingts institué en faveur de trois cents chevaliers revenus aveugles de la Terre Sainte. Seulement, il ne paraît pas que l'on se fît, dans la suite, une idée bien nette des égards dus à une aussi grande infortune, ni que la bienfaisance dont ces aveugles étaient l'objet, fût bien éclairée et bien morale. C'est ainsi que l'on vit, au XVe siècle, sous Charles VI et Charles VII, les pensionnaires de l'hospice servir de jouet dans les fêtes publiques. On les obligeait à combattre les uns contre les autres et les incidents bizarres de ces luttes où les coups étaient portés au hasard, amusaient grandement le populaire et même la bourgeoisie.

Ce n'est que cinq siècles après la fondation de saint Louis que surgit l'idée de donner à l'aveugle indigent, non plus seulement les choses nécessaires à la vie matérielle, mais les éléments de la vie intellectuelle et morale, en mettant à sa disposition les moyens de s'instruire.

L'initiative de rendre les aveugles utiles à eux-mêmes et à la société revient à Valentin Haüy (voir la biographie), le fondateur (Paris, 1784) de la première école spéciale qui, bientôt imitée en Europe, puis en Amérique, est devenue l'Institution des jeunes aveugles.

Aux caractères de l'écriture en relief usités par Haüy, on a substitué, en 1852, un alphabet conventionnel en points saillants imaginé par un aveugle de génie, Louis Braille (voir biographie). Ce système, merveilleux de simplicité, s'applique aux chiffres, à la musique, et même à la sténographie comme aux lettres. Il fut adopté dans le monde entier comme base de l'instruction des aveugles et comme outil intellectuel de premier ordre. Pour remédier à l'inconvénient de ces caractères conventionnels inconnus du public, l'aveugle, dans sa correspondance avec les clairvoyants, peut recourir à l'un des nombreux guides inventés dans le but de lui permettre de tracer l'écriture vulgaire.

Ceux qui n'ont jamais assisté aux leçons données à l'Institut des sourds-muets et des aveugles, ne se représentent point jusqu'où peut aller l'ingéniosité et la patience de l'homme, et jusqu'à quelle limite il peut pousser l'abnégation, l'amour de son semblable; c'est un sacerdoce dans toute l'acception du mot.

Actuellement, l'émancipation des aveugles est un fait acquis. C'est un nouvel appoint apporté à l'activité sociale, un profit pour les masses, mais surtout un bienfait immense pour une multitude de malheureux, privés de la lumière du soleil, condamnés aux ténèbres de l'ignorance, exposés à une vie misérable. Désormais, plusieurs métiers manuels leur sont devenus accessibles : cannage, empaillage, brosserie, fileterie, corderie, vannerie, tournage, fabrication des matelas, etc. Dans le domaine intellectuel et artistique, il y a les professions de musicien, d'organiste, de compositeur, de professeur de littérature, de sculpteur, d'avocat et d'historien.

PIERRE TRIEST.

En France, en Hollande, en Allemagne, tous les établissements des sourds-muets et des aveugles, organisés et soutenus par la philanthropie, peuvent être décrétés d'utilité publique et acquérir la personnification civile. Il est regrettable que la Belgique, si riche en œuvres philanthropiques et sociales, ne soit pas encore entrée dans cette voie. Dans ce pays, ces institutions, créées et entretenues par l'initiative privée, restent condamnées à vivre de dons, de legs et d'appels incessants à la charité; état de choses qui en limite forcément les bienfaits, sans compter les incertitudes du lendemain. En attendant le jour proche où cette lacune disparaîtra, rendons un hommage bien mérité à ceux qui, dans un bel élan de sollicitude pour les déshérités, leur ont sacrifié leur temps, apporté leur fortune et leur science.

En premier lieu, il convient de citer M. le chanoine Pierre

Triest qui créa, en 1820, l'Institut des sourdes-muettes de Gand; celui des sourds-muets dans la même ville en 1825; celui des sourdes-muettes et des aveugles de Bruxelles (1834); enfin, l'Institut royal des sourds-muets et des aveugles de Woluwe-Saint-Lambert en 1835. En reconnaissance du grand nombre et de l'excellente organisation des institutions charitables dues à sa généreuse initiative, il fut appelé le saint Vincent de Paul de la Belgique.

A la même époque, M. le chanoine Carton, qui fut membre de l'Académie de Belgique et qui a fait de l'instruction des sourds-muets l'occupation de toute sa vie, fonda l'Institut de Bruges, affecté aux sourds-muets et aux aveugles des deux sexes, et publia un mémoire intitulé : *l'Instruction des sourds-muets* (Bruxelles, 1856), mémoire qui remporta la médaille d'or au concours de la Société centrale des sourds-muets à Paris.

CHARLES CARTON.

C'est également dans la même période qu'apparait M. l'abbé de Haerne (né à Ypres en 1804), ancien membre du Congrès national et de la Chambre des représentants. Homme éminent auquel est dû un hommage tout particulier pour les signalés services qu'il a rendus et pour son inlassable activité. Malgré les lourdes charges que lui imposaient son ministère et plus tard ses fonctions de professeur et son mandat de député, il trouva le moyen de s'intéresser activement à l'éducation des sourds-muets : pendant onze ans, il fut le directeur des Sœurs de charité, à l'Institut royal des sourdes-muettes et des aveugles de Bruxelles. Auteur de plusieurs ouvrages remplis d'aperçus intéressants, collaborateur à plusieurs revues, fondateur de plusieurs écoles, il a largement contribué à la diffusion de l'œuvre bienfaisante des sourds-muets en Angleterre, aux Etats-Unis, aux Indes, etc.

Cet homme de bien s'éteignit en mars 1890, et fut inhumé à Courtrai. Le conseil communal de cette ville prit aussitôt l'initiative d'une souscription populaire et nationale, en vue de lui ériger une statue qui a été inaugurée officiellement le 9 août 1895. Et, détail touchant, à cette occasion, un sourd-muet prononça un discours de reconnaissance.

A son tour, l'archevêque d'Utrecht, J. Zwysen, fonda à Maeseyck, en 1840, l'Institut des sourdes-muettes et des aveugles.

La même année, Achille Gourdin, sourd-muet et élève de l'abbé Sicard, créa l'Institut des sourds-muets des deux sexes à Bouge-lez-Namur. C'est sur le désir de Monseigneur Dehesselle, évêque de Namur, que ce jeune Français (il était né à Valenciennes en 1806), faisant le sacrifice d'une position assurée et bien rétribuée, consentit à édifier cette œuvre humanitaire à laquelle il donna tous ses instants et le meilleur de son cœur. Il mourut en 1872. La veuve de son fils Louis lui succéda après avoir été sa collaboratrice de la première heure; femme vaillante, intelligente et dévouée, qui fut heureusement et largement secondée par sa nièce, Mlle Desjardin, dont l'attachement profond et désintéressé aux protégés du vénéré fondateur, perdure encore. Grâce à l'action commune de ces grands cœurs, et à l'impulsion directoriale actuelle, l'établissement n'a cessé de prospérer.

L'ABBÉ DE HAERNE.

Il existe également des instituts privés à Anvers (l'un pour sourds-muets et l'autre pour sourdes-muettes), à Charleroi (pour garçons sourds-muets et aveugles), à Ghlin-lez-Mons (pour les aveugles des deux sexes), enfin à Liége (pour les sourds-muets et les aveugles). Ce dernier est entré, depuis nombre d'années, dans une voie de réels progrès, grâce aux efforts intelligents et à la haute compétence de son ancien directeur, M. Snyckers, et du directeur actuel, M. Gueury, auxquels on doit de nombreuses publications très appréciées sur l'éducation des sourds-muets et des aveugles.

Une seule province belge (Brabant), c'est une justice à lui rendre, a fondé un Institut pour sourds-muets, situé à Berchem-Sainte-Agathe. Il fut créé en 1883, sur la proposition de M. Van Schoor, de Bruxelles. Une section pour aveugles y fut organisée en 1904.

Puisse ce bel exemple être suivi par tous les conseils provinciaux du pays, de telle sorte que les sourds-muets et les aveugles aient leur part du patrimoine commun.

Les causes de la cécité (état d'une personne qui a perdu la vue) sont nombreuses et variées. Elles se rencontrent plus fréquemment dans les pays chauds qu'ailleurs. Cette particularité tient à la nature du climat, à la chaleur excessive, à la réverbération du sol sablonneux et surtout à la fraîcheur des nuits. C'est ainsi qu'en Egypte, la proportion des aveugles est énorme ; en Syrie, elle est moindre.

Heureusement qu'à côté des méthodes d'instruction appropriées aux aveugles, il y a les progrès de l'hygiène et de l'oculistique (*oculus* = œil, science de l'oculiste) qui ont permis de combattre, voire même de prévenir la cécité (vaccine, antisepsie, etc.). Partout, ou à peu près, les gouvernements se préoccupent des moyens préventifs de la cécité, par la création de cliniques ophtalmiques. Les Académies de médecine font insérer dans les instructions pour élever les enfants du premier âge, des conseils relatifs à l'ophtalmie (*ophtalmos* = œil. Inflammation de l'œil) purulente et ont fait ranger cette maladie au nombre de celles dont les sages-femmes doivent obligatoirement faire la déclaration. En France, l'Association Valentin Haüy pour

ACHILLE GOURDIN.

le bien des aveugles fait distribuer des avis destinés à prévenir la cécité. En Angleterre, grâce à l'initiative du docteur Roth, une Société pour la prévention de la cécité et le développement physique des aveugles a été créée peu après 1850. En Russie, la Société Marie, fondée en 1881, inscrit à son budget des sommes considérables pour envoyer dans toutes les parties de l'empire, des détachements d'oculistes qui, gratuitement, donnent leurs soins à tout venant. Enfin, en Allemagne, la plupart des villes ont institué un service médical gratuit dans les écoles. Sous ce rapport, elle détient le record pour la belle et sérieuse organisation de ce service sanitaire. Beaucoup de villes de Belgique, de France, de Hollande, d'Angleterre ont suivi cet exemple, mais sans atteindre la perfection des institutions allemandes. Les pouvoirs publics luttent donc de concert avec l'initiative privée contre tous les maux et les infirmités humaines. Il appartient à chacun de seconder ces généreux efforts.

BIBLIOGRAPHIE

1. SNYCKERS et GUEURY-DAMBOIS, *Justice pour les petits*. Ouvrage manuscrit de haute valeur tant par la forme que par l'élévation des pensées. Il est regrettable, à tous les points de vue, qu'il n'ait point été publié. — 2. DUFAN, *Des Aveugles : considérations sur leur état physique, intellectuel et moral*. Paris, 1850. — 3. MAURICE DE LA SIZERANNE. *Mes notes : les Aveugles dans l'école et dans la vie; les Aveugles et leurs amis*. Paris, 1893. — 4. CARTON (le chanoine), *l'Instruction des sourds-muets*. Bruxelles, 1856. — 5. HAERNE (le chanoine DE), *Organisation des Instituts de sourds-muets*. Bruxelles. — 6. M. Collignon, l'éminent et dévoué directeur de l'Institut national des sourds-muets, à Paris, auquel nous sommes redevable de documents très intéressants.

L'abbé DE L'ÉPÉE

1712-1789

Le nom de Charles de l'Epée est inséparable de celui de Vincent de Paul et se confond avec l'institution des sourds-muets, dont il fut l'initiateur et le propagandiste.

CHARLES DE L'ÉPÉE.

Fils d'un architecte de Versailles, il trouva dans la maison paternelle l'exemple d'une grande simplicité de mœurs, d'une probité sévère et d'une véritable charité. Dès sa jeunesse, il se fit remarquer par sa modestie, sa franchise et surtout par un désir sincère de se rendre utile à tous ceux qui l'entouraient.

A peine fut-il ordonné prêtre, qu'un événement lui fournit l'occasion d'exercer sa bienfaisance et de faire germer dans son cœur autant que dans son esprit, le désir bien arrêté de se consacrer au sort des aveugles. Un de ses confrères, qui avait commencé l'éducation de deux sœurs sourdes-muettes, vint à mourir, laissant les malheureuses jeunes filles sans protecteur et sans ressources, personne n'ayant voulu continuer cette tâche. Dès qu'il eut connaissance de cette détresse, l'abbé de l'Epée n'hésita pas : il adopta les deux orphelines et se chargea de leur éducation; acte de charité qui devint pour lui le début d'une glorieuse carrière.

Toutes les souffrances dont il était le témoin le touchaient profondément : en instruisant ses deux élèves, il ne put se défendre d'une vive compassion pour tant de malheureux affligés de la même infirmité, vivant au milieu de la société, privés de toute espèce d'instruction. Un généreux projet se forma peu à peu dans son esprit : étendre les bienfaits de l'éducation à la nombreuse classe des sourds-muets. Il inventa pour eux un langage spécial, donnant ainsi raison une fois de plus à ce grand principe : « La nécessité crée l'outil », mis en pratique par tous ceux qu'anime l'esprit d'initiative et d'observation sagace.

Que cet homme de bien ait connu ou non les essais isolés et restreints tentés en Espagne, en Allemagne et en France, il n'en reste pas moins acquis que, par ses généreux efforts et sa belle patience, il est parvenu à imaginer un système ingénieux propre à instruire les sourds-muets dont il fut ainsi le bienfaiteur et le père. Certes, sa méthode n'était point parfaite; mais si dans la formation de cette langue, il lui est échappé quelques erreurs, il ne faut pas oublier l'immensité de la tâche qu'il avait entreprise. Il ne s'agissait de rien moins que de faire pour les signes ce qu'une longue suite de générations avait fait pour nos langues.

Les premiers résultats de sa méthode surpassèrent ses espérances et lui fournirent le moyen de combattre victorieusement une erreur généralement répandue alors et partagée par beaucoup de savants et de philosophes (*philos* = ami ; *sophia* = sagesse). On croyait, en effet, que les sourds-muets étaient non seulement affligés de la privation de deux de nos sens, mais encore dépourvus d'intelligence et incapables de recevoir aucune éducation. L'abbé de l'Epée aimait trop ceux auxquels il s'était si noblement dévoué pour ne pas entreprendre de les réhabiliter. La nécessité rend ingénieux; l'idée de faire le bien doubla la confiance et le courage du noble éducateur qui résolut de frapper un grand coup. Il invita les personnages les plus distingués à assister aux examens que devaient subir ses élèves; les résultats enthousiasmèrent l'auditoire et apportèrent dans les esprits les plus incrédules, une conviction qui se traduisit par une généreuse et unanime protection à l'œuvre philanthropique. Dès ce moment, les sympathies, les dons, les subsides affluèrent et le sort de l'institution que de l'Epée avait fondée de ses propres deniers, fut définitivement assuré. Une loi, parue en 1771, déclara d'utilité publique l'Institution des sourds-muets. Ce fut une grande consolation pour le philanthrope de savoir qu'après sa mort, ses enfants, comme il les appelait, ne seraient pas abandonnés.

En Italie, en Suisse, en Espagne, en Hollande, en Belgique, des institutions similaires furent créées grâce à la sollicitude des gouvernements, et confiées aux soins d'habiles professeurs auxquels le généreux et infatigable ami des sourds-muets avait enseigné sa méthode et communiqué le feu sacré du dévouement et de l'abnégation.

Cet homme si modeste, si désintéressé et d'une bonté si infinie s'éteignit en décembre 1789 au milieu de ceux qu'il avait tant aimés.

On lui a élevé une statue dans l'église Saint-Roch, à Paris, et une à Versailles, où il était né, en 1712. Il a laissé plusieurs ouvrages dans lesquels il a expliqué sa méthode.

L'abbé Sicard, son collaborateur, lui succéda et continua l'œuvre avec un zèle et une abnégation dignes du maître. Sa grande bonté, sa candeur extrême, le peu de souci qu'il prit de ses propres intérêts le firent tomber dans une gêne voisine de la misère. Né au Fousseret, près de Toulouse, en 1742, il mourut en 1822.

Achille Gourdin, son élève, vint fonder un institut de sourds-muets à Bouge-lez-Namur (Belgique), en 1840.

Valentin HAÜY

1745-1822

Ce que l'abbé de l'Epée a fait pour les sourds-muets, Haüy d'abord, et Braille ensuite, l'ont fait pour les aveugles, cette autre catégorie de déshérités, bien dignes de toutes les pitiés et de toutes les compassions.

Mais si l'on mesure toute la distance qui sépare ces deux infirmités, on comprendra tout de suite l'étendue des difficultés que devait présenter l'invention d'un système capable d'éduquer des infortunés qui ne voient pas et par conséquent ne se rendent compte de rien. Problème en apparence insoluble, mais que deux hommes de cœur et d'énergie parvinrent à résoudre grâce à une ingéniosité patiente et une longue suite d'efforts persévérants.

Chacun sait la somme de travail et de patience que doit déployer l'éducateur pour apprendre à lire aux élèves de l'école primaire; chacun, dès lors, peut juger,

VALENTIN HAÜY.

par là, combien il a fallu de qualités supérieures, de vertus et de talent à Haüy pour mener son œuvre à bonne fin.

Fils d'un pauvre tisserand, il naquit en 1745, au village de Saint-Just-en-Chaussée (Picardie). Son éducation, commencée dans son village natal par des moines, fut continuée et achevée à Paris. Au sortir du collège, grâce à des protecteurs influents, il obtint un emploi de commis au ministère des Affaires étrangères où il fut chargé de la traduction des dépêches chiffrées.

Profitant des loisirs que lui laissaient ses occupations, il assistait aux séances dans lesquelles l'abbé de l'Epée présentait ses élèves au public. Les exercices des sourds-muets produisirent sur son esprit une impression qui lui suggéra le désir d'être utile aux aveugles. Mais c'est surtout à la vue d'une scène où des hommes atteints de cécité servaient de bouffons à la foule, qu'il prit la résolution de se consacrer définitivement à l'instruction de ces malheureux.

Comprenant que l'éducation du toucher, de l'ouïe et de la mémoire doit former la clef de l'instruction des aveugles, il fonda son système d'enseignement sur cette triple base. A cet effet, il construisit pour son premier élève, jeune homme de seize ans, des appareils rudimentaires à l'aide desquels il lui apprit, en six mois, à lire, écrire et calculer. Le moyen qu'il avait employé reposait sur l'emploi de petites barres de plomb au bout desquelles se trouvaient des lettres en saillie, semblables à de gros caractères typographiques, placés dans des trous régulièrement pratiqués dans une planche spécialement construite à cet effet. Avec ces mêmes caractères, il arriva à imprimer, en relief, des livres que l'aveugle put lire avec ses doigts. Pour l'écriture, il imagina également un appareil, ingénieux sans doute, mais insuffisamment pratique, en ce sens qu'il exigeait des instruments peu portatifs et qu'en outre, l'écriture obtenue manquait de régularité et de netteté.

Toutefois, les résultats obtenus firent sensation. La Société philanthropique de Paris confia à Haüy douze aveugles auxquels elle distribuait des secours mensuels. C'est avec ce petit groupe d'élèves qu'il fonda la première école d'aveugles qui ait existé au monde. En 1801, elle fut transférée aux Quinze-Vingts malgré les énergiques protestations de Haüy qui considérait cette mesure comme la destruction de son œuvre. Il lutta contre le mauvais vouloir de l'administration supérieure et finalement donna sa démission.

Peu de temps après, il ouvrit, sous le nom de Musée des Aveugles, une école particulière qu'il inaugura avec deux élèves : Alexandre Fournier, de Paris, et Alexandre Rodenbach, de Roulers (Belgique). Mais un moment vint où, faute de prévoyance, les ressources firent défaut. Alors, le vaillant promoteur connut la gêne avec tous ses déboires et, dès ce jour, il fut l'objet de critiques aussi injustes que violentes.

Il partit pour la Russie (1806) avec son élève Fournier, s'arrêta à Berlin où il inspira la création d'un établissement similaire à celui de Paris. A peine arrivé à Saint-Pétersbourg, il recommence son apostolat, malheureusement entravé sans cesse par une administration nonchalante et même hostile. Après douze années de luttes et d'efforts restés stériles, atteint d'infirmités contractées sous le climat du Nord, il revint à Paris (1818) et se retira chez son frère, l'abbé René Haüy, célèbre minéralogiste et créateur de la cristallographie (1743-1832). Ayant retrouvé son institution renaissante, il manifesta le désir d'y rentrer, mais il eut la douleur de se voir repoussé par la direction. Ce ne fut que quatre années après que justice lui fut rendue, et, à cette occasion, une grande solennité, à laquelle il fut convié, eut lieu en son honneur.

« Cette touchante cérémonie, qui fit répandre de bien douces larmes au généreux vieillard, ne devait pas se renouveler; sa tâche était remplie; il mourut en mars 1822, après une longue carrière laborieusement et utilement parcourue, emportant l'estime des gens de cœur et les bénédictions des infortunés à qui il avait consacré sa vie. »

BIBLIOGRAPHIE

1. SNYCKERS et GUEURY DAMBOIS, *Justice pour les petits* (ouvrage cité — notice sur les sourds-muets et les aveugles). — 2. BERNUS, professeur à l'Institution des jeunes aveugles, à Paris, *Éloge de Valentin Haüy*. Ouvrage couronné en 1884. — 3. Nous sommes redevable de précieux documents à M. le directeur de l'Institut des jeunes aveugles, à Paris. Nous lui en exprimons toute notre gratitude.

Louis BRAILLE

1809-1852

L'invention la plus remarquable depuis la mort de Valentin Haüy est, sans contredit, celle de l'écriture, non plus en lettres saillantes, mais en points saillants : système actuellement en vigueur dans tous les établissements d'aveugles, et qui a pour auteur Louis Braille, fils d'un bourrelier de Coupvray, petit village français du département de Seine-et-Marne, où il naquit en 1809.

A l'âge de trois ans, se trouvant dans l'atelier de son père, il voulut imiter celui-ci dans un travail. Il prit une courroie et une serpette; malheureusement, l'instrument, au lieu de pénétrer dans le cuir, glissa et vint atteindre à l'œil le pauvre enfant. Cet œil fut dès lors perdu, et l'inflammation gagnant bientôt l'autre, la cécité fut complète. Après avoir vainement employé tous les

LOUIS BRAILLE.

moyens pour guérir son infirmité, sa famille appauvrie obtint, pour lui, en janvier 1819, une bourse à l'Institut national de Paris. Il était alors âgé de dix ans.

L'élève montra bientôt d'excellentes dispositions pour toutes les branches de l'enseignement et obtint de nombreux succès. A chaque distribution de prix, son nom était souvent proclamé et la liste des récompenses qu'il gagna dénote bien la variété de ses aptitudes. Il obtint d'abord des prix de tricot et de chaussons de lisières; ensuite il conquit ceux de grammaire, de géographie, d'histoire, d'arithmétique, de géométrie, d'algèbre et de piano.

Qui eût prévu que cet enfant puiserait dans son malheur une énergie assez grande pour arriver, à force d'études et de persévérance, à cette admirable découverte qui permet à ses frères en malheur de correspondre avec leurs semblables? C'est grâce à lui que le voile qui les sépare du commerce de la société se trouve définitivement dissipé. Ce titre n'est-il pas suffisant pour lui donner l'immortalité?

Lorsque ses études furent terminées, il fut nommé répétiteur en 1828. C'était le titre que l'on donnait alors aux professeurs aveugles dont on acceptait les services, mais auxquels, jusqu'en 1833, on n'attribuait point de traitement.

La droiture d'esprit et la netteté dans les idées qu'on avait remarquées en lui lorsqu'il était élève, se retrouvaient chez le professeur, développées et fortifiées encore par l'âge et par la réflexion.

Il était encore élève, lorsqu'il se mit à rechercher le moyen de permettre aux aveugles d'écrire. Jusqu'à son époque, ceux-ci avaient bien pu s'instruire en employant les procédés imaginés par Valentin Haüy, c'est-à-dire en lisant avec leurs doigts dans des livres imprimés en lettres romaines fortement repoussées dans le papier, mais le nombre de ces livres était nécessairement très limité; et, pour toutes les parties de l'enseignement qui n'étaient pas facilitées par l'usage du livre, la mémoire de l'aveugle avait à jouer un rôle trop considérable et ne pouvait pas suffire à la tâche.

Or, la préoccupation dominante de Braille était de donner de la vie à son cours, de répandre de la variété dans les travaux des aveugles et d'apporter ainsi un nouvel élément de perfectionnement intellectuel et moral à ses compagnons d'infortune. C'est de cette noble pensée qu'est née son invention remarquable, à l'aide de laquelle on parvient à produire la seule écriture qui permet aux aveugles de rivaliser de vitesse avec les voyants, de correspondre entre eux et de former, à leur usage, une bibliothèque complète de livres en points saillants, sur les sciences, les arts, la littérature, voire même la musique.

Dans ses longues et laborieuses recherches, son attention fut un jour attirée vers un procédé graphique inventé par M. Charles

Barbier de Laserre, ancien officier d'artillerie en France, et qui consistait à représenter les signes de la parole par un certain nombre de points disposés en relief dans un ordre convenu. Cette écriture, dite écriture nocturne, avait de graves inconvénients. Chaque son était représenté par un trop grand nombre de points et occupait trop de place, l'auteur ne s'étant préoccupé que des sons et non de l'orthographe; son système nuisait à l'enseignement. Enfin, il ne représentait ni les chiffres, ni la ponctuation, ni la musique.

Mais quelque défectueux que fût le procédé, il servit certainement de base principale à tous les essais auxquels Braille consacra tout le temps dont l'exercice du professorat et sa santé chancelante lui permettaient de disposer; il y employa même fréquemment une partie de ses nuits. Ses efforts furent couronnés de succès : il dota les aveugles de ce merveilleux alphabet dont le signe générateur se compose de six points placés trois par trois sur deux rangs perpendiculaires et qui sont piqués dans le papier au moyen d'un ingénieux appareil. Le nombre et la position de ces points, diversement combinés, déterminent la valeur de chaque signe placé dans le petit espace rectangulaire qui lui est réservé. Ces signes sont assez nombreux pour représenter toutes les lettres avec ou sans accent, la ponctuation, les chiffres, les signes algébriques, l'écriture de la musique et du plain-chant.

Braille publia sa méthode en 1829; elle fut dès lors adoptée par ses camarades et par ses élèves. Mais ce ne fut qu'en 1854 qu'elle fut définitivement employée, à l'exclusion de toute autre, à l'impression des livres scolaires.

Ainsi, avant lui, l'aveugle ne pouvait pas écrire; sa pensée ne pouvait rien produire d'utile pour les autres. Grâce à sa précieuse invention, l'aveugle peut, au contraire, faire ses études comme les clairvoyants, prendre des notes, faire des devoirs dans les classes d'enseignement littéraire et d'enseignement musical, tenir des comptes, correspondre avec tous ceux qui connaissent son alphabet, recueillir ses impressions et les transmettre à ses semblables. Immenses avantages qu'il suffit de signaler pour que chacun puisse en sonder les bienfaisantes conséquences.

Mais lorsqu'un problème est résolu par des esprits observateurs, d'autres se posent aussitôt et sollicitent vivement leur attention. Braille avait trouvé pour les aveugles une écriture conventionnelle qui suffisait à la plupart de leurs besoins intellectuels. Mais, précisément parce qu'elle était conventionnelle et qu'elle différait des types vulgaires, cette écriture ne pouvait être lue par les clairvoyants que lorsque ceux-ci en avaient fait une étude spéciale. Il voulut trouver un autre procédé graphique qui leur permit de se faire lire par les voyants sans leur imposer une étude préalable. Il parvint à son but en 1839, et imagina la raphigraphie qui avait pour objet de former les lettres vulgaires avec des points en relief, ce qui en permettait la lecture aussi bien aux clairvoyants qu'aux aveugles. Cette dernière invention fut perfectionnée par M. Foucault, ancien élève de l'Institution nationale, qui avait de remarquables dispositions pour les sciences mécaniques ; c'est ainsi que l'appareil dont on se sert aujourd'hui pour la raphigraphie porte le nom d'appareil Braille-Foucault.

Braille voulut aussi utiliser cet appareil pour la notation musicale ; mais sa santé fortement compromise ne lui permit pas d'achever son œuvre. Atteint depuis longtemps d'une affection pulmonaire, il mourut en 1852, entouré de l'affection et d'une sorte de vénération de ses chefs, de ses camarades et de ses élèves.

Après sa mort, ses élèves reconnaissants manifestèrent le désir de voir élever un monument à sa mémoire ; la somme recueillie parmi eux permit de faire son buste, qui fut érigé à l'Institut national de Paris, le 25 mai 1853. Un jeune aveugle, touchant ce buste, s'écria, tout ému : « Que serions-nous devenus sans Braille ! » Dans cette exclamation aussi simple que touchante, il y a toute une histoire, une histoire de malheur et de rédemption.

Enfin, en mai 1887, eut lieu à Coupvray, l'inauguration d'un monument en l'honneur de l'immortel bienfaiteur : une souscription ouverte en 1882, dans les établissements d'instruction d'aveugles du monde entier, avait produit une somme de 5,500 francs qui a servi à glorifier l'illustre enfant. Et ainsi dans le modeste village, témoin de sa première enfance, son image rappellera aux fils de ceux qui l'ont connu que, même dans le malheur, dans la position la plus désespérée et la plus modeste, on peut, par le travail, triompher des plus grandes difficultés, se rendre utile à ses semblables et s'élever aux plus hautes destinées.

A cette occasion, l'exécution d'une ode-cantate couronna cette fête d'autant plus touchante que tout constituait l'œuvre d'aveugles de l'Institution nationale de Paris : les paroles étaien de M. Guilbeau, professeur d'histoire; la musique, de M. Lebel, professeur d'orgues et de composition, chef d'orchestre à l'Institut national; enfin, un autre aveugle, M. Victor Paul, professeur de musique et de chant, dirigeait les chœurs.

Si les bienfaiteurs de l'humanité devaient avoir droit de cité dans tous les pays où leurs bienfaits ont été ressentis, on pourrait dire, sans exagération, que la patrie de Louis Braille est l'univers.

BIBLIOGRAPHIE

1. Documents de la commune de Coupvray, communiqués par M. Gilbert, de Coupvray, et M. Cambier, professeur à Melun. — 2. Documents (Institut national des jeunes aveugles, de Paris).

Antoine-Laurent LAVOISIER

1743-1794

Naître au sein de la fortune, grandir au milieu de toutes les tentations d'une société opulente, pouvoir se rassasier de toutes les jouissances matérielles, avoir en perspective une vie libre, indépendante, quel rêve!

Savoir dédaigner tous ces avantages et renoncer volontairement, simplement à toutes les joies, à tous les plaisirs mondains pour se livrer tout entier au culte de la science, quel triomphe!

Cette victoire de l'esprit sur la matière, Antoine Lavoisier la remporta sans ostentation aucune, imitant, en cela, son illustre contemporain Buffon.

Fils d'un procureur au Parlement de Paris qui était très riche, il fit ses études au collège Mazarin sous la direction de professeurs renommés. Ses études terminées, il se passionna pour l'étude des sciences naturelles, parti-

ANTOINE-LAURENT LAVOISIER.

culièrement de la chimie; se sépara de la société, rompit avec les devoirs qu'elle impose et s'enferma au milieu de ses livres et de ses instruments d'observation.

En 1764 — il avait alors 21 ans — il donna une preuve bien éclatante de la décision de son esprit et de son zèle extraordinaire pour les sciences. Ayant constaté, au début de ses observations, que sa vue ne possédait pas la sensibilité et la délicatesse suffisantes pour comparer les diverses intensités des flammes, il n'hésita pas à s'enfermer dans une chambre entièrement tendue de noir et plongée dans l'obscurité la plus complète. Il y demeura six semaines confiné dans les ténèbres; mais quand il sortit de sa retraite, aucune différence dans l'intensité de la lumière ne pouvait échapper à sa vue. Ce trait de patience et de ténacité, accompli à cet âge, suffisait pour faire présager tout ce que la science pouvait attendre de l'ardeur et de la fermeté d'un tel esprit; l'homme futur perçait sous cet acte décidé.

Sa renommée se fit bientôt jour en dehors de sa retraite et, à 25 ans, il était nommé professeur à l'Académie des sciences. C'est à partir de cette date que, procédant avec une extrême prudence, une méthode sûre, un subtil esprit d'observation et la balance en main, il s'occupa à répéter toutes les expériences que les chimistes avaient exécutées sur les gaz.

Or, ses travaux ne tardèrent pas à le convaincre que tout, ou à peu près, était à faire dans le domaine chimique. Les hommes les plus illustres de l'époque considéraient le monde comme formé de quatre éléments : l'air, l'eau, la terre et le feu qui étaient regardés comme les principes constituants de tous les corps. En outre, les savants s'inspiraient de la fausse théorie du phlogistique (voir chimie). Dès ce moment, il pressentit la transformation que devait subir la chimie qui, jusqu'alors, n'avait guère été qu'une collection de recettes, et la nécessité de créer une science nouvelle et plus féconde : une science d'analyse.

Mais c'était un esprit aussi sage que ferme, et il comprit avec un bon sens profond qu'il ne pouvait « heurter de front les opinions tenaces qui, depuis une soixantaine d'années, faisaient la loi. Il comprit surtout, qu'avant d'attaquer ouvertement les errements de la doctrine régnante, il devait chercher dans le silence de l'observation, les fondements d'une doctrine plus sûre, et qu'avant de renverser, il fallait s'apprêter à construire. »

En ce moment solennel, il dut voir se dérouler à ses yeux l'avenir de son existence, avenir plein de luttes, hérissé de sacrifices et d'écueils de tous genres. Il avait devant lui toute une phalange de savants de haute valeur et d'un grand renom; redoutables adversaires, esprits timorés qui se montreront rebelles à sa doctrine jusqu'au jour où ils s'inclineront devant l'évidence des faits. Cette perspective d'un combat qui devait être long et rude ne l'effraya pas; et, bien décidé, il résolut de vaincre toutes les résistances et de faire la lumière, toute la lumière quoi qu'il lui en coûtât.

Il exécuta d'abord, en 1774, « cette analyse admirable de l'air » qui constitue son plus beau titre de gloire. Cette œuvre capitale le conduisit naturellement à l'étude des phénomènes de la combustion et de la respiration; il démontra, en 1775, que la combustion des corps naît de la combinaison de l'oxygène avec ces corps. Cette magnifique découverte fut le résultat de sept années d'études persistantes, d'expériences scrupuleuses et de conférences avec les chimistes les plus illustres de l'Europe. En 1785, parut son mémoire sur la composition de l'eau, travail immortel qui vint couronner son œuvre scientifique. Il avait reconnu que l'eau peut se décomposer en air inflammable ou hydrogène et en air respirable ou oxygène. Il opéra cette analyse et prouva par des expériences directes que l'eau se compose de deux parties d'hydrogène et d'une partie d'oxygène.

Grâce à cette série de découvertes si merveilleusement enchaînées, grâce à la combinaison de tous les travaux anciens et des recherches effectuées de son temps sur les fluides élastiques; grâce à son travail non interrompu, écrasant, de quinze années, Lavoisier produisit dans la chimie une révolution profonde. Sa doctrine prit le nom de « Doctrine pneumatique » (d'un mot qui signifie souffle, air, gaz), pour rappeler qu'elle repose sur la connaissance des gaz.

Cette doctrine universellement répandue, fut proclamée dans toute l'Europe savante, en dépit de la résistance désespérée de ses adversaires, entichés du passé. Lavoisier avait triomphé de tous les obstacles, soutenu par une constante énergie et une foi indéfectible dans le succès de ses recherches. Non seulement il avait créé une science nouvelle, mais il put jouir, exemple rare dans les annales des sciences, du bonheur d'assister au triomphe de sa doctrine et de recueillir de son vivant, l'hommage de la reconnaissance publique. Et c'était justice, car l'ensemble de ses travaux chimiques constitue un véritable monument où l'on voit « avec quelle admirable rigueur toutes ses recherches se suivent, s'enchaînent, se commandent entre elles et marchent vers un but commun : l'édification d'une nouvelle chimie ». Dans l'histoire des sciences, il serait impossible de trouver l'exemple d'une entreprise de ce genre exécutée avec plus de persévérance et d'esprit de suite et couronnée par un aussi éclatant succès.

Toutefois, il ne faut pas oublier qu'il eut quelques illustres précurseurs et des collaborateurs distingués avec lesquels il s'entendit pour établir un langage nouveau en rapport avec la nouvelle chimie. Dans ce but, il publia, en 1782, un dictionnaire de chimie qui contribua puissamment à la propagation de la doctrine nouvelle; mais, ce qui y contribua encore plus, ce fut le *Traité élémentaire de chimie* qu'il publia en 1789. Mais là ne se bornait pas sa tâche déjà si absorbante. Sa correspondance très volumineuse témoigne de l'activité extraordinaire de cet homme qui n'a jamais perdu un seul instant de sa vie. C'est qu'il avait réglé son temps avec l'esprit de méthode qui le caractérisait; dans le programme qu'il s'était tracé, on trouve six heures consacrées aux sciences (de 6 à 9 du matin, puis de 7 à 10 le soir); le reste de la journée était occupé par les séances de l'Académie, la rédaction des Mémoires, les affaires de la Ferme générale, etc. Un jour de la semaine, le jeudi, était réservé pour les expériences.

Chez lui, le cœur égalait l'esprit et le talent. Il était très bon, d'une bonté intelligente et non banale; il s'attachait surtout à secourir les jeunes étudiants qui entraient dans la lutte; il leur prêtait son laboratoire et les mettait en rapport avec les personnages dont l'influence pouvait aider leur carrière. Les faibles et les déshérités avaient toutes ses sympathies, et son profond amour pour l'humanité lui fit prendre en main toutes les études tendant à améliorer le sort du peuple.

Outre son poste de fermier général, auquel il fut nommé en 1768, et qu'il remplit avec la plus grande loyauté et la plus absolue intégrité, il fit œuvre tout à la fois de philanthrope (*philos* = ami; *anthrôpos* = homme. Qui aime les hommes) et d'économiste. C'est ainsi qu'il se livra dans ses terres à de nombreuses expériences agricoles qui réussirent pleinement, grâce à des procédés perfectionnés; il étudia les meilleurs modes d'allaitement artificiel pour les enfants de l'assistance publique; il publia des Mémoires sur l'instruction publique, dont on se proposait de renouveler les bases. Là encore, on voit tout son cœur généreux, ses vues étendues et si justes sur l'éducation des enfants. Enfin, dit Mme Lavoisier, il fallait le voir au milieu de tous les habitants, faisant le magistrat de paix pour rétablir l'union entre deux voisins, pour ramener un fils sous l'obéissance paternelle; donnant l'exemple de toutes les vertus patriarcales, soignant les malades et les assistant, non seulement de ses deniers, mais de ses visites et de ses soins, de ses encouragements à la patience; fondant une école pour la génération qui, avant lui, s'élevait sans aucune culture; faisant livrer ses denrées au marché toujours au-dessous du cours.

Malgré tant de titres à l'admiration universelle et à la reconnaissance publique, des ennemis implacables s'acharnèrent à le discréditer et à le perdre. Par des pamphlets haineux, des calomnies odieuses, on chercha à lui enlever tous ses mérites. On le signala comme suspect en sa qualité de noble et de fermier général. Finalement, l'arrestation de tous les fermiers généraux fut décrétée en novembre 1793 (on était alors, en France, sous le régime de la Terreur). Quand Lavoisier en eut connaissance, il crut qu'il était victime d'une erreur; il songea à se cacher et alla se réfugier chez un ami dévoué. Mais en apprenant que tous ses collègues, parmi lesquels son beau-père, étaient arrêtés, il rougit de ne pas partager leurs périls; et, malgré la résistance de quelques amis, malgré leurs supplications et leurs larmes, il courut se constituer prisonnier.

Dans sa prison, il ne démentit ni son courage ni sa grandeur d'âme. Il se chargea de la cause de ses collègues et s'occupa, dans le bref délai qui leur restait, à rassembler les éléments de la défense commune. L'espérance ne l'abandonnait pas, car, prévenu depuis longtemps des dangers qui l'attendaient, il n'avait jamais voulu croire à leur gravité; il avait fermé l'oreille à tous les avertissements et poursuivi l'impression de ses œuvres, avec un calme et une sérénité dignes des temps antiques. Il s'occupait, dans sa prison, de la publication de ses Mémoires; écrivait à sa femme pour la consoler, relever son courage et lui recommander de soigner sa santé. « J'ai cru m'apercevoir, hier, lui dit-il, que tu étais triste; pourquoi le serais-tu, puisque je suis résigné à tout? Je laisserai toujours après moi des souvenirs d'estime et de considération. Ainsi ma tâche est remplie. » Une autre fois, il écrit à un ami : « J'ai obtenu une carrière passablement longue, surtout fort heureuse et je crois que ma mémoire sera accompagnée de quelques regrets, peut-être de quelque gloire. Qu'aurais-je pu désirer de plus? Les événements dans lesquels je me trouve enveloppé vont probablement m'éviter les inconvénients de la vieillesse. » Et plus loin, il ajoute : « Il est donc vrai que l'exercice de toutes les vertus sociales, des services importants rendus à la patrie, une carrière utilement employée pour le progrès des arts et des connaissances humaines ne suffisent pas pour préserver d'une fin sinistre et pour éviter de périr en coupable. Je vous écris aujourd'hui, parce que demain il ne me serait peut-être plus permis de le faire et que c'est une douce consolation pour moi de m'occuper, dans ces derniers moments, de vous et des personnes qui me sont chères. Ne m'oubliez pas auprès de ceux qui s'intéressent à moi ; que cette lettre leur soit commune ; c'est vraisemblablement la dernière que je vous écris. »

« Cette lettre, dit M. Grimaux, est un monument précieux de sa pensée suprême où se montrent le légitime orgueil du savant qui a renouvelé la science, la tristesse amère du juste frappé d'une condamnation inique, le calme profond d'une conscience sûre d'elle-même.

» Les amis et collègues de Lavoisier qui auraient pu le sauver au moment suprême, l'abandonnèrent lâchement. Toutefois quelques-uns d'entre eux tentèrent, mais en vain, de l'arracher à son triste sort en adressant aux juges un rapport rappelant les éminents services rendus par le prévenu et les découvertes qu'il promettait encore à l'avenir. » Le tribunal révolutionnaire fut impitoyable ; il vota la peine de mort.

Lavoisier marcha à l'échafaud sans défaillance ; son attitude fut particulièrement digne et courageuse.

« Lorsqu'on a parcouru les simples périodes de cette vie si pure et si féconde et que tout d'un coup on se trouve en face de ce terrible dénouement, on est saisi d'une invincible tristesse en présence de ce spectacle d'un homme de génie, d'un bienfaiteur de l'humanité qui tombe victime de la terreur révolutionnaire. Le lendemain de l'exécution, le célèbre Lagrange disait à son illustre collègue Delambre : « Il ne leur a fallu qu'un moment pour faire
» tomber cette tête, et cent années peut-être ne suffiront pas pour
» en reproduire une semblable. »

NOTES EXPLICATIVES

1. LAVOISIER, Antoine, né à Paris en 1743. Son portrait, peint par David, se trouve au Louvre. En 1900, la ville de Paris lui a élevé une statue. Certains biographes ont eu tort de dépeindre un Lavoisier orgueilleux, infatué de son génie. Le grand chimiste était, au contraire, très modeste: toute sa correspondance, soit avec les savants étrangers, soit avec ses compatriotes, atteste une grande modestie. Portant le sentiment de la justice à un très haut degré, il a fait accorder à chacun ce qui lui est dû. Il a même reconnu publiquement tous les mérites du chimiste écossais Black, du chimiste anglais Priestley et du chimiste suédois Scheele, ses adversaires redoutables qui finirent cependant par se rallier, comme tant d'autres, à sa doctrine « qui a dénoué le bandeau séculaire qui aveuglait tous les hommes illustres de son époque. En montrant par une série d'expériences d'une simplicité extrême que l'air et l'eau ne sont nullement des corps simples; en prouvant que le phlogistique n'était qu'une chimère; en expliquant le mécanisme de la combustion et en démontrant que la respiration n'est qu'un cas particulier de ce phénomène, il a mis en évidence la grande loi de la perpétuité de la substance en démontrant expérimentalement que rien ne se perd, ni ne se crée. Enfin, il écrivit l'histoire magnifique du cycle vital : il montra comment la plante utilise l'énergie solaire pour élever la matière minérale à l'état de matière organique et comment cette énergie solaire emmagasinée par le végétal retourne un jour avec la matière organique à l'état minéral. Il pressentit que la vie animale est avant tout un équilibre chimique. Ce ne fut pas seulement la chimie, la physique qui se trouvèrent révolutionnées, mais toutes les conceptions, toutes les façons de voir et de raisonner. »

« Spectacle magnifique que celui de ce savant que pousse une universelle curiosité, que guide la pensée la plus méthodique, qu'inspire la plus puissante imagination. Il prévoit que le monde entier s'est trompé, avant lui, sur des questions aussi proches, aussi essentielles que la composition de l'air qu'il respire, du feu auquel il se chauffe, de l'eau qui le désaltère. Il s'inquiète, interroge les faits connus et, par une de ces admirables simplifications, il réduit un problème aussi mystérieux, aussi vaste, aussi complexe, à une affaire de simple pesée. Penché sur sa balance, il découvre qu'il a raison contre tous ses maîtres, contre les sages et les savants de tous les temps, contre l'humanité tout entière. »

On l'a représenté également comme un homme cupide, à l'esprit mercantile. Assertion hasardeuse qui tombe d'elle-même devant le noble usage qu'il fit de sa fortune. Outre ses traits de générosité bien connus, il sacrifiait des sommes énormes à ses expériences (celle de l'analyse de l'eau lui coûta 50,000 livres), à l'achat ou à la construction d'instruments perfectionnés. Il est à noter aussi qu'il coopéra à l'établissement du système des poids et mesures. A signaler encore et à méditer les paroles touchantes qu'il prononça lors de la mort de son père, survenue en 1775 : « J'espère que son esprit de droiture, d'équité et d'intégrité me servira de guide après sa mort comme il m'a servi d'exemple et de modèle pendant sa vie, » et il ajoute : « C'est moins la perte d'un père que j'ai à regretter dans ce moment que celle du meilleur de mes amis. L'union, la tendresse, la confiance réciproque qui régnaient entre mon père et moi depuis ma plus tendre enfance avaient fait, jusqu'à ce moment, le bonheur de mes jours. » — 2. MAZARIN (le cardinal) gouverna la France comme premier ministre sous la minorité de Louis XIV.

— 3. FERMIER GÉNÉRAL, celui à qui, sous le régime d'avant 1789, était concédée à ferme (à bail), la perception de certains impôts. — 4. SYSTÈME DES POIDS ET MESURES. Ce travail ne fut terminé qu'en 1799, grâce aux travaux de Delambre, Méchain et Lagrange et rendu obligatoire seulement en 1837. — 5. PARIS (voir Clouet). — 6. RÉVOLUTION DE 1789. La première qui eut lieu en France et d'où sont sorties la première République et la « Déclaration des droits de l'homme ». « *La Terreur,* » régime révolutionnaire qui pesa sur la France du 31 mai 1793 au 27 juillet 1794 avec la chute de Robespierre.

BIBLIOGRAPHIE

1. H. MERCEREAU (professeur d'université), *Lavoisier, sa vie et ses œuvres.* Gautier, Paris. — 2. GRIMAUX (le plus récent biographe de Lavoisier). L'ouvrage de cet écrivain a été écrit d'après les documents inédits de Lavoisier; ces documents lui ont été fournis par M. de Chazelles qui les tenait de la veuve de l'illustre chimiste. C'est un ouvrage de haute valeur historique. — 3. FIGUIER, *les Savants illustres.* Paris, 1870. — 4. DUMAS, J.-B., *Leçons de philosophie physique.*

LA CHIMIE

NOTICE HISTORIQUE

Il serait téméraire de vouloir faire, en quelques lignes, le tour de cette science dont les brillantes conquêtes déconcertent l'esprit. Le savant écrivain Hoëfer, qui en a fait l'historique dans un ouvrage remarquable de cinq cents pages, avoue qu'il a dû passer bien des choses sous silence.

Si l'on remonte dans l'antiquité, on constate que les connaissances en cette science se réduisent à peu de chose. Les Chinois, longtemps avant Jésus-Christ, connaissaient la poudre à canon; ils savaient faire l'encre, travailler les métaux, produire le verre et les objets céramiques. Les Egyptiens préparaient, purifiaient et alliaient l'or, l'argent et d'autres métaux. Ils pratiquaient l'art du boulanger, du verrier, du peintre, du doreur, du teinturier; enfin, ils embaumaient leurs morts (quatre à cinq mille ans avant J.-C.). Les Grecs et les Romains fabriquaient des monnaies. Ils utilisaient des sels métalliques, fabriquaient le savon, la poterie, le verre, etc. C'est vers le IIIe siècle qu'apparaît le mot *chemia* ou *chemeia* (chimie). A cette époque, la chimie fut appelée « science sacrée » et en même temps des idées plus ou moins superstitieuses se développent; les savants s'entourent de mystère : ce sont les précurseurs des alchimistes.

L'alchimie (chimie du moyen âge, du IXe au XVIIe siècle) était un art chimérique qui consistait dans la recherche de la panacée universelle ou remède à tous les maux, et de la pierre philosophale ou transmutation des métaux en or. La conquête de l'Egypte mit les Arabes en possession de cet art qu'ils répandirent en Occident. Ce qui caractérisait les alchimistes, c'était la patience. Ils transmettaient à leurs enfants les secrets d'une expérience inachevée. Ce sont eux qui ont amassé un à un, péniblement, les matériaux de la chimie moderne. On leur doit de multiples découvertes, notamment celles de la poudre à canon, de l'ammoniaque, de l'alcool, de l'éther, du bleu de Prusse, du phosphore, etc.

« La pierre philosophale a été une chimère, sans doute ; mais pour savoir qu'elle n'existe pas, il fallait examiner, observer avec toutes les ressources du temps, tout ce qui était accessible aux investigations. Sans ces patientes recherches de plusieurs siècles, la chimie n'existerait pas dans son état actuel de perfection. »

Pendant le moyen âge, les progrès de la chimie sont nuls. Elle ne reprend son essor qu'à partir de la découverte du nouveau monde et de l'invention de l'imprimerie. Au XVIe siècle, deux

J.-B. VAN HELMONT.

noms méritent l'attention : Palissy (voir biographie) et Paracelse (1493-1541) qui parvint à réduire par la méthode « la réduction » (opération par laquelle on enlève l'oxygène à un oxyde métallique, pour obtenir un métal pur) les oxydes à l'état métallique, par le charbon, la suie ; il dissocia le mélange or-argent sous l'action de l'eau-forte (acide nitrique). Duchesne, médecin du roi de France Henri IV (1589-1610), crée le médicament appelé *laudanum*, et sépare, dans la farine des céréales, le gluten de l'amidon.

Au XVIIe siècle, Galilée (voir la biographie) invente la balance hydrostatique pour vérifier le principe d'Archimède et obtenir les pesanteurs spécifiques des corps ; le savant belge

Van Helmont (1577-1644) fait, l'un des premiers, l'emploi scientifique de la balance. Il a prouvé que, dans la nature, rien ne se détruit, ni ne se crée, mais que tout se transforme. Il est également le premier qui ait désigné par le nom de *gaz*, les substances aériformes, et le premier qui en ait fait une étude remarquable. Sa renommée comme chimiste et comme médecin était universelle. La maison où il passa trente années de sa vie existe toujours à Vilvorde. L'alchimiste allemand Kunckel (1638-1702) découvre le phosphore; Boyle, savant irlandais (1626-1691), parvient à « capter » les gaz que Van Helmont avait « constatés » et trouve le *papier réactif* (obtenu par le sirop de violette ou une décoction de noix de galle), qui permet de distinguer nettement les acides des alcalis; Moitrel d'Elément, chimiste français (1719), « manipule » les gaz à l'instar des liquides et des solides, découvre le moyen de rendre l'air visible, de produire un jet d'air et de mesurer l'air par transvasement. Puis apparait l'Allemand Stahl (1660-1734) qui étudia particulièrement les « combustions ». Il édifia sa fameuse théorie du « phlogistique » (*phlogistikos* = qui brûle), d'après laquelle les savants croyaient qu'il entrait dans tous les corps un principe inflammable (le phlogistique), qu'on faisait intervenir pour expliquer tous les phénomènes de la combustion. De là cette affirmation « que le métal calciné perd de son poids », car il a perdu son « phlogistique ». Rouelle, chimiste français (1703-1770), combat cette théorie : un métal, dit-il, au lieu de perdre par la calcination, gagne au contraire, puisque son poids augmente, grâce à l'oxygène. Il était réservé à l'illustre Lavoisier (voir biographie) de la détruire à jamais en montrant que l'air, que l'eau, ne sont pas des corps simples, et que le phlogistique est chose purement imaginaire.

Dans le courant du xviiie siècle, la chimie scientifique fut commencée par les travaux de l'illustre chimiste écossais Black (1728-1799) qui découvrit l'acide carbonique; du chimiste allemand Margraff (1709-1782) qui retira le sucre de la betterave, lequel fut préparé et industrialisé par le chimiste français Deveux en 1810 pour remplacer le sucre de canne qui n'arrivait plus en Europe par suite du blocus continental décrété par Napoléon Ier en 1806; du chimiste suédois Bergmann (1734-1784), auquel on doit une célèbre classification chimique des minéraux; du chimiste suédois Scheele (1741-1786), qui découvrit le chlore, le manganèse, la glycérine ; des chimistes anglais Priestley (1733-1804), qui découvrit l'azote et la respiration des végétaux, et Nicholson, William (1753-1815), qui fut l'un des premiers à reconnaitre l'action chimique de la pile de Volta et qui inventa un aréomètre (aéro = air ; *metron* = mesure) ; etc., etc.

Mais jusqu'alors, les expériences n'avaient offert qu'une série de faits isolés, sans lien commun. Il fallait que Lavoisier apparût (voir la biographie), non seulement pour introduire en chimie l'usage de la balance, afin de soumettre les observations à une rigoureuse exactitude, mais surtout pour élever, en un corps de doctrine, tous les résultats épars d'observations importantes entreprises par ses devanciers ; en un mot, il fallait qu'il constituât une science. Aussi son œuvre trace-t-elle une démarcation bien nette entre la chimie ancienne et la chimie moderne.

Après lui, vint toute une pléiade d'hommes remarquables parmi lesquels il convient de citer Berthollet, célèbre chimiste français (1748-1822) qui découvrit les propriétés décolorantes du chlore et leurs applications au blanchiment des toiles ; l'action du charbon pour purifier les eaux ; la poudre détonnante de chlorate de potasse ; Berzélius, William (1779-1848), célèbre chimiste suédois, que l'on considère comme un des plus grands analystes du xix° siècle. On lui doit la découverte de plusieurs corps simples et la combinaison du soufre avec le phosphore. Il inventa, pour exprimer la composition des corps, des formules chimiques analogues aux formules algébriques. Il fut l'un des premiers à fonder la minéralogie sur la connaissance des éléments chimiques des corps. Citons encore Davy, Humphry (voir la biographie) ; Chevreul, chimiste français (1786-1889) auquel on doit la découverte des bougies stéariques ; etc., etc.

Mais le grand homme que fut Lavoisier n'avait fait qu'une science d'analyse ; après lui et comme lui, Berzélius disait que l'on peut décomposer les corps, mais qu'on ne peut espérer créer des corps organiques. On croyait alors qu'il existe certains corps que la vie seule peut créer : tels sont les sucres et les alcools ; tout ce que le chimiste peut faire, c'est de les extraire des végétaux et des cadavres d'animaux (chimie organique fondée sur l'analyse). Or, après avoir décomposé les corps et les avoir ramenés à leurs éléments irréductibles, la chimie devait essayer de les recomposer (synthèse). Ce fut l'œuvre de Marcelin Berthelot (voir la biographie).

Depuis longtemps, on avait constaté que les corps ont les uns pour les autres des affinités différentes; mais ces affinités étaient confuses, méconnues. Berthelot eut l'idée géniale de les comparer entre elles au moyen des quantités de chaleur qu'elles développent et mettent en action dans leurs diverses combinaisons. Pendant un quart de siècle il s'adonna aux recherches et aux expériences que lui suggérait son inventif esprit. Pour ces grands travaux, il modifia, perfectionna ou créa des appareils, entre autres la merveilleuse bombe calorimétrique en 1881 (instrument destiné à étudier les chaleurs de combustion) — (*caloris* = chaleur; *metron* = mesure). Il donna à cette nouvelle branche auxiliaire de la chimie, le nom de thermochimie (*thermo* = chaleur) parce qu'elle a pour objet de déterminer la quantité de chaleur mise en jeu dans les combinaisons. Pour en établir les lois générales, l'incomparable chimiste a dû exécuter plusieurs milliers de déterminations numériques dans lesquelles les physiciens, les chimistes, les physiologistes, les ingénieurs du monde entier puisent à chaque instant.

Berthelot est donc le premier qui soit parvenu, à l'aide de l'arc électrique, à reconstituer en abondance les produits des corps animés. Chose curieuse et, au premier abord déconcertante : les éléments constitutifs du monde minéral sont relativement nombreux et ceux du monde animal et végétal beaucoup plus rares. Il a fallu à la nature plus de 80 corps simples pour organiser le monde minéral et 4 lui ont suffi pour composer tous les animaux et tous les végétaux. S'il s'y mêle quelques autres éléments, c'est en quantités très faibles. Ce phénomène paradoxal s'opère au moyen de trois gaz : l'oxygène, l'hydrogène, l'azote, et d'un corps solide, le carbone. Ainsi tout ce que nous voyons naître, croître, décliner et mourir; en un mot, tout ce qui vit ou seulement végète, se compose uniformément de ces quatre éléments.

C'est la matière de ces corps vivants que le célèbre chimiste, après l'avoir décomposée par l'analyse, a reconstituée par la synthèse, faisant ainsi de la chimie une puissance créatrice. Et les résultats de ses découvertes continuent de se produire presque à l'infini, car cette richesse de création se retrouve partout. Les anciens chimistes, lorsqu'ils analysaient et reproduisaient les couleurs minérales, les tiraient des éléments les plus divers : le fer donnait la sanguine ; le chrome, le jaune ; le cobalt, le bleu ; l'arsenic, le vert ; etc. A l'exemple de la nature, Marcelin Berthelot a obtenu des couleurs infiniment plus nombreuses et plus éclatantes avec les seuls quatre éléments qui composent les végétaux, et c'est par des centaines de millions qu'on peut calculer la valeur des couleurs artificielles qui, depuis lors, sont fabriquées chaque année. Y a-t-il un produit plus informe et plus noir que le goudron de houille? Entre les mains du chimiste, par une succession de traitements délicats, il a donné naissance à toute la série des couleurs d'aniline, auprès desquelles pâlissent les fleurs de nos parterres.

Dans le domaine des produits pharmaceutiques, les conquêtes de la synthèse ne sont pas moindres, car elles ont doté la médecine nouvelle de précieux remèdes. Que de choses il y aurait à dire sur les perfectionnements apportés dans l'éclairage par l'invention de l'acétylène (combinaison de carbone et d'hydrogène) ; sur la découverte de la benzine ; enfin sur les progrès que la synthèse des corps gras a fait faire à la fabrication des bougies.

Une des plus frappantes applications que Berthelot ait faites de la thermochimie est celle relative aux matières explosives : en 1873, il fabriqua une poudre deux fois aussi puissante que la poudre noire ; et en 1874, son collaborateur, M. Vieille, inventa la poudre sans fumée.

Il convient également de signaler que, dans la seconde moitié du xixe siècle, de nouveaux corps simples ont été découverts par la méthode de l'analyse spectrale. Le fluor (métalloïde gazeux, incolore, doué d'une activité chimique remarquable) a été isolé par le chimiste français Moissan en 1887. Quelques années après, deux savants anglais, Rayleigh et W. Ramsay, ont retiré de l'air quatre nouveaux gaz ; d'un minéral (la clévéite), ils ont retiré un gaz, l'hélium, que l'analyse spectrale avait décelé auparavant dans l'atmosphère du soleil. Il n'est pas radio-actif, et par conséquent ne se détruit pas, ou sa destruction est si lente, qu'il n'est pas possible de l'apprécier.

Un autre nom, digne d'être cité, est celui de l'éminent chimiste belge Stas, célèbre par ses recherches sur le gaz carbonique et par ses nombreux Mémoires. A signaler enfin la découverte, en 1893, des rayons X (voir la biographie de Rœntgen) ; de la propriété de l'uranium en 1896, par le savant français Henri Becquerel, qui reconnut que ce métal, découvert en 1789 par le chimiste allemand Kloproth, émettait des rayons invisibles possédant les mêmes propriétés que les rayons X, mais avec cette différence essentielle : à savoir que le rayonnement de l'uranium semble inépuisable, et que son énergie ne semble empruntée à aucune source visible.

En juillet 1896, M. et Mme Curie découvrent une autre substance rayonnante : le « polonium » (du mot *Pologne*, terre natale de Mme Curie). En décembre de la même année, le principe initial dû à Becquerel, mène M. et Mme Curie et leur collaborateur Brémont à la découverte sensationnelle du radium, dont la puissance rayonnante est d'un million de fois celle de l'uranium (voir Curie).

En 1898, Mme Curie d'une part, M. Schmidt d'autre part, pour ainsi dire simultanément, démontrèrent les propriétés radio-actives du « thorium », connu déjà, dès 1826, par Berzélius, chimiste suédois. L'année suivante, M. Debierne, l'éminent et dévoué collaborateur de Mme Curie, découvrit « l'actinium » aux propriétés identiques. On connaît plus ou moins bien trente-quatre ou trente-cinq corps radio-actifs.

En ce qui concerne la chimie biologique (*bios* = vie; *logos* = discours), qui a été créée, elle aussi, dans la seconde moitié du XIXe siècle, bien des noms s'imposent à l'attention et à l'admiration des peuples (voir Pasteur et la notice : bactériologie et microbiologie).

BIBLIOGRAPHIE

1. HOËFER, *Histoire de la chimie*. Flammarion, Paris. — 2. BERTHELOT, Marcelin, *Histoire de l'alchimie* et *Chimie organique fondée sur la synthèse*. — 3. CHARMES, Francis, de l'Académie française, *Éloge de Marcelin Berthelot*. — 4. Grande encyclopédie Lamirault.

Humphry DAVY

1778-1829

Le district de Cornouailles (Cornwall), qui confine à la Manche, est un des comtés les plus pittoresques et les plus riches en minéraux, surtout en étain, de toute l'Angleterre.

Bien que privilégiée par la nature, cette contrée reçut du destin une faveur qui éclipsa toutes les autres : il y fit naître Humphry Davy, qui devint l'un des plus grands génies dont les travaux aient honoré l'Angleterre et servi l'humanité.

Comme la plupart des grands hommes des Iles-Britanniques, il était de très humble origine. Son père, modeste artisan (il était sculpteur sur bois), lui fit donner une instruction en rapport avec ses faibles ressources, mais Humphry n'en profita pas beaucoup ; elle ne répondait ni à ses aspirations ni à son tempérament. Ses préférences, ses goûts et ses joies étaient ailleurs, dans le grand livre de la nature : son plus grand plaisir, en effet, était de

HUMPHRY DAVY.
(Société Royale de Londres.)

gravir les roches hérissées de la côte et de ramasser sur la plage les galets et les coquillages que rejetait la vague. Son esprit curieux et pénétrant examinait ces diverses productions de la mer avec l'attention d'un naturaliste ; et, quand le soir il s'en retournait chargé de ses trésors, il contait à ses camarades assemblés les histoires les plus fantastiques sur les cailloux étincelants de quartz, de feldspath et de mica, ses pierres spongieuses percées d'innombrables cellules, ses coquilles nacrées ou à demi pétrifiées. Le grand homme futur se révélait déjà. A peine adolescent, il fit preuve d'une force de caractère qui faisait présager ce qu'il serait toute sa vie : un énergique et un résolu chez qui l'effort continu, l'extrême patience et l'empire sur soi dirigeraient toutes les actions. Il avait un défaut de prononciation naturel; il entreprit seul de s'en corriger. Par sa ténacité opiniâtre et son désir de vaincre, il parvint à s'en débarrasser complètement, en allant comme Démosthène, sur le bord de la mer, déclamer à haute voix au bruit des vagues et du vent.

Il n'avait que seize ans lorsque l'adversité le frappa cruellement : il perdit son père. C'est alors qu'il débuta dans la vie active comme apprenti chez un pharmacien dont il eut bientôt converti le grenier en laboratoire de chimie. C'est là que, à l'aide de tubes de baromètres, achetés à un marchand ambulant, de vieux tuyaux de pipes et d'une seringue, il confectionna les premiers appareils de ses manipulations chimiques et inaugura la série d'études qui devaient le conduire à de brillants et féconds résultats.

Il était parvenu, non sans peine, car il n'avait point de ressources, à se créer un petit laboratoire de chimie, quand il fit la connaissance du président de la Société royale de Londres. Celui-ci, pressentant les aptitudes de l'intéressant travailleur, le présenta, en 1798, à un docteur en médecine qui le prit comme aide dans son institution pneumatique de Bristol, où l'on s'occupait du traitement des maladies par le gaz. Quelle joie pour Davy! Il allait pouvoir se livrer à ses travaux favoris! Dès ce jour, il s'attacha passionnément à la recherche de l'influence de ces gaz sur l'économie animale; il eut le courage d'expérimenter sur lui-même, malgré le danger que présentait l'inhalation de certains gaz, entre autres le protoxyde d'azote, capable de produire les plus terribles effets si on le respirait, même en quantité minime, ou même en l'appliquant simplement sur la peau ou sur les fibres musculaires. Il appela ce gaz « gaz hilarant » parce que, après l'avoir aspiré, il avait éprouvé, dans une sorte d'ivresse calme, les sensations les plus agréables. Il s'aperçut en même temps que l'aspiration de ce gaz calmait les douleurs qu'il avait aux dents; ce fut pour lui une révélation; il entrevit dans ces effets salutaires un moyen de supprimer les souffrances dans les opérations chirurgicales. Alors il n'hésita point par humanité à renouveler plusieurs fois cette expérience, sans tenir compte de l'altération que sa santé pouvait en éprouver.

L'emploi que l'on fit par la suite de ce mode d'insensibilisation révéla des inconvénients, et les chirurgiens décidèrent de le remplacer par l'usage de l'éther et du chloroforme (1847).

Après ses intéressantes études sur les gaz, Davy s'enthousiasma pour les travaux du chimiste anglais Nicholson, travaux qui avaient fait entrevoir le rôle important que la pile de Volta était appelée à jouer dans la chimie. Résolu à marcher dans la voie si heureusement ouverte par ce célèbre expérimentateur, et suivie plus tard par le Suédois Berzélius, il porta ses investigations dans ce nouveau domaine et leur consacra tous ses instants et tous ses efforts. L'œuvre qu'il accomplit fut considérable; elle constitue un véritable monument. Après des années de recherches et d'expérimentation hardies qui lui imposèrent un labeur écrasant, il arriva à constituer un faisceau de tous les faits épars sur l'action chimique de la pile, et, par ses travaux, à leur donner l'unité qui leur manquait. Il montra que tous les corps composés peuvent se réduire en leurs éléments sous l'influence de la pile. Il découvrit la véritable nature des terres, c'est-à-dire de la chaux, de la baryte, de la magnésie et celle des alcalis (potasse et soude). Il sépara ces divers corps en deux éléments : un métal et de l'oxygène.

Sa première grande découverte chimique fut celle du potassium, en 1807. A l'aide d'une pile électrique très puissante qu'il devait à une souscription nationale, il parvint à transformer la potasse et la soude en métaux qui se pétrissent sous les doigts comme de la cire; qui flottent à la surface de l'eau, car ils sont plus légers qu'elle; qui s'allument spontanément dans ce liquide en répandant la plus vive lumière. C'est ainsi qu'il reconnut que si l'on termine les deux fils conducteurs de la pile par deux pointes de charbon et qu'on approche ceux-ci à une petite distance l'un de l'autre, on voit jaillir entre eux une étincelle resplendissante d'éclat. En éloignant peu à peu les charbons, le jet de lumière formait un arc lumineux de trois à quatre pouces de longueur et dont l'éclat était comparable à celui de la lumière solaire. Ce phénomène est purement physique; l'oxygène de l'air n'y a point de part, car l'expérience réussit aussi bien dans le vide que dans l'air. Ces remarquables effets sont le résultat de la chaleur développée par le courant de la pile. Cet arc lumineux a été appliqué à l'éclairage (lampe à arc).

Ce premier grand succès de Davy fut bientôt suivi de plusieurs autres : travailleur infatigable, il poursuit ses expériences et découvre le sodium en décomposant la soude par la pile et en démontrant que la potasse et la soude sont de véritables oxydes ; ensuite le calcium, le magnésium, le chlore, déjà signalé par le chimiste Scheele, l'iode, etc. C'est ainsi que ce chercheur remarquable jeta les bases de l'électro-chimie, qui depuis lors a donné naissance à tant de sensationnelles découvertes et préparé la voie à la thermochimie dont l'illustre Berthelot fut le puissant protagoniste.

Ah! si l'illustre et infortuné Lavoisier, lorsqu'il marchait à l'échafaud, eût pu soupçonner qu'il aurait en Davy un digne et incomparable successeur, il se fût, sans aucun doute, consolé de marcher au supplice, car il n'exhalait dans ce douloureux moment qu'un seul regret : celui de ne pouvoir achever certains travaux et d'abandonner la voie qu'il avait ouverte par de si laborieuses recherches.

C'est une gloire pour Davy de s'être révélé l'émule et le continuateur de Lavoisier. Il est vrai qu'il ne négligea rien pour s'élever à ce grand rôle. Inlassable, soutenu par une intense énergie morale et poussé par l'irrésistible besoin de faire le plus de bien possible, il refusa de prendre du repos alors que sa santé était très ébranlée. Bien plus, trouvant qu'il avait sacrifié trop d'heures aux visites, aux cérémonies et aux réceptions auxquelles l'avait exposé sa grande notoriété, il prit sur son sommeil et supprima la promenade.

Quoique enchaîné depuis l'âge de seize ans à un labeur incessant et rude, il trouve qu'il n'a pas encore suffisamment enrichi le domaine scientifique, qu'il n'a pas encore assez fait pour l'humanité. Comme le célèbre Arnauld auquel on conseillait de se reposer, il aurait pu dire : « N'ai-je pas toute l'éternité devant moi ? » Vaillant jusqu'au bout, lutteur qui ne veut pas se rendre, il ne quitte plus son laboratoire ni son cabinet de travail. De ce sanctuaire qu'il anime de son esprit supérieur, de la souveraineté de sa pensée et de ses efforts, surgit en 1815, une découverte qui suffirait seule à sa gloire.

Il avait remarqué, dans ses divers essais sur les gaz, qu'ils ne s'enflamment pas quand la lumière qu'on met en contact avec eux, est absorbée en partie par un tissu métallique. Partant de ce principe, il construisit la lampe de sûreté pour les mineurs, en enveloppant la flamme d'une double gaze métallique ; en sorte qu'elle brûlait sans mettre le feu à l'air inflammable dont les houillères sont remplies. Plus commode que celle construite par Stéphenson, elle fut perfectionnée, plus tard, par un ingénieur belge (un Liégeois), Mathieu Mueseler, qui la rendit plus pratique et plus sûre.

En cette circonstance, l'habile chimiste fit preuve d'un désintéressement qui l'honore autant que tous ses travaux : il refusa de prendre un brevet qui lui aurait rapporté 200,000 francs. « Ma seule ambition, dit-il, est de servir l'humanité; ma plus belle récompense sera d'avoir fait du bien à mes semblables. » Il ne voulait pas, par un brevet, mettre un obstacle à la diffusion rapide de son appareil. Il agit de même lorsque, pour empêcher les navires doublés de cuivre, d'être rongés par l'eau de mer, il leur appliqua des clous de fer convenablement espacés.

Tant de services rendus, tant de désintéressement et de dévouement lui attirèrent l'admiration universelle; sa patrie se montra particulièrement reconnaissante : en 1818, il fut nommé baronnet et, en 1820, la Société royale de Londres le choisit comme président.

C'est ainsi que ce héros du travail, symbole de l'énergie morale dans ce qu'elle a de plus beau et de plus noble, se créa par lui-même sa position supérieure et sa renommée scientifique. Esprit inventif, raison judicieuse et profonde, sentiments délicats et poétiques, aspirations élevées : ces qualités rarement réunies se trouvaient en mutuel accord dans cette âme d'élite.

Mais l'ardeur et l'activité avec lesquelles il avait interrogé la nature pour lui arracher ses secrets, avaient épuisé rapidement ses forces. Il mourut à Genève où il s'était rendu pour rétablir sa santé, à peine âgé de cinquante ans, laissant après lui la gloire d'une vie qui compte presque autant de découvertes que d'années de travail. Sa vie prouve que la richesse ne doit pas dispenser les âmes élevées de servir l'humanité par leur intelligence et leur dévouement. Il eût pu jouir de sa grande fortune en silence (il avait épousé une veuve très riche), mais il préféra la lutte du progrès; la science l'en récompensa en l'inscrivant parmi ses plus illustres serviteurs.

Sa veuve se montra digne de lui, en fondant à Genève un prix qui devait être décerné, tous les deux ans, à l'auteur de la découverte la plus utile.

NOTES EXPLICATIVES

1. Davy, Humphry, physicien, chimiste et philosophe; né en 1778, à Penzance, petit port de mer sur la Manche ; mort en 1829. Outre ses nombreuses découvertes et ses Mémoires scientifiques, il fit paraître, l'année de sa mort, un ouvrage intitulé : *les Derniers Jours d'un philosophe*. On y trouve non seulement les rêves du savant, mais les confidences d'un poète et les adieux d'un chrétien. L'illustre savant y donne en effet une série d'entretiens sur la nature et les sciences (métamorphoses de la terre et du ciel ; l'humanité ; l'âme et la vie éternelle). Une excellente traduction en français en a été faite par Camille Flammarion. — 2. Quartz, nom donné à diverses variétés de silices (grès, sable, silex, etc.). Il est souvent appelé cristal de roche. — Feldspath, silicate qui entre dans la composition d'un grand nombre de roches primitives, notamment du granit. — Mica, pierre brillante, feuilletée, écailleuse, d'un éclat métallique. Il est parfois employé comme transparent pour tamiser la chaleur ou la lumière ; mais c'est surtout comme isolant qu'on en fait usage dans les appareils électriques. — 3. Démosthène, le plus illustre des orateurs athéniens (384-322 avant J.-C.). — 4. Bristol, ville d'Angleterre, 339,000 habitants. Port sur l'Avon. — 5. Ether, liquide très volatile provenant de la combinaison d'un acide avec l'alcool. C'est en Amérique que l'on fit les premiers essais de l'éther comme agent anesthésique (anesthésique : *an* = privatif ; *aisthésies* = sensibilité). Charles Jackson, médecin, chimiste et géologue américain distingué, fit sur lui-même des expériences en 1842 ; son compatriote William Morton fit, en 1846, l'essai des vapeurs d'éther sur un habitant de Boston, pour l'extraction d'une dent ; et le docteur Waren les employa la même année à l'hôpital pour procéder à une opération. L'éthérisation pénétra en Angleterre, fin de 1846. En France, c'est M. Jobert qui constata le premier l'action stupéfiante de l'éther. Dès 1847, la nouvelle méthode était connue et mise en pratique dans le monde entier. — 6. Chloroforme (chlore et forme), combinaison d'alcool, de chlorure de chaux et de chaux éteinte. Découvert en 1831 par Soubeiran en France, Liebig en Allemagne, Guthry en Amérique. Au point de vue anesthésique, c'est la substance qui donne les résultats les plus extraordinaires. C'est à un médecin anglais, M. Simpson, et au physiologiste français Flourens, que l'on doit la découverte des propriétés anesthésiques du chloroforme (1847). — 7. Nicholson et Berzélius (voir la notice sur la chimie). — 8. Magnésie (*magnès* = aimant), oxyde de magnésium ; celui-ci est un métal d'un blanc d'argent ; il brûle à l'air avec une flamme éblouissante. La magnésie est employée comme antiacide, laxatif et purgatif. — 9. Alcali (*ale* = le ; *Kali* = plante marine dont on extrait la soude). En chimie, les alcalis sont des substances dont les propriétés chimiques sont analogues à celles de la soude et de la potasse. — 10. Potasse (de l'allemand *Pottasche*=cendres de pot). Potassium : corps simple métallique extrait de la potasse (Davy, 1807). — 11. Soude, sel alcali qu'on retirait jadis d'une certaine plante appelée soude et qu'on obtient aujourd'hui en traitant les sels naturels de sodium, entre autres le chlorure. — 12. Sodium, corps simple métallique très répandu dans la nature à l'état de chlorure (sel marin et sel gemme). — 13. Oxyde (*oxus* = aigre), composé résultant de la combinaison d'un corps simple avec l'oxygène. — 14. Calcium, métal blanc jaunâtre (Davy, 1808), qu'on obtient en décomposant certains de ses sels au moyen de la pile ou encore en chauffant de la chaux dans un

courant de vapeurs de potassium ou de sodium.— 15. CHLORE (*khlôros* = jaune verdâtre), corps simple employé pour le blanchiment des tissus. Excellent désinfectant. — 16. IODE (*iodès* = violet), corps simple qu'on extrait surtout des cendres du varech. — 17. ELECTRO-CHIMIE ou ÉLECTROLYSE : action de décomposer par l'électricité. — 18. THERMOCHIMIE (voir notice sur la chimie). — 19. BERTHELOT (voir la biographie). — 20. LAVOISIER (voir la biographie). — 21. ARNAULD, Antoine, célèbre docteur en Sorbonne et théologien français (1612-1694). — 22. NEWCASTLE (voir Stéphenson). — 23. GENÈVE (voir Grétry). — 24. LONDRES (voir Bauwens).

BIBLIOGRAPHIE

1. DAVY, Humphry, *les Derniers Jours d'un philosophe*, traduit de l'anglais par Camille Flammarion. Marpan, Paris, 1883. — 2. HOËFER, *Histoire de la chimie*. Marpan et Flammarion, Paris. — 3. Documents (Bibliothèque du British Museum, Londres).

Marcelin BERTHELOT

1827-1908

A notre époque, où la fraternité des peuples et la solidarité humaine se manifestent chaque jour davantage, on est en droit de proclamer que « la science n'a pas de patrie » tout en ayant cependant une origine. C'est à ce dernier titre seulement qu'on peut dire que la chimie est une science française dont Lavoisier et Berthelot sont deux des plus remarquables représentants. L'un en a fait une science d'analyse; l'autre, une science de synthèse. Par ce fait, ils se complètent admirablement. Tout semble d'ailleurs les rapprocher à travers l'espace et le temps : même amour exclusif pour la science; même souci du mieux être des peuples; même acharnement au travail; même constance dans l'effort; même puissance d'énergie morale; même simplicité de goûts et de manières;

MARCELIN BERTHELOT.

même lieu natal : Paris; tous deux enfin génies bienfaisants dont s'honorent la France et l'Humanité.

Le père de Marcelin Berthelot, fils d'un paysan du Loiret (département français), fit de brillantes études de médecin et exerça sa profession d'une façon distinguée. Durant toute sa carrière, il compatit à toutes les misères, prodigua pour les atténuer son temps et sa peine; apporta en toutes choses une activité, un dévouement et un désintéressement qui lui attirèrent la vénération du peuple.

C'est aux côtés de ce père si digne, si respecté que grandit celui qui devait un jour imposer son nom à l'admiration des savants des deux mondes, conquérir une réputation universelle, et inscrire sa gloire au Panthéon du XIXe siècle.

Cependant, rien ne faisait prévoir chez l'enfant la brillante destinée que l'avenir lui réservait. Son enfance fut maladive et empreinte d'une grande mélancolie. A côté d'une imagination vive, ardente, il possédait heureusement pour la tempérer et la guider une conscience droite et ferme, un esprit sérieux avide de tout connaître, une inclination marquée pour tout ce qui est noble, bienfaisant, vrai et juste.

Entré au lycée, il fut bientôt un des plus brillants élèves et obtint, en 1847, au concours général, le prix d'honneur de philosophie. Quand ses études furent terminées, son bon génie et sans doute aussi les exemples qu'il trouvait dans sa famille lui firent choisir les sciences, particulièrement la chimie, branche qui allie à la rigueur et à la sûreté de la méthode expérimentale, les féeriques rêveries de l'imagination. Elle le prit entièrement; il n'allait plus vivre qu'en elle et pour elle.

Il entra successivement comme préparateur dans les laboratoires de deux chimistes parisiens. C'est là, dans cette situation modeste, au milieu d'un travail acharné, que son génie se révéla tout d'un coup et que son nom commença à se répandre. Il n'avait pas trente ans que déjà il avait publié plusieurs Mémoires remarquables dont l'un, sur la « liquéfaction des gaz », fit sensation : il y posait des conclusions aujourd'hui adoptées.

Ignoré la veille, il fut bientôt recherché avec curiosité, avec bienveillance, avec sympathie. Mais bien décidé à conserver son indépendance, et à dérober à ses chères études le moins d'instants possible, il ne franchit le seuil des salons de la haute société parisienne qu'à de rares intervalles et avec une extrême réserve. Sa timidité du reste n'avait d'égale que sa simplicité. « Il ne manque à Berthelot que de s'habiller et de se présenter comme tout le monde, » disait une grande dame de l'aristocratie.

Renfermé dans son laboratoire, il va poursuivre sans relâche et jusque dans son extrême vieillesse, l'œuvre commencée : rénover la chimie. Bientôt son nom grandit. Pleinement maître de sa méthode, il donne en 1860 ces deux volumes : *la Chimie organique fondée sur la synthèse*. Ce livre capital fit révolution, car jusqu'alors la chimie s'était bornée à l'analyse. Dans cet ouvrage, il montre comment les matières organiques peuvent être formées par synthèse, c'est-à-dire à l'aide des corps simples qui les constituent et par le seul jeu des forces chimiques.

Puis, poursuivant son œuvre féconde, il crée définitivement ce précieux auxiliaire de la chimie : la thermochimie, dont il a été parlé dans la notice sur la chimie, et qui suffit à lui assurer l'immortalité.

Cette rénovation de la chimie a produit des effets merveilleux ; par elle, Berthelot a répandu sur le monde des bienfaits qui se renouvellent et se multiplient sans fin ; il a ouvert à la science un vaste champ d'explorations, pleins de promesses et de révélations prochaines.

« Mais ce grand homme, tout en se confinant dans le laboratoire, au milieu de ses hardies recherches et de ses magnifiques expériences, n'était pas exclusivement un homme de science. Il s'intéressait à toutes les manifestations de l'esprit, à tous les sentiments du cœur, à toutes les œuvres de la pensée, à tous les événements du monde. Tout ce qui est dans l'humanité l'attirait, lui était connu et familier. Il avait de tout, non pas seulement de larges et pénétrantes clartés, mais une connaissance profonde reposant sur l'étude, l'expérience et la raison. »

C'est ainsi que ses vastes connaissances, sa haute culture intellectuelle, la beauté morale de sa vie toute de labeur et de puissante énergie, lui valurent la vénération et la confiance de ses concitoyens. Il fut successivement appelé à exercer des fonctions importantes qu'il remplit avec une rare compétence et un dévouement inaltérable. Dès 1851, il fut attaché au Collège de France comme préparateur du cours de chimie ; en 1859, il obtint la place de professeur à l'Ecole supérieure de pharmacie, et en 1865, celle de professeur au Collège de France ; en 1863, il fut nommé membre de l'Académie de médecine ; en 1873, membre de l'Académie des sciences, et secrétaire perpétuel en 1889. En 1877, il occupa le poste d'inspecteur général de l'enseignement supérieur ; en 1881, le Sénat le choisit comme membre inamovible ; en 1886, il fut nommé ministre de l'Instruction publique ; en 1895, ministre des Affaires étrangères, et enfin académicien.

Après avoir rempli tous ces mandats avec une égale maîtrise, et s'être retiré de la politique, il crut n'avoir pas encore suffisamment fait pour son pays et le bien de l'humanité. Inlassable, il porta son activité dans le domaine de l'agronomie. Durant les vingt dernières années de sa vie, en effet, ses prédilections se portèrent sur la chimie végétale. Il créa à Meudon, près de

Paris, un laboratoire botanique où il approfondit l'action des agents naturels, et surtout de l'électricité, sur la végétation. Le problème de l'alimentation azotée des plantes retint spécialement son attention. Or, en examinant la terre, il s'aperçut que les infiniment petits y pullulent, et il s'écria: « La terre est quelque chose de vivant. » On ne le crut pas d'abord; ses idées furent vivement contestées; il fallut enfin se rendre à l'évidence. C'est ainsi que ses recherches ont servi de point de départ à un mode de fertilisation qui permet de remplacer les engrais chimiques par des bouillons de culture, riches en microbes fixateurs d'azote.

Comme on le voit, toutes les questions sollicitaient son activité dévorante, sa puissance créatrice. Aussi, serait-il téméraire de vouloir aborder en détail tout ce qui est sorti d'utile et de bienfaisant de son laboratoire. Ce qui en a été dit suffit cependant à évoquer l'ampleur de son œuvre. Nous vivons tous un peu de lui: notre vie s'alimente secrètement à ce que la sienne a eu de fécond. On le trouve partout autour de soi, dans les grandes choses et dans les petites ainsi qu'en témoigne la courte relation qui en a été faite dans la « notice sur la chimie ». Non seulement il nous a donné toutes choses en abondance, mais il n'en a rien gardé pour lui. Jamais il n'a voulu prendre un brevet d'invention. Il rappelait volontiers à ce sujet, une vieille légende du moyen âge sur les alchimistes et les sorciers: possesseurs d'un talisman magique, le pouvoir s'en éteignait entre leurs mains aussitôt qu'ils essayaient d'en tirer un profit personnel. Le désintéressement du savant fait la noblesse de la science. « Celui qui abaisse son idéal, disait-il, ne tarde pas à perdre le génie nécessaire pour le poursuivre. » Il n'a pas abaissé le sien, c'est une justice qu'il aimait à se rendre avec une légitime fierté. « Voilà un demi-siècle que j'ai atteint l'âge d'homme, écrivait-il en 1896, et j'ai vécu fidèle au rêve idéal de justice et de vérité qui avait ébloui ma jeunesse. Le désir de diriger ma vie vers un but supérieur, fût-il inaccessible, n'a été ni refroidi, ni calmé par les années. J'ai toujours eu la volonté de réaliser ce que je croyais le mieux moral pour moi-même, pour mon pays, pour l'humanité. Jamais je n'ai consenti à regarder ma vie comme ayant un but limité; la recherche d'une situation définitive ou d'une fortune personnelle aboutissant à un repos ou à une jouissance vulgaire m'étant toujours apparue comme le plus fastidieux objet de l'existence. La vie humaine n'a pas pour fin la recherche du bonheur. »

L'homme qui a pu écrire ces lignes est digne d'un profond respect, d'autant plus mérité que toujours il fit preuve d'une extrême tolérance envers les personnes. On l'a vu, à diverses reprises, rechercher l'homme compétent et le soutenir de toute son influence, sans se préoccuper de ce que pouvaient être ses idées philosophiques ou religieuses et sans même vouloir regarder à la robe qu'il portait.

Doit-on s'étonner qu'en présence d'une telle vie rayonnante de beauté morale et de labeur bienfaisant, la postérité ait tenu à rendre à ce savant incomparable, justice de son vivant, comme elle l'avait fait pour le grand Pasteur ! L'un et l'autre avaient achevé leurs découvertes, mais non terminé leurs travaux, car ils ont travaillé jusqu'à la fin, lorsque, par un élan spontané, l'admiration et la reconnaissance de leurs contemporains, non seulement en France, mais dans tout le monde civilisé, ont voulu s'exprimer avec éclat. L'occasion choisie pour Berthelot a été le cinquantenaire de la publication de son premier Mémoire scientifique, Mémoire qui a été suivi de plus d'un millier d'autres.

L'amphithéâtre de la Sorbonne était trop étroit pour contenir les représentants des grands corps de l'Etat, des sociétés savantes de l'univers entier, des gouvernements étrangers, enfin toute la foule venue pour voir, pour entendre, pour applaudir. Les discours éloquents qui ont été prononcés en cette circonstance solennelle, resteront comme un monument élevé à celui que l'on considère, à juste titre, comme l'une des plus pures gloires nationales de la France, en attendant que l'on perpétue sa mémoire par le bronze et le marbre.

Heureux celui qui, comme Berthelot, après de longues années consacrées à la même œuvre, peut se rendre à lui-même et a mérité des autres le précieux témoignage que sa vie a été utile et bonne, et marquée du cachet de la grandeur. La reconnaissance universelle lui est due, non seulement pour les biens matériels qu'il a créés à l'usage de tous, mais on lui sait gré aussi d'avoir donné aux hommes une idée plus haute et une impression plus forte de ce que peut l'esprit humain lorsqu'il est bien dirigé. En augmentant le patrimoine commun, il a élevé ses semblables avec lui dans une région supérieure où les richesses de ce monde, qu'il distribuait généreusement aux autres sans y toucher lui-même, n'ont plus qu'une valeur secondaire.

NOTES EXPLICATIVES

1. PARIS (voir Clouet). — 2. PANTHÉON (*pan* = tout ; *théos* = dieu). Temple que les Grecs et les Romains consacraient à tous leurs dieux. Actuellement, édifice où, dans certains pays, l'on place le corps des hommes illustres. — 3. LIQUÉFACTION (liquéfier : *liquere* = être liquide ; *facere* = faire). Transformation, en liquide, d'un corps solide ou d'un gaz. — 4. ANALYSE et SYNTHÈSE (voir notice chimie). — 5. PASTEUR (voir biographie). — 6. SORBONNE (voir Pasteur). — 7. AMPHITHÉÂTRE (*amphi* = autour ; *théatron* = théâtre) ; partie d'un théâtre en face de la scène. Lieu garni de gradins où un professeur fait son cours. — 8. PATRIMOINE (*pater* = père). Bien qui vient du père ou de la mère. Biens spirituel, intellectuel ou matériel appartenant à un homme ou à une classe d'hommes.

BIBLIOGRAPHIE

1. Grande encyclopédie Lamirault. — 2. BERTHELOT, Marcelin, *Chimie organique fondée sur la synthèse*. — 3. CHARMES, Francis, de l'Académie française, *Éloge de Berthelot*.

Pierre CURIE

1859-1906

Les années 1895 et 1903 resteront deux dates mémorables entre toutes ; elles ont vu surgir, en effet, deux des plus stupéfiantes découvertes qu'ait enfantées le génie de l'homme : la première est celle des mystérieux rayons X, par William Rœntgen (voir biographie); la seconde est celle du radium, par Pierre Curie,

Phot. E. Pirou, Paris.
PIERRE CURIE.

physicien et chimiste français dont le père exerça, avec tant de distinction et pendant de longues années, la médecine à Paris. C'est dans cette dernière ville où il naquit en 1859, que le futur savant s'adonna aux sciences physiques et naturelles.

Ses études terminées, il prit résolument la voie qu'il ne devait plus abandonner jusqu'à sa mort. Renonçant volontairement, avec une rare et noble énergie, aux distractions frivoles de la jeunesse et aux plaisirs de la grande cité, il décida de vivre la vie des laboratoires pour se consacrer tout entier aux travaux qui, vingt ans plus tard, devaient illustrer son nom.

Ses débuts dans la vie active furent des plus modestes : il entra à la Sorbonne en qualité de préparateur. Un an après — il avait alors 21 ans — il découvrit avec son frère Jacques, savant professeur de minéralogie, les phénomènes électriques produits par des pressions ou des déformations exercées sur divers corps. Deux ans après, il fut nommé chef des travaux de physique à l'École de physique et de chimie industrielle de la ville de Paris. En 1895, il passa sa thèse de doctorat avec un Mémoire remarquable sur les *Propriétés magnétiques des corps à diverses températures* et fut appelé à occuper la chaire de professeur de chimie générale à l'École de physique et de chimie. La même année, il épousa une jeune étudiante de Varsovie, Marie Sklodowska, qui venait de terminer brillamment ses études à la Sorbonne. Dès ce jour, celle-ci devint pour lui une précieuse et vaillante collaboratrice. Rarement on vit deux cerveaux mieux faits pour édifier une œuvre commune, deux cœurs plus étroitement unis pour donner l'exemple des plus hautes vertus sociales. Ils vont, en effet, apporter dans leur labeur quotidien si ardu, si pénible, la même patience sereine, la même ténacité tranquille et forte, la même abnégation, le même souci désintéressé pour arracher à la nature, au profit de l'Humanité, ses secrets les plus cachés.

Leurs goûts simples, autant que leurs ressources limitées, leur firent choisir un modeste laboratoire aux murs de plâtre gâché, au toit de lattes peu solides, aux fenêtres poussiéreuses par où pénétrait une faible lumière, semblable, en cela, aux pièces misérables où Pasteur fit ses premiers travaux.

Tout d'abord et pendant assez longtemps, leurs recherches ne furent connues que d'un groupe d'initiés. Mais soudain, vers la fin de 1903, la découverte du « radium » qu'ils venaient de faire, fit sortir leur nom de l'ombre et l'imposa à l'admiration du monde entier : les savants accueillirent la nouvelle avec un enthousiasme indescriptible, et le public avec une stupéfaction mêlée d'incrédulité, tant étaient étranges les propriétés du nouveau corps : il rayonnait, produisait, dépensait de « l'énergie », de la « lumière », de la « chaleur », sans avoir rien reçu, sans se décomposer, sans rien perdre; de plus, ses rayons traversaient tous les corps opaques.

Quelle était la source de ce nouveau corps aux manifestations si mystérieuses et si déconcertantes? Un minerai appelé pechblende et originaire de Bohême. Pour l'extraire ou, comme on dit, pour l'isoler, l'illustre chimiste accomplit un véritable chef-d'œuvre d'analyse qui exigea de longues et minutieuses recherches, une somme de travail considérable, une patience quasi surhumaine et une puissance de volonté poussée à son extrême limite. Pour s'en convaincre, il suffit de signaler ce fait que pour obtenir deux décigrammes de radium, il dut traiter 1,000 à 1,500 kilogrammes de minerai.

Du coup, Pierre Curie avait enrichi le domaine scientifique et le patrimoine commun, d'un trésor dont on ne peut calculer, dès à présent, toute la valeur, car immenses sont les horizons que cette découverte a ouverts à la science; vaste est le champ d'explorations qu'elle offre aux savants. Toutefois, c'est dans le domaine médical que le radium semble destiné à opérer des miracles; aussi, le monde attend-il, impatient et anxieux, la réalisation des espérances qu'il a fait naître et la confirmation des bienfaits qu'il laisse soupçonner. C'est que les nombreuses applications qui en ont été faites dans les hôpitaux, autorisent tous les espoirs, permettent toutes les suppositions et font prévoir que le jour n'est peut-être pas éloigné où l'on pourra guérir des maux réputés incurables : le lupus, le cancer, la tuberculose, etc.

Parmi les résultats heureux obtenus par son emploi, on peut citer les exemples suivants : « un bébé de cinq mois porte au milieu du front une grosse boule rouge pleine de sang; au moindre cri, cette tumeur se gonfle, se durcit, telle une véritable corne; il s'agit d'une tache de vin en tumeur saillante. Après six mois de traitement, tout a disparu. Un vieillard a sur la tempe une grosseur rouge en chou-fleur, c'est un cancer qui bourgeonne; un autre a un ulcère sur le nez; c'est une autre forme du cancer superficiel. Après quatre à huit semaines d'application du radium, les lésions disparaissent. Un jeune homme est défiguré : la moitié de sa face est le siège d'une tache de vin plate, violet foncé. Sous l'action du radium, elle finit par devenir rose tendre. Ce n'est pas l'état normal, mais le soir, à la lumière, on distingue peu de chose. Le radium a encore un autre pouvoir : celui d'insensibiliser les terminaisons nerveuses. Cette propriété, jointe aux autres, s'exerce avantageusement dans le traitement de quelques arthrites et de quelques affections de la peau. »

« Les propriétés curatives du radium s'expliquent par ce fait qu'il envoie, à travers les tissus, avec une vitesse de 300,000 kilomètres à la seconde, des corpuscules ou projectiles extraordinairement ténus (mille à deux mille fois plus petits que les plus petits connus et qu'on appelle atomes). Il envoie en même temps des vibrations. Ce sont ces projectiles et ces vibrations qui produisent les miracles cités plus haut, et cela, sans faire éprouver la moindre souffrance au patient. »

A la suite de cette incomparable découverte, les témoignages vinrent en foule à Pierre Curie : la Société royale de Londres lui octroya la médaille de Davy; l'année suivante (1904), la moitié du prix Nobel. Cette même année, il fut nommé professeur à la Sorbonne et, l'année suivante, membre de l'Académie des sciences.

Mme CURIE.

Mais la gloire si bien méritée, la fortune si noblement gagnée ne le grisèrent pas : il ne changea rien à sa vie si belle en sa simplicité, en sa modestie sincère. Le laboratoire le retrouva toujours fidèle, actif, inlassable. N'avait-il pas à parachever l'œuvre magnifique qui n'était qu'à ses débuts et qui laissait entrevoir tant de bienfaisantes révélations? En pleine maturité de son talent et dans toute la force de l'âge, il était en droit d'espérer de vivre assez longtemps pour la mener jusqu'au bout et donner au monde le spectacle d'un triomphe définitif. Hélas! le destin cruel en avait décidé autrement : en mai 1906, au moment où, plongé dans ses réflexions, il traversait la rue pour se rendre à son laboratoire, un camion le renversa, lui causant une blessure dont il mourut peu après.

« Cette mort inopinée provoqua un deuil général dans le monde savant, un sentiment de profonde douleur parmi tous ceux — et ils étaient légion — qui admiraient et vénéraient l'illustre chimiste. C'est que, pour tous, Pierre Curie était un maître; c'est que, en son puissant génie, une large part revenait à la sincérité, à la liberté, à la forte et tranquille audace d'une pensée que rien n'enchaîne et que rien ne peut étonner; c'est que, dans sa grandeur d'âme, les plus belles qualités d'intelligence et de caractère s'unissaient au désintéressement le plus noble et à la plus exquise bonté; c'est que, auprès de lui, on sentait s'éveiller le besoin d'agir et de comprendre; c'est qu'enfin, de sa pâle et belle figure se dégageait un rayonnement qui rendait meilleurs ceux qui l'approchaient. »

Sa digne compagne, qui avait pris une si large part à ses travaux, l'a remplacé à la Sorbonne. En appelant, pour la première fois, une femme à occuper une chaire du haut enseignement, le gouvernement français a voulu, tout à la fois, rendre un premier hommage au grand citoyen disparu et témoigner son admiration et sa gratitude à celle qui avait si largement coopéré aux progrès scientifiques. De son côté, l'Académie des sciences de Stockholm lui décerna en 1911 le prix Nobel pour sa géniale et opiniâtre étude de la radio-activité.

NOTES EXPLICATIVES

1. ROENTGEN (voir la biographie). — 2. PARIS (voir Clouet). — 3. SORBONNE (voir Pasteur). — 4. THÈSE (*thesis* = action de poser). Proposition soutenue publiquement dans les universités. — 5. VARSOVIE (voir Copernic). — 6. LABORATOIRE (*laborare* = travailler); lieu disposé pour faire des expériences ou des préparations exigeant certains instruments et certains produits. — 7. OPAQUE (*opacus* = épais, ténébreux). Qui n'est pas transparent. — 8. BOHÈME, Etat d'Autriche, capitale Prague. — 9. PATRIMOINE (voir Berthelot). — 10. LUPUS, affection cutanée de nature tuberculeuse. — 11. CANCER, tumeur solide maligne, qui dégénère en ulcère. Il est sujet à de perpétuelles récidives. — 12. TUBERCULOSE, maladie produite par un bacille spécifique et qui attaque plus spécialement les poumons. — 13. ARTHRITE (goutte) : inflammation d'une articulation. — 14. LONDRES (voir Bauwens). — 15. CURATIF (cure) : qui a pour but la guérison d'une maladie. — 16. DAVY (voir la biographie). — 17. NOBEL, chimiste suédois, inventeur de la dynamite; fonda des prix au profit des œuvres littéraires, scientifiques, philanthropiques du monde entier (1833-1896).

N. B. — Le « radium » est un métal blanc, brillant, fondant à 700 degrés. Il est très altérable à l'air et décompose l'eau très rapidement. Ses rayons sont semblables à ceux que l'on constate dans l'ampoule de CROOKES (voir Rœntgen). Chose caractéristique et mystérieuse : ses atomes en se détruisant libèrent de l'énergie. Or, nul n'ignore que la matière se détruit, mais on était alors à mille lieues de supposer cette transformation atomique de la matière. Deux savants anglais Soddy, et Ramsay, ont montré qu'en disparaissant, l'émanation du « radium » laissait à sa place, un résidu gazeux, « l'hélium », qu'on avait aperçu dans le soleil vingt ans avant qu'on ne le trouvât sur la terre et dans notre atmosphère. Ainsi le « radium » donne lieu, en se transformant, à un dégagement d'énergie continu. Mais cette transformation est lente et l'énergie dégagée est considérable, et il apparait que ce corps a joué un rôle considérable dans la formation des mondes. Sa vie est de deux mille neuf cents ans environ; celle de l'uranium et du thorium est de neuf milliards d'années; celle du polonium, deux cent deux jours; celle de l'actinium n'est pas encore connue. La rareté du radium est excessive; les minerais les plus riches n'en contiennent que des traces : 2 décigrammes par 1,000 kilogrammes. C'est ainsi que 1 gramme se vend 400,000 francs. Il n'en existe actuellement, à l'état libre, que 3 à 4 grammes dans le monde entier.

La multiplicité des applications qui ont été faites avec cette faible quantité s'explique par ce fait qu'il n'en faut qu'une portion infime pour produire les effets signalés. Ses rayons provoquent toute une série de phénomènes des plus intéressants : « ils colorent le verre en brun, en jaune, en violet, suivant sa composition, et donnent des teintes variées et permanentes à la porcelaine, au papier, au sel marin. Sous leur action, le vrai diamant s'illumine brillamment; en outre, ils rendent fortement lumineux les corps phosphorescents; ils sont une source continue d'électricité; ils rendent bons conducteurs de celle-ci tous les corps réputés isolants : c'est ainsi que, dans un laboratoire où l'émission se produit, tous les appareils électriques sont comme affolés et il devient difficile de faire des mesures justes; tous les corps avoisinants deviennent « radio-actifs », c'est-à-dire capables d'émettre, eux aussi, des rayons. Pour expliquer cette radio-activité, on suppose que le radium dégage une émanation qui se répand dans l'air comme un gaz ou une odeur. »

BIBLIOGRAPHIE

1. *Revue du mois*, Paris, 1906. — 2. Documents (Académie des sciences de Paris).

Comte Georges de BUFFON

1707-1788

« La mort d'un sage est un spectacle grandiose et touchant. Il en ressort toujours quelque enseignement qui fortifie l'âme et nous fait prendre en pitié les misères de la vie. Quand ce sage est un homme illustre, un savant arrivé à l'apogée de la gloire, l'effet est plus considérable encore parce qu'il part de plus haut. »

Ce fut le cas pour le célèbre Buffon, dont la longue carrière scientifique, la vie toute de travail et de belle énergie, constituent un précieux et salutaire exemple pour les jeunes gens nés au sein de la fortune.

Son père occupait les hautes fonctions de conseiller du roi de France Louis XV. Sa situation de fortune, son rang social, ne faisaient point soupçonner, surtout à cette époque, la haute destinée qui l'attendait. Il eut, en effet, une large part dans ce grand

COMTE GEORGES DE BUFFON.

mouvement des esprits qui, vers la fin du xviiie siècle, dirigea les idées vers les recherches du vrai, du juste et du bien. Après avoir joui de tous les plaisirs mondains vers lesquels sa haute naissance le portait, il en vint à ne voir dans ce genre de jouissances qu'un vide immense, et il ne tarda pas à rechercher dans l'étude de la nature les plus nobles distractions. A dix-huit ans, il se mit au travail avec une ardeur, une conviction et une persévérance qui firent l'admiration de son entourage et des savants de l'époque. De 1733 à 1740, il communiqua, à l'Académie, des Mémoires intéressants relatifs à des expériences sur les végétaux, considérés au point de vue de l'agriculture et de l'industrie. En 1739, il fut nommé directeur du Jardin des Plantes. Pendant cinquante ans, il se voua tout entier à la tâche d'en faire un établissement digne de la France et de l'Europe et y consacra une partie de sa fortune, disant : « Le jardin du roi est mon fils ainé ». Il s'adjoignit alors des collaborateurs en renom, puis il se retira en Bourgogne, dans une tour du vieux donjon de Montbard pour y composer ses ouvrages. Il justifiait cette préférence par ce fait que : « il pensait mieux et plus facilement dans la grande élévation de sa tour où l'air était plus pur ».

En 1749, il publia les trois premiers volumes de l'*Histoire naturelle* qui produisirent une impression profonde et obtinrent un succès inouï. Quatre ans après, en 1753, il fut élu membre de l'Académie française où il prononça son célèbre « discours sur le style ». Et, à ce propos, il est bon de faire remarquer qu'il n'a nullement dit, comme on se plaît à le répéter : « Le style c'est l'homme, » mais bien : « Le style est de l'homme, » c'est-à-dire « la chose qui appartient à l'homme ; le reste est hors de lui ; le style ne peut ni s'enlever, ni se transporter, ni s'altérer ; il en est tout autrement de ce qui vient du dehors. »

La multiplicité de ses œuvres dénote la puissance de son labeur et de sa constante énergie : de 1753 à 1767, il fit paraître douze volumes de l'histoire des quadrupèdes ; de 1770 à 1783, il écrivit neuf volumes sur les oiseaux ; ensuite l'histoire des minéraux ; enfin, à partir de 1774 il fit encore éditer douze volumes. Une telle somme de labeur étonne et stupéfie. Elle porte à croire que cette prodigieuse activité devait être naturelle au grand naturaliste et qu'elle se manifestait aisément. Il n'en est rien, car il était très indolent de sa nature. « Dans ma jeunesse, disait-il, j'aimais beaucoup à dormir, et ma paresse me dérobait la moitié de mon temps. Plus tard, mon pauvre valet de chambre Joseph fit tout ce qu'il put pour vaincre cette vilaine habitude, sans pouvoir y réussir tout d'abord. Mais bien décidé à me corriger d'un penchant qui nuisait à mes travaux, je recourus aux grands moyens. Je promis un écu à Joseph chaque fois qu'il réussirait à me faire lever avant 6 heures.

» Le jour suivant, il ne manqua pas de venir me tourmenter

à l'heure indiquée, mais je lui répondis fort brusquement et lui lançai ma pantoufle à la tête. Le jour d'après, il vint encore : cette fois, je le menaçai du chandelier ; effrayé, il s'enfuit. — Ami Joseph, lui dis-je dans l'après-dîner, j'ai perdu mon temps et toi ton écu ; tu n'entends pas bien ton affaire ; ne pense qu'à ma promesse et ne fais désormais aucun cas de mes menaces.

» Le lendemain, il se mit en devoir d'exécuter mes ordres de la veille. D'abord, je le suppliai, puis je me fâchai ; mais il n'y prit aucune attention et me lança à la poitrine un bassin plein d'eau glacée. Je fus obligé de me lever pour changer de linge. Ma mauvaise humeur ne durait guère ; Joseph en était récompensé par mes remerciements et par ce qui lui était promis. »

Ce fut grâce à l'usage prolongé de tels moyens que l'écrivain se vit délivré de son détestable défaut. Aussi ne manqua-t-il pas de rendre justice à son domestique en disant : « Je dois à Joseph une douzaine de volumes de l'*Histoire naturelle* ». Il était arrivé, en effet, à avoir une assiduité si régulière et si soutenue, qu'elle devint l'habitude de toute sa vie ; il était debout à 5 heures du matin, en été, et à 6 heures, en hiver. Aussitôt levé, il se rendait à son cabinet de travail ; à 8 heures, on lui apportait un morceau de pain et deux carafons d'eau et de vin : c'était là tout son déjeuner. A 9 heures, il se remettait au travail jusqu'à 2 heures : c'était l'heure du dîner. Il mangeait sobrement, buvait peu de vin et ne prenait ni café ni liqueur. A 3 heures, il se promenait tout en méditant jusque 5 heures, rentrait et travaillait jusque 9 heures. Il se couchait régulièrement à 11 heures. Telle fut sa règle pendant 40 ans ; c'est ainsi qu'il parvint à mener jusqu'au bout son œuvre immortelle.

Il disait, dans sa vieillesse : « Depuis 30 ans, j'ai mis un si grand ordre dans l'emploi de ma fortune et dans celui de mon temps, que j'ai toujours de l'argent en réserve et du temps à donner à mes amis. » Il sut comprendre que la richesse impose des devoirs envers les déshérités du sort, et il possédait l'art de donner sans blesser : il était charitable avec délicatesse et il avait la politesse du cœur. Non seulement il vint en aide à un grand nombre d'infortunes privées, mais il attacha son nom à des œuvres d'utilité publique, telles que fondation de lits à l'hôpital de Montbard, percement de rues, construction d'écoles, etc. Il prétendait n'être jamais plus heureux que lorsqu'on lui fournissait l'occasion de faire du bien. Sa sensibilité se révèle encore dans ce passage d'une de ses lettres rappelant la mort de sa femme (1769) : « Personne n'a été plus malheureux que moi à la suite de cet événement; l'étude a été ma seule ressource. »

Son œuvre immense, ses brillantes qualités, ne le mirent point à l'abri des déceptions et des tribulations. « Il eut des adversaires passionnés, mais toujours il apporta dans la discussion une modération, une réserve qui fut la règle de toute sa vie et qui est bien la marque d'un esprit supérieur, calme dans sa force et méprisant l'attaque des esprits médiocres et envieux. »

Il eut cependant un grand mérite que nul ne peut lui contester : celui d'avoir fait aimer l'histoire naturelle « en la revêtant de toutes les grâces d'un esprit délicat, en l'écrivant dans le plus pur et le plus majestueux langage, en l'animant de pensées profondes, admirablement parées. En un mot, il rendit la science aimable. Grâce à lui, on comprit alors sans effort; on trouva du charme à s'instruire; ce fut un ravissement universel, une révélation soudaine qui opéra une véritable transformation intellectuelle. »

Et cet enthousiasme s'explique d'autant mieux, que le savant touche et intéresse le lecteur, en prêtant aux animaux les sentiments et les passions de l'homme. « Il leur attribue tour à tour la noblesse de l'âme, la magnanimité, la cruauté, la perfidie, etc. Ce fut là sa force, mais aussi son écueil, dit Figuier, car il en vint ainsi à présenter la nature animée sous un jour absolument faux. Ces fausses idées, qui abondent dans son œuvre, ont été relevées depuis sa mort, à mesure que les voyages se multipliaient et que les mœurs des animaux des régions lointaines étaient mieux connues. Il a donc perdu de son prestige aux yeux des naturalistes modernes.

» Ces restrictions ne diminuent en rien la gloire de l'illustre Français, cette gloire qu'on envie aux savants et qu'ils paient de leur santé et de leur vie. Sans doute, ils ont parfois les hommages des grands, les murmures admiratifs de la foule, les ovations et les triomphes, mais à eux aussi les maladies, les affections qui accompagnent les travaux sédentaires excessifs. Sous ce rapport, Buffon paya largement son tribut aux douleurs physiques.

» Au milieu de ses souffrances, souvent intolérables, il

conservait une grande sérénité d'âme. Sentant sa dernière heure venue, il appela son fils, et lui dit : « Ne quitte jamais, mon fils, le chemin de a vertu et de l'honneur, c'est le seul moyen d'être vraiment heureux. »

NOTES EXPLICATIVES

1. BUFFON (Georges-Louis, comte de), né à Montbard, près de Dijon (France), en 1707; mort en 1788. Le roi Louis XV le créa comte et lui fit élever, de son vivant, une statue devant le Jardin des Plantes. — 2. BOURGOGNE, province de l'est de la France; capitale Dijon. — 3. Collaborateurs : DAUBENTON, GUENEAU DE MONTBEILLARD et l'abbé BEXEN. — 4. ACADÉMIE FRANÇAISE, corps de savants dont le nombre est fixé à quarante. Elle doit son origine à l'écrivain RONSARD, en 1570; mais ce fut RICHELIEU, ministre de Louis XIII, qui lui donna une existence légale. Son but principal est de perfectionner la langue française. — 5. PARIS (voir Clouet).

BIBLIOGRAPHIE

1. BOITARD, *Biographie de Buffon* (voir Encyclopédie du XIXe siècle). — 2. FIGUIER, *les Savants illustres*, tome II. Paris, 1870.

Nicolas COPERNIC

1473-1543

« En voyant le soleil se lever dans la splendeur de l'aurore, parcourir ensuite sa carrière et verser sur la terre des flots de lumière et de chaleur, pour disparaître enfin dans le pourpre de l'occident; en voyant dans les nuits sereines le firmament constellé tourner comme une immense sphère creuse, de telle sorte que, dans le temps où des étoiles se lèvent à droite, d'autres disparaissent à sa gauche, l'homme put croire pendant des siècles que la terre était le centre du monde et que lui-même était le but de ce double et éclatant spectacle que la nature mettait sous ses yeux pour lui donner une idée de sa grandeur et de sa magnificence. Mais depuis qu'il sait que la terre, au lieu d'être le centre et le mobile du monde, n'est qu'une planète qui tourne autour du soleil; que, placée entre Vénus et Mars, qu'elle dépasse en volume, elle est beaucoup plus petite qu'Uranus, Neptune et Jupiter; depuis qu'il sait que le soleil n'est pas unique de son espèce, mais qu'il y a une infinité de soleils autour desquels tournent d'autres planètes qui se forment et qui s'achèvent, et où la vie organique paraît à la surface, s'étend et meurt; depuis qu'il sait, par l'analyse spectrale et par les aérolithes, que les corps lumineux qui éclairent la nuit sont composés des mêmes éléments, ou à peu près, que la terre, son

NICOLAS COPERNIC.

orgueil s'est peut-être trouvé amoindri par ces découvertes, mais le spectacle des cieux, pour être désormais expliqué, n'a rien perdu de sa splendeur. »

Quels sont les hommes à qui nous devons une connaissance plus exacte du soleil et de ses rapports avec la terre ? Au premier rang, il convient de placer l'incomparable astronome polonais Nicolas Copernic. Voltaire, parlant des découvertes qui ont immortalisé ce savant, proclame que « le trait de lumière qui éclaire aujourd'hui le monde est parti de la petite ville de Thorn. »

C'est là, en effet, que naquit Copernic. Fils d'un modeste boulanger, il devint orphelin à l'âge de dix ans et fut recueilli par un de ses oncles qui se chargea de son éducation. Ses premières études achevées, il fut envoyé à l'Université de Cracovie où il conquit les titres de docteur en philosophie et en médecine.

« Or, à cette époque, il régnait dans tous les esprits d'élite, une activité inquiète qui les poussait vers les régions de l'inconnu. Des conceptions grandioses, des aspirations ardentes exaltaient les âmes. L'invention de l'imprimerie, la découverte du nouveau monde et les merveilles qu'on en racontait, la face nouvelle que commençaient à prendre les connaissances humaines, tout contribuait à exciter les imaginations et à faire naître ou à développer des talents qui, dans un autre siècle, seraient restés peut-être à jamais engourdis. »

Copernic n'échappa point à la contagion : les travaux sur l'astronomie, science pleine d'inconnu et de mystère, excitèrent son émulation et le poussèrent dans la voie, semée de dangers et de périls, qu'il ne devait plus quitter jusqu'à sa mort. « Frappé des imperfections des systèmes astronomiques de Ptolémée et d'autres astronomes, il résolut d'en concevoir un plus simple et plus vrai, plus conforme à la nature. » Il se donna la peine de relire tous les ouvrages des anciens concernant cette matière, de les étudier, de chercher dans chacun d'eux ce qu'il y avait de plus vraisemblable. A ce moment, il occupait la chaire de mathématiques à Rome ; il jugea prudent de revenir dans sa patrie (1502) pour y jouir de l'indépendance et de la tranquillité dont il avait besoin. Il renonça à la vie du monde et embrassa l'état ecclésiastique. « Dès lors, trois occupations absorbèrent son temps : les devoirs du sacerdoce, l'exercice de la médecine en faveur des pauvres et la recherche d'un système astronomique. »

A l'âge de trente ans, il eut la satisfaction d'être nommé chanoine à Frauenburg, poste très ambitionné, qu'il obtint grâce à l'influence de son oncle. Qu'on ne croie pas toutefois que, en cette circonstance, il ait obéi à un sentiment de sotte vanité ou d'orgueil ridicule ; ce serait méconnaître la noblesse de caractère de l'homme et ses aspirations élevées. Ce qu'il espérait, c'était de trouver, dans cette situation, la solitude paisible et la liberté d'esprit qu'il désirait. Malheureusement, cette nomination, autant que ses occupations scientifiques, souleva des colères sourdes autour de lui et lui créa des ennemis implacables, incarnés dans un ordre soi-disant religieux (ordre Teutonique) qui lui voua une haine sans merci. Mais, en dehors de ce groupe turbulent et sectaire, Copernic s'était concilié l'estime et la confiance générale par son caractère élevé, ses vertus et ses talents.

Malgré ses occupations de natures si diverses et les tracas que lui suscitaient ses ennemis irréductibles, Copernic, passionné pour l'étude et ne perdant jamais un instant, se livrait à ses recherches astronomiques dans une tour qui lui servait d'observatoire. Il y passait des nuits, seul, avec une table, des livres et une lampe de fer, en contemplation devant les astres, sans autre appui que son génie, sans autre instrument qu'un triangle de bois portant des divisions à l'encre et qui devint plus tard une précieuse relique pour l'astronome danois Tycho-Brahé. A l'aide de ce triangle aux jointures si grossières, aux mouvements si peu réguliers, il parvint cependant à suppléer ces infaillibles télescopes inventés après lui, et à révéler le ciel entier à la terre. C'est dans cette tour qu'il soumit à un nouvel examen tous les systèmes proposés jusqu'alors par les astronomes et s'arrêta au système qui fait tourner toutes les planètes autour du soleil, d'occident en orient, et qui donne à la terre deux mouvements : l'un de rotation sur elle-même, l'autre de circonvolution autour du soleil. C'est là enfin qu'il termina (en 1512, croit-on) son prodigieux ouvrage astronomique *Des Révolutions des corps célestes*, qui portera son nom jusqu'à la postérité la plus reculée. Toutefois, il se garda bien de le publier : il savait que sa théorie était condamnée par le tribunal de l'Inquisition (instigué par les chevaliers de l'ordre Teutonique), comme contraire aux interprétations de la Bible qui voulait que la terre fût immobile et constituât le centre du monde. En outre, il craignait d'envenimer les discussions que ses doctrines devaient fatalement soulever ; de plus, il voulait éviter des persécutions qu'il jugeait inutiles, nuisibles peut-être à la cause qu'il défendait ; il espérait enfin que l'apaisement se ferait insensiblement dans les esprits et que des temps meilleurs luiraient pour les idées nouvelles. Hélas ! de cruelles déceptions l'attendaient. N'ayant rien publié encore de ses travaux, ses adversaires se trouvaient dans l'impossibilité de lui nuire. Or, comme ils avaient résolu sa perte, ils mirent tout en œuvre pour atteindre le grand homme dans sa dignité, dans son honneur, dans ses travaux, qu'ils qualifiaient de chimères : ils répandirent sur son compte des bruits propres à le rendre un objet de risée ou de mépris aux yeux de la multitude ; ils payèrent des comédiens ambulants, gens sans foi ni loi, pour aller de ville en ville le tourner en ridicule et le parodier sur des tréteaux, en le représentant sous des traits grotesques et bouffons ; spectacle qui divertissait la foule et réjouissait ceux qui exerçaient leur basse vengeance. Et pour que rien ne manquât à son auréole de martyr, il eut la douleur de voir des gens, qu'il avait comblés de libéralités, applaudir ses vils diffamateurs. Cette avalanche d'outrages, capable de terrasser les plus vaillants, laissa Copernic meurtri sans doute, mais debout, inébranlable, prêt à tenir tête à l'orage qui se déchainait sur sa tête. Après tout, ne cherchait-il pas la vérité et n'aspirait-il pas à la faire éclater aux yeux de tous ? Cette recherche et cette aspiration valaient bien qu'il souffrit et se résignât ! Au milieu de ces tribulations, et dans un bel élan de stoïcisme, il se contenta de dire, parlant de ses adversaires : « Ce sont des esprits inférieurs ; ils ne comprennent pas ; ils ne peuvent pas me comprendre. » Néanmoins, il eut une consolation qui avait son prix : celle de voir les honnêtes gens indignés prendre fait et cause pour lui, et les cyniques comédiens hués et conspués. En outre, il avait un petit nombre d'amis intimes, esprits supérieurs d'une grande érudition, auxquels il communiquait ses travaux.

Mais les forces physiques et morales sont forcément limitées ; on ne peut en user indéfiniment, ni en abuser impunément : les excès de travail auxquels Copernic s'était livré ; les luttes pénibles qu'il avait eu à soutenir ; enfin, les épreuves par lesquelles il avait passé ébranlèrent sa santé. Il tomba malade pour ne plus se relever.

Prévoyant sa fin prochaine, il ne put se résigner à quitter la terre sans avoir légué aux générations futures son œuvre en laquelle il avait une foi profonde, et qui devait, dans sa pensée, répandre tant de bienfaits. Alors presque mourant, il se raidit contre la douloureuse perspective de voir le fruit de quarante années de labeur tomber dans l'oubli. Dominant ses douleurs physiques par un prodigieux effort de la volonté toute-puissante, il s'écria de son lit de douleur : « Je ne suis rien ; l'humanité est tout ! Je me dois à elle tout entier ; je lui dois de l'éclairer, de lui révéler la vérité, pour son bonheur et son perfectionnement. »

Sous l'impulsion de cette pensée sublime, infinie, il se décida à livrer son manuscrit. Un de ses disciples, nommé Rhéticus, se chargea, non sans danger, de le faire imprimer à Nuremberg. Mais les étudiants de l'Université, ameutés par le fanatisme, envahirent l'imprimerie et voulurent briser les presses et anéantir l'ouvrage. Heureusement, le livre était imprimé ; ils ne brûlèrent que le manuscrit. Le fidèle et courageux disciple accourut auprès de son maître avec le volume encore humide. A sa vue, le moribond se ranima pour tenir dans ses mains défaillantes ce précieux exemplaire de son chef-d'œuvre qu'il avait dédié au pape Paul III, afin de le mettre à l'abri des morsures de la calomnie. Quelques heures plus tard, il expirait ; — il avait soixante-dix ans.

La postérité, par son admiration, le vengea de l'injustice aveugle de ses contemporains. Leibnitz l'appela « Un des huit sages de la terre » — et Tycho-Brahé écrivit : « La terre ne produit pas un pareil homme dans l'espace de plusieurs siècles ; il a transformé l'aspect de l'univers ». Tous les pays, et surtout la Pologne, ont su hautement célébrer sa mémoire. Le 5 mai 1829, à Varsovie, la Société des Amis des sciences lui éleva une statue, exécutée par le sculpteur danois Thorwaldsen. Ce fut une fête nationale, attendu que l'on célébrait une des gloires les plus pures de la Pologne. Toute la population y participa avec un enthousiasme dont on a peu d'exemples.

Hommages bien mérités, car Copernic est, sans conteste, le premier qui ait exposé le vrai système du monde : « Non seulement il a posé le principe du mouvement de la terre, mais aussi des autres planètes. Sans lui, Keppler, Galilée et Newton, pour ne citer que ceux-là, n'auraient pu émettre leurs vues scientifiques. C'est lui qui, par ses idées sur l'attraction, fit éclore, plus tard, dans l'esprit de Newton, la gravitation universelle. Ainsi, le livre de Copernic a été, dans la science, la source d'une lumière nouvelle. Il a préparé et rendu possibles tous les progrès ultérieurs ; c'est grâce à lui que ses successeurs ont pénétré plus avant dans les secrets du sublime organisme des mondes. »

NOTES EXPLICATIVES

1. COPERNIC, Nicolas, né à Thorn (Pologne) en 1473 ; mort à Frauenburg en 1543. Outre la statue élevée à Varsovie, deux autres monuments lui ont été érigés : l'un à Thorn et le second dans l'église académique de Sainte-Anne, à Cracovie. On conserve encore à Frauenburg, le souvenir d'un bienfait dû à Copernic. La ville, située sur une hauteur, manquait d'eau ; il éleva au moyen d'une écluse, celle de la rivière qui coulait à deux kilomètres ; il la conduisit au pied de la montagne, où il fit construire un moulin, et, à côté de ce moulin, une machine qui poussait l'eau avec tant de force, qu'elle atteignait le niveau de la tour de l'église. — 2. ANALYSE SPECTRALE (voir Astronomie et optique). — 3. AÉROLITHE (aër = air; lithos = pierre). Masse minérale tombant de l'espace céleste sur la terre. — 4. VOLTAIRE. Poète et prosateur français (Paris, 1694-1778). — 5. PTOLÉMÉE (voir Astronomie). — 6. CRACOVIE (Autriche, ancienne Pologne, sur la Vistule, 92,000 habitants). — 7. ROME (voir Grétry). — 8. FRAUENBURG (Autriche, ancienne Pologne). — 9. SECTAIRE (secte) ; qui suit avec une ardeur excessive les opinions d'une secte religieuse ou philosophique. — 10. TRIBUNAL DE L'INQUISITION, tribunal ecclésiastique qui était chargé, au moyen âge, de rechercher et de punir les hérétiques. L'inquisition se développa surtout en Espagne où elle fut abolie en 1808 par Napoléon Ier. Des papes durent intervenir à différentes reprises pour en arrêter les épouvantables excès. — 11. CHIMÈRE, idée fausse, imagination vaine. — 12. STOÏCISME, doctrine du philosophe grec Zénon (IVe siècle av. J.-C.). Fermeté, austérité dans le malheur. — 13. CYNIQUE (kunos = chien). Impudent, obscène. Nom d'une ancienne secte philosophique qui affectait de mépriser les bienséances sociales. — 14. ÉRUDITION (érudit ; erudire = instruire). Savoir étendu. — 15. MANUSCRIT (voir Imprimerie). — 16. NUREMBERG, ville du royaume de Bavière, 261,000 habitants. Lieu natal du célèbre graveur A. Dürer. — 17. LEIBNITZ (1646-1716), né à Leipzig (Allemagne), géomètre et illustre philosophe. L'invention du calcul infinitésimal (1674) lui est attribuée en même temps qu'à Newton et à Fermat. — 18. TYCHO-BRAHÉ, célèbre astronome danois (1546-1601). — 19. VARSOVIE, ancienne capitale de la Pologne, sur la Vistule ; 640,000 habitants. — 20. KEPPLER, GALILÉE, NEWTON (voir biographies).

BIBLIOGRAPHIE

1. HOËFER, *Histoire de l'astronomie*. Edit. Flammarion, Paris. — 2. BIOT (J.-B.), *Mélanges scientifiques*. Paris, 1858. — 3. SNIADECKI, *Éloge de Copernic* (Kopernik). Cracovie, 1803. — 4. FIGUIER, *Vie des Hommes illustres*. Edit. Hachette, Paris.

L'ASTRONOMIE

NOTICE HISTORIQUE

L'astronomie peut être considérée comme une des premières sciences dont l'homme se soit occupé. Son origine se perd dans la nuit des temps et son histoire plonge ses racines dans les âges les plus lointains. Rien d'étonnant à cela. La vue des splendeurs du ciel, le mystère des grands phénomènes célestes avaient dû frapper l'imagination des Anciens bien plus que leur raison, les portant ainsi vers la contemplation plutôt que vers l'investigation. Ainsi s'explique le culte des astres et l'avènement de l'*astrologie* (voir Keppler), dont les préjugés et les superstitions retardèrent considérablement les progrès en astronomie et qui ne disparut qu'au xviiie siècle. Pour la plupart des philosophes, la Terre était encore fixe, immobile et considérée comme centre du monde autour duquel gravitaient circulairement les astres.

Certains peuples semblent s'être préoccupés tout particulièrement de cette science, tels les Chinois, deux mille ans avant notre ère; les Chaldéens, huit siècles avant Jésus-Christ. Les Egyptiens devaient également avoir dans ce domaine des connaissances assez étendues puisque les philosophes grecs Thalès (viie siècle avant J.-C.), Pythagore (vie siècle) et Platon (ve siècle) allèrent chez eux puiser les connaissances qu'ils devaient rapporter.

Pythagore, malgré son vaste savoir, persiste à placer la terre sphérique au centre du monde, autour duquel tournaient les astres errants; mais, en revanche, ses disciples (les Pythagoriciens) proclamèrent le mouvement de rotation de la terre. Ce fut le premier grand pas fait en astronomie, le premier jalon posé. Plus tard, Aristarque de Samos posera le deuxième jalon (iiie siècle avant J.-C.), en affirmant le mouvement de la terre autour du soleil. Hipparque, deux siècles avant notre ère, dressa un catalogue d'étoiles et s'occupa des équinoxes (*æquus* = égal; *nox* = nuits. Jours égaux aux nuits : 21 mars et 21 septembre); Ptolémée

(Claude), au second siècle après Jésus-Christ, abandonne la conception d'Aristarque et retombe dans l'ancien système. Il publie même une géographie qui, à côté de notions intéressantes, renferme inévitablement des erreurs nombreuses. Ces deux derniers n'ajoutèrent donc rien à la science astronomique. Il faut attendre le XVIe siècle pour voir surgir un système du monde rationnel.

Pendant dix-huit siècles, en remontant à Aristarque, les écrits des Anciens dorment d'un profond sommeil léthargique, jusqu'au jour où la découverte de l'imprimerie permettra d'exhumer ces documents, de les imprimer et de les répandre. C'est alors que Copernic (Kopernik) prend connaissance de tous les systèmes proposés jusqu'à lui, notamment ceux des Pythagoriciens et d'Aristarque, qu'il adopta après un nouvel examen. Il considère donc toutes les planètes tournant autour du soleil, d'occident en orient, et donne à la terre deux mouvements. Poussant plus loin ses investigations, il en arrive à cette certitude que, outre les planètes principales (on n'en connaissait que cinq à cette époque : Mercure, Vénus, Mars, Jupiter, Saturne), il en est encore de second ordre qui circulent d'abord comme satellites autour de leurs planètes principales et avec celles-ci autour du soleil ; que tous les phénomènes : jour, nuit, saisons, etc., sont le résultat du double mouvement de la terre ; que le cours apparent des étoiles n'est qu'une illusion d'optique, produite par le mouvement réel de la terre et les oscillations de son axe ; qu'enfin, le mouvement réel de toutes les planètes donne lieu à un double ordre de phénomènes dont les uns dérivent du mouvement de la terre, les autres de la révolution de ces planètes autour du soleil.

Ce système jeta une lumière intense sur la science des astres, mais laissa encore bien des questions dans l'ombre. A ces données viennent s'ajouter les travaux remarquables de l'astronome danois Tycho-Brahé. Après vingt années consécutives, avec une patience prestigieuse, un don de puissante pénétration, un pouvoir d'observation intense, il arriva, par les calculs les plus arides et les plus ardus, à émettre des observations dont le nombre et la précision déconcertent, si l'on songe qu'elles furent faites à l'œil nu et à l'aide de simples instruments perfectionnés ou inventés par lui. A sa mort, son élève Keppler ramasse tous ces matériaux, reprend les idées de Copernic, les développe, leur donne des bases plus solides et dote la science astronomique des trois grandes lois qui l'ont immortalisé (voir biographie).

Malgré le labeur écrasant, l'énorme dépense d'énergie morale et les vicissitudes de tous genres supportés par Copernic, Tycho-Brahé et Keppler, il manquait à la science astronomique un facteur capable de ui donner tout l'essor et toute l'ampleur qu'a acquis depuis lors la méthode expérimentale. Ce fut l'illustre Galilée qui, au milieu des plus grandes tribulations et des difficultés les plus pénibles, inaugura cette méthode par la découverte de la loi sur la pesanteur, l'invention du pendule et celle surtout du télescope astronomique.

Cette méthode qui consiste à interroger sans cesse la nature par l'expérience, l'observation et le calcul, doubla les forces de l'esprit humain et agrandit indéfiniment l'espace où s'étaient renfermées jusque-là ses investigations.

Les contemporains et les successeurs de Keppler et de Galilée entrèrent en foule dans cette voie; les découvertes se multiplièrent et l'astronomie marcha à pas de géant, grâce au télescope qui permet à l'œil de plonger dans le monde céleste et de scruter tous les points de l'immensité infinie.

Avec Newton, la mécanique analytique intervint dans l'explication des mouvements planétaires : les lois de Keppler sont mathématiquement établies, et l'ouvrage : *Principes de la philosophie naturelle* que ce grand astronome fit paraître en 1687, constitue la plus haute expression de l'esprit humain; en sorte que, encore aujourd'hui, la loi élémentaire de l'attraction universelle formulée par lui, suffit à expliquer l'immense et complexe variété des mouvements célestes. Il ne peut être question ici, de dresser la liste interminable de tous les hommes illustres qui, depuis Copernic jusqu'à nos jours, se sont distingués à des titres divers dans le domaine astronomique. Les ouvrages spéciaux sur la matière sont seuls capables de fournir des renseignements complets et détaillés.

Nous nous bornerons donc, dans cet aperçu très succinct, à citer les noms de ceux qui occupent une place prépondérante par leurs découvertes ou leurs travaux exceptionnels :

Mercator (1512-1594). Né à Rupelmonde (Belgique). Fut l'un des fondateurs de la géographie mathématique moderne; donna son nom à un système de projection employé pour les cartes marines; exécuta deux globes : terrestre et céleste; dressa un grand nombre de cartes géographiques. On lui a élevé une statue dans sa ville natale. — *Ortélius* (1527-1598). Né à Anvers (Belgique). Fut le premier qui eut l'idée de réunir en atlas toutes les cartes publiées isolément jusqu'alors. Il a publié un ouvrage qui devint la base de tous les travaux géographiques entrepris depuis. — *Stévin (Simon)* (1548-1620). Né à Bruges (Belgique). Travaux remarquables sur les mathématiques et la mécanique. Sa ville natale lui a élevé une statue. — *Cassini (Dominique)*, premier directeur de l'Observatoire de Paris (1625-1712). — *Roemer* (1644-1710). Né à Copenhague (Danemark). A découvert la vitesse de la lumière (1676) et inventé la lunette méridienne (voir notice sur l'optique). — *Flamsteed* (1646-1719). Né à Derby (Angleterre). Son remarquable catalogue des étoiles l'a immortalisé. — *Halley* (1656-1742). Né à Londres. Découvertes astronomiques remarquables, notamment de la comète qui porte son nom (1682) et qui réapparait tous les soixante-quinze ans et un quart, après avoir été vue en 1456, 1531, 1607. — *Bradley* (1692-1762). Né à Sherborne (Angleterre). A publié treize volumes d'observations — *Bernouilli (Jacques)* (1654-1782). Né à Bâle (Suisse). Remarquable mathématicien; son frère Jean et son neveu Daniel l'ont égalé. — *Euler* (1707-1783). Né à Bâle. A publié sept cents mémoires sur les mathématiques. — *D'Alembert* (1717-1783). Enfant trouvé devant l'église Saint-Jean-le-Rond, à Paris. Travaux remarquables sur les mathématiques et la mécanique. — *Lagrange* (1736-1813). Mort à

GÉRARD MERCATOR.

Paris. Grand mathématicien ; coopéra à l'établissement du système métrique. — *Laplace* (1749-1827). Né à Beaumont-sur-Auge (France). On lui doit les hypothèses sur la formation des mondes. — *Arago* (voir Philippe de Girard). — *Leverrier* (1811-1877). Né à Saint-Lô (France). Travaux remarquables sur le système planétaire. Découvrit la planète Neptune en 1846. — *Herschel* (1738-1822). Né en Hanovre (Allemagne). Est considéré comme l'astronome le plus génial qui ait existé. Il découvrit la planète Uranus et ses satellites ainsi que ceux de Saturne. Il construisit un télescope de 12 mètres de long et $1^m,47$ de diamètre, qui lui permit de faire l'inventaire du monde stellaire. — *Flammarion*. Astronome français actuel ; bien connu par ses travaux astronomiques et ses ouvrages de vulgarisation. — *Janssen*. Grand astronome français qui installa un observatoire au sommet du mont Blanc (4,809 m.), en 1893, avec le concours de MM. J. et H. Vallot.

Les profondeurs de l'espace ont quelque chose de fantastique et de vertigineux. Dans une étude publiée dans le *Sun* (Soleil), de New-York, sir Robert Hall mesure les distances de la terre aux différents astres par le temps que mettrait un télégramme à parvenir dans ces astres. Après avoir rappelé qu'un circuit, faisant sept fois le tour de la terre, serait franchi en une seconde, il en résulte que l'échange de correspondance avec la lune durerait juste une seconde ; avec le soleil, huit minutes ; avec l'Alpha du Centaure, l'étoile la plus rapprochée, quatre ans. Il y a des milliers d'étoiles si éloignées, que la nouvelle de la découverte de l'Amérique (1492), envoyée télégraphiquement, ne leur serait pas encore parvenue. Si l'on applique ce calcul aux étoiles qu'on ne connait que par les impressions photographiques, on constate que ces astres n'auraient pas encore reçu la nouvelle de la naissance du Christ, lancée il y a dix-neuf cent onze ans.

Il convient d'ajouter que l'astronomie s'est enrichie encore de nos jours de deux nouveaux procédés : l'*analyse spectrale* (voir optique) et la *photographie*.

En outre, la découverte de la *table des logarithmes* (*logos* = discours ; *arithmos* = nombre) a pour ainsi dire doublé la vie des astronomes, en réduisant en quelques instants de travail, des calculs qui exigeraient des mois entiers. Elle rend aussi d'éminents services dans la banque et le commerce. Elle substitue, dans les calculs, les additions aux multiplications et les soustractions aux divisions.

L'invention en est due à l'Ecossais Jean Neper qui décrivit sa découverte dans un ouvrage à Edimbourg, en 1614, mais sans exposer les moyens employés pour y parvenir. Après sa mort, son fils publia un Mémoire à Lyon, en 1620, où il dévoilait les procédés mis en œuvre par son père. Ensuite, H. Briggs, professeur à Oxford (Angleterre), eut l'idée de prendre 10 comme base du système de logarithmes, et il mit à jour la première table de logarithmes vulgaires des nombres de 1 à 1,000 avec quatorze décimales (1618); il la compléta en 1624, en donnant les logarithmes de 1 à 20,000 et de 90,000 à 100,000; en 1628, le Hollandais Vlacq combla la lacune de 20,000 à 90,000 en établissant les tables à dix décimales qui contenaient, outre les logarithmes des nombres de 1 à 100,000, les logarithmes des sinus, des cosinus, des tangentes et des sécantes, calculés de minute en minute pour tous les degrés du quart de cercle (1633). Ce livre fut la source où puisèrent ses successeurs, notamment les mathématiciens français Callet (1783), Lalande (1802), Prony (1755-1839), etc.

BIBLIOGRAPHIE

1. ARAGO, *Astronomie populaire*. — 2. DELAUNAY, *Rapport sur les progrès de l'astronomie*. — 3. PETIT, *Traité d'astronomie*. — 4. RADAU, *les Derniers Progrès de la science*. — 5. VOGEL, *les Mondes scientifiques*, 1875. — 6. P. SECCHI, *le Soleil*. — 7. C. FLAMMARION, *Astronomie populaire*. — 8. HOËFER, *Histoire de l'astronomie*.

KEPPLER, Jean

1571-1629

« Le nombre des hommes qui cultivèrent avec succès les sciences physiques et naturelles pendant le XVIIe siècle est tellement immense que Cuvier, dans son histoire des sciences naturelles, a été obligé d'en passer une partie sous silence. Cette difficulté gît dans ce fait que « de tous les siècles écoulés depuis la constitution des sociétés en Europe, le XVIIe a été, au point de vue de la science générale, le plus fécond en grandes découvertes. »

« Ce fut à l'époque de la « Renaissance » (voir imprimerie) que l'on vit jaillir les vives étincelles qui éclairèrent la voie ascendante de la civilisation, et qui guidèrent l'esprit humain vers de nouvelles conquêtes.

JEAN KEPPLER.
(D'après un tableau conservé au Séminaire protestant de Strasbourg.)

» Dans la succession permanente des progrès du monde, c'est du passé, disait Leibnitz, qu'est né le présent, et c'est du présent qu'à son tour naîtra l'avenir. »

Et cependant, si l'on se reporte à cette sombre époque du moyen âge, si l'on plonge un regard attentif sur les mœurs et les croyances de ces temps lointains, où l'ignorance de la masse, les fausses théories, les préjugés, les superstitions, les troubles religieux enchaînaient l'esprit humain dans des limites étroites; où la crainte et la terreur de se mettre en contradiction avec des principes séculaires paralysaient les plus nobles efforts, on est saisi d'une admiration infinie pour les hommes qui ont tout osé, tout bravé pour assurer le triomphe de la vérité et la diffusion des lumières. Au nombre de ces grands lutteurs, victimes de leur époque, il faut citer le moine anglais Roger Bacon, au XIIIe siècle; Copernic, au XVIe siècle; Keppler et Galilée, au XVIIe siècle. Jean Keppler est celui qui, certes, eut le plus à souffrir.

Jeunes gens qui vivez dans l'aisance, gais, insouciants, dont le travail au sein d'une société civilisée est protégé, encouragé, récompensé, et qui cependant vous plaignez du fardeau des études ou des tribulations de la vie, écoutez le récit de l'existence de Keppler; suivez en esprit son douloureux calvaire parsemé quand même de merveilleuses découvertes scientifiques. Méditez-le et vous y gagnerez réconfort et sagesse.

« Celui qui serait entré, en 1583, dans une misérable auberge d'Emmendingen en Souabe, aurait vu un jeune homme de douze à treize ans, à l'air maladif, à la vue faible et voilée, au regard pensif et doux, aller et venir dans la salle commune, servir les buveurs, s'acquitter en un mot de toutes les fonctions ordinaires d'un valet de cabaret, sous l'œil rigide de son père qui gourmandait avec dureté son embarras et sa maladresse. Ce valet d'auberge, ce fils de cabaretier de village devait être un jour le premier astronome de l'Allemagne. »

Il eut toute sa vie une constitution délicate et une vue faible. La vie familiale fut pour lui plutôt pénible. Sa mère n'avait reçu aucune éducation et ne savait pas lire. Il passa son enfance, jusqu'à l'âge de douze ans, dans le cabaret de son père. Les propos des buveurs furent les seules leçons de goût et de morale qu'il reçut durant cette période si importante pour l'éducation. Son père et sa mère vivaient en mésintelligence; aussi le commerce, au lieu de prospérer, périclita. Le père s'engagea dans l'armée autrichienne et ne reparut plus. La mère, qui était d'un caractère dur et tracassier et qui n'avait aucun esprit d'ordre ni d'économie, dissipa les dernières ressources de la famille et rendit son jeune fils très malheureux.

Le pauvre enfant n'échappa que difficilement à une maladie très grave dont il fut atteint à l'âge de treize ans. Les soins affectueux lui manquaient sans doute, car sa mère et ses deux frères, véritables vauriens, ne l'aimaient point. Cependant, grâce aux bons soins de sa sœur, qui avait épousé un pasteur protestant, il recouvra la santé. Mais aussitôt rétabli, le pasteur, sous prétexte de l'accoutumer de bonne heure à gagner son pain, l'employa aux travaux des champs. Le pauvre garçon n'avait fait que changer de servage : il n'était plus valet d'auberge, mais il était garçon de ferme.

On ne tarda pas cependant à s'apercevoir que les fatigues du labourage étaient au-dessus de ses forces. En le voyant maigre, pâle, épuisé et se traînant à peine, on éprouva pour lui un sentiment de commisération et l'on se décida à le mettre aux études.

En 1586, Keppler, alors âgé de dix-sept ans, entra, aux frais de l'Etat, dans une institution préparatoire à l'université. Malgré son application, il ne put tout d'abord parvenir qu'à grand'peine à plier son esprit encore inculte à des efforts soutenus. Les succès ne furent, au commencement, que douteux et médiocres ; cependant, ses facultés sortirent peu à peu de l'engourdissement et il parvint à entrer à l'Université de Tubingue. Ayant conquis son diplôme de bachelier, il décida de s'adonner à l'étude de l'astronomie et, dans ce but, il suivit les cours du professeur Moestlin qui lui donna gratuitement des leçons de mathématiques et d'astronomie et l'initia au système de Kopernik (Copernic).

En 1593, il fut nommé professeur de mathématiques et de morale à Graetz. Comme les appointements étaient insuffisants aux besoins de son existence, il condescendit à faire des almanachs et des calendriers. « Pour jouir de la liberté de se livrer à l'étude, disait-il, il faut au moins au philosophe le vivre et le couvert. Celui qui n'a rien est esclave de tout ; et qui donc se fait volontiers esclave ? En tous cas, il est plus honnête de faire des almanachs avec des pronostics que de mendier son pain. »

Malgré cette série d'infortunes, il n'abandonnait pas le travail. En 1599, parut son premier ouvrage : *Mystère cosmographique* dans lequel il limitait à six le nombre des planètes circulant autour du soleil, erreur qu'il reconnut treize ans plus tard, quand on vint lui annoncer la découverte des satellites de Jupiter. La valeur de cette publication réside dans la question qui y est posée : « N'y aurait-il pas dans le soleil une âme motrice agissant sur les planètes avec une force proportionnelle à leur éloignement ; et le mouvement, de même que la lumière, ne serait-il pas dispensé par le soleil ? » Cette comparaison qu'il établit entre la force motrice et la lumière du soleil n'est-elle pas une idée grande et féconde? Seulement, il ne songea pas à calculer le rapport mathématique qui existait entre la distance parcourue par la lumière solaire et sa force. Il touchait à la loi, mais ne la formulait pas. Cette belle découverte était réservée à Newton.

Cette même année, il se maria ; mais cette union ne fut point heureuse. Pour comble d'infortune, il dut quitter Graetz par suite des troubles religieux de l'époque. Obligé de vendre à vil prix les biens de sa femme, il se trouva presque ruiné. Le grand astronome danois Tycho-Brahé lui proposa de venir le rejoindre à Prague, offrant de partager ensemble tous les avantages dont il jouissait lui-même, grâce aux bienfaits de l'empereur d'Allemagne, Rodolphe II.

Keppler accepta. Malheureusement, en arrivant à Prague, il fut atteint d'une maladie qui dura sept mois ; en outre, Tycho Brahé, qui lui avait promis de beaux honoraires, ne le payait qu'avec parcimonie, lui donnant florin par florin. Cette humiliante dépendance l'aigrit beaucoup. Aussi, écrivait-il à un de ses amis : « Tout ici est incertain. Tycho est un homme dur avec lequel on ne peut vivre sans être exposé sans cesse à de cruelles insultes. »

Tycho étant mort (1601), Keppler lui succéda et vint s'établir à Lintz, au modeste traitement de 1,500 florins, qui furent payés très irrégulièrement. En 1604, il publia ses travaux sur l'optique. Il aperçut, le premier, la cause de la vision et reconnut le véritable rôle du cristallin, l'existence des images qui vont se peindre sur la rétine, enfin les causes de la myopie et de la presbytie. Il constate donc la réfraction de la lumière, mais n'en découvre pas la loi. Toutefois il conçoit la chambre obscure utilisée en astronomie et en photographie. S'il n'atteignit pas son but, il aida par ses tâtonnements et ses erreurs à tracer la voie qui peut y conduire. Le grand poète Hugo n'a-t-il pas dit : « C'est sur les ruines de l'erreur que s'édifie la vérité ».

Avant lui, on n'avait su tirer aucun parti des éclipses de soleil ; par les moyens qu'il indiqua, l'observation de ce phénomène devint la méthode la plus sûre pour déterminer les méridiens.

En 1606, il fit paraître l'ouvrage où il expliquait la scintillation des étoiles. En 1609, après de laborieux calculs et de longues méditations, il donna le jour à son œuvre la plus importante, celle que tout astronome, disait Lalande, doit lire au moins une fois en sa vie : C'est l'*Astronomie nouvelle* ou *Commentaires sur les mouvements de la planète Mars*, sans laquelle Newton n'eût jamais écrit ses *Principes de la philosophie naturelle*.

Pendant qu'il se livrait à ces occupations écrasantes, sa femme ne lui donnait, par son état de santé, que de cruels sujets d'inquiétude, Elle devint épileptique d'abord et folle ensuite; il la perdit en 1611, après avoir vu mourir trois de ses enfants.

Quelle triste destinée! Et pourquoi faut-il que l'histoire nous montre toujours les plus beaux génies en proie, pendant leur court passage en ce monde, aux plus terribles coups de l'adversité?

A tant de malheurs accablants, venaient se joindre des ennuis qui, s'ajoutant à toutes ces tortures morales, en comblaient la douloureuse mesure; son traitement était fort mal payé; les arrérages qui lui étaient dus se montaient, en 1613, à 12,000 écus; l'empereur lui conseillait d'employer son temps à des pronostics astrologiques au lieu de le consacrer à la science pure; enfin, une foule de seigneurs, avides d'horoscopes, l'obsédaient de leurs incessantes sollicitations. Entre temps, il était obligé, pour vivre, de faire vendre ou de vendre lui-même ses petits almanachs et ses horoscopes. Voilà le rôle que les caprices de la fortune et de l'ignorance assignaient à l'un des plus grands génies des temps modernes.

Toutefois, l'année 1619 lui procura un moment de bonheur, une lueur de gloire, grâce à une réforme qui devait faire époque dans les annales de la civilisation : la correction du calendrier grégorien. C'est en 1613 qu'il avait été appelé à la diète de Ratisbonne pour régler la correction du dit calendrier; il plaida la cause de cette réforme, qu'il parvint, en dépit des plus grandes difficultés et des antagonismes les plus implacables, à faire triompher. Malheureusement, cette accalmie fut de courte durée. A son retour de Ratisbonne, sa vie recommença à être troublée par les contrariétés, les chagrins et la gêne; ses moyens d'existence devinrent tellement précaires qu'il dut accepter une place de professeur de mathématiques à l'école de Lintz.

Mais les tribulations ne l'arrêtèrent point dans son labeur : en 1619, il publie l'ouvrage *les Harmonies du monde* dans lequel sont formulées les trois fameuses lois (dites : « Lois de Keppler »), relatives aux grands mouvements célestes : 1° les orbites planétaires sont des ellipses dont le soleil occupe un des foyers; 2° les aires décrites autour du soleil par une planète sont proportionnelles au temps employé à les décrire; 3° les carrés des temps des révolutions planétaires sont proportionnels aux cubes des grands axes des orbites.

Enfin, de 1615 à 1622, il travailla à l'édification de son *Epitome (abrégé) de l'astronomie*. Bien que sa position à Lintz fût des plus humbles, une ère de calme et de tranquillité s'était ouverte devant lui; c'est alors qu'il songea à se composer une nouvelle famille. Il choisit comme épouse une jeune fille, orpheline d'un simple artisan, mais qui avait reçu une bonne éducation. Ce fut le commencement d'une période de bien-être et de joie qui, hélas! ne dura pas longtemps, car il fut bientôt obligé de joindre le produit de leçons particulières à ses appointements, et de vivre avec la plus stricte économie pour que sa famille — il avait sept enfants — ne manquât pas du nécessaire. Le présent était pour lui un état de gêne et l'avenir un perpétuel sujet d'inquiétudes. Un malheur imprévu vint assombrir davantage son existence : sa mère venait d'être jetée en prison comme sorcière; on l'accusait d'avoir de fréquents entretiens avec le diable, de ne jamais verser de larmes, de faire périr les cochons du voisinage, de ne jamais regarder personne en face, et d'avoir engagé le fossoyeur à lui fournir le crâne de son mari pour en faire une coupe destinée à son fils. Ce procès dura cinq ans pendant lesquels il multiplia les démarches et les lettres de supplications. Finalement, sa mère put sortir de prison pour mourir deux ans après. Quant à lui, innocente victime de l'accusation insensée qui avait mis la pauvre femme au tombeau, il perdit sa place. Ses ennemis l'accablaient publiquement de l'injurieuse épithète de « fils de sorcière », et telle était la force des préjugés et de l'ignorance de ces temps, qu'il ne pouvait sortir de chez lui sans être exposé aux plus graves insultes. Il fut obligé de quitter la ville.

Sans aucun moyen d'existence, qu'allait devenir le malheureux Keppler, avec sa femme et ses enfants? Quelques amis lui procurèrent les ressources dont il avait besoin pour quitter Lintz et se rendre dans le duché de Mecklembourg où il entra à la cour du général Wallenstein en qualité d'astrologue officiel. Mais le duc ne trouvant pas dans Keppler toute la souplesse, toute la soumission servile qu'il exigeait, le destitua et le remplaça par un astrologue italien qui savait faire tenir aux astres un langage conforme aux volontés du prince.

Keppler essaya, mais en vain, de se faire payer les arrérages de sa pension. Il fit de fréquents voyages à cheval entre Lintz et Ratisbonne et consuma le reste de sa vie en démarches inutiles.

C'est ainsi qu'il resta toujours pauvre ; et cependant le plaisir qu'il éprouvait à méditer et à calculer était au-dessus de toutes les jouissances qu'il eût pu trouver dans les richesses. - Chez lui, l'âme soutenait le corps, - à tel point que, profondément attaché à ses croyances religieuses, nul intérêt matériel ne put jamais l'entraîner à faire sur ce point la moindre concession, malgré les rudes épreuves qu'il eut souvent à subir. A Graetz, il aima mieux renoncer à sa place de professeur, que d'adopter un culte qui différait de celui de ses parents. Et, chose digne de remarque, au milieu de ces tribulations et de ces vicissitudes, son caractère resta doux, affectueux, modeste et conciliant avec ses amis.

Toutefois, l'état de profonde misère où sa famille se trouva souvent réduite, dut lui causer de violents chagrins. On l'a vu dans cette extrémité, descendre des régions élevées où planait son génie, et chercher à a hâte un travail, un emploi quelconque qui pût le mettre à même de procurer du pain à ses enfants. Chose plus triste encore à signaler : ses contemporains étaient loin de l'apprécier à sa juste valeur et d'avoir de lui une bien haute opinion ; même parmi les savants, bien peu avaient conscience de son génie ; on jugeait de son mérite par sa position, qui ne fut jamais brillante ; par sa mise et ses vêtements, qui n'annonçaient pas l'aisance. Pour les esprits vulgaires, il n'était qu'un astrologue, un faiseur d'almanachs, un fils de sorcière.

Enfin, épuisé par la fatigue, le chagrin et le dénûment le plus profond, il mourut à l'âge où le génie, en possession de toute la plénitude de ses moyens, fort de l'expérience acquise, fait entrevoir de nouvelles espérances.

S'il légua à sa famille et à la postérité un nom glorieux, il ne laissa pour tout héritage que 22 écus, un habit, deux chemises et pas d'autres livres que cinquante-sept exemplaires de ses éphémérides et seize de ses tables Rudolphines. Pièce à pièce, il avait vendu tout le reste pour avoir du pain. Les princes qu'il avait servis, même dans leurs caprices, lui devaient à cette époque 29,000 florins !

Tel fut le couronnement de la vie, toute de labeur et de noblesse, de ce bienfaisant professeur d'énergie qui parvint, malgré une constitution délicate, à donner des preuves éclatantes d'une intelligence extraordinairement puissante et d'une volonté surhumaine jamais lassée. Aussi ne peut-on penser, sans un serrement de cœur, que sa gloire, qui n'avait pu le faire vivre, fut encore inutile après lui, à sa veuve et à ses enfants. Le malheur qui n'avait jamais cessé de le poursuivre durant sa vie, parut s'attacher encore à sa famille. Il avait laissé un manuscrit intitulé : *Songe de Keppler*. Sa mort avait arrêté l'impression de ce livre dont la vente aurait pu procurer quelque soulagement à la pauvre famille. Son gendre fit continuer l'impression ; malheureusement, il mourut avant qu'elle fût achevée. Dans un siècle de superstition et d'ignorance publique, où les idées d'astrologie et de sorcellerie avaient tout empire sur les masses, la mort prématurée du gendre de Keppler frappa les imaginations. Son fils Louis demeura longtemps sans oser faire reprendre l'impression fatale ; il craignait d'y perdre la vie. A la fin pourtant, navré du spectacle de profonde misère qui régnait autour de lui, dans sa famille, il s'y décida, et le *Songe de Keppler* fut imprimé.

NOTES EXPLICATIVES

1. KEPPLER (Jean), né en 1571, à Magstatt, près de Weil en Wurtemberg (Allemagne) ; mort à Ratisbonne en 1629. On a donné son nom à une des rues de Paris. — 2. SOUABE, ancien duché allemand entre la Thuringe, la Bavière et la Suisse. — 3. TUBINGUE, ville du Wurtemberg (Allemagne), sur le Neckar, 15,800 habitants. — 4. BACHELIER, celui qui a conquis son premier grade universitaire. — 5. GRAETZ ou GRATZ, ville de Styrie (Autriche), sur la Mur, affluent de la Drave, 138,000 habitants. — 6. PRONOSTIC (*pro* = avant ; *gnôsis* = connaissance). — 7. COSMOGRAPHIE (*kosmos* = monde ; *graphein* = décrire). Science des mouvements astronomiques de l'univers. — 8. SATELLITE (escorte) ; planète secondaire qui tourne autour d'une planète principale. — 9. PRAGUE, capitale de la Bohème, sur la Moldau (Autriche), 202,000 habitants. — 10. LINTZ ou LINZ, ville d'Autriche sur le Danube, 58 habitants. — 11. OPTIQUE (voir notice). — 12. RÉTINE, la plus intérieure des enveloppes membraneuses du globe de l'œil. — 13. CRISTALLIN, partie lenticulaire de l'œil qui amène sur la rétine l'image des objets. — 14. MYOPE, qui ne voit nettement que de près. — 15. PRESBYTE, qui ne voit nettement que de loin. Celui qui confond les couleurs est atteint de « daltonisme », du nom de Dalton, physicien, chimiste et naturaliste anglais (1766-1844), célèbre par ses travaux sur la force élastique de la vapeur d'eau, ses recherches sur les poids proportionnels des corps simples et la découverte de la loi qui porte son nom, et qui sert de fondement à la théorie

atomique. Il a étudié sur lui-même la perversion du sens des couleurs ou « daltonisme ». — 16. Réfraction, changement de direction qu'éprouve la lumière en passant d'un milieu dans un autre. (Expérience : plonger un bâton dans l'eau.) — 17. Eclipse, disparition totale ou partielle d'un astre par l'interposition d'un autre astre. Les anciens y voyaient un présage fâcheux. — 18. Méridien, grand cercle imaginaire qui passe par les deux pôles et divise le globe en deux hémisphères. — 19. Astrologie, art de prédire les événements d'après l'inspection des astres. Née en Chaldée, elle passa en Egypte, de là en Grèce, puis en Italie et dans tout l'occident de l'Europe. Elle perdura jusqu'au xviie siècle. — 20. Horoscope (*hora* = heure; *skopein* = examiner); observation qu'un astrologue faisait de l'état du ciel à l'heure de la naissance d'un enfant et par laquelle il prétendait connaître d'avance les événements de sa vie. Cette pratique ridicule disparut au xviie siècle. — 21. Calendrier grégorien (du nom du pape Grégoire qui en fut le promoteur). C'est le calendrier qui nous régit actuellement, à l'exception des Russes, des Grecs et des Turcs, qui ont conservé le calendrier Julien, en retard de douze jours sur le nôtre. — 22. Ratisbonne, ville de Bavière, sur le Danube, 45,000 habitants. — 23. Sorcellerie, profession de sorcier, personnage que le peuple croyait autrefois en société avec le diable pour faire des maléfices. — 24. Mecklembourg, grand-duché de l'Allemagne du Nord. — 25. Ephémérides, tables astronomiques qui donnent, pour chaque jour, la situation des planètes. Ephémère (*epi* = sur; *hémera* = jour); qui ne dure qu'un jour.

BIBLIOGRAPHIE

1. Biot, J.-B., *Mélanges scientifiques*. Paris, 1858. — 2. Figuier, *la Vie des savants illustres*. — 3. Hoëfer, *Histoire de l'astronomie*. Edit. Flammarion, Paris.

LE VERRE

NOTICE HISTORIQUE

« Le verre, cette substance idéale dont l'habitude nous empêche d'apprécier la valeur; le verre sans lequel la civilisation eût été impossible, est connu depuis des milliers d'années. On peut voir un peu partout, dans les musées, des flacons, des vases, des verreries diverses : étrusques, égyptiennes, grecques, romaines, d'une admirable finesse, magnifiquement irisées par la patine des siècles. »

D'après Pline l'Ancien (célèbre naturaliste romain, mort en 79, en s'approchant du cratère du Vésuve, dont l'éruption détruisit à cette date, Pompéi et Herculanum), la découverte du verre serait due à des voyageurs phéniciens qui, s'étant servis de natron (carbonate de soude cristallisé, que les eaux de certaines mares déposent pendant l'été en Hongrie, en Egypte, etc.), pour construire un foyer sur le sable, produisirent par hasard du verre par la fusion du sable mêlé au natron.

Cette opinion est très sujette à caution, car il est fait mention du verre en différents endroits de la Bible, et les Hébreux y font allusion dans le livre de Job où il est dit que : « La sagesse est plus précieuse que l'or et le verre. »

Ce qui est certain, c'est que les Egyptiens et les Phéniciens pratiquèrent l'art de la verrerie avant tous les autres peuples : plusieurs momies, trouvées dans les catacombes de Thèbes (ville de l'ancienne Egypte, sur les ruines de laquelle s'élèvent les villages de Karnak et Louqsor) et de Memphis (capitale de l'ancienne Egypte sur le Nil, aujourd'hui disparue), étaient ornées d'objets en verre, colorés, taillés et dorés. Les verreries de Sidon (en Phénicie) et d'Alexandrie (Egypte) furent célèbres dans l'antiquité. Théophraste, philosophe grec (370 av. J.-C.), parle des verreries phéniciennes situées à l'embouchure du fleuve Bélus. Tout récemment encore on a retrouvé en Egypte des objets en verre dans une série de tombeaux qui sont de douze cents ans antérieurs aux Phéniciens. Les Grecs connurent aussi très anciennement la fabrication du verre. Il est prouvé aussi que les Mèdes et les Perses se servaient du verre ouvré et qu'ils en enseignèrent la fabrication et l'usage aux Romains, lesquels devinrent des maîtres dans l'art de la vitrification (trois siècles av. J.-C.). Sous Alexandre Sévère, empereur romain (222-235), les verreries étaient si nombreuses à Rome qu'on les avait reléguées dans un quartier séparé.

L'emploi du verre à vitres date de cette époque.

Vers le VIIe siècle, les Anglais empruntèrent l'art de la verrerie aux Français. Au moyen âge, Venise se distingua par ses verreries qui furent transférées, en 1291, dans la presqu'île de Murano.

C'est également à la fin du XIIIe siècle que les Vénitiens découvrirent le secret d'étamer les glaces et répandirent dans toute l'Europe des glaces étamées sous le nom de « glaces de Venise ». C'est aussi dans le moyen-âge que la fabrication du verre fut introduite en Bohème et y acquit, grâce à l'extrême pureté des matières premières qu'on rencontre en abondance dans ce pays, une supériorité et une réputation qui se sont maintenues jusqu'à nos jours.

L'art de graver et de tailler le verre a été, dit-on, découvert fin du XVIe siècle par un artiste allemand, Gaspard Lehman. Cependant l'art de polir et de décorer le verre n'avait pas été complètement ignoré des anciens, car Pline parle de certains tours servant à graver le verre, qui étaient employés de son temps.

En 1688, Abraham Thévart inventa à Paris l'art de couler les glaces.

Le cristal, qui est l'espèce de verre la plus précieuse, est d'invention moderne. Il fut fabriqué pour la première fois en Angleterre, au XVIIe siècle. Les cristalleries de Bohème (Autriche), du Val Saint-Lambert (Belgique), de Baccarat (France), ont acquis une renommée mondiale. La supériorité de ces trois pays s'affirme également dans la verrerie où ils excellent depuis longtemps. L'Italie a conservé le monopole de la verroterie et sa renommée pour les glaces étamées. L'industrie des glaces coulées est très prospère en Belgique et en France.

En modifiant la nature et les proportions des éléments qui constituent le verre, on arrive à obtenir les variétés de verre employées dans l'industrie :

1° Le verre à vitres composé de silice, de soude et de chaux ; 2° le verre à bouteilles, formé de silice, de soude (ou potasse), de chaux, d'alumine et d'oxyde de fer ; 3° le verre de Bohême, formé de silice, de potasse et de chaux ; 4° le crown-glass (verre blanc), dont la composition est à peu près la même que celle du verre précédent ; 5° le cristal, formé de silice, de potasse et d'oxyde de plomb ; 6° le flint-glass (cristal), qui est un cristal plus riche en plomb que le précédent ; 7° le strass, qui est un cristal plus riche encore en plomb que le flint-glass.

Au temps d'avant la révolution de 1789, l'état de verrier était l'objet d'une grande considération. Les verriers jouissaient de nombreux privilèges, notamment de l'exemption des impôts ; de plus, les gentilshommes pouvaient embrasser ce métier sans déchoir.

La fabrication des bouteilles était l'une des branches les plus meurtrières de la verrerie, tant pour la fatigue qu'elle impose aux ouvriers que pour la contagion qu'elle occasionne de différentes maladies, par l'échange continuel des cannes. Mais un verrier français, Boucher, de Cognac (ville sur la Charente, 20,000 habitants), a inventé une machine qui confectionne entièrement les bouteilles.

Les applications du verre sont innombrables et les services qu'il rend sont incalculables au double point de vue hygiénique et économique. Outre les mille objets à l'usage domestique ; outre la fabrication des vitres, des bouteilles, des glaces, des verres optiques et des instruments si nombreux utilisés dans les laboratoires, le verre donne lieu à quelques applications étonnantes : étiré en fil, on en tisse des étoffes ; ramolli et comprimé fortement, il donne la pierre de verre qu'on emploie pour sa grande propreté, au revêtement des murs et même au pavage des rues ; on en fait des enduits de papier à dégrossir (papier de verre) ; enfin, on l'utilise dans les imitations du diamant et des perles.

L'OPTIQUE

NOTICE HISTORIQUE

L'optique (*optikos* = je vois) est la partie de la physique qui traite de la lumière et des phénomènes de la vision. Les différentes sections dont elle se compose ont pour objectif : 1° la réflexion de la lumière (miroirs de toutes espèces); 2° la réfraction de la lumière; 3° la décomposition et la recomposition de la lumière (spectre solaire, couleurs, raies du spectre, etc.); 4° la vision et les instruments d'optique; 5° la diffraction, la polarisation, etc.

Cette énumération suffit à elle seule pour faire saisir l'importance capitale de cette science. L'homme, livré aux seules ressources de ses yeux, ne posséderait qu'une connaissance bien imparfaite et bien fausse de l'univers; il ignorerait les plus beaux et les plus utiles secrets de la nature.

Aussi l'optique occupe-t-elle dans le domaine scientifique une place prépondérante. Sans elle, la plupart des sciences seraient restées dans l'ombre : l'astronomie, la chimie, la physique, la botanique, la physiologie végétale et animale.

Cette science par excellence éclaire toutes les autres, comme le soleil éclaire la terre. Elle a porté le pouvoir d'investigation à son plus haut degré d'intensité.

Tout le monde a remarqué aux vitrines des pharmaciens les globes de verre remplis d'eau colorée qui leur servent d'enseignes. Or ces globes datent des Grecs. Aristophane, poète comique d'Athènes (424 av. J.-C.), en parle à différentes reprises. Ces globes servaient à allumer le feu, en concentrant les rayons solaires à leur foyer. Ils pouvaient aussi servir de loupes.

Les ruines de Ninive (ville de l'Asie ancienne, capitale de l'Assyrie, sur le Tigre) ont mis à jour un cristal de quartz hexagone plano-convexe conservé au British Museum (célèbre musée de Londres créé en 1753). La face plane est une des faces originelles de ce cristal, et elle est légèrement polie par le frottement; la face convexe a reçu sa forme sur une roue de lapidaire ou par quelque autre procédé analogue. C'est un bijou assyrien qui aurait pu parfaitement servir de lentille optique, quoique, vraisemblablement, ce n'ait pas été là sa destination.

« Malgré certaines légendes, les instruments d'optique (lunette d'approche et télescope) n'ont pas été connus des anciens, mais les propriétés des miroirs grossissants l'étaient. Platon, célèbre philosophe grec, auteur de magnifiques dialogues (IVe siècle av. J.-C.), en parle dans le dialogue *le Timée*, Euclide et Archimède, géomètres grecs (IIIe siècle av. J.-C.), Heron d'Alexandrie, mathématicien (IIe siècle ap. J.-C.), et Ptolémée, astronome grec (IIe siècle ap. J.-C.), en ont donné la théorie. Sénèque, philosophe, précepteur de Néron, empereur romain (de 2 à 66), y fait allusion dans ses *Questions naturelles*.

Toutefois, il faut remonter au XIIIe siècle pour voir poindre les premières lueurs de l'optique, bien que les miroirs plans en métal existaient déjà à une époque très reculée puisqu'on en a retrouvé dans les tombeaux égyptiens, qui datent de quatre à cinq mille ans av. J.-C., et que les Romains fabriquaient des miroirs convexes et concaves. Nous savons, d'autre part, que Néron (empereur romain de 54 à 58), qui était myope, regardait les combats de gladiateurs à travers une émeraude. Comme un grand nombre de ces pierres précieuses étaient concaves, il n'est pas douteux, malgré les commentaires de certains érudits, que cette émeraude pouvait servir de lorgnon au trop fameux empereur. »

Ce n'est qu'au commencement du XIIIe siècle qu'il est question de miroirs étamés avec du plomb et de la manière de les fabriquer.

A cette époque, les lentilles concaves et les lentilles convexes étaient employées pour rectifier la vue des myopes (vue courte) et des presbytes (*presbutês* = vieillard), qui ne voient nettement que de loin.

C'est vers la fin de ce siècle que Savino Degli Amanti, de Florence, invente les besicles (lunettes pour le nez).

En l'an 1270, le moine anglais Roger Bacon décrit dans son *Opus Majus* les propriétés des lentilles combinées même en lunette d'approche.

Le physicien J.-B. Porta, de Naples, auquel on doit la lanterne magique (1558), prépare la découverte du mécanisme de la vision par son invention de la chambre obscure. Dans son ouvrage *Magia naturalis*, il fait la remarque que l'on peut considérer le fond de l'œil comme une chambre obscure, mais il ne donne aucune suite à cette idée vraie et heureuse dont, quelques années après, Keppler s'emparera pour achever la solution complète du problème. C'est dans ce même ouvrage qu'il écrit : Les lentilles concaves permettent de voir très clairement les objets éloignés, les lentilles convexes les objets rapprochés. Celui qui saura combiner ces lentilles découvrira un important secret. »

Il ne l'a pas fait lui-même ! Il a laissé ce soin à deux gamins, aux enfants de Lippershey, opticien à Middelbourg (Hollande), qui, entre les années 1605 et 1608, prirent dans l'atelier de leur père une lentille convexe de lunette de presbyte et une lentille de myope, et, par amusement, regardèrent le coq du clocher à travers ces deux lentilles tenues à distance l'une de l'autre. Ils virent ce coq rapproché et jetèrent des cris de joie, qui frappèrent l'attention de leur père, lequel renouvela leur expérience et la recommença en plaçant les verres sur une planchette, puis en les fixant aux extrémités de deux tuyaux rentrant l'un dans l'autre. A partir de ce moment la lunette d'approche était trouvée.

Ce que les savants Roger Bacon et J.-B. Porta n'avaient pas découvert, le hasard venait de le proclamer. Ils étaient passés à côté de la vérité sans la connaître. Il n'en est pas moins extraordinaire de penser que les opticiens aient eu pendant plus de trois cents ans des lentilles convexes et concaves entre les mains sans avoir observé le résultat de leur combinaison optique.

Pierre Borel, conseiller du roi de France et son médecin ordinaire, attribue l'invention au Hollandais Zacharie Janssen, en 1590, et à Jean Lippershey, « second inventeur », dans son ouvrage fort rare imprimé à La Haye en 1655, intitulé : *De vero telescopii inventore*. Il est difficile, ajoute Camille Flammarion, auquel nous empruntons ce passage, d'admettre cette conclusion : la découverte n'a été connue qu'après la supplique de Lippershey du 4 octobre 1608, aux Etats généraux. Malgré les raisons politiques qui conseillaient de la tenir cachée (car on ne songea, d'abord, naturellement qu'à l'appliquer aux besoins de la guerre), il est difficile de croire qu'elle aurait pu rester inconnue pendant dix-huit ans.

Quoique élémentaire, sa construction fut le premier pas dans la voie que devait suivre Galilée en construisant le premier télescope (1609), alors qu'il ne connaissait que d'ouï-dire la description de la petite lunette hollandaise que l'on vendait à Paris dès avril 1609.

C'est également vers cette époque que l'on voit apparaître le microscope dû soit à Zacharie Janssen (1590), soit à son compatriote Cornélius Drebbel (1610) et que Galilée perfectionna en 1624.

Ces deux instruments, microscope et télescope, ont subi, depuis trois cents ans, des perfectionnements merveilleux.

Au début, le microscope ne grossissait les objets que de cinquante fois leur diamètre, et deux cents fois du temps de Galilée, et de Hooke, physicien anglais (1635-1703). Puis il reste stationnaire pendant deux siècles.

En 1757, un opticien de Londres, nommé Dallond, réussit à construire des lentilles achromatiques (a = privatif; *khroma* = couleur — qui laisse passer la lumière sans la décomposer en ses sept couleurs fondamentales). Mais ce n'est qu'en 1824 que ces lentilles furent utilisées dans la construction des microscopes par le physicien français Selligues. Dès lors, le pouvoir amplifiant alla rapidement en augmentant pour atteindre un grossissement de plus de deux mille diamètres.

Il en fut de même du télescope. La première lunette construite par Galilée avait des lentilles de 4 centimètres de diamètre et grossissait trois fois en diamètre, montrant à 330 mètres ce qui était en réalité à 1,000 mètres. Successivement il obtint des grossissements allant jusqu'à trente fois en diamètre, c'est-à-dire de neuf cents fois en surface. Résultat admirable quand on songe qu'il devait tailler et préparer les verres à cette époque où les outils, pour ce genre de travail, aujourd'hui encore si difficile, devaient être très imparfaits.

Mais quelle distance parcourue depuis le grand martyr du Progrès!

En 1804 le savant français Delambre remit à Napoléon Ier la meilleure lunette existante : elle avait 11 centimètres de diamètre et 1ᵐ,60 de long. En 1823, Pierre Louis Guinand, de la Chaux-de-Fonds (Suisse), construisit une lunette de 24 cent. de diamètre et de 3ᵐ,32 de longueur. Ce progrès fit grand bruit; Louis XVIII l'acheta pour l'Observatoire de Paris. Citons enfin la grande lunette construite par l'illustre astronome anglais Herschel (1738-1822), qui amplifiait les objets de six mille fois le diamètre; celle de l'Observatoire de Yerkes (Université de Chicago) dont l'objectif est de 1 mètre et la longueur focale de 19 mètres; celle de Treptow-lez-Berlin, dont la longueur est de 21 mètres avec un verre de 0ᵐ,84 de diamètre; enfin celle qui a figuré à l'Exposition universelle de Paris (1900). L'objectif avait 1ᵐ,25 de diamètre, et sa longueur, ou distance focale, 60 mètres. Elle est aussi longue que les tours de Notre-Dame, de Paris, et permet de voir la lune comme si elle était à 128 kilomètres, alors qu'elle est, en réalité, à 384,000 kilomètres.

En 1637, la *Dioptrique* (*dioptrikos* = voir au travers) de Descartes vint changer la face de la science en lui apportant, avec la loi fondamentale sur la réfraction (*refractus* = brisé. Changement de direction qu'éprouve la lumière en passant d'un milieu dans un autre), une foule de propositions

CHRISTIAN HUYGENS.
(*Musée d'Amsterdam.*)

neuves et utiles au milieu desquelles il s'en trouve de douteuses et de fausses.

En 1663, Jacques Grégory, savant écossais, publie un livre qui contient des vues ingénieuses pour le perfectionnement des instruments, notamment du télescope à réflexion; enfin, en 1667, le célèbre professeur anglais Barrow fait paraître ses *Leçons d'optique*. En 1676, le savant danois Roemer détermine la vitesse de la lumière (280,000 kilomètres par seconde), donnée qui fut modifiée dans le courant du XIXᵉ siècle par les savants français Fizeau et Foucault (1850). On admet aujourd'hui la vitesse de 300,000 kilomètres à la seconde.

C'est vers le milieu du XVIIᵉ siècle qu'entre en scène le génial physicien hollandais Christian Huygens, auquel on doit un traité sur l'art de tailler et polir le verre et de construire le télescope (1655) et un remarquable *Traité de la lumière* (1678), où l'on trouve la première théorie sur l'origine de la lumière, théorie dite des « ondulations », universellement admise aujourd'hui. D'après cette théorie, la lumière est due à la vibration extrêmement rapide des molécules des corps lumineux, vibrations qui se transmettent, comme le son dans l'air, en ébranlant les corps éthérés environnants.

Au début du xviiie siècle, le grand Newton dote cette science d'une importante découverte, celle de la décomposition de la lumière en sept rayons primitifs et d'un traité sur l'optique qui fut pendant cinquante ans l'évangile des grands géomètres.

Ce ne fut qu'en 1747, qu'Euler, célèbre mathématicien suisse, dans le but de remédier à la dispersion des couleurs produite par la réfraction des verres de lunettes, chercha la loi de cette dispersion, fut conduit à des résultats différents de ceux de Newton et essaya de faire prévaloir sur la théorie de l'émission celle des ondulations déjà proclamée par Huygens. Par la première théorie, on supposait que les corps lumineux projetaient des corpuscules impondérables qui se mouvaient en ligne droite et se réfléchissaient sur les surfaces.

Depuis ce jour, l'optique s'enrichit d'une foule de belles expériences sur les propriétés de la lumière et de la découverte d'une propriété nouvelle, celle de la polarisation, faite par le physicien français Malus, en 1810 (modification subie par la lumière qui, réfléchie ou réfractée dans certaines conditions, ne se réfléchit ou ne se réfracte plus de nouveau). Enfin, on a appliqué la connaissance de ces phénomènes à l'analyse chimique. Les propriétés chimiques des rayons lumineux ont surtout été étudiées : c'est à la puissance des rayons chimiques qu'on doit l'invention de la photographie (1839) par Niepce et Daguerre.

Au cours du xixe siècle, l'optique s'unifie en une synthèse d'une admirable simplicité, grâce à la victoire définitive du système des ondulations. Le savant français Fresnel, par une succession de mémorables travaux, porte les derniers coups à la théorie de l'émission. En même temps, les illustres physiciens français Arago et Ampère et le célèbre physicien anglais Faraday apportent le contingent de leurs admirables recherches. A son tour, Maxwel, physicien écossais, édifie sa théorie électro-magnétique de la lumière, pont grandiose destiné, dit l'illustre ingénieur allemand Hertz, à faire communiquer deux territoires de la physique, auparavant séparés : l'optique et l'électricité (voir la notice sur l'électricité).

En 1855, Kirchhoff et Bunsen, célèbres physiciens allemands, créent la féconde méthode de l'analyse spectrale (Newton n'avait étudié, dans le spectre, que la partie colorée ; il n'observa pas les séries de lignes beaucoup moins lumineuses, les « raies », radiations absentes dans la lumière solaire). L'analyse spectrale revient à chercher la composition de la lumière des astres, de celle des diverses sources artificielles, etc., etc.

L'optique a donné lieu également à quelques applications de moindre envergure ; créations ingénieuses, originales et intéressantes tout à la fois. Tels sont le stéréoscope et le kaléidoscope.

Le stéréoscope (*stéréos* = solide ; *skopein* = observer) est un instrument d'optique qui fait apparaître en relief les images planes. Euclide, célèbre géomètre grec (323-283 av. J.-C.), et Galien, grand anatomiste grec (131-201), connaissaient déjà ce fait : que l'accouplement de deux images dissemblables reçues dans les deux yeux donne la sensation du relief. Porta, physicien italien du XVIe siècle, avait des idées assez précises à ce sujet. De Haldat, savant physicien de Nancy, qui s'est beaucoup occupé des phénomènes de la vision a, le premier, étudié expérimentalement les effets de la vision simultanée de deux objets de forme et de couleurs dissemblables. Il n'avait plus qu'un pas à faire pour construire le stéréoscope ; mais il se laissa devancer par un illustre physicien anglais, Wheatstone, dont le stéréoscope à miroirs faisait sa première apparition en 1838, au sein de la Société royale de Londres.

Dans cet instrument on produisait l'effet du relief en faisant coïncider deux images à peu près semblables par leur mutuelle réflexion sur des miroirs plans convenablement placés. Or, ce stéréoscope était totalement oublié quand un savant écossais, sir David Brewster, construisit le sien et vint à Paris en 1850, pour en confier la construction à l'habile opticien Jules Dubosq. Après l'Exposition universelle de Paris en 1851, le stéréoscope devint populaire et obtint une vogue sans précédent. Cette invention a ouvert une ère nouvelle aux applications de la photographie.

Le kaléidoscope (*halos* = beau; *cidos* = image; *skopein* = voir) est un petit instrument d'optique inventé en 1817, par Brewster, celui-là même qui imagina le stéréoscope. Il est formé d'un tube de carton, de fer-blanc ou de cuivre, garni à ses extrémités de deux verres : un petit formant un oculaire, et un large, dépoli, derrière lequel on place divers objets. Dans son intérieur, on place plusieurs lames de verre à miroir, ayant différentes inclinaisons et doublées de papier noir. A chaque mouvement de cette espèce de lunette, les petits objets coloriés placés à l'une des extrémités, changent de position, sont reflétés par les lames et produisent diverses formes, en même temps que de très belles couleurs, selon la nature et la position des objets qu'on met à l'extrémité du tube opposé à l'œil.

Les brodeuses et les dessinateurs dans les manufactures, utilisent cet instrument pour multiplier et varier à l'infini la composition de leurs dessins. Il leur suffit, pour s'en servir commodément, de le placer sur un petit pied, et de le fixer avec une vis lorsqu'ils ont sous les yeux le dessin qu'ils veulent copier. A travers la lunette, ils voient parfaitement les couleurs et trouvent ainsi des milliers de combinaisons pour les indiennes, les étoffes de damas, les papiers de tenture, les dessins de broderie, les châles, le décor des appartements, etc. Toutefois, ils font généralement usage d'un kaléidoscope sans enveloppe cylindrique extérieure et constitué par deux miroirs formant entre eux un angle de 30 degrés.

BIBLIOGRAPHIE

1. KRAFFT, *Causeries scientifiques*. Edit. Henchoz, Lausanne, 1903. — 2. BEAUFRAND, *Grandes Inventions*. Paris, 1867. — 3. Documents (Bibliothèque nationale de Paris). — 4. FIGUIER, Louis, *Inventions et découvertes*. Paris, 1859. — 5. FLAMMARION, Camille, *les Mondes imaginaires*. Paris, édit. L. Flammarion.

GALILÉE

1564-1642

Tous ceux qui ont eu l'occasion de voir, sans y prêter grande attention, le mouvement oscillatoire d'un objet suspendu à une corde ou à une chaîne se balançant dans l'espace, se doutent bien peu du rapport qui existe entre cette oscillation et l'invention du pendule. Rien de plus exact cependant. Seulement, il fallait que ce simple fait, si banal en lui-même, tombât sous les yeux d'un homme que les moindres choses intéressaient et frappât son esprit observateur, réfléchi, pour en tirer une loi féconde en résultats utiles. Cet homme fut Galilée.

GALILÉE.

Dans son enfance, il montrait déjà du goût pour la mécanique et il s'exerçait, comme Newton, à construire de petites machines. Son origine et le milieu dans lequel il vécut expliquent pourquoi il s'adonna tout jeune à la littérature, à la musique et à la peinture. Sa famille était noble mais pauvre. Son père, voyant ses heureuses dispositions, s'imposa de lourds sacrifices pour l'envoyer, à seize ans, à l'Université de Pise, afin d'y étudier la médecine. Tout alla bien pendant quelques années, mais le moment vint où malgré la vie sobre et rangée de Galilée, les ressources firent défaut. Le laborieux étudiant s'inclina devant la nécessité et abandonna les cours universitaires, bien décidé à se créer des ressources par son travail. Dès lors, il se consacra tout entier aux mathématiques, donna des leçons pour subvenir à ses besoins et faire face à toutes les difficultés de la vie.

Un jour — il avait alors dix-neuf ans — il assistait à un sermon dans la cathédrale de Pise. Ses yeux se fixèrent sur une lampe suspendue à la voûte et se balançant lentement. Aussitôt son attention est captivée par ce mouvement de va-et-vient; il l'observe et remarque que les oscillations, tout en diminuant peu à peu d'amplitude, duraient toujours le même temps. Rentré chez lui, il se livre à des expériences réitérées qui viennent confirmer son observation. Aussitôt, il comprend tout le parti que l'on peut tirer de ce phénomène pour la mesure exacte du temps : il formule la loi de l'isochronisme des petites oscillations et invente le pendule destiné, dans sa pensée, à donner une égalité absolue aux impulsions du moteur des horloges. Il se borna à indiquer la théorie du pendule, qui ne reçut son application que quarante ans plus tard par les soins du physicien Huygens (voir Horlogerie).

Ce début si brillant et si prometteur, ce coup de génie dans l'art de l'expérience, lui ouvrit les portes de l'Université de Pise pour y occuper la chaire de mathématiques. Il accepta ce poste avec bonheur et enthousiasme, sans se douter qu'une vie de lutte allait s'ouvrir pour lui, lutte incessante, âpre et poignante. Outre la méchanceté des hommes, il sera victime de l'ignorance, des préjugés et des erreurs de son temps, époque où l'on acceptait les choses sans discussion, sans démonstration, sans preuves. Lui, au contraire, prit pour principe « de ne rien laisser passer, en physique et en mécanique, sans l'avoir soumis à l'expérience et à l'observation ». C'est ainsi qu'il fut le créateur de la méthode expérimentale en Italie. Il va donc se trouver aux prises avec les événements et les fausses doctrines qui ont exercé leur domination tyrannique pendant des siècles. Dès les premiers pas il a la prescience qu'il soulèvera une tempête de protestations, qu'il provoquera des révoltes et des fureurs, qu'il subira l'assaut de tous ceux qui sont entichés du passé et qu'il se créera des ennemis redoutables. Il sent tout cela; il entend déjà gronder l'orage. Mais lui, l'homme à la puissante énergie, l'apôtre de la vérité, ne bronchera pas. Sous l'égide de cette haute pensée : « Que la lumière doit se faire en toutes choses, et que la vérité doit jaillir de toutes parts pour le bonheur du genre humain, » il ne reculera devant aucune puissance occulte ou réactionnaire, fût-il seul à lutter.

Avec une telle confiance en soi-même, l'honnête homme n'a rien à redouter; il souffrira sans doute, il en mourra peut-être, mais son œuvre restera belle et impérissable. Le juste n'en demande pas davantage.

Il prouva tout d'abord, contrairement à l'opinion courante, « que dans la chute des corps, les temps employés à parcourir le même espace ne sont nullement proportionnels au poids des corps ».

Cette expérience fut faite du haut de la tour de Pise et Galilée en tira les lois du mouvement. Il s'occupa ensuite d'hydrostatique et fit paraître son ouvrage sur les corps flottants, où il combattit l'erreur accréditée alors : « que si un corps est plongé dans un liquide, sa tendance à flotter ou à s'enfoncer dépend principalement de sa forme ». Puis, convaincu par ses multiples expériences, il formula la loi qui régit l'équilibre des corps flottants, ce qui dénote chez lui une finesse d'observation et une sûreté de jugement extraordinaires.

De ce travail naquit la balance hydrostatique, appareil employé à déterminer la pesanteur spécifique des corps ou densité, et servant à démontrer qu'un corps plongé dans l'eau perd un poids égal à celui du volume d'eau déplacé.

Ces démonstrations, jointes à la hardiesse de ses idées et à la grandeur de ses conceptions, toutes choses contraires aux doctrines reçues dans l'université, créèrent à Galilée au sein de cette institution, des inimitiés et lui suscitèrent des haines violentes. Il prit le sage parti de quitter Pise (1592) où sa position n'était plus tenable, pour se rendre à Padoue. Il y resta dix-huit ans, pendant lesquels il fit d'importantes découvertes : le perfectionnement du microscope, le compas de proportion, et enfin celle qui eut le plus de retentissement dans le monde et qui donna le plus d'éclat à son nom : la construction du premier télescope astronomique (1609). Ce fut là un trait d'ingéniosité remarquable. Il avait simplement entendu parler d'une lunette, imaginée par le Hollandais Lippershey, et à l'aide de laquelle les objets éloignés se voyaient aussi clairement que s'ils fussent rapprochés. Cela avait suffi à son esprit entreprenant, investigateur et tenace. « Je résolus, dit-il, de m'appliquer au moyen d'arriver à l'invention d'un instrument semblable et j'y parvins. Je me construisis d'abord un tube de plomb aux extrémités duquel j'adaptai deux verres de lunette qui avaient tous deux, d'un côté une face plane, tandis que de l'autre, l'un des verres était convexe et l'autre concave; puis, approchant l'œil de la face concave, je regardai des objets assez grands et rapprochés; ces objets paraissaient trois fois plus près et neuf fois plus grands qu'à l'œil nu. Je me fabriquai encore un instrument plus exact qui grossissait les objets plus de soixante fois. Enfin, n'épargnant aucune peine ni aucune dépense, je parvins à me construire un instrument si excellent qu'il me mit à même de voir les objets mille fois plus grands qu'à la simple vue. »

« Alors, dirigeant son télescope vers les espaces célestes, il y découvrit des aspects qu'aucun être, depuis l'origine de l'humanité, n'avait encore pu contempler. Son instrument lui révéla les reliefs et toutes les dispositions de la lune, les taches du soleil, sa rotation sur lui-même, les phases de Vénus, les satellites de Jupiter et une foule d'autres phénomènes qui changèrent la face de l'astronomie. »

Il devint tellement habile à tailler et à polir des lentilles, que partout, même de Hollande, on lui commanda des télescopes. Mais à mesure que son puissant génie pénétrait les mystères de la nature pour illuminer le monde de l'éclat de sa science, à mesure aussi l'envie et l'ignorance s'acharnaient sur lui, d'autant plus qu'il s'était rallié, sans restriction, au système de Copernic. Il avait réuni toutes les preuves de la vérité de ce système, mais il n'osait les publier.

Vers 1610, il quitta Padoue et alla se fixer à Florence, pour échapper, croyait-il, aux vexations et trouver un refuge contre la haine et la méchanceté de ses contradicteurs. Il se trompait, car c'est à partir de ce moment que commença véritablement la lutte qu'il eut à soutenir contre l'ancienne école et qui devait si mal finir pour lui.

Il se rendit alors à Rome pour mieux expliquer la nature de ses découvertes. Il y obtint un immense succès, grâce surtout à son télescope. Sa tâche terminée, il quitta la ville où il laissait des amis enthousiastes, mais aussi bon nombre d'ennemis qui menèrent aussitôt une campagne contre lui, en provoquant une agitation malveillante et en le dénonçant, comme dangereux, à la Congrégation de l'Index, sous prétexte que sa doctrine était contraire aux Ecritures. Galilée tint tête à ses ennemis et leur prouva qu'ils interprétaient faussement la Bible. Rien n'y fit. L'ouvrage de

Copernic (voir biographie) où était exposée la doctrine du mouvement de la terre fut prohibé. C'était une menace pour Galilée qui partageait cette opinion. Aussi, se garda-t-il de rien publier, se contentant de communiquer le résultat de ses découvertes dans des lettres qui se transmettaient de main en main et se répandaient en Europe. Eh bien! ces sages précautions, cette prudence pénible et tyrannique étaient encore un péril pour lui. Il eut le courage de garder le silence pendant seize ans; mais un moment vint où il fut à bout de patience; il avait hâte de faire connaître la vérité, se jugeant coupable de la taire plus longtemps; et alors, il livra au public, en 1632, son *Dialogue sur le système planétaire*. Cette publication mit le feu aux poudres; elle excita des transports de fureur chez ses adversaires irréconciliables. L'Inquisition s'émut et somma le coupable de comparaître devant son tribunal où il dut subir quatre interrogatoires qui furent pour lui une véritable torture morale.

Avec une belle énergie et une conviction qui auraient dû émouvoir et désarmer ses juges, il exposa et prouva sa doctrine. Les inquisiteurs répondirent que ses œuvres étaient absurdes et impies et ils enjoignirent au libraire d'en suspendre la vente. Galilée fut arrêté, mis en prison, terrorisé par les plus terribles menaces et obligé d'abjurer ses idées (22 juin 1633).

Qu'aurait pu faire un vieillard de soixante-dix ans, livré sans défense aux ennemis qui avaient juré sa perte? Et puis, n'avait-il pas cette foi robuste en l'avenir qui rend les pires choses supportables? Il disparaîtrait, lui, mais son œuvre lui survivrait. La sentence prononcée, Galilée se remit entre les mains de ses juges sans proférer une seule parole (contrairement à ce que l'on a prétendu); puis on l'enferma dans une salle (et non dans un cachot, comme on l'a affirmé), où il fut étroitement surveillé. Quelque temps après, on lui permit de rentrer chez lui à la condition de ne recevoir personne et de ne plus rien publier. C'était l'isolement dans toute sa rigueur, la privation de toute liberté, la captivité déprimante. Torture morale, assurément plus terrible, plus poignante pour un homme de génie, que les douleurs physiques. Torture morale qui s'augmentait encore par la preuve que Galilée avait de la fureur de ses ennemis qui, loin de s'apaiser, s'accroissait tous les jours et se manifestait par les épigrammes, les satires et les bruits calomnieux répandus contre lui et son œuvre. « Ajoutez à cela, dit le malheureux prisonnier dans une de ses lettres, d'autres tourments et de nombreuses infirmités corporelles, qui, sans parler de mon grand âge, m'accablent tellement que la moindre fatigue m'épuise et me rend malade. »

Mais ces infirmités, il les supportait aisément, bien que depuis sa jeunesse, il souffrit d'un rhumatisme qui lui causait souvent des douleurs intolérables. Les souffrances morales qui ébranlent profondément tout le système organique, surtout quand elles sont continues ou sans cesse renouvelées, eurent raison de sa résistance physique : il tomba malade et devint aveugle. Isolé, abandonné à ses propres pensées, il mourut à l'âge de soixante-dix-huit ans, l'année même de la naissance de Newton.

NOTES EXPLICATIVES

1. GALILÉE, né à Pise en 1564; mort à Florence en 1642. Pise, Florence et Padoue lui ont élevé des statues à l'intérieur de leurs universités. Son tombeau se trouve dans l'église Sainte-Croix, à Florence. — 2. PISE, ville de Toscane (Italie), sur l'Arno ; 61,000 habitants. Célèbre tour penchée du XIIIe siècle. — 3. AMPLITUDE = ample = large. Grandeur angulaire. — 4. ISOCHRONISME (isos = égal; chronos = temps). — 5. HYDROSTATIQUE (hydro = eau; statique = état d'équilibre). — 6. PESANTEUR SPÉCIFIQUE, rapport de la masse, du poids d'un corps à son volume. Spécifique = espèce. — 7. PADOUE, ville de Vénétie (Italie); 82,000 habitants. — 8. MICROSCOPE et TÉLESCOPE (voir optique). — 9. PHASES = apparence variable sous laquelle une planète se présente successivement à nos regards pendant la durée de sa révolution. — 10. SATELLITES = escorte : planète secondaire qui tourne autour d'une planète principale. — 11. VÉNUS ou étoile du berger est la seconde des planètes; Jupiter, la plus grosse des planètes; elle a cinq satellites. — 12. FLORENCE, ville de Toscane (Italie), sur l'Arno ; 205,000 habitants; églises et palais magnifiques.— 13. ROME (voir Grétry). — 14. CONGRÉGATION DE L'INDEX : assemblée de prélats chargés de dresser le catalogue des livres dont l'autorité pontificale défend la lecture. — 15. LES ECRITURES : Ancien et Nouveau Testament.— 16. INQUISITION (voir Copernic). — 17. EPIGRAMME : petite pièce de vers qui se termine par un fait piquant, malin ou mordant. — 18. SATIRE : écrit piquant ou médisant.

N. B. — L'Eglise s'est réconciliée avec les sciences naturelles. Les livres de Galilée ont cessé d'être à l'index dès 1835.

BIBLIOGRAPHIE

1. Max PARCHAPPE, Galilée, sa vie et ses découvertes. Paris, 1868. — 2. ARAGO, Notices biographiques. — 3. TROUESSARD, Galilée, sa vie et son procès. Poitiers, 1865. — 4. FIGUIER, les Hommes illustres. — 5. Charles PHILARÈDE, Galilée et ses contemporains. Paris, 1862.

L'HORLOGERIE

NOTICE HISTORIQUE

Le premier instrument employé pour mesurer le temps fut la clepsydre ou horloge d'eau. C'était un vase rempli d'eau et percé à sa partie inférieure d'un petit trou; l'eau s'échappait par là et servait à mesurer une certaine durée. Il reçut par la suite des perfectionnements tels, qu'on parvint à y adapter un cadran dont les aiguilles marchaient par un mécanisme. La fameuse horloge que Charlemagne reçut du calife Haroun-Al-Raschid était une clepsydre.

Vint ensuite le sablier ou horloge de sable. Employé en Egypte dès les temps les plus reculés, et ensuite chez les Romains, le sablier est encore en usage aujourd'hui (cuisson des œufs). Puis vint le cadran solaire. On en attribue l'invention à des savants grecs qui s'étaient établis, deux cents ans avant Jésus-Christ, dans la ville d'Alexandrie, en Egypte.

La première mention d'une horloge n'est pas antérieure à l'année 1120. En 1370, Charles V, roi de France, fit construire l'horloge du Palais de Justice de Paris, par un habile ouvrier, Lorrain d'origine, appelé Henri de Vic. C'était une horloge à poids et qui ne marquait que les heures. Ce n'était là que l'enfance de l'art de l'horlogerie. Ces machines chronométriques (*khronos* = temps; *metron* = mesure) étaient nécessairement lourdes et incommodes; le moteur de l'horloge du palais pesait 500 livres. L'application de l'horlogerie aux calculs astronomiques était, au XVe siècle, assez avancée pour permettre au savant danois Tycho-Brahé de calculer les minutes et les secondes; il y avait là un réel progrès.

En 1574, on voit sortir des mains de l'infortuné Isaac Habrecht la merveilleuse horloge de la cathédrale de Strasbourg qui nécessita toute une vie de travail et coûta la vue au patient et habile constructeur. Ce chef-d'œuvre fut exécuté d'après les plans dressés par Conrad Dasypodius, né à Frauenfeld (Suisse), en 1530, professeur de mathématiques à l'Université de Strasbourg (Alsace), où il est mort en 1600. Cette horloge a été restaurée et reconstruite sur un plan tout nouveau, de 1838 à 1842, par M. Schwilgué, ingénieur-mécanicien de Strasbourg, qui en a fait un chef-d'œuvre de mécanique. Elle porte une foule d'indications diverses relatives à la mesure du temps. Elle renferme un calendrier perpétuel avec les fêtes mobiles; un planétaire présentant la durée des révolutions de chacune des planètes visibles à l'œil nu ; le temps apparent et le temps sidéral (*sidus* = astre); une sphère céleste avec la précession (mouvement rétrograde) des équinoxes (*œquus* = égal ; *nox* = nuit. Jours égaux aux nuits). Divers personnages et statuettes mécaniques viennent frapper les heures et les demi-heures aux intervalles voulus.

Nicolas Lippius, de Bâle, construisit celle de Lyon, en 1598 ; Henri II, roi de France (milieu du xvie siècle), en fit placer une en son château d'Anet en 1550, où un cerf, poursuivi par une meute de chiens qui aboyaient, sonnait les heures en frappant du pied. En 1676 apparait l'horloge à répétition, c'est-à-dire pourvue d'une sonnerie. Les horlogers anglais Barlow, Quare et Tompion s'en disputèrent la découverte. Louis XIV reçut de Charles II, roi d'Angleterre, la première horloge à répétition que l'on ait vue en France.

La plus grande découverte qui ait été faite pour la construction des instruments chronométriques est l'emploi du pendule pour régler l'égalité des mouvements d'une horloge. C'est en 1582 que l'immortel Galilée découvrit les lois du pendule. Il pensait construire une horloge basée sur cette découverte, mais il se borna à indiquer théoriquement la possibilité de tirer parti du pendule, pour donner une égalité absolue aux impulsions du moteur des horloges. Cette magnifique application fut réalisée par le Hollandais Christian Huyghens qui avait fixé sa résidence en France. Là, grâce aux encouragements du ministre Colbert, il fit une seconde découverte dont l'importance égale certes la première : celle du ressort en spirale qui, par l'effort, en se détendant, permet de remplacer le poids dont on avait fait exclusivement usage jusque-là comme moteur des horloges. En bon patriote, Huyghens envoya, en 1657, aux Etats de Hollande, la description de son horloge qui renfermait les deux inventions capitales servant de base à l'horlogerie moderne : le ressort en spirale comme moteur et le pendule destiné à régulariser et à rendre isochrone (*iso* = égal; *khronos* = temps; temps égaux) l'action de ce moteur. En effet, le ressort en spirale, le régulateur et l'échappement, résument à eux seuls les moyens mécaniques qui sont le fondement de toute l'horlogerie. La découverte du ressort spirale permit de faire des horloges portatives qui, plus tard, étant réduites à de plus petites dimensions, furent appelées montres (instruments qui montrent l'heure). Dans les montres, le pendule (régulateur) est remplacé par le balancier spirale imaginé également par Huyghens. On ne connaît ni l'époque, ni l'auteur de la construction de la première montre. Quoique très commode, elle ne pouvait encore donner l'heure avec exactitude, parce que la fusée qui égalise et rend uniforme la force motrice, n'était pas encore connue. On ignore le nom de l'inventeur de la fusée, une des découvertes les plus ingénieuses de la mécanique (la fusée est le petit cône cannelé autour duquel s'enroule la chaîne d'une montre). Cette chaîne fut inventée par Gruet, horloger de Genève au XVIIe siècle, pour remplacer la corde de boyau dont on se servait pour communiquer à cette fusée le mouvement produit par le ressort. Ce boyau provoquait des inégalités : il se resserrait par la sécheresse et se détendait par l'humidité.

Cependant des montres de poche existaient longtemps avant tous ces perfectionnements. Ce fut Pierre Hèle qui fabriqua les premières à Nuremberg (ville de Bavière), en 1500 ; comme elles avaient une forme ovale, on les nomma « œufs de Nuremberg » ; elles se répandirent ensuite en Angleterre et en France où, du temps de Henri IV, on les portait sur la poitrine, pendues au cou, parce qu'elles étaient volumineuses.

L'industrie horlogère a pris aujourd'hui un développement proportionné aux perfectionnements qu'y ont introduits Pierre le Roy (1686-1759) et son fils Pierre (1717-1785), horlogers français; Berthoud, Ferdinand, de Placemont (Suisse) (1727-1807), qui construisit les horloges marines et dont les inventions chronométriques ont fait réaliser des progrès immenses à la géographie et à la navigation; Lepaute, de Montmédy (France) (1707-1789), qui construisit l'horloge du Luxembourg, la première horloge horizontale qu'on ait vue à Paris; Bréguet, Abraham, de Neuchâtel (Suisse) (1747-1823), qui enrichit la science d'un grand nombre de chronomètres, de pendules astronomiques, d'horloges marines et de thermomètres métalliques d'une délicatesse et d'une précision inconnues jusqu'alors; Harrisson, mécanicien anglais auquel on doit le pendule compensateur (1693-1776); Janvier, Antide, de Sainte-Claude (Jura) (1751-1835), qui exécuta à quatorze ans une sphère mouvante dont les rouages répétaient tous les mouvements des corps célestes. Quelques années après, il mettait au jour une ingénieuse machine, destinée à représenter les phases de la lune. Il construisit successivement un grand planétaire, une machine à marées pour indiquer l'heure du flux et du reflux de la mer dans les différents lieux du globe et enfin sa grande horloge planétaire qui se voit encore au Louvre (ancienne résidence royale aujourd'hui convertie en musée, à Paris). Pendant les douze dernières années de sa vie, il traîna une existence pauvre et malheureuse et mourut à l'hôpital. Il fut peut-être le plus savant de tous les horlogers qui se sont succédé en France. L'idée de sa grande supériorité rend sa fin plus affligeante encore.

Mais une des plus belles merveilles scientifiques de notre époque est l'horlogerie électrique qui n'est qu'une ingénieuse et belle application de la télégraphie électrique. Elle a été réalisée, pour la première fois, en 1839, par un physicien de Munich, M. Steinheil. En 1840, M. Wheatstone l'établit en Angleterre et, en 1850, une installation fut faite à Leipzig (Allemagne) par un mécanicien, M. Storer, de concert avec un horloger de la ville, M. Scholle. Finalement, ce système se généralisa.

BIBLIOGRAPHIE

1. LAMIRAULT, Grande encyclopédie. — 2. FIGUIER, les Grandes Inventions modernes. Paris, 1859. — 3. Documents (Conservatoire des Arts et Métiers, à Paris). — 4. Documents (Bibliothèques nationales de Bâle et de Genève).

Isaac NEWTON

1642-1727

Newton est considéré comme le plus beau génie scientifique du XVIIIe siècle. Complétant l'œuvre de Keppler, il explique le mécanisme du monde par une loi générale absolue qui ne souffre aucune exception. S'emparant des données astronomiques et mathématiques acquises à la science par les travaux de ses prédécesseurs et grâce à un procédé nouveau de calcul (le calcul infinitésimal), il démontra l'existence d'un principe universel, « l'attraction », qui gouverne toute la matière, depuis l'invisible atome jusqu'aux globes immenses qui gravitent dans les cieux; et il fixa la loi suivant laquelle s'exerce cette attraction.

« Il fut un expérimentateur de premier ordre et poussa jusqu'à la perfection l'art d'observer, de grouper les faits, de séparer le principal de l'accessoire, de passer du particulier au général et d'en déduire les lois des phénomènes physiques. »

ISAAC NEWTON.

Cet homme extraordinaire était le fils d'un modeste fermier anglais. Quelques mois après la mort de son père, sa mère le mit à l'école d'un village voisin, puis plus tard dans un collège. Elle voulait uniquement le mettre en état d'acquérir les connaissances nécessaires pour diriger la petite ferme. Il ne se montra pas un bon élève; il était un des derniers de sa classe. De son propre aveu, il écoutait peu les leçons. Mais un petit incident qui mérite d'être rapporté lui permit de conquérir le premier rang. Ayant reçu un terrible coup de poing d'un de ses condisciples beaucoup plus fort que lui, il résolut, pour se venger du brutal, de le dépasser en application et en progrès. A la fin de l'année, il arrivait premier. « Voilà, dit Figuier, un coup de poing bien placé ! » Très jeune, il manifesta un goût particulier pour les arts mécaniques ; aussi, partageait-il rarement les jeux des enfants de son âge. Il passait ses heures de loisir chez un apothicaire, et là, avec des outils qu'il s'était procurés, il exécutait des modèles de diverses machines. On cite entre autres une horloge à eau, une petite voiture marchant seule, un moulin à vent.

A quinze ans, sa mère dut le retirer de l'école, faute de ressources. Tous les samedis, elle l'envoyait au moulin voisin, accompagné d'un domestique, pour vendre les produits de la ferme. Or, à mi-chemin, le jeune Isaac descendait de voiture et s'asseyait sur le bord de la route pour lire et étudier, laissant partir seul son compagnon qui le reprenait en revenant. Sa mère, sur le conseil d'un oncle, le renvoya à l'école jusqu'à l'âge de dix-huit ans ; il entra ensuite à l'Université de Cambridge où il cultiva spécialement les mathématiques, encouragé par l'illustre professeur Barrow. En 1665 (il avait alors vingt-trois ans), il publia ses belles découvertes dans l'analyse mathématique. Enfin, il termina ses études universitaires en 1668 et fut nommé professeur de mathématiques et d'optique à la dite Université.

C'est dans les expériences de son cours d'optique qu'il parvint à décomposer la lumière en rayons colorés, à travers un prisme ; à calculer les différents effets de réfraction et à fonder sa théorie sur cette matière. Les communications qu'il fit sur les phénomènes de la lumière lui causèrent tant d'ennuis, de tracas ; il fut si persécuté d'objections et d'interpellations sans fin, qu'il résolut de ne pas s'y exposer davantage. Pour avoir la paix, il cacha ses trésors. Ce ne fut que lorsque sa réputation fut solidement établie qu'il se décida à faire connaître ses découvertes par la publication d'un ouvrage (1704) : *l'Optique ou traité de la lumière et des couleurs*. Bientôt ses travaux le firent remarquer du monde savant. La Société royale de Londres l'inscrivit comme membre. Cependant, malgré son savoir et son génie, Newton était loin d'être dans l'aisance, à tel point qu'il ne pouvait payer sa cotisation de membre ; il dut donner sa démission ; elle ne fut point acceptée, mais on le dispensa de payer la cotisation. Dès 1665, il avait conçu sa théorie sur la gravitation universelle; toutefois, ce ne fut qu'en 1682 qu'il put l'établir mathématiquement; c'est à cette date seulement qu'il connut la mesure exacte du rayon terrestre et la distance de la terre à la lune, deux choses indispensables à ses calculs.

Il érigea alors son système en loi de l'univers et passa deux ans à préparer son immortel livre sur les *Principes*. En 1687, un événement douloureux vint assombrir son existence et ébranler sa santé déjà compromise: il perdit sa mère, qu'il adorait. Un accident arrivé à la même époque, accéléra le mal et lui donna un caractère de gravité extrême, car il eut une influence profonde sur les facultés intellectuelles de l'homme qui faisait déjà l'orgueil de l'Angleterre et l'espoir des savants. Un soir qu'il était sorti, il laissa par mégarde un flambeau allumé sur son bureau. Pendant son absence, son petit chien nommé Diamant, renversa le flambeau, et tous les papiers placés sur le bureau furent consumés. C'était précisément ceux où il avait consigné les travaux des expériences de chimie qu'il avait faites depuis nombre d'années. On comprendra toute sa douleur, lorsque, revenu chez lui, il constata le malheur qui était arrivé et l'immense perte qu'il venait de faire. Ce coup imprévu porta une véritable atteinte à son intelligence. Il avait alors quarante-cinq ans, et son biographe, M. Biot, fait remarquer que l'éclipse momentanée des facultés de Newton explique la stérilité que l'on constate dans la seconde moitié de sa carrière scientifique. Du reste, le malheureux déclare lui-même, dans une lettre adressée à Locke, en 1693, qu'il a complètement perdu la mémoire.

Malgré sa renommée et le prestige de ses travaux, il ne faut pas en conclure que les idées de Newton furent accueillies sans discussions. Mais, par la puissance de son raisonnement, de ses expériences, de son énergique et éloquente persévérance, il finit par triompher de toutes les objections opposées à ses découvertes. Sa gloire rayonnait sur l'Europe entière, et quoique âgé de cinquante ans, il souffrait de la pauvreté. Il n'avait pour vivre et acheter ses instruments que ses appointements de professeur (2,500 francs, logé et nourri). Toutefois ses connaissances en chimie lui valurent du gouvernement anglais la nomination de directeur de la Monnaie, aux appointements de 37,500 francs (1669).

Newton se livra alors à des expériences en matière de chimie et retrouva la loi de l'attraction dans l'affinité chimique des molécules. Par délicatesse, il se démit de ses fonctions de professeur à l'Université ; seulement, on doit regretter ce changement de position, tant pour son repos que pour la conservation de son ancienne indépendance. En effet, des tracasseries sans nombre, des dénonciations et des procès vinrent l'assaillir de différents côtés. Mais il sortit de ces difficultés avec honneur. La même année qu'il fut nommé directeur de la Monnaie, l'Académie des sciences de Paris lui accorda une des huit places d' « associé étranger » qu'elle venait de créer. En 1703, il fut nommé président de la Société royale de Londres, poste qu'il remplit jusqu'à sa mort. En 1705, la reine Anne lui conféra le titre de chevalier, avec des lettres de noblesse. Alors Newton n'eut plus rien à envier ; chacun s'inclinait devant son génie, et sa réputation était immense en Europe.

Cette situation enviable ne modifia en rien les habitudes qui faisaient le charme de sa vie : « Dans le monde il parlait peu et était très réservé, car il était très timide. Ses goûts étaient simples ; il mangeait avec sobriété et s'habillait sans recherche. Il n'avait aucune de ces habitudes qui deviennent une tyrannie après avoir été un plaisir. Il vivait solitairement et était sujet, comme tous les hommes absorbés par de profondes méditations, à de singulières distractions. Quelquefois, au moment de sortir de son lit, une idée lui arrivait, et aussitôt il restait assis sur le bord du lit, à moitié vêtu, et passait des heures entières dans cette position. »

Il eût oublié de prendre ses repas si on ne le lui eût rappelé. Il se persuada un jour qu'il avait dîné, bien qu'il fût à jeun et même qu'il eût grand appétit. Voici cette anecdote : « Un de ses amis était venu chez lui pour dîner en sa compagnie ; après avoir attendu longtemps que Newton sortît de son cabinet, il se décide à entamer un poulet qui se trouvait sur la table ; après quoi, il en remet les restes sur le plat et recouvre le tout d'une cloche d'argent. Au bout de plusieurs heures, Newton paraît enfin, en déclarant qu'il a grand appétit. Il s'assied et soulève la cloche. Mais en apercevant les restes du poulet : « Ah ! s'écrie-t-il, je croyais n'avoir pas dîné. Je vois que je me trompais. »

D'une complaisance extrême, il se faisait un plaisir de donner satisfaction à tous ceux qui l'interrogeaient. Un étranger lui ayant demandé comment il avait découvert les lois de la gravitation : « En y pensant sans cesse, » dit-il. A une autre question portant sur la méthode qu'il employait, il répondit : « Je tiens le sujet de ma recherche constamment devant moi et j'attends que les premières lueurs commencent à s'ouvrir lentement et, peu à peu, jusqu'à se changer en une clarté pleine et entière. »

Ses qualités morales ne le cédaient en rien à ses qualités intellectuelles. Il était charitable et, grâce à l'élévation de son traitement ainsi qu'à la simplicité de sa vie, il pouvait faire beaucoup de bien tout en amassant une fortune considérable. « Il ne croyait pas, dit Fontenelle, que donner après soi ce fût donner. » Aussi, ne laissa-t-il pas de testament et eut-il toujours pour règle d'assister ses parents et ses amis nécessiteux. Newton ne s'est point marié, « peut-être n'avait-il jamais eu le loisir d'y penser ».

Il s'éteignit, emporté par une maladie dont il souffrait depuis cinq ans.

NOTES EXPLICATIVES

1. NEWTON, Isaac, né à Woolsthorpe (Angleterre) en 1642; mort en 1727. Son corps repose dans le Panthéon anglais : l'abbaye de Westminster, à Londres, où sa famille lui a fait ériger un monument. Une statue lui a également été élevée à Cambridge.— 2. KEPPLER (voir biographie).— 3. CALCUL INFINITÉSIMAL, attribué à Pierre FERMAT, célèbre mathématicien français (1601-1665); à LEIBNITZ, illustre philosophe et savant allemand (1646-1716); enfin à NEWTON. — 4. CAMBRIDGE, ville d'Angleterre, 35,000 habitants. — 5. RÉFRACTION (voir optique). — 6. LONDRES (voir Bauwens). — 7. LOCKE, célèbre philosophe anglais, auteur de l'*Essai sur l'entendement humain* (1632-1704). — 8. AFFINITÉ CHIMIQUE, tendance des corps à se combiner. — 9. FONTENELLE, littérateur et philosophe français, auteur de remarquables *Eloges* des membres décédés de l'Académie des sciences, et d'un ouvrage intitulé : *Entretiens sur la pluralité des mondes*.

NOTICE

Les travaux qui ont illustré Newton sont relatifs à l'astronomie, à l'optique, à l'analyse mathématique et à la chimie. Ses découvertes astronomiques constituent son principal titre de gloire, mais il ne faut pas oublier qu'elles n'eussent pas été possibles sans les belles méthodes de calcul qu'il a employées dans sa jeunesse.

« D'aucuns ont prétendu que la vue de la chute d'une pomme avait suggéré à Newton l'idée de la gravitation. Cette assertion ne repose sur rien et n'a d'ailleurs aucune valeur. Il n'est pas sérieux de prétendre que la découverte du principe de la gravitation universelle tint à un aussi mince incident. Du reste, comme le font remarquer fort à propos Louis Figuier et Hoefer, les grandes découvertes ne sont jamais le fait d'un seul homme. Ce n'est qu'après avoir subi une sorte d'incubation (*in* = sur; *cubare* = être couché) dans une foule d'esprits, qu'un homme de génie arrive et formule en règles précises des principes que chacun est tout préparé à recevoir. Ainsi en fut-il des grands problèmes astronomiques et notamment de la gravitation universelle.

« On a des preuves nombreuses que le principe de l'attraction universelle avait été entrevu longtemps avant Newton. Au XVIe siècle, Bonardo, dans son ouvrage *De la dimension des sphères célestes*, dit : « Que les corps célestes restent suspendus et en équilibre dans l'espace par une espèce d'attraction magnétique produite par des corps éloignés. » Copernic le pressent dans sa définition de *pesanteur*; Keppler assimilait le soleil à un aimant agissant sur les planètes pour les retenir dans leurs orbites et avait calculé leur vitesse. En 1645, Bouillaud détermine la force agissante du soleil sur les planètes. Dès 1666, le savant italien Borelli s'attache à la généralisation de l'idée de la gravité ou pesanteur et à son extension à tous les corps célestes avec un décroissement d'intensité dépendant des distances. Deux autres astronomes anglais, Hooke et Halley, admettaient cette loi quoiqu'il leur fût impossible de la démontrer.

» Lorsque Newton apparut, le problème général de la gravitation avait donc déjà été singulièrement élucidé par les études des physiciens et des astronomes. Il s'en empara, le creusa et le résolut. Tout son mérite, il est immense, est donc d'avoir démontré cette loi mathématiquement et de l'avoir merveilleusement généralisée. Avant de la formuler, il éprouva cependant des déceptions : ses calculs n'étant point d'accord avec son hypothèse (*hupo* = sous; *tithémi* = je place. Supposition que l'on fait d'une chose possible ou non et dont on tire une conséquence). C'est que, pour faire ces calculs, il fallait connaître exactement la mesure du rayon terrestre et la distance de la terre à la lune. Or, à cette époque, on ne les connaissait pas. Ce n'est qu'en 1682 qu'il a connaissance des travaux du géomètre français Picard, qui apportaient une grande modification à la longueur du méridien (grand cercle imaginaire passant par les deux pôles). Newton refait ses calculs qui, cette fois, sont d'accord avec son hypothèse. C'est alors qu'il conçut d'un seul jet le véritable système du monde, consigné dans l'ouvrage peut-être le plus beau qui soit sorti de la pensée humaine : *Principes mathématiques de la philosophie naturelle*. On serait tenté de croire que ce livre excita une admiration universelle; nullement. Les savants les plus illustres, les plus profonds géomètres des pays étrangers méconnurent la théorie de l'attraction. Huyghens l'admit entre les corps célestes, mais la rejeta pour les corps tombant à la surface de la terre. Leibnitz la repoussa formellement et attaqua Newton d'une façon acerbe. Elle fut combattue par Jean Bernouilli, mathématicien suisse (1667-1748), et Fontenelle.

» Le second titre de gloire de Newton se rapporte à l'optique. Son étude de la composition de la lumière blanche résolut un problème qui défiait, depuis des siècles, tous les efforts de la raison humaine. Qui ne connaît aujourd'hui les deux expériences si simples de Newton pour décomposer et recomposer la lumière? La première est celle qui se fait à l'aide d'un prisme de cristal à travers lequel on fait passer un rayon de soleil qui projette sur un écran les différentes couleurs dont il est composé et qui donne le spectre solaire; l'autre est celle que l'on exécute avec un disque peint de sept couleurs et à l'aide duquel on reconstitue la lumière blanche en lui imprimant un mouvement semblable à celui d'une toupie. De là à expliquer la formation de l'arc-en-ciel, il n'y avait qu'un pas.

« Son traité d'optique, qui relate toutes ses découvertes sur la lumière, ne parut qu'en 1704. Seulement, il ne trouva pas la véritable cause de la lumière; il appartenait à Descartes, à Hooke, mais surtout à Fresnel de l'établir (voir optique).

» C'est grâce au triomphe des *Principes* de Newton que la véritable méthode scientifique fut heureusement sauvée et transmise à notre époque, qui devait en tirer de si admirables fruits. »

BIBLIOGRAPHIE

1. FONTENELLE, *Éloge de Newton*. — 2. J.-B. BIOT, *Mélanges scientifiques*, tome 1er. — 3. FIGUIER, *Vie des savants du XVIIIe siècle*. Paris, 1870. — 4. HOËFER, *Histoire de l'astronomie*.

THERMOMÈTRE ET BAROMÈTRE

NOTICE HISTORIQUE

Le thermomètre (*thermos* = chaud ; *metron* = mesure) est d'invention tout à fait moderne, car les principes sur lesquels reposent sa construction et son usage appartiennent à la physique pure, science que les anciens ont complètement ignorée.

C'est dans la première moitié du XVIIe siècle que Drebbel, savant hollandais, inventa un rudiment de thermomètre. C'était un simple tube contenant de l'air, fermé à la partie supérieure et qui plongeait verticalement dans un liquide par son extrémité ouverte. Par l'effet des variations de température de l'air extérieur, le liquide s'élevait ou s'abaissait. Seulement, les divisions n'avaient rien de scientifique ; la graduation était arbitraire. L'Académie de Florence y apporta des modifications ; elle remplaça l'air du tube par un liquide (alcool) teinté avec du carmin, mais la graduation était vicieuse. Newton, à son tour, y apporta un changement ; il remplaça l'alcool par de l'huile jusqu'à moitié et fixa les deux points extrêmes (toujours arbitraires). Amontons, physicien français (1663-1705), en revint au thermomètre à air ; seulement, il donna comme point fixe supérieur la température de l'eau bouillante. Ce thermomètre rendit des services pour l'époque, mais il offrait, comme les autres, de grands inconvénients.

Farenheit, Gabriel, constructeur d'instruments à Dantzig (Allemagne), modifia le thermomètre de Newton en substituant le mercure à l'huile, et en adoptant pour point fixe, la température de l'ébullition de l'eau, déjà indiquée par Amontons ; et comme terme inférieur, celui donné par le tube plongé dans de la neige et du sel ammoniac. Il divisa l'intervalle en 212 parties égales. Vint ensuite Réaumur, physicien et naturaliste français, qui, vers 1730, adopta le terme de la glace fondante pour le zéro du thermomètre et divisa la distance entre les deux points en 80 parties.

Enfin, un physicien suédois d'Upsal, nommé Celsius, proposa, en 1741, de diviser l'intervalle en 100 parties égales. On eut le thermomètre centigrade. Mais une chose qu'on ignore, et qui a son importance, c'est que Celsius avait marqué zéro pour le point d'ébullition, et 100 pour le point de la glace fondante, juste le contraire de ce qui a lieu maintenant (ainsi en témoignent, du reste, les actes de la Société royale de Suède). En sorte que, plus la température s'élevait, et plus le nombre de degrés descendait. Ce n'était ni pratique, ni commode. Cinq ans après l'invention, l'échelle fut renversée : on mit zéro à la glace fondante et 100 au point d'ébullition. Cette heureuse modification est due au célèbre botaniste Linné. M. Bornstein, professeur à l'école d'agriculture de Berlin (capitale de l'Allemagne, sur la Sprée, 1,890,000 habitants), a pu s'en assurer en compulsant de vieux documents dignes de foi.

La lente élaboration qu'a nécessitée la confection de cet instrument, si simple en apparence, et que l'on consulte maintes fois par jour, est bien faite pour inspirer aux chercheurs cette patience et cet esprit de recherche sans lesquels il n'y a point de succès.

Le thermomètre à alcool a une supériorité sur le thermomètre à mercure en ce qu'il permet d'évaluer des températures très basses; en effet, le mercure se congèle à 39° centigrades, tandis que l'alcool ne se congèle jamais.

Les usages du thermomètre sont nombreux. Il constitue pour les chimistes, les physiciens, les aéronautes, les médecins, certains industriels, un instrument précieux. Son emploi n'est pas moins important dans les chambres des malades et, en général, dans les maisons où il permet de conserver une température conforme aux lois de l'hygiène (18° centigrades).

*
* *

Le baromètre (*baros* = pesanteur; *metron* = mesure) repose sur la découverte de la « pesanteur de l'air ». Aristote (384-322 avant J.-C.) et les philosophes de son temps admettaient le fait de la pesanteur de l'air, mais rien de plus, ne sachant pas tirer de ce principe la plus légère déduction pour l'explication des

phénomènes naturels. Ils se confinaient dans cette expression :
« La nature a horreur du vide, » erreur à l'aide de laquelle les anciens croyaient expliquer l'aspiration des pompes. Il faut attendre le XVIIe siècle, soit une étape de près de 2.000 ans, pour voir jaillir la lumière.

Un jour, des fontainiers de Florence ayant constaté que l'eau ne pouvait s'élever au delà de 31 pieds ($10^m,33$) dans le tuyau d'une pompe aspirante qui a plus de 32 pieds de hauteur verticale, s'adressèrent à Galilée qui ne put leur fournir l'explication. Torricelli, de Faënza, Italie (1608-1647), son élève, s'occupa de la question et découvrit que la véritable cause du phénomène est la pression atmosphérique. Partant de là, il se dit : « Si l'eau s'élève, par le fait de la pression atmosphérique, dans un tuyau vide d'air, à $10^m,33$ de hauteur, un autre corps plus dense s'élèvera moins. »

Le mercure étant 13.59 fois plus dense que l'eau s'élèvera à une hauteur 13.59 fois moindre. C'est ce qui se produisit dans un tube de 30 pouces que Torricelli avait construit ; le mercure s'éleva à une hauteur de $0^m,76$ Le principe était trouvé et avec lui le baromètre (1643). En même temps, disparaissait l'explication basée sur l'horreur du vide. L'immortel philosophe français Pascal refit des expériences des plus concluantes, à l'aide du tube de Torricelli, à des altitudes différentes, entre autres au Puy-de-Dôme, en 1648. Il constata qu'au fur et à mesure qu'il montait, la colonne atmosphérique étant moindre, le mercure descendait. Et ainsi, il donna une éclatante consécration au principe établi par Torricelli et, en même temps, une preuve que l'instrument donnait la mesure des hauteurs et la pression différente, au même lieu, suivant que l'air est sec ou humide. Le tube de Torricelli fut conservé, à partir de cette époque, sans subir de modification notable dans sa forme.

Il existe également des baromètres métalliques et sans mercure appelés baromètres anéroïdes. Les usages du baromètre sont multiples :

1° Annoncer les variations du temps ;

2° Apprécier la pression, c'est-à-dire le poids de l'air, et évaluer les modifications continuelles qui s'y produisent. Ces variations sont indispensables à connaître tant pour les expériences des physiciens occupés à mesurer des gaz que pour la connaissance des phénomènes atmosphériques qui se manifestent sur le globe;

3° A mesurer la hauteur des montagnes. Pour les mêmes motifs, il sert à l'aéronaute et dans certaines industries.

La machine pneumatique et les hémisphères de Magdebourg (ville de Saxe, Allemagne, 230,000 habitants) permettent de faire d'intéressantes et instructives expériences sur la pression atmosphérique.

La première, qui tire son nom du mot grec *pneumatikos* (vent, air), est un appareil destiné à raréfier l'air ou tout autre gaz contenu dans un récipient. Elle a rendu d'immenses services à la physique, en démontrant la pesanteur de l'air atmosphérique, la résistance qu'il oppose à la chute des corps et le rôle essentiel qu'il joue dans la vie des animaux et des végétaux. C'est à Otto de Guericke, physicien allemand de Magdebourg, qu'on doit l'invention de la machine pneumatique, vers 1650. Boyle, savant physicien et chimiste irlandais (1626-1691), l'améliora; depuis lors, elle a encore reçu des perfectionnements. C'est également de Guericke qui imagina, à la même époque, les hémisphères, dits « de Magdebourg » pour démontrer la grande puissance de la pression atmosphérique. Cet appareil se compose de deux demi-sphères en cuivre qui peuvent s'emboîter l'une dans l'autre. La supérieure est terminée par un anneau et l'inférieure par un tube à robinet que l'on visse sur la machine pneumatique. Dès que l'on a fait le vide, on ne peut parvenir à soulever l'hémisphère supérieur; en laissant rentrer l'air, on le soulève aisément.

Henri PESTALOZZI

1746-1827

> Savoir enseigner est le premier des
> arts et la première des sciences.
> CHANNING.

Si l'on jette un regard sur la phalange des grands hommes, on constate, avec un étonnement pénible et décevant, que ceux d'entre eux qui se sont dévoués à l'apostolat des plus hautes vérités, qui ont fait œuvre éminemment utile dans le domaine purement intellectuel et moral, restent pour la plupart ignorés ou méconnus de la foule ou tombent dans l'oubli.

Les beaux-arts, la littérature, l'enseignement, la médecine, sont les vastes champs d'exploration dans lesquels leurs talents ou leur génie s'affirme et se donne libre carrière pour édifier une œuvre éducatrice et humanitaire par excellence.

Si l'on n'apprécie point leurs bienfaits à leur juste valeur, cela tient, sans doute, à ce que leur puissante action sur la marche du progrès, échappe à nos sens, par cela

HENRI PESTALOZZI,
(D'après une gravure de H.-A. Muller, Zurich.)

même qu'elle est moins visible, moins concrète et par conséquent moins saisissable que celle produite par les arts mécaniques. Il y a là, tout à la fois, une inconcevable injustice et une immense ingratitude. On oublie que les progrès dans l'ordre moral et dans l'ordre intellectuel exigent des efforts de la pensée tout au moins aussi grands, aussi laborieux et aussi pénibles que ceux qui s'accomplissent dans l'ordre matériel.

Nul ne pourrait dire toute l'abnégation dont ces grands penseurs, ces grands ouvriers de la parole, de la plume, du pinceau, du scalpel ou du ciseau ont fait preuve à tous les moments de leur vie, ni la somme de sacrifices qu'ils se sont imposés au détriment de leur santé et souvent de leur foyer.

N'est-ce pas, en effet, leurs constants labeurs, leurs patients travaux qui ont fait sortir peu à peu l'homme de la barbarie, qui l'élèvent, le façonnent et donnent à son âme les grandes envolées vers le bien, le beau, le vrai, le juste?

Au nombre de ces grands esprits, de ces incomparables civilisateurs, il en est un dont le nom, synonyme de renonciation et de dévouement, se confond avec la grande œuvre moderne de l'éducation populaire — c'est Pestalozzi.

Son nom, inscrit dans les annales du xviiie siècle, ne dit rien à la génération actuelle, si ce n'est à un groupe restreint d'intellectuels. C'est que sa vie peut être comparée, comme celle de tant d'autres, « aux graines bienfaisantes qui s'enfoncent dans la terre, et là, mystérieusement cachées à tous les yeux, font germer, pour des inconnus, le bel arbre qui donnera, plus tard, un frais ombrage, des fleurs charmantes et des fruits délicieux. On voit et on admire l'arbre, on ne songe ni à la graine ni au semeur. »

Et Pestalozzi fut, dans toute l'acception du mot, un semeur d'idées et de principes, un innovateur précieux, un incomparable pédagogue dont la méthode révolutionna l'enseignement, auquel elle donna une irrésistible impulsion.

Si l'on tient compte de l'époque et du milieu dans lesquels Pestalozzi a vécu, on peut affirmer qu'il a accompli des miracles. Epoque chaotique, arriérée, imbue de préjugés et de superstitions, hostile aux innovations, étrangère aux jouissances intellectuelles.

Qu'était, en effet, l'instruction du peuple au xviiie siècle? Rien ou à peu près. Il n'existait ni organisation, ni méthodes, ni maîtres; quant aux rares locaux dont on disposait, c'étaient des salles étroites, infectes et malsaines; l'instruction, très élémentaire, y était donnée par les premiers venus, dont le bagage de connaissances ne dépassait pas le savoir d'un de nos élèves de huit à neuf ans; enfin, les enfants étaient sales, déguenillés, vicieux, livrés à eux-mêmes.

Nul ne se préoccupait de cette lamentable situation.

Seul, Pestalozzi fut frappé de cet état de choses et, profondément ému de tant de misères et de dégradation, il rêva de soustraire l'enfance à la déchéance qui la menaçait. Il comprit qu'il y avait là une œuvre humanitaire et sociale à entreprendre. Deux choses décidèrent de sa vocation : tout d'abord l'éducation maternelle et ensuite un incident, d'une simplicité touchante et d'une grandeur morale dont on a peu d'exemples.

Sa mère était restée veuve avec trois enfants. Avant de mourir, son père avait appelé la servante à son lit de mort... « Babeli, lui dit-il, je vous en supplie, n'abandonnez pas la pauvre mère; aidez-la à élever nos chers enfants. » — « Jusqu'à la mort, s'il le faut, » répondit cette fille des champs. Et elle tint parole avec une fidélité et un dévouement sans bornes.

Le sacrifice de cette humble domestique fut, pour Pestalozzi, un guide, un soutien dans toute sa carrière. C'est ainsi que, par Babeli, il apprit à aimer l'humanité, et que, devenu homme, il voulut à son tour être utile au peuple, payer aux humbles, aux malheureux, tous les bienfaits reçus de cette pauvre servante.

A cet inoubliable souvenir de l'adolescence, vint s'ajouter la douce et pénétrante influence de l'éducation de sa mère dont il n'oublia ni la tendre bonté, ni la patience infinie. « Il la regardait, avec une naïve admiration, comme le modèle de toutes les vertus; il trouvait dans toutes ses paroles un charme incroyable parce que toujours elle savait trouver le chemin de son esprit et de son cœur. Quand elle lui avait fait un beau récit, une touchante lecture, il retenait tout; il aimait à faire revivre dans sa mémoire ce qui l'avait le plus frappé, se demandant comment il eût agi à la place des personnages de ces histoires et cherchant ce que l'on aurait pu faire de mieux. Et il s'animait ainsi à la poursuite du bien, qui devait être le but suprême de sa longue vie. »

» Et chose étonnante, cet enfant qui devint un grand homme, un maître hors ligne, fut jugé un élève incapable. Il eut bien de la peine à apprendre l'écriture et l'orthographe. Preuve de plus qu'il ne faut pas juger de l'arbre par sa graine, ni désespérer trop vite d'un commençant. »

Son grand-père lui apprit à aimer les champs et les travaux rustiques; il visitait avec lui les écoles, les malades et les pauvres; de cette façon l'aïeul lui faisait connaître les misères humaines et l'incitait à les secourir. C'est ainsi que son cœur s'ouvrit à la pitié et à l'amour du prochain et que le désir d'être utile entra dans son esprit. Il y réussit à merveille.

Après avoir fait d'excellentes études à Zurich, il aurait pu obtenir un emploi agréable et lucratif. Mais il le refusa pour se consacrer à l'amélioration des procédés de culture, si primitifs encore à cette époque : les paysans, se disait-il, feront leur profit de mes recherches et en deviendront moins malheureux.

Ce fut vers cette époque qu'il épousa Anne Schulthess, femme aussi dévouée que lui à l'œuvre qu'il avait entreprise. Elle se sentait attirée vers ce noble caractère, et acceptait d'avance tous les sacrifices de son existence future, encourageant les généreux projets de son mari. Et cependant, celui-ci n'était point beau; de plus, il était délicat, chétif. Devenu malade par excès de travail, il se rendit à la campagne où il aida les paysans dans leurs travaux. Il prit goût à l'agriculture et se décida à faire un apprentissage chez le célèbre agronome suisse Tschiffeli. Vers la fin de 1768, il acheta à Birr (canton de Berne), un vaste terrain où il fit construire une grange et une maison d'habitation qu'il appela Neuhof et s'y établit dans le but d'appliquer ses théories agricoles. Son entreprise, à laquelle il travailla avec un courage admirable, ne réussit pas faute de ressources, d'encouragement et aussi par manque de prévoyance et d'ordre. Toutefois, certaines de ses idées étaient excellentes et, depuis, ont été mises en pratique. Eh bien! quand cet homme se vit ruiné, il prit une décision vraiment sublime : devenu pauvre, il résolut de travailler pour les pauvres. Il songea aux petits orphelins, aux misérables, aux abandonnés qui n'ont ni toit, ni pain, ni les caresses d'une mère, ni les bienfaits d'une bonne éducation. Alors, il lui vint à l'esprit de les occuper par le travail et pour le travail, projet qui allait lui créer de nouveaux et plus grands soucis.

Mme PESTALOZZI.

Il ouvrit un asile et fit appel à la charité publique pour élever ses protégés. Pendant l'hiver, on le vit parcourir les routes et les villages voisins, ramenant avec lui les petits pauvres. Alors commençait la tâche pénible de leur éducation. La plupart étaient habitués au vice, à la paresse, à une saleté repoussante ; et, ce qui rendait la besogne plus ingrate, plus ardue, c'est qu'il y en avait de tout âge.

Que de soins, que de patience, que de bonté il fallut à Pestalozzi ! Il commençait par les habiller décemment, leur apprenait la propreté, les menait au jardin et aux champs pour leur enseigner le jardinage. Aux mauvais jours, ils travaillaient à la maison, filant du coton ou s'occupant à de petits ouvrages manuels.

L'instruction n'était pas négligée : elle portait sur des choses observées par les enfants et se donnait généralement lorsque les mains étaient occupées d'ouvrages faciles. C'est donc par le travail et l'instruction qu'il voulait améliorer le sort des enfants. Un tel régime produisit des effets merveilleux. « Pendant deux ans, Pestalozzi fit tout ce qui était humainement possible, travaillant jour et nuit, pour maintenir son asile. Il s'adressa aux cœurs généreux, leur fit connaître ses desseins dans des lettres admirables ; il pressa, il supplia ; mais les secours furent insuffisants et bientôt les ressources firent défaut. Des malheurs vinrent l'accabler : ses récoltes furent plusieurs fois frappées de la grêle ; des maladies survinrent ; souvent de petits pauvres, une fois habillés ou guéris, s'enfuyaient ou bien étaient réclamés par leurs parents, qui abusaient de l'extrême dévouement du bienfaiteur. »

Alors cet homme héroïque se raidit contre la mauvaise fortune ; malgré tout, il voulait triompher, il voulait faire du bien. Enfin, en 1780, il fut complètement ruiné ; affaibli, ayant sa femme malade, il dut fermer la porte de son asile.

Il s'était débattu cinq ans pour obtenir ce résultat.

« En cette circonstance encore, il fut sauvé de la misère par une pauvre servante, Elisabeth Naef, qui, jadis, l'avait connu. En apprenant sa détresse, elle accourut et, par son travail, son intelligence et son affection, elle fut le sauveur de la famille.

» L'œuvre du généreux philanthrope était donc brisée, mais comme toutes les choses vraiment grandes, elle ne fut pas inutile : plus tard, on adopta ses idées ; nombre d'établissements similaires s'ouvrirent dans le but, comme à Neuhof, de relever le pauvre par le travail et l'instruction.

» Mais ni l'âge, ni le malheur, ni la malveillance ne pourront détourner Pestalozzi de son but. A peine son œuvre était-elle détruite qu'il songeait à la recommencer. On se moqua de lui, car on n'est pas charitable pour ceux qui ne réussissent pas. Il veut réformer le peuple, disait-on, et il ne sait pas même gagner son pain comme un ouvrier! Mais il était insensible à la raillerie. Un noble et grand caractère ne se laisse jamais abattre complètement. « Luttons, disait-il, contre la puissance du sort, avec toute la force du bon droit et avec un calme inébranlable dans toutes les tempêtes. » Et il s'écriait avec une conviction profonde : « L'ennoblissement du peuple ne peut être un rêve! » Belle et généreuse parole! Chacun de nous doit la retenir et travailler, dans la mesure de ses forces, à la faire triompher partout.

» Pauvre et abandonné, ne pouvant plus relever son établissement, il voulait du moins répandre ses idées et il devint écrivain. Au nombre de ses publications, il faut surtout citer *Léonard et Gertrude*. Livre célèbre qu'il écrivit entre les lignes d'un vieux registre de comptes, étant trop pauvre pour acheter du papier. Il l'écrivit avec tout le sang de son cœur ; et ce qui vient du cœur va au cœur. Ce livre représente, en petit, l'humanité : l'amour des hommes et du progrès anime cet ouvrage d'un bout à l'autre. L'auteur y demande déjà d'importantes réformes se rapportant aux caisses d'épargne, à l'instruction, aux écoles primaires bien organisées, à l'éducation des prisonniers. »

Cet ouvrage fut lu par toute l'Europe intelligente, traduit en plusieurs langues, étudié par les souverains dont plusieurs cherchaient vainement à attirer Pestalozzi. Il refusa les offres les plus brillantes, préférant sa misère de Neuhof, misère tellement grande qu'il dut vendre la médaille d'or qu'une société de Berlin lui avait décernée. Il continua à écrire et publia les *Soirées d'un ermite*, *Christophe et Elise* et enfin des fables ; mais ces derniers ouvrages eurent peu de succès : le style manquait de clarté et de précision ; en outre, ses idées trop nouvelles pour l'époque, étaient incomprises ; on y restait indifférent. Alors Pestalozzi désespéré, abattu, se sentait malheureux de ne pouvoir réaliser tous les beaux rêves qu'il formait pour le bonheur des autres. Et dans sa naïve humilité, son extrême modestie, il rejetait la faute sur son incapacité, sans jamais se plaindre des hommes qu'il aimait toujours, regrettant seulement de ne pouvoir leur être utile. Malgré ses tribulations, il écrivait toujours; il composa entre autres, un livre admirable intitulé : *Comment Gertrude instruit ses enfants*, qui renferme tout un plan d'éducation.

Après de longues années d'attente, vint s'offrir à Pestalozzi une occasion nouvelle de faire éclater tout son dévouement. La petite ville suisse de Stans avait été éprouvée par la guerre (1798); il demanda au gouvernement français, qui régissait alors la Suisse, l'autorisation d'ouvrir un asile pour les orphelins. Les difficultés qu'il eut à vaincre sont inimaginables : le pays était pauvre, ruiné; les habitants, d'une défiance désespérante, et les enfants plus semblables à des animaux qu'à des êtres humains. Il fallait tout le sublime dévouement, toute l'inépuisable ténacité de Pestalozzi pour mener à bien cette nouvelle entreprise. Il parvint à humaniser et les parents et les enfants, grâce à sa méthode remarquable qui produisit des effets étonnants. Il était heureux des résultats acquis; mais, épuisé par les fatigues, il dut quitter l'asile. Quand il fut rétabli, l'asile était fermé. Trompé dans ses espérances les plus chères, anéanti par l'écroulement de ses rêves, Pestalozzi va-t-il abdiquer, renoncer à la lutte? Nullement. Rien ne peut lasser sa persévérance, ni paralyser sa volonté. Quoique ayant plus de cinquante ans, il postula et obtint la place d'instituteur à Berthoud près de Berne. C'est là qu'il fonda avec quelques hommes de cœur, un institut où il appliqua et développa ses principes avec la faculté d'y former de jeunes maîtres et d'y recevoir gratuitement les enfants pauvres. Son enseignement y obtint un succès prodigieux; c'est de là que ses idées se répandirent et que son nom sortit de l'obscurité. Sa connaissance approfondie de la nature de l'enfant, l'avait conduit à appliquer la méthode intuitive : placer l'enfant dans le milieu et en face des choses pour stimuler sa curiosité, exciter son esprit d'observation, provoquer son activité. Le livre par excellence était la nature; les gravures en étaient un autre. Questionner, faire parler, amener les réflexions et les observations, telle était la méthode. On se figure aisément comment, par ces entretiens et ces causeries, il formait l'esprit et le jugement de ses élèves; comment il leur ouvrait tous les trésors de son savoir et de son expérience; comment le père de la méthode intuitive déposait dans ce sol vierge et fertile la semence qui devait plus tard germer et se développer avec tant de puissance.

Encouragé par ce premier succès, Pestalozzi ouvrit un institut au château de Munchenbuchsee (près de Berthoud), que le gouvernement lui avait cédé (1804). Il le remit, dans la suite, au vaillant et habile pédagogue suisse Fellenberg, puis alla établir dans le spacieux château d'Yverdon (sur le lac de Neufchâtel; 6,300 habitants), avec quelques hommes distingués, un nouvel établissement qui ne tarda pas à prospérer et qui répandit définitivement au loin sa réputation. Il eut alors tous les siens autour de lui : sa femme, ses meilleurs maîtres, sa belle-fille et la fidèle Elisabeth. Les premiers temps à Yverdon furent les plus heureux de sa vie. La période de gloire avait enfin sonné pour lui. La Prusse, la Suède, la France, le Danemark, la Hollande envoyèrent en Suisse des jeunes gens, avec mission de s'initier aux méthodes du célèbre pédagogue et de les rapporter dans leur patrie.

Pestalozzi déployait une activité prodigieuse; souvent, il se mettait à 2 heures du matin à travailler à ses livres et à ses écrits. Ses œuvres complètes embrassent seize volumes et ses lettres rempliraient des livres entiers.

Karl Ritter, célèbre géographe allemand, ayant eu l'occasion de visiter l'institution d'Yverdon, unique à cette époque, ne put réprimer un mouvement d'intense admiration : « J'ai vu mieux que le paradis de la Suisse, écrit-il, j'ai vu Pestalozzi. J'ai appris à connaître son cœur, son génie; jamais, comme dans les jours que j'ai passés auprès de ce noble fils de la Suisse, je ne me suis senti pénétré de la sainteté de ma vocation et de la sainteté de la nature humaine. Je ne puis, sans émotion, songer à cette société d'hommes forts, entrés en lutte avec le présent dans le but de frayer les voies à un avenir meilleur, et qui trouvent toute leur joie ainsi que leur seule récompense, dans l'espoir d'élever l'enfant à la vraie dignité d'homme. »

Il est un point surtout auquel Pestalozzi attachait une importance capitale : la vie morale, qu'il faisait dépendre de la précieuse influence des bons exemples. Et il faut admirer ceci encore : la clairvoyance, la profondeur de conception du « grand maître » lorsqu'il s'écriait : « C'est la vue du beau, la pensée du beau qui purifie et non la vue du mal ». En psychologue avisé, il écartait cette croyance « que le spectacle du mal est un remède souverain ». C'est par l'affirmative qu'il voulait résoudre le problème si délicat et si difficile de l'éducation morale et non par la négative. « Voilà ce qu'il faut être et ce qu'il faut faire, » et non « Voilà ce qu'il ne faut pas être et ce qu'il ne faut pas faire ». Il considérait le cerveau de l'enfant comme un vase précieux dans lequel on ne doit verser que des choses pures et saines.

Vers l'année 1812, l'Institut d'Yverdon était dans tout son éclat. Pestalozzi était un vieillard de 70 ans. Qui ne lui aurait souhaité la paix et le repos pour le soir de sa vie ? Ce furent, au contraire, de nouveaux soucis qui l'assaillirent. Déjà en 1801, son fils aîné, Jacob, avait succombé loin de lui à Neuhof ; sa belle-fille, qui lui était d'un grand secours, mourut à Yverdon, et, en 1815, il éprouva une perte irréparable, celle de sa noble femme. Elle qui avait tout souffert avec lui et pour lui ! Dès ce jour, le bon ange de Pestalozzi parut l'avoir quitté. Et cependant, combien il aurait eu besoin, dans ses derniers jours, des consolations de sa femme ! L'institut avait pris un développement trop considérable pour les forces décroissantes du vaillant lutteur ; outre une école de garçons, il avait fondé une école de filles, une imprimerie et une librairie. A cela s'ajoutaient le grand nombre et les divergences d'idées des maîtres et des élèves, qui appartenaient à plusieurs langues. Les froissements inévitables qui en résultèrent, la violence des disputes et des conflits qui éclatèrent parmi les collaborateurs de Pestalozzi assombrirent malheureusement les dernières années de l'Institut et furent, pour le vieillard, une source d'amertume. Il fit tout au monde pour empêcher le désastre : patience, prières, supplications, tout fut inutile. Toutefois, au milieu de ses peines, vint briller comme un rayon de soleil, le résultat favorable de la souscription organisée pour la publication complète de ses œuvres. Avec les 30,000 francs qu'il reçut, il fonda une école de pauvres à Clindy près d'Yverdon (1818) ; son vœu le plus cher était réalisé. Mais, cette école ayant été réunie à celle d'Yverdon, les difficultés s'accrurent d'autant et Pestalozzi revint à l'idée d'établir à Neuhof, une institution semblable à celle de Clindy. Voûté, brisé, il quitta l'établissement en 1825 pour retourner à Neuhof où il vécut encore deux ans dans la famille de son petit-fils Gottlieb.

Il avait alors 80 ans. A ce moment de son existence, alors qu'il avait bien droit au repos, il pense qu'il n'a pas assez fait : oubliant ses malheurs, il se remet à la tâche pour continuer son œuvre d'immense charité. Pour lui, « le devoir n'était jamais fini ; c'était une route au milieu de laquelle on ne pouvait jamais s'arrêter sous peine de lâcheté ».

Eh bien ! le croirait-on, cet homme dont toute la vie n'avait été qu'amertume, misère et labeur, qui avait poussé le sacrifice jusqu'à l'abnégation la plus absolue pour faire le bonheur de ses semblables, eut des détracteurs impitoyables. Lui qui avait tout supporté sans jamais se révolter : les maladies, les coups de l'envie, les persécutions auxquelles il fut en butte, l'ingratitude de ses élèves et celle de ses collaborateurs, il ne put résister à la plus cruelle, à la plus atroce des choses : la calomnie infâme lancée, colportée par quelques-uns de ses concitoyens contre lui et son œuvre.

Quoique terrassé par les souffrances et la fièvre, il essaya de répondre aux bruits malveillants, de venger son œuvre et sa mémoire, mais il était à bout de forces ; la plume lui tomba des mains et il expira.

Ce n'est que longtemps après sa mort, que des esprits éclairés comprenant la haute valeur de ses principes et de sa méthode, s'en inspirèrent pour faire sortir peu à peu l'enseignement populaire de l'ornière dans laquelle il était embourbé.

Si Pestalozzi ne peut revendiquer pour lui l'idée première de l'emploi de l'intuition (Montaigne, Coménius, Locke, Rousseau l'avaient recommandé), il a le grand mérite de l'avoir vulgarisé, popularisé, appliqué aux intelligences les plus rebelles qui aient jamais été offertes comme champ d'action aux efforts de n'importe quel instituteur.

A ce titre, s'en ajoute un autre : celui d'avoir cherché sans y arriver d'une façon positive, les bases psychologiques sur lesquelles doit s'édifier la grande œuvre de l'éducation et que l'on peut résumer en cette phrase synthétique : « La marche suivie par la nature dans le développement de notre espèce est invariable. » On peut dire qu'ils les a pressenties et utilisées dans la mesure de ses moyens.

Une idée féconde aussi de Pestalozzi, fut d'associer le travail manuel aux études intellectuelles ; mais sa gloire la plus pure, celle qui prime toutes les autres, est d'avoir été le créateur de l'enseignement populaire. C'est lui qui a montré que l'éducation revient de droit au peuple; avec un dévouement inaltérable et un esprit de sacrifice qui forcent l'admiration la plus complète, il s'est préoccupé de l'enfant du peuple. Ses essais, il les a faits dans les conditions les plus défavorables; il nous a montré le chemin; il nous a prouvé que l'éducation des enfants les plus rebelles à l'instruction et les moins favorisés par l'intelligence, n'est qu'une

PÈRE PESTALOZZI.
(D'après le tableau de M.-K. Grob, Munich.)

affaire de temps et de patience. C'est pourquoi l'on peut affirmer hautement que l'école primaire du XIXe siècle est sortie des institutions de Pestalozzi, qui semble avoir eu la vision nette, lumineuse de cette vérité si profonde et si vraie de Jules Simon, l'éminent publiciste français : « Tout progrès a pour principe la volonté humaine. Fortifier la volonté, développer l'intelligence, c'est d'abord accomplir un progrès, et c'est, de plus, rendre possibles, faciles, nécessaires, tous les progrès ultérieurs. Le peuple qui a les meilleures écoles est le premier des peuples; s'il ne l'est pas aujourd'hui, il le sera demain. »

NOTES EXPLICATIVES

1. Pestalozzi (Henri), né à Zurich en 1746; mort à Brugg en 1827. Suivant son désir, il fut inhumé à Birr. Comme monument funéraire, il avait désiré un petit rocher brut. Mais en 1846, à l'occasion du centième anniversaire de sa naissance, l'Argovie (canton de la Suisse, chef-lieu Aarau) lui éleva à Birr un monument digne de lui; et en 1890, Yverdon, suivant l'exemple, éleva une belle statue à cet incomparable ami de l'humanité. Sur la pierre tumulaire de Birr et sur le monument d'Yverdon, a été gravée l'inscription suivante :

SAUVEUR DES PAUVRES A NEUHOF ;
PRÉDICATEUR POPULAIRE DANS LÉONARD ET GERTRUDE ;
PÈRE DES ORPHELINS A STANS ;
FONDATEUR DE L'ÉCOLE POPULAIRE A BERTHOUD ET A MUNCHENBUCHSEE ;
ÉDUCATEUR DE L'HUMANITÉ A YVERDON ;
HOMME, CHRÉTIEN, CITOYEN,
TOUT POUR LES AUTRES, RIEN POUR LUI-MÊME.

A Zurich, dans le voisinage immédiat de la maison où il a vu le jour, on a organisé une sorte d'exposition permanente (le Pestalozzianum) où l'on a réuni pieusement les livres, les images, les manuscrits et tous les souvenirs relatifs au grand pédagogue et à ses collaborateurs. Il est visité chaque année par des centaines d'éducateurs de tous les pays, qui vont s'y pénétrer de son esprit pour continuer leur vocation avec plus de zèle, et lui rendre un silencieux hommage.

Mais le plus beau monument, Pestalozzi se l'est élevé à lui-même par l'œuvre de toute sa vie dont il disait un jour : « Nous croyons avoir semé un grain pour nourrir les nécessiteux dans notre voisinage, et nous avons planté un arbre dont les rameaux s'étendent sur le monde entier; tous les peuples de la terre, sans exception, sont appelés sous son ombre. Quand je considère mon œuvre, aucun homme n'était plus incapable que moi de l'accomplir, et pourtant j'en suis venu à bout. »

2. Apostolat = départ. Rôle d'apôtre. Propager des idées nouvelles. — 3. Beaux-arts : la peinture, la sculpture, la musique, l'architecture. — 4. Scalpel (*scalperer* = inciser). Instrument pour inciser, disséquer. — 5. Innovateur (*novus* = nouveau). Qui introduit quelque nouveauté. — 6. Chaotique (*chaos* = abîme). Confusion générale et primitive des éléments. Désordre. — 7. Imbu (*in* = dans ; *bucca* = bouche). Rempli, pénétré. — 8. Zurich, grande et belle ville suisse, très industrieuse, sur la Limmat et le lac de Zurich ; 170,000 habitants. — 9. Philanthrope (*philos* = ami ; *anthropos* = homme). Qui aime les hommes. — 10. Ennoblissement (*en* = dedans; noble). Relever, donner de la grandeur, de la noblesse morale. Anoblissement (*a* = dans; noble). Donner un titre de noblesse. — 11. Berne, capitale de la Suisse, sur l'Aar; 69,000 habitants. Patrie du savant de Haller et du grand écrivain Bonstetten. — 12. Montaigne (Michel de), célèbre philosophe et moraliste français, né au château de Montaigne (Périgord); s'est immortalisé par ses *Essais* (1533-1592). — 13. Comenius (connu sous son nom latinisé de Jean-Amos Komensky). Illustre pédagogue slave, né en 1592 à Niwnitz (Moravie); mort à Amsterdam en 1671. Bon nombre de ses principes se retrouvent dans la pédagogie

moderne. — 14. LOCKE (John), philosophe anglais, auteur de l'*Essai sur l'entendement humain* (1632-1704). — 15. ROUSSEAU (Jean-Jacques), philosophe et écrivain français, né à Genève (Suisse); auteur de la *Nouvelle Héloïse*, du *Contrat social*, d'*Émile*, des *Confessions*, du *Vicaire savoyard*, etc. (1712-1778). — 16. A côté de Pestalozzi et dans le même ordre d'idées, il convient de placer ses collaborateurs E. FELLENBERG et J. WEHRLI qui fondèrent, pour les pauvres, des institutions célèbres dans le monde entier; FROEBEL (Frédéric), son élève, fondateur des jardins d'enfants, et le célèbre Père GIRARD, de Fribourg.

BIBLIOGRAPHIE

1. G. MALLET, *Henri Pestalozzi*. Edit. Lebègue (Paris). Document des plus intéressants. — 2. ROGER DE GUIMPS (élève de Pestalozzi), *Histoire de Pestalozzi*. Cette biographie est la plus complète qui ait paru. — 3. Documents du Pestalozzianum de Zurich. Brochure de 64 pages, artistement illustrées, consacrée à la mémoire de Pestalozzi; a été publiée par les soins de la Confédération suisse et sous l'impulsion d'hommes éminents de Zurich, à l'occasion du 150e anniversaire de la naissance du célèbre pédagogue (12 janvier 1896). Cette brochure, très intéressante et d'une lecture agréable, a été librement traduite du texte allemand de A. Isler, et complétée par R. Rochat; édit. J.-R. Müller (Zurich). Cette manifestation fait honneur à la Confédération et, en particulier, à la grande et belle ville commerciale et éminemment intellectuelle de Zurich, ainsi qu'aux hommes de cœur qui entretiennent le culte des grands hommes. Puisse cet exemple trouver des imitateurs dans tous les pays.

Nous devons à l'extrême obligeance de M. Fritchi, directeur du Pestalozzianum, et de M. F. Rühl, secrétaire, la communication des divers documents qui nous ont servi à faire notre travail. Nous leur en exprimons ici toute notre gratitude.

Frédéric FRŒBEL

1782-1852

« Laissez venir à moi les petits enfants. » Ces paroles si touchantes et si profondément humaines, tombées des lèvres du sublime apôtre que fut le Christ, trouvèrent un écho, dix-huit siècles plus tard, dans le cœur d'un homme simple et bon, dévoué jusqu'à l'abnégation, désintéressé jusqu'au sacrifice, qui leur donna une sanction définitive en les faisant entrer dans le domaine de la pratique.

Cet homme est Frédéric Frœbel, le créateur des « Jardins d'enfants » ou « Ecoles frœbeliennes », dont la popularité remonte à une cinquantaine d'années. Ses admirateurs, et ils sont légion, voient en lui l'initiateur d'une transformation dans l'éducation de la première enfance, de laquelle ils attendent la régénération de l'humanité; sentiment

FRÉDÉRIC FRŒBEL.
(Musée Pestalozzianum, Zurich.)

que partagent aujourd'hui des hommes éclairés, mais en faisant appel aux grandes lois de la psychologie et de la physiologie, sciences qui ont fait un grand pas depuis Frœbel.

Michelet a parlé, dans un livre célèbre, de « l'Evangile de Frœbel », caractérisant ainsi d'un trait, l'œuvre du grand éducateur. Et, cependant, la personne de Frœbel, sa vie, ses écrits sont encore insuffisamment connus. Il est instructif et édifiant de connaître les unes et les autres; il est utile surtout que l'on sache au prix de quels efforts passionnés, de quelle lutte ardente et tenace, il est arrivé à imposer son système; par quelles alternatives d'espoir et de désillusions, de courtes joies et de peines longues et amères, il a passé avant de triompher.

Frœbel, enfant, ne fut pas heureux. Cette circonstance ne donne que plus de mérite à son sacerdoce, à son apostolat. Sa vie fut mouvementée et sa carrière indécise et précaire jusqu'au jour où il entreprit l'œuvre qui devait l'immortaliser.

Son père était pasteur à Oberweisbach en Thuringe (Saxe). C'était un homme de caractère rigide que ses devoirs ecclésiastiques absorbaient presque entièrement; aussi, ne lui restait-il que peu de temps à consacrer à sa famille et à l'éducation de ses enfants. D'autre part, Frœbel perdit sa mère peu de mois après sa naissance; son père se remaria et la nouvelle épouse ne montra qu'indifférence et dureté à l'égard des enfants de la première femme. C'est ainsi qu'elle ne parlait au petit Frédéric qu'à la troisième personne, expression dédaigneuse, glaciale et rude. Il ne pouvait prendre ses ébats que dans la cour et le jardin au soin duquel il était préposé. C'est ainsi que son attention fut dirigée vers le monde végétal qui développa, en lui, la rêverie, la contemplation et le raisonnement. Sevré d'affection, toujours abandonné à lui-même, il aima la nature de toutes les forces de sa jeune âme. Toutefois, deux de ses frères aînés devinrent ses protecteurs; leur affection put remplacer, jusqu'à un certain point, celle de la mère absente et tempérer, dans plus d'une occasion, la sévérité paternelle. Le pasteur était fréquemment irrité du caractère songeur de Frédéric et de son intelligence lente. Il se décida à l'envoyer à l'école des filles où ses études consistèrent à apprendre par cœur des versets de la Bible et des cantiques. Entre temps, il assistait aux sermons quotidiens de son père et prêtait une oreille attentive aux discussions d'ordre élevé que ce dernier avait avec son frère aîné. Cette première éducation jeta le trouble et la confusion dans le jeune cerveau de Frédéric. Par la suite, ses idées se débrouillèrent, se précisèrent et finalement, il renferma toutes ses conceptions religieuses dans la doctrine chrétienne. " Parmi les injonctions que la religion fait aux fidèles, dit-il dans un ouvrage, l'une des plus fréquemment employées, c'est d'imiter Jésus, de vivre comme Jésus, etc. Tout d'abord cela me parut impossible, puis je finis par concevoir une pensée qui me rendit heureux : c'est que la nature humaine n'était pas, par elle-même, un obstacle à la réalisation de cet idéal, et que l'homme pouvait atteindre même à la pureté d'une vie semblable à celle de Jésus, pourvu qu'il prît, à cet effet, la bonne voie. Cette pensée est devenue plus tard comme le pivot de ma vie entière. »

Toutefois, sa conduite extérieure, de son propre aveu, laissait beaucoup à désirer. Rien d'étonnant à cela : livré à lui-même, négligé par ses parents, il fréquentait de mauvaises sociétés, et, pour éviter les corrections sévères que lui attiraient ses méfaits lorsqu'ils étaient découverts, il avait pris l'habitude de mentir. Il se justifiait à ses propres yeux en se persuadant que si ses actes méritaient le blâme, ses sentiments du moins étaient purs. Sa belle-mère le croyait foncièrement mauvais, et son père n'était pas éloigné de le juger de même.

Heureusement pour lui, un oncle maternel, le pasteur Hoffman, proposa à ses parents de se charger de son éducation; cette offre fut acceptée et Frœbel, âgé de dix ans et demi, quitta la maison paternelle. L'oncle était un homme indulgent et doux; l'enfant, traité avec bonté et se sentant affranchi de la contrainte qui avait pesé sur lui, perdit l'habitude de la dissimulation; les jeux en pleine campagne fortifièrent sa santé et diminuèrent sa gaucherie et sa timidité. Il suivit les classes de la ville jusqu'à l'âge de quinze ans. C'est alors que son père le plaça en apprentissage chez un forestier qui devait lui enseigner la sylviculture, la géométrie et l'arpentage. Son patron ne s'occupa guère de lui, mais par contre, le jeune Frédéric lut beaucoup, s'instruisit seul en toutes choses et se livra à de longues promenades dans les bois, car il avait déjà un goût très vif pour la nature. Les deux années d'apprentissage terminées, il revint auprès de son père qui l'envoya, peu de temps après, à l'Université d'Iéna (1799-1800). Malheureusement, des embarras matériels attristèrent la fin de cette période d'études : Frœbel avait confié à son frère, étudiant en médecine, la plus forte partie du petit héritage qu'il avait reçu de sa mère. Celui-ci le dissipa et ne put le rembourser quand le moment fut venu. Inutilement, Frœbel s'adressa à son père et à son tuteur pour obtenir des secours; l'un et l'autre restèrent inexorables. Poursuivi par ses créanciers, le pauvre étudiant se vit, au cours de l'hiver de 1801, incarcéré comme insolvable dans la prison de l'université où il resta neuf semaines. Pour obtenir sa mise en liberté, il dut signer l'engagement de renoncer à toute prétention sur l'héritage paternel. Le père se laissa fléchir et paya les dettes de l'infortuné prisonnier, qui revint au village natal. Il avait alors dix-neuf ans.

Pendant qu'on lui cherchait une place, il compulsait les livres de la bibliothèque paternelle, s'efforçant de combler les lacunes de son savoir très incomplet. Il aimait le travail pour lui-même, pour sa beauté, pour sa grandeur et non dans un but vénal. Il avait pour lui la volonté têtue, l'énergie calme et tenace ; il voulait arriver à se rendre utile à la société, à l'humanité. Enfermé dans une chambre solitaire, il prenait force notes et noircissait force papier — tant de papier même que le père, effrayé de cette consommation, résolut d'y mettre un terme. Cette fois encore, son frère intervint et Frœbel put continuer à remplir ses cahiers.

Son père étant venu à mourir (1802), une période nouvelle de son existence s'ouvre pour Frœbel. Il est devenu indépendant; il va pouvoir se faire à lui-même sa destinée. Successivement, il remplit les fonctions de commis forestier, d'employé du cadastre et enfin de secrétaire d'un grand propriétaire. Sur ces entrefaites, son oncle Hoffman meurt, lui laissant un petit héritage. Il quitte son emploi et se rend à Francfort-sur-Mein où il se place chez un architecte et, peu de temps après, dans une école modèle, en qualité d'instituteur (1805). C'est alors que surgit dans son esprit le projet d'ouvrir un institut d'éducation ; mais les ressources lui manquant, il y renonce pour le moment. Six mois après, il part pour Yverdon afin de s'initier à la méthode de Pestalozzi. Il y reste deux ans et revient en Allemagne, bien résolu à se faire l'apôtre du grand éducateur suisse. Il se fixe à Gœttingue qu'il quitte en 1812 pour suivre les cours de l'Université de Berlin. C'est à cette époque qu'il s'enrégimente dans les armées prussiennes qui veulent secouer le joug de Napoléon 1er. Là, il fait la connaissance de deux étudiants, plus jeunes que lui, engagés comme lui au nombre des volontaires : Henri Langethal et Guillaume Middendorff. Ces deux jeunes gens, avec lesquels il se lia d'une étroite amitié, devinrent plus tard ses premiers disciples et ses dévoués collaborateurs. Middendorff surtout, qui resta jusqu'à la fin, l'enthousiaste et fidèle interprète de la pensée du maître, fut pour Frœbel[1] le consolateur des mauvais jours, l'adepte docile dont la foi ne faiblit jamais.

La campagne terminée, il revint à Berlin continuer ses études, tout en remplissant les fonctions d'assistant d'un professeur de minéralogie. C'est pendant cette période qu'il prit de nouveau la résolution, et cette fois d'une façon définitive, de se vouer à l'éducation de la jeunesse. Il remit sa démission d'assistant (1816) et alla fonder à Keilhau, près de Rudolstadt, l' « Institut général allemand d'éducation », d'après la méthode pestalozzienne.

L'installation se fit, faute de ressources, dans des bâtiments à demi-ruinés; le genre de vie que Frœbel et ses élèves durent s'imposer montre toute l'étendue des sacrifices que chacun eut à accomplir : on ne connaissait ni le thé, ni le café, ni la bière; on ne buvait que de l'eau et du lait; on ne se nourrissait que de pain de gruau; la pénurie était même si grande que, plusieurs fois, on dut vendre de l'argenterie pour pouvoir acheter de quoi manger. Il fallait toute la résignation, l'endurance et la force morale de Frœbel pour faire face à une telle situation; vertus d'autant plus nécessaires que l'Institution fut, pour le vaillant émule de Pestalozzi, une source constante de déboires successifs et de tribulations de tous genres. Outre les embarras financiers, il eut à souffrir des dénigrements violents d'un parti intolérant, des calomnies les plus odieuses, de la mésintelligence entre plusieurs de ses collaborateurs, et enfin de l'hostilité systématique du gouvernement qui donna ordre de fermer l'Institut comme ayant des tendances trop démocratiques. Désemparé, mais non abattu, Frœbel n'entend pas laisser sombrer l'œuvre d'émancipation et de régénération qu'il a conçue et entreprise pour la jeunesse. Il s'adresse au duc de Saxe-Meiningen et lui propose de fonder un vaste établissement pour y créer une école professionnelle destinée aux classes populaires et une école préparatoire pour des orphelins de trois à six ans (1829).

L'offre fut acceptée; mais bientôt des influences hostiles prirent le dessus; le gouvernement fédéral fit des objections. Frœbel, comprenant l'inutilité de la résistance, renonça à son projet. Toutefois, ce serait méconnaître son caractère résolu, l'élévation de sa pensée, que de le supposer capable d'abandonner la mission qu'il s'est imposée. Sans perdre de temps, il porte ses vues ailleurs; il entre en relations avec un généreux Lucernois, Schnyder, musicien distingué, philosophe et naturaliste qui mit à sa disposition son château de Wartensee sur le lac de Sampach (Suisse), pour y fonder un nouvel institut (1833). A peine le projet est-il connu, que les ennemis du progrès dirigent de nouveau contre son œuvre les plus vives attaques et rééditent les calomnies propagées antérieurement. Malgré l'appui d'hommes éminents, entre autres le Père Girard, Frœbel dut céder devant les menaces des paysans excités par certains journaux. Mieux inspirés, les habitants de Willisau, autre petite ville de la Suisse, l'engagent à venir s'établir chez eux. Il s'installe dans le château baillival cédé par le gouvernement et y obtient un éclatant succès. Le gouvernement bernois, frappé de ce résultat, appelle Frédéric pour créer un orphelinat à Burgdorff (canton de Berne) (1835). Infatigable et soutenu par son intense amour pour la jeunesse, il accepte. On rendait enfin justice à ses aptitudes; et, sous les auspices d'un gouvernement éclairé, il allait se trouver placé à la tête d'un établissement public et vivre dans une paix sereine. Il semblait donc qu'il eût atteint l'objet de ses vœux. Une telle pensée ne pouvait hanter son cerveau; un tel destin, si enviable qu'il fût, ne répondait point à ses aspirations : semer le bon grain ici, était bien; mais le semer plus loin encore, partout et toujours, c'était mieux. Une idée nouvelle le saisit, s'empare de lui tout entier et le pousse à abandonner en d'autres mains l'œuvre commencée, pour s'engager dans une voie inexplorée. Ayant eu l'occasion de lire l'ouvrage si remarquable de Coménius où le grand penseur tchèque traite de l'éducation de la « première enfance », Frœbel est amené à se préoccuper de ce sujet auquel il devait consacrer jusqu'à son dernier jour, toute son activité.

Dès que cette idée se fut emparée de son esprit, il entreprit avec une force nouvelle, de rechercher les moyens pratiques de réalisation. Un jour en se promenant, il vit des enfants jouer à la balle : ce fut pour lui un trait de lumière. Le jeu est la première manifestation de l'activité de l'enfant : la balle, dont la forme sphérique est le symbole de l'unité, devait être pour l'enfant le premier jouet; de la balle l'enfant passerait au cube, symbole de la diversité dans l'unité; puis à la poupée, symbole de la vie. Dès cette année (1835), la base sur laquelle Frœbel devait édifier tout son système d'éducation de la première enfance était trouvée.

Il dit adieu à la Suisse, retourne en Allemagne, édifie en 1837, à Blankenburg, près de Rudolstadt, un établissement qu'il appela tout simplement « Institution pour les petits enfants » et fonde pour la propagation de la nouvelle méthode, un journal hebdomadaire intitulé : *Venez, vivons pour nos enfants*. C'est dans ce journal qu'ont paru les premières explications au sujet des jouets imaginés par lui ou des « dons », comme il commence déjà à les appeler. Le premier don est la balle; le deuxième, la sphère, le cube et le cylindre qui participe des deux et en forme la synthèse; la sphère se distingue de la balle en ce que cette dernière est élastique. La sphère et le cube sont en opposition entre eux : l'une représente le mouvement, l'autre le repos. Le troisième don est le cube divisé en huit cubes égaux et sert à montrer aux enfants un tout qui se divise en parties et dont chacune reproduit les caractères du tout; le quatrième est le cube divisé en huit parallélipipèdes rectangles affectant la forme de briques à bâtir : l'enfant, par ce jouet, se trouve mis en présence de solides dont les trois dimensions ne sont plus égales et il y trouve des matériaux qu'il pourra utiliser pour de petites constructions. Enfin le cinquième don est le cube divisé en trois parties égales dans chacune de ses dimensions (vingt-sept cubes égaux); trois d'entre ceux-ci sont subdivisés en deux prismes, et trois autres en quatre prismes au moyen d'une section oblique simple ou double. Frœbel s'arrêtait là pour le moment, estimant qu'il était inutile de pousser plus loin la division du cube. A ces premiers jeux qui constituent la partie originale de son système, il en a ajouté successivement d'autres : les enfants reçoivent des tablettes, des bâtonnets, au moyen desquels ils exécutent des combinaisons de figures géométriques; ils sont occupés au piquage du papier quadrillé, au tressage de bandes de papier de couleur, au pliage, au découpage, au dessin, au modelage; ils exécutent des rondes et des jeux divers, accompagnés de chants appropriés.

Ces procédés ingénieux et instructifs attirent bientôt l'attention : des princesses et la reine de Saxe s'y intéressent, et bon nombre de personnes éminentes sont gagnées à la cause frœbelienne par les collaborateurs de Frœbel. Celui-ci se rend à Dresde et ensuite à Leipzig pour y donner des conférences (1839). Mais à ce moment, la mort de Mme Frœbel vint interrompre l'œuvre de la propagande. Bien que souffrante depuis longtemps, elle s'était consacrée avec le plus grand dévouement à la direction de l'école de Blankenburg, qu'elle partageait avec son mari. Cette perte causa à Frœbel un immense chagrin qu'il chercha à combattre par un redoublement d'activité : de différents côtés, surtout de Francfort, on lui avait envoyé de jeunes instituteurs pour les initier à la méthode; il organisa, à cet effet, une sorte de cours normal d'où sortit une pléiade de disciples capables et dévoués qui répandirent sa méthode en Allemagne.

Depuis longtemps, une autre idée le poursuivait : il désirait baptiser sa création d'un nom nouveau; il avait cherché sans rien trouver qui lui parût exprimer convenablement sa pensée. Un jour qu'il se promenait silencieux et songeur, il s'arrêta brusquement; sa figure s'illumina et, d'une voix qui fit résonner tous les échos de la forêt, il s'écria : « J'ai trouvé, mon établissement s'appellera « Jardin d'enfants ». Et cette dénomination répondait bien à son rêve : plonger l'enfant dans un milieu expressément créé pour lui, dans une atmosphère tiède, douce, sereine; il voulait les champs, les jardins, la culture, les fleurs, des plantes d'utilité et d'ornement, l'élevage des animaux domestiques. Son jardin serait une colonie enfantine où des occupations appropriées, des jeux, des chants, entretiendraient la joie et feraient de la première existence de l'enfant une idylle du travail.

Une fois ce nom trouvé, Frœbel jugea le moment venu d'adresser à la nation allemande une invitation solennelle. Il veut transformer son humble école en un « Jardin d'enfants allemand » qui servira de modèle; au jardin d'enfants sera jointe une école normale où se formeront des institutrices pour le premier âge, des « Jardinières d'enfants », aussi bien que des instituteurs. Il évalue à 100,000 thalers (un thaler vaut fr. 3.75) la somme nécessaire pour cette double création : ce capital sera obtenu par l'émission de dix mille actions à 10 thalers chacune; il ne doute pas un seul instant du succès immédiat de la grande souscription nationale à laquelle il convie ses compatriotes (1840). La souscription échoua complètement : après trois ans d'efforts, on n'avait pu réunir que cent cinquante-cinq actions. A cette date, le cours normal de Blankenburg périclitait faute de ressources. C'est à ce moment que Frœbel fit paraître son livre le plus populaire : *les Chants de la mère*. Depuis lors, d'heureuses modifications y ont été apportées et des publications récentes, mieux appropriées, ont vu le jour.

En 1844, il est obligé d'abandonner l'établissement de Blankenburg, les ressources faisant complètement défaut. Il résolut alors de parcourir l'Allemagne en missionnaire pour y faire connaître ses idées : il visita successivement Francfort, Heidelberg, Darmstadt, Cologne, Carlsruhe, Stuttgart, Dresde; mais il n'obtint guère de résultats pratiques et le voyage suivant resta également stérile. Désabusé, voyant que les pédagogues de profession ne l'accueillaient qu'avec défiance, que les hommes de science refusaient de le prendre au sérieux, que les pouvoirs publics restaient indifférents, il résolut de s'adresser dorénavant aux femmes et de remettre sa cause entre leurs mains. C'était d'elles seules et non plus des hommes qu'il attendait un concours actif. Il fit à Keilhau un cours méthodique à l'usage des jeunes femmes qui se destinaient à l'éducation des enfants. Elles accueillirent avec une foi respectueuse et enthousiaste la parole du maître. Cet entourage féminin dans lequel il vécut désormais jusqu'à sa mort, exerça une influence marquée sur le développement ultérieur du système, au point de vue pratique.

Un événement qui eut des conséquences considérables pour la diffusion de la doctrine frœbelienne, fut la rencontre à Liebenstein (Saxe), de Frœbel et de Mme la baronne de Marenholtz. Ayant aperçu, dans une promenade, celui qu'on qualifiait de « vieux fou qui fait jouer les enfants du voisinage », la baronne l'aborda, fut frappée de sa conversation, alla lui rendre visite et devint bientôt un fervent disciple du pédagogue thuringien.

Dans le courant du même été, Diesterweg, l'éminent directeur de l'école normale de Berlin, vint aussi à Liebenstein. Mme de Marenholtz lui parla de l'intéressant pédagogue et insista pour le lui faire connaître personnellement. Diesterweg avait des préventions contre le rénovateur, dans lequel il n'avait voulu voir jusqu'alors, qu'une espèce de charlatan; ce ne fut pas sans quelque répugnance qu'il consentit à accompagner la baronne. Frœbel donnait précisément leçon. Ce fut avec un sourire légèrement ironique que le directeur écouta d'abord les paroles du maitre; mais, peu à peu, cette expression disparut pour faire place à celle du plus vif intérêt et enfin à une émotion qui se traduisit par des larmes silencieuses. La candeur touchante de ce vieillard qui ne vivait que pour une idée et son accent d'apôtre inspiré avaient parlé au cœur du pédagogue berlinois. Diesterweg était conquis.

Non pas qu'il ait jamais accepté dans leur ensemble toutes les théories de Frœbel, mais il rendit justice à ce qu'il y avait d'élevé et d'humain dans les aspirations de celui-ci et se déclara d'accord avec lui sur sa conception générale des besoins de l'enfant et du rôle de la femme comme première éducatrice.

Lorsque Mme de Marenholtz et Diesterweg quittèrent Liebenstein, ils promirent de s'employer de leur mieux à Berlin et

Monument Frœbel.

ailleurs à faire connaître le « Jardin d'enfants ». Pendant l'hiver de 1849, à la suite d'un appel des femmes de Hambourg, Frœbel donna des conférences et y fonda le premier « Jardin d'enfants bourgeois ». En 1850, par l'intermédiaire de la baronne, Frœbel obtint du duc de Saxe-Meiningen la concession du petit château de Marienthal près de Liebenstein. Quoique âgé de 68 ans, il avait conservé tout le feu de sa jeunesse, et il se plut à diriger lui-même les jeux du Jardin d'enfants; il semblait qu'une longue période d'activité s'ouvrît encore devant lui. De tous les points de l'Allemagne, de jeunes femmes venaient suivre ses leçons, donnant ainsi au vaillant lutteur la plus consolante des satisfactions, les joies les plus douces et les espérances en un meilleur avenir. C'est là qu'il passa les heures les plus heureuses de sa vieillesse. Il y organisa, en 1850, une fête de jeux avec trois cents enfants des alentours, à laquelle assistèrent le duc et la duchesse; elle eut un grand retentissement et contribua beaucoup à populariser son œuvre.

Tout marchait à souhait, lorsque soudain — coup de foudre dans un ciel serein — parut, en 1851, un arrêté du gouvernement prussien interdisant la fondation de « Jardins d'enfants » dans le royaume de Prusse. « Il résulte, disait le décret, d'une brochure publiée par Karl Frœbel (neveu de Frédéric), que les Jardins d'enfants forment une partie du système socialiste du dit Frœbel, qui a pour but d'inculquer l'athéisme à la jeunesse. La création d'écoles dirigées selon les principes de Frœbel ou des principes analogues ne saurait, en conséquence, être tolérée. »

Malgré les démarches les plus pressantes, cet arrêté ne fut rapporté que neuf ans plus tard (1860).

Vivement affecté d'abord, Frœbel reprit courage et se consacra, avec une nouvelle ardeur, à son enseignement à Marienthal. Après une touchante fête de famille organisée à l'occasion de son soixante-dixième anniversaire (1852), une polémique engagée dans les journaux de Hambourg vint contrister le cœur du vieillard : on y mettait en suspicion la valeur de ses opinions religieuses; il se sentit vivement blessé d'être représenté, par un certain parti, comme un adversaire du christianisme, lui, le chrétien par excellence! le chrétien dans ce qu'il a de plus sincère, de plus vrai, de plus grand! Mais, au congrès des instituteurs tenu à Gotha (Saxe), Frœbel, qui s'y était rendu, fut accueilli, à son entrée dans la salle des séances, par une triple acclamation. Ce fut sa dernière joie. A son retour à Marienthal, il tomba malade et prit le lit pour ne plus se relever. C'est avec sérénité qu'il vit la mort s'approcher. Plusieurs fois, il répéta : « Je ne meurs pas!... » laissant entendre qu'il léguait à la postérité une œuvre impérissable. C'était par une belle journée d'été; il voulut être porté auprès de la fenêtre ouverte. Au médecin qui s'y opposait, il répliqua : « Toute ma vie, j'ai écouté l'admirable nature; laissez-moi, les dernières heures de ma vie, converser avec cette fidèle et incomparable amie. »

NOTES EXPLICATIVES

1. FRŒBEL, Frédéric, né à Ober Weisbach en 1782; mort à Marienthal en 1852. On lui a élevé un monument à Schweima; celui-ci fut complété en 1882, date à laquelle on fêta, avec éclat, le centième anniversaire de la naissance de Frœbel. Un comité national avait été constitué sous l'impulsion du professeur Wiebe, de Hambourg. Un autre monument lui a été érigé à Blankenburg sur l'initiative de trois de ses élèves : Rudolph Benfey, Frédéric Seidel et le directeur d'école Hanschman.

Mme de Marenholtz, qui avait reçu pendant trois ans les instructions et les confidences de Frœbel, devint, après lui, son digne et fidèle disciple. C'est elle qui, dans les trente années qui suivirent la mort de l'admirable pédagogue, a le plus contribué, par son zèle infatigable, à faire connaître les théories du maître, si importantes au double point de vue pédagogique et social.

L'idéal de Frœbel, certes, ne fut pas parfait — nulle œuvre humaine ne peut y aspirer — même dans les « Jardins d'enfants » qu'il fonda et fit fleurir sous son influence directe. Quoi qu'il en soit, et malgré tous les obstacles, l'œuvre a prospéré, grâce à l'initiative des esprits éclairés et des bons cœurs. Un nombre aujourd'hui considérable d'écoles enfantines, plus ou moins conformes au type esquissé par Frœbel, ont été créées en Allemagne, en Suisse, en Belgique, en Hollande, en France, en Italie, enfin en Amérique. Un immense progrès s'est ainsi réalisé et l'esprit public est désormais et décidément entré dans cette voie. Inévitablement, l'interprétation de la méthode a varié de pays à pays, de localité à localité, et s'il y a eu des imitateurs maladroits, il est juste de reconnaître que, dans la plupart des cas, l'adaptation a été heureuse et salutaire. Frœbel a donc bien mérité de sa patrie et de l'humanité ; il a surtout droit à l'éternelle reconnaissance et à la vénération de toutes les mères. — 2. PSYCHOLOGIE ($psukh\hat{e}$ = âme; $logos$ = discours, traité). Partie de la philosophie qui traite de l'âme, de ses facultés et de ses opérations. — 3. PHYSIOLOGIE ($phusis$ = nature; $logos$ = discours, traité). Science qui traite de la vie et des fonctions organiques par lesquelles la vie se manifeste. Elle fut renouvelée par le célèbre physiologiste Claude Bernard (né à Saint-Julien, département du Rhône, 1813-1878). — 4. MICHELET (voir Saint Vincent de Paul). — 5. APOSTOLAT, apôtre, sacerdoce (voir Pestalozzi). — 6. PRÉCAIRE, qui n'a rien d'assuré. — 7. SYLVICULTURE ($sylva$ = forêt). Science qui a pour objet la culture et l'entretien des bois. — 8. IÉNA, ville d'Allemagne (Saxe-Weimar), sur la Saale; 21,000 habitants. Napoléon Ier y vainquit les Prussiens en 1806. — 9. COMPULSAIT (com = avec; $pulsator$ = pousser). Prendre communication. — 10. LACUNE. Ce qui manque pour compléter une chose. — 11. CADASTRE, registre public qui porte le relevé détaillé des propriétés territoriales d'une contrée, d'une commune, présentant leur situation, leur étendue et leur valeur pour établir la base de l'impôt foncier. — 12. FRANCFORT-SUR-MEIN, ville d'Allemagne (Hesse-Nassau), 289,000 habitants. — 13. YVERDON (voir Pestalozzi). — 14. GŒTTINGUE, ville d'Allemagne (Hanovre), sur la Leine ; 30,500 habitants. Université célèbre. — 15. BERLIN, capitale de l'Allemagne, sur la Sprée; 1,900,000 habitants. — 16. ADEPTE, partisan d'une doctrine. — 17. RUDOLSTADT, ville d'Allemagne (Schwartzbourg), 12,400 habitants. — 18. SAXE-MEININGEN, duché d'Allemagne, capitale Meiningen, sur la Werra; 15,000 habitants. — 19. PÉNURIE. Extrême pauvreté. — 20. Dénigrement. Noircir, diminuer l'estime des autres. — 21. Intolérant (*in* = négation; *tolérer* = supporter avec indulgence). — 22. Systématique (système). Décidé d'avance. — 23. Désemparé (*dés* = hors de; emparer). Incapable d'agir. — 24. Lucernois, habitant de Lucerne, ville de Suisse, sur le lac des Quatre-Cantons ou de Lucerne; 32,000 habitants. — 25. Bernois, habitant de Berne (voir Pestalozzi). — 26. Comenius (voir Pestalozzi). — 27. Symbole, figure, marque ou objet ayant une signification conventionnelle. — 28. Dresde, capitale de la Saxe, sur l'Elbe; 480,000 habitants. — 29. Leipzig, ville de Saxe, 456,000 habitants. Université célèbre. Librairies renommées. — 30. Pléiade, réunion d'hommes célèbres. — 31. Heidelberg, ville du grand-duché de Bade, sur le Neckar; 40,000 habitants. Université célèbre. — 32. Darmstadt, capitale du grand-duché de Hesse, sur la Darm, affluent du Rhin; 72,000 habitants.— 33. Cologne, sur le Rhin; 372,500 habitants. Magnifique cathédrale, achevée en 1882.— 34. Carlsruhe, capitale du grand-duché de Bade, 97,000 habitants. — 35. Stuttgart, capitale du Wurtemberg, sur le Nesenbach; 177,000 habitants. Grandes librairies. — 36. Ultérieur. Qui arrive après. — 37. Diffusion. Action de répandre, de propager. — 38. Disciple (*discere* = apprendre). Qui étudie sous un maître. — 39. Rénovateur (*re* = répétition; nouveau). Qui rend nouveau en substituant une chose à une autre de même espèce. — 40. Athéisme (*a* = privatif; *théos* = dieu). Qui ne reconnaît pas l'existence de Dieu. — 41. Suspicion. Soupçon. — 42. Hambourg, ville d'Allemagne à l'embouchure de l'Elbe, sur la mer du Nord. Port de premier ordre; 706,000 habitants.

BIBLIOGRAPHIE

1. Lina Morgenstern, *Frédéric Frœbel. Sa vie et ses travaux. Importance pédagogique et sociale de son œuvre*. Édit. Walther et Apolant, Berlin, 1882. — 2. F. Buisson, *Dictionnaire de pédagogie*. Edit. Hachette, Paris. — 3. M. et Mme Ch. Delon, *Exercices et travaux pour les enfants selon la méthode et les procédés de Pestalozzi et de Frœbel*. Edit. Hachette, Paris. — Les institutrices frœbeliennes s'inspirent également de deux autres ouvrages sur la matière : l'un par H. Goldammer, édit. Ch. Habel, Berlin; l'autre, par J.-J. Jacob, édit. Wesmael-Charlier, Namur.

Le Père GIRARD, Jean-Grégoire

1765-1850

> C'est dans le problème de l'éducation
> que gît le grand secret de l'humanité.
> KANT.

> J'ai toujours pensé qu'on réformerait
> le genre humain si on réformait l'éducation de la femme.
> LEIBNITZ.

Le nom de la Suisse éveille dans l'esprit l'idée de hautes montagnes, de neiges éternelles, de glaciers et de cascades, de splendides lacs, de vallées profondes, de forêts alpestres et de paysages incomparables. Ces grands spectacles de la nature

LE PÈRE GIRARD.

suffisent aux voyageurs qui, par milliers, viennent chaque année chercher dans ce coin de terre privilégié, une hospitalité bienfaisante, et pleine d'un charme pénétrant.

Mais ces avantages dont la nature a gratifié cette contrée, petite par l'étendue et la population, ne sont pas seuls à lui faire sa renommée. Elle a d'autres titres à l'admiration de ceux qui, avides de s'instruire, s'intéressent aux choses de l'esprit et cherchent à s'initier à la vie intime des peuples. Ses institutions d'ordre moral, intellectuel et social, dues à toute une pléiade d'hommes remarquables par leur talent ou leur génie, offrent un puissant intérêt.

Parmi ces hommes d'élite, il en est un dont le nom vénéré suffirait à lui seul à illustrer la Suisse et qui brille toujours d'un éclat que ni le temps ni les événements n'ont point effacé : c'est celui de Jean Girard, citoyen de la petite ville de Fribourg.

« Le temps, dit-on, a pour compagnon l'oubli. De nos jours surtout, dans le flot tourbillonnant des affaires, bien rares sont les hommes dont la mémoire survit; plus rares encore sont ceux dont la renommée, loin de se perdre, semble grandir avec l'éloignement. Le Père Girard est de ceux-ci ; les années n'ont point fait pâlir son auréole; le temps a grandi son nom et l'a porté bien au-delà des frontières du pays qui eut le bonheur de le posséder. »

La ville de Fribourg a ce culte du souvenir et de la reconnaissance qui console de l'indifférence ou de l'ingratitude de notre époque. Dans une fête grandiose, elle a célébré, en juillet 1905, le centenaire de la carrière pédagogique de son illustre enfant. Fête locale, fête patriotique sans doute, mais dont le retentissement aurait dû franchir les frontières et s'étendre sur l'Europe tout entière. S'il fut un bienfaiteur pour Fribourg, sa ville natale, un glorieux enfant pour la Suisse, sa patrie, il fut en même temps un réformateur incomparable pour le bonheur des peuples et de l'humanité, par l'influence considérable que son œuvre a exercée en ouvrant des voies nouvelles à la première des sciences : « l'Education ».

C'est pourquoi son nom doit être acclamé par tous les peuples et honoré comme celui d'un grand bienfaiteur. Lui, Pestalozzi et Frœbel (voir biographies) sont comme les sommets d'un triangle dans lequel a évolué la pédagogie moderne et d'où l'instruction populaire a puisé son véritable caractère. Tous trois étaient animés d'une même pensée : celle de tirer les masses de l'ignorance où elles croupissaient, de les élever et de leur préparer un meilleur avenir.

S'inspirant des principes de la science, des lois de la constitution de l'esprit humain et des besoins de l'enfance, le Père Girard les appliqua avec un rare bonheur, une haute intelligence, un esprit de suite et une persévérance qui lui font honneur et lui donnèrent la gloire par surcroît. C'est ainsi que, précurseur perspicace, à l'esprit large et tolérant, il élabora un plan d'études remarquable pour l'époque. Le don d'organisateur qu'il possédait au plus haut degré assura le succès de toutes ses entreprises, auxquelles il consacra cinquante années d'un labeur inlassable.

Ses conceptions dans le domaine éducatif furent les germes des institutions qui se fondèrent peu à peu en Suisse et ensuite à l'étranger, faisant ainsi de Fribourg le centre d'un mouvement démocratique sage et prévoyant, le berceau des idées qui se répandirent de par le monde pour régénérer l'enseignement populaire.

On ne peut se faire une idée exacte et complète du travail immense accompli par le Père Girard qu'en lisant les pages éloquentes que lui ont consacrées les grands pédagogues modernes et les nombreuses biographies publiées par des hommes éminents, et surtout, qu'en visitant le remarquable musée pédagogique de Fribourg.

Contemporain de Pestalozzi dont il fut l'ami et l'admirateur, le Père Girard se trouva placé comme lui au début de sa carrière, en face d'un état social déplorable. Cette situation, si préjudiciable aux intérêts du peuple, l'émut et l'affligea profondément. Il résolut d'y porter remède, en se vouant tout entier avec une abnégation, un désintéressement et un dévouement sans bornes, à l'édification, dans sa ville natale, d'un système scolaire logique et rationnel. Travailleur infatigable, homme persévérant, amant passionné de sa patrie et de l'enfance qui en est l'avenir, fort dans l'esprit de sacrifice, il chercha les méthodes d'instruction les meilleures et, non content des succès qui couronnèrent ses premiers efforts, travailla à les perfectionner sans cesse. Ce qui fait la grandeur et la beauté de l'idéal de cet homme de bien, c'est d'avoir compris, à une époque où la plupart des esprits estimaient que l'instruction devait être l'apanage du petit nombre, combien il importe que tous les enfants du pays possèdent les connaissances suffisantes pour pouvoir faire leur chemin dans la vie.

Comment s'est développée chez lui la faculté maîtresse qui

le fit pédagogue dans toute la force de l'âme? Ce fut au sein de sa famille. Sa mère étant restée veuve avec quinze enfants dont il était le cinquième, il l'aida dans l'instruction de ses jeunes frères et sœurs; et en leur apprenant à lire, il réapprit lui-même, tout seul, à l'aide des auteurs grammairiens, cette langue française qu'on lui avait si mal enseignée.

Son entrée dans les ordres religieux (ordre des Franciscains) lui permit de faire des études en Allemagne. Il apprit la langue allemande, manifesta un goût prononcé pour les mathématiques, la physique et la philosophie. Il reprit ses études de latin pour tirer des auteurs classiques tout ce qu'il y avait de meilleur. Rentré à Fribourg, il soumit aux autorités un « projet pour la réorganisation des écoles » dans lequel il divisait l'enseignement national en trois degrés : le premier destiné à tous les enfants sans distinction, devait fournir à tous, les connaissances indispensables à la vie et nécessaires à l'agriculteur et à l'artisan; le deuxième était destiné aux « commerçants et aux gens de plume » pour perfectionner les premières notions des sciences et acquérir, de plus, certaines connaissances professionnelles; le troisième devait être réservé aux « législateurs, juges, médecins, instituteurs, ministres des cultes, savants ».

On trouve là les trois grandes divisions adoptées aujourd'hui : enseignement primaire, moyen et supérieur. Les événements politiques empêchèrent la réalisation de ce programme idéal, qui reçut plus tard une application complète.

Entre temps, le Père Girard fut nommé curé à Berne où il continua à se préoccuper de plus en plus des questions d'instruction. Il alla visiter l'école de Pestalozzi à Berthoud. Ces deux hommes étaient faits pour se comprendre puisqu'ils poursuivaient le même but : la régénération du peuple. En 1804, il rentra à Fribourg où s'écoula toute sa carrière pédagogique. Les écoles de Fribourg étaient dans un état lamentable; la tâche était grande et rude; elle n'effraya point le courageux pédagogue qui fit preuve en cette circonstance d'une grandeur d'âme peu commune. Malgré son savoir, son érudition, il choisit comme champ d'expérience les classes inférieures, les plus jeunes élèves, laissant les plus avancés à deux autres collègues. Cet acte, posé pour le bien de la communauté, est un des plus beaux exemples d'humilité, de désintéressement et d'abnégation de soi que l'on puisse citer.

Doué d'un grand talent d'organisateur et d'administrateur, le Père Girard édifia des services scolaires complets et déploya une activité incroyable. Ayant accepté le titre de préfet, en 1807, il se trouva à la tête de toutes les écoles. Il commença par faire décréter l'instruction obligatoire, puis forma tout un personnel enseignant, fit construire des écoles dont il élabora les plans, donna de nombreuses leçons et composa des manuels.

Le nombre des écoliers monta de quarante à quatre cents. C'est que le Père Girard était l'ami des pauvres et des faibles, le protecteur de la chaumière et de la veuve; il prêcha par l'exemple et la parole et ainsi sa vie entière fut une haute leçon de vertu et d'amour.

Forcé de donner des leçons à un grand nombre d'enfants en même temps et ne pouvant avoir des auxiliaires payés, il en trouve de gratuits dans les moniteurs qu'il façonne lui-même. Il crée ainsi des classes d'enseignement mutuel. Les écoles de Fribourg deviennent bientôt aussi célèbres que celles de Pestalozzi à Yverdon; des visiteurs éminents d'Ecosse, de France, d'Angleterre, d'Italie affluèrent pour venir admirer son œuvre.

Les enfants ne s'ennuyaient jamais avec lui parce qu'il ne s'ennuyait jamais avec les enfants. Il réalisait ainsi cette pensée de Michelet : « L'enseignement est une forme de l'amitié. » Dans tous ses cours, il était pénétré du but moral que toute leçon doit avoir : « Les mots pour les pensées, les pensées pour le cœur et la vie, » disait-il; et il ajoutait : « L'homme agit comme il aime et il aime comme il pense. » Ainsi, conduire les enfants par la parole à la pensée, se servir de la pensée pour la culture du cœur, former l'esprit et le cœur pour la conduite de la vie, telles furent les idées directrices de son œuvre.

C'est grâce à lui que surgirent la méthode des leçons de choses, l'idée de l'éducation professionnelle et la pensée de l'instruction supérieure (université). Et comme rien ne lui échappait, il avait songé aussi à l'éducation des filles. En 1813, il fonda une société économique afin de contribuer à la prospérité publique. Elle était divisée en plusieurs sections : économie rurale et domestique; industrie et commerce; physique et santé; institutions de charité; morale et éducation; statistique et histoire; embrassant ainsi toutes les sphères du bien public. Il travailla à la suppression de la mendicité (cette plaie n'existe plus en Suisse) en provoquant la création d'asiles d'orphelins et l'adoption des enfants pauvres par des familles honnêtes moyennant une équitable indemnité. Il rédigea, en 1817, le plan d'un atelier-école dans lequel il résolvait le problème difficile de l'association du travail manuel avec la culture de l'intelligence ; enfin, en 1820, fut créée, d'après son projet, la « Fabrique de bienfaisance », où vingt jeunes filles pauvres apprenaient à coudre, à carder la laine, à tresser la paille et en même temps à lire, écrire et calculer.

Parmi les nombreux ouvrages qu'il a publiés, il en est deux qui resteront comme un monument vivant de sa gloire. L'un, intitulé : *Explication du plan de Fribourg*, devait servir de base à la géographie universelle. Livre admirable, qui est en même temps une introduction à la vie sociale. La finale mérite d'être rapportée : « Enfant, ne chemine plus dans la ville comme si tu n'avais pas deux yeux pour voir, un esprit pour réfléchir et un cœur pour aimer. Regarde bien ; rends-toi compte des soins que tu as trouvés en naissant, dans la famille fribourgeoise. Elle t'a aimé la première ; deviens reconnaissant envers elle. Applique-toi dans ton éducation afin que bientôt tu puisses aussi mettre du tien dans le grand ménage qui t'a reçu avec tant de bonté. Jamais tu ne seras quitte envers lui. » L'autre, auquel il travailla seize ans, a pour titre : *Cours éducatif de langue maternelle*, qu'il a appelé « L'idéal de sa vie, le vœu de son cœur, sa dette sacrée envers la jeunesse ».

C'est ainsi que dans sa pensée la langue maternelle devait être la base de tout l'enseignement, « la langue qui exprime tout ce que l'homme pense, sent, aime, désire, veut, fait, souffre ».

Cet ouvrage, qui suffirait à l'immortaliser, et que deux Français (Michel et Rapet) éditèrent en France, fut couronné par l'Académie, qui lui décerna le prix Montyon, de 6,000 francs. Plus tard, le gouvernement français le nomma chevalier de la Légion d'honneur. Le *Cours éducatif* fut ensuite traduit en plusieurs langues. Les grammairiens modernes s'en sont inspirés en l'appropriant naturellement aux besoins nouveaux qui ont fait introduire des changements dans les programmes. Depuis cent ans, une grande évolution s'est faite et l'expérience a montré la valeur relative des méthodes et des procédés. Le Père Girard, esprit indépendant et plein d'initiative, s'il pouvait revenir sur terre, serait le premier à condamner ceux qui se feraient les copistes serviles de ses méthodes. Si l'on jette un coup d'œil sur l'œuvre colossale qu'il accomplit et sur sa remarquable puissance de travail, on se demande où il trouvait des heures pour tant d'œuvres qui le sollicitaient tour à tour. La réponse se trouve dans la régularité de sa vie si bien employée et de laquelle était retranché tout ce qui pouvait l'être sans préjudice pour la santé du corps et de l'esprit. Levé avant l'aurore en été, avant le jour en hiver, la nuit le retrouvait encore à sa table de travail, lisant ou écrivant. On est frappé de cette belle unité de vie du grand homme dont les succès vinrent de ce qu'il apporta dans son travail la bonté et l'affection, la science et la méthode.

Qu'on ne croie pas cependant que cette vie fut exempte d'épreuves. Girard eut à lutter contre deux ennemis redoutables : la jalousie qui, instinctivement, s'attaque à tout homme de génie, et l'inconsciente routine. Ses innovations furent accueillies avec défiance; son système d'enseignement mutuel provoqua une ardente polémique (système condamné aujourd'hui, mais qui, à cette époque, constituait une fâcheuse nécessité, un pis-aller temporaire); il souffrit aussi des divisions politiques et sociales. Enfin, il eut à subir des critiques souvent imméritées et toujours injustes. Il n'en éprouva jamais ni haine ni rancune. Au moment même où on lui causait le plus de peine, il répondait encore à ses adversaires par des actes de générosité.

Mais depuis lors, le temps, ce grand niveleur, a passé; l'union des cœurs et des esprits s'est faite, forte et indissoluble, pour glorifier celui qui fut la plus haute personnification de l'enseignement populaire. Cette communauté de sentiments, les habitants de la ville de Fribourg, sous la noble inspiration de ses magistrats, l'ont affirmée hautement en fêtant avec un enthousiasme vibrant d'émotion sincère, le centenaire de la carrière de l'illustre pédagogue.

NOTES EXPLICATIVES

1. GIRARD, Jean, prit le nom de Grégoire lorsqu'il entra dans les ordres. Né à Fribourg en 1765; mort en 1850. Une statue lui a été élevée dans sa ville natale en 1860, et son buste figure au Musée pédagogique. — 2. FRIBOURG, ville de la Suisse romande, sur la Sarine; 16,000 habitants. Grâce à son administration communale éclairée qui ne recule devant aucun sacrifice pour faire prospérer et progresser tous ses établissements d'instruction, Fribourg peut rivaliser avec les grandes cités de la Suisse et de l'étranger. — 3. MUSÉE PÉDAGOGIQUE, fondé en 1883. Il est un modèle du genre, par sa belle ordonnance et la richesse de ses collections documentaires. Il est placé sous l'habile direction de M. Léon Genoud. — 4. BERNE (voir Pestalozzi). — 5. ENSEIGNEMENT MUTUEL. Sous le contrôle du maître, les élèves plus âgés faisaient la classe à leurs condisciples plus jeunes. Ce système avait été pratiqué à Paris avant d'être développé par Girard. Il fut introduit en Europe par l'Ecossais ANDRÉ BELL, qui l'avait vu pratiquer aux Indes (1753-1832). — 6. MICHELET, Jules (voir Saint Vincent de Paul). — 7. MONTYON (Jean-Baptiste, baron de). Philanthrope éclairé, né à Paris; fondateur de plusieurs prix de vertu et de littérature, décernés chaque année par l'Institut (1733-1820). — 8. Le système du Père Girard, comme ceux de Pestalozzi et de Frœbel, ont subi des améliorations inévitables, des adaptations conformes aux idées modernes; mais ce ne sont là que des transformations de détails.

BIBLIOGRAPHIE

Nous devons à l'extrême obligeance de M. Wicht, instituteur à Fribourg, de M. Léon Genoud, l'éminent directeur du Musée pédagogique, et de M. Schneuwly, l'archiviste de la ville de Fribourg, les documents qui nous ont permis d'exécuter notre travail. Nous leur en témoignons ici toute notre gratitude.

Christophe COLOMB

1436-1506

La découverte de l'Amérique peut être considérée comme un des faits les plus marquants du xve siècle et un des événements les plus considérables dont l'histoire fasse mention.

En effet, deux grands problèmes s'y rattachent : l'un se rapportant à des intérêts économiques, l'autre à des intérêts scientifiques.

Les productions naturelles du nouveau monde (café, coton, bois, métaux, plantes) enrichirent l'ancien continent et y apportèrent un bien-être jusqu'alors inconnu.

CHRISTOPHE COLOMB.
(Musée de Madrid.)

« Avec cette découverte, tombèrent les murailles imaginaires dans lesquelles l'ignorance et la peur emprisonnaient l'Europe; avec elle la terre s'agrandit subitement, de nouveaux espaces s'ouvrirent à la pensée et à l'activité humaines. Elle ne changea pas seulement la face de la géographie : en démontrant que la terre est sphérique et librement suspendue dans l'espace, elle prépara l'avènement de l'astronomie moderne et engendra les Copernic, les Keppler, les Newton, les Galilée (voir biographies). »

Le nom d'Amérique est devenu inséparable de celui de Christophe Colomb, le modeste marin qui la découvrit.

Cet homme apparaît tout d'abord comme un être énigmatique, car ses commencements sont obscurs : on sait à peine où et de quelle famille il naquit. Cependant, tout porte à croire qu'il est né à Gênes, vers 1436, et qu'il était fils d'un simple cardeur de laine. Après avoir fait quelques études, il se mit en mer à l'âge de quatorze ans.

Après bien des pérégrinations, il vint se fixer à Lisbonne, en 1470. Devenu Portugais, il visita les régions, récemment découvertes, de sa patrie adoptive.

Un jour, c'était en 1484, il demanda une audience au roi de Portugal, Jean II, fils du célèbre prince Henri, pour lui exposer l'idée de se rendre aux Indes, non en se dirigeant vers l'est, comme on le faisait alors par voie terrestre, mais vers l'ouest, à travers l'Océan.

« Cette idée, il y avait plus de douze ans qu'elle germait dans son cerveau. Il exposa son plan. Le roi Jean II l'écouta avec bonté et renvoya l'examen de son projet à son confesseur et à deux médecins juifs, célèbres par leurs connaissances astronomiques. C'étaient les mêmes hommes qui dirigeaient les recherches portugaises le long de l'Afrique. Ils étaient intéressés à ce que le nouveau projet échouât. Ils fatiguèrent Colomb de questions insidieuses et d'objections puériles, puis ils traitèrent d'extravagant le plan qu'il avait conçu.

» Entretemps, il avait laissé ses propres affaires en souffrance et courait le risque d'être arrêté pour dettes. Il quitte secrètement Lisbonne, à la fin de 1484, emmenant avec lui son jeune fils Diégo. Vers 1486, on le retrouve en Andalousie, à la porte d'un couvent, demandant un peu de pain et d'eau pour son enfant. Le prieur, versé dans les connaissances géographiques, l'ayant questionné, fut frappé de la grandeur de ses projets. Il lui remit une lettre d'introduction auprès des souverains Ferdinand et Isabelle. Il partit pour Cordoue, résidence de la cour d'Espagne. Le roi, tout aux préparatifs de la guerre contre les Arabes, ne le reçut point. Il dut attendre deux ans avant de pouvoir exposer ses idées. Le roi se décida alors à réunir les plus savants astronomes et géographes du royaume. Colomb se croyait à la veille du succès. Cruelle fut la déception : presque tous les membres de l'assemblée furent unanimes à dire « qu'après les recherches de tant de philosophes, qu'après les voyages de tant de navigateurs célèbres, il fallait une présomption bien grande pour supposer qu'il restât encore quelque chose à découvrir. » Aux yeux des uns, c'était un rêveur; aux yeux des autres, un aventurier.

Dépourvu de ressources, il fut obligé, pour vivre, de dessiner et de colorier des cartes; en attendant, il multipliait en vain ses démarches, ses lettres, ses supplications. Ballotté sans cesse de l'espoir à la crainte, irrité de cette longue attente, il perd toute patience et demande une réponse définitive. Une dernière conférence est tenue; le résultat est le rejet formel du projet en question.

Colomb s'en revint à Séville sans espoir et l'indignation dans le cœur. C'est alors qu'il reçut des offres du roi d'Angleterre et du roi de Rome. Mais avant de céder à cette invitation, il renouvelle ses propositions au roi d'Espagne, qui refuse sans donner d'explication. Devant ce dédain humiliant, il se décide à aller rechercher son enfant à Cordoue pour se rendre ensuite à Paris. Le prieur, saisi de compassion à la vue de l'infortuné, vieilli, misérablement vêtu, l'engage à patienter quelques jours et lui promet d'écrire à la reine. La réponse se fit attendre 14 jours (il n'y avait alors ni poste, ni télégraphe); elle donnait à Colomb l'espérance d'être écouté. Il partit et fut reçu en effet. Mais d'autres difficultés arrêtèrent les négociations. Colomb, par ses exigences excessives, avait fait suspecter la sincérité de ses promesses : il voulait pour lui et ses descendants le titre d'amiral et de vice-roi de tous les pays qui seraient découverts, avec le dixième des profits faits par négoce ou par conquête. Les gens de cour furent indignés. Ils n'eurent pas de peine à établir que Colomb leur proposait un jeu ridicule où le rêveur avait tout à gagner et rien à perdre. Cependant, grâce à la reine, tout s'arrangea. Il est vrai de dire que l'une des grandes idées dominantes de Colomb était la propagation de la foi catholique; dans son ivresse du succès, il proposa même que tout ou partie des richesses que promettaient ses découvertes fût affectée à la délivrance du tombeau du Christ. Dans ces conditions, les souverains lui accordèrent l'autorisation de partir, et l'acte fut signé à Grenade, le 14 avril 1492.

Mais il était dit qu'aucune difficulté ne serait épargnée au courageux marin. Le départ fut retardé, malgré l'ordre donné par le roi à la ville de Palos de tenir, endéans les dix jours, trois bâtiments prêts dans la rade. Il fallut qu'un nommé Pinzon, capitaine habile et expérimenté, se mît hardiment du voyage, afin de vaincre les résistances nées des craintes et de l'horreur des habitants. Il fournit deux vaisseaux, et sa libéralité fit plus que toutes les menaces. A leur tour, les propriétaires du troisième vaisseau mirent tout en œuvre pour retarder le départ. Or, veut-on savoir le résultat de tant de préparatifs? Deux de ces bâtiments étaient, à peu près, ce que sont nos plus grands bateaux de rivières ou les chaloupes qui gardent les côtes ; à l'arrière et à l'avant se trouvaient des cabines pour loger l'équipage, mais il n'existait pas de pont au milieu; un seul était ponté. Les frais ne montaient pas à 100,000 francs.

Caravelles de Christophe Colomb.   (Bibliothèque Nationale de Madrid.)

Enfin, le 3 août 1492, Colomb, accompagné des 120 hommes qui partaient avec lui, mit à la voile, et cingla droit vers les Canaries. Toute la ville de Palos était sur le rivage : un voile de tristesse obscurcit de plus en plus les yeux, à mesure que s'éloignait la petite flotte vouée à une mort certaine.

Le troisième jour, il dut s'arrêter aux Canaries : l'une des caravelles, la *Pinta*, avait son gouvernail brisé. Colomb, qui voyait déjà chanceler les courages, cherche pendant trois semaines un autre bâtiment, mais en vain; il fallut réparer l'avarie, puis on fit voile vers l'ouest.

C'est à dater de ce jour que Colomb pénètre, pour la première fois, dans cette vaste mer sur laquelle, depuis si longtemps, voyagent toutes ses pensées, mais où ses compagnons ne s'avancent qu'en tremblant. Les marins se lamentent et pleurent, disant adieu à la vie et à la terre qui disparaît à leurs yeux. Colomb parvient à les consoler. Désormais, il règne sur sa petite escadre. Pinzon et les autres pilotes, habitués dans la Méditerranée et dépaysés dans l'Océan, plient sous l'ascendant de son expérience et de ses études. Il faut se le figurer beau d'audace, de confiance et de résolution, la sonde à la main, l'œil sur l'arbalète marine de Martin Behem ou sur la boussole, observant le mouvement des marées, la direction du courant, le vol des oiseaux, les poissons, les herbes flottantes, prenant à peine quelques heures de sommeil, notant les événements de chaque jour, et tenant, pour l'équipage, un journal où il a soin d'omettre une partie du chemin parcouru.

Le 13 septembre, l'escadre est à environ deux cents lieues des Canaries; mais ici, quelle décourageante constatation ! L'aiguille aimantée qui devait marquer le nord, ne regarde plus l'étoile polaire; elle incline à présent de plus en plus au nord-ouest. Colomb n'en dit mot; mais les marins l'ayant remarqué, commencèrent à douter de la nature elle-même, et les superstitions du temps leur revinrent en mémoire. Heureusement Colomb trouva une autre explication; l'assurance qu'il fit paraître et sa réputation de grand astronome en imposèrent à leurs craintes.

Une pension de 300 écus avait été promise à celui qui, le premier, découvrirait la terre; mais la sonde décourage les espoirs et les convoitises, car, à 200 brasses (une brasse = $1^m,62$), elle ne trouve pas le fond. Pinzon et les autres officiers, déçus dans leurs espérances, exigèrent qu'on changeât de direction; mais, tenace et plein d'une foi inébranlable, Colomb refusa.

Enfin, toujours sans autre horizon que l'immensité liquide, la flotte errante se trouva en des lieux que jamais voile européenne n'avait atteints, car, jusqu'alors, les navigateurs avaient toujours prudemment longé les côtes. L'équipage terrifié, découragé, se mutine. La position de Colomb empire chaque jour, chaque heure, chaque minute; des rassemblements se forment; on se parle à voix basse; des murmures on passe aux menaces; enfin, le cri est jeté : « C'est un aventurier qui nous mène, tête baissée, à une mort certaine. » Alors les matelots complotent de le mettre à mort. Que risquent-ils, après tout ? c'est un étranger sans naissance, sans amis, sans protection; c'est un fou que les plus habiles gens ont condamné d'avance : ils diront, au retour, qu'il est tombé à l'eau, en interrogeant les étoiles.

Le vaillant marin tint ferme, parlant à l'orgueil et à l'avarice par des promesses ; à la timidité par des menaces ; faisant effort pour sourire aux moindres espérances. Après des alternatives d'espoirs et de murmures, l'équipage voit enfin ses craintes diminuer, car les signes annonçant le voisinage des terres, deviennent de plus en plus décisifs : des oiseaux viennent s'ébattre autour des mâts ; les herbes flottantes sont vertes et fraîches. Toutefois, le soir du 10 octobre, on voit encore une fois le soleil, levé sur la mer, se coucher sur la mer, derrière la ligne unie et plane qui s'étend toujours à l'horizon. De nouveaux cris de découragement s'élèvent ; Colomb essaye en vain d'y répondre par des raisonnements et des promesses. Forcé de changer de ton, il leur dit : « Donnez-moi encore trois jours et je jure de retourner en Espagne si, dans cet intervalle, nous ne découvrons pas la terre. »

Et, Colomb, qui, tout le jour, cachait son anxiété, reprit son poste à l'observatoire d'arrière. C'est là que, libre enfin à la faveur de la nuit, il veillait sans relâche, l'œil toujours attaché sur le sombre horizon. Tout à coup, vers 10 heures, il crut voir une lumière qui se mouvait dans l'éloignement ; un autre marin la vit aussi, puis un autre encore. Une lueur d'espoir intense fait palpiter tous les cœurs ; on continue d'avancer, quand, le 12 octobre (1492), la terre se montra enfin aux yeux émerveillés des matelots. Une joie folle s'empare de tout l'équipage ; de toutes parts résonnent les mots : « Terre ! Terre ! » ; on n'entend plus d'autre cri. Dans quelques heures on atterrira !

« Quels souvenirs et quelles espérances pour Colomb, dans ces deux ou trois heures d'attente ! Comme les tribulations du passé devaient lui revenir avec une saveur nouvelle devant le miracle accompli ! Une traversée de trente-six jours (à partir des Canaries) avait dévoilé le secret de l'Océan, avait convaincu d'une ignorance égale les graves raisons des uns et les insultantes railleries des autres.

» Les bâtiments plièrent les voiles et s'arrêtèrent, attendant le jour. Colomb mit, le premier, le pied sur le sable, et se jetant à genoux, baisa la terre ; puis tirant son épée et déployant le drapeau d'Espagne, il prit possession de l'île au nom des souverains de Castille : il nomma cette île « Saint-Sauveur » (San Salvador, à 1,000 lieues des Canaries). Ensuite il découvrit Cuba et Haïti, à laquelle il donna le nom de Hispaniola ou Espagnola (petite Espagne). L'heure du triomphe avait sonné pour lui : les trois équipages lui prêtèrent serment d'obéissance; les transports d'enthousiasme et les manifestations de repentir éclatèrent de toutes parts. Il voyait enfin ses ennemis à ses pieds; il n'entendait plus que protestation de respect et de soumission, et que promesses du dévouement le plus aveugle. Lui que l'on avait qualifié de visionnaire et d'aventurier, se trouvait être un grand homme.

Quatre mois après, le 4 janvier 1493, il repartit pour l'Espagne avec les deux bâtiments qui lui restaient : la *Nigna* et la *Pinta*.

Ce retour fut, à tous égards, plus difficile que la première traversée. En cette circonstance, le hardi marin fit preuve d'une endurance et d'un sang-froid qui confinent au miracle. Une terrible tempête assaillit les deux petits bâtiments qui firent bientôt eau de toutes parts, n'étant pas construits pour les flots agités de l'Océan. Pendant deux nuits, ils furent promenés çà et là au gré des vagues monstrueuses, menacés sans cesse d'être engloutis ou mis en pièces. La *Pinta* disparut dans le trouble. Une terreur indicible s'était emparée de l'équipage; chacun se crut perdu. Au milieu de la tourmente, Colomb conservait son inaltérable présence d'esprit et, maître de lui, redoutant un naufrage, il relatait sur un morceau de parchemin, la découverte qu'il venait de faire; les pays dont il avait entrevu l'existence; en combien de jours et par quelle route le voyage s'était effectué. Ce parchemin cacheté et adressé au roi d'Espagne, il promit par écrit 1,000 ducats à qui le remettrait, ainsi fermé, à son adresse; il enveloppa la lettre d'une toile cirée et d'un gâteau de cire, et mit le tout dans un tonneau qu'il jeta à la mer.

Enfin, le 17 février, il aborda aux îles Açores; le 24, il se vit assailli par une nouvelle tempête. Cette fois la mort apparut certaine, inévitable, à tout l'équipage. La nuit suivante fut terrible et les malheureux marins se sentaient à dix pas de la terre! Cette terre même, tant désirée, leur faisait peur, illuminée par les éclairs, comme un écueil où la *Nigna* pouvait à tout moment se briser... Mais les éléments déchaînés s'étant peu à peu apaisés, les infortunés navigateurs entrevirent la délivrance, reprirent force et courage... et le 4 mars, Colomb se trouvait à l'embouchure du

Tage. Il obtint du roi Jean de mettre son bâtiment en sûreté dans le port de Lisbonne.

« Que de choses disait à l'imagination de tous, cette pauvre petite chaloupe fracassée qui portait les preuves vivantes de l'existence d'un Nouveau Monde : des hommes, des animaux, des plantes inconnues jusqu'alors et des objets en or. Après avoir fait le récit de son voyage au roi Jean, il remit à la voile et atteignit Palos le 15 mars — sept mois et demi après son départ. Le soir, arriva la *Pinta* qui avait été poussée sur les côtes de France. Jamais plus grande fête ne mit en liesse cette petite ville, la seule peut-être où l'on pensât encore à Colomb. Partout, sur son passage, il reçut les honneurs que l'on rendait au roi lui-même. »

Il partit ensuite pour Barcelone où se trouvaient le roi et la reine, traversant l'Espagne en triomphe. A son arrivée, les souverains se levèrent et quand il eut fini son récit, le roi lui conféra le titre d'amiral et de vice-roi, et anoblit sa famille.

Cet événement eut en Europe un retentissement considérable; les savants surtout l'apprirent avec des transports de joie et d'admiration.

Bien que sa tâche fût terminée, Colomb entreprit encore trois voyages. Le second se fit six mois après son retour, en septembre 1493, avec dix-sept vaisseaux et quinze cents hommes : mineurs, soldats, gentilshommes et douze prêtres sous la conduite du Père Boyle.

En débarquant, un triste spectacle s'offrit à ses yeux : Haïti et son port, la « Nativité », étaient dévastés. La garnison espagnole, qu'il avait laissée au fort, avait enlevé aux Indiens leur or, leurs femmes et leurs vivres, incendié les villages. Profondément attristé, mais résolu à réparer ces désastres qui le frappaient au cœur, il fit reconstruire une ville appelée Isabelle et obligea les nobles à y travailler comme les autres. De là un mécontentement qui provoqua le départ pour l'Europe, de douze vaisseaux; mécontentement qu'augmentèrent encore ses vues larges et humanitaires. Il voulait gouverner par la douceur, traiter humainement les Indiens si doux, si timides et si paisibles. Il se refusait à satisfaire les convoitises naissantes, la rapacité des aventuriers; il ne voyait que son roi, sa patrie, qu'il voulait enrichir. Son objectif était de fonder une colonie prospère et, dans ce but, de découvrir un détroit afin de pouvoir explorer la côte opposée. Malheureusement, ce passage n'existait pas.

Toutes ces conceptions lui créèrent d'implacables ennemis : il contrariait leur soif de l'or, leur esprit de lucre. S'enrichir des dépouilles des Indiens, tel était leur plan. Devant cette horde d'exploiteurs, les beaux projets de Colomb s'écrouleront et lui-même deviendra la victime de leur haine et de leur méchanceté. Ayant remis le gouvernement à son fils Diégo, il partit en exploration, côtoyant la côte méridionale de Cuba. Il découvrit la Jamaïque et compléta la connaissance des principales Antilles. Mais, contrarié dans ses voyages par le délabrement de ses vaisseaux et la mauvaise volonté de son équipage, il revint, épuisé par les veilles et les privations, après cinq mois de la navigation la plus pénible. Lorsqu'il débarqua à Haïti, il était dans un état d'anéantissement complet. Pour comble de malheur, des mécontents et, parmi eux, le commandant du fort Isabelle et le Père Boyle, avaient pris trois vaisseaux et étaient allés porter plainte en Europe. Alors les Indiens, qui avaient tant souffert, mirent à profit le départ des chefs pour se soulever contre la garnison. Les malheureux furent vaincus, traités comme un vil bétail et condamnés à tous les travaux. Cinq cents d'entre eux furent envoyés en Espagne comme esclaves, en même temps que tout l'or recueilli.

C'est alors qu'intervint le dominicain Las Casas, qui déploya un zèle infatigable pour adoucir les maux des Indiens opprimés. Forcé d'agir contrairement à ses idées, Colomb ne vit pas les pièges que lui tendaient ses ennemis en Espagne, dans le but de le discréditer et de le perdre. En exigeant de lui de tels actes, au point de le faire servir d'instrument d'extermination de la race indienne, ils exerçaient la plus cruelle des vengeances. Sur les dénonciations du Père Boyle, un commissaire fut envoyé pour examiner la conduite de l'amiral. Celui-ci revint en Espagne pour se justifier et confondre ses calomniateurs. Il y demeura deux ans.

Lorsqu'il voulut organiser le troisième voyage, il lui fut impossible de trouver des passagers pour le pays de l'or. Son étoile pâlissait grâce aux intrigues de ses ennemis. Dans cette situation désespérée, que fit-il? Il proposa de transporter à l'Espagnola, pour un certain nombre d'années, les malfaiteurs des prisons et des galères. Cette proposition, soutenue avec enthousiasme par ses ennemis qui y voyaient un dernier moyen de le perdre, fut aussitôt mise à exécution, sans examen, sans précaution.

L'intrépide navigateur partit le 30 mai 1498, avec trois vaisseaux. La fièvre et la goutte le prirent en chemin ; en outre, à l'approche de l'équateur, un calme étouffant survint tout à coup : l'air était comme une fournaise, le goudron fondait, les voiles se déchiraient, les provisions se gâtaient, la farine grillait, les tonneaux éclataient. Il fut obligé de changer de route à cause du désespoir de ses gens. Il parcourut la côte de l'Amérique méridionale, depuis l'embouchure de l'Orénoque jusqu'à Caracas, et revint à Espagnola, persuadé qu'il avait découvert un continent. Mais une douloureuse surprise l'attendait : il trouva les Espagnols divisés en deux camps ennemis et constata que les Indiens étaient cruellement traités. Chose triste à dire, il dut céder devant ses soldats révoltés. En même temps, deux bâtiments faisaient voile pour l'Europe, emportant ses plus redoutables ennemis. Ce départ fut suivi de l'arrivée de quatre bâtiments amenant une cohorte d'exploiteurs attirés par les richesses que Colomb avait envoyées. Ils étaient dirigés par le Florentin Améric Vespuce (Amérigo Vespucci). Le malheureux vice-roi comprit qu'on avait livré ses cartes et ses travaux, au mépris de ses privilèges ; il pressentit tout ce que cette conduite renfermait de menaces et de dangers pour lui. Les ennemis qu'il avait laissés partir conspiraient de leur mieux, secondés par les desseins secrets du roi. Il est vrai que, mû par un sentiment de sincérité et de loyauté, il signalait dans ses lettres, le désordre qui régnait dans la nouvelle patrie. Pour y mettre fin, il proposait l'esclavage comme mesure temporaire, et demandait l'envoi d'un jurisconsulte. On saisit ce prétexte pour lui envoyer, avec pleins pouvoirs, son plus mortel détracteur : Bobadilla (août 1500). A peine arrivé, celui-ci fit comparaître Colomb et ordonna qu'on lui mît les fers aux pieds et aux mains, puis le ramena ainsi en Espagne. Ce fut partout une explosion de surprise et de pitié ; on dut lui rendre la liberté. La reine, en le revoyant, ne put retenir ses larmes, et, aussitôt, elle intervint en sa faveur : il reçut 2,000 ducats et Bobadilla fut destitué. Rempli d'espoir, il s'attendait à retourner en triomphe à Saint-Domingue ; on eut la cruauté de le lui défendre. Toutefois, il entreprit un quatrième voyage, en mai 1502, à l'âge de soixante-six ans. Aussitôt débarqué, il organise une expédition vers le Mexique : il est obsédé par l'idée qu'il y a un détroit, et il persiste à le chercher. En cours de route, il est assailli par des tempêtes continuelles ; il tombe malade, et malgré cela gouverne de son lit la voilure ; il fait à peine 70 lieues en quarante jours. C'est alors qu'il découvre Costa-Rica ; mais des difficultés de tous genres l'obligent à rebrousser chemin et il débarque à la Jamaïque, où ses hommes révoltés l'abandonnent les uns après les autres, ne lui laissant que des malades, à lui, vieux et infirme. Enfin, en juin 1504, il revient à Saint-Domingue, puis, de là, à Espagnola.

« Quel contraste entre cette ile, telle qu'il l'avait vue d'abord et telle qu'il la revoyait à cette heure ! « J'apprends, dit-il dans une lettre au roi, que depuis que j'ai quitté cette île, il y est mort six naturels sur sept, tous par suite de mauvais traitements et de l'inhumanité. »

Brisé, le cœur meurtri, Colomb reprend le chemin de l'Espagne, en septembre 1504, et se retire à Séville. C'est en ce temps-là qu'il écrit à son fils Diégo : « Je ne reçois rien de ce qui m'est dû et je vis d'emprunts ; vingt années de fatigues et de dangers ne m'ont pas rapporté grand profit, puisque je n'ai pas un toit en Espagne. Je loge à l'auberge et, bien souvent, je n'ai pas de quoi payer mon écot. »

« Il tâchait en vain, dans ses lettres, d'attirer l'attention du roi sur l'administration désastreuse des colonies, le paiement de ses arrérages, la restitution de ses honneurs, l'avancement de ses compagnons. » Ses ennemis seuls étaient écoutés ; et puis ses infirmités ne lui permettaient pas d'aller à la Cour pour y défendre ses revendications. Plus tard, lorsqu'il y reparut, la reine était morte, et avec elle, sa dernière espérance.

Retombé malade, il adressa encore une lettre au roi, ne demandant plus rien pour lui, mais pour Diégo, son fils ; tout fut inutile. Il n'obtint rien non plus du nouveau roi de Castille. Cette suite de déceptions brisa les derniers ressorts de cette âme virile ; pauvre et délaissé, il s'éteignit à Valladolid, à l'âge de soixante-dix ans, sans avoir entrevu la grandeur réelle de ses découvertes. Jusqu'à son dernier jour, il crut qu'il était simplement parvenu à l'extrémité orientale de l'Asie, ignorant qu'il avait découvert un nouveau monde. Deux ans après, son fils Diégo intenta un procès au roi, le gagna devant le conseil des Indes, et fut nommé gouverneur de l'Espagnola.

NOTES EXPLICATIVES

1. GÊNES, ville d'Italie sur la Méditerranée, 235,000 habitants. Aspect magnifique et imposant. Port très commerçant. — 2. LISBONNE, capitale du Portugal, sur l'Atlantique, à l'embouchure du Tage; 356,000 habitants; vaste port très actif. Fut dévastée, en 1755, par un tremblement de terre. — 3. ANDALOUSIE, contrée riche et fertile, au sud de l'Espagne. — 4. CORDOUE, ville de l'Andalousie, sur le Guadalquivir; 58,000 habitants. — 5. ARABIE, péninsule à l'ouest de l'Asie méridionale; capitale La Mecque. C'est de l'Arabie que partit, au VIIe siècle, le mouvement musulman, grâce auquel la race arabe s'est répandue en Afrique et un moment jusque dans le midi de l'Espagne. — 6. SÉVILLE, ville de l'Andalousie, 148,500 habitants; monuments merveilleux. — 7. GRENADE, ville de l'Andalousie, 76,000 habitants. Fondée au Xe siècle. — 8. PALOS, bourg d'Espagne, 2,500 habitants. Ancien petit port sur la Méditerranée. — 9. CANARIES, groupe d'îles de l'océan Atlantique; capitale Las Palmas; climat délicieux. — 10. BÉHEM ou BEHAIM, Martin, célèbre cosmographe et navigateur allemand (1416-1474); né à Nuremberg. Imagina un instrument qui servait autrefois à observer la position des astres et à déterminer leur hauteur au-dessus de l'horizon. — 11. BOUSSOLE, en italien : *bossolo* (petite boite; diminutif de *bosso* = buis; primitivement : petite boite en buis).

Lorsque ses mouvements sont libres, l'aiguille aimantée obéit aussitôt à l'influence du magnétisme terrestre et ses deux extrémités se dirigent vers les deux pôles. Toutefois, sur tous les points du globe, elle ne se dirige pas d'une manière absolue vers le nord ; cette direction éprouve des variations. Son inclinaison s'est faite peu à peu vers l'ouest (phénomène ignoré de Christophe Colomb). Quelques auteurs attribuent son invention au Napolitain Flavio Gioja (XIIIe siècle) ; d'autres prétendent qu'elle fut importée en Europe par le Vénitien Marc Polo, qui l'aurait rapportée de la Chine. Ces deux assertions sont erronées, car il est évident, par un passage de Guyot de Provins, poète du XIIe siècle, que la boussole ou marinette (comme il la désigne) était connue antérieurement à l'époque où vécurent Gioja et Polo. Ce qui paraît acquis, c'est que les Chinois se servaient des propriétés de l'aiguille aimantée, douze cents ans avant notre ère, pour se diriger dans leurs voyages sur mer et sur terre. Sans doute, la connaissance de la boussole nous est venue de ce peuple par les Arabes qui nous ont appris tant de choses.

Le célèbre Halley a consacré de longues études à fixer les lois des variations de la boussole. De nos jours, cet instrument a reçu de grands perfectionnements. — 12. ÉTOILE POLAIRE, étoile ainsi nommée parce qu'elle est à une très petite distance du pôle. Elle indique le nord. — 13. ÉCU, ancienne monnaie dont la valeur variait suivant les temps et les lieux. — 14. CASTILLE, contrée d'Espagne, ville principale : Madrid. — 15. VISIONNAIRE, celui qui croit percevoir par des moyens surnaturels des choses cachées aux hommes. — 16. PARCHEMIN, du nom de Pergame, ville de l'Asie Mineure où l'on préparait es peaux de chèvre et de mouton pour recevoir l'écriture. — 17. AÇORES, archipel de l'océan Atlantique (au Portugal). — 18. TAGE, fleuve d'Espagne et de Portugal. Longueur : 1,000 kilomètres. — 19. BARCELONE, beau port d'Espagne, sur la Méditerranée; 553,000 habitants. — 20. ANTILLES, archipel entre les deux Amériques (Cuba, Haïti, Jamaïque, Guadeloupe, Martinique, Trinité, Porto-Rico). — 21. LAS CASAS, Barthélemy, prélat de l'ordre des Dominicains, né à Séville en 1474 ; mort à Madrid en 1566. S'est rendu immortel par un zèle héroïque en faveur des Indiens opprimés par ses compatriotes. Embarqué avec Christophe Colomb, il accompagna dans leurs expéditions les premiers conquérants de l'Amérique, répara autant qu'il le put les maux de la guerre et ne revint en Espagne qu'après avoir passé cinquante ans dans le nouveau monde (1551), et, on peut le dire, dans l'exercice de la charité. On a de cet homme de bien plusieurs ouvrages, tous dictés par un ardent amour de l'humanité. — 22. Orénoque, fleuve de l'Amérique du Sud, dans le Vénézuela; se jette dans l'Atlantique (2,800 kilomètres).— 23. Caracas, capitale du Vénézuela, 72,000 habitants. — 24. Améric Vespuce (Amérigo Vespucci), visita quatre fois le nouveau monde ; ami de Colomb; accusé faussement d'avoir donné son nom à l'Amérique. L'idée de désigner du nom d'Amérique le nouveau continent, a été imaginée par un éditeur lorrain, à l'instigation, dit-on, des ennemis de Colomb, qui fut victime, longtemps encore après sa mort, de leur dédain et de leur rancune. — 25. Jurisconsulte, celui qui est versé dans la science des lois et fait profession de donner son avis sur des questions de droit. — 26. Ducat, monnaie d'or valant 10 à 12 francs. Les premiers furent frappés à Venise, au XIIIe siècle. — 27. Valladolid, ville d'Espagne, 69,000 habitants. — 28. Les restes de Christophe Colomb, transportés, en 1536, à Saint-Domingue, auraient été, après l'expulsion des blancs (1795), transférés à la Havane, d'où ils furent rapportés en Espagne, en 1899, et déposés dans la cathédrale de Séville. La ville de Gênes (port d'Italie sur la Méditerranée, 235,000 habitants) lui a élevé un monument remarquable de forme et de conception.

N. B. — « D'aucuns reprocheront à Colomb de n'avoir pas eu l'idée, lorsqu'il conçut son hardi projet, de rendre service à l'humanité. Il eut d'abord soin, dit-on, de stipuler pour lui et ses héritiers, des conditions vraiment royales. Il eut ensuite à cœur de porter la foi catholique jusqu'aux antipodes (anti = opposé ; podos = pied. Lieu de la terre diamétralement opposé à un autre lieu.) et d'arracher le Saint Sépulcre aux infidèles. Sans doute, mais ceux qui jugent de la sorte, oublient que les hommes de génie eux-mêmes, qui ne sont que des esprits plus patients et plus clairvoyants que les autres, subissent l'influence des milieux individuels (le milieu individuel comprend les instincts de l'homme, plus ou moins corrigés par l'éducation) et social (le milieu social se compose de l'état des mœurs, du degré de lumière, des idées ou des préjugés régnants d'une époque, enfin, ce qu'on pourrait nommer l'atmosphère morale de la société à une époque donnée). Les exigences de Colomb sont de l'homme; ses croyances sont de l'époque. » Comme le dit Hoëfer, il n'est pas seul dans ce cas ; et le savant écrivain ajoute : « Ce n'est point par ses intentions égoïstes et toutes personnelles, c'est par les conséquences de ses actions dont, de son vivant, il ne comprenait pas lui-même toute la portée, que ce héros de l'histoire a été conduit, à son insu, en quelque sorte malgré lui, à servir l'humanité. En résumé, ce sont les résultats ultérieurs (après ; contraire de antérieur) de sa découverte qui en ont fait un bienfaiteur.

» Mais à côté de ce titre de gloire posthume (post = après; humus = terre; naître après la mort), il est un autre titre indiscutable et qui importe avant tout, c'est celui de « professeur d'énergie ». Jamais homme d'action n'a incarné à un tel degré l'esprit d'observation aussi pénétrant, aussi soutenu ; la puissance du sentiment de la responsabilité, l'intensité du sang-froid, l'acceptation de tous les sacrifices supportés avec une résistance morale qui déroute. Par le double idéal d'ordre matériel et d'ordre philosophique dont il poursuit la réalisation, il a montré que tout homme qui n'a point devant lui un but bien défini, un rôle à jouer, une mission à remplir, en un mot une raison de vivre, est incapable non seulement de grandes choses, mais de quoi que ce soit.

» Colomb est un type ; c'est la saisissante image du génie aux prises avec l'erreur ou l'inconnu ; c'est l'Hercule de la légende transporté dans le domaine de la réalité.

» Entrant à pleines voiles dans cet océan de ténèbres que la fable avait peuplé de démons, il fit preuve d'une bravoure bien plus grande que celle qu'on pourrait déployer sur un champ de bataille, car ici, quelque fort que soit l'ennemi, on ne perd jamais, encouragé par des précédents, l'espérance de vaincre.

» Mais là, point de précédents, c'était tout à fait l'inconnu qui, selon le mot de César, « épouvante tous les hommes ». En voyant la boussole, l'infaillible guide du navigateur, changer soudain de direction, Colomb se croyait lui-même à l'entrée d'un monde où les lois de la nature paraissaient interverties. Il est atterré, mais ne perd point contenance ; il est bouleversé, mais il sourit. Il sait maîtriser le trouble qui l'agite et le torture et, par son calme apparent, il assure le succès de l'expédition.

» Ce ne fut là que la moindre de ses victoires. Pendant vingt ans, cet homme vraiment grand a été, pour ses contemporains, un objet de raillerie ou de pitié ; pendant vingt ans, il a mendié aux portes des rois la faveur de doter le genre humain d'un nouveau monde ; pendant des années, sa constance est mise à l'épreuve ; on le raille : il résiste; on le bafoue, on le traite de fou : il résiste encore. Les objections les plus burlesques lui sont opposées : il résiste toujours. Enfin, il part, emportant avec lui l'incrédulité et la pitié de ses compatriotes.

» Il triomphe enfin, mais il sera abreuvé d'ingratitude et traité comme un malfaiteur. Puis, terrassé par les maladies, abandonné de tous, il s'en ira mourir misérablement dans un coin isolé de l'Espagne, en reportant, avant de disparaître, son dernier et suprême espoir sur son fils. »

BIBLIOGRAPHIE

1. HOËFER, *l'Homme devant ses œuvres*. Edit. Mapon, Paris. — 2. Documents (Bibliothèque royale de Madrid). — 3. DUCLAU, *Christophe Colomb. Sa vie, ses voyages*. Edit. Ardant, Limoges. — 4. HARRISSE, Henry, *Christophe Colomb. Son origine, sa vie*. Paris, 1884.

VOYAGES — EXPLORATIONS

NOTICE HISTORIQUE

Longtemps, on a cru que Christophe Colomb avait eu l'intuition de l'existence d'un monde autre que celui de l'ancien continent et que, partant de cette conviction, il avait résolu de le découvrir. Cette erreur, comme beaucoup d'autres, d'ailleurs, tombe devant l'évidence des faits et des documents irrécusables.

En effet, Colomb, fasciné par les récits merveilleux qu'il avait lus sur les richesses et la prospérité magique des Indes, n'eut plus qu'une idée ; idée fixe, tenace : se rendre dans ces contrées lointaines tant vantées par les Anciens, non plus en se dirigeant vers l'est comme on le faisait alors, mais par l'ouest, en traversant l'océan Atlantique, cet Océan considéré jusqu'alors comme une barrière infranchissable. Ce qui fortifiait plus encore sa conviction, c'est qu'il croyait comme ses contemporains que la terre était plus petite qu'elle ne l'est en réalité et que, par suite, la distance qui sépare le Portugal de l'Asie, vers l'ouest, était plus courte que l'autre. Les savants et des navigateurs célèbres prétendaient qu'en suivant cette voie on pourrait, en trois semaines, se rendre de Lisbonne aux Indes.

Les quatre voyages que fit Colomb le laissèrent dans ces erreurs. Rien d'étonnant à cela, car les richesses incalculables, éblouissantes que recélaient les pays où il aborda, venaient confirmer les histoires fantastiques de l'Inde. C'est ainsi qu'il mourut avec la conviction qu'il était parvenu en Asie et par conséquent, sans savoir qu'il avait découvert un nouveau monde.

Au reste, il est acquis qu'au vi[e] siècle, une mission, venue de Chine, essaya de convertir à la religion bouddhiste la côte ouest de l'Amérique du Nord (Californie et Mexique). Qu'en outre, en 628, des pêcheurs norvégiens découvrirent l'Islande et au ixe siècle, abordèrent les côtes septentrionales du nouveau monde, mais sans se rendre compte de leur trouvaille et sans se préoccuper de ce que pouvaient être ces terres rencontrées au hasard.

Ces explorations n'eurent donc aucun résultat quant aux relations de peuple à peuple, n'ayant pas ce caractère attrayant qui attire la foule.

A l'époque où apparut Colomb, de nombreux et importants voyages maritimes avaient déjà été entrepris, mais les navigateurs ne s'éloignaient guère des côtes; le regard fixé sur la terre ferme, ils éprouvaient une sécurité qui apaisait leurs craintes et dissipait les appréhensions de l'inconnu. C'étaient des explorateurs d'avant-garde, et leurs découvertes étaient autant de sentinelles posées pour inspirer confiance. C'est ainsi que, au moment où Colomb entre en scène, le Portugal a, à son actif, une série de découvertes qui auront une influence sur l'esprit du marin génois.

En 1412, les marins portugais descendent en Afrique. Pendant le trajet, ils s'aperçoivent que l'océan Atlantique, qu'on avait pris jusque-là pour une barrière, est un chemin. Quelques bâtiments se détachent et longent la côte au couchant. Ils passent au cap Non. Un peu plus loin, les rochers du cap Bojador les épouvantent : c'est assez vu pour une fois; ils reviennent tout joyeux d'avoir compté 60 lieues de côtes nouvelles (les îles Canaries qui sont à plus de 50 lieues du cap Non que les Espagnols connaissaient depuis longtemps, mais il ne s'en était suivi aucune autre découverte).

Les résultats de ce premier essai sont immenses; l'impulsion est donnée. Bientôt un fils de roi s'en mêle, le célèbre prince Henri. Il fonde une école de marine et se bâtit un observatoire à la pointe même du Portugal. Un vaisseau repart en 1418; les Portugais abordent une petite île qu'ils nomment Port-Saint (Porto-Santo). L'année suivante, ils aperçoivent une autre île qu'ils nomment Madère. Une fois en pleine mer, ils doublent, en 1434, le cap Bojador qui, depuis vingt ans, les effraie. Ils atteignent le cap Blanc, puis le cap Vert. En 1446, ils découvrent les îles du Cap-Vert, à plus de 100 lieues de la côte; en 1449, découverte des Açores, à plus de 300 lieues.

Tels sont les progrès réalisés en moins de quarante ans; la hardiesse des deux dernières découvertes surtout étonne. Il est vrai que le prince Henri avait ordonné l'usage de la boussole. Mais un grand exemple manquait encore pour que les hommes perdissent de vue la terre, sur la foi de ce nouveau guide. Cet exemple, les Portugais le donnèrent, incités par un prince dont la devise était : « Habileté pour faire le bien ».

En 1471, ils passent l'équateur sans danger, et, en 1484, ils s'avancent de 500 lieues au delà de l'équateur. C'est alors que surgit le projet de tourner l'Afrique pour arriver aux Indes. Voilà la grande question qui émeut tous les esprits éclairés, que le Portugal veut résoudre, que le Portugais Vasco de Gama résoudra.

C'est à cette époque que Colomb propose au roi de Portugal de chercher, à l'ouest, un chemin maritime pour aboutir aux Indes. Une telle proposition, de la part du hardi pilote, ne doit pas étonner. A un caractère bien trempé, un esprit de décision irrésistible, il joignait une certaine culture intellectuelle. Il avait lu la remarquable relation de voyage de l'illustre explorateur vénitien Marco Paolo, qui avait traversé l'Asie par la Mongolie et était revenu par Sumatra (1254-1323). En outre, il se tenait au courant de tous les récits de voyages et faisait son profit des découvertes portugaises. Les moindres nouvelles du couchant étaient pour lui des lumières précieuses : un Portugais de Madère prétendait avoir vu trois îles à 100 lieues de distance vers l'ouest ; un pilote du port Sainte-Marie assurait que, dans un voyage d'Irlande, il avait aperçu, au couchant, une terre, prise par l'équipage, pour l'extrémité de la Tartarie (toujours et toujours l'Asie) ; un autre, à 450 lieues ouest du cap Saint-Vincent, avait pêché un morceau de bois sculpté d'une façon toute particulière. Le beau-frère de Colomb, pilote distingué, avait vu, à Porto-Santo, un morceau de même genre apporté par les courants d'ouest ; les mêmes courants avaient amené à cette île des roseaux d'une grandeur extraordinaire et tels que les Anciens disent que l'on en trouve aux Indes. Les vents d'ouest avaient poussé vers les Açores d'énormes troncs de pins comme il ne s'en trouve pas dans ces parages. Enfin, sur la côte de l'une de ces îles, avaient été jetés deux cadavres humains n'appartenant à aucune des races connues. Ajoutons à cela que Colomb connaissait l'opinion de Platon, d'Aristote, de Sénèque, qui pressentaient l'existence d'autres terres ; qu'il n'ignorait pas ce remarquable passage de Roger Bacon, écrit deux siècles et demi avant la découverte de l'Amérique : « La mer ne couvre pas les trois quarts de la terre ; un quart donc au moins doit se trouver au-dessous de nos régions habitées. L'Ouest

est plus rapproché de l'Occident qu'on ne le suppose ; la mer qui les sépare est relativement petite et n'atteint pas la moitié de la sphère terrestre. Mais quel est cet intervalle ? C'est ce qui n'a pas été mesuré de nos jours et nous ne le trouvons pas davantage dans les livres des Anciens. Faut-il donc nous étonner qu'une grande partie de la terre nous soit encore inconnue ? »

Tels furent la préparation et l'entraînement moral et intellectuel de Colomb.

Mais quels que soient l'intérêt et l'importance de toutes ces données et de ces faits, ils ne peuvent rien enlever à la gloire du célèbre marin génois, dont la ferme confiance, l'invincible ténacité, l'indomptable énergie pouvaient seules mener à bonne fin une entreprise en apparence aussi chimérique. Avec lui, s'ouvrait l'ère des grandes explorations.

VASCO DE GAMA.
(Musée de Lisbonne.)

En 1497, Vasco de Gama doubla le cap des Tourmentes, appelé depuis, cap de Bonne-Espérance (sud de l'Afrique), et découvrit ainsi la route maritime des Indes.

En 1500, Pedro Alvarès Cabral atteignit le Brésil et en 1513, Numez de Balboa aperçut l'océan Pacifique du haut des montagnes de Panama. Il appartenait à Magellan d'entreprendre le premier voyage de circumnavigation, en pénétrant dans cet océan Pacifique, inconnu jusqu'alors, non par le détroit imaginaire de Colomb, mais en tournant l'Amérique du Sud, comme Vasco a tourné l'Afrique. Après avoir traversé l'océan Atlantique, il toucha au continent américain, franchit au sud de ce continent le détroit qui porte son nom. Après avoir parcouru l'océan Indien, il aborda aux îles Philippines où il fut tué par les sauvages. Mais ses vaisseaux revinrent en Europe par l'océan Indien, le cap de Bonne-Espérance et l'océan Atlantique.

Le voyage avait duré trois ans, tandis qu'on peut aujourd'hui l'accomplir en cinquante jours. Son vaisseau, parti de l'Espagne du côté où le soleil se couche, revint par le côté où le soleil se lève. Il avait fait le tour du monde : preuve palpable et indiscutable de la rondeur de la terre. Alors apparaitront les Copernic, les Galilée, les Keppler et les Newton pour nous dire le chemin que fait dans le ciel cette terre qu'on croyait immobile, et nous expliquer le mystère de ces antipodes qui ne sont plus une fable.

Au XVIe siècle, les Hollandais se révèlent comme des marins de premier ordre. Ils font de lointains voyages aux Indes orientales, en Chine, en Amérique; puis l'Angleterre apparait sur toutes les mers : la science nautique fait des progrès de plus en plus rapides.

Cook (James), fils d'un garçon de ferme, navigateur anglais, né à Marton en 1728. Apprenti mercier, il ne connaissait que la lecture et l'écriture lorsqu'il s'embarqua comme mousse à bord d'un navire charbonnier, pour entrer plus tard dans la marine royale.

Il accomplit trois voyages d'une importance capitale au point de vue géographique, par les travaux qu'il exécuta pour fixer la position des terres connues et de celles qu'il découvrit.

FERNAND DE MAGELLAN.
(Musée de Lisbonne.)

C'est lui qui, avec l'explorateur de l'Arabie, Niebuhr, voyageur allemand (1733-1815), ouvrit l'ère des voyages scientifiques, succédant aux voyages de découvertes.

Dans son premier voyage (1768-1771), il explore l'océan Atlantique, découvre la Nouvelle-Zélande, étudie la côte de la Nouvelle-Hollande ou Australie et retourne en Angleterre par l'océan Indien, renouvelant ainsi l'exploit de Magellan. Le deuxième voyage (1772-1775) le porte vers le pôle Sud; il précise la position de plusieurs iles (Nouvelles-Hébrides et Nouvelle-Calédonie), puis se dirige vers le cap Horn sans rencontrer le nouveau continent austral en l'existence duquel il croyait; de là, il arrive au cap de Bonne-Espérance. En 1776, il s'applique à savoir s'il est possible ou non, de naviguer aux extrémités de notre hémisphère et en particulier s'il existe un passage au nord, entre l'océan Atlantique et le Pacifique. Traversant encore le Grand Océan, il découvre les îles Sandwich, explore la côte occidentale de l'Amérique du Nord, longe la presqu'île d'Alaska, pénètre par le détroit de Behring dans l'océan Glacial où la banquise l'arrête. Revenu ensuite pour hiverner aux îles Sandwich, il y périt, assassiné par les indigènes (1779).

Ses voyages scientifiques de circumnavigation ont fait pro-

JAMES COOK.
(Galerie Nationale de Peinture, Londres.)

gresser la connaissance du Grand Océan, en ont fixé la carte et ont révélé l'existence d'un hémisphère océanique sur le globe.

La Pérouse (Jean-François). Célèbre navigateur français, né à Albi en 1741. Chargé par Louis XVI d'un voyage de découvertes (rechercher le passage du nord-ouest de l'Amérique et faire connaître les parages du Japon et le sud-ouest de la Nouvelle-Zélande), il part de Brest en 1785, double le cap Horn, relâche au Chili, arrive aux îles Sandwich (1786), gagne la côte nord-ouest de l'Amérique et reconnaît l'entrée de la rivière de Behring. Fin de 1786, il regagne la mer du Japon, touche aux Philippines, puis reconnaît la côte japonaise, le détroit de Corée et enfin le Kamtchatka. En 1787, une nouvelle campagne l'amène vers l'archipel des Navigateurs, enfin à Botany-Bay (Sydney), qu'il quitta en 1788. Ce fut la dernière étape et l'on n'entendit plus parler de l'expédition.

Dumont d'Urville (1790-1843). Né à Condé-sur-Noireau (France). Chargé de retrouver La Pérouse, il découvre les débris de ses navires (1826-1829) aux abords d'une île des Nouvelles-Hébrides. En explorant l'Archipel et la mer Noire (1819), il signala la découverte de la Vénus de Milo au gouvernement français qui acheta cette admirable statue. De 1822 à 1825, il accomplit un voyage scientifique de circumnavigation ; enfin, de 1837 à 1840, il entreprit, dans les régions australes, une admirable et périlleuse exploration qui lui valut les plus hautes distinctions.

JEAN-FRANÇOIS DE LA PÉROUSE.

Humboldt (Alexandre de), né et mort à Berlin (1769-1859). Savant célèbre par l'universalité de ses connaissances et par ses voyages.

Comprenant qu'il y a encore plus à apprendre dans le livre de la nature que dans les écrits des hommes, il parcourut d'abord l'Allemagne, la Hollande, l'Angleterre et les deux rives du Rhin. Il alla ensuite en Italie, explora la Suisse et les Alpes, et enfin, se rendit à Paris. Vers la fin de 1798, il passa en Espagne et de là en Amérique avec Aimé Bonplan. Il arriva dans le nouveau monde en 1799. Il explora d'abord la Nouvelle-Andalousie, la Guyane espagnole et les missions des Caraïbes, portant son attention sur tous les objets et les

DUMONT D'URVILLE.

phénomènes de nature à intéresser la botanique, la minéralogie, la géologie, l'astronomie, la physique générale et l'ethnographie.

En 1801, il se dirigea vers la chaîne des Cordillères (côte occidentale de l'Amérique du Sud, sur une longueur de 7,500 kilomètres) et après des marches longues, difficiles, pénibles et souvent très périlleuses, il atteignit le mont Chimborazo (6,530 mètres) et s'éleva à une hauteur de 6,500 mètres au-dessus du niveau de la mer. En 1803, il parcourut le Mexique dans tous les sens. Plus tard, on le vit successivement à La Havane, à Philadelphie et dans les différentes parties de l'Amérique septentrionale. Après six ans d'absence, il revint en Europe avec d'immenses matériaux de tous genres et se fixa à Paris pour en faire la publication (1805).

ALEXANDRE DE HUMBOLDT.
(Musée de Berlin.)

Il vécut longtemps en France, protégé par le Gouvernement, aimé et honoré des savants. Il ne retourna en Prusse que vers la fin de 1826; mais il ne tarda pas à quitter de nouveau son pays pour visiter l'Asie centrale. En effet, vers la fin de 1828, il entreprit, avec Ehrenberg et Gustave Rose, un voyage de 18,000 kilomètres à l'Oural, à l'Altaï, aux frontières de la Zangarie chinoise et aux bords de la mer Caspienne. Il rentra à Paris en 1837 et ne quitta cette ville qu'en 1847 pour retourner à Berlin.

Les services que ce savant n'a cessé de rendre à la science, durant sa longue carrière, méritent d'être succinctement énumérés : l'astronomie lui doit des observations sur les distances lunaires, sur les éclipses des satellites de Jupiter, sur l'immersion de Mercure; ses recherches sur la distribution des plantes suivant les latitudes et suivant les hauteurs absolues du sol, en ont fait le principal créateur de la géographie botanique; il a changé la face de la géographie physique par sa découverte des lignes isothermes (*isos* = égal; *thermos* = chaleur), par ses recherches sur la position de l'équateur magnétique, par ses innombrables observations barométriques et thermométriques, par les belles cartes qu'il a faites. Les cabinets de zoologie, de botanique et de minéralogie ont été, en Allemagne et en France, enrichis par lui d'une foule d'espèces exotiques. Enfin, l'histoire lui est redevable de nombreux renseignements sur les monuments et la civilisation des Aztèques, des Toltèques et des Péruviens.

Comme homme, comme caractère, Humboldt a été des plus honorables. Il a donné souvent, dans le cours de sa vie, des preuves d'un noble désintéressement et d'une disposition constante à faire du bien à ses semblables. Il n'a usé de l'immense crédit dont il a joui que pour servir ses amis, défendre les opprimés et protéger les savants.

Sa haute et vaste intelligence s'est conservée tout entière dans une belle vieillesse, malgré cinquante années d'une activité dévorante et d'un labeur surhumain. Une existence aussi bien et aussi noblement remplie renferme de précieux enseignements si l'on réfléchit un instant à la somme de courage, d'endurance, d'inaltérable vaillance et d'incomparable dévouement à la science qu'il a fallu à cet homme d'élite. Toutes choses d'autant plus méritoires et plus dignes d'admiration que, à cette époque, il n'existait ni chemins de fer, ni bateaux à vapeur et que la plupart des régions étaient inexplorées et parsemées de difficultés de tous genres.

L'énergie morale, une volonté bien arrêtée, un intense amour de la science avaient suffi à de Humboldt pour affronter tous les obstacles et les vaincre.

Le succès appartient aux audacieux dès qu'ils sont guidés par un noble but et des sentiments élevés.

Livingstone (David), missionnaire et voyageur anglais, né en 1813, à Blantyre (Ecosse); explora l'Afrique centrale et australe.

A dix ans, il travaillait dans une filature de coton. Aimant passionnément l'étude, il apprend seul les langues, puis il étudie la médecine. En 1838, il entre dans la Société des missions de Londres; il s'embarque pour l'Afrique en 1840, et s'établit au Cap. Vers le milieu de 1849, il commença la série des admirables voyages qu'il devait poursuivre jusqu'à sa mort. Du Cap, il se dirige vers le nord, arrive au lac Ngami et, remontant le haut Zambèze, traverse le continent jusqu'à Saint-Paul de Loanda. Plus tard, il explora le Zambèze, reconnut le Nyassa et se mit à la recherche des sources du Nil. De 1866 à 1870, le bruit de sa mort se répandit. Stanley, chargé de le retrouver, le rejoint sur les bords du lac Tanganika, en 1871. C'est là qu'il mourut en 1873.

Livingstone a exposé ses voyages dans trois ouvrages d'une importance capitale : 1° *Voyages et recherches d'un missionnaire dans l'Amérique méridionale (1859)* ; 2° *Relation de l'exploration du Zambèze et de ses affluents (1866)*; 3° *Dernier journal (1875)*.

DAVID LIVINGSTONE.
(*Musée d'Edimbourg.*)

Les efforts qu'il a déployés pour combattre la traite des noirs et pour moraliser ceux-ci, le rangent au premier rang des bienfaiteurs de l'humanité.

Son corps, rapporté à Zanzibar, fut transporté de là en Angleterre et inhumé dans l'abbaye de Westminster (le Panthéon anglais).

Stanley (de son vrai nom John Rowland), journaliste et voyageur anglais, né en 1840, à Denbigh (pays de Galles), d'une mère si pauvre que la malheureuse femme fut obligée de le placer dans un hospice. Après une vie de luttes, de privations et d'un labeur surhumain, il devint journaliste et explorateur. Son intrépide vaillance, son infatigable constance en ont fait un symbole de suprême énergie. En 1869, le directeur d'un journal anglais le chargea (il était alors en Abyssinie), de se rendre sans retard dans l'Afrique équatoriale et d'y retrouver Livingstone dont on n'avait plus eu de nouvelles précises depuis trois ans. Sans hésiter, il s'embarque ; assiste à l'inauguration du canal de Suez, visite la Palestine, la Turquie, la Russie méridionale, la Perse ; gagne l'Inde et enfin Zanzibar en 1871. Il pénètre en Afrique et retrouve

Livingstone sur les bords du lac Tanganika. Il rentre en Europe; va, avec Wolseley, général anglais, chez les Achantis, assiste aux funérailles de Livingstone, retourne à Zanzibar pour continuer les recherches de son compatriote, traverse l'Afrique et descend le Congo jusqu'à l'océan Atlantique (1877).

Il remonte ensuite le fleuve jusqu'à Stanley-Pool, découvre le lac Léopold II, passe avec les chefs des tribus noires riveraines du fleuve, des traités qui assurèrent à l'Association africaine la possession de la rive gauche du Congo. Il revient ensuite en Europe, puis, en 1887, va au secours d'Emin Pacha (explorateur égyptien, né à Neisse [Silésie] en 1840, assassiné par un Arabe en 1892), prisonnier des Arabes; traverse la forêt équatoriale (160 jours), et sollicite Emin Pacha à revenir avec lui à Zanzibar (1888), mais celui-ci refuse. C'est à partir de cette date que Stanley renonça à la vie d'explorateur. Cet homme extraordinaire par son énergie, son endurance, sa vaillance héroïque, mourut en 1904.

JOHN STANLEY.

Outre ses nombreuses relations de voyage, on lui doit une œuvre qui s'impose à l'attention de tous et qui a pour titre : *Comment j'ai retrouvé Livingstone*. Sa vie, ses aventures et ses voyages ont été relatés par l'explorateur africain Adolphe Burdo, dans une étude des plus émouvantes.

Enfin apparaît Fulton; avec lui, une révolution va s'opérer dans l'art de la navigation; les expéditions hardies et pleines de grandeur vont se multiplier. L'Ecossais Mac Clure (1807-1873), de la marine des Etats-Unis, traverse, en 1853, le détroit de Behring, entre l'Asie et l'Amérique. Il parcourt, partie en vaisseau, partie en traineau, l'océan Glacial Arctique, et arrive dans l'Atlantique.

Cette expédition avait été organisée pour retrouver les traces de la mission de John Franklin (1786-1847), navigateur anglais, parti en exploration au pôle Nord, où il périt en 1847. Ces tentatives permirent à Mac Clure de franchir, le premier, en 1850, le passage du nord-ouest entre le Groenland et l'Amérique.

Nordenskiold, navigateur et naturaliste suédois, né à Helsingfors en 1832, s'embarque en 1879 sur la Vega ; s'engage dans l'océan Glacial Arctique, passe au nord de l'Europe et de l'Asie, et arrive au détroit de Behring, réalisant ainsi pour la première fois, le passage du nord-est. De là, il revient en Suède par le Grand Océan, l'océan Indien, le canal de Suez, la Méditerranée et l'Atlantique.

JOHN FRANKLIN.

Nansen, explorateur et naturaliste norvégien, né à Christiania (1861); explore d'abord le Groenland en 1888. En juin 1893, il quitte de nouveau Christiania et s'embarque à bord du *Fram*, pour essayer d'atteindre le pôle Nord. Il suit d'abord l'itinéraire de Nordenskiold, le long des côtes septentrionales de l'Europe et de l'Asie jusqu'aux îles de la Nouvelle-Sibérie. Son navire étant pris dans les glaces, Nansen se laissa alors entraîner vers le nord par la lente dérive des banquises que les courants charrient à travers l'inconnu du bassin polaire. Il parvint ainsi jusqu'à 420 kilomètres du pôle. Il revint hiverner à la terre François-Joseph et fut rapatrié par un navire anglais au moment où le *Fram*, enfin échappé à la banquise dans les parages du Spitzberg, regagnait aussi la Norwège, en septembre 1896. Nansen s'était préparé depuis longtemps à la périlleuse entreprise, en s'adonnant aux études scientifiques et à des exercices physiques continus.

ADOLF NORDENSKIOLD.
(Musée de Stockholm.)

Précédemment, trois navigateurs anglais avaient tenté la même aventure : Parry, en 1827, est parvenu à 805 kilomètres du pôle Nord ; Nares, en 1876, à 739 kilomètres ; Greely, en 1882, à 731 kilomètres ; le duc des Abruzzes, explorateur italien, en 1900, à 382 kilomètres; Peary, navigateur américain, en 1906, à 300 kilomètres; enfin en 1909, Peary, et Cook, son compatriote, s'approchèrent très près du pôle Nord, mais sans y atteindre, comme ils l'ont prétendu, sans donner de preuves.

Des explorations ont été également entreprises en ces dernières années, au pôle Sud, d'abord par le navigateur anglais Scott, qui, en 1902, s'arrêta à 850 kilomètres du Pôle, puis par l'explorateur belge Adrien de Gerlache, qui a publié le récit de son voyage dans un livre intitulé : *Quinze mois dans l'Antarctique* (Bruxelles, 1902), — ensuite par le navigateur français Jean Charcot, en 1910.

FRIDTJOF NANSEN.

Signalons, enfin, le retour triomphal de l'explorateur anglais Shackleton qui, le 8 janvier 1909, s'est avancé jusqu'à 178 kilomètres du pôle Sud, à plus de 3,000 mètres d'altitude. Enfin, le 11 décembre 1911, le Norvégien Roald Amundsen atteignit le pôle Sud. Il était parti le 15 juillet 1910, sur le *Fram*, célèbre navire de Nansen. Auparavant il avait fait partie de l'expédition de Gerlache, et ensuite découvert le passage nord-ouest, de l'océan Atlantique au Pacifique.

Il se pourrait que l'Anglais Scott, déjà cité, eût atteint, presque en même temps, le pôle Sud.

ADRIEN DE GERLACHE.

L'épopée polaire de Shackleton, d'Amundsen et de Scott a révélé la nature de la calotte antarctique, comme celle de Nansen l'avait fait pour la calotte arctique. Grâce à ces explorateurs, on sait que, aux deux pôles, l'écorce terrestre présente une opposition complète de forme. « Dans l'Arctique on se trouve en présence d'un océan gigantesque couvert de banquises. A travers ces entassements de glace, il est impossible de s'ouvrir un passage avec un navire et, sur ces chaos de blocs, la marche demeure soumise aux vicissitudes les plus décourageantes, car ces masses mouvantes refoulent constamment les explorateurs vers le sud. Dans l'Antarctique, au contraire, la pénétration se présente dans des conditions plus favorables. Autour du pôle Sud, en effet, s'étend un immense continent grand comme l'Europe et la moitié de l'Australie réunies, et entièrement recouvert de glaciers. » Ces énormes nappes de glace sont certes d'un parcours très difficile, mais là, au moins, on se trouve sur un terrain stable qui permet d'utiliser des traîneaux automobiles et des poneys, comme l'a fait le lieutenant anglais.

Phot. Boyer, Paris.
JEAN CHARCOT.

Le mystère qui plane sur le pôle antarctique est donc bien près d'être dévoilé; ce n'est plus qu'une question de temps, de moyens suffisants de locomotion et de ravitaillement.

Ces grands voyages d'exploration ont donné naissance à une nouvelle science : l'*Océanographie*, à laquelle le Prince de Monaco a déjà consacré vingt-cinq années de travail. Selon lui, cette science est à la base de toutes les autres. Un océanographe complet est entraîné dans la physique, la chimie, la géologie et même dans l'astronomie par l'étude des marées. Il faut encore mentionner la zoologie, la physiologie et la biologie des êtres de la mer. Enfin, l'étude de l'*Océanographie* (*océanus* — océan ; *graphein* — écrire, décrire) ouvre des voies nouvelles à l'industrie et peut être considérée comme capable d'exercer une grande influence sur le domaine scientifique tout entier.

BIBLIOGRAPHIE

1. DUCLAU, *Christophe Colomb : sa vie, ses voyages*. Edit. Ardant, Limoges. — 2. HOËFER, *l'Homme devant ses œuvres*. Edit. Marpon, Paris. — 3. WASHINGTON IRVING, *Voyages et aventures de Christophe Colomb*. 1836.

Edouard JENNER

1749-1823

Au XVIIIe siècle, sévissait un mal qui répandait la terreur; mal d'autant plus redoutable qu'il n'existait aucun remède pour le combattre. La « petite vérole », puisqu'il faut l'appeler par son nom, frappait à la porte des palais aussi bien qu'à celle des

ÉDOUARD JENNER.
(Galerie Nationale de Peinture, Londres.)

chaumières; elle faisait une foule de victimes et laissait très souvent à ceux dont elle épargnait les jours, de cruelles infirmités ou des traces qui les rendaient méconnaissables.

Mais, depuis cette époque, sa fréquence et ses ravages ont diminué à tel point qu'on peut la considérer, à l'heure actuelle, comme une exception. Son nom ne fait plus trembler, ni frémir, grâce à la vaccine, admirable conquête de la science.

Si la génération actuelle connaît la maladie et le remède, elle connaît peu ou point celui à qui l'humanité est redevable de la découverte de la vaccine et les difficultés qu'il a eu à surmonter pour faire accepter et pratiquer le remède.

Ce bienfaiteur se nomme Jenner.

A cette époque déjà lointaine, il était employé chez un savant médecin anglais : Jean Hunter, où il s'instruisit sur les choses de la médecine, en assistant aux consultations et en se livrant à la lecture des ouvrages que son maître mettait à sa disposition. C'était un studieux que rien ne rebutait ni n'arrêtait.

Dès qu'il eut acquis quelque savoir, il mit en pratique cette vérité, devenue un axiome, « que les voyages forment la jeunesse ». Il partit pour les Indes et s'engagea en qualité d'aide-médecin, tantôt dans un lieu, tantôt dans un autre. Partout où il séjourna, il rendit de signalés services et se distingua par un grand esprit d'observation, une sagacité étonnante, une activité bien ordonnée, des idées larges et généreuses. Après ce stage, pendant lequel il avait acquis cette solide expérience des hommes et des choses, en même temps qu'une grande virilité de caractère, il revint en Angleterre pour y exercer l'art de la médecine.

C'est alors qu'il se souvint d'avoir entendu, chez son maître Hunter, une servante dire « que jamais elle n'aurait la petite vérole parce qu'elle avait eu la maladie des vaches, connue dans le pays sous le nom de « vaccine ». Ce fait si simple, si insignifiant en apparence, avait frappé son imagination et fixé son attention. Toutefois, prudent et réfléchi, il s'abstint pour le moment d'en tirer la moindre conclusion, mais il se promit de mettre tout en œuvre pour fortifier une conviction naissante. Il avait entrevu, comme dans un éclair, et avec sa perspicacité habituelle, tout le profit salutaire que l'on pouvait retirer de cette constatation. Il parcourut les campagnes et visita les fermes. Là, il acquit la certitude de ce fait : que les paysans ne redoutaient point la petite vérole. « Mais à quoi attribuez-vous cette grande sécurité? leur demanda-t-il. — C'est, répondirent les campagnards, qu'en trayant les vaches, nous avons gagné des pustules aux mains et que tous ceux qui en ont sont exempts de la maladie. »

Ces faits vinrent fortifier son opinion première et donner plus de certitude à sa conviction. Poussant plus loin ses investigations, il apprit que la même opinion régnait dans le midi de la France et en Allemagne. Enfin, il sut, par son ami Pugh, qu'un médecin français, Rabaut, avait dit que la picotte du pis des vaches étant un préservatif assuré contre la petite vérole, on rendrait un grand service à l'humanité, si l'on parvenait à l'inoculer à l'homme.

Ce fut un trait de lumière pour le jeune savant.

Le problème était posé. Jenner pressentit l'importance capitale de la solution et des bienfaits qu'elle entrainerait à sa suite. A partir de cet instant, il se remet à la tâche avec un courage et une abnégation qui ne se démentirent pas un seul moment. Il étudie d'abord les propriétés de la picotte et la manière de l'inoculer, ensuite à quel degré doivent être les pustules des vaches pour que l'opération puisse être appliquée avec succès. Travaux difficiles et ardus pour ce temps-là.

Enfin, le succès couronne ses efforts : il a la certitude d'avoir trouvé le remède. Et alors, prenant une résolution pleine de responsabilité, il n'hésite pas à vacciner ses propres enfants et de pauvres gens dont il paie la complaisance (1796). Les effets sont concluants; il n'y a plus à douter. Il va donc pouvoir annoncer sa découverte au monde entier qui, sans aucun doute, accueillera cette nouvelle avec des transports de joie, des élans de reconnaissance? Hélas! il fut cruellement déçu. Les tourments et les vicissitudes allaient seulement commencer pour lui : ses travaux, longs et pénibles, ses fatigues, sa pauvreté ne trouveront point grâce devant la jalousie et les préjugés. Pendant 20 ans (1775-1798), sa vie offrira le spectacle de la plus douloureuse des luttes : ce ne sera plus celle de l'homme contre la nature, mais de l'homme contre l'homme.

Tout d'abord, le livre dans lequel il relate ses nombreuses expériences et les preuves irréfutables de l'efficacité de l'inoculation du vaccin, est accueilli avec dédain et mépris; il est lui-même l'objet des moqueries de ses collègues qui l'expulsent de leur cercle, le traitant de « faiseur, de poseur et de charlatan ». Puis vint l'hostilité systématique, irraisonnée, implacable de la foule ameutée : sarcasmes, insultes, menaces de mort, rien ne fut épargné. Et, chose plus inouïe, plus incroyable encore : on fit des caricatures où Jenner et son œuvre étaient tournés en ridicule; la vaccine fut dénoncée comme étant une œuvre diabolique; on affirmait que les enfants vaccinés prenaient, en grandissant, une face bovine; que des abcès se déclaraient sur leur tête, indiquant la place des cornes; que la physionomie se changeait peu à peu en une physionomie de vache et la voix en un mugissement de taureau. L'hostilité tourna même au tragique : trois adeptes de Jenner qui s'étaient soumis à l'opération, furent poursuivis à coups de pierres et ne purent sortir de chez eux qu'après trois jours et sous la protection de la police.

Au milieu de cette tourmente, Jenner ne bronche pas, ne capitule pas : calme, digne, inébranlable, il laisse passer l'orage avec la sérénité tranquille et forte que donnent l'amour de la science et l'amour du bien. Dans sa foi profonde, indéfectible, il ne cesse de dire et d'écrire : « La vaccine est une vérité qui triomphera en dépit de la mauvaise foi et malgré ses détracteurs ; aucune force humaine n'est capable d'en arrêter la marche. »

Et pendant que tout gronde autour de lui, il multiplie ses démarches pour convaincre les réfractaires et gagner des disciples. Mais les conversions étant trop lentes à se produire, il prit, dans sa détresse, une décision héroïque. Il alla, lui le paysan obscur, honni, conspué, trouver deux dames de la noblesse. Celles-ci, profondément touchées de son raisonnement, de sa fermeté, de son accent sincère ; émues surtout de son courage malheureux, consentent enfin à se laisser vacciner, elles et leurs enfants. Jenner n'en demandait pas davantage, car il savait que l'exemple venant d'en haut suffit pour entraîner les masses et dissiper les préventions et les préjugés. Il ne se trompait point. A partir de ce moment, l'élan est donné ; le corps médical lui-même fait volte-face en reconnaissant la haute valeur de la découverte. La cause était gagnée. Jenner eut la suprême consolation de voir son invention se propager rapidement dans toute l'Europe, et de là, passer en Asie et en Amérique.

Admis dans toutes les sociétés savantes, honoré par les rois, béni par les peuples, il refusa de venir s'établir à Londres où l'attendait la fortune. « Médecin du peuple je suis, et tel je veux rester ! » répondit-il à ceux qui l'engageaient à changer son genre de vie.

Ce trait, le plus beau, le plus noble de sa carrière, lui concilia les sympathies et l'admiration de toutes les classes de la société et couronna sa vie d'une auréole de grandeur, faite de modestie sincère, d'abnégation discrète et d'honnêteté éprouvée.

NOTES EXPLICATIVES

1. JENNER, né à Berkeley (Angleterre) en 1749 ; mort en 1823. Une statue lui a été élevée à Londres (Trafalgar Square) en 1857. — 2. INDES, contrée d'Asie où les Anglais ont de nombreuses possessions. — 3. VACCINE, du latin *vacca* (vache). — 4. VÉROLE ou VARIOLE (*varius* = tacheté). — 5. PERSPICACITÉ, pénétration d'esprit. — 6. PUSTULE, petite tumeur qui suppure à son sommet. — 7. INVESTIGATION (*in* = sur ; *vestigium* = trace). Recherches sur un objet. — 8. ABNÉGATION (*abnegatio* = nier). Renoncement. — 9. IRRÉFUTABLE (ir = négation ; *refutare* = détruire, combattre). Ne pouvoir détruire par des raisons. — 10. DÉTRACTEUR (tirer). Qui rabaisse le mérite. — 11. RÉFRACTAIRE (*refractum* = briser). Qui résiste à certaines influences. — 12. CONSPUÉ (*conspuere* = cracher dessus). Honnir publiquement. — 13. PRÉVENTION (*pré* = avant ; venir). Opinion qui précède tout examen. — 14. SYMPATHIE (*sun* = avec ; *pathein* = ressentir). Rapport d'inclination entre deux personnes. — 15. LONDRES (voir Bauwens).

N. B. — L'IMMUNITÉ due à la vaccination n'ayant qu'une durée de sept à dix ans, il est sage de se soumettre à la revaccination, chaque fois que ce terme est atteint. C'est pour ce motif que les pouvoirs publics, dont la sollicitude toujours en éveil quand il s'agit de salubrité publique, ont mis tout en œuvre en vue d'instruire le peuple sur les obligations que lui impose son intérêt autant que celui d'autrui : des brochures instructives ont été répandues, des conférences populaires ont été données, enfin des bureaux de revaccination sont établis dans chaque commune. D'autre part, nul ne peut être admis dans les établissements d'instruction ou aspirer aux emplois publics, s'il n'est vacciné.

Grâce à ces précautions, les épidémies de variole ont presque disparu et les atteintes du mal ne sont plus à craindre par ceux qui se conforment aux prescriptions des hygiénistes.

BIBLIOGRAPHIE

1. C. FALLET, *Bienfaiteurs de l'humanité*. Edit. Mégard, Rouen, 1872. — 2. SMILES, *Self-Help*. — 3. Documents (Bibliothèque du British Museum, à Londres).

Bernard PALISSY

1510-1590

Quelle page émouvante et combien consolante pour l'enfant de l'ouvrier que celle de la vie de Bernard Palissy, pleine d'une âpre persévérance et d'un courage surhumain !

Rarement, on a vu, dans le cours des siècles, une lutte plus héroïque, plus acharnée contre la nature et contre les difficultés de tous genres que celle qui fut entreprise par cet homme du peuple.

Dès sa naissance, il connut les cuisantes morsures de la misère : ses parents, ouvriers verriers, étaient pauvres et chargés d'une nombreuse famille. Tout jeune donc, à cet âge où l'insouciance et la joie de vivre devraient illuminer les premiers pas de l'homme dans la vie, il sentit toute l'amertume du destin.

Adolescent au cœur déjà viril, au cerveau mûri par l'adversité, il comprit les devoirs que lui imposaient

BERNARD PALISSY.

l'amour filial et le sort inexorable. Il s'adonna résolument au travail : il apprit presque seul à peindre sur verre, à dessiner et plus tard (il avait alors 17 ans) à lire et à écrire. C'est à cette époque qu'il se décida à quitter le toit paternel : le métier de verrier périclitait et la gêne pesait de plus en plus sur la famille. Il dit donc adieu au foyer, fermement résolu à chercher une occupation qui lui permît de subvenir à ses propres besoins et de diminuer d'autant les charges de la famille. Il part, n'ayant pour soutien que son ardeur juvénile et pour guide que son amour du travail. Il part non sans avoir pris envers lui-même l'engagement de se plier aux exigences du hasard, de braver tous les obstacles. Il tint parole : à aucun moment de sa vie, il n'eut ni défaillance, ni révolte. Au cours de ses pérégrinations, il dut se mettre à toutes les besognes pour gagner son pain et son gîte, confirmant, par sa conduite, cette vérité sociale : « Que le travail ne manque jamais aux bras vaillants et aux cœurs honnêtes ».

Or, dans sa tournée aventureuse, agitée par les souffrances et les déceptions, il eut l'occasion d'admirer une coupe de terre émaillée italienne. Il ne connaissait que la poterie commune et les simples vases de terre cuite sans émail ; il tomba en extase et fut pris soudainement d'un ardent et irrésistible désir d'imiter ce vase. Le sentiment du beau venait d'accomplir un prodige en assignant à Palissy sa vocation définitive. Rechercher la composition de l'émail qui recouvrait l' « objet d'art » et la manière de l'appliquer devinrent son unique préoccupation, son rêve, son idéal.

Partir pour l'Italie ? Palissy ne pouvait y songer, d'autant plus qu'il était sans ressources et qu'il venait de se marier. Mais des hommes de cette trempe ne reculent point ; leur décision est irréductible ; en avant ! toujours en avant ! est leur devise, leur force et leur secret.

Seul, sans maître, ayant tout à apprendre, il se voue tout entier à la réalisation de son rêve. Il apprend tout d'abord le métier de potier, puis se met à l'étude avec une ténacité et une abnégation devant lesquelles on reste confondu. Il se prive du nécessaire afin d'acheter les livres qui lui sont indispensables pour étudier les terres argileuses et apprendre la chimie.

Un jour, il croit avoir trouvé la composition d'un émail ; il en recouvre des débris de vases qu'il avait brisés tout exprès et les place dans un four. L'échec fut complet, le four n'étant pas dans les conditions requises pour ce genre d'opérations. Palissy ne le comprit que trop bien et à partir de ce moment, la construction d'un four spécial le hanta jour et nuit. Mais, hélas ! les moyens lui faisaient défaut. Quelque temps après ce pénible accident, il se trouva en possession d'un nouveau procédé à la suite de laborieuses recherches qui mirent sa patience à une rude épreuve. Comme la première fois, il enduit quelques tessons d'un vase, puis, courageusement, les porte lui-même à deux lieues de chez lui, dans un four de verrerie. Après quatre heures qui lui parurent bien longues et bien cruelles, un seul morceau était devenu blanc. C'était peu, sans doute, mais pour le chercheur, ce rien était un rayon d'espoir qui réchauffe l'âme et la transporte.

Dès ce moment, il redouble d'efforts ; tout en s'attachant sans relâche au perfectionnement de sa « composition émaillée », il s'occupe de construire lui-même un four selon les règles (car il avait lu et appris bien des choses à ce sujet). Pour arriver à ses fins, et n'ayant confiance qu'en lui-même, autant par nécessité que par prudence, il se fit maçon, manœuvre, architecte. Mais il avait trop présumé de ses forces ; après huit mois de ce labeur écrasant, il tomba malade, terrassé par le surmenage et les privations. Mais si le corps était atteint, le moral était intact ; la souffrance n'eut point de prise sur lui ; il voulait guérir, il guérit. Puis, sans perdre de temps, il reprend ses travaux. Les essais succèdent aux essais ; le four s'achève ; tout est prêt. Le jour de la suprême expérience est arrivé ; une collection de vases, recouverts au moyen de son procédé, sont introduits dans le four. Pendant six jours, il attend, anxieux, le résultat de la cuisson ; six autres jours s'écoulent encore sans que rien apparaisse ; véritable défi des forces de la nature aux forces de l'homme ! Enfin, trois semaines se passent ; toujours rien ; et la provision de bois est épuisée. C'est à en perdre la tête. Peut-on imaginer situation plus épouvantable, désastre plus poignant ? Cette fois, la misère affreuse, atroce, semble tenir Palissy dans ses griffes hideuses. Mais non ! Toujours debout, indompté, haletant, il n'entend pas désarmer. Il a juré de ravir son secret à la nature ; il l'aura, car il le veut. Il emprunte quelque argent destiné à l'achat du bois pour procéder à une dernière tentative. Il chauffe son four ; il chauffe, il chauffe toujours, soutenu par une force invincible, surhumaine. Et son regard fiévreux suit l'action du feu sur ses vases ; il guette le moment suprême où l'émail doit apparaître. O désespoir ! O destin implacable ! La nouvelle provision de combustible est presque épuisée ; le bois va manquer. Toute l'horreur de la situation assaille l'esprit de Palissy : c'est la ruine, la honte et la prison. Tout autre que lui eût renoncé à la lutte et déserté le champ de bataille. Mais sa foi robuste, infinie, s'oppose à la capitulation ; il ne veut pas s'avouer vaincu, sachant que le dernier effort, la dernière poussée amène souvent la victoire. Notre titan redresse son corps brisé par des mois de labeur et de veilles, fait un dernier appel à son âme meurtrie et jette un regard ému vers sa demeure, pour implorer une aide, un secours. Ce mouvement, ce geste, fut le salut! Une idée lumineuse, insensée, folle, surgit en lui, rapide comme la foudre. Comment! sa maisonnette est là qui se dresse devant ses yeux? sa maisonnette tout en bois? Sauvé! s'écrie-t-il; et sans hésiter, il prend sa hache et met la chaumière en pièces : les meubles d'abord, puis les portes, les fenêtres, la toiture ensuite; enfin les planchers viennent alimenter le feu de la fournaise mystérieuse dont il attend fiévreusement le miracle suprême.

Sa femme, ses enfants, ses voisins croient qu'il a perdu la raison; ils s'enfuient en criant : « Palissy est fou! Palissy est fou! »

Non, non, Palissy n'est pas fou! Il travaille pour l'art dont il agrandira et embellira le vaste champ; il travaille pour la patrie qui lui devra une source nouvelle de richesses; il travaille pour l'humanité dont il augmentera le patrimoine moral et matériel.

Aussi, n'écoutant que la voix du génie créateur, il charge et recharge le four, oubliant la fatigue qui l'accable et la faim qui le dévore. La dernière brassée de bois vient de disparaître... il attend... anxieux, le cœur prêt à se rompre! Instant plein d'angoisse, minute inoubliable qui doit amener le triomphe ou la chute définitive! Tout à coup — oh! surprise indicible! oh! joie ineffable! — l'émail, soudainement, est apparu aux yeux éblouis de Palissy, dans toute sa beauté resplendissante. Alors, l'enthousiasme du potier ne connut plus de bornes et, dans un transport délirant, un cri, un seul, s'échappe de sa poitrine : « Victoire! » Puis, anéanti par le bonheur, il s'écroule comme une masse sur le sol. La tête plongée dans ses mains, il jouit seul de son triomphe dans le silence profond de la nature.

L'art d'émailler la poterie était créé. Après vingt ans d'un labeur prestigieux, l'humble « ouvrier de la terre » était parvenu à doter la France d'un art précieux qui ouvrit aux potiers une nouvelle et riche carrière. Le succès dépassa même ses espérances, car il avait trouvé non seulement l'émail blanc, mais aussi l'art d'émailler en couleurs.

A peine remis de ces émotionnantes secousses, il s'enflamme pour les nouvelles doctrines de l'Eglise réformée (protestantisme). « Il est enveloppé dans les proscriptions, enlevé la nuit, traîné en prison, et il eût été supplicié si le connétable de Montmorency, qui admirait ses ouvrages, n'eût obtenu sa grâce. Avec la liberté, il reçut le brevet d'invention des « Rustiques figulines » du roi, c'est-à-dire des pièces de terre cuite, recouvertes d'un émail coloré et représentant, en relief, des rochers, arbres, coquilles et animaux de toutes sortes.

« Alors il quitte la Saintonge et vient s'établir à Paris. Il y enfante ces mille chefs-d'œuvre qui décorent les galeries du Louvre et que l'on admire au Musée de Cluny. Aidé de ses deux fils, il travailla aussi à l'ornement du palais et du jardin des Tuileries, que Catherine de Médicis faisait construire. »

Au milieu de ses épreuves, et tout en se livrant à ses multiples travaux, il trouva encore le moyen d'étudier les sciences naturelles : botanique, géologie, agriculture, chimie. Il fit plus encore : il ouvrit des cours publics pour enseigner ces sciences et livrer ses secrets à la postérité.

Malheureusement, il subit le sort de presque tous les inventeurs : il fut victime de la jalousie et des calomnies d'ennemis implacables. On l'arrêta pour le jeter dans un cachot de la Bastille où il mourut en 1590, après cinq années de captivité, « de misères, nécessités et mauvais traitements ». Il ne manquait plus rien à son auréole de martyr.

NOTES EXPLICATIVES

1. PALISSY, Bernard, né dans un village près d'Agen, sur la Garonne (France), en 1510 ; mort à la Bastille en 1590. — 2. TITAN. (Les Titans, personnages de la mythologie qui, ayant voulu escalader le ciel, furent foudroyés par Jupiter ou Zeus, père et maitre des dieux. Personnage ayant un caractère de grandeur gigantesque.) — 3. PROSCRIPTION. Condamnation sans forme judiciaire (*pro* = devant ; *scribere* = écrire). — 4. CONNÉTABLE. Premier officier militaire en France (du XIIIe au XVIIe siècle). — 5. MONTMORENCY. Illustre famille de France qui a donné des connétables et des maréchaux à la France. — 6. SAINTONGE. Ancienne province de France, capitale Saintes (Charente-Inférieure). — 7. LOUVRE (Palais du). Paris ; ancienne résidence des rois de France ; aujourd'hui convertie en Musée d'une richesse incomparable. — 8. CLUNY (Hôtel et Musée de). Célèbre hôtel situé à Paris, dont le musée renferme environ deux mille objets des XIVe, XVe et XVIe siècles. — 9. TUILERIES (Palais et Jardins des). Paris. Ancienne résidence des souverains de la France ; incendiées en 1871. Primitivement, lieu où l'on fabriquait des tuiles. — 10. CATHERINE DE MÉDICIS, femme de Henry II ; régente de France pendant la

minorité de Charles IX ; eut la plus grande part au massacre de la Saint-Barthélemy (mise à mort des protestants dans la nuit du 24 août 1572). — 11. BASTILLE : forteresse construite à Paris, en 1370; devint une prison d'Etat ; fut prise et détruite par le peuple le 14 juillet 1789. — 12. PARIS (voir Clouet).

BIBLIOGRAPHIE

1. Archives de la ville d'Agen. — 2. Bibliothèque nationale de Paris. — 3. Musée historique de Paris.

LA CÉRAMIQUE

NOTICE HISTORIQUE

Le mot *céramique* vient du mot *keramos* que les Grecs employaient pour désigner la corne des animaux et qu'ils donnèrent, par la suite, à certains vases en argile durcie par la cuisson et ayant la forme d'une corne. Sous cette dénomination, on comprend la poterie commune, la faïence et la porcelaine.

Le mot *poterie* vient du latin *potum*, qui signifie vase à boire. La poterie proprement dite est faite d'une argile ordinaire. Le mot *faïence* vient, ou bien de Faenza, ville d'Italie, que les produits de ses ateliers, au xve siècle, ont rendue célèbre; ou bien de Fayence, bourg de Provence (France), également réputée pour ses produits céramiques. On emploie alors une argile plus fine.

Le mot *porcelaine* vient de l'italien *porcellana*, nom d'une coquille dont la forme rappelait l'orifice d'un organe de la truie, d'où le nom de *porca*. Dans ce cas, on emploie le kaolin, type le plus pur d'argile.

A la matière plastique fournie par l'argile, on ajoute des éléments dégraissants : sable, craie, etc., afin de rendre le façonnage plus facile et d'éviter les accidents au séchage ou au feu.

Les poteries les plus communes sont enfournées en charge et cuites en pleine flamme; les faïences émaillées, les faïences fines, les porcelaines sont placées dans des cassettes ou étuis en terre réfractaire qui les protègent contre l'action directe du feu.

De nouvelles cuissons attendent les pièces qui doivent recevoir une couverte ou une décoration de couleurs. C'est en Egypte qu'on a trouvé les poteries révélant déjà une certaine habileté d'exécution. Les Egyptiens employaient aussi les matières céramiques dans les constructions; les peuples de Chaldée (capitale Babylone) et d'Assyrie (capitale Ninive) les ont suivis dans cette voie, pendant que les Chinois découvraient les poteries imperméables, grès et porcelaine.

En Grèce, on trouve des terres cuites admirables par la pureté des formes et la richesse du décor.

Après avoir imité les productions de l'art grec, les Romains, disciples des Etrusques, substituèrent aux vases peints, les belles poteries décorées de figures et d'ornements en relief. A la chute de l'empire romain, cette fabrication disparut pour reprendre son essor au xv⁰ siècle, avec le célèbre Luca Della Robia et, au xvi⁰ siècle, avec les rustiques figulines de Bernard Palissy. A la même époque, correspondent les premières productions de Rouen ; mais il faut attendre la fin du xvii⁰ siècle pour trouver en pleine efflorescence les principaux centres de fabrication de faïences d'art : Rouen, Nevers, Moustier, autour desquels gravitent, pendant le xviii⁰ siècle, avec leurs caractères distinctifs, les faïenceries de nombreuses localités françaises.

A l'étranger, pendant les xvi⁰, xvii⁰ et xviii⁰ siècles, brillent, d'un non moins vif éclat, les faïenceries de Delft (Hollande); Nuremberg, Anspach, etc. (Allemagne); Manisès et Malaga (Espagne).

L'invasion des porcelaines de Chine (porcelaines dures qui prirent naissance vers le ii⁰ siècle avant J.-C.) provoqua, au xvii⁰ siècle, la décadence des faïences européennes. Déjà, au xvi⁰ siècle, les Japonais, après avoir étudié la fabrication en Chine, donnèrent à cette industrie une extension considérable. Cette importation en Europe de la porcelaine d'Orient, eut cependant un avantage, celui de pousser les céramistes à faire des recherches pour créer des produits similaires. Et ce désir se justifiait par ce fait que cette poterie à pâte blanche, fine, transparente et sonore est imperméable à l'eau et résiste à la gelée. Mais pendant qu'en France on ne produisait que la porcelaine artificielle (porcelaine tendre), le secret de la porcelaine dure de la Chine était découvert en Saxe (1709) par le chimiste Boëttger, qui trouva, dans le kaolin, la matière tant cherchée.

Pendant ce temps, on recherchait, à Sèvres (manufacture créée en France sous le règne de Louis XV, en 1753), les matières propres à la fabrication de la porcelaine dure. Le chimiste Macquer y travaillait depuis dix ans, lorsqu'il apprit par un pharmacien de Bordeaux, qu'un gisement de kaolin avait été reconnu près de Limoges. En 1769, il présentait à l'Académie des sciences les premières pièces de porcelaine, et, peu de temps après, cette fabrication entrait en pleine activité à Sèvres où elle remplaça la porcelaine tendre qui a fait, au XVIIIe siècle, et qui fait encore aujourd'hui la renommée de Sèvres. Elle se répandit bientôt dans tous les pays de l'Europe, mais prenait, en France, au XIXe siècle, grâce aux progrès réalisés, des développements considérables, surtout en Limousin où se trouvent les gisements les plus importants.

En Angleterre, la fabrication de la porcelaine tendre se maintenait à côté des faïences fines au détriment des faïences stannifères (base d'étain; reflet métallique) qui, de nos jours, appliquées à la décoration, ont repris un nouvel essor.

On n'a que des données très incertaines sur les origines de la faïence stannifère. On a trouvé des traces de glaçures à base d'étain dans les ruines de Ninive et de Babylone; mais ce qui n'est pas douteux, c'est que le secret de la fabrication de ces faïences, parti de Syrie et de Chaldée, se répandit en Asie Mineure pour pénétrer, d'une part en Espagne, où il fut importé par les Arabes, de l'autre à Rhodes (Archipel), en Sicile, aux îles Baléares (Méditerranée), où les faïences prenaient un si grand développement au XVIe et au XVIIe siècle, qu'elles empruntaient le nom de *Majolique* à la ville de Majorque, si renommée pour ses poteries à reflets métalliques.

En Italie, les faïences émaillées sont signalées à Faenza dès la fin du XIVe siècle, et leur fabrication ne tardait pas à devenir une des industries les plus florissantes de ce pays, pour atteindre son apogée à la fin du XVe siècle.

Au commencement du XVIe siècle, des Italiens appelés en France, organisent les premières fabriques. Mais il faut arriver au XVIIe siècle pour trouver les grandes fabriques françaises. La concurrence écrasante faite au XVIIIe siècle par la porcelaine de Chine et par la faïence fine anglaise, amena une décadence de la faïence stannifère.

C'est vers la fin du XIXe siècle, après des essais de rénovation faits à Sèvres, vers 1860, que la faïence parvenait à reprendre le rang qu'elle avait perdu dans le champ des industries d'art.

BIBLIOGRAPHIE

1. Al. BRONGNIART et A. SALVETA, *Traité des arts céramiques*. Paris, 1877. — MARRYAT, *Histoire des poteries, faïences et porcelaines*. Paris. — Al. JACQUEMART, *Histoire de la céramique*. Paris, 1873. — VAVARD, *la Céramique, histoire et fabrication*. Paris, 1894. — Ed. GARNIER, *Histoire de la céramique*. 1882. — DUBREUIL, *la Porcelaine*. 1885. — 2. *Dictionnaire encyclopédique Larousse*.

RUOLZ, Henri (vicomte de)

1808-1887

Honneur au courage malheureux!

S'il est un homme auquel cet hommage puisse être rendu, c'est à coup sûr Henri de Ruolz.

Gentilhomme de naissance, homme du monde, la vie s'offrait à lui sous les traits les plus séduisants, d'autant plus qu'il était

VICOMTE HENRI DE RUOLZ.
(D'après un dessin de Mariani.)

jeune, beau, riche et doué par la nature d'une organisation exceptionnelle. En sorte que, à peine sorti de l'adolescence, une existence facile et quiète se présentait à lui. Tous les plaisirs mondains étaient à sa portée, prêts à l'emporter dans leur tourbillon, à l'enserrer dans leurs griffes, à étouffer peut-être ses précieuses dispositions naturelles. Heureusement, il eut le courage de fuir ces tentations si séduisantes et si souvent trompeuses. Homme simple et modeste, généreux autant que laborieux et loyal, il voulut être utile à la société. C'est ainsi qu'il partagea sa vie entre les travaux scientifiques en étudiant la physique et la chimie, et les études artistiques en se consacrant à la musique, art dans lequel il excella au point de se révéler compositeur de talent. Dès 1830, en effet, il donnait à l'Opéra-Comique un petit ouvrage très goûté, intitulé *Attendre et courir*. En 1834, il remportait un éclatant succès au théâtre San Carlo, à Naples, avec un drame lyrique, *Lara*.

Pour se remettre des émotions de ce triomphe et chercher de nouvelles inspirations, il voulut visiter la Sicile. Après un mois passé dans cette île, au décor féerique, plein de charme pénétrant, il revint à Naples. Une lettre l'attendait à son hôtel. Cette missive lui annonçait que la fortune de sa famille était anéantie. Loin de se laisser abattre par ce coup inattendu, il se sentit aiguillonné par la perspective de ne devoir désormais sa fortune qu'à son labeur. Il revint à Paris et se remit à l'ouvrage avec ténacité. Un second opéra, *la Vendetta*, représenté à l'Opéra, en 1839, y obtint les suffrages du public parisien. Mais quel ne fut pas son désappointement lorsqu'il constata, en liquidant les comptes de ce nouveau triomphe, que ses ressources étaient presque épuisées. Il comprit alors, non sans un douloureux serrement de cœur, que s'il persistait dans cette voie, c'était la ruine complète, irrémédiable à brève échéance.

Dans cette situation désespérée, il aurait pu, par faux amour-propre ou par orgueil blessé, faire comme tant d'autres, hélas! renoncer à la lutte et disparaître. Mais il avait conscience de la dignité qui gît au fond de l'âme de tout honnête homme; la noblesse de ses sentiments le sauva : il pensa que fuir la lutte et abandonner la vie était une lâcheté. La déchéance matérielle l'atteignait sans doute, mais non point la déchéance morale. Il se raidit contre ce coup du sort, se ressaisit et envisagea sa situation doublement pénible, avec le sang-froid et la grandeur d'âme qui protègent l'homme contre toute défaillance coupable.

Trop fier pour solliciter des secours auprès des personnes haut placées avec lesquelles il était en relations, il préféra ne compter que sur ses propres forces et se créer des ressources par son savoir et par le travail qui console et régénère l'homme. Il n'hésita pas à renoncer aux brillantes illusions dont il s'était un instant bercé pour diriger ses efforts vers un but tout différent, tout aussi digne, mais plus méritoire à ses yeux. Il résolut de mettre à profit ses connaissances en chimie pour résoudre un problème qui mettait en défaut, depuis le commencement du siècle, la science et l'habileté des chimistes et des physiciens. A cette époque, la dorure sur métaux se faisait à l'aide de mercure, métal des plus vénéneux. Le travail consistait à faire dissoudre de l'or dans du mercure, puis à étendre cet amalgame sur la pièce à dorer qu'on exposait ensuite à une température élevée. Le mercure se vaporisait et il restait sur la pièce une couche d'or qu'on polissait avec le brunissoir. Aussi, les malheureux ouvriers obligés de le manier, d'en respirer continuellement la vapeur, ne tardaient pas à contracter des maladies qui les conduisaient, soit à des infirmités incurables, soit à la mort. De Ruolz vit là une grande question d'hygiène industrielle et d'humanité : dorer et argenter sans mercure. Il trouva cette tâche digne de lui et résolut de l'entreprendre.

Il renonça définitivement à l'art qu'il avait tant aimé et se retira loin du monde, dans un réduit situé au plus haut étage d'une vieille maison. Il y établit son laboratoire où il s'enferma avec ses appareils comme un véritable alchimiste du moyen âge.

A partir de ce moment, ce fut « la lutte pour la vie », la lutte âpre et dure, le combat sans trêve ni repos. Qui dépeindra la détresse impitoyable, les déboires sans cesse renaissants et les mortelles angoisses de ce vaillant? Un ami ; — et quel ami ! — qui lui était resté fidèle dans les mauvais jours. Alexandre Dumas, nous donne à ce sujet le récit qui va suivre. Dans un style simple imagé et animé, le célèbre écrivain relate les péripéties émouvantes auxquelles donnèrent lieu les expériences et, finalement, l'invention de son ami infortuné dont il avait découvert la retraite après de longues et nombreuses recherches :

« J'allai le voir. Je le trouvai dans une cave de la rue de Beaune. Je lui demandai la raison de cette préférence; il me répondit qu'il ne s'agissait pas de préférence, mais de nécessité. Il avait pris la cave parce que c'était le lieu le moins cher de la maison. Or, comme il ne pouvait pas faire ses expériences chimiques dans sa cave, il avait cherché un laboratoire dans les mêmes conditions économiques; ce n'était pas facile à trouver. Enfin, il avait découvert, rue du Colombier, une affreuse petite mansarde ayant servi autrefois de cuisine, et dans laquelle existait encore un fourneau.

» Sa vie se partageait entre cette cave et ce grenier. Dans la cave, il combinait ses expériences; dans le grenier, il les exécutait. Puis, chaque soir, il s'en allait porter l'objet qu'il avait doré (fourchette ou cuiller), chez une polisseuse de métaux, Mme Journet, et lui présentait le résultat de l'expérience du jour. Alors, la brave femme y passait le brunissoir, relevait la tête et, invariablement, rendait à l'expérimentateur l'objet totalement dédoré en disant : « Ça ne tient pas. »

» Le chimiste poussait un soupir, redescendait dans sa cave, cherchait toute la nuit une combinaison nouvelle; le lendemain, il remontait à son grenier, se livrait à de nouvelles recherches, puis, le soir venu, retournait chez l'impassible Mme Journet, laquelle, avec le même hochement de tête, le même son de voix, et le même geste de pitié, répétait : « Ça ne tient pas. »

» C'était à en devenir fou. Plus de cent cinquante voies de recherches différentes furent suivies par l'infatigable chimiste, sans amener d'autre résultat que l'éternel désappointement dont la polisseuse s'était fait l'organe.

» La situation devenait désespérante. Il restait à mon ami une douzaine de couverts d'argent, faibles et derniers débris de la splendeur d'autrefois. Il avait commencé ses expériences sur ses couverts, dorant tantôt une cuiller, tantôt une fourchette; mais une fois la fourchette ou la cuiller dorée, elle devenait impropre à une expérience nouvelle et il fallait la troquer contre une cuiller ou une fourchette vierge. Or, dans ce troc journalier, le troqueur perdait la façon (6 francs à peu près); il en résultait donc que le pauvre chimiste, à mesure que se prolongeaient ces essais infructueux et chaque fois que l'inflexible Mme Journet répétait son éternel : « Ça ne tient pas, » éprouvait une perte de 6 francs. De sorte que les douze couverts commencèrent par se réduire à onze, puis à dix et enfin à six; la façon mangeait le métal. Alors il songea qu'il pouvait tout aussi bien faire son expérience sur de petites cuillers que sur des grandes; il échangea les six couverts qui lui restaient contre deux douzaines et demie de cuillers à café, et les essais recommencèrent avec plus d'ardeur que jamais; mais, peu à peu, les petites cuillers disparurent comme les grandes, car tout essai infructueux les mettait hors d'usage. Il en restait six.

» Mon ami essaya donc de faire polir sa dorure au lieu de la faire brunir : ce procédé était moins rude, et peut-être, arriverait-on de la sorte à un résultat plus satisfaisant. D'ailleurs, il commençait à prendre Mme Journet en exécration et chaque fois qu'elle lui répétait son perpétuel : « Ça ne tient pas, » il lui prenait des envies féroces de l'étrangler

» Un bijoutier, auprès de qui il s'était renseigné, lui donna l'adresse d'une autre polisseuse : Mme Nicolas. Il trempa une de ses six petites cuillers dans une nouvelle mixture, puis, le soir venu, sa cuiller précieusement empaquetée dans son mouchoir, il s'achemina vers la demeure de Mme Nicolas. Celle-ci tourna et retourna la cuiller, hocha la tête, et, au troisième ou quatrième coup de polissoir, rendit l'objet en disant : « Ça ne tient pas. »

» N'importe, notre chimiste n'avait pas été si loin pour s'arrêter au moment, peut-être, de toucher le but, car quelque chose au fond de son être lui prédisait la réussite prochaine.

» Il revint neuf jours de suite, — neuf jours encore il suivit avec une anxiété croissante le mouvement de l'instrument de fer qui, à chaque frottement, enlevait une parcelle de ses espérances ; neuf fois encore, il entendit prononcer le fatidique : « Ça ne tient pas. » La neuvième fois, il revint chez lui, le cœur serré, le front incliné vers la terre, se demandant si c'était la peine, quelque gloire, quelque argent, quelque reconnaissance que dût rapporter le succès, de poursuivre une si longue, une si incessante, une si douloureuse lutte ; puis, arrivé chez lui, il jeta les yeux sur sa cuiller d'argent, se demandant s'il la vendrait pour avoir de quoi manger le lendemain, ou si, au lieu de manger, il essayerait une nouvelle tentative.

» Il y a dans la vie de ces instants suprêmes où l'on sent que va se décider pour soi tout un avenir. Mon ami en était là. La lutte, poussée au degré où elle était arrivée, devait amener un triomphe prochain ou une chute imminente. Il laissa tomber sa tête entre ses deux mains, se courbant, martyr d'une idée, mais plein encore d'une inébranlable foi et d'une invincible espérance dans la doctrine qu'il confessait ; puis, après une heure de muette et solitaire méditation, il releva la tête, le regard étincelant de confiance et d'ardeur ; il venait de trouver une nouvelle combinaison et il sentait au fond du cœur que celle-là devait réussir. Il n'eut pas le courage d'attendre le lendemain. Il courut rue du Colombier, monta quatre à quatre l'escalier qui conduisait à son laboratoire, alluma ses fourneaux, chauffa sa mixture, y trempa sa cuiller, puis, au jour naissant, il se rendit chez Mme Journet qui ne l'avait plus vu depuis une semaine.

» Ah! ah! c'est vous, Monsieur Henri, dit-elle; je vous croyais mort!

» Non, ma bonne Madame Journet; j'étais bien malade, c'est vrai, mais je crois que cette fois encore, j'en reviendrai. Et il tira sa petite cuiller de sa poche.

» Allons, reprit Mme Journet, en haussant les épaules, vous voilà donc encore avec votre tic.

» Cette bonne Mme Journet, elle appelait cela un tic!

» Que voulez-vous! dit mon ami. Je me suis mis cela dans la tête et quand j'ai une chose dans la tête, elle y est bien.

» Oh! oui, vous êtes pas mal entêté, vous... Eh bien! nous allons encore frotter?

» Oui, j'ai trouvé un nouveau procédé, et je crois que, cette fois, ça tiendra.

» Pauvre garçon! murmura Mme Journet. Enfin, il y en a comme cela. C'est bien pour vous faire plaisir, allez, Monsieur Henri, parce que, voyez-vous, ça ne peut pas tenir.

» Voyons, Madame Journet!

» Voyons!...

» Et la bonne femme se mit à son établi, prit son brunissoir, et se mit à frotter à tour de bras.

» Oh! fit-elle.

» Eh bien! demanda Henri, le cœur serré par toutes les angoisses de la crainte et de l'espérance.

» Oh!! reprit Mme Journet, de plus en plus étonnée.

» Eh bien! continua mon ami.

» Oh!!! ça tient, s'écria-t-elle, toute stupéfaite.

» Voyons, franchement, dites, dites, Madame Journet, ma chère Madame Journet, ça tient-il?

» Parole d'honneur!... ça tient. Eh bien! Monsieur Henri, votre fortune est faite. Ne m'oubliez pas quand vous serez riche, et donnez-moi votre pratique en attendant.

» Et elle remit au pauvre chimiste, tout haletant, sa cuiller, non seulement parfaitement dorée, mais encore parfaitement brunie.

» Le problème était résolu. Mon ami descendit les cinq étages de Mme Journet comme s'il avait eu des ailes et traversa l'intervalle qui le séparait de son laboratoire, courant comme un fou, heurtant tout le monde, et se retenant à grand' peine de crier tout haut, comme Archimède : Je l'ai trouvé! je l'ai trouvé!

» Maintenant, il ne s'agissait plus que d'une chose : c'était d'arriver au résultat commercial. Mais là se présentait une difficulté plus grande peut-être qu'aucune des difficultés qu'avait surmontées l'inventeur. Pour arriver au point où il en était venu, il avait épuisé toutes ses ressources; sa cuiller lui restait bien comme échantillon, mais malgré cette preuve patente du succès, aucun de ceux auxquels on s'adressait, n'avait la foi. Il était indispensable que le vaillant chercheur assurât ses droits par un brevet; mais cela coûtait 1,500 francs; il fallait, en outre, continuer les expériences, pour passer du résultat scientifique au résultat commercial. Notre chimiste était arrivé à dorer sans mercure; mais il n'était pas arrivé à dorer sans or. Les expériences coûtaient plus cher encore que le brevet. Les spéculateurs les plus timides repoussaient tout bonnement l'ouverture, et les spéculateurs les plus hardis n'offraient pas plus de 300 francs de la cession d'un secret qui, plus tard, s'exploitait sur un capital de plus de 100,000 écus.

» Heureusement pour de Ruolz, qu'un grand teinturier, M. Chappée, pour lequel il avait fait autrefois des expériences de teinture, connaissait assez de chimie pour apprécier le mérite de son invention. Ce fut un appui au moment où, plus fatigué peut-être de ses démarches infructueuses qu'il ne l'avait été de ses expériences inutiles, il allait plier sous la fatigue et sous l'humiliation des refus. Ce négociant vint à son aide, aplanit tous les obstacles d'argent; dès lors, les expériences se firent sur une plus grande échelle et, comme dans toute invention nouvelle, les progrès abondèrent.

» Enfin, on arriva à de nombreux résultats qui consistaient, non seulement dans l'application de l'or sur les métaux, mais encore dans l'application de tous les métaux les uns sur les autres.

» Cependant, la nouvelle découverte se répandit dans le monde savant. Chaque expérience menée à bien s'ébruitait au dehors. Enfin, la rumeur, toujours croissante, arriva jusqu'à M. Lamée, professeur de physique à l'Ecole polytechnique, lequel vint trouver de Ruolz et lui proposa de présenter ses travaux à l'Académie des sciences. Dans sa craintive modestie, il prétendit que la découverte n'en valait pas la peine. M. Lamée insista, soutenant le contraire, et, comme on le comprend bien, détermina mon ami à faire les démarches nécessaires pour obtenir de ce docte corps l'examen de son procédé.

» Malheureusement, le bruit s'était répandu que le chimiste avait été compositeur et avait eu du succès. Comment admettre qu'un compositeur ait pu inventer la dorure sans mercure que les hommes les plus profondément versés dans l'art de la chimie cherchaient depuis cinquante ans, sans l'avoir trouvée! C'était une prétention ridicule, un orgueil insensé.

» Une porte s'ouvrit cependant : c'était celle de M. Arago. Il est vrai que mon ami ne lui était nullement recommandé, mais, comme on le sait, c'est à ceux-là qui vous sont parfaitement étrangers qu'il faut aller demander des services.

» Aux premiers mots qu'il lut du Mémoire que lui avait apporté l'inventeur, son regard perçant pénétra jusqu'au fond de cette admirable découverte; il tendit la main au jeune chimiste, se chargea de lire son travail à l'Institut et de demander qu'on nommât une commission scientifique pour examiner la nouvelle invention.

» Le Mémoire fut lu et écouté dans un religieux silence; puis M. Dumas se leva et, comme président de la commission des prix Montyon, demanda que l'affaire lui fût renvoyée.

» Au mois de juin 1841, eut lieu la séance dans laquelle M. Dumas devait faire son rapport à l'Institut. Mon ami assistait à cette séance, humble, inconnu, caché dans un coin; c'était la récompense de ses trois ans de travaux, de zèle et de misère. Il s'attendait à un simple rapport : le discours de l'illustre savant fut d'un bout à l'autre un éloge. Que l'on juge de l'impression produite sur un homme, ignoré jusqu'alors dans le domaine scientifique, par cette déclaration de l'éminent président : « La » France compte un grand chimiste de plus. » Que l'on comprenne l'éblouissement produit par la louange, quand la louange est inattendue et qu'elle sort d'une bouche dont chaque mot porte avec lui la consécration au génie !

» Mon pauvre ami se tâtait, se regardait, s'interrogeait; il ne pouvait croire que, en ce moment, il était question de lui.

" Au mois de juin 1842, l'Académie des sciences lui décerna le prix de 6,000 francs. Rarement le prix Montyon fut aussi bien mérité. Par la découverte de la dorure galvanique, l'électricité a rendu indirectement à l'hygiène industrielle un immense service; elle a conservé à leurs familles, elle a arraché aux souffrances et à la mort une foule d'honnêtes artisans qui, sans elle, eussent péri comme tant d'autres, martyrs du travail et victimes d'une civilisation imparfaite.

" A partir de ce jour, le nom de M. le vicomte Henri de Ruolz fut inscrit sur la liste des hommes dont le passage dans ce monde a été un bonheur pour l'humanité. "

NOTES EXPLICATIVES

1. RUOLZ (Henri, vicomte de), né à Paris en 1808; mort à Neuilly en 1887. Il abandonna son brevet moyennant une part dans les bénéfices à un industriel universellement connu, M. Christofle, de Paris, dont les vastes ateliers sont devenus une des plus importantes fabriques d'orfèvrerie galvanique de l'Europe, — et pour lequel Gramme construisit, en 1872, la première machine industrielle pour la galvanoplastie.

Il est juste de faire observer que d'autres chimistes s'étaient occupés du même problème que de Ruolz, en même temps que lui, mais dans des limites plus restreintes. C'est ainsi que dans la séance de 1842, l'Académie des sciences partagea le prix de 15,000 francs fondé par M. de Montyon pour l'assainissement des arts insalubres, de la manière suivante : 1° Prix de 3,000 francs à M. de La Rive (Auguste), professeur à Genève, pour avoir, le premier, appliqué les forces électriques à la dorure du bronze, du laiton et du cuivre.

N. B. — L'usage de ce procédé fut de courte durée.

2° Prix de 6,000 francs à M. Elkington, manufacturier anglais, pour la découverte de ses procédés relatifs à la dorure galvanique et à l'application de l'argent sur les métaux par voie humide.

N. B. — Le système par voie humide consiste à plonger la pièce métallique à dorer dans une dissolution de sel d'or et d'argent. Cette méthode est très simple et très économique. Le dépôt qui se forme ainsi est égal et homogène, mais très mince.

Quant au procédé de M. Elkington, il est l'œuvre d'un habile chimiste, M. Wright, qui vendit son invention à ce manufacturier. Mais cette méthode présentait une grande lacune : le chimiste n'ayant pu réussir à dorer le bronze comme l'a fait de Ruolz.

3° Prix de 6,000 francs à M. de Ruolz pour la découverte et l'application industrielle d'un grand nombre de moyens propres soit à dorer les métaux, soit à les argenter, soit à les platiner, soit enfin à déterminer la précipitation économique des métaux les uns sur les autres par l'action de la pile.

2. A. Dumas, célèbre écrivain français (1803-1870). Doué d'une imagination vive, d'une fécondité extraordinaire, il fut le romancier et l'auteur dramatique de son temps. Sa générosité discrète et inépuisable était proverbiale. C'était un cœur d'or. — 3. Archimède, célèbre géomètre et savant illustre de l'antiquité (287-212 av. J.-C.), né à Syracuse. Il inventa les moufles, la vis sans fin, la poulie mobile, les roues dentées, et détermina ce grand principe (dit principe d'Archimède) dont la recherche l'obsédait : « Tout corps plongé dans l'eau perd une partie de son poids égale au poids du volume d'eau qu'il déplace. »

Dans l'enthousiasme que lui causa cette découverte, alors qu'il prenait son bain, il sortit de celui-ci et s'élança dans la rue en criant : *Eureka! Eureka!* (j'ai trouvé! j'ai trouvé!). — 4. Arago (voir Philippe de Girard). — 5. Dumas, J.-B., célèbre chimiste français (1800-1884), né à Alais. Son traité de chimie appliquée aux arts, reste un des monuments de la science chimique. — 6. Montyon (voir père Girard). — 7. Paris (voir Clouet). — 8. Naples, ville d'Italie, sur la mer Tyrrhénienne, non loin du Vésuve ; 564,000 habitants. Golfe d'une beauté incomparable. — 9. Sicile, grande île de la Méditerranée, séparée de l'Italie par le détroit de Messines. Capitale Palerme.

BIBLIOGRAPHIE

1. Le récit d'Alexandre Dumas est extrait des *Annales*, revue littéraire et artistique, fondée à Paris en 1881, et publiée sous l'intelligente direction de M. Adolphe Brisson. — 2. Mangin, Arthur, *Histoire de l'électricité*. Paris, 1861. — 3. Documents (Bibliothèque nationale de Paris).

LA GALVANOPLASTIE

NOTICE HISTORIQUE

Napoléon 1er ne se trompait pas lorsqu'il appelait le galvanisme (développer de l'électricité au moyen de la pile de Volta, d'après le principe de Galvani), « le chemin des grandes découvertes ».

Que de grandes choses accomplies ! que de bienfaits répandus sur l'humanité, grâce au galvanisme ! La galvanoplastie, par exemple (*galvano* = Galvani ; *plassein* = former, façonner), qu'on a mieux nommée l'électro-métallurgie. C'est en effet une métallurgie nouvelle bien autrement facile et économique, susceptible d'un bien plus grand nombre d'applications que l'ancienne.

Les beaux travaux de Davy (voir biographie) sur la décomposition électro-chimique d'un grand nombre de corps et notamment des oxydes métalliques et la découverte de l'électro-magnétisme par Œrsted (voir électricité) ont donné naissance à toute la mécanique électrique.

Le principe fondamental de la galvanoplastie fut appliqué pour la première fois en 1837, à Liverpool (Angleterre), par Thomas Spencer, et à Derpt (Russie), par Jacobi (mort en 1874). L'histoire des sciences offre plus d'un exemple de ces découvertes accomplies simultanément sur des points très éloignés et par des chercheurs qui, loin d'associer leurs efforts ou de s'emprunter leurs idées, étaient complètement étrangers l'un à l'autre et souvent ne se connaissaient même pas de nom. Le télégraphe électrique et le calcul infinitésimal en fournissent deux exemples typiques ; la dorure et l'argenture galvaniques en offrent un autre.

Spencer et Jacobi reconnurent donc que, si l'on fait passer le courant voltaïque, produit par un couple cuivre et zinc, à travers une solution de sulfate de cuivre, ce dernier métal, réduit par l'action du courant, vient se déposer et se mouler avec une rigoureuse exactitude sur tout objet placé au pôle négatif. Jacobi reconnut, en outre, qu'on peut alimenter le bain de sel de cuivre, c'est-à-dire le maintenir toujours à l'état de saturation nécessaire pour que le dépôt s'effectue, en plaçant dans ce bain même, au pôle positif, une lame de cuivre qui se dissout au fur et à mesure que l'oxygène et l'acide sulfurique deviennent libres par la réduction du métal qui se dépose au pôle négatif. Cette lame de cuivre ou de tout autre métal destiné à fournir constamment à l'agent électrique la matière sur laquelle s'exerce son action, a reçu des physiciens le nom d'anode ou d'électrode soluble (*electro* = électricité ; *odos* = route).

Toute la galvanoplastie était là ; il ne restait plus qu'à la perfectionner et à l'utiliser. On n'y a pas manqué. Il faudrait un volume pour exposer la théorie et la pratique des innombrables applications que la galvanoplastie a reçues dans les arts, dans l'industrie et dans les sciences expérimentales.

On y a recours pour revêtir d'une couche métallique (métallisation, galvanisation) une multitude d'objets de toutes espèces, auxquels on conserve ainsi exactement leurs formes propres et qu'on garantit contre toute altération par les agents extérieurs, surtout l'humidité ; on l'applique à la reproduction des objets moulés ou sculptés d'un seul côté comme les bas-reliefs et les médailles, dont on multiplie à peu de frais les types rares et précieux. Elle a remplacé la fonderie en bronze et en cuivre, non seulement pour les statuettes et les objets d'art de petite dimension, mais encore pour la statuaire monumentale.

Ce fut là un progrès immense, car le coulage d'une grosse pièce dans une fonderie est un travail dispendieux, difficile, qui exige des constructions et des agencements considérables, un vaste atelier, un fourneau ou plutôt une fournaise cyclopéenne, une grande consommation de combustible, un nombreux personnel d'ouvriers robustes et aguerris. Cette opération n'est même pas sans danger. Sans doute, c'est un imposant spectacle qu'offre ce métal incandescent quand il s'échappe en bouillonnant de son cratère pour s'engouffrer, avec un grondement terrible, dans le moule solidement établi sous le sol de l'atelier ; et ces hommes, noircis par le feu et la fumée, qui, armés de longues torches, se tiennent près des ouvertures ménagées dans la cavité souterraine, pour faciliter l'issue de l'air ; c'est beau et impressionnant, mais une explosion est toujours à redouter, une fuite, une petite précaution négligée peut compromettre le succès de l'opération et mettre en danger la vie des travailleurs. On est d'ailleurs obligé de donner aux pièces une certaine épaisseur; le métal ne pénétrerait pas dans toutes les parties du moule si les parois étaient trop rapprochées. Et puis, il faut attendre que le métal soit refroidi pour le retirer; après quoi, le travail n'est pas encore terminé. Si l'ouvrage est de grande dimension et de formes complexes, il faut le couler en plusieurs morceaux. Ce travail est donc plein de risques et de difficultés.

Rien de semblable dans la métallurgie galvanique : des cuves remplies d'un bain tiède, quelques piles, des feuilles de métal, un très petit nombre d'ouvriers, voilà tout l'outillage nécessaire. Et quels résultats! quelle rapidité! quelle sûreté d'effet! Toutes les opérations se font comme par enchantement. C'est magique.

Depuis la découverte de la galvanoplastie, les appareils ont été considérablement perfectionnés, notamment par le Belge Lenoir (voir moteur), et de nombreux chimistes ont contribué à en faire un art dont les applications sont éminemment utiles et importantes, et extrêmement variées. On fond des caractères et des clichés d'imprimerie; on reproduit des planches gravées; on grave même directement comme à l'eau-forte. C'est ainsi que l'art typographique et la gravure sont redevables d'éminents services à la galvanoplastie qui leur donne, grâce à l'exacte reproduction des surfaces, une réelle importance pour la copie d'un grand nombre d'objets formés par l'art ou par la nature. La perfection des moyens employés est telle que les détails microscopiques, quelque ténus qu'ils soient, ne leur échappent point et qu'ils reproduisent avec une netteté étonnante, même l'empreinte des images photographiques sur le plaqué d'argent.

Le procédé électrotypique, permettant d'obtenir, pour l'impression, des planches gravées en relief, a reçu le nom de galvanoglyphie et est dû à l'Anglais Palmer, qui le découvrit en 1840.

Le procédé électrographique, au moyen duquel on obtient des planches qui imitent tous les genres de gravure, a reçu le nom de *galvanographie*. Imaginée par le docteur bavarois Kobell, elle consiste à surcharger avec du cuivre précipité par voie quelconque, des dessins, des images au pinceau, dans le genre du lavis et de l'aquatinta, de manière à constituer des planches qui puissent servir à multiplier les images comme si elles avaient été gravées et dont on puisse tirer des épreuves nombreuses. C'est un procédé de gravure où n'interviennent ni la main, ni l'intelligence de l'homme.

Mais les applications les plus précieuses au double point de vue hygiénique et économique sont évidemment celles qui ont pour objet la dorure et l'argenture des instruments de laboratoire et ceux de chirurgie ; les couteaux, les fourchettes, les cuillers, la vaisselle et une quantité d'autres objets.

La découverte de la dorure et de l'argenture galvaniques est un des plus curieux et des plus intéressants épisodes de l'histoire scientifique et industrielle du XIXe siècle (voir de Ruolz).

Aujourd'hui, pour un prix modique, chacun peut se procurer les avantages hygiéniques et l'agrément qui résultent de l'emploi de l'or et de l'argent pour les besoins domestiques.

C'est ainsi que les sciences remplissent une bienfaisante mission, en mettant à la portée du plus grand nombre les avantages et les jouissances utiles qui n'étaient autrefois que l'apanage privilégié des personnes fortunées.

Toutefois, la galvanoplastie n'a pris, industriellement, son grand essor que depuis l'apparition de la machine de Zénobe Gramme, qui supprima l'usage des piles. Cette machine, construite en 1872, pour la maison Christofle et Cie, marchait à la vitesse de trois cents tours par minute et déposait 600 grammes d'argent à l'heure, sur une surface de 350 décimètres carrés. En 1873, Gramme construisit une autre machine qui donnait le courant formidable de 3,000 ampères avec une force électromotrice de 8 volts et précipitait 800 kilogrammes de cuivre affiné en vingt-quatre heures.

BIBLIOGRAPHIE

1. MANGIN, Arthur, *Histoire de l'électricité*. Paris, 1861. — FIGUIER, Louis, *Histoire des principales découvertes scientifiques modernes*. Paris, 1859.

DE NAEYER, Louis

1828-1902

Si les inventions et découvertes et les multiples applications qu'elles entraînent à leur suite ne devaient servir qu'à un but vénal, à enrichir quelques-uns ou à satisfaire uniquement l'ambition d'un pays, elles ne constitueraient point le « progrès » dans la véritable acception du mot.

Elles ne peuvent être dignes de ce titre, qu'à la condition de fournir aux hommes, — à tous les hommes, — les moyens de s'élever, de se perfectionner et de marcher vers le mieux-être. Si tous ceux qui détiennent une parcelle du pouvoir de faire fructifier toutes les belles manifestations de l'esprit humain prenaient conscience de la noble tâche qui leur est dévolue et de la responsabilité qu'ils assument, la question sociale serait résolue.

LOUIS DE NAEYER.

Nous sommes loin encore de cet idéal. C'est pourquoi il est consolant et réconfortant tout à la fois de voir apparaître des hommes qui, dans l'édification de leurs œuvres, ont compris mieux et plus que les autres, l'ampleur du rôle humanitaire et social qu'ils devaient jouer. Parmi ces esprits sages et clairvoyants, il faut citer en première ligne le grand papetier belge Louis De Naeyer.

Bien que ses origines fussent des plus modestes, il se plaisait à les évoquer. Son père était marchand de chiffons; de bonne heure, Louis fut donc initié à ce modeste genre de commerce, ce qui lui permit de s'installer à Bruxelles, en 1858, pour s'occuper sur une plus grande échelle, de l'article chiffons, la seule matière première employée jusqu'alors pour la fabrication du papier.

Le succès devait infailliblement couronner ses efforts, car, dès sa jeunesse, trois qualités maîtresses apparaissent chez lui nettement et vigoureusement en relief : une intelligence supérieure et pratique, ouverte à toutes les conceptions hardies, à toute initiative féconde ; une activité inlassable, productive d'une force de travail énorme ; et une probité professionnelle ferme, droite, énergique, qualités qui ont entouré son nom, ses efforts et ses travaux d'un incomparable prestige. Rien d'étonnant à ce qu'il soit parvenu à asseoir sur des bases solides un des établissements les plus importants parmi ceux dont s'enorgueillit à juste titre l'industrie belge. L'œuvre qu'il a laissée derrière lui, il l'a édifiée pierre par pierre avec une méthode remarquable.

Vers 1860, la quantité de chiffons récoltable en Belgique étant insuffisante, on dut recourir à la production de l'étranger, ce qui amenait de grandes perturbations dans les prix. Cet état de choses était préjudiciable à l'industrie de la papeterie.

Louis de Naeyer pressentit le péril et pensa : « il n'y a qu'un moyen de sauver la situation, c'est de réglementer le cours du chiffon par une combinaison d'achat et de répartition entre tous les fabricants de papier. De cette conception, sortit le syndicat des papetiers ; la crise était conjurée, du moins momentanément. Le moment vint en effet où le chiffon et le papier manquèrent ; leur production ne suivait plus la marche ascendante des productions intellectuelles. Il fallut trouver de nouvelles matières premières de fabrication,

Des essais industriels venaient d'être tentés pour fabriquer de la pâte à papier (cellulose) avec de la paille, mais les résultats avaient été nuls.

Louis De Naeyer, avec ce don de pénétration et de perspicacité qui le distinguait, comprit que là était l'avenir. Il se mit à l'étude et après de laborieuses recherches, il installe à Willebroeck, en 1862, la première fabrique de cellulose de paille fournissant un nouveau produit industriel accepté par les fabricants de papier du monde entier. Le commerçant s'était transformé en fabricant; le marchand de chiffons était devenu industriel. Cette usine fut le berceau des importants établissements de Willebroeck qui, peu à peu, transformèrent en un grand et vaste centre industriel la petite bourgade maraîchère de jadis.

Sous l'impulsion industrielle et commerciale d'un tel homme, l'essor des affaires devait être rapide. Les demandes affluèrent à l'usine. Créée au début pour fabriquer 600,000 kilogrammes de pâte par an, on en produisait 14 millions en 1870. L'évolution continua; la hausse énorme du prix de la paille lors de la guerre franco-allemande, en 1870, amena Louis de Naeyer à résoudre le problème de la matière première par l'emploi du bois de sapin traité par la soude. Et comme le bois devait être lessivé à forte pression, son cerveau enfanta, à la suite de laborieux calculs, le type de chaudières multitubulaires pour fournir la vapeur à la cuisson, et qui fut l'origine des générateurs à vapeur connus dans le monde entier. Ici encore la nécessité avait créé l'outil, comme la fonction crée l'organe. A son titre de fabricant de pâte à papier, il ajoutait celui de constructeur. Et ainsi, s'édifièrent les vastes ateliers pour la construction des générateurs, dont le succès fut si grand que, en moins de dix ans, plus de deux mille chaudières furent installées en Europe et dans les colonies.

Puis vint la fabrication du papier, ce véhicule de l'énergie intellectuelle, ce puissant facteur de la propagation et de la diffusion des idées qui devraient guider l'humanité en son éternel voyage vers la liberté, et l'on sait avec quel acharnement De Naeyer souhaitait la voir conquérir par tous. Dès lors, l'extension des usines n'eut plus de limites; elle se développa sous l'impulsion magistrale du maître, pour arriver à l'épanouissement que l'on admire aujourd'hui. De deux hectares que comprenait l'installation du début (1863), elle en compte aujourd'hui 103, dans une situation exceptionnelle, d'un accès facile, grâce au canal de Willebroeck à Bruxelles-Maritime, et où un véritable port a été créé. On sent, là encore, qu'une pensée maîtresse a présidé à tout; que rien n'a été laissé au hasard ou à l'imprévu; que tout a été combiné, ordonné en vue du but à atteindre. Et ainsi son esprit toujours en travail, songeait, trouvait, réalisait malgré tous les obstacles que la nature dressait devant lui, comme si elle eût été jalouse de l'immensité de générosité et de grandeur incomparables dont débordait son cœur plein de bonté : victorieux, sûr de lui, il passait son chemin en un rêve de liberté pour les hommes et d'esclavage, à leur profit, des forces universelles.

Aussi, la propriété de Willebroeck est-elle connue et considérée dans le monde entier comme une des manifestations les plus éclatantes de la vitalité de l'industrie belge que personnifiait si bien Louis De Naeyer, qui a ainsi honoré son pays de la façon la plus complète et la plus noble. On peut dire que son histoire ne fait qu'une avec l'histoire de la papeterie. Et, chose digne d'être citée, il ne faisait mystère ni de ses installations, ni de ses découvertes ; il était, au contraire, heureux de montrer ses vastes usines avec ses deux mille ouvriers, et il ne se préoccupait guère de savoir si des concurrents ne venaient pas y puiser d'utiles renseignements.

Aucun sacrifice ne l'arrêtait quand il s'agissait de glorifier son pays ; c'est ce qui explique sa participation prépondérante et du plus haut intérêt pour l'instruction du public, à maintes expositions universelles où sa firme fut chaque fois victorieuse. Elle obtint à Paris, en 1889, deux grands prix et quatre médailles d'or ; à Anvers en 1894, trois grands prix ; à Lyon, la même année, un grand prix ; à Bordeaux, en 1895, un grand prix ; à Bruxelles, en 1897, deux grands prix ; enfin à Paris, en 1900, un grand prix avec mise hors concours.

Aussi, nombreuses sont les distinctions honorifiques justement méritées qu'il reçut sans les avoir recherchées. Bien mieux, il n'en tirait aucune vanité, se bornant à en reporter tout le mérite sur ses collaborateurs grands et petits, dont il s'était fait une seconde famille. S'il acceptait avec plaisir les félicitations et les remerciements, ce n'était point par orgueil, mais parce qu'il était heureux de voir qu'il avait contribué à réaliser une chose bonne ou utile. Le contentement de tous convergeait vers son cœur et y versait un baume de félicité et de joie.

Combien rares sont les hommes que le succès n'a jamais aveuglés ; qui sont restés simples et bons, après que la fortune eut couronné leurs efforts et qui, jusqu'à leur dernier souffle, ont consacré toute leur activité au travail ! De Naeyer fut de ceux-là. Et si d'aucuns s'étonnent que, contrairement à cette modestie et à ces goûts simples qu'on se plaisait à lui reconnaître, il ait fait construire une maison somptueuse, il y a lieu de faire remarquer tout d'abord qu'il la plaça à côté de ses usines pour mieux montrer que tout était indissolublement uni dans le même sentiment de fraternité; qu'ensuite, avec ce bon sens qui le caractérisait et sa profonde connaissance des hommes et des choses, il n'ignorait pas qu'un certain décorum est indispensable en certaines circonstances; dans son esprit, tout cet apparat devait encore servir les intérêts de ses établissements et rejaillir sur la bonne renommée de son industrie. Il voulait que les réceptions se fissent dans un local digne de l'usine et fussent en harmonie avec son développement. Maison largement hospitalière, du reste. Le maître adorait cet intérieur qu'il animait de sa belle nature toute de bonhomie et d'indulgence. C'est que s'il était un énergique, il était aussi un sensible qui aimait éperdument les siens et demandait aux seules joies de la famille le délassement à ses rudes travaux. Ne sont-ils pas légion ceux qui, aux heures de chagrin, y ont passé et en sont sortis réconfortés, l'âme apaisée? Les réceptions au château, restées légendaires, étaient, quoique somptueuses, toujours cordiales et paternelles; elles ont proclamé jusqu'au delà des mers l'hospitalité affable de son hôte distingué. Sa simplicité était proverbiale. C'est ainsi que, pour ne pas dérober un instant à ses usines, il répondit toujours par un refus aux sollicitations réitérées de ceux qui auraient voulu le voir occuper au Parlement un siège digne de ses capacités et de son caractère.

L'idéal de sa politique à lui, c'était le respect de la liberté et le souci persistant de se rendre utile. Aussi, avait-il compris, dès la première heure, que l'amélioration du sort matériel et de la condition morale de ses ouvriers constituait un facteur important de la prospérité des affaires.

C'est ainsi qu'il fonda, une à une, les œuvres de mutualité et de solidarité sociale. Il créa une école obligatoire pour adultes où les heures de cours sont payées, aux ouvriers-élèves, comme heures de travail; il institua un corps de musique aujourd'hui réputé; fonda une bibliothèque ouvrière très riche; organisa des représentations dramatiques; puis vinrent successivement à leur heure, la boulangerie et les magasins économiques.

Toutes ces belles et généreuses institutions de philanthropie rattachaient l'ouvrier aux intérêts généraux de la société par l'instruction, l'épargne, la moralité, la tempérance. Et cette philanthropie avait cette caractéristique, c'est que jamais elle ne revêtait la forme d'une aumône, toujours humiliante et amoindrissante.

De cette façon, Louis De Naeyer mettait à la disposition de ses ouvriers les forces et les moyens nécessaires pour qu'ils s'élevassent par eux-mêmes et ne dussent leur bonheur qu'à leur propre initiative. C'était là le secret de sa prestigieuse popularité dans le monde des travailleurs, qui avaient l'intuition que leur chef était un ami sincère.

A mesure que dans leur brillant essor, les ateliers s'agrandissaient, les institutions sociales s'étendaient : chaque succès matériel était marqué par un progrès moral.

C'est ainsi que s'édifièrent les maisons ouvrières (elles sont au nombre de trois cents aujourd'hui); non pas ces cités froides, monotones, impersonnelles, où les ménages ouvriers semblent parqués les uns sur les autres, mais de jolies maisons coquettes, variées et d'une architecture riante, avec leur jardin fleuri, où brille une propreté flamande ; où, à de jeunes enfants frais et roses, sourient des mères heureuses. A l'exposition de Paris, le type de ces maisons fit l'objet de l'admiration universelle.

Il est juste de signaler ici qu'il eut l'heureuse fortune de rencontrer, pour l'associer à sa destinée, une compagne noble de cœur et d'esprit, qui fut la collaboratrice dévouée de toutes ses œuvres sociales. Admirable femme dont toute la vie fut consacrée à illuminer la sienne.

Il semblait, dès lors, que ces deux âmes, ces deux cerveaux qui se comprenaient si bien, que ces deux cœurs d'élite qui répandaient autour d'eux les bienfaits à pleines mains, eussent dû être épargnés par l'adversité, respectés par le sort cruel. Hélas! nul bonheur n'est parfait ici-bas; une douleur poignante, atroce, traversa leur vie et vint briser ces deux cœurs, endeuiller éternellement ces deux existences : un enfant unique, en qui ils avaient mis toutes leurs espérances pour continuer et perpétuer leur œuvre, leur fut prématurément ravi. Ce coup terrible, capable d'anéantir les natures les plus fortes, les retrouva debout, unis dans un même sentiment de grandeur surhumaine. Ils se dirent : nous n'avons plus d'enfant, nous adopterons ceux de nos ouvriers ; et, en souvenir de leur fils adoré, toujours inoublié et toujours pleuré, ils fondèrent une crèche-école gardienne qui provoque l'admiration de tous les visiteurs.

C'est ainsi que, au milieu de leur douleur et de leur souffrance, ils songeaient à semer des bienfaits. Telle encore cette coutume vraiment touchante qui se pratiquait chaque samedi soir. Ce jour-là, les portes du parc s'ouvraient pour permettre à la population ouvrière de se promener dans les allées pendant que la phalange musicale exécutait un concert sous l'habile direction de Constantin Benders. Et tout ce monde qui aimait et honorait le travail, fraternisait et ne formait qu'une vaste famille : patron et ouvriers communiaient dans un bel élan de sympathie réciproque.

Mais la sollicitude de De Naeyer était sans bornes. Pour couronner son œuvre de « bon patron », il réalisa, en 1901, le rêve qu'il avait fait depuis longtemps : celui de voir ses ouvriers participer aux bénéfices de l'usine. Certes, la question était connue, les meilleurs économistes l'avaient réalisée, mais lui, prudent et sage en toutes choses, voulait l'organiser efficacement, de façon qu'elle lui donnât les résultats qu'il espérait et en écartât les côtés périlleux. Et il en parlait souvent de cette réforme qui souriait à la fois à sa raison et à son cœur!

Dès que l'on a cette conception, tous les efforts sont nobles ; et, même aux yeux de ceux qui ne croient pas à leur efficacité, l'exemple est beau, est salutaire comme tout effort tenté pour la paix, le progrès, le bonheur de l'humanité.

Lorsqu'il la réalisa, après s'être usé dans le travail et avoir accompli une œuvre qui eût rempli dix existences, cet homme était perdu. La mort l'avait marqué au passage. Entre elle et lui, c'était une trêve, peut-être de quelques jours, de quelques heures. Il fallait aller vite. Il le savait, mais doué d'une volonté surhumaine et d'une grandeur d'âme admirable, il accepta sans murmurer l'arrêt fatal, et accomplit stoïquement son œuvre dernière : plus de 300,000 francs furent répartis entre employés et ouvriers, à ceux pour le bonheur de qui il avait tant travaillé et pour qui même, il avait ruiné sa robuste constitution.

C'est en parlant de ce « bon patron » qu'un homme d'Etat disait : « Il est tellement bon et humain, qu'on dirait qu'il demande à ses ouvriers la permission de les rendre heureux, et lorsqu'ils le permettent, il est plus en joie qu'eux-mêmes. »

Sa vie entière constitue un exemple montrant jusqu'à quelles cimes peut atteindre la conception de l'industrie considérée, non comme une source de lucre pour quelques-uns, mais bien comme une institution sociale destinée à augmenter le bien-être général. Ainsi comprise, l'industrie est la vie de l'esprit et du cœur, comme celle du corps. On peut donc dire de ce grand citoyen, qu'il incarna, symbole superbe, toutes les énergies sociales. Son intelligence, qui scintillait comme les rayons d'un soleil radieux, se plaisait à chercher les moyens de répandre sur le monde, les résultats bienfaisants de la science humaine. C'est pourquoi son nom se trouve, dès à présent, buriné dans les annales de l'histoire nationale; c'est pourquoi aussi la commune de Willebroeck a tenu à lui élever un monument destiné à perpétuer sa mémoire.

Mais il est un autre monument qui éternisera sa gloire : c'est son œuvre elle-même; ce sont ses usines qui marchent en leur activité inlassée comme le fut la sienne; c'est cette prospérité morale et matérielle pour toujours conquise; ce sont tous ces petits enfants heureux, ces ménages où règnent le bonheur et l'aisance, ces ouvriers qui bénissent sa mémoire; ce sont enfin les institutions qui chantent à la fois son génie et sa bonté!

Œuvre grandiose qui offre aux générations futures un des plus beaux exemples de l'union du génie, de la volonté et de l'amour du travail.

NOTES EXPLICATIVES

1. DE NAEYER Louis), né à Lebbecke (Flandre orientale, Belgique) en 1828. Mort en février 1902. Il avait épousé, en 1862, une des filles de M. le notaire Edouard Peeters. — 2. CELLULOSE (cellule) : principe particulier des corps organisés qui constitue la partie solide des végétaux.— 3. WILLEBROECK : bourg important de Belgique (province d'Anvers), sur le canal du Rupel à Bruxelles; 10,000 habitants. — 4. SOUDE, sel alcali qu'on retirait des cendres de certaines plantes et qu'on obtient aujourd'hui en traitant les sels naturels de sodium, entre autres le chlorure. — 5. MULTITUBULAIRE : qui est pourvu d'un grand nombre de petits tubes traversés par les flammes. — 6. PHILANTHROPIE (*philos* = ami ; *anthropos* = homme) : amour de l'humanité. — 7. BRUXELLES et MALINES (voir Stéphenson). — 8. PARIS (voir Clouet). — 9. ANVERS, ville belge sur l'Escaut. Le plus grand port après Londres ; 300,000 habitants.— 10. LYON (voir Jacquard). — 11. BORDEAUX, port français sur la Garonne; 257.000 habitants.

BIBLIOGRAPHIE

Nous devons à l'obligeance de M. Emmers, le dévoué directeur des établissements d'instruction de Willebroeck, la communication des documents qui nous ont servi à faire notre travail.

LE PAPIER

NOTICE HISTORIQUE

Le besoin de traduire sa pensée autrement que par la parole, c'est-à-dire par des signes écrits, remonte aux premiers âges de l'humanité; c'est ainsi que l'homme en vint à graver sur le bois, sur la pierre, sur le métal, puis sur des lames de plomb et sur l'airain. Quant à l'idée de fabriquer une matière propre à recevoir et à fixer l'écriture, elle remonte à une haute antiquité. Les Egyptiens et les Babyloniens se servaient de pellicules tirées d'une espèce de roseau nommé « papyrus » qui croissait autrefois en abondance dans les marais de l'Egypte. C'est de ce nom que vient celui de « papier ».

On employa également des peaux de bêtes et en particulier des peaux de brebis préparées et polies à la pierre ponce, ce qui produisit le parchemin, nom qui vient de Pergame, ville de l'Asie Mineure, où l'on s'occupait de cette fabrication.

Toutefois, l'idée de former une feuille simple et polie par le simple feutrage de fibres végétales, appartient aux Chinois et aux Japonais. Dès l'an 123 avant Jésus-Christ, les Chinois la fabriquaient au moyen de la soie, du bambou, du mûrier; les Japonais avec le coton, le chanvre, l'écorce du mûrier et la paille de riz.

En 751, des Chinois emmenés comme prisonniers à Salmakand (Turquie d'Asie) y introduisirent leur industrie : en 794, une fabrique fut fondée à Bagdad (sur le Tigre), puis une autre à Damas. Au XIe siècle, des manufacturiers arabes établirent dans le nord de l'Afrique des fabriques de papier de coton, papier fort imparfait, qui se déchirait à la moindre traction. D'Afrique, la fabrication passa en Espagne, où les Arabes répandirent les nouveaux procédés (1154). Au coton, on substitua le lin broyé entre deux meules. D'Afrique et d'Espagne, l'industrie se répandit en Italie et en France. Ce n'est que vers 1300 que, au lieu d'employer la matière végétale crue, on fit usage de chiffons de toile.

L'invention des moulins à bras et bientôt celle des moulins mûs par l'eau permit de perfectionner la fabrication du papier, qui prit, en outre, un grand développement en Europe, avec l'invention de l'imprimerie, surtout en France, en Allemagne et en Hollande (après la « révocation de l'Edit de Nantes », sous Louis XIV [1685], les protestants français émigrèrent et dotèrent la Hollande de cette industrie).

La fabrication des papiers solides et à très bas prix, qui servent à recouvrir les murs de nos appartements, est originaire de la Chine et du Japon. Vers l'année 1555, les Hollandais et les Espagnols en introduisirent l'usage en Europe. Ce n'est qu'en 1760 que l'on trouva le moyen d'appliquer sur les papiers de tenture, une couleur solide qui porte avec elle son vernis et qui n'a pas à redouter que la poussière s'y attache.

Les perfectionnements de l'industrie de la fabrication du papier furent lents ou peu sensibles pendant les XVIIe et XVIIIe siècles. Les procédés employés durant ce long intervalle exigeaient un nombre considérable d'ouvriers, car les opérations s'effectuaient à la main, ce qui était beaucoup plus long, plus pénible et plus coûteux.

La découverte de la fabrication du papier à la mécanique, en 1798, vint donner à cette industrie une impulsion immense. La gloire de cette invention capitale revient à un Français nommé Louis Robert. Mais son système avait besoin, pour rendre de grands services, d'être perfectionné. C'est en Angleterre, en 1803, que la pensée féconde de Robert reçut définitivement son application pratique. M. Didot Saint-Léger, propriétaire de la papeterie d'Essonnes, avait acheté à Robert son brevet d'invention pour la fabrication du papier continu. N'ayant pas trouvé en France les encouragements nécessaires pour perfectionner cette invention, il partit pour l'Angleterre. Grâce à sa persévérance et aux sommes importantes mises à sa disposition par plusieurs fabricants de Londres, la construction de l'admirable machine réussit définitivement. Quant à Robert, il dut, pour subvenir à ses besoins, ouvrir une école primaire à Dreux, petit village français où il termina sa vie (1761-1828).

En 1814, Didot l'importa en France. Les premiers essais de fabrication de papier de paille datent de 1756, mais il faut arriver à Louis De Naeyer, industriel belge, pour voir surgir les perfectionnements et les découvertes dont les applications ont révolutionné la papeterie. A l'heure actuelle, la papeterie semble avoir atteint le summum de son développement.

A côté de ces résultats remarquables, il n'est pas sans intérêt de signaler que l'utilisation de la pâte à papier a pris une importance considérable à la fin du xixe siècle, à cause de l'extrême dureté que l'on peut donner aux objets fabriqués avec les fibres mélangées de diverses substances chimiques, notamment aux Etats-Unis où l'on fabrique des rails en papier, des roues de wagons et de bicyclettes, des pièces de machines, des bouteilles, des planches, des cloisons, des toitures, du linge, des pneus pour automobile.

Un autre produit, qui rend d'énormes services, est le papier mâché ou carton-pâte dont on fait des objets à l'infini.

Avant l'introduction de la papeterie mécanique, les dimensions du papier étaient déterminées par la grandeur des formes dans lesquelles on le coulait, d'où le nom de « formats », lesquels reçurent des noms particuliers dont quelques-uns subsistent encore aujourd'hui, tel le « papier tellière ou ministre », ainsi nommé parce qu'il fut fabriqué pour la première fois pour les bureaux de Le Tellier, ministre de Louis XIV. Evidemment, tout ce système de formats a été renversé depuis l'usage des machines.

Aujourd'hui, on fait du papier avec d'autres matières que la paille, le bois et le chiffon : on en fabrique encore, pour remplacer le chiffon, avec le jonc, les orties, les roseaux, le genêt commun, la bruyère, le sparte ou alpha, les varechs, la tourbe, etc., dont l'usage s'est confiné tout d'abord dans la fabrication du papier d'emballage, puis, mélangé à d'autres fibres, au papier de journal.

L'enveloppe pour lettres date de 1850.

Le papier buvard a été inventé en Angleterre entre 1650 et 1675 ; il est dû à un ouvrier papetier resté inconnu. Par mégarde, il avait omis de mettre dans le papier, la dose de colle nécessaire. Pour ce fait il fut chassé. Quelque temps après on s'aperçut, par hasard, que le dit papier absorbait l'encre sans l'étendre. Il obtint, dès lors, un grand succès et remplaça le sable et la poudre que l'on employait pour sécher l'écriture.

Carte (*charta* = papier). La *carte postale* est d'origine allemande. Ce fut le conseiller postal Stéphan, devenu plus tard directeur général des postes, qui en préconisa l'emploi en 1865. Toutefois l'Autriche seule en réalisa l'idée.

A l'origine ce n'était qu'une simple feuille de papier résistant sur laquelle on appliquait un timbre de 10 centimes. C'est à partir de 1872 que le timbre fut imprimé sur le carton. En 1871, la Belgique imita l'Allemagne et, dès 1873, les autres pays créèrent chacun leurs cartes postales.

La *carte postale illustrée* est due au libraire allemand Schwartz. Elle ne devint article de commerce qu'en 1875.

Le *timbre postal* a été inventé en 1834 par l'imprimeur écossais James Chalmers (1782-1853).

Ludwig von BEETHOVEN

1770-1827

> L'homme est un apprenti, la douleur est son maître,
> Et nul ne se connaît, tant qu'il n'a pas souffert.

Ces deux vers d'Alfred de Musset, d'une philosophie si profonde et si cruellement vraie, évoquent à notre esprit la vie de travail et d'amour au sein de la souffrance, du sublime artiste que fut Beethoven.

Certes, oui, il a peiné, dès l'âge de quatre ans jusqu'à sa mort; nul plus que lui n'a aimé aussi profondément les siens et les autres, et nul non plus n'a comme lui entrepris du fond d'un abîme de douleur, de célébrer la joie.

Ayant toutes les raisons de gémir, de pleurer et de maudire, il préféra, comme il le dit lui-même, « broyer un délicieux nectar pour l'humanité, donner aux hommes la divine frénésie de l'esprit ».

Et de fait, ses œuvres impérissables ont répandu de par le monde, les flots d'une musique incomparable, qui restera un éternel monument de beauté sublime et d'expression supra-terrestre.

LUDWIG VON BEETHOVEN.

« La musique, disait-il, est la grande introductrice aux mondes supérieurs. » Aussi, nul n'a remué plus profondément l'âme humaine. Par cela même, il a marqué la puissante beauté de sa force morale et l'étendue de son abnégation en même temps que son prestigieux talent musical et l'énergie de sa race.

Par quel miracle, cet homme, malheureux dès sa naissance, parvint-il à surmonter ses maux, à s'élever jusqu'au faîte de la gloire? En s'imposant un idéal et en s'évertuant à le réaliser quoi qu'il en coûte. Idéal qu'il a si bien exprimé en ces quatre vers (traduits de l'allemand) :

> Faire tout le bien qu'on peut ;
> Aimer la liberté par-dessus tout ;
> Et quand ce serait pour un trône,
> Ne jamais trahir la vérité.

Pensées empreintes d'une haute sagesse qu'il a complétées par cette autre : « Quiconque agit bien et noblement, peut, par cela même, supporter le malheur. »]

Si l'on jette un regard sur l'existence de ce noble travailleur, on est ému jusqu'aux larmes en voyant combien le sort lui fut cruel, et comment la nature et les siens se sont rencontrés pour lui rendre la vie rude et douloureuse.

Dès son enfance, il ne connut point les douces émotions du foyer, ni cette chaleureuse affection dont les parents entourent si jalousement leurs enfants. Né au sein de la pauvreté, il fut élevé par un père alcoolique et une mère tuberculeuse qui souffrait autant que lui des excès et des brutalités du chef de famille. A peine donc entré dans la vie, celle-ci se présente à lui sous un jour triste et rempli d'amertume : telle fut la condition première de l'enfant en qui sommeillait un musicien génial.

Il a quatre ans. Son père, ténor à la chapelle de l'Electeur de Cologne, voulant exploiter ses dispositions musicales et l'exhiber comme un petit prodige, le cloue pendant des heures devant son piano ou l'enferme avec son violon et l'accable de travail. Il n'en fallait pas plus pour provoquer le dégoût et la révolte dans une jeune nature. Aussi, n'y a-t-il rien d'étonnant à ce qu'au début, on ait été obligé d'user de violence pour qu'il s'appliquât à la musique ; son humeur s'en ressentit et devint capricieuse, fantasque et colère. Mais, ce qu'il y avait de bon au fond de son être finit par remonter à la surface, sous le souffle magique de la volonté, et « l'homme fait » fit oublier les travers de l'adolescent. Cependant, tout concourait à entraver ses efforts, à paralyser ses bonnes intentions : les préoccupations matérielles, le souci de gagner, les tâches trop précoces. Il eut pour maîtres son père d'abord, et, ensuite le chef de l'orchestre dont il faisait partie. Il avait onze ans, lorsque l'organiste de la Cour offrit de lui donner des leçons gratuitement. Ce professeur patient et habile triompha des répugnances de son élève et lui fit faire de rapides progrès, au point que, à treize ans, le petit musicien composa trois quatuors. Il remplissait alors les fonctions d'organiste adjoint. Il supporta courageusement ce labeur, trop écrasant pour son jeune âge et sa chétive santé; et, pour que rien ne manquât à ses maux, il perdit sa mère en 1787; cette mère, l'ange du foyer, sa consolation, sa seule raison de vivre! Ecoutez en quels termes touchants, il exhale la douleur causée par la perte qu'il vient de faire : « Elle m'était si bonne, si digne d'amour, ma vieille amie! Oh! qui était plus heureux que moi quand je pouvais prononcer le doux nom de mère, et qu'elle pouvait l'entendre! »

A cette époque, déjà, le pauvre enfant souffrait fréquemment, et la mélancolie qui envahissait son âme ajoutait à ses souffrances physiques. A la suite de ce deuil et aussi par la mise à la retraite de son père, ivrogne invétéré, il devint le chef de la famille — il avait alors dix-sept ans — chargé de l'éducation de ses deux frères. Ces tristesses laissèrent en lui une empreinte profonde et lui firent chercher la solitude. Et pourtant, son âme était avide d'affection. Heureusement, il trouva au sein d'une famille de Bonn un appui affectueux. Aussi comprend-on toute l'étendue de sa peine lorsque, en 1792, il dut s'expatrier et s'éloigner de la chère ville où il avait vu la lumière du jour, pour se rendre à Vienne, alors la métropole musicale de l'Allemagne. La révolution venait d'éclater en France (1789) et conquérait le monde. Beethoven lui-même est subjugué, et bientôt se forment en lui « les sentiments républicains dont on voit le puissant développement dans la suite de sa vie ». Le moment est venu où il a conscience de sa force, où il est dominé par la confiance en soi que rien ne pourra plus altérer. « Courage, s'écrie-t-il, malgré toutes les défaillances du corps, mon génie triomphera. Vingt-cinq ans, les voici venus, je les ai... il faut que cette année même, l'homme se révèle tout entier. »

Il semble, à l'entendre, que l'orgueil a envahi son cœur et le domine; mais ce n'est qu'une apparence qui cache un sentiment élevé, une bonté exquise. Le passage d'une lettre écrite à un de ses amis pour lui annoncer ses succès le prouve bien : « Par exemple, je vois un ami dans le besoin ; si ma bourse ne me permet pas de lui venir en aide, je n'ai qu'à me mettre à ma table de travail, et en peu de temps, je l'ai tiré d'affaire... Tu vois comme c'est charmant, » et il ajoute : « Mon art doit se consacrer au bien des pauvres. » Une fois encore il écrit : « Aucun de mes amis ne doit manquer de rien, tant que j'ai quelque chose. »

Et cet homme, qui prodiguait ainsi une générosité incessante, désintéressée et toujours discrète, connut tôt la douleur qui, dès 1796, frappa à sa porte, s'installa en lui pour n'en plus sortir, lui préparant des chagrins dont son âme sera empoisonnée jusqu'à son dernier jour. C'est dès cette date, en effet, que la surdité commença ses ravages. Les oreilles lui bruissaient nuit et jour ; il était, en outre, miné par de fréquentes douleurs d'entrailles. Et comme les trois premières sonates virent le jour en 1796, on peut en conclure que toute l'œuvre de l'illustre musicien est d'un musicien sourd ou à peu près. Eh bien ! en face de cette atroce adversité, il parvint à faire taire son désespoir, à cacher son mal. Pendant des années, il garda pour lui seul, ce terrible secret. Mais, en 1801, il finit par le confier à deux de ses amis. « Sache, dit-il à l'un d'eux, que la plus noble partie de moi-même, mon ouïe, a beaucoup baissé. Je dois éviter tout ce que j'aime et tout ce qui m'est cher et cela dans un monde si misérable, si égoïste... Triste résignation où je dois me réfugier. Sans doute, je me suis proposé de me mettre au-dessus de tous ces maux, mais comment cela sera-t-il possible ? »

Une autre fois encore, il écrit : « Je mène une vie misérable ; j'évite toutes les sociétés, parce qu'il ne m'est pas possible de causer avec les gens : je suis sourd. Dans mon métier, quelle terrible situation !... Bien souvent, j'ai maudit mon existence... Plutarque m'a conduit à la résignation. Je veux, si toutefois cela est possible, je veux braver mon destin ; mais il y a des moments de ma vie où je suis la plus misérable créature de Dieu... Résignation ! quel triste refuge ; et pourtant c'est le seul qui me reste. » Cette tristesse tragique s'exprime dans quelques œuvres de cette époque, notamment dans la troisième sonate (1798) et la sonate pathétique (1799). Mais, à certains moments, vers 1800, ses œuvres reflètent un caractère d'insouciance juvénile. « C'est qu'il faut du temps à l'âme pour s'habituer à la douleur : elle a un tel besoin de la joie que, quand elle ne l'a pas, il faut qu'elle la crée; quand le présent est trop cruel, elle vit sur le passé. Seul et malheureux à Vienne, Beethoven se réfugie dans ses souvenirs du pays natal; sa pensée d'alors en est tout imprégnée. »

Aux souffrances physiques, vinrent se joindre des troubles d'un autre ordre : il aima; mais, soit ses infirmités, soit sa situation peu brillante, chaque fois, ses espérances s'évanouirent; les désillusions succédèrent aux désillusions, lui laissant la mort dans l'âme après lui avoir brisé, meurtri le cœur. Il rêvait de bonheurs, aussitôt déçus et suivis de souffrances amères.

C'est dans ces alternatives d'événements de vie intime et de vie extérieure qu'il faut chercher la source la plus féconde des inspirations de l'infortuné compositeur. Ainsi s'explique aussi la diversité de ses compositions où la vie se manifeste dans sa plus haute expression; la vie, dégagée de tout artifice, qui s'exalte et prend corps sous sa puissante pensée. Toutes ses œuvres sont vécues.

Quoique terrassé par la désillusion, affaibli par la maladie, ayant perdu tout espoir de guérison, il résiste, soutenu par l'idée de poursuivre jusqu'au bout, la tâche qu'il s'est imposée. Parfois, il lui arrive de jeter un cri de révolte et de douleur déchirante qui nous pénètre et nous émeut :

« O Providence! dit-il, fais-moi apparaître une fois un jour, un seul jour de vraie joie! Il y a si longtemps que le son de la vraie joie m'est étranger! Quand donc, oh! mon Dieu! pourrai-je la rencontrer?... Jamais?... Non, ce serait trop cruel! »

Mais sa puissante nature ne pouvait se résigner à succomber sous l'épreuve. « Ma force physique croît plus que jamais avec ma force intellectuelle... Ma jeunesse, oui, je le sens, ne fait que commencer. Chaque jour me rapproche du but que j'entrevois sans pouvoir le définir...

» Ah! si j'étais délivré de ce mal, j'embrasserais le monde... Point de repos. Je n'en connais pas d'autre que le sommeil; et je suis assez malheureux de devoir lui accorder plus de temps qu'autrefois. Je veux saisir le destin à la gueule. Il ne réussira pas à me courber tout à fait. Oh! cela est si beau de vivre la vie mille fois. »

« Ces alternatives d'accablement et de révolte se retrouvent dans les grandes œuvres écrites en 1802. A d'autres moments (1803), on sent dans son cœur que la volonté prend le dessus, qu'une force irrésistible balaye les tristes pensées. Dans plusieurs de ses œuvres, on est frappé par l'énergie et l'insistance des rythmes de marche et de combat. »

En 1816, il se retrouve seul, mais la gloire est venue et avec elle, la puissance. Il a conscience de sa force, et ne s'incline devant personne, ni rois, ni princes, ni seigneurs : « Je ne reconnais pas d'autres signes de supériorité, dit-il, que la bonté. »

L'année 1814 marqua l'apogée de sa fortune : au Congrès de Vienne, il fut traité comme une gloire européenne; il prit une part active aux fêtes et les princes lui rendirent hommage. Mais à cette heure de gloire, succéda bientôt la période la plus triste et la plus misérable que l'on puisse imaginer. Vienne ne lui avait jamais été sympathique; heureusement il y rencontra de nobles dilettantes qui lui servirent annuellement une pension, à la condition qu'il restât en Autriche. « Comme il est démontré, disaient-ils, que l'homme ne peut entièrement se vouer à son art qu'à la condition d'être libre de tout souci matériel, et que ce n'est qu'alors qu'il peut produire ses œuvres sublimes qui sont la gloire de l'art, nous avons pris la résolution de mettre Beethoven à l'abri du besoin et d'écarter ainsi tous les obstacles misérables qui pourraient s'opposer à l'essor de son génie. » Pour comble de malheur, les généreux protecteurs se dispersèrent ou moururent. Le voilà désormais seul et la surdité est devenue complète. A partir de 1815, il n'a plus de relations que par écrit avec le reste des hommes. A la représentation de *Fidélio*, en 1822, une confusion générale se produisit pendant qu'il dirigeait l'orchestre, incapable qu'il était d'entendre les instruments et les chanteurs. Un ami présent l'invita par écrit à se retirer : « Je vous en supplie, ne continuez pas, je vous expliquerai à la maison pourquoi. »

Rentré chez lui, il tomba inerte sur le divan, se couvrant le visage avec les deux mains. Ce fut un coup terrible pour lui. Il avait été frappé au cœur et, jusqu'au jour de sa mort, il vécut sous l'impression de cette terrible scène.

Muré en lui-même, séparé du reste des hommes, il n'avait de consolation qu'en la nature. « Elle était sa seule confidente; » elle fut son refuge. Un de ses contemporains dit qu'il ne vit jamais personne qui aimât aussi parfaitement les fleurs, les nuages, la nature; il aimait les bêtes et avait pitié d'elles.

« Personne sur terre ne peut aimer la campagne autant que

moi, » écrivait-il. « J'aime un arbre plus qu'un homme. » Aussi le voyait-on se promener fréquemment seul à la campagne, sans chapeau, sous le soleil et la pluie, occupé à jouir de la « belle nature ».

Cet amour infini pour les beautés naturelles lui faisait supporter les vicissitudes : il était fréquemment harcelé par les soucis d'argent, à tel point qu'il écrit, en 1818 : « Je suis presque réduit à la mendicité et forcé d'avoir l'air de ne pas manquer du nécessaire. » Souvent aussi, il ne pouvait sortir à cause de ses souliers troués; il était accablé de fortes dettes, et ses œuvres ne lui rapportaient rien. La messe en *ré*, affirme son biographe M. Roland, mise en souscription, recueillit sept souscripteurs dont pas un musicien. Il recevait à peine 30 ou 40 ducats pour ses admirables sonates dont chacune lui coûtait trois mois de travail. Un prince lui faisait composer ses principaux quatuors, ses œuvres les plus profondes peut-être et qui semblaient écrites avec son sang; il ne les lui payait pas. Aussi, le pauvre compositeur se consumait-il dans des difficultés sans nombre et des procès interminables, afin d'obtenir les pensions qu'on lui devait ou encore de conserver la tutelle de son neveu Charles, fils de son frère, mort en 1815; tutelle qui lui était disputée par la veuve, jugée incapable d'élever son enfant. Il avait reporté sur ce neveu le besoin de dévouement dont son cœur débordait. Là, encore, il se réserva de cruelles souffrances. La mère voulait lui enlever l'enfant; un procès s'ensuivit, mais les tribunaux donnèrent raison à Beethoven.

Dès lors, il n'épargna rien pour l'éducation de Charles. Ce que cachait de bonté native et d'affectueuse tendresse la rude écorce du compositeur « toujours brusque », comme disait Chérubini, on peut s'en faire une idée par la façon dont il comprit et remplit ses devoirs à l'égard de son fils adoptif. Soins malheureusement stériles, tendresses prodiguées à un ingrat.

Ce neveu si passionnément aimé se montra indigne de son oncle. La correspondance que Beethoven eut avec lui est tour à tour navrante, douloureuse, révoltée. Le génial artiste voulait faire de lui un citoyen utile à l'Etat. Mais hélas! le jeune homme fréquenta les tripots et contracta des dettes. Certains passages des lettres en disent long sur le martyr du pauvre père adoptif; ils sont tellement navrants, qu'on s'étonne qu'un homme ait pu résister à tant d'ingratitude et de lâcheté. Un jour, il lui écrit : « Dois-je, encore une fois, être payé par l'ingratitude la plus abominable? Eh bien! si le lien doit être rompu entre nous, qu'il le soit; tous les gens impartiaux qui le sauront te haïront; quant à moi, il me sera difficile d'oublier. »

Mais le pardon suivait de près le reproche : « Mon cher fils. — Pas un mot de plus, viens dans mes bras; tu n'entendras aucune dure parole... Je te recevrai avec le même amour. Ce qu'il y a à faire pour ton avenir, nous en parlerons amicalement. Ma parole d'honneur, aucun reproche. Il ne servirait plus à rien. Tu n'as plus à attendre de moi que la sollicitude et l'aide la plus aimante. Viens, viens sur le cœur fidèle de ton père. Viens aussitôt après le reçu de cette lettre, viens à la maison. Si tu ne viens pas, tu me tueras sûrement. »

Une autre fois, il le supplie : « Ne mens pas; reste toujours mon fils bien-aimé. Quelle horrible dissonance si tu me payais d'hypocrisie, comme on veut me le faire croire... Adieu. Celui qui ne t'a pas donné la vie, mais qui te l'a certainement conservée et qui a pris tous les soins possibles de ton développement moral avec une affection plus que paternelle, te prie, du fond du cœur, de suivre le seul vrai chemin du bien et du juste. »

A tant d'affection, de tendresse et de dévouement, ce neveu indigne montra une âme misérable en ces paroles qui soulèvent l'indignation et le mépris : « Je suis devenu plus mauvais, dit-il, parce que mon oncle voulait que je fusse meilleur. »

Non content d'une telle bassesse, il abreuva son oncle de la dernière des ignominies : acculé par les dettes dues à son inconduite, il voulut se suicider (1826). Il ne mourut pas, mais ce fut le pauvre Beethoven qui faillit en mourir : il ne se remit jamais de cette émotion affreuse. On comprend à présent ce que dut souffrir ce père admirable à la suite de tant et de si cuisants déboires.

« C'est du fond de cet abîme de tristesse qu'il entreprit de célébrer la Joie. C'était le projet de toute sa vie. Dès 1793, il y pensait à Bonn. Toute sa vie, il voulut chanter la Joie et en faire le couronnement de l'une de ses grandes œuvres : *la Neuvième Symphonie*.

Ce malheureux homme, toujours tourmenté par le chagrin, a toujours aspiré à chanter l'excellence de la joie. Ce n'est qu'au dernier jour qu'il y est parvenu. Mais avec quelle grandeur!

« La première audition, qui eut lieu à Vienne en 1824, fut un véritable triomphe. Beethoven s'évanouit d'émotion. Mais, chose inouïe, son triomphe fut de courte durée et le résultat pratique en fut nul. Le concert ne rapporta rien. La gêne matérielle de sa vie n'en fut point changée : il se retrouva pauvre, malade, solitaire, mais vainqueur : vainqueur de la médiocrité des hommes, vainqueur de son propre destin, vainqueur de sa souffrance. »

A la fin de l'année 1826, il tomba malade à Vienne, au retour d'un voyage entrepris en hiver pour assurer l'avenir de son neveu. Ayant chargé ce dernier de lui chercher un médecin, le misérable oublia la commission et ne s'en souvint que deux jours après, alors qu'il était trop tard pour sauver cette vie précieuse d'où se dégage une contagion de vaillance, d'énergie et de noblesse.

Rien ne peut atteindre à la « gloire de cet effort surhumain qu'il accomplit, de cette victoire la plus éclatante qu'ait jamais remportée l'Esprit : un malheureux, pauvre, infirme et solitaire, la douleur faite homme, à qui le monde refuse la joie, crée lui-même la Joie pour la donner au monde. Il la forge avec sa misère, comme il l'a dit en une fière parole où se résume sa vie et qui est la devise de toute âme héroïque : « La joie par la souffrance. »

NOTES EXPLICATIVES

1. BEETHOVEN (Ludwig von), né à Bonn, près de Cologne, en décembre 1770; mort à Vienne en février 1827. Sa mère était fille d'un cuisinier et avait été servante de ferme. Sa famille est originaire du Brabant (Belgique). Son grand-père, Louis Van Beethoven, qui tenait en 1731 l'emploi de chanteur à la collégiale Saint-Pierre, à Anvers, émigra à Bonn. Ses aïeux étaient de modestes paysans flamands. — 2. Alfred DE MUSSET, poète élégiaque et auteur dramatique français (1810-1857). — 3. COLOGNE, ville d'Allemagne, sur le Rhin; 373,000 habitants; magnifique cathédrale gothique commencée en 1322, achevée en 1882. — 4. ELECTEURS, princes allemands ayant le privilège d'élire l'Empereur. Cette dignité fut abolie par Bonaparte, en 1806. — 5. BONN, ville d'Allemagne, sur le Rhin, près de Cologne ; 51,000 habitants. Université célèbre. — 6. VIENNE, capitale de l'Autriche-Hongrie, sur le Danube; 1.675,000 habitants. — 7. PLUTARQUE, célèbre biographe et moraliste grec (50-120). Auteur des *Vies des Hommes illustres* de la Grèce et de Rome. — 8. CHÉRUBINI, célèbre compositeur de musique, né à Florence en 1760; se fit naturaliser français; mort à Paris en 1842.

BIBLIOGRAPHIE

1. Romain ROLAND, *Vie des Hommes illustres :* 1. *Vie de Beethoven*. Edit. Hachette, Paris, 1906. Ouvrage d'un grand intérêt et d'une documentation précieuse. Il comprend trois parties : 1º Lettres de Beethoven; 2º ses pensées sur la musique et sur la critique; 3º renseignements bibliographiques. On a du même auteur une étude magistrale sur Michel-Ange. — 2. F. CLÉMENT, *Musiciens célèbres*. Edit. Hachette, Paris, 1878.

NOTICE

Il existe de nombreux portraits et bustes de Beethoven.

Un monument lui a été élevé à Vienne en 1902, et, en ce moment, Paris s'apprête à lui en ériger un.

Certains biographes se sont étendus sur les bizarreries du caractère du « grand homme » et lui en ont fait en quelque sorte un grief. Il y en a même qui se sont plu à réhabiliter son neveu. Ceux là, est-il besoin de le dire, ont attaché trop d'importance à une infime question de détails. Ils n'ont vu que la surface, l'écorce, l'enveloppe de l'illustre compositeur. Ils ne se sont pas suffisamment rendu compte de son état d'âme et des conditions épouvantables dans lesquelles il a vécu.

La surdité dont il fut atteint et les souffrances qu'il endura furent peu de chose à côté des souffrances morales qui l'assaillirent de toutes parts. Il est vrai qu'il est devenu bourru, fantasque, défiant, irascible, insociable; doit-on s'en étonner? Le monde lui était fermé, la misanthropie le gagna et développa en lui des manies bizarres dont il souffrit tout le premier : « Qu'on réfléchisse un instant à cette atroce situation d'un artiste qui semblait né tout exprès pour faire entendre sa musique au monde enthousiasmé, et qui perd le sens de l'ouïe! Devenir sourd, lui, l'enchanteur merveilleux de la société la plus polie de l'Europe! C'était certes la plus accablante fatalité qui pût tomber sur un homme comme Beethoven, à qui il restait tant d'idées à exprimer, tant de conceptions à faire éclore; qui sentait bouillonner dans son cerveau comme une mer harmonieuse. » Est-il nécessaire de rechercher une autre explication de son caractère et de son genre de vie que cette épreuve, la plus cruelle qu'un musicien puisse subir? Et c'est pourquoi, il est juste aussi de signaler ces souffrances physiques et morales parmi les causes qui ont pu contribuer, dans certaines œuvres, à l'altération de son talent. On cite également de lui des distractions dignes de celles de Newton et d'Ampère, lesquelles ne peuvent amoindrir l'homme, une des plus hautes personnalités dans la sphère de l'art. C'est ainsi qu'il se mettait à chiffrer et à écrire sur les murs et les volets de son appartement. Et cette autre, survenue à Vienne. Etant entré dans un restaurant, il demande la carte, et, au lieu de faire son choix, il se met à noter au dos une idée musicale qui lui était venue à l'improviste. Le voilà rêvant, écrivant, tout entier à son inspiration sans plus se soucier ni du lieu où il est, ni de l'objet qui l'y a amené. Puis, après avoir fait de la carte une partition, il se lève et demande ce qu'il doit. « Monsieur, vous ne devez rien, répond le garçon, car vous n'avez pas dîné. — Vous croyez que je n'ai pas dîné! — Non, assurément. — Eh bien! donnez-moi quelque chose. — Que désirez-vous? — Ce que vous voudrez. » Ces ridicules, ces travers, ces défauts d'un homme de génie sont la rançon de ses facultés supérieures.

Que de justesse, au fond, dans ce mot de Gœthe : « C'est tout à fait la même chose que d'être grand ou petit : il faut toujours payer l'écot de l'humanité. »

Modeste GRÉTRY

1741-1813

Qui n'a pas chanté ou entendu chanter au moins une fois en sa vie cet air plein d'émotion tendre et de charme exquis :

> Où peut-on être mieux
> Qu'au sein de sa famille?

C'est que ce passage d'un adorable petit opéra, *Lucile*, sert, depuis qu'il est connu, à consacrer les fêtes de famille.

En l'écoutant, on ne peut s'empêcher de reporter sa pensée sur l'illustre musicien qui a légué à la postérité de ravissantes compositions musicales qui ont fait les délices de la société du XVIIIe siècle, bercé notre enfance, et reposé nos esprits surmenés. Son art, fait d'émotion vraie, sincère, profonde, revêt un caractère tantôt de fraîcheur et de grâce, tantôt de noblesse ou de légèreté souriante. Toujours elle a su faire vibrer l'âme.

C'est le musicien par excellence. Il est compris de tous. Dès qu'on a entendu une fois seulement ses phrases musicales, elles se

ANDRÉ-ERNEST-MODESTE GRÉTRY.
(Musée Grétry de Liége.)

gravent dans la mémoire autant que dans les cœurs. Sa musique ne possède pas sans doute la science des harmonistes allemands, ni l'extrême richesse mélodique des Italiens, mais elle est humaine par le mélange de légèreté et de sensibilité qui la caractérise. C'est ce qui importe, et c'est pourquoi elle ne périra point; elle entre en nous et y demeure; elle fait partie intégrante de notre être au même titre que nos pensées. Quand un artiste parvient ainsi à élever les sentiments de la foule, on peut en conclure qu'il a fait œuvre de haute éducation morale.

C'est le cas pour Grétry.

Mais autant on connaît son œuvre et sa bienfaisante influence, autant on connaît peu son enfance souffreteuse, et les difficultés de ses débuts. Par ce côté-là encore, il est d'un précieux et réconfortant exemple pour la jeunesse qui veut résolument parvenir. L'origine de Modeste Grétry est toute plébéienne. Son grand-père, par nécessité, jouait du violon pour faire danser les paysans, ses clients, car il était aubergiste. Son père, à sept ans, raclait du violon à côté de ce grand-père, en attendant qu'il devint premier violon à l'église Saint-Martin, à Liége. Lui-même n'avait pas quatre ans lorsqu'il fut victime d'un accident dû à une curiosité bien naturelle, mais qui dénotait, en cette circonstance, un esprit d'observation rare à cet âge et présageait sa vocation. Pour mieux entendre la musique de l'eau qui bouillait dans un pot de fer, il s'en approcha, voulut voir et renversa le liquide dans le feu; une explosion se produisit et Grétry, brûlé, échaudé, faillit perdre la vie. Heureusement, il se rétablit chez sa grand'mère maternelle. Là, encore, c'est un bruit d'eau, un doux murmure de source qui se fixe dans sa mémoire jusqu'à la fin de sa vie : « Je vois, j'entends cette fontaine limpide qui bornait d'un côté la demeure de ma grand'mère. »

Déjà, tout ce qui palpite, frissonne ou chante, l'attire, le fascine — c'est de bon augure. Ces deux années furent les plus heureuses de sa vie, écrit-il. Il avait raison, le pauvre enfant, car, dès son retour à Liége — il avait six ans — il dut dire adieu aux jeux, aux amusements, aux joyeux ébats de l'enfance.

Un rude apprentissage allait commencer pour lui.

Comme il avait une belle voix et des dispositions musicales, son père le fit entrer, comme enfant de chœur, à la collégiale Saint-Denis. Ce fut une époque de tristesse et de véritables supplices. Il eut pour maître de musique un homme dont les brutalités le firent souffrir injustement. Cependant il ne se décourage point; il se résigne, et se plie à toutes les exigences; il supporte tout sans jamais murmurer ni se plaindre. Cette attitude est d'autant plus méritoire que le jeune Modeste est d'un naturel timide, d'un tempérament délicat et d'un cœur très sensible.

Cet empire sur soi, cette résignation stoïque s'affirme plus encore peut-être dans le fait suivant :

De chez lui à la collégiale, le trajet était long, et l'enfant devait le faire six fois par jour. Un matin, que la pendule de son père s'était arrêtée, il était arrivé trop tard aux matines et, pour ce fait, le maître l'avait obligé à se mettre à genoux deux heures durant en pleine classe. Pour éviter semblable punition, le pauvre petit se mettait en route, parfois dès 3 heures du matin, en dépit de la neige. Il s'asseyait sous le porche de l'église, tenant sur ses genoux une petite lanterne, à la flamme de laquelle il réchauffait ses doigts engourdis et là, sur la froide pierre, « je m'endormais alors plus tranquillement, écrit-il, j'étais sûr qu'on ne pourrait ouvrir la porte sans m'éveiller ».

Jamais il ne dit un mot de ses peines à ses parents qui auraient pu les faire cesser. N'est-ce pas sublime et touchant tout à la fois ? et doit-on s'étonner qu'avec de telles dispositions d'esprit, un jeune homme défie toutes les difficultés et finisse par triompher ?

Mais le sort semble poursuivre cette nature d'élite. Le jour de sa première communion, il reçut sur la tête, dans les tours où il était allé voir frapper les cloches de bois, une solive de 3 à 400 livres. Il avait demandé à Dieu « de mourir ce jour-là, ou de devenir honnête et grand musicien ». Il ne mourut pas, et il en conclut « qu'il serait grand musicien ». Naïveté sans doute, mais qui témoigne néanmoins d'une saine et belle confiance ! Il conserva du coup une cavité au crâne, et dès lors sa vivacité enfantine dégénéra en une mélancolie contre laquelle il trouva un remède dans la musique.

Par bonheur, son second maître, Leclerc, était doux et bon, il profita de ses leçons. Le premier mottet qu'il chanta à l'église lui valut un succès dont il parle en termes émouvants : « J'eus à peine chanté quatre mesures, que l'orchestre s'éteignit jusqu'au pianissimo, de peur de ne pas m'entendre. Je jetai dans ce moment un coup d'œil sur mon père, qui me répondit par un sourire ; les enfants de chœur qui m'entouraient se reculèrent par respect ; j'aperçus ma bonne mère dans l'église ; elle essuyait ses larmes et je ne pus retenir les miennes. »

Ce fut sa première joie.

Trois ans après ce jour mémorable, un triste accident vint assombrir la vie du jeune musicien ; il vomit le sang après avoir chanté un air de Galuppi. Cet accident lui fit abandonner le chant pour la composition. Il prit pendant plusieurs années des leçons d'harmonie, puis composa une *Messe* qui lui valut une bourse au collège liégeois de Rome.

Aller à Rome, quel rêve! Mais la difficulté des communications rendait à cette époque les déplacements fort pénibles, surtout pour un pauvre étudiant qui n'avait pas les moyens de voyager en chaise de poste. Tout autre que lui eût renoncé à cette entreprise. Mais il voulait aller étudier à Rome, « dût-il faire le chemin à pied et mendier son pain sur la route ». On le voit, l'adolescent était digne de l'enfant.

Comme il l'avait décidé, il partit en mars 1759, en compagnie d'un gai chirurgien et d'un vieux contrebandier qui servait de guide.

« Oh! mon Dieu! permets que ta pauvre créature soit un jour le soutien et la consolation de ses infortunés parents! » Telle fut sa prière à son départ — un cœur d'or uni à une volonté de fer. La petite caravane se met en route. Après avoir fait de longs détours, à cause des continuelles inquiétudes du contrebandier, les voyageurs touchèrent enfin au terme de leur route.

En Italie, il reçut sa première leçon d'une voix de paysanne, dont la mélodie l'émut autant que la nation et le climat d'Italie l'avaient frappé au sortir des Alpes.

« Cette voix douce et sensible, dit-il dans ses Mémoires, ces accents presque toujours douloureux qu'inspire l'ardeur d'un soleil brûlant, ce charme de l'âme que j'allais enfin chercher si loin et pour lequel j'avais tout quitté, je les trouvai dans une simple villageoise. »

Pendant cinq ans, il étudie sous la direction de professeurs renommés, puis il veut composer comme un des maîtres italiens. Mais ses idées manquaient encore d'orientation ; aussi la lutte entre le goût qui veut faire un choix et l'inexpérience qui ne sait rien rejeter fut cruelle et absorbante : le jeune Grétry en contracta une maladie de six mois. Dans l'espoir de rétablir sa santé ébranlée, il se fit pendant trois mois, le compagnon d'un ermite. Là, la crise se termina en bien ; la musique qu'il composa fut nette et pure selon ses désirs. Son premier ouvrage dramatique, *les Vendangeuses*, fut bien accueilli par le peuple italien. Quelques jours après, des perruquiers chantaient déjà dans la rue plusieurs morceaux de son opéra. C'était de bon augure! Toutefois, il se rend compte que ce n'est pas dans l'opéra italien qu'il est appelé à se faire un nom.

Il part pour Genève en compagnie d'un milord qui jouait de la flûte et pour lequel il faisait des concerts, recevant en échange une pension. C'est dans cette ville que lui fut révélée sa véritable vocation, après avoir entendu des opéras français, entre autres *Rose et Colas*, de Monsigny, un spécimen du genre de musique naturelle et facile, qui répondait à ses sentiments.

Mais il fallait vivre et se créer des ressources pour l'avenir : il donna des leçons. Bien que l'enseignement du chant fatiguât sa faible poitrine, Grétry s'y résigna. Près d'une année s'écoula dans ces obscures et ingrates fonctions. Il avait déjà vingt-huit ans; le temps pressait. Il n'hésita plus et se rendit à Paris. Il allait réaliser son désir le plus cher, convaincu que seule la grande cité peut donner des ailes au génie. Il était loin de se douter, le brave et courageux garçon, de ce qui l'attendait.

Tout d'abord, un compositeur déjà célèbre s'efforce de lui obtenir un poème, mais toutes ses démarches restent infructueuses, aucun littérateur en renom ne se souciant de collaborer avec un inconnu.

Le pauvre Liégeois avait, pendant près de deux ans, frappé inutilement à toutes les portes, quand, par hasard, un jeune poète, aussi ignoré que lui, consent à écrire la pièce intitulée : *les Mariages samnites*. Il y travaille avec acharnement, mais sa pièce est refusée. Cruelle déception, suivie bientôt d'une autre. En rentrant chez lui, il trouve une lettre anonyme qui lui conseille de retourner à Liége avec sa musique baroque; et une autre de son milord, qui supprime sa pension. Cette fois, c'est la gêne, le désenchantement, l'effondrement de ses espoirs! Moment de défaillance tôt passé. Il se raidit contre ce double coup du sort. Il court chez Marmontel, qui lui donne le libretto de *l'Ingénu*. En six semaines, il en compose la musique; l'ouvrage réussit pleinement, grâce à l'accord de la musique avec les paroles, qui était déjà la qualité dominante du jeune maître.

Le lendemain, six poètes lui offraient des poèmes.

A partir de ce moment, son labeur ne connaît plus de bornes; les productions musicales se succèdent et obtiennent presque toujours un chaleureux accueil. L'année 1785 marque l'apogée de l'art dans la carrière dramatique du maître : la représentation de *Richard Cœur de Lion*, comédie en trois actes, fut un événement musical. Du coup, Grétry prenait rang parmi les plus célèbres compositeurs de son temps. Ce chef-d'œuvre fut le couronnement, sinon le terme de sa vie artistique. En moins de quarante ans, il produisit plus de trente œuvres de genres différents, auxquelles il faut ajouter plusieurs partitions qui n'ont jamais vu le jour, et divers livres dont le plus important est intitulé : *Mémoires ou essais sur la musique*. C'est à lui qu'est due la comédie avec musique, innovation qui lui a valu le titre de « Père de l'opéra-comique ».

Avec le triomphe, l'aisance était venue : double récompense de ses hautes qualités morales et de son labeur prestigieux.

Mais il était écrit que le sort ne l'épargnerait pas plus dans l'âge mûr que dans l'enfance et l'adolescence. Les envieux, les jaloux essayèrent de saper sa renommée; puis ce fut la mort successive de ses trois filles; enfin, la révolution de 1789 le ruina en amenant la suppression de la pension qu'il recevait du roi Louis XVI. Il avait alors cinquante-huit ans. Ce désastre ne fut toutefois que momentané. Trois de ses opéras reprirent une vogue qui ramena la fortune : une pension de 4,000 francs, que lui accorda Bonaparte, lui rendit l'aisance. C'est alors qu'il acheta, à Montmorency, la propriété de l'Ermitage, ancienne demeure de J.-J. Rousseau, et où il mourut après quelques années d'une douce tranquillité.

On célébra magnifiquement ses funérailles et, en 1828, la ville de Liége réclama et obtint le cœur de celui qui fut un de ses plus glorieux enfants, et le plaça dans le socle de la statue érigée place du Théâtre.

NOTES EXPLICATIVES

1. GRÉTRY (André-Ernest-Modeste). Né à Liége en 1741; mort à Montmorency en 1813. Outre la statue qui lui a été élevée dans sa ville natale, il en existe une également à Paris, sous le péristyle de l'Opéra-Comique. Sous la République, il avait été nommé membre de l'Institut et inspecteur des études, lors de la création du Conservatoire. Plus tard, Napoléon Ier lui décerna la Croix de la Légion d'honneur. La maison paternelle, sise rue des Récollets, porte une inscription rappelant la date de naissance et de la mort du célèbre

musicien; en outre, une rue de Liége porte son nom. — 2. GALUPPI, compositeur italien (1706-1785). — 3. ROME, capitale de l'Italie, sur le Tibre. Fut longtemps la maîtresse du monde. Sa fondation remonte à 754 ans avant J.-C. Résidence du roi et du pape. Remarquable par un très grand nombre d'admirables monuments et par des chefs-d'œuvre d'art de toute nature ; 463,000 habitants. — 4. CHAISE DE POSTE, voiture pour courir la poste (malle-poste, diligence). Employée jadis pour les voyages. — 5. ALPES, grande chaine de montagnes de l'Europe occidentale (Alpes françaises, italiennes, suisses, autrichiennes). — 6. GENÈVE, ville de la Suisse, sur les bords du lac Léman ; 110,000 habitants. Grand centre intellectuel. Industrie active (horlogerie, instruments de précision). Berceau d'hommes illustres. — 7. MILORD, nom qu'on donne aux lords ou pairs d'Angleterre en leur parlant. Ce mot est synonyme d'homme riche. — 8. MONSIGNY, compositeur de musique français (1729-1817). — 9. PARIS (voir Clouet). — 10. LIÉGE, grande et belle ville de Belgique, essentiellement industrielle ; située au confluent de la Meuse et de l'Ourthe, dans un site qui provoque l'admiration de tous les étrangers. La population est intelligente, active et gaie. Les arts y sont en grand honneur, surtout la musique. Des artistes de grand renom sont sortis de son Conservatoire : les violonistes Thomson, Musin, Ysaïe, pour ne citer que ceux-là, ont conquis une célébrité universelle. Cette ville, qui compte 170,000 habitants, est le berceau d'une pléiade d'hommes remarquables. Son exposition universelle de 1905 a obtenu un succès retentissant. — 11. POÈME, paroles d'une pièce lyrique, d'un opéra. — 12. SAMNITES, tribus guerrières habitant le Samnium, contrée de l'ancienne Italie ; soutinrent des guerres contre Rome (343-290 av. J.-C.). — 13. MARMONTEL, littérateur français (1723-1799). — 14. MONTMORENCY, ville de France (Seine-et-Oise) ; 5,500 habitants. Elle a célébré la mémoire de Grétry en lui élevant un monument le 17 décembre 1911. — 15. J.-J. ROUSSEAU, philosophe et écrivain. Né à Genève en 1712, mort en 1778. Auteur d'ouvrages remarquables : *Nouvelle Héloïse, Contrat social, Confessions, Émile*, etc.

BIBLIOGRAPHIE

1. Le musée Grétry, fondé par M. Th. RADOUX, l'éminent directeur du Conservatoire de Liége, renferme de nombreux et précieux documents sur l'illustre compositeur. — 2. Félix CLÉMENT, *les Grands Musiciens*. Edit. Hachette, Paris. — 3. Ch. GHEUDE a fait paraître dans l'excellente revue *Wallonia*, de mars 1906, une belle étude sur Grétry. Dans ce même numéro, figurent des notes historiques et généalogiques sur la famille de Grétry, par M. Danet des Longrais, généalogiste-héraldiste, à Liége.

Barthélemy THIMONNIER

1793-1857

Parmi les grandes découvertes qui se sont succédé pendant le XIXe siècle, il en est une d'apparence modeste, aussi étonnante par sa simplicité que par la grandeur de ses résultats : c'est celle de la machine à coudre, à laquelle le sort a dévolu un succès sans précédent dans les arts utiles.

C'est que ce merveilleux appareil, précieux et indispensable outil d'atelier, permet l'exécution facile et rapide des travaux les plus utiles, comme les plus variés et les plus beaux; de plus, c'est un petit meuble de famille, élégant et commode.

BARTHÉLEMY THIMONNIER.

Les services que rend la machine à coudre sont considérables; outre qu'elle produit un travail régulier, elle réalise une énorme économie de peine et de temps. Elle a été pour la couture ce que le métier Jacquard a été pour le tissage. Grâce à elle, l'ouvrière n'use plus sa vue, sa santé, son existence, à ce lent, pénible et énervant travail de couture à la main, à raison de vingt-cinq à cinquante points par minute, alors que la machine peut en faire huit cents à mille pendant le même temps.

Aussi, a-t-on raison de dire qu'elle est, pour la femme, une amie fidèle : elle ne lui prête pas d'argent, mais elle lui en fait gagner et économiser, ce qui est préférable.

D'ailleurs, son prix peu élevé la met à la portée de toutes les bourses. En supposant que l'on achète une machine de 200 francs (on en a d'excellentes à ce prix), et qu'on la paie en trois années (presque tous les fabricants acceptent cette condition), on n'a à verser qu'une somme de fr. 5.60 par mois ou de fr. 1.30 par semaine. On dépense souvent davantage en futilités. Il est donc à souhaiter qu'elle pénètre dans tous les ménages et dans toutes les chambres d'ouvrières. On ne saurait trop en recommander l'emploi à toutes les femmes. Pour les unes, elle sera un moyen de distraction et d'économie; pour les autres, elle constituera un gagne-pain. A ce double point de vue, on peut la considérer comme un précieux agent moralisateur.

C'est pourquoi notre admiration et notre reconnaissance doivent aller à celui qui, le premier, conçut cet outil bienfaisant. Son nom doit briller en lettres d'or au frontispice de « l'Histoire des arts utiles, propres à améliorer le sort de la femme ».

Or, pendant trop longtemps, on a ignoré ce nom. Quoique tardive, la juste réparation n'en sera que plus éclatante. Notre devoir est de « rendre à César ce qui appartient à César ». Et le César dont il va être question fut un humble parmi les humbles.

C'était un pauvre tailleur d'habits français, nommé Thimonnier, qui voua toute sa vie à sa découverte et qui mourut dans le plus profond dénûment.

Comment ce vaillant et modeste artisan resta-t-il dans l'ombre? pourquoi son nom tomba-t-il dans l'oubli?

D'une part, l'indifférence et le dédain de ses concitoyens; d'autre part, la défiance du peuple, l'hostilité irraisonnée des ouvriers, le manque d'argent et d'encouragement, les événements politiques et, enfin, l'absence de « réclame », si nécessaire au succès commercial, firent à Thimonnier une existence misérable et agitée, l'enveloppèrent, lui et son œuvre, du silence le plus complet et le plus immérité, pendant qu'on acclamait ceux qui, mettant à profit le principe de sa découverte, conquéraient la renommée et la fortune.

Fils d'un ouvrier teinturier de Lyon, Thimonnier naquit à l'Arbresle (Rhône), en 1793. Il fit, dans sa jeunesse, quelques études dans un séminaire, puis il apprit le métier de tailleur, qu'il exerça d'abord à Amplepuis (Rhône), et ensuite à Saint-Etienne (Loire), vers 1825.

Quoique dépourvu de ressources et chef de famille, cet homme simple et foncièrement bon eut une pensée généreuse et noble : chercher à améliorer le sort de ceux qui se livraient à la confection du vêtement et de la broderie, métier rude et déprimant, qui ne rapportait qu'un maigre salaire en échange d'un pénible labeur.

C'est alors que germa, dans l'esprit de Thimonnier, l'idée de construire un appareil capable de résoudre le problème au double point de vue hygiénique et économique. Un tel but n'est pas le fait d'un esprit banal, ni d'un homme médiocre, mais bien d'une âme éprise d'un idéal de bonté.

Mais il ignore les premiers éléments de la mécanique! Qu'importe! Il sait que le travail uni à la patience et à la volonté, enfante des miracles. Il cherchera et il trouvera, dût-il y consacrer sa vie entière. Pendant quatre années, il travaille peu dans son atelier, à sa profession qui procure la subsistance à sa famille et beaucoup plus dans un pavillon isolé, à une occupation que tout le monde ignore. Il néglige fatalement ses affaires, se ruine, perd son crédit et se voit

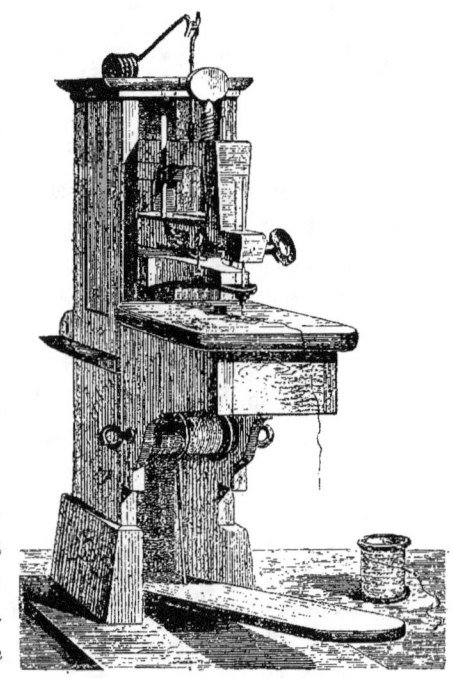

Première machine à coudre (en bois).
(Conservatoire des Arts et Métiers, Paris.)

traité de fou. Rien ne le déconcerte ni le décourage : la perspective de réussir et de se rendre utile à ses semblables lui fait tout supporter avec une résignation qui pressent d'autres épreuves ; il fait un rude apprentissage, voilà tout ! Et le jour et la nuit il poursuit ses recherches ; les combinaisons succèdent aux combinaisons, les essais aux essais, avec une ténacité jamais lassée, jamais vaincue.

Finalement, en 1829, il est maitre de son idée; l'outil entrevu est créé; la machine à coudre est née !

Sans doute, cette œuvre primitive laissait inévitablement à désirer; construite en bois, elle était mise en mouvement par une corde à transmission directe; chaque oscillation ne produisait qu'un point, ce qui était bien loin des huit cents à mille points à la minute qu'on obtient avec les machines actuelles.

Inventer, c'est bien; appliquer, c'est mieux encore; mais l'essentiel est d'exploiter l'invention industriellement. Or, Thimonnier, livré à lui-même, en était incapable. Pauvre, qu'aurait-il pu faire? Il fut donc obligé d'avoir recours à des intermédiaires, à des bailleurs de fonds, et forcé ainsi d'abandonner une notable partie des bénéfices.

Il s'associa tout d'abord avec un ingénieur nommé Ferrand, qui s'engagea, moyennant la moitié des bénéfices, à faire les dessins, les rapports, les demandes de brevets et le paiement de ceux-ci. Le premier brevet date de 1830. L'année suivante, l'associé met Thimonnier en relation avec un grand entrepreneur parisien; une nouvelle société se constitue et l'inventeur est mis à la tête d'un atelier de quatre-vingts machines à coudre pour la confection des vêtements militaires. L'avenir semble lui sourire et lui promettre tout à la fois la fortune et la gloire; digne récompense de son labeur bienfaisant. Il va pouvoir rendre un peu de bonheur à sa famille, qui a tant souffert par lui et pour lui; s'occuper de ses enfants dont il a si peu joui; apporter enfin à son foyer une joie et une quiétude qu'il n'a point connues.

Ce ne fut, hélas! qu'un rêve de courte durée.

A cette époque, loin d'accepter les machines comme d'utiles auxiliaires, les ouvriers n'y voyaient que de dangereux concurrents, et souvent l'émeute les brisait : Thimonnier eut le sort des Papin et des Jacquard. Il dut rompre avec la société parce qu'il était en butte aux menaces et aux injures des ouvriers tailleurs qui le menaçaient d'un mauvais parti, comme ils avaient tenté de le faire quelques mois auparavant dans les ateliers de couture où les machines volèrent par les fenêtres pendant que l'inventeur était obligé de fuir pour échapper à la fureur aveugle des assaillants. La maison continua ses opérations, mais la mort du principal associé amena la dissolution de la société. Il est vrai que la machine à coudre était trop imparfaite pour donner de grands résultats, puisqu'il a fallu plus de vingt ans à des mécaniciens habiles pour l'amener à l'état réellement pratique en 1855

(Exposition universelle de Paris), époque à laquelle elle a commencé à être partout employée.

Thimonnier revint à Amplepuis, en 1832; mais, tourmenté par l'idée d'apporter des perfectionnements au métier à coudre, il part de nouveau pour Paris, en 1834, et y travaille à façon comme ouvrier tailleur. En moins de deux ans, ses économies sont épuisées; il est à bout de ressources. Courageusement, il reprend le chemin de son pays natal (1836). Cette fois, il revient à pied, sa machine sur le dos; et, pour vivre en route, il fait fonctionner l'appareil comme objet de curiosité. De retour à Amplepuis, il construit des machines et en vend quelques-unes dans les environs. Mais le nom seul de couture mécanique jetait une telle défaveur sur le système, que personne ne voulait l'adopter. Une lettre d'un abonné à un journal de la région (*Journal de Villefranche*, 14 septembre 1845), est significative à cet égard. Nous en détachons les passages suivants pour bien montrer l'état des esprits d'alors : « Cette machine est destinée à produire, dit-on, une révolution dans l'industrie couturière; eh bien! c'est cette révolution même que je regarde comme devant avoir des résul-

Thimonnier cousant.
(*Musée industriel de Lyon.*)

tats funestes... Les malheureuses femmes gagnent un salaire reconnu insuffisant, et chôment souvent faute d'ouvrage; que sera-ce lorsque le métier à coudre sera venu enlever à cinq d'entre elles sur six, leur seul moyen d'existence? Les orphelines, les veuves qui ont charge de famille, les filles qui soutiennent leurs vieux parents vont être réduites à chercher dans la charité publique une ressource contre la faim. Lorsqu'on envisage de telles conséquences, on ne doit pas songer à faire prévaloir des principes dont l'application serait désastreuse et amènerait une calamité publique. Je ne puis donc m'associer aux éloges donnés à son inventeur et encore moins faire des vœux pour la propagation de son invention. »

Dans une longue lettre pleine de bons sens, Thimonnier réfuta tous les arguments de « l'abonné » et cita les immenses bienfaits des sublimes inventions du XVIIIe et du XIXe siècle, à côté desquelles son métier à coudre était peu de chose.

Malgré les attaques dont il est l'objet, malgré les tribulations de tous genres, il ne s'arrête point dans la voie qu'il s'est tracée; rien ne peut le distraire de son but. Et la preuve, c'est qu'en 1845 (un brevet le constate), la machine perfectionnée faisait 200 points à la minute. A cette époque, l'inventeur s'associe avec l'avocat Magnin, de Villefranche (Rhône); ils fabriquent des machines au prix de 50 francs, de par la volonté de Thimonnier, qui veut les mettre à la portée des plus humbles travailleurs.

Le 5 août 1848, ils obtiennent un nouveau brevet de perfectionnement. L'appareil s'appelle le « couso-brodeur ». Il peut faire des cordons, broder et coudre toutes sortes de tissus, [depuis la mousseline jusqu'au drap et même jusqu'au cuir. La vitesse est alors de 300 points à la minute. Une aiguille tournante permet de broder des ronds et des festons sans tourner l'étoffe. Le 9 février 1848, la maison avait déjà pris une patente anglaise pour la machine, construite dès lors en métal et avec précision.

Malheureusement, la révolution française de février 1848 arrête encore cette fois les projets d'exploitation; Thimonnier se rend en Angleterre où sa machine fut exhibée dans une des salles de l'Institut royal, à Londres. Elle y obtint un succès retentissant. Toutefois, il ne séjourna dans la grande cité que quelques mois et revint en France, après avoir cédé sa patente à une compagnie de Manchester. Bientôt, d'autres mécomptes l'assaillent; un sort cruel, implacable, semble le poursuivre et l'accabler sous ses coups; sa machine à coudre, envoyée à l'Exposition universelle de Londres, en 1851, reste, par une incroyable fatalité, entre les mains du correspondant et n'arrive à l'Exposition qu'après l'examen du jury. A la place qu'elle devait y occuper, on enregistra les premiers essais de perfectionnements apportés à son appareil par les Américains, et les machines à deux fils et à navette de Elias Howe.

C'est ainsi que la paternité de l'invention fut ravie à l'ingénieux et infortuné Français, comme elle le fut plusieurs fois à d'autres inventeurs français, incomparables « lanceurs d'idées géniales », mais incapables d'en tirer tous les profits immédiats. Leur excès de confiance, leur tempérament idéaliste et généreux, le peu de crédit et d'enthousiasme rencontré souvent dans leur entourage en ont fait les victimes de races au caractère positif et vénal. Les Américains, pour ne citer que ceux-là, plus clairvoyants, plus entreprenants, plus pratiques aussi, eurent de tout temps le grand mérite de saisir sur-le-champ l'importance d'une découverte, de la faire valoir grâce aux énormes capitaux dont ils disposent... et, quelquefois aussi, de se parer des plumes du paon.

Dès 1832, Thimonnier avait essayé, lui aussi, de construire des machines à deux fils, comme celles de Howe; il s'en occupait encore en 1856. Mais tout était fini : trente ans de luttes, de travail et de misère l'avaient épuisé. Il mourut pauvre et inconnu à Amplepuis, le 5 août 1857, laissant à d'autres une gloire qui lui était due. Sa veuve, âgée et infirme, martyre d'une vie mouvementée, trouva une consolation dans ses quatre enfants, honnêtes ouvriers, qui luttaient à leur tour pour soutenir la famille.

Un des fils, conservant les saines traditions familiales, reprit courageusement et habilement l'œuvre créée par le père et perpétua le pieux souvenir d'un homme que la France doit être fière de compter au nombre de ses enfants, en fondant, à Lyon, sous la firme : B. Thimonnier, une maison de machines à coudre dont la prospérité s'est encore accentuée grâce aux brillantes qualités du petit-fils de l'inventeur, Jean-Baptiste Thimonnier. Sous son impulsion, elle est devenue une des maisons les plus importantes et les plus sérieuses de la région.

« Tel père, tel fils; » cette fois le proverbe n'a point menti; les successeurs sont dignes de l'ancêtre.

NOTES EXPLICATIVES

1. JACQUARD et PAPIN (voir biographies). — 2. PARIS (voir Clouet). — 3. LONDRES (voir Bauwens). — 4. LYON (voir Jacquard). — 5. VILLEFRANCHE, charmante localité de 5,000 habitants, non loin de Nice, sur la Méditerranée (France).

N. B. — Ce ne fut en réalité qu'à l'occasion de l'Exposition universelle de Paris en 1867, que la machine à coudre triompha définitivement. Elias Howe y reçut la médaille d'argent pour ses produits, et la médaille d'or comme promoteur de la machine à coudre, ainsi que la croix d'honneur pour ses mérites personnels. Distinction bien méritée, car sa vie offre aussi un bel exemple de persévérance dans la lutte contre les difficultés de toutes sortes. Seulement, en cette circonstance, on aurait dû se souvenir de Thimonnier et rendre un hommage éclatant à sa mémoire. On ne l'a point fait : c'est regrettable. C'était une occasion de relever le courage de ceux qui, à son exemple, usent leur vie à creuser une idée et à la rendre pratique pour le plus grand bien de la société et la plus grande gloire de ceux qui s'emparent plus tard de cette idée sans prendre souci quelquefois de celui à qui ils l'ont empruntée.

Loin de nous la pensée de nier l'utilité de ces vulgarisateurs, ni l'influence légitime des capitaux qui permet, aux Américains et aux Anglais, de belles audaces. Certes, ces hardiesses ont un mérite très grand et l'on doit encourager ceux qui n'hésitent pas à dépenser des millions pour créer un engin permettant de fabriquer, à meilleur marché, un outil destiné à un usage presque général. Mais ce n'est pas ordinairement dans les cerveaux des grands fabricants ou vendeurs d'outils que naissent les idées ; c'est chez l'ouvrier, chez l'artisan modeste qu'on les rencontre le plus souvent ; et lorsque l'amour de la recherche pousse quelques-uns de ces martyrs du travail à donner leur vie et à compromettre l'avenir de leur famille pour donner un corps à ces idées, lorsque surtout ils ont réussi à faire naître à leurs risques et périls, une véritable industrie, il faut au moins qu'ils trouvent dans la reconnaissance de leurs concitoyens la récompense de leur dévouement, de leur abnégation, de leurs sacrifices.

Or, pour le plus grand nombre, la machine à coudre s'appelle Américaine. Cela provient de ce que, après ses succès à l'Exposition de 1855, la maison fondée par Elias Howe fit une formidable publicité, dont les Américains ont le secret, et qui porta le nom de Elias Howe dans les coins les plus reculés du globe. Le portrait de l'ingénieux et actif Américain s'étala partout : sur les murs des villes, des villages, des hameaux ; dans les gares, dans les journaux où plus tard on vit l'S colossal de la maison Singer. Dès 1862, Howe se trouvait déjà à la tête d'une immense fortune qui s'accrut encore dès 1867, date de sa mort. De Thimonnier, il ne fut guère question, même en France.

Qu'une large part soit faite dans l'histoire de la machine à coudre à ceux qui, successivement, l'ont portée à un haut degré de perfectionnement, c'est justice ; mais à cette condition seulement qu'il sera reconnu et proclamé que Thimonnier est le premier qui ait cousu mécaniquement les étoffes à l'aide d'une machine de son invention, avec une aiguille et fil continu. Les travaux et recherches de la Société des sciences industrielles de Lyon l'établissent d'une façon irréfutable. Outre ces documents, on peut invoquer le catalogue des brevets français et étrangers ; les actes d'association intervenus entre Thimonnier et des industriels français et anglais ; les articles parus dans les journaux français (1845) — anglais (1848) — belges (1858) ; — enfin, le rapport du jury de l'Exposition universelle de Paris 1855 qui déclare (p. 392) que « la machine Thimonnier a servi de type à toutes les machines à coudre modernes ». Toutefois, l'œuvre de réhabilitation entreprise par de vaillants Lyonnais ne reçut sa consécration qu'à l'Exposition universelle de Paris de 1878. Le nom de l'inventeur fut alors honoré, comme le démontre le journal de l'Exposition, *le Trocadéro*. Dans la galerie des machines figurait, en effet, le portrait de Thimonnier, placé au frontispice de la section des machines à coudre avec, au-dessus, l'inscription : « B. Thimonnier, inventeur de la machine à coudre. » Ce fut là une œuvre de justice tardive, mais consolante pour les hommes de cœur.

Depuis lors, de nombreux systèmes, toujours plus ingénieux, se succédèrent. Au lieu de deux cents tours par minute que fournissait l'appareil de Thimonnier, on a réalisé la vitesse de trois mille cinq cents tours par minute pratiquement. Par de savantes dispositions ou modifications, on est parvenu à appliquer la machine à coudre à de multiples usages : confection des chapeaux de paille, ganterie, broderie, cordonnerie, etc. Sous ce rapport, les grands industriels français ont pris leur revanche : ils sont parvenus à faire une concurrence sérieuse aux maisons américaines. D'autres appareils qui voisinent avec la machine à coudre sont dignes d'être signalés : dans les ateliers de confections et d'habillements, au lieu de couper l'étoffe à la main, on se sert de machines qui produisent à elles seules le travail d'environ vingt-cinq coupeuses. Et la fabrication des cordes? Par la méthode primitive, il faut un long espace et le travail simultané de deux personnes. S'il fait froid ou s'il pleut, cette fabrication est pénible sinon impossible. Un appareil, inventé par le Français Pragneau, permet de faire la corde à l'intérieur des maisons, dans un petit espace et, si l'on veut, le soir, au coin du feu. Hommes et femmes peuvent augmenter ainsi, sans fatigues, leur salaire de la journée. Par l'ancien procédé, un ouvrier ne peut faire que 26 kilogrammes de corde ordinaire en onze heures de travail ; avec la machine Pragneau, il peut en faire 42 dans le même temps.

A signaler encore la machine à écrire, sœur de la machine à coudre, qui, au lieu de coudre des points, sert à coudre des mots et des phrases. Singularité des choses, elle fut créée pour les aveugles et par deux d'entre eux.

En 1839, l'aveugle Braille (voir biographie), réalisant les principes posés en 1819 par Barbier, imagina un appareil qui, perfectionné en 1843 par l'aveugle Foucault, devint une machine à clavier dont les touches dessinaient sur le papier la forme des lettres. La machine à écrire était dès lors créée en principe. Le premier type mécanique d'usage courant, dont le mérite revient au Français Soulé et aux Américains Sholes et Glidden, fut construit aux Etats-Unis par Remington et mis dans le commerce en 1874. Depuis lors, les perfectionnements n'ont cessé de se produire, et les modèles, tous plus ingénieux les uns que les autres, à clavier ou à cadran, se sont multipliés.

Une bonne machine se vend 600 francs et peut durer dix ans si elle est entretenue soigneusement et confiée au même dactylographe (*daktulos* = doigt; *graphein* = écrire). L'emploi de cette machine permet de remplacer trois expéditionnaires par un seul dactylographe. Ajoutons que l'on peut condenser davantage le texte, économiser du papier et obtenir une écriture uniformément lisible.

A consulter : 1° le volume documenté par M. J. Rousset, de l'*Encyclopédie des aide-mémoire* que publie M. Léauté, membre de l'Institut de France; 2° la *Revue dactylographique*.

BIBLIOGRAPHIE

1. Documents (Conservatoire des Arts et Métiers, Paris: Société des Sciences industrielles de Lyon, 1866; Musée industriel de Lyon; Catalogue officiel des brevets). — 2. Marie TOUSSAINT, *Travaux de couture et principes de coupe* Edit Charavay, Paris.

L'AIGUILLE — L'ÉPINGLE
LE DÉ — LES CISEAUX — LE TRICOT

NOTICE HISTORIQUE

L'usage de l'aiguille se perd dans la nuit des temps. Plusieurs musées, notamment celui du Louvre, à Paris, contiennent des aiguilles en fer et en bronze, pas plus grosses que nos plus fines et leur ressemblant exactement; or, ces aiguilles ont été trouvées dans des tombeaux égyptiens remontant à trois mille ans avant l'ère chrétienne, et l'art avec lequel elles sont confectionnées ne permet pas de croire qu'elles furent les premières de cette espèce. D'ailleurs, les Hindous (Asie méridionale) et les Chinois parlent des aiguilles comme d'un instrument fort ancien et invariable dans sa forme. On a trouvé chez les peuples barbares, mais sachant déjà tisser et coudre les étoffes, des aiguilles faites d'une pierre taillée, d'un os de poisson très aigu, légèrement aplati à la tête, et percé d'un petit trou rond servant à recevoir le fil.

Quant à la fabrication des aiguilles en acier poli, on croit qu'elle ne remonte pas au delà de l'année 1370, et qu'elle prit naissance en Allemagne, à Nuremberg. Cette industrie fut introduite en Angleterre, pour la première fois, en 1545, et en France seulement vers 1765.

De la concurrence qui s'établit, résulta une baisse considérable du prix. Les aiguilles, d'abord vendues à raison de 12 francs le mille, tombèrent vite à 7 francs; on en trouve maintenant à fr. 1.50.

L'aiguille à coudre, malgré le bas prix qu'elle a atteint aujourd'hui, passe successivement par les mains d'une centaine d'ouvriers avant d'être livrée au commerce.

On divise en cinq séries les opérations diverses par lesquelles doit passer une aiguille :

1° Façonnage de l'aiguille ou conversion du fil métallique en aiguilles brutes, comprenant une vingtaine d'opérations.

2° Cémentation, trempe et recuit des aiguilles brutes, comprenant une douzaine d'opérations.

3° Polissage; cinq opérations répétées chacune dix fois, et puis une dernière qui ne se répète qu'une fois et qui consiste à nettoyer les aiguilles polies.

4° Triage; cinq opérations.

5° Derniers tours de main (bronzage, drillage ou polissage du chas; brunissage et mise en paquets); dix opérations.

Au total, une centaine d'opérations.

Les principales espèces d'aiguilles sont : l'aiguille à modes, à passer ou passe-lacet, à machine, à tapisser, à broder, à tricoter, à emballer, à matelas, à crochet, à filet.

CONSEILS D'UNE AIGUILLE

« Ecoute, enfant, les conseils de ton aiguille. Je suis pour toi une nouvelle amie, mais notre amitié doit être longue, et pendant bien des années nous ne nous quitterons plus. Je suis la maîtresse des pensées sérieuses; c'est moi qui commence à te montrer ton rôle de femme, car du moment où tu as commencé à te servir de moi, tu as commencé en même temps à devenir utile. Je suis pour toi l'emblème du travail : le travail, c'est la vie, c'est l'activité, c'est le bonheur. Tout travaille autour de toi. Pour me placer dans ta petite main, des milliers d'hommes ont creusé la terre profonde; ils en ont extrait le métal grossier, ils l'ont fondu, purifié, affiné, et m'ont enfin produite telle que tu me vois, brillante, fine et légère. Pour faire l'étoffe où tu me piques, des milliers de travailleurs ont supporté le soleil dans des climats brûlants; d'autres, mettant en mouvement les machines inventées par la science, ont filé et tissé le fin duvet blanc (le coton) que de nombreux bateaux avaient apporté en traversant la grande mer.

» Pour te donner le fil que j'entraîne à ma suite, des milliers de laboureurs ont remué la terre et semé la graine que la nature a fait germer et grandir; et puis, la plante flétrie, d'autres mains l'ont prise, et de sa tige morte ont tiré ce beau fil si uni, si blanc et si doux. Tous ont travaillé pour toi; selon tes forces, travaille à ton tour pour tous. Sois la gaieté de la maison, sois l'ange du foyer : donne de la joie à ton père quand il rentre au logis, fatigué de son travail du dehors ; donne de la joie à ta mère pour lui rendre sa tâche plus douce.

„ Toi, enfant, qui profites du travail de chacun, respecte le plus humble des travailleurs et rends-toi digne d'occuper un jour ta place parmi eux. „

L'ÉPINGLE

Les plus anciennes épingles datent de l'âge de bronze. A cette époque, elles étaient quelquefois si grandes, que certaines d'entre elles avaient près d'un mètre de longueur et pouvaient servir d'armes. Elles se terminaient souvent par une tête aplatie en forme de disque, et sur la face supérieure de ce disque se trouvaient gravés des ornements. Il y avait aussi des épingles munies d'une grosse tête en forme de boule.

Les machines qui, de nos jours, servent à fabriquer les épingles, ont été inventées en Angleterre ; elles sont très ingénieuses et exécutent rapidement les opérations successives que nécessite la confection du précieux petit instrument.

LE DÉ

Le dé à coudre n'a subi aucune modification nouvelle depuis l'antiquité jusqu'à nos jours. Moins ces objets sont anciens, plus les trous pratiqués à la surface sont petits et serrés.

Chez les Romains, les dés avaient la forme d'un cône tronqué ou celle d'une olive. Au xive siècle, on commença à orner les dés d'armoiries. Au xvie siècle, ils furent ornés d'enjolivements en relief qui remplaçaient les piqûres. De la fin du xvie siècle datent les dés à la base desquels se déroule une devise. Ces bijoux étaient déposés dans les corbeilles de mariage. Le luxe des dés persista pendant les xviie et xviiie siècles. On fit, au xviiie siècle, des dés en porcelaine.

LES CISEAUX

C'est à tort que l'on a attribué aux Vénitiens du xvie siècle, l'invention des ciseaux ; une miniature d'une Bible du xe siècle représente déjà un personnage tenant une paire de ciseaux à anneaux. Parmi les instruments de torture, peints sur des vitraux du xii⁰ siècle, à la cathédrale de Chartres, on distingue un outil semblable à des ciseaux à anneaux. Un manuscrit de la fin du xiv⁰ siècle, conservé à la bibliothèque de Besançon, donne le dessin de ciseaux à lames croisées. Ce n'est toutefois qu'au xvi⁰ siècle que l'usage des ciseaux se répandit et qu'on leur donna les formes les plus diverses. Vers l'an 1710, un sieur Chomète, de la place Dauphine, à Paris, inventa des ciseaux à lames rentrant sur elles-mêmes, qu'on pouvait ainsi mettre en poche sans étui; il est vrai que son invention ne l'empêcha pas de mourir de faim.

LE TRICOT

L'art de tricoter était certainement ignoré avant le xvi⁰ siècle; les bas de chausses ou bas, que l'on portait alors, étaient faits avec des étoffes de laine. Ce fut Henri II, roi de France, qui, en 1559, porta les premiers bas de soie tricotés, qui apparurent en France (noces de sa sœur Marguerite de France avec le duc de Savoye). A la même époque, une dame espagnole crut faire un beau présent à Philippe II, roi d'Espagne, en lui envoyant de Tolède en Flandre où il était, une paire de bas tricotés.

Le métier à faire des bas est certes une merveilleuse invention, car elle a nécessité d'ingénieuses combinaisons. Il est probable que ce fut l'art de tisser qui fit naître l'idée du métier à tricoter. Un Français trouva, au xvi⁰ siècle, ce mécanisme surprenant; mais n'ayant pas obtenu les encouragements qu'il sollicitait, il passa en Angleterre. Les Anglais agirent à l'égard de cette machine comme ils l'avaient fait avec la machine à filer le coton : ils défendirent, sous peine de mort, d'en donner des modèles aux étrangers. Mais un autre Français, ayant soigneusement examiné cette machine à Londres, accourut à Paris où, par un prodigieux effort de mémoire, il en fit construire une semblable.

Ce ne fut, cependant, qu'en 1656, que la première manufacture de bas au métier fut établie à Paris, d'où cet art se répandit dans toute la France. L'art de faire des bas à côtes fut inventé en Angleterre au xviii⁰ siècle, et ne fut pratiqué à Paris d'abord, et ensuite à Lyon, qu'en 1770. Depuis lors, les perfectionnements les plus étonnants ont été apportés à l'art de tricoter et à celui de produire tous les articles de bonneterie, à tel point que l'ouvrier n'a plus qu'à guider la machine, tandis que le métier fabrique simultanément un certain nombre de pièces.

En 1868, M. J.-W. Lamb, pasteur du Michigan (Etats-Unis), inventa une machine à tricoter d'une construction relativement simple et d'un fonctionnement irréprochable. Cet appareil peut faire des tricots de tous genres. Toutefois, le tricot au moyen d'aiguilles est encore en usage, surtout chez les peuples du Nord et en général dans les campagnes, où il charme les longues soirées d'hiver.

BIBLIOGRAPHIE

1. Conservatoire des Arts et Métiers, Musée historique et Musée Carnavalet (Paris). — 2. TOUSSAINT (Marie), *la Couture*. Edit. Charavay, Paris.

Charles FELU

1830-1900

L'amour maternel étant le plus universel des sentiments, c'est aussi celui qui doit produire les exemples de dévouement le plus absolu. Il existe, en effet, tant de preuves de l'héroïsme avec

CHARLES FELU.

lequel la femme, la mère surtout, se comporte dans les circonstances les plus émouvantes et les plus critiques, qu'il serait téméraire de vouloir les dénombrer. Il est indéniable que partout où son action intelligente peut s'exercer, l'esprit de sacrifice l'anime aussitôt; la conscience du devoir à accomplir la transfigure et, de son cœur, jaillissent des trésors de force morale et d'influence bienfaisante.

La guerre, qui peut cependant lui ravir un père ou un époux, un fils ou un frère, la trouve dans les ambulances, sur les champs de bataille. Abdiquant toute fausse honte, et faisant abstraction des réserves que lui impose son sexe, pour ne voir que le soulagement à donner à la souffrance ou à la douleur, elle est là, coudoyant le carnage, vivant au milieu des plaintes déchirantes des blessés, des gémissements atroces des mourants. Elle est là, remplissant tout à la fois le rôle d'infirmière et de mère, prodiguant des soins inlassables et des paroles berceuses qui endorment la souffrance et rendent moins terribles les derniers moments de ceux qui vont disparaitre. Elle est là, de par la force d'un amour sublime, se dépensant sans compter, pour tout ce qui gémit, souffre et pleure. Elle est là, surmontant avec une endurance qui déconcerte les plus sceptiques, les plus violentes fatigues et accomplissant les besognes les plus repoussantes.

Et ces étincelles de souveraine humanité donnent tant de grandeur à ces scènes déchirantes qu'elles en font presque oublier l'horreur.

L'hôpital, autre champ de misères et de douleurs, la retrouve encore. Précieux auxiliaire du médecin, elle n'épargne ni ses peines ni ses veilles; elle y remplit sa tâche avec une bonté d'âme, une abnégation et une délicatesse de cœur que rien n'égale. Elle est la consolatrice par excellence : grâce à des mots charmeurs et caressants, dont elle a le secret, elle réconforte les malades en glissant dans leur cœur meurtri, la tendresse qui apaise, l'espérance qui fait vivre.

Le foyer enfin se réclame d'elle aux jours de détresse ou de défaillance. Heureux l'homme qui peut trouver à ses côtés une compagne qui le comprend, le soutient et lutte avec lui pour partager ses joies et ses tristesses, ses succès et ses déceptions.

Mais plus heureux encore l'enfant qui peut trouver en elle un refuge toujours, un guide sûr, un conseiller sage et prudent.

Que deviendrait, sans cette éducatrice naturelle, patiente, ferme et tendre, l'enfant infirme livré au pire destin, par la nature aveugle et impitoyable?

Qui réparera l'injustice du sort? Qui adoucira les maux de l'être incomplet frappé par le destin cruel? La mère! — car elle seule est capable d'accomplir un tel prodige.

C'est ce que prouve d'une façon si éclatante et si touchante, l'exemple donné par une mère qui voue toute son existence à faire d'un fils manchot un homme utile à lui-même et à la société.

En 1830, naissait en Flandre, dans la famille Felu, un enfant dépourvu totalement de bras. Ce fut un événement sans précédent dans le pays. La rareté du phénomène (la France a eu le sien aussi) provoqua dans la localité, puis dans toute la contrée, de l'incrédulité d'abord, de la stupeur ensuite. Naturellement, il excita la curiosité publique, mais une curiosité à laquelle se mêlait un sentiment d'immense pitié et de profonde compassion pour la famille ainsi éprouvée.

Mais que dire de la pauvre mère? Qui dépeindra son désespoir, sa douleur? Comment décrire la déception cruelle, navrante qu'elle ressentit en cette minute inoubliable où toutes ses espérances venaient de s'écrouler? La réalité était là, poignante, indéniable : son enfant était un monstre. Peut-on concevoir une situation plus atroce, plus désespérante que celle-là? Et le cœur d'une mère peut-il être plus éprouvé, plus déchiré, plus meurtri? Avec son instinct maternel, elle venait d'entrevoir, à travers ses sanglots, l'avenir épouvantable réservé à son petit Charles.

Mais son amour fut plus fort que l'adversité : elle reporta toute sa pensée sur le pauvre petit être et dit : « Je le sauverai! »

Comment y arrivera-t-elle? et par quel calvaire devra-t-elle passer pour accomplir son œuvre?

L'enfant a quelques années, il est à l'âge où l'on aime les jeux. Il regarde d'un œil triste et mélancolique les joyeux ébats et les amusements de ses petits amis. Il voudrait, lui aussi, jouer aux billes comme eux et partager leur gaieté, leur bonheur; son regard tourné vers sa mère le dit assez. Elle, de son côté, n'a que trop deviné cette pensée, ce désir et cette peine muette qui agitent l'âme de son enfant.

Ce double martyr ne pouvait perdurer.

Un jour, la mère s'approcha de l'enfant, le visage inspiré, radieux, et, l'attirant sur son cœur, le pressant dans ses bras, elle lui dit : « J'ai résolu de t'apprendre à jouer aux billes, puis aux dominos, à tout ce que tu voudras. Commençons, veux-tu? »

Et l'on vit alors chaque jour, pendant des heures entières, un spectacle admirable : la mère, accroupie aux pieds de son fils, s'ingéniait, s'évertuait à opérer ce miracle unique au monde : de deux pieds, faire deux mains. C'est par l'apprentissage des jeux qu'elle débute. Elle exerce les orteils d'abord à tenir une bille, puis à la lancer et enfin à la reprendre. Vingt fois, cinquante fois de suite, l'opération est répétée. Courageusement, sans jamais se rebuter ni s'irriter, le jeune élève se prête de bonne grâce à tout ce qu'on exige de lui. Cette première difficulté vaincue, il apprend un autre jeu, puis un autre encore, lentement, mais sûrement, jusqu'au moment tant désiré où il puisse prendre part à tous les amusements de son âge.

Cette première éducation pénible, hérissée de difficultés, n'altéra en rien la patience angélique, la sollicitude incessante de l'admirable mère dont la rude tâche ne faisait que commencer, car le moment vint où il fallut satisfaire chez l'enfant d'autres aspirations. Chaque jour il enviait le sort de ses camarades qui lisaient, écrivaient, dessinaient ; et chaque jour il sentait, douleur navrante, qu'il devrait renoncer à ces distractions si agréables, à ces occupations si distrayantes. Il le croyait, le pauvret, mais la brave mère en avait décidé autrement.

« Tu liras, lui dit-elle un jour, tu écriras, tu dessineras et tu manieras des couleurs. » Et, avec une ardeur sans cesse grandissante, avec cette constance éprouvée dont elle ne s'était pas départie une minute, elle poursuivit l'œuvre si bien commencée. C'est ainsi qu'elle parvint à former un élève modèle auquel la ville d'Anvers s'intéressa vivement. Ayant deviné chez lui une préférence marquée pour le dessin et la peinture, elle comprit que ce grand art aux aspirations si élevées, si variées et si reposantes, était seul capable de le mettre plus tard à l'abri de la misère et de la servitude. Réconfortée par cette pensée, confiante en l'avenir et entrevoyant le salut pour son fils, elle le fit admettre à l'Académie de peinture, malgré les lourds sacrifices, les craintes et les angoisses que lui causait cette décision. En cette circonstance encore, elle dut faire appel à son esprit inventif : pour protéger les pieds de son enfant adoré, et en même temps lui permettre de s'en servir comme de deux mains, elle imagina et tricota elle-même des chaussettes en soie d'une forme spéciale s'adaptant au double usage des pieds.

C'est dans ces conditions que le petit Charles commença ses études.

Docile, avec au cœur un véritable amour filial, il devint en peu de temps un excellent élève, gagna l'estime et la protection de ses professeurs, émerveillés de ses progrès rapides, de son extrême constance et de sa patience inaltérable.

Il était beau, en effet, de voir ce disgracié de la nature exécuter des travaux qui, non seulement exigent chez les autres l'usage de la main, mais supposent une main sûre. Il était beau de le voir dépasser ses condisciples par ses succès, car chaque année il conquérait les premières places et remportait des distinctions.

Son acharnement au travail et sa belle humeur faisaient presque oublier son infirmité. Dans ce corps chétif, on sentait que les prodigieux efforts déployés étaient véritablement l'émanation d'une volonté surhumaine qui veut conquérir à tout prix un gagne-pain et avec lui une large indépendance. On le sentait dominé, subjugué par la pensée forte et obsédante d'être utile un jour et de rendre au centuple à sa douce et angélique éducatrice tout le bien qu'elle lui avait fait.

C'est sous l'égide de ces nobles aspirations d'homme, de fils et d'artiste qu'il termina ses études. Aussitôt libre, il s'adonna à la peinture, résolu à lui demander pour deux, les ressources matérielles nécessaires à l'existence nouvelle qu'il allait se créer. C'est ainsi que tous ceux qui ont visité les musées d'Anvers se le rappellent faisant des copies de tableaux qui s'en allaient aux quatre coins du monde. Bon nombre d'entre elles prirent le chemin de l'Angleterre et de l'Amérique.

Dans sa longue carrière, il eut l'honneur d'être présenté à plusieurs souverains. C'est ainsi que Léopold II, chaque fois qu'il le rencontrait, s'arrêtait pour causer avec lui. La reine d'Espagne voulut faire aussi sa connaissance et, enthousiasmée de ses œuvres, le décora d'un ordre espagnol. Tout le monde l'aimait. La sympathie universelle dont il était l'objet, l'enveloppa comme d'une réconfortante atmosphère qui lui rendit l'existence moins amère. Au reste, son caractère très liant et très gai lui épargnait les réveils attristants et éloignait de lui tout ce qui pouvait assombrir sa bonne humeur. Par la culture constante de sa volonté, il en était arrivé à envisager toutes choses philosophiquement, stoïquement.

Au cours de son existence, il eut fréquemment l'occasion d'éprouver un plaisir extrême, mais silencieux, une joie très vive mais discrète, devant l'ahurissement et l'ébahissement des curieux que ses attitudes et ses gestes attiraient près de lui. Les personnes non prévenues qui l'avaient devant elles au café, étaient médusées quand elles lui voyaient lever la jambe droite avec une agilité d'homme serpent, prendre délicatement son verre avec le pied, le porter à sa bouche, le remettre sur la table, puis tirer de sa chaussette gauche qui lui servait de poche, un étui où il prenait un cigare qu'il allumait et fumait avec une aisance stupéfiante.

Et, comme pour narguer les lois de l'équilibre, se jouer des difficultés en apparence insurmontables et prouver que rien n'est impossible à celui qui veut s'en donner la peine, il poussait la coquetterie de son infirmité jusqu'à se raser lui-même. C'est ainsi que par des exercices laborieux, persévérants, il avait parachevé l'œuvre maternelle et vaincu toutes les servitudes.

Comme on le voit, toutes les phases de cette vie si originale, si bien remplie, attestent le touchant prodige de l'éducation maternelle. En présence d'un fait aussi poignant, on ne sait ce que l'on doit le plus admirer du dévouement inlassable, héroïque de la mère ou de l'énergie inébranlable du fils !

Cet exemple, si suggestif, nous montre dans toute sa beauté et sa grandeur, le rôle social de la femme dont la place est au foyer. L'en arracher est un crime de lèse-humanité. Elle doit obéir inéluctablement à la loi naturelle qui lui impose un devoir sacré auquel elle ne peut se soustraire sans déchoir et sans perdre ses attributs faits de charme, de tendresse, de bonté, de patience, de force, d'intuition instinctive et de compréhension subtile. Dans ce domaine, elle n'a rien à revendiquer, ayant reçu de la nature la part la plus noble et la plus digne, le sacerdoce le plus sublime dans l'œuvre sociale : « Préparer l'homme dans l'enfant ». Sous ce rapport, elle n'est ni inférieure ni égale à l'homme, elle lui est supérieure. Car, s'il est vrai, comme on le prétend, que la nature a donné à l'homme ce génie de l'esprit qu'on appelle le talent, la femme a reçu, en retour, ce génie du cœur qu'on appelle le dévouement.

NOTES EXPLICATIVES

1. Felu (Charles), né à Waermaerde (Flandre occidentale, Belgique) en 1830. Mort à Anvers en 1900. — 2. Ducornet (Louis), peintre, né sans bras à Lille en 1806; mort en 1856, à Paris. Il apprit à lire avec une facilité étonnante et, désireux d'écrire comme ses frères, il s'exerça, avec une prodigieuse ténacité, à tracer des barres et des ronds sur des cahiers, en maniant la plume entre son gros orteil et le doigt suivant. Ayant lu dans des récits de voyage que des artisans des îles de la Sonde (océan Indien) reposent leurs mains en maniant leurs outils avec leurs pieds, Ducornet s'habitua à arracher des clous avec ses orteils et à divers autres exercices qui assouplirent étonnamment ses muscles. Admis à l'école de dessin de Lille, en 1819, il produisit beaucoup d'œuvres où se distinguait une certaine richesse de coloris. Elles appartiennent à l'école romantique. Il est mort pauvre et méconnu. — 3. Felu et Ducornet eurent une imitatrice de talent dans la personne d'une femme, peintre suisse, dont on a souvent admiré les œuvres dans les salons annuels de Paris. Mlle Rapin jouit d'une juste célébrité à Genève où elle est née et qu'elle habite. Sa gaieté et l'auréole de son talent de portraitiste font de son atelier un des endroits les plus courus du monde artistique de la cité suisse. — 4. En 1806, au concours de l'Académie de Bruges (ville belge de 50,000 habitants), un nommé Louis Cuvelier, dépourvu de bras et originaire de Poperinghe, obtint une médaille en argent pour l'exécution d'un dessin, au moyen de ses dents (voir *la Flandre*, revue des monuments et des antiquités, année 1873-74, p. 16. Edit. Daveluy, Bruges). — 5. Anvers, un des plus beaux ports de l'Europe, sur l'Escaut; 300,000 habitants. Patrie de peintres illustres. Ses musées et son jardin zoologique ont une renommée universelle.

BIBLIOGRAPHIE

Documents (Archives de la ville d'Anvers). Nous exprimons toute notre gratitude à M. Herman Mulder qui nous a guidé dans nos recherches avec une extrême obligeance.

Louis PASTEUR

1822-1895

A certaines époques de l'histoire, depuis l'antiquité jusqu'à nos jours, il s'est rencontré, par un phénomène rare et digne d'être noté, des hommes qui ont eu l'honneur d'attacher leur nom au siècle qui les a vus naître.

LOUIS PASTEUR.

De même que l'on dit : siècle de Périclès, siècle d'Auguste, siècle de Louis XIV, on pourra dire, parlant du XIXe : siècle de Pasteur.

Louis Pasteur ne fut pas seulement un des princes les plus en vue du monde scientifique, égalant les géants de la science et de la pensée humaine du XVIIe et du XVIIIe siècle, mais il fut aussi un des plus grands bienfaiteurs de l'humanité.

Toute sa vie, d'une haute portée morale et sociale, est un modèle de sagesse, en même temps qu'un exemple décisif des résultats qu'on peut atteindre par le travail, avec une volonté persévérante, soutenue par une conscience inflexible et par une foi inébranlable dans la science appliquée au bonheur des hommes. Rien ne peut mieux dépeindre l'action souverainement bienfaisante qu'il exerça et qu'il exercera sur les siècles à venir, que ces paroles d'un éminent écrivain français, M. Chaumié :

« On ne peut évoquer le grand nom de Pasteur sans qu'une émotion profonde étreigne tous les cœurs. C'est qu'à côté de ces services éclatants rendus à son pays, de ces bienfaits jetés à profusion sur le monde, Pasteur nous a laissé, avec l'exemple admirable de sa vie, de son désintéressement, de sa simple et si exquise bonté, de la sereine indépendance de sa conscience, la leçon superbe de dévouement et d'abnégation qu'il a donnée et que donnent à leur tour, tous ceux qui continuent son œuvre, qui se sont réchauffés à son esprit, imprégnés de son âme. »

Et lui-même, ce grand homme, quand il parle, sa voix sonne comme celle de l'airain le plus pur. Ecoutez un instant, mes amis, cette voix d'outre-tombe : toutes ses paroles sont empreintes d'une simplicité sereine, grave, profonde, où passe un souffle qui ranime, une flamme qui pénètre et réchauffe.

Que dit cette voix ? Ceci :

« On laisse croire à nos jeunes gens que l'éducation n'a d'autre but que de leur donner, dans notre organisation sociale, une place prépondérante. La plupart d'entre eux entendent cela, en ce sens qu'elle doit leur donner la plus grande somme de plaisir, c'est-à-dire la jouissance matérielle.

» Ceci est précisément le contraire de la vérité. La première raison d'être de l'instruction, c'est la culture de nos facultés morales, ce qui nous conduit naturellement à préférer les jouissances de l'esprit et du cœur à celles de la matière.

» Au point de vue économique, l'instruction ne doit pas assurer la prééminence des uns au détriment des autres. Elle doit rapprocher les différentes classes de la société par un effort commun sous la direction des mieux doués.

» La carrière est ouverte à tous, mais tous ne peuvent pas aspirer au commandement. Dans toute armée, il faut des chefs et des soldats. Il faut aussi de la discipline et une parfaite entente des moyens d'action.

» La société est une armée, son moyen d'action est le travail. Mais à notre époque, le travail est trop souvent considéré non comme la règle de l'humanité et le fondement des sociétés, mais bien comme une nécessité que chacun cherche à éluder dans la mesure du possible.

» De là le peu de scrupule de certaines gens sur le choix des moyens.

» Enfin, parmi les jeunes gens qui trouvent dans la fortune acquise les sources de jouissances dont ils ont soif, beaucoup croient pouvoir se dispenser de tout travail utile et se désintéresser de la chose publique.

» Eh bien ! je voudrais que l'on partît de ce principe, que tous, riches ou pauvres, nous devons nous faire par le travail notre place au soleil. Je voudrais qu'il fût admis que c'est au travail que nous devons avoir recours pour établir notre foyer domestique, ainsi que l'ont fait nos pères.

» La fortune acquise doit être considérée comme un surcroît; non comme un droit, mais comme un privilège légitime quand il est acquis par le travail.

» Ce privilège, la société le concède à certains de ses membres, mais, en bonne justice, ils doivent en user pour aplanir les voies à ceux qu'une organisation défectueuse, ou un malheur immérité a semés sur la route.

» Le travail universel, voilà la solution vraie de la question sociale. C'est à l'organiser que la science consacre ses efforts. Aux institutions morales, il appartient de le faire aimer et d'en faire un devoir. »

Sous ces nobles pensées ne sent-on pas vibrer une âme grande et belle? battre un cœur sensible? palpiter un esprit réfléchi et profond? Elles dépeignent l'homme tout entier, l'homme d'action surtout, en même temps qu'elles éclairent de façon lumineuse sa vie toute de labeur, de luttes et de victoires sur la Matière. Vie d'autant plus intéressante et plus instructive que les origines de Pasteur sont des plus modestes.

Son père était un ancien soldat de l'Empire qui, rentré dans ses foyers, se maria et gagna sa vie comme ouvrier tanneur. A la naissance de l'enfant, le ménage était modeste et vivait de peu. Avec l'âge, le jeune Louis révéla du goût pour le travail et de l'amour pour l'étude. Ces heureuses dispositions engagèrent le père à lui faire donner une bonne instruction; projet dont la réalisation exigeait « beaucoup d'argent qu'il fallait gagner par un labeur obstiné et amasser avec une économie savante ». C'est alors que le père entreprit l'exploitation d'une modeste tannerie à Arbois, dans le Jura.

Louis entra d'abord au collège où il fit de rapides progrès dus, en partie, à l'intervention de son père qui lui servait, chaque soir, de répétiteur, et, en outre, à une grande facilité d'assimilation et à une ardeur sans bornes. Il fut envoyé ensuite au lycée de Besançon où il devint plus tard maître d'études, ce qui lui permit de suivre les cours de mathématiques spéciales.

N'ayant pas obtenu, dans un concours, le résultat qu'il espérait, il partit pour Paris et entra dans une institution privée où il continua à se distinguer par les qualités dont il avait déjà donné tant de preuves. C'est à partir de cette époque que se révèle sa vocation : son goût passionné pour les sciences. Enfin, il entre à la Sorbonne, où il préludera aux travaux qui immortaliseront son nom.

Sa vie de laboratoire va commencer : tâche lourde, écrasante, qui doit le condamner à un labeur incessant, exiger une somme énorme de patience, d'abnégation, d'énergie morale et de résistance physique. Vie pénible d'où sortiront ces merveilleuses découvertes relatives à l'origine et aux phénomènes de la vie.

C'était la voie qui convenait véritablement à son génie, celle qui devait lui permettre d'écrire son nom en lettres d'or au livre de la science.

Ses études sur les micro-organismes commencèrent lorsqu'il était à la Faculté de Lille (1854). Son attention se porta sur les phénomènes de la fermentation, étude qui devait avoir des conséquences fécondes pour l'avenir des sciences biologiques. Il découvrit le micro-organisme, le ferment qui permet au sucre de se transformer en alcool. Le sucre se dissocie en fournissant non seulement de l'alcool, de l'acide carbonique, de la glycérine, etc., mais aussi en nourrissant le ferment qui augmente de poids après avoir été mis en contact avec le liquide sucré. Du même coup, élargissant sa découverte, il recherche le phénomène intime des autres fermentations qui transforment le lait en petit-lait, le vin en vinaigre, la crème en fromage, et par suite il découvre, présidant à ces transformations, un micro-organisme spécial. Ces nombreuses expériences lui permettent de faire table rase des errements auxquels avait donné lieu l'explication des phénomènes de la fermentation et il leur substitua une doctrine nouvelle que le savant formula en ces termes :

Les fermentations sont des métamorphoses chimiques provoquées par la puissance d'êtres microscopiques, qui se développent et se multiplient aux dépens de certains éléments du milieu fermentescible.

D'où provenaient ces animalcules ? Quelles étaient les conditions nécessaires à leur développement ?

La discussion provoqua entre les savants une lutte qui dura de longues années. Toutefois, l'Académie résolut de trancher définitivement la discussion à ce sujet et mit la question au concours. Un prix de 2,500 francs fut offert à celui qui ferait jaillir la lumière. C'est alors que Pasteur, par toute une série de mémorables expériences, prouva que la fermentation était déterminée par les germes microscopiques que véhiculaient les agents atmosphériques. Il réduisait ainsi à néant les arguments et les assertions des défenseurs de la génération spontanée. L'Académie lui décerna le prix. Cette découverte conduisit à penser que la plupart des maladies infectieuses qui accablent l'homme et les animaux ont la même origine que la fermentation. C'était déjà un immense service rendu à l'humanité.

Mais Pasteur fit plus encore en imaginant une méthode qui a déjà porté ses fruits et qui promet de nouvelles découvertes : les vaccinations au moyen du virus atténué. Il porta tout d'abord son attention sur les animaux, comme se prêtant plus aisément aux expériences et comme engageant le moins la responsabilité des savants.

Un sujet du plus haut intérêt captiva son attention : les maladies redoutables auxquelles était exposé le ver à soie, dont l'élevage est, comme on sait, une source de grande richesse.

Par de patientes et longues recherches qui durèrent cinq ans, Pasteur parvint à étudier les causes du fléau et à trouver le remède propre à le combattre victorieusement. Ce jour-là (1868) il rendit un service inestimable à l'industrie séricicole française et à tous les pays où il existe des magnaneries.

Dès ce moment, ce fut une lutte non interrompue, ardente, entre l'illustre savant et les parasites dont il avait deviné, senti, compris l'action dans la plupart des maux qui affligent l'humanité.

Cette guerre aux microbes, patiente, tenace, toujours périlleuse, fut pour l'homme, le plus significatif des triomphes sur la nature. Dans son laboratoire, les jours succèdent aux jours, sans répit; les nuits agitées aux nuits sans sommeil. Mais que lui importent les fatigues, les souffrances, sa santé même!... Ne détient-il pas entre ses mains le bonheur de ses semblables? et n'a-t-il pas résolu d'apporter le plus de soulagement possible à leurs misères physiques? Dominé par ce noble but, il arriva à acquérir et à proclamer toute une série de certitudes qui arrachèrent des cris d'admiration aux savants et remuèrent les masses : il prouva que le lait, l'eau et l'atmosphère sont les milieux préférés des germes morbides; que le lait provenant d'animaux atteints d'une affection microbienne transmet le ferment et cause ainsi chez l'homme et surtout chez l'enfant dont il constitue la principale nourriture, des désordres physiques et des affections néfastes; que les microbes du choléra et de la fièvre typhoïde se propagent par l'eau; qu'enfin, les germes de la tuberculose, de l'érysipèle et des fièvres éruptives sont transportés par les agents atmosphériques.

Cet ensemble de précieuses constatations fournies par des expériences décisives donna lieu à une série de mesures d'une portée incalculable. Tout d'abord, il s'agissait de trouver le moyen d'annihiler les virus contenus dans le lait et dans l'eau, de façon à rendre pures et saines ces deux boissons par excellence. Pasteur imagina des procédés dits de stérilisation dont l'usage s'est généralisé. D'autre part, la pureté de l'air atmosphérique dans les maisons et les villes était considérée comme une condition essentielle de salubrité et devait fixer l'attention de chacun; la grande propreté s'imposait inexorablement. C'est ainsi que l'hygiène se transforma et devint une science d'une importance capitale. Il en fut de même de la médecine et de la chirurgie auxquelles s'imposa rigoureusement le système de prophylaxie (désinfecteur, pansements antiseptiques, stérilisateur, etc.), pour combattre les ferments d'infection.

En présence de résultats aussi éclatants, il n'est pas étonnant que la renommée de Pasteur soit devenue universelle et qu'il ait reçu les hommages les plus flatteurs. Mais ni les honneurs ni les succès ne le grisent d'un vain orgueil; ils ne sont pour lui, au contraire, que des stimulants.

« Je n'ai pas droit au repos, disait-il; les heures sont précieuses, et aussi longtemps qu'il y aura des conquêtes à faire sur le mal, des ennemis à terrasser pour soulager l'humanité, ma tâche ne sera point terminée. »

Or, les ennemis invisibles qui s'attaquent aux sources vives de l'existence des êtres, sont malheureusement nombreux. Il en est même qui sont à tel point redoutables que leur nom seul répand la terreur et provoque l'effroi, tels le charbon ou fièvre charbonneuse, la rage, le croup ou dyphtérie, l'érysipèle, le typhus, le choléra, la tuberculose, le cancer, etc.

On conçoit, dès lors, que Pasteur s'en soit préoccupé et y ait voué la meilleure partie de sa trop courte carrière. Il se consacra d'abord à l'étude des bactéries charbonneuses. Après quatre ans de recherches et d'expériences concluantes (1877-1881), il a la satisfaction de pouvoir annoncer à l'Académie des sciences qu'il a trouvé le remède préventif destiné à vaincre le fléau tant redouté. Cette victoire eut dans le monde entier un retentissement considérable. Il suffisait aux éleveurs de bétail de faire vacciner les bêtes pour n'avoir plus à craindre la terrible maladie qui leur enlevait chaque année des milliers et des milliers d'animaux.

A cette découverte, vinrent bientôt s'en ajouter deux autres, appelées également à rendre les plus grands services à l'agriculture : l'une concernant le microbe du rouget, maladie épidémique commune chez les porcs; l'autre, relative au microbe du choléra des poules. La vaccination permit de tuer l'un et l'autre.

Tant de travaux désintéressés, tant de services rendus à l'humanité étaient bien dignes d'être récompensés. Un devoir s'imposait au Gouvernement français : il n'y faillit pas. En 1874, il fit voter une pension viagère de 12,000 francs à l'illustre savant; pension qui, en 1883, fut portée à 25,000 francs, réversible sur sa veuve et sur ses enfants. De partout, il reçut des marques de distinction de la part des gouvernements et des sociétés savantes. Et c'était justice, car chaque pays avait le droit de le considérer comme un de ses enfants : son œuvre tout entière n'était-elle pas consacrée en effet au soulagement de l'humanité, à la guérison de ses maux, au développement de ses ressources, au perfectionnement de ses facultés?

Mais, son plus beau titre de gloire est sans contredit la découverte du microbe de la rage et le moyen de combattre ce terrifiant fléau; méthode tout à la fois préventive et curative. Malgré son âge avancé, le labeur écrasant accompli, la vie débilitante du laboratoire, le renoncement à tous les plaisirs mondains, il entreprit, avec cette sublime abnégation, cet acharnement au travail et cette grandeur d'âme qui le caractérisaient, l'étude de cette affection devant laquelle avaient échoué, jusqu'alors, toutes les tentatives.

A ce propos, son biographe Vallery-Radot rappelle un souvenir émouvant, empreint d'un caractère puissamment héroïque.

« En 1882, Pasteur commençait ses expériences ; il recueillait alors le virus rabique dans la gueule même des chiens enragés, pour le porter de là, par inoculations, sur d'autres chiens. Un jour, un vétérinaire télégraphie à Pasteur :

« Deux bouledogues en plein accès, venez. »

» Pasteur partit, emportant six lapins dans un panier. Un des chiens, un énorme bouledogue, hurlait, écumait dans sa cage. On lui tendit une barre de fer, il se jeta sur elle, et on eut grand'peine à la retirer de ses crocs ensanglantés. On approcha alors un des lapins de la cage, et on fit passer à travers les barreaux l'oreille pendante du lapin effaré. Mais, malgré les excitations, le chien se rejeta dans le fond de sa cage et refusa de mordre.

» — Il nous faut, cependant, dit Pasteur, inoculer les lapins avec cette bave.

» Deux garçons prirent une corde à nœud coulant et la jetèrent au chien comme on jette un lacet ; il fut pris et ramené sur le bord de la cage. On s'en empara, on lui lia la mâchoire, et le chien, étouffant de colère, les yeux injectés de sang, le corps secoué d'un spasme furieux, fut étendu sur une table et maintenu immobile, pendant que Pasteur, penché à distance d'un doigt sur cette tête écumante, « aspirait », à l'aide d'un tube effilé, quelques gouttes de bave...

» C'est dans ce sous-sol de vétérinaire, dit M. Vallery-Radot, qui, ce jour-là, accompagnait l'illustre savant, et à la vue de ce tête-à-tête formidable, que Pasteur m'est apparu le plus grand. »

Pendant trois ans encore, il se livra à un travail persévérant, assidu ; ne quittant point son laboratoire ; passant des nuits entières à poursuivre ses recherches et ses expériences. Sa conscience se refusait à livrer quoi que ce soit qui ne fût basé sur une démonstration irréfutable. En 1885, il put enfin annoncer au monde savant qu'il avait trouvé le moyen de rendre le chien réfractaire à la rage, et par suite d'en préserver l'homme. Mais l'œuvre n'était pas complète ; il restait à découvrir le secret de guérir l'homme atteint du terrible mal ; c'était un problème grave, car il était plein de responsabilité.

Une occasion s'offrit qui triompha de ses dernières hésitations. Un jeune homme ayant été mordu par un chien enragé, il lui fit une série d'inoculations de sérum. Le succès de cette opération fut complet et confirmé dans la suite par des milliers d'expériences concluantes. S'il y a eu quelques insuccès, on doit les attribuer à ce que les personnes atteintes se présentaient trop tard au laboratoire ou étaient trop gravement blessées. Cette fois, Pasteur était arrivé à l'apogée de sa célébrité, au faîte de la gloire ; il entrait définitivement dans l'immortalité. Son nom fut acclamé par le monde entier. En raison des titres qu'il avait acquis à l'admiration et à la reconnaissance universelles, une fête imposante eut lieu en son honneur, à Paris, en décembre 1892, où l'on célébra en même temps le soixante-dixième anniversaire de sa naissance.

« Ce jubilé, ou plutôt cette apothéose superbe, où la France dans l'élite de ses enfants, où le monde entier, par ses représentants, s'étaient donné rendez-vous pour glorifier le Maître des Maîtres, demeurera un souvenir impérissable dans la mémoire de ceux qui eurent le rare bonheur d'y assister. Une médaille d'or, qui lui fut offerte en cette circonstance, porte, à l'avers, le profil du savant en costume de laboratoire et au bas, cette divise : *Pour la Science, la Patrie, l'Humanité*. Au revers, se trouve une branche de laurier et de roses avec, dans le haut, l'inscription : *A Pasteur, le jour de ses soixante-dix ans. La Science et l'Humanité reconnaissantes* ; et au bas, la date : *27 décembre 1892*.

De cet événement, nous ne retiendrons, pour l'édification de la jeunesse, que ces paroles touchantes qu'il prononça après le discours de M. Sadi Carnot, président de la République française :

« Jeunes gens, quelle que soit votre carrière, ne vous laissez pas atteindre par le scepticisme dénigrant et stérile ; ne vous laissez pas décourager par les détresses de certaines heures.

» Vivez dans la paix sereine des laboratoires et des bibliothèques. Dites-vous d'abord : « Qu'ai-je fait pour mon instruction ? » Puis, à mesure que vous avancerez : « Qu'ai-je fait pour mon pays ? » — jusqu'au moment où vous aurez peut-être cet immense bonheur de penser que vous avez contribué en quelque sorte au progrès et au bien de l'Humanité. Mais que les efforts soient plus ou moins favorisés par la vie, il faut, quand on arrive à l'heure dernière, être en droit de se dire : « J'ai fait ce que j'ai pu ».

L'amour de l'humanité, de la patrie et de la famille, telles furent toutes ses affections, comme le prouve encore sa noble attitude en 1880, lorsque les habitants de sa ville natale inaugurèrent la plaque commémorative placée sur la maison où s'était écoulée son enfance. Il n'accepta cet honneur qu'à la condition de le reporter sur ses parents. Dans un élan où son âme tout entière passa, il s'écria en s'adressant en esprit à ses parents morts :

« O mon père et ma mère! O mes chers disparus! qui avez si modestement vécu dans cette petite maison, c'est à vous que je dois tout! Ces enthousiasmes, ma vaillante mère, tu les as fait passer en moi! Et toi, mon cher père, dont la vie fut aussi rude que ton rude métier, tu m'as montré ce que peut faire la patience dans les longs efforts.

» C'est à toi que je dois la ténacité dans le travail quotidien. Non seulement tu possédais les qualités persévérantes qui font la vie utile, mais tu avais aussi l'admiration des grands hommes et des grandes choses. Regarder en haut, apprendre au delà, chercher à s'élever toujours, voilà ce que tu m'as enseigné.

» Soyez bénis l'un et l'autre, mes chers parents, pour ce que vous avez été pour moi, et laissez-moi vous reporter l'hommage fait aujourd'hui à cette maison. »

Parlant de ce grand homme, l'éminent écrivain Jules Claretie définit admirablement la beauté de son caractère :

« Jamais homme n'a mieux réalisé la définition du génie donnée par Gœthe, je crois :

» — Le génie, c'est la patience.

» C'est la patience, mais c'est aussi l'intuition. Un ami me rappelait, un jour, le jugement porté sur Louis Pasteur par un des compagnons de sa jeunesse, un des camarades de l'Ecole normale :

» — Pasteur!... Il ne fera jamais rien parce qu'il s'attaque à l'impossible.

» Avec Pasteur, l'impossible fut vaincu, l'inaccessible escaladé. La mort recula.

» Et jamais âme plus candide et plus douce ne s'unit à un tempérament plus ardemment batailleur lorsqu'il s'agissait de la science. Cet homme tendre et d'une émotivité si vive, qui caressait, les larmes aux yeux, l'enfant à qui un disciple inoculait la lymphe, ce penseur profond, cet écrivain puissant, ce cerveau génial, ce cœur rare,

Naïf comme un savant et grand comme un apôtre,

n'admettait pas d'erreur ou d'à peu près dans les études auxquelles, indomptable, il vouait, il sacrifiait son existence.

„ — Il était excellent, nous disait un de ses élèves, et si doux ! Excepté dans le travail. Alors, il était tout de volonté et de commandement.

„ C'était le chef, en un mot. Tous ces jeunes hommes qui l'ont suivi, unis par le même dévouement et la même admiration, uniformisés par une même coupe de barbe en pointe et qui se partagent les champs à défricher, les sillons nouveaux à creuser, tous les chasseurs de bacilles, ces moines de la bactériologie, ces chevaliers du microscope qui détruiront le choléra comme ils ont dompté la diphtérie ou la rage, ces pastoriens, suivaient anxieusement du regard le maitre lorsqu'il examinait leurs travaux, les fiches où ils inscrivaient leurs observations. Tel Napoléon devant son état-major. Un froncement de sourcils devenait un jugement. „

Doit-on s'étonner qu'un tel homme soit regardé par tous comme le plus parfait modèle du travailleur laborieux, du citoyen dévoué, du savant loyal et désintéressé? Doit-on s'étonner qu'il se soit élevé par son propre labeur et par sa seule intelligence au plus haut degré d'honneur et de renommée? « qu'il ait ainsi tracé le sillage où sa voix appelle la jeunesse studieuse et rempli la plus belle mission qu'un homme puisse accomplir ici-bas? „

« Aussi la mort de cet homme glorieux fut-elle un deuil général : la science perdait un auxiliaire précieux, la France un grand patriote, l'humanité un protecteur héroïque, une sentinelle vigilante et dévouée. „

Heureusement, il laissait après lui de vaillants émules et des disciples dévoués qui continuèrent son œuvre.

NOTES EXPLICATIVES

1. Pasteur, Louis. Né à Dôle, dans le département du Jura, le 27 décembre 1822. Mort à Paris le 28 septembre 1895. Sa carrière est une des mieux remplies que l'on puisse citer : agrégé des sciences physiques (1846) et préparateur de chimie à l'Ecole normale; docteur ès sciences (1847); professeur de physique au lycée de Dijon (1848); professeur suppléant de chimie à la faculté des sciences de Strasbourg (1849) et professeur titulaire (1852); doyen de la faculté de Lille (1854-1857); professeur de géologie, de physique et de chimie à l'Ecole des Beaux-Arts (1863); enfin professeur de chimie à la Sorbonne. Il fit en outre partie de l'Académie des sciences et de l'Académie de médecine, et entra finalement à l'Académie française, le 27 avril 1882. — 2. Périclès, célèbre Athénien, orateur et homme d'Etat. Il exerça sur ses concitoyens une influence profonde et le plus souvent bienfaisante. Il encouragea les arts et les lettres, orna Athènes d'admirables monuments et mérita de donner son nom au siècle le plus brillant de la Grèce (499-429 av. J.-C.). — 3. Auguste, empereur romain, connu sous le nom d'Octave, petit-neveu de Jules César et son héritier (63 av. J.-C., 14 ap. J.-C.). Son règne, qui fut l'époque la plus brillante de l'histoire romaine, laissa des traces dans la littérature de tous les peuples. Les lettres, la poésie, l'éloquence enfantèrent des chefs-d'œuvre qui contribuèrent tous à la gloire de cette époque que l'histoire désigne sous le nom de « Siècle d'Auguste » et qui fut illustrée par Horace, Virgile, Tite-Live, Salluste, Ovide et tant d'autres hommes de génie patronnés par Mécène et protégés par Auguste. C'est sous ce règne aussi que commença la belle époque de l'architecture romaine. — 4. Louis XIV (voir biographie Renkin). — 5. Jura. Chaîne de montagnes entre la France et la Suisse. — 6. Paris (voir Clouet). — 7. Lille (voir Philippe de Girard). — 8. Besançon, ville forte de France, sur le Doubs; 56,000 habitants. Horlogerie. Berceau d'une phalange de grands hommes, parmi lesquels Victor Hugo. — 9. Sorbonne, du nom de son fondateur Robert Sorbon, chapelain et confesseur de Saint-Louis (1201-1274). Siège des cours publics des facultés de l'Université de Paris. — 10. Micro-organisme (*micro* = petit). — 11. Fermentation, transformation que subissent nombre de substances organiques lorsqu'elles sont placées dans des conditions déterminées et mises en présence d'un agent spécifique (la fermentation des liquides sucrés donne l'alcool). — 12. Biologie (*bio* = vie; *logos* = discours). Science de la vie des corps organisés. — 13. Académie (voir Buffon). — 14. Microscopique, qui ne peut être vu qu'avec le microscope (instrument d'optique qui grossit les objets à la vue). Microbe ou Bactérie (*micro* = petit; *bios* = vie), être vivant microscopique. — 15. Agent, tout ce qui agit (la lumière et la chaleur sont les agents de la nature). — 16. Génération, fonction par laquelle les êtres organisés se reproduisent. Génération spontanée, celle qui aurait lieu sans l'intervention d'êtres antérieurs. — 17. Virus = poison. — 18. Séricicole (*séricum* = soie; *colere* = culture). Culture de la soie. — 19. Magnanerie (*magnan* = ver à soie). Etablissement où l'on élève le ver à soie. — 20. Morbide (*morbus* = maladie). — 21. Stérilisation. Stériliser : action de détruire les ferments de toute nature que contient une substance. — 22. Prophylaxie (*pro* = avant; *phulassein* = garantir). Partie de la médecine qui a pour objet les précautions propres à garantir contre les maladies. Les découvertes de Pasteur ont fait faire d'immenses progrès à la prophylaxie. — 23. Préventif = empêcher, prévenir. — 24. Curatif (cure). Qui a pour but la guérison. — 25. Inoculation (*in* = dans; *oculus* = œil). Introduction dans l'organisme d'un germe vivant. —

26. SÉRUM. Liquide contenu dans le sang et le lait et qui s'en sépare après la coagulation.

N. B. — La création d'un établissement spécial pour le service des vaccinations antirabiques ayant été jugée indispensable, une souscription ouverte par la presse, sous les auspices de l'Académie des sciences, fournit en quelques jours la somme nécessaire. Le Parlement français vota un crédit important et décida de fournir une subvention annuelle. L'Institut ouvrit ses portes en novembre 1888. Il est situé rue Dutot, 25, quartier Vaugirard. Des instituts similaires ont été créés partout, dans les villes universitaires.

BIBLIOGRAPHIE

1. Documents (Académie des sciences de Paris). — 2. Roger DALVAR, *Louis Pasteur et son œuvre*. Librairie du XXe siècle, Limoges. — 3. M. BOURNAND, *Un Bienfaiteur de l'humanité : Pasteur, sa vie, son œuvre.*— 4. L. BEAUVAL, *Journal des connaissances utiles*. 1895. — 5. VALLERY-RADOT, René, *Vie de Pasteur*. Hachette, Paris. — 6. DUCLAUX, *Pasteur ; histoire d'un esprit*. Masson, Paris, 1896.— 7. *Biographie de Pasteur. Revue encyclopédique*, 1895, page 385.

BACTÉRIOLOGIE — MICROBIOLOGIE

NOTICE HISTORIQUE

Il est une science complexe, soupçonnée par les anciens et qui a pour mission de prévenir la maladie, de conserver la santé, d'éviter la plupart des souffrances : c'est l'hygiène.

L'hygiène scientifique ne s'est véritablement constituée qu'au XIXᵉ siècle et celui qui l'a incarnée est sans contredit le grand chimiste Pasteur. Elle a révolutionné la chirurgie par l' « antisepsie » (*anti* = contre ; *sepsis* = infection ; détruire les microbes) et l' « asepsie » (*a* = privatif ; *sepsis* = infection ; éviter les microbes), la médecine et l'hygiène, en précisant l'étiologie (*aitia* = cause ; *logos* = discours ; science des causes) des maladies infectieuses, et surtout en déterminant l'isolement des malades et la désinfection des locaux contaminés, en prescrivant la vaccination et la revaccination.

PIERRE-PAUL-ÉMILE ROUX.

Toutefois, la bactériologie (bactérie et *logos* = discours, science), comme la microbiologie (*micro* = petit ; *bio* = vie ; *logos* = discours, science), date de la découverte faite, en 1680, par le naturaliste hollandais Loewenhoeck, à l'aide d'une simple loupe, des êtres très petits, quelquefois mobiles, déjà soupçonnés avant lui. Il en signala la présence dans les eaux naturelles, les infusions, les intestins et le tartre des dents.

Mais ce n'était que de simples constatations, une faible lueur projetée sur un vaste champ d'explorations, un modeste jalon posé sur la route immense à parcourir.

Il en est de même de Frédérick Muller, naturaliste danois qui, en 1774, appliqua à l'étude des bactéries, le microscope composé; d'Ehrenberg, naturaliste allemand qui, en 1833, perfectionna les méthodes d'observation; tous deux parvinrent à décrire un grand nombre d'espèces nouvelles et tentèrent des essais de classification.

ÉLIE METSCHNIKOFF.

En France, Alphonse Guérin employa le pansement ouaté qui filtrait l'air, empêchait les germes, dans une certaine mesure, d'infecter la plaie qu'il protégeait. Lister, le plus célèbre chirurgien anglais (1827-1912), fit mieux encore, en détruisant directement sur les plaies, les micro-organismes au moyen de substances antiseptiques, notamment l'acide phénique. On lui est redevable de l'asepsie et de l'antisepsie en chirurgie qui ont donné de si brillants résultats. Ses théories, introduites en France par Lucas-Championnière, ont subi, depuis lors, des modifications notables, mais elles demeureront dans l'histoire de la science médicale comme un admirable monument de la logique créatrice et de la volonté réfléchie. Il avait l'intuition que ses moyens de pansement étaient insuffisants et précisait sans cesse sa volonté de chercher des procédés curatifs plus efficaces encore. Il apercevait, avec une netteté saisissante, toutes les données du problème, sans toutefois parvenir à la solution définitive. Ce fut Pasteur qui la donna au monde par ses admirables travaux qui arrachèrent à Lister cet aveu, qui est un véritable et éclatant hommage : « Avant l'éminent Français,

RODOLPHE VIRCHOW.

nous n'étions que des aveugles. » Jusque Pasteur, en effet, les savants avaient épuisé les hypothèses relatives à la « fermentation », mais sans aboutir. Tous, avant lui, croyaient que les « ferments » étaient des produits chimiques transformés par l'action de l'air.

Grâce à ses travaux, Pasteur établit, lumineuse et décisive, la nature des causes de l'infection. Il formula sa doctrine microbienne en prouvant que les agents des maladies infectieuses sont dus à de petits êtres vivants microscopiques appelés « microbes » ou « bactéries ». C'est ainsi qu'il fut conduit à transformer ces parasites dangereux, dont il put obtenir la reproduction artificielle en dehors du corps humain, en agents, non seulement inoffensifs, mais bienfaisants, en ce sens que leur inoculation rend le sujet réfractaire à la pullulation du microbe nuisible et virulent.

ROBERT KOCH.

Détail à noter cependant : avant Pasteur, il avait été prouvé que l'on peut « vacciner » contre des maladies en inoculant certains produits morbides, tels Jenner (voir biographie) et Willems, Louis (1827-1907), savant belge, né à Hasselt (ville de 15,000 habitants, sur le Démer), auquel reviennent l'honneur et la gloire d'avoir découvert et appliqué dès 1850, l'« inoculation immunisable et préventive », à l'aide du virus atténué d'un poumon malade, contre la pleuro-pneumonie ou péripneumonie bovine, maladie contagieuse, fléau des étables dont le microbe ne fut découvert qu'en 1889 par l'éminent professeur français Nocard. C'est ainsi que Willems, qui avait acquis une grande renommée à l'étranger, instaura, le premier, une méthode et devint un précurseur de Pasteur qui réussit, par ses méthodes géniales, à préparer les vaccins micro-

LOUIS WILLEMS.

biens de diverses maladies et à fixer les règles de leur emploi (voir biographie).

Mais les « vaccinations » ne s'appliquent qu'aux sujets sains, non encore frappés par la maladie : ce sont des méthodes « préventives ».

Dr CALMETTE.
(Institut Pasteur de Lille.)

Or, l'emploi des microbes atténués en « vaccins », ne produisant aucun résultat chez les sujets déjà malades (puisque plusieurs jours sont nécessaires pour que la vaccination produise dans l'organisme les modifications utiles, et que les maladies infectieuses tuent souvent en moins de temps), il a fallu avoir recours pour la guérison de celles-ci, à des moyens « curatifs » ou « thérapeutiques » (*therapeuein* = soigner). De cette nécessité primordiale, naquit la « sérothérapie » (*séro* = sérum ; *thérapeia* = traitement) ou traitement par les « sérums ».

C'est le savant allemand Behring qui, étudiant les modifications qui s'opèrent chez un animal au cours de la vaccination par un microbe atténué ou par ses produits, a découvert dans la partie liquide du sang, le *sérum*, des changements de propriétés extraordinaires : ce sérum devient capable de détruire le microbe injecté, et de neutraliser les poisons (toxines) au moyen desquels les microbes agissent sur les éléments nobles de l'organisme. En d'autres termes, un virus, capable de tuer, est apte à guérir après qu'on l'a atténué. La formule est simple dans son énoncé, mais pleine de difficultés et de déceptions dans la pratique, attendu que les

Phot. E. Würth, Liège.
MALVOZ.

virus ne s'atténuent pas de la même façon. Et dans ce dernier ordre de recherches, il ne faut pas oublier que la moindre imprudence peut entraîner la mort à bref délai. C'est à l'illustre Pasteur que l'on doit cette méthode impeccable et féconde qui a produit tant de sensationnelles découvertes. On possède déjà des sérums contre la rage (Pasteur), la diphtérie ou croup (Roux), le tétanos, la fièvre puerpérale, la peste, la méningite cérébro-spinale (professeur Kolle, de Berne). Deux autres médecins suisses : Carrière et Tomarkin, ont fait de remarquables travaux sur la recherche d'un sérum destiné à combattre le choléra. De son côté, le docteur Kolle a fait de nombreuses expériences, dans les colonies, sur le choléra, le typhus et la peste.

Le point de départ de la bactériologie pathologique (*pathos* = affection ; *logos* = discours, science) remonte à 1850, date à laquelle les savants français Davaine et Royer découvrirent la bactérie charbonneuse, élucidée par Pasteur, et le savant belge Willems appliqua sa méthode à la péripneumonie bovine. Cette science s'est développée rapidement avec Pasteur, puis, en Allemagne, avec Virchow, surnommé le Pasteur d'outre-Rhin (1821-1902), Koch dont les recherches sur la tuberculose furent remarquables (1843-1910), Behring et Ehrlich ; en France, avec Roux, auquel on doit le sérum contre le croup ou diphtérie, Calmette, directeur de l'Institut Pasteur, à Lille, auquel on est redevable du sérum contre le venin des serpents ; en Belgique, avec Malvoz, directeur de l'Institut bactériologique de Liége, qui a triomphé de l'ankylostomasie (maladie de langueur causée par l'ankylostome, ver parasite s'attaquant particulièrement aux ouvriers mineurs), découverte qui lui valut le prix Guinard (1908).

En même temps, la morphologie (*morphè* = forme ; *logos* = discours, science. Etude de la forme extérieure des êtres vivants) et la physiologie (*phusis* = nature ; *logos* = discours, science. Science qui traite de la vie et des fonctions organiques) ont continué à progresser grâce aux travaux de Metschnikoff, Duclaux, Naegli, Chantemesse, Nocard, Charcin, Martin, Gersin qui se rendit en Chine pour étudier le bubon de la peste et à Madagascar (île de la mer des Indes, colonie française) où il chercha à combattre les fièvres paludéennes (*palus, paludis* = marais), Nicole, fondateur du laboratoire de Constantinople.

L'œuvre de tous ces vaillants sera féconde et, grâce à eux, on peut s'attendre à des révélations prochaines qui étonneront le monde et dissiperont le cauchemar que font peser sur lui ces épouvantables et terribles maladies : la tuberculose, le cancer, la lèpre, etc., pour lesquelles il n'existe actuellement ni vaccins, ni sérums.

En ce qui concerne le mécanisme de l'action des « vaccins » et des « sérums », deux grandes théories guident les recherches actuelles :

1° *Théorie de Metschnikoff*, « la phagocytose ». D'après celle-ci, l'organisme, envahi par des microbes, répond à leur attaque et à celle de leurs poisons, en suractivant les moyens de défense qu'il possède déjà à l'état de santé, contre les éléments étrangers de toutes sortes qui, à tout instant, tentent d'envahir les organes.

C'est à certains éléments, appelés « phagocytes » (*phagein* = manger; *kutos* = cellule), qu'est dévolue cette fonction de défense. Exemple : la vaccination par le microbe du charbon atténué, n'a pas d'autre effet que d'exciter l'activité de ces phagocytes, de les soumettre à une sorte d'entraînement progressif tel, que ces éléments deviennent capables de détruire même le microbe du charbon le plus virulent qui viendrait à s'introduire dans la place. D'après cette théorie, cette destruction des microbes et de leurs poisons au sein des phagocytes, se fait par un mécanisme rappelant la digestion : le phagocyte élabore des sucs digestifs particuliers antimicrobiens et antitoxiques, et ce sont ces dernières substances, produites en grand excès si l'on fait de multiples vaccinations chez le même animal, qui se retrouvent dans le sérum du sang et lui confèrent ses propriétés spéciales découvertes par Behring.

La saine raison nous commande donc d'éviter tout ce qui peut affaiblir nos phagocytes et de chercher, au contraire, tout ce qui peut les fortifier : exercices physiques, le grand air, la lumière, la nourriture saine et abondante, l'observance des principes de l'hygiène et l'abstention de tout excès.

2° *Théorie d'Ehrlich*. — D'après cette théorie, au cours de la vaccination, les microbes et leurs poisons (toxines) sont absorbés par certains groupes chimiques (dits *chaînes latérales*) des éléments des principaux organes avec lesquels ils se combinent intimement : cette union trouble l'activité normale de l'organe et il se produit bientôt une reproduction de nouvelles *chaînes latérales* qui se détachent en partie et passent dans le sang où elles confèrent au sérum ses propriétés antitoxiques, antimicrobiennes, etc. Pour Ehrlich, ces phénomènes rentrent dans le cadre de la nutrition organique, les *chaînes latérales* servant, à l'état normal, à la fixation et à l'absorption de certains principes alimentaires.

BIBLIOGRAPHIE

1. Documents (Académie des sciences de Paris). — 2. Dr KRAFFT, *Causerie scientifique*. Edit. Hanchoz, Lausanne. — 3. BEAUVAL, Paul, *Journal des connaissances utiles*. 1895.

Louis CLOUET

1751-1801

Il y avait, à la fin du xviiie siècle, un homme dont la force de volonté et de pouvoir sur lui-même avait quelque chose de prestigieux : c'était le chimiste et mécanicien français Louis Clouet. Fils de modestes paysans, il montra, tout jeune, un caractère rude et indépendant qui l'obligea à quitter le collège de Charleville. Mais, devenu jeune homme, il suivit avec assiduité les cours gratuits de l'Ecole du génie de Mézières, y acquit rapidement de profondes connaissances en mathématiques et en chimie et y fut nommé, quelques années après, professeur de chimie. Il quitta bientôt l'enseignement pour l'industrie, monta une faïencerie, puis se livra à une série de recherches sur la composition des émaux, la fabrication de l'acide prussique, les divers états du fer, et découvrit un procédé pour la transformation du fer en acier fondu dont les Anglais avaient fait jusque-là un secret.

De bonne heure, il avait adopté ce principe : « Qu'il faut pouvoir faire tout ce qu'un autre homme sait faire. » Doué d'une ténacité sans bornes, il ne cessa de mettre son précepte en pratique et parvint à des résultats qui frappent l'imagination de stupeur. Le cours de sa carrière l'avait amené, pendant la grande Révolution, à la direction de la fabrique de fer forgé de Daigny, près de Sedan, d'où sortaient les armes alors avidement réclamées par les volontaires de la République (1789).

C'est là que nous le prenons, homme fait, tel qu'il était sorti en quelque sorte de ses propres mains, façonné par l'application à lui-même de son système.

D'abord, pour avoir plus de temps à donner à ses occupations, il s'était dit qu'il fallait allonger les journées, en diminuant les heures de sommeil. Restez actif, en dépit de l'assoupissement qui s'approche, et bientôt le désir de céder au sommeil deviendra moins impérieux. Clouet avait réussi à retrancher ainsi, de sa nuit, une heure d'abord, puis deux et ainsi de suite. Il n'avait pas supprimé complètement la nécessité d'un repos, mais il avait fini par réduire son sommeil à une heure. Encore ne perdait-il pas le temps de se mettre au lit, ni celui de s'habiller. Au moment où il se sentait fatigué, il s'appuyait le dos contre la muraille, et ainsi debout, toujours prêt à se remettre en marche au moindre signal, il s'assoupissait chaque nuit un instant. Ce mode de repos lui était devenu si naturel, qu'il ne fermait pas même les yeux pendant ce temps de somnolence, sa volonté s'étant fortement attachée, dans l'origine de ses efforts, à combattre la fermeture des paupières.

Il remplissait à l'usine de multiples fonctions, dont on n'acquit une idée bien nette qu'à son départ. Il était non seulement le directeur, le comptable, l'expéditionnaire, le contremaître de plusieurs ateliers, mais aussi le portier, le veilleur de jour, le veilleur de nuit, le garde-magasin et bien d'autres choses. Il était partout, veillait à tout, remplissait par lui-même une foule de fonctions. Lorsqu'il eut quitté, il fallut employer à la fois plusieurs personnes pour tenir sa place : on en prit d'abord trois; puis on s'aperçut qu'il en fallait davantage. On eut recours à quatre, à cinq et au delà, le nombre étant toujours insuffisant, jusqu'à ce qu'il eût été porté au chiffre surprenant de dix employés.

Ce qui est plus extraordinaire encore, c'est que tout en accomplissant cette quantité prodigieuse de besognes, Clouet trouvait le temps de faire ses habillements et ses chaussures; il allait jusqu'à préparer sa nourriture, ne mangeant d'ailleurs d'autres légumes que ceux qu'il cultivait lui-même. Dans ces conditions, il n'avait guère besoin d'argent pour vivre; aussi ne portait-il pas en compte son traitement.

Ses voyages ne lui coûtaient pas davantage. Appelé à Paris, pour conférer avec le ministre de la Guerre, il prit un pain sous son bras et une fiole d'eau-de-vie; et le voilà marchant jour et nuit, subsistant de ces seules provisions. A l'heure où il avait coutume de se reposer, il prenait son sommeil appuyé contre un des peupliers de la route. Puis, son somme achevé, il se remettait en marche. Le troisième ou quatrième jour, il traversait Paris, depuis la barrière jusqu'à la rue de Grenelle et se présentait au ministre, le reste de son pain sous le bras. Les hommes vigoureux qui organisaient alors la défense de la France faisaient le plus grand cas de ses services et de sa fabuleuse activité.

Quelques faits particuliers donneront une idée plus complète de ce qu'il obtenait par la volonté. Un jour, une discussion s'était élevée entre un militaire et lui, et il s'en était suivi une provocation en duel. Le combat devait avoir lieu au sabre. Clouet n'avait jamais manié de sa vie une arme de cette espèce. Il fit venir un maître d'armes et lui dit : « Montrez-moi les principaux coups d'une lutte au sabre. — Voici, dit le maître d'armes en donnant à son élève improvisé une sorte de représentation. — Est-ce tout? demanda Clouet. — Non, on peut encore attaquer son adversaire de telle et telle manière. — Fort bien ; voilà donc ce qu'on apprend dans un cours d'escrime? — Voilà en quoi notre art consiste. — Cela suffit. » Clouet avait son idée. Il s'était dit : voyons tout ce que mon adversaire peut connaître, tout ce qu'il a appris ; puis je chercherai, en dehors de cela, un coup qui soit une nouveauté et auquel il ne sera, par conséquent, pas préparé.

Donc, après le départ du maître d'armes, Clouet s'enferme dans sa chambre et, à force de chercher, il imagine une attaque qui ne faisait pas partie de ce qu'on venait de lui montrer.

Cela me suffit, pensa-t-il : demain, je tiens mon homme.

Le lendemain, en effet, il se rendit sur le terrain, plein de confiance dans sa combinaison. A peine les deux adversaires étaient-ils aux prises, que le militaire, surpris par un coup imprévu, fut mis hors de combat.

Mais une des plus grandes preuves du pouvoir de la volonté, c'est le « saut de la barrière », que Clouet, qui n'avait jamais monté à cheval, parvint à exécuter. Plusieurs personnes étaient réunies, et le directeur de la fabrique d'armes soutenait sa thèse favorite : « qu'un homme peut, en peu de temps, accomplir tout ce qu'un autre homme est parvenu à faire ». — Avez-vous jamais monté à cheval? lui dit-on. — Non. — Eh bien! resteriez-vous sur un cheval qui saute une barrière? — Oui, si vous, vous y restez. » Celui à qui Clouet parlait ainsi était un excellent cavalier. Celui-ci se fait amener un cheval : il saute en selle, lance l'animal vers une barrière et saute par-dessus. « Fort bien, dit Clouet, qu'on m'amène le cheval. » Il se met en selle d'une manière qui n'était pas trop maladroite, et lance à son tour l'animal. Au moment du saut, il est désarçonné et tombe. « Vous voyez, crie son interlocuteur. — Oui, je vois d'où ça vient, répond l'homme à l'imperturbable vouloir. C'est une expérience ; je vais la renouveler. » Et, là-dessus, il remonte à cheval et part de nouveau. A la barrière, même résultat, il tombe encore. Mais rien ne peut le dompter. « J'apprends, dit-il, ce que je dois faire et comment je dois me tenir. Recommençons. » A la quatrième fois, il saute et reste en selle.

Quiconque a la moindre notion d'équitation, reconnaîtra que, de la part d'un homme qui se trouvait sur un cheval pour la première fois, c'était un haut fait remarquable.

Ces exemples de la volonté poussée à ses extrêmes limites, sont peut-être uniques dans l'histoire des travailleurs. Ils nous montrent à quel degré de force morale peuvent atteindre certaines natures, grâce à un entraînement graduel. S'ils provoquent un intense étonnement par leurs déconcertantes manifestations, il n'en reste pas moins vrai qu'ils constituent une émulation précieuse en marquant toute l'échelle à parcourir dans le domaine de l'énergie.

Et cependant, là ne se borneront pas les hauts faits de Clouet, car à côté de ce labeur prodigieux, surhumain qu'il accomplit dans l'ordre matériel et physique, il convient de signaler celui non moins absorbant qu'il déploya dans l'ordre purement intellectuel. Il a écrit, en effet, de multiples Mémoires de chimie, dont plusieurs en collaboration avec le célèbre chimiste Lavoisier; travaux remarquables qui ont été consignés dans les revues scientifiques de l'époque et qui ne l'empêchèrent point de remplir, en même temps, avec autorité, une autre tâche qu'il avait assumée, en acceptant de faire partie du Conseil des Arts de Paris. Il y apporta une activité débordante, une ardeur inlassable telles qu'il provoqua chez ses collègues, une admiration, un enthousiasme sans bornes.

Cette industrieuse activité et cette incomparable vigueur de l'esprit ne se peuvent expliquer que par la simplicité de mœurs que Clouet a conservée toute sa vie, par son culte indéfectible pour la science et par un empire sur soi de tous les instants.

NOTES EXPLICATIVES

1. CLOUET, Louis. Né à Singly, près de Mézières, en 1751; mort de la fièvre coloniale, à la Guyane, en 1801, où il s'était rendu pour faire des analyses chimiques de certains végétaux. — 2. CHARLEVILLE, ville de France, sur la Meuse; 19,000 habitants (département des Ardennes). — 3. MÉZIÈRES, ville de

France, sur la Meuse, en face de Charleville; 8,000 habitants. — 4. Email, vernis vitreux, opaque ou transparent que l'on applique par la fusion, sur la faïence, les métaux, etc. Matière dure et transparente qui recouvre les dents. — 5. Acide prussique, composition de carbone, d'azote et d'hydrogène, qui constitue un poison violent. On dit aussi acide cyanhydrique. — 6. Révolution de 1789 (voir Lavoisier).— 7. Sedan, ville de France, sur la Meuse ; 19,000 habitants. Tristement célèbre par la défaite qu'y subit l'armée française, lors de la guerre franco-allemande de 1870. Patric de Turenne, Maréchal de France, célèbre par ses succès militaires et ses nobles qualités morales (1611-1675). — 8. Paris, capitale de la France, sur la Seine; 2,800,000 habitants. Centre des lumières et des arts, Paris est l'une des plus vastes, des plus riches et des plus belles villes du monde. Elle est la plus peuplée de l'Europe après Londres (5,300,000 habitants), la première après Rome pour le nombre et la beauté de ses monuments : Louvre, Palais Royal, Invalides, Bourse, Notre-Dame, Panthéon, Madeleine, colonne Vendôme, Trocadéro, Hôtel de Ville, arcs de triomphe du Carrousel et de l'Etoile; portes Saint-Denis et Saint-Martin, etc.

BIBLIOGRAPHIE

1. Bibliothèque nationale de Paris. — 2. *Recueil des savants étrangers de l'Académie des sciences* (1786). — 3. *Les Annales de chimie* (1791-1800). — 4. *Le Journal des mines* (1796-1803). — 5. Houzeau, *Annuaire de l'Observatoire de Bruxelles* (1885).

Charles LINNÉ

1707-1778

« Dans le beau pays de Suède, entre les plaines fertiles de la Scanie et les jardins seigneuriaux de l'Ostrogothie, est le Smoland dont le nom signifie petite terre.

CHARLES LINNÉ au début de sa carrière.
(*Musée de Stockholm.*)

» Petite terre, en effet, par l'exiguïté de ses moissons; très attrayante par la variété de ses sites, par la grâce de ses paysages.

» Il y a peu de villages. La plupart des maisons champêtres sont bâties en bois d'une façon primitive, sans aucun ornement de luxe. Ceux qui les habitent ne sont pas riches.

» Froid est leur climat, peu large et peu profonde leur terre végétale ; très restreint le produit de leur culture, de leurs bestiaux, de leurs bois et de quelques mines. Mais ils ont conservé les vertus de leurs pères : économes, religieux et contents de leur sort.

» A chaque station, on ne rencontre que de bonnes et honnêtes figures. Je songe, ajoute M. Marmier, à ce qui a été dit de l'influence du sol natal et des premières impressions sur le caractère de l'homme et il me semble qu'on en doit noter dans cette province de Suède, un mémorable exemple.

» Charles Linné, le célèbre naturaliste, est né là, loin du tumulte des passions politiques et du tourbillon commercial, dans un idyllique village, près d'une forêt de bouleaux et de sapins, au bord d'un lac. Et ce nom de Linné brille toujours d'un éclat que le temps n'a point effacé. »

Sa vie, en effet, est un des plus beaux modèles d'activité réfléchie et fortement soutenue que l'on puisse offrir à la jeunesse.

Les plus rares vertus y dominent : un profond amour de la liberté ; un ardent désir de voir et de connaître ; une avidité de savoir, unie à une patience illimitée. Elle montre tout ce que peut produire de beau et de durable l'initiative hardie, l'esprit méthodique, et, par-dessus tout, les voyages bien compris. De bonne heure, il sentit l'importance, la nécessité inéluctable de quitter son « milieu ». Aussi, est-ce sans hésitation, délibérément, qu'il quitta le foyer paternel, son pays, ses amis, certain que c'était le seul moyen de former son esprit, de travailler à son perfectionnement en prenant conscience de soi-même, de s'élever dans la hiérarchie sociale et de servir tout à la fois son pays et la science.

« Ce nom de Linné vient, à ce qu'on assure, du mot suédois *linden*, qui signifie tilleul. Il paraît qu'il y avait, en effet, un très beau tilleul devant la porte de la demeure champêtre de la famille. Porter comme surnom, le nom d'une plante ou d'un animal est un usage très fréquent en Suède, et souvent le surnom prévaut. Coïncidence vraiment bizarre qui fait que ce nom ait été donné au père de celui qui devait rénover la science des végétaux. »

L'origine du grand savant est des plus humbles. Ses parents, honnêtes mais pauvres, ne parvenaient qu'à grand'peine à suffire à l'entretien du ménage. Jusqu'à sept ans, il fut un enfant très ordinaire, mais très gai, très vif, aimant surtout à courir après les papillons et à cueillir des fleurs. C'est alors que son père le plaça chez un maître qui était peu en état de diriger son éducation. Trois ans après, il fut envoyé à l'école de Wexio. Livré à des maîtres grossiers, il prit un profond dégoût pour l'étude, mais il aurait pu nommer toutes les plantes qui croissaient sur un parcours d'une lieue (de Wexio à Stenbrohult), preuve de son esprit d'observation qui resta sa qualité dominante et précieuse.

En 1724, il entra au gymnase et y passa trois ans. Des désagréments et des dégoûts l'empêchèrent de faire des progrès, sauf en mathématiques et en physique. Les professeurs déclarèrent au père que son enfant n'était pas né pour les sciences et qu'il fallait lui donner un métier.

Ni maîtres ni parents n'avaient deviné les dispositions, les aptitudes du jeune Charles. Ce défaut de clairvoyance se rencontre encore de nos jours et c'est ce qui explique qu'il y ait tant de jeunes gens qui manquent leur vocation et deviennent souvent des « non valeur » ou des « déclassés ». Or donc, le jeune Charles fut mis en apprentissage chez un cordonnier. Mais celui-ci bougon, grincheux et peu satisfait de son apprenti, le mit honteusement à la porte.

Cette série d'incidents qui aurait pu le jeter dans le découragement, le pousser à la révolte contre le sort qui semblait conspirer contre lui, le trouva au contraire prêt à affronter résolument l'inconnu. Il ne perdit point son temps, envisagea la situation avec calme et prit un parti héroïque qui faisait déjà présager ce dont il serait capable plus tard. La conduite qu'il tint en cette circonstance confirma une fois de plus l'adage : « il n'y a pas de sot métier, il n'y a que de sottes gens », et cet autre : « qui veut la fin veut les moyens ». Sans argent, sans ressources, il s'achemina vers Lunden et alla offrir ses services à un docteur qui l'accueillit en qualité d'aide-domestique. Il était sauvé! Son inspiration l'avait servi à souhait, car le docteur aimait la botanique et s'occupait d'entomologie. Il eut ainsi de fréquentes occasions d'accompagner son maître dans ses nombreuses excursions et, peu à peu, grâce à son application sagace et patiente, ses connaissances s'étendirent, son savoir s'affirma d'une façon éclatante à tel point qu'un jour le docteur s'écria : « Je n'ai plus d'assistant, j'ai un maître. »

Un jour, un méchant, un jaloux, vint dire au professeur : « Votre jeune secrétaire, très occupé dans le jour, se réserve d'autres heures pour son amusement. Il y a de la lumière dans sa chambre, longtemps après que tout le monde est endormi. C'est dangereux, il faut y prendre garde. »

Le docteur, inquiet, se glisse la nuit suivante vers la chambre suspecte, ouvre doucement la porte, et que voit-il? L'innocent Charles assis devant une table chargée de livres, lisant et écrivant à la lueur d'une lampe, continuant dans le silence de la nuit, la tâche de la journée. « Brave garçon, s'écrie-t-il, prenez dans ma bibliothèque tous les livres que vous voudrez ; ayez soin, seulement, de ne pas vous fatiguer. » C'est à cette époque qu'il lut et relut tous les ouvrages du botaniste Tournefort et qu'il en copia toutes les gravures avec le plus grand soin. Dès ce jour, le docteur prit son élève en grande affection et l'engagea à suivre les cours de l'Université d'Upsal. Mais, de la Scanie à l'Upland, bien long était le voyage et bien minimes ses ressources. Son père lui remit 300 francs péniblement épargnés en lui disant : « Je ne puis te donner ni te promettre rien de plus. » Et il partit. En s'imposant de rigoureuses privations, il vécut près d'une année de cette maigre somme. Il tomba dans un tel dénuement que, ne pouvant faire raccommoder ses souliers, il cachait, dit-il, avec de vieux papiers leur triste dépérissement. « O pauvreté! tu es une rude institutrice. Mais quelle force ils ont ceux qui ont passé dignement par ton école! » Linné fut de ceux-là. La misère n'eut point de prise sur son caractère, ni sur ses brillantes facultés. Le travail lui fit oublier ses chagrins, ses déboires. Bien plus, cet amour de l'étude le sauva doublement. Un matin qu'il était occupé à analyser une fleur au jardin botanique, un savant le remarqua, s'approcha de lui, admira son travail quelques instants et l'interrogea. Frappé de ses réponses, il s'enquiert de savoir qui est ce jeune homme si mal vêtu et si instruit. Les renseignements qu'il recueille l'émeuvent et, dès ce jour, il lui accorde sa protection, le sauvant ainsi de la misère. Cette circonstance permit à Linné de publier un Mémoire dont la haute valeur scientifique frappa l'attention du savant Rudbeck, professeur à l'Université d'Upsal, qui entra immédiatement en relation avec le jeune écrivain, le prit en affection et le considéra comme son fils. Dès lors, Linné put « se vêtir décemment ». Aussi, garda-t-il toujours une vive reconnaissance à Rudbeck;

il lui dédia même une plante qu'il avait découverte. La lettre d'envoi constitue à elle seule une admirable leçon de haute éducation ; elle ne peut que grandir son auteur aux yeux de la jeunesse, tant elle est vibrante de pensées élevées, de spontanéité et de sincérité profonde :

« Lorsque, dans le cours incertain de la vie, l'homme est parvenu à se procurer, ainsi qu'à sa famille, une existence assurée, que peut-il désirer encore si ce n'est de voir vivre son nom chez les races futures? Pour arriver à ce but, les uns étendent leur famille, les autres achètent des titres de noblesse et des ancêtres. Ceux-ci élèvent des maisons élégantes et de vastes châteaux ou s'occupent de fonder des édifices religieux ; ceux-là convoitent les honneurs, d'autres enfin cultivent les sciences et les lettres ou bien cherchent la gloire dans les combats. Mais à l'aide de ces divers moyens, cette prolongation d'existence ne dépasse guère un ou deux siècles. Les grandes richesses se divisent et disparaissent, les édifices les plus solides tombent en ruine, car les plus grandes villes ont été renversées, et les Etats les plus florissants sont devenus la proie du vainqueur. Jaloux de te donner l'immortalité, sage *Rudbeck*, je vais te consacrer une plante et la nommer de ton nom. Elle suffira pour éterniser ta mémoire et la porter chez nos arrière-neveux.

» Aussi longtemps que la terre existera et que chaque printemps la verra se couvrir de fleurs, le *Rudbeckia* conservera ton nom glorieux. J'ai choisi une plante élevée pour rappeler ton mérite et les services que tu as rendus ; élancée pour donner une idée de ta stature. Je l'ai voulue rameuse et chargée d'un grand nombre de fleurs et de fruits, pour montrer que tu as su cultiver à la fois les sciences et les lettres. Les fleurs radiées rendront témoignage que tu brillas parmi les savants comme le soleil parmi les astres, et sa racine vivace nous apprendra que chaque année te voyait revivre par de nouveaux ouvrages. Honneur de nos jardins, le *Rudbeckia* sera cultivé dans toute l'Europe et dans les pays lointains où depuis longtemps a dû pénétrer ton nom vénéré.

» Reçois cette plante, non pour ce qu'elle est encore, mais pour ce qu'elle deviendra lorsqu'elle portera ton nom. Je ne l'ai pas nommée pour en tirer vanité, mais pour honorer tes œuvres et te présenter l'hommage de ma gratitude en retour des bienfaits dont tu m'as comblé. Ce n'est point un don que je fais, c'est une dette que j'acquitte. »

On peut déduire de ce beau geste que le vrai savoir s'allie à la grandeur des sentiments et qu'on peut remplir ses devoirs envers la science tout en accomplissant ceux envers ses semblables et ses bienfaiteurs. Maintenant que Linné est sorti de la misère et que la fortune semble lui sourire, il croit pouvoir compter sur des lendemains assurés, se consacrer tout entier à ses cours, se perfectionner et étendre le champ de ses découvertes. Hélas ! après les atteintes de la détresse, il va subir, sans merci, celles plus douloureuses de la jalousie et de l'envie : on le trouve trop jeune pour être professeur ; ses découvertes et ses classifications viennent renverser l'ordre de choses établi, les routiniers s'en offusquent. Il n'en fallait pas davantage pour rendre impossible la présence du jeune savant à l'université. Les tracas successifs qu'on lui suscite l'obligent enfin à renoncer à enseigner la science qu'il avait déjà illustrée et, sans amertume, sans révolte, il se dit : « Qu'importe le présent, je ne vois que l'avenir ; je n'ai d'autre souci que le bien de la science ; je quitterai la ville à laquelle je suis attaché par le cœur et par mes premiers succès ; je voyagerai pour oublier les méchancetés et les mesquineries des hommes. Ce sera tout profit pour moi et pour les autres. »

Et il partit pour la Laponie (1732) à pied, seul, n'emportant que deux chemises et les habits qu'il avait sur lui.

Nul n'ignore que les monts de la Laponie sont hérissés d'obstacles presque insurmontables. Aussi, le récit de ce voyage tient-il du merveilleux, tant le jeune savant y déploya d'énergie surhumaine, de mépris des difficultés, de confiance inébranlable. C'est ainsi que, au cours d'une de ses excursions, il faillit être tué par la chute d'une roche ; il ne s'en émut nullement et, quoique souffrant, il continua, infatigable, sa route périlleuse. Après avoir marché longtemps dans les forêts et à travers les marécages où il avait de l'eau glacée jusqu'à mi-jambe, il atteignit heureusement Umea. Là, on essaya de le décourager en lui présentant le voyage de Laponie comme impossible en cette saison ; mais rien ne peut l'arrêter : son intrépidité ne connaît point d'obstacles, son courage point de défaillance. Une peau lui sert à la fois de matelas et de manteau. Il va toujours à pied, errant au milieu de sombres forêts, entouré de gens grossiers, n'ayant ni pain, ni boissons fermentées, ne connaissant pas, la plupart du temps, la langue du pays. En le voyant, une vieille Laponne s'écria : « O malheureux ! quel sort cruel t'a conduit dans ce pays où jamais n'est apparu un étranger ? Comment es-tu venu jusqu'ici et où comptes-tu aller? – Et simplement il répondit : « Au Spitzberg », puis il s'éloigna.

Il escalade la chaîne du Spitzberg où il trouve des végétaux rares, traverse la Norvège jusqu'à Torrfsord, puis revient dans les montagnes, où, pour la seconde fois, il manque de périr en faisant une chute au fond d'un précipice, d'où il est retiré fortement blessé. Ses cuisantes douleurs ne l'arrêtent point : il traverse de nouveau le Spitzberg et séjourne à Calix. Après s'être reposé de ses fatigues, il reprend son voyage par Tornea et arrive dans Abo où il prend un repos de huit jours. Puis, le bâton à la main, il se remet en route, atteint Grisselham et rentre enfin à Upsal, après avoir accompli un voyage de plus de mille lieues.

Par la quantité de minéraux et de végétaux recueillis, ce voyage fut extrêmement important par les résultats scientifiques, malgré les obstacles de tous genres, l'absence d'auxiliaire et la nullité des moyens dont l'incomparable voyageur avait pu disposer. Il semblait d'après cela, qu'il eût conquis quelques titres à la reconnaissance de ses concitoyens; que tant de sublime dévouement, d'abnégation, de souffrances, allait imposer le silence à la haine et désarmer l'envie? Il n'en fut rien. Au lieu de recevoir un accueil empressé, il ne rencontra qu'indifférence et dédain, lui qui était connu du monde entier et que l'on saluait déjà du nom de « Prince des botanistes de l'Europe », grâce aux ouvrages remarquables qu'il avait publiés.

Il reste donc vrai que l'on est rarement prophète en son pays? Incompris et méconnu, il fut surtout victime du parti pris inqualifiable d'un professeur de l'université qui parvint à faire interdire ses conférences sous le prétexte qu'il n'avait pas le grade de docteur, et à faire échouer sa nomination de professeur. Très affecté de ces deux résolutions, il chercha de nouveau un dérivatif à ces ennuis, en entreprenant un second voyage. C'était sa manière à lui de répondre à l'injustice, de se venger de ses ennemis et des détracteurs de son œuvre.

Il était jeune, il avait les ailes de l'espérance et deux des plus grandes consolations que l'homme puisse avoir en ses jours sombres : la joie du travail et l'amour de l'étude.

Il s'arrêta tout d'abord à Falun pour visiter les mines si célèbres de cette contrée. Là encore, sa belle énergie se dépensa sans compter; pendant le jour, il descendait au fond des mines, et il passait les nuits dans l'usine métallurgique.

Revenu au pays, il se vit de nouveau en butte aux avanies et aux diatribes de son éternel adversaire que ses succès et sa grande renommée offusquaient. Ce fut, pour l'infatigable botaniste, la raison d'un troisième voyage. Il visita successivement l'Allemagne, la Hollande, l'Angleterre et enfin la France. Partout, il se lia d'amitié avec les savants les plus distingués et recueillit une ample moisson de documents précieux qui lui permirent de publier des ouvrages du plus haut intérêt.

C'est en Hollande, « honnête et intelligent pays », qu'il eut les premiers encouragements et ses meilleurs appuis. C'est là que, par une thèse médicale, il conquit son diplôme de docteur; là, qu'un riche négociant lui donna un traitement pour diriger l'organisation de son jardin et en décrire les plantes exotiques; là, qu'il publia ses premières œuvres. L'illustre Boerhaave le cite comme un homme de premier ordre, et, quand Linné, prêt à partir, va le voir pour la dernière fois, le Maître si renommé lui dit, en lui serrant la main : « Ma carrière est finie; tout ce que je pouvais faire, je l'ai fait. Que Dieu vous garde! Vous aurez une plus grande tâche à accomplir. Ce que le monde attendait de moi, il l'a eu; il attend de vous, mon cher enfant, beaucoup plus. Adieu. Adieu. »

Des propositions lui furent faites, dit M. Marmier, par la Hollande et l'Allemagne, mais il refusa, préférant revenir en Suède. Il y était ramené par l'attrait irrésistible de la patrie, par le souvenir du foyer paternel et par un tendre sentiment du cœur, par un doux engagement (il s'était fiancé avant son départ). Finalement, en 1739, il fut nommé professeur à l'École des mines de Stockholm où il exerça, en même temps, la médecine. L'année 1741 vit se réaliser le rêve de toute sa vie : il obtint la chaire de botanique à l'Université d'Upsal, où il pratiqua pendant trente-sept ans, au milieu de l'affection et de l'admiration de ses élèves.

Par l'excessive bonté de son cœur, la perspicacité de son intelligence, son exceptionnel esprit d'observation, son inaltérable fermeté de caractère et sa vaste érudition, il mérite de figurer parmi les hommes les meilleurs qui aient jamais vécu.

Ayant à répondre à d'injustes critiques, il écrivit ces lignes empreintes d'une grandeur d'âme remarquable et d'une élévation de sentiments touchante, qui peuvent servir d'exemple et de conseil aux hommes de mérite attaqués par l'envie :

« Je n'ai jamais, dit-il, renvoyé à mes ennemis les traits qu'ils m'ont lancés. Les critiques, les injures, les mauvaises plaisanteries et les attaques de l'envie, qui ont toujours été la récompense des travaux des grands hommes, je les ai souffertes avec tranquillité. Rien de tout cela ne m'a enlevé seulement un cheveu. D'ailleurs, comblé d'éloges par les botanistes les plus fameux, comment ne supporterais-je point les méchants, ceux qui doivent rentrer dans la poussière, à l'aspect de la gloire de ces hommes illustres? L'âge auquel je suis parvenu déjà, ma profession et mon caractère me défendent de relever le mauvais gant de mes adversaires. En histoire naturelle, les erreurs ne peuvent se défendre, ni les vérités se cacher : c'est à la postérité que j'en appelle. »

CHARLES LINNÉ au déclin de sa vie.
(Musée de Stockholm.)

Rien d'étonnant donc à ce que toutes les sociétés savantes aient tenu à honneur de compter au nombre de leurs membres, un homme tel que Linné, et que presque tous les souverains de l'Europe lui aient rendu les plus grands hommages et décerné les distinctions les plus flatteuses.

D'aucuns reprochent à l'étude des sciences d'être rébarbative; ce n'est qu'une apparence, car elle est aimable et séduisante quand elle est présentée par des natures d'élite. Sous ce rapport, le mérite de Linné est indéniable : ses écrits ont cette concision, cette précision, cette force et cette justesse dans les termes qui entraînent le charme, le respect et la conviction du lecteur. Mais ce qu'il faut le plus admirer chez lui, c'est la grâce. C'est à lui que l'on doit les titres flore, faune, pan, donnés aux livres qui traitent des plantes, des animaux, des arbres des forêts. C'est lui qui a créé ces mots poétiques : Noces des plantes, Sommeil des plantes, Calendrier de Flore. »

Son système de classification des plantes fit une révolution dans la botanique. Il régna seul dans la science jusqu'à la fin du XVIII° siècle. Aujourd'hui, il partage cette gloire avec Tournefort et de Jussieu.

Cette brillante intelligence s'éteignit peu à peu : dès 1777 il perdit l'exercice de ses facultés ; il en avait d'ailleurs joui longtemps, car son premier ouvrage remonte à l'année 1731, et son dernier est de 1775. C'est un intervalle de quarante-quatre ans d'activité prodigieuse, de patience inlassable et d'ineffable sérénité.

Ses collections comprenaient, à sa mort : trois mille insectes, dix-huit cents espèces de coquilles, deux mille quatre cents échantillons de minéralogie, un herbier de dix-neuf mille spécimens, de nombreux manuscrits et seize cents ouvrages en deux mille volumes.

Ces richesses, qui n'auraient jamais dû quitter la Suède, ont été acquises par la Société Linnéenne, de Londres, où les botanistes, visitant l'Angleterre, peuvent aller les voir, les admirer et en étudier l'incomparable ordonnance.

NOTES EXPLICATIVES

1. LINNÉ (Charles) (1707-1778). Né à Rashult. Sa classification des plantes en vingt-quatre classes ou espèces et sa classification des animaux excitèrent un enthousiasme universel. Il en reste de nombreuses traces dans la science. — 2. SCANDINAVIE, presqu'île de l'Europe septentrionale qui comprend la Suède et la Norvège. On range aussi dans la Scandinavie le Danemark. — 3. ENTOMOLOGIE, partie de la zoologie qui traite des insectes. — 4. TOURNEFORT, célèbre botaniste français (1656-1708). — 5. UPSAL, ville de Suède, dans l'Upland, 240,000 habitants. Université célèbre. — 6. LAPONIE, vaste région au nord de la Suède, de la Norvège et de la Russie ; la plus septentrionale de l'Europe. — 7. UMÉA, fleuve et ville de la Suède, 4,000 habitants. — 8. SPITZBERG, groupe d'îles à peu près inhabitées, de l'océan Glacial Arctique. — 9. TORRFSORD, petite ville de la Norvège. — CALIX, petite localité de la Laponie. — TORNÉA, fleuve et ville de la Suède (golfe de Bothnie). — ABO, port de Finlande, sur la Baltique ; 40,000 habitants. — GRISSELHAM, petite localité de Suède. — FALUN,

ville de Suède, 7,000 habitants. — 10. BOERHAAVE, célèbre médecin et chimiste hollandais, né près de Leyde (1668-1738). — 11. STOCKHOLM, capitale de la Suède, sur la Baltique; 311,000 habitants. — 12. DE JUSSIEU (Laurent), célèbre botaniste français (1748-1836).

BIBLIOGRAPHIE

1. *Vie de Linné*, par M. FEE, professeur de l'Université de Strasbourg; publiée dans les *Mémoires de la Société royale des Sciences, de Lille* (1832). — 2. *Vie des savants illustres*, par FIGUIER. Paris, 1870.— 3. X. MARMIER, *le Succès par la persévérance*. Edit. Hachette, Paris, 1894. — 4. Documents (Université de Stockholm) communiqués par M. le professeur Alexander Jonssen, auquel nous exprimons toute notre gratitude.

LA BOTANIQUE

NOTICE HISTORIQUE

La botanique de l'antiquité n'a été qu'un amas confus de connaissances. Aristote (Grec; 384-322 av. J.-C.) avait cependant quelques idées exactes sur la signification de la graine et le rôle des racines. Théophraste (Grec; 372-287 av. J.-C.) décrit les plantes employées de son temps. La plupart des connaissances des anciens furent réunies sans choix ni critique par le Romain Pline l'Ancien (Ier siècle de notre ère). Puis, durant une longue période de siècles — la longue nuit du moyen âge — l'étude des végétaux se perdit ou du moins resta stationnaire.

Ce n'est que vers la fin du XVe siècle que l'on se rebuta de ces connaissances stériles et que le botaniste belge Dodonée (1517-1586) posa ce grand principe : qu'il faut préférer l'étude de la nature, l'observation directe, à la compilation des écrits des anciens. Son « *Cruyboeck* », publié en flamand (1554), contient des descriptions originales, c'est-à-dire faites d'après les plantes elles-mêmes. Toutefois, une grande part, dans cette étude nouvelle, revient à un autre Belge, De l'Ecluse, dont la renommée fut universelle. Le principe posé par Dodonée est fondamental : il marqua la date de l'émancipation de la science botanique et le point de départ d'une marche progressive qui ne s'est plus arrêtée. Les botanistes explorèrent les richesses végétales de leur pays; les grands navigateurs découvrirent ou rapportèrent les merveilles de la flore tropicale ; on eut l'idée de cultiver les plantes exotiques dans des jardins spéciaux déjà employés à la culture des simples; ce fut l'origine de nos jardins botaniques, notamment de celui de Paris (1598).

Jean Bauhin, de Bâle (Suisse) (1560-1624), dressa le fameux tableau contenant les noms de six mille espèces qui fut l'évangile des botanistes jusque Tournefort, botaniste français (1656-1708), auquel on doit la constitution des « genres » sous leur forme actuelle. Puis vint le grand réformateur de la botanique, Linné (voir biographie), qui, le premier, sut caractériser nettement les « espèces »;

mais son plus beau titre de gloire est d'avoir créé et fixé la langue botanique. On peut ajouter que jamais il ne fut surpassé dans ses descriptions, qui restent des modèles de brièveté et de précision.

Il appartenait au botaniste français Bernard de Jussieu (1699-1777) et surtout à son illustre neveu Laurent de Jussieu (1748-1836), de créer la classification naturelle. Les premiers, ils ont su délimiter les « Familles » et préciser leurs caractères distinctifs.

Le naturaliste français Lamarck (1744-1829) inventa un moyen facile de détermination dont il fit la première application dans sa flore française de 1778. Depuis lors, toutes les flores ont utilisé ce procédé. On peut s'en rendre compte dans la *Flore de Belgique*, par F. Crépin. Le système des de Jussieu fut quelque peu modifié par les botanistes modernes : de Candolle (Suisse) ; Lindley (Angleterre) ; Brogniart, Mirbel, Van Tieghem et Bravais (France). D'autres enrichirent le domaine de la botanique : de Haller, De Saussure, Senebier (Suisse); Ingenhousz (Hollande); Schimper, Schultz, Schleiden, Mohl (Allemagne).

Mais les progrès de la botanique générale (Physiologie) furent plus lents que ceux de la botanique spéciale (nomenclature et classification) : elle manquait de moyens d'investigations. En effet, le microscope ne fut découvert qu'en 1590 ou 1610 et perfectionné qu'en 1624 ; et, d'autre part, les lois de la chimie ne furent trouvées par Lavoisier (voir biographie) qu'un siècle plus tard. Malpighi, anatomiste italien, découvrit, en 1676, la structure cellulaire des végétaux ; Mariotte, physicien français, expliqua par la capillarité, l'ascension de la sève (1679); Guettard, savant naturaliste français (1715-1786), montra que l'eau de la plante vient exclusivement de celle qui a été absorbée par les racines ; Bonnet, naturaliste suisse, révéla, en 1754, les principales fonctions des feuilles; Wolff (Gaspard), physiologiste allemand (1733-1794), établit l'étroite parenté des diverses parties de la fleur et des feuilles dont elles ne sont que des modifications; Gœthe, le plus grand poète de l'Allemagne (1749-1832), illustra cette théorie dans ses célèbres *Métamorphoses*. En 1771, l'Anglais Priestley découvrit la respiration des plantes. De nos jours, enfin, les connaissances s'accumulent et, grâce aux perfectionnements successifs du microscope, il a été possible aux savants, de scruter l'organisation d'une foule de plantes restées jusqu'alors énigmatiques (fougères, mousses, algues, champignons). Cette admirable invention permit de découvrir la structure intime des végétaux et notamment l'élément fondamental de tous les êtres vivants : la cellule.

Enfin, grâce au progrès de la physique et de la chimie, on peut se rendre compte des phénomènes essentiels de la vie des plantes. De là sont nées trois branches importantes que Linné soupçonnait à peine : la cryptogamie (*cryptogames* = plantes sans fleurs), l'anatomie et la physiologie végétales. La création des jardins botaniques ou jardins des plantes, dans les villes universitaires surtout, et la fondation de nombreux établissements horticoles en Belgique, en France, en Angleterre, en Allemagne, en Hollande, ont apporté un précieux et incessant appoint à l'horticulture en général, envisagée soit au point de vue scientifique, soit au point de vue commercial ou économique.

L'essor qu'a pris depuis un siècle cette branche de l'industrie, le degré de développement qu'elle a atteint dans un petit pays comme la Belgique, par exemple, frappent l'imagination.

Nous en trouvons les preuves dans les chiffres suivants : il existe actuellement cent quatre-vingt-dix sociétés horticoles belges fédérées, comprenant trente-deux mille membres, sans compter les sociétés non fédérées; tous les ans, la Belgique exporte pour 43 millions de produits horticoles et, au point de vue social, l'horticulture permet à beaucoup de familles de vivre sur le sol, du seul produit de leur travail. Parmi les nombreux établissements disséminés sur le sol belge, qui se distinguent dans cette branche d'industrie, il convient de citer ceux de Gand, fondés en 1808 (la première société d'horticulture, à Gand, remonte à 1622) et dont la situation en 1908, accuse treize mille serres, vingt mille ouvriers et une exportation d'une valeur de 15 millions. Du reste, le renom de ces établissements est mondial. Il en est de même des vastes et innombrables serres brabançonnes où se fait non seulement la culture des fleurs, mais aussi celle de la vigne, dont les produits renommés sont exportés dans toute l'Europe. Du reste, la France, l'Angleterre et la Hollande accomplissent, sous ce rapport, de véritables merveilles.

Mais si, dans la partie flamande du pays, on tient à honneur de faire briller d'un vif éclat cet art charmant qu'est la culture des plantes, la Wallonie, principalement dans la province de Liége, ne reste pas inactive. Dans l'une comme dans l'autre, le caractère belge se manifeste avec la même activité intelligente, le même esprit de recherche, les mêmes goûts artistiques.

Les établissements, remarquables à tous les points de vue, de Jacob-Makoy, à Liége, datent de la fin du xviiie siècle. C'est à cette époque qu'un simple jardinier nommé Makoy, travailleur plein d'initiative, de vaillance et de perspicacité, en posa les bases. En 1810, il s'imposait déjà à l'attention des grands botanistes et, peu à peu, s'édifièrent, d'abord sous la direction de son gendre Jacob, ensuite sous l'impulsion de l'infatigable et habile successeur actuel, M. Jules Closon, des installations de premier ordre qui font l'admiration de tous les visiteurs et ont acquis une renommée européenne.

Et ainsi s'affirme de jour en jour davantage, cette puissante union entre Wallons et Flamands, dans ce domaine pacifique par excellence. Les uns et les autres s'évertuent à répandre et à soutenir à l'étranger la séculaire renommée de la Belgique, pour le plus grand profit de la science, du peuple et de la patrie.

BIBLIOGRAPHIE

1. F. Hoëfer, *Histoire de la botanique*. Paris, 1872.— 2. A.-P. De Candolle, *Théorie élémentaire de botanique*. — 3. *Dictionnaire encyclopédique Larousse*. — 4. *Revue d'horticulture*. Gand.

Benjamin FRANKLIN

1706-1790

S'il est, de par le monde, un nom défiant l'oubli, un nom impérissable qui, tout à la fois, domine la fin du xviiie siècle et s'impose à tous les siècles futurs, c'est, sans conteste, celui de Benjamin Franklin.

Franklin, en effet, est un de ces hommes dont la vie n'appartient pas seulement à la nation qui les a produits, mais à l'humanité tout entière. « Elle est un modèle à suivre, car chacun peut y apprendre quelque chose : le pauvre comme le riche, l'ignorant comme le savant, le simple citoyen comme l'homme d'Etat. »

Vie unique, peut-être, dans les fastes de l'histoire de l'humanité, car elle offre l'image la plus saisissante, la preuve la plus éclatante du triomphe de l'esprit sur la matière.

Elle est un programme où l'on peut puiser tous les enseignements et toutes les espérances. « Peu de carrières, en effet, ont été aussi

BENJAMIN FRANKLIN.
(Musée de Peinture, New-York.)

pleinement, aussi vertueusement, aussi glorieusement remplies que la sienne. Les bienfaits du travail ; les heureux fruits de l'économie ; la salutaire habitude d'une réflexion sage qui précède et dirige toujours la conduite ; le désir louable de faire du bien aux hommes et par là de se préparer la plus douce des satisfactions et la plus utile des récompenses ; le contentement de soi et la bonne opinion des autres : voilà ce qu'elle nous enseigne. »

Bien que plus d'un siècle se soit écoulé depuis la mort de cet incomparable « professeur d'énergie morale », on éprouve toujours une profonde émotion en relisant les pages si éloquentes, si persuasives, si saisissantes et si vibrantes de vérité, que ses biographes lui ont consacrées.

Il semble que le grand homme vit, qu'il parle ; et instinctivement on écoute, dans un religieux silence, cette voix d'outre-tombe redire ces sages paroles où se reflète toute sa belle existence : « O! hommes, sachez qu'il n'est jamais trop tard pour apprendre, s'élever et se perfectionner ; qu'il n'est jamais trop tard pour vaincre ses défauts, déraciner ses mauvaises habitudes, dominer ses passions et s'affranchir de toutes les servitudes malsaines ou tyranniques ; qu'il n'est jamais trop tard pour faire du bien, un bien qui dure et que le temps ne détruit pas. »

Mais, comment un homme d'origine aussi humble, est-il parvenu à accomplir tant de prodiges et à se créer une renommée aussi glorieuse ? En mettant à profit les dons que la nature lui avait accordés, grâce à des efforts constants, une activité incessante, une énergie inlassable, un esprit d'ordre et d'observation remarquable.

Suivons-le, étape par étape, degré par degré ; chaque pas qu'il fait marque un progrès et révèle une transformation. Il procède lentement, mais sûrement, méthodiquement et avec une fermeté de conscience dont il ne se départira pas jusqu'à son dernier jour.

Comme son prénom l'indique, il était le plus jeune d'une famille de dix-sept enfants. Son enfance fut des plus mouvementées en raison de ses nombreux défauts, qui ne présageaient rien de bon et qui furent cause, du moins au début, d'ennuis de tous genres et lui aliénèrent plus ou moins les affections familiales.

Son père, fabricant de savon et de chandelles à Boston, employait le petit Benjamin à tendre des mèches de coton dans des moules de plomb et à y verser le suif. Cela n'amusait guère l'espiègle gamin, et dès qu'il pouvait s'échapper, il en profitait pour aller flâner dans le port. Alors, il fut envoyé à l'école ; mais il n'y resta pas longtemps et fut mis en apprentissage (il avait onze ans), d'abord chez un coutelier, ensuite chez un menuisier, puis chez un tourneur. Enfin, il entra comme apprenti chez un de ses frères qui était typographe.

Benjamin s'attacha à cette profession; il avait trouvé sa voie et le milieu qui convenait à ses goûts et à ses aptitudes. Curieux, avide de s'instruire et aimant beaucoup la lecture (penchant salutaire qui le sauva), il lisait tout ce qu'il imprimait et tout ce qui lui tombait sous la main. Il épargnait même sur l'argent de ses repas pour acheter des livres. Il dévorait tout, s'assimilait tout, ne perdant jamais une minute, se privant même de sommeil pendant la plus grande partie des nuits.

« Ne gaspillons pas le temps, disait-il, car c'est l'étoffe dont la vie est faite. »

Combien de gens, dit l'éminent écrivain M. Deschanel, gâchent cette étoffe qui ne se remplace jamais, et tout à coup se trouvent au bout de leur rouleau.

Au cours de ses lectures, trois ouvrages firent une vive et profonde impression sur son esprit : *les Hommes illustres*, de Plutarque; *les Paroles mémorables*, de Socrate, et les *Traités de morale*, d'Addison.

Du reste, depuis longtemps, il s'était rendu compte de sa laideur morale. L'adage de Socrate : « Connais-toi toi-même » le frappa vivement et dès ce moment, convaincu de la possibilité, de la certitude de devenir meilleur, il résolut de réfréner ses mauvais penchants sans négliger un seul instant les moyens de se créer une position honorable.

Une fois sa résolution prise, il n'épargne ni efforts, ni peines; il soumet tous ses actes à une surveillance incessante et inexorable, avec une constance toujours en éveil et un esprit méthodique extraordinaire. Animé déjà de ce beau sentiment de solidarité qu'il porta, par la suite, à son extrême limite; désireux de faire profiter les autres du fruit de ses lectures et du résultat de ses expériences personnelles, il entreprit de consigner ses idées dans des articles qu'il aurait bien voulu voir imprimer (il avait alors quinze ans). Mais, craignant que son frère, dont l'humeur était peu commode, ne les refusât, il les écrivit la nuit, déguisa son écriture et les glissa sous la porte de l'imprimeur. Le moyen réussit : ils furent imprimés et, ce qui est mieux, remarqués.

Benjamin assista à son succès, mais garda le silence. Beau trait de caractère où s'affirme déjà un empire sur soi-même qui lui servira dans toutes les circonstances de la vie et sera un des principaux facteurs de ses succès.

La façon dont il procédait pour se former un beau style vaut la peine d'être rapportée ; elle constitue une méthode rigoureuse et dénote chez son auteur une preuve d'énergique et juvénile persévérance : il lisait les plus beaux passages de livres bien écrits, en faisait un extrait et s'efforçait ensuite d'en reconstruire les phrases. Il recommençait jusqu'à ce qu'il eût réussi.

On ne doit donc pas s'étonner de l'heureuse influence qu'une telle gymnastique de l'esprit devait avoir sur la vie de Franklin, et les brillants résultats qu'elle devait produire.

Mais l'entente entre les deux frères ne dura pas longtemps : la brutalité et la sévérité de l'aîné exaspérèrent Benjamin ; il quitta brusquement l'atelier et partit pour Philadelphie (1723).

Vous figurez-vous, dit M. Deschanel, ce petit bonhomme de dix-sept ans s'en allant à 130 lieues de la ville natale, sans autre ressource qu'un dollar et un shilling?

« Si l'on se reporte à cette époque lointaine, on se représente les difficultés sans nombre que présentait l'exécution d'un tel voyage. Celui-ci fut, en effet, très long et très difficile, à tel point que, en cours de route, il fut obligé d'aider les bateliers à ramer. Au moment où il débarqua, mouillé par la pluie et souillé de boue, ces braves gens voulurent refuser son argent en lui disant qu'il avait payé en ramant. Mais lui, raide et fier, tint bon et paya.

» Il arriva donc à destination en assez piteux état et, de plus, affamé. Il entre chez un boulanger, achète deux pains, en met un sous son bras et mord dans l'autre à belles dents. Pour tous bagages, il avait une chemise dans une poche et deux paires de bas dans l'autre. Voilà comment il fit son entrée à Philadelphie où il devait un jour, par son activité et son travail, arriver à la fortune, à la considération, à la gloire, et monter au premier rang entre ses concitoyens libres, en qualité de président du Congrès. »

Le lendemain, il était admis dans une imprimerie qu'il quitte bientôt pour entrer dans une autre qui ne vaut guère mieux.

Que faire? se dit-il. Ici, je perdrai mon temps et n'avancerai en rien.... Si je m'en allais en Angleterre? A Londres, il doit y avoir de bonnes imprimeries ; je pourrai me perfectionner dans mon métier et puis, quand je le tiendrai bien, je reviendrai ici m'établir.

Il s'embarque, arrive à Londres et s'embauche dans une grande imprimerie. Après dix-huit mois (1727), il savait son métier et, au moyen de ses économies amassées penny par penny, il achète des presses et des types neufs et repart pour Philadelphie.

Son voyage payé, il ne lui restait presque plus rien ; mais ce rien ajouté à un emprunt qu'il fit, lui permit de réaliser son rêve : s'établir seul et ouvrir une imprimerie. Ce fut sa première grande joie, joie indicible, souvenir ineffable qu'il se rappelait toujours avec bonheur.

Son métier prospéra bientôt, grâce à son initiative toujours en éveil, à l'activité qu'il déployait, à son exactitude et à sa probité. Il était à l'ouvrage avant le jour et ne cessait son travail qu'à onze heures du soir. Il ne terminait jamais sa journée sans avoir achevé sa tâche et mis toutes ses affaires en ordre.

Dominé par l'idée bien arrêtée de réussir malgré tout, il ne recule devant aucune besogne, n'en trouvant pas qui soit indigne d'un travailleur ; il allait acheter lui-même, dans les magasins, le papier qui lui était nécessaire, et le transportait à la maison sur une brouette à travers les rues.

C'est ainsi que, non content d'être imprimeur, il ouvrit une librairie, puis il monta une papeterie et enfin créa un journal. Et dans chacune de ces entreprises, il excella et prospéra.

Il est vrai de dire qu'il avait trouvé dans sa femme un aide dévoué, un auxiliaire précieux : laborieuse, économe, honnête, c'était elle qui allait à la ville acheter les vieux chiffons destinés à la fabrication du papier ; elle encore, qui surveillait les serviteurs, qui pourvoyait aux repas, qui pliait et cousait les brochures, arrangeait les objets en vente dans la vitrine de la boutique. En sorte que Franklin en était arrivé d'échelon en échelon, à être imprimeur, directeur, rédacteur, pourvoyant à tout avec une activité infatigable, ne perdant jamais une minute, n'entrant jamais dans une taverne, n'allant jamais ni à la chasse ni à la pêche, se livrant seulement à la natation. Et, chose digne de remarque, rien n'altéra un instant ni sa bonhomie ni sa gaieté. C'est que tout travail fait avec cœur, avec plaisir, délasse plus le cerveau qu'il ne le fatigue. Ce qui est funeste, aussi bien à la santé physique qu'à la santé morale, c'est le manque de goût apporté à l'exécution de la tâche quotidienne.

Toujours poursuivi par la pensée de travailler au bien-être moral de ses concitoyens, il eut encore une bonne idée, car « les idées se multiplient les unes par les autres ».

A dater de 1732, il se met à publier des almanachs sous le nom de : *le Bonhomme Richard*. Ils offrent, sous une forme lapidaire, un ensemble de maximes suggestives, de récits attachants et éducatifs.

« Que d'excellentes pensées! Quel bon sens droit et ferme! Que d'images parlantes, inoubliables! Plusieurs de ces maximes sont des médailles d'or, bien frappées, toutes reluisantes au soleil.

« D'autres ont des traits acérés qui se plantent dans la mémoire, comme dans une cible, et ne s'en peuvent détacher. »

Quelques citations prises au hasard suffiront pour appuyer ce jugement si vrai et si juste :

1. La paresse rend tout difficile, mais le travail rend tout facile.
2. Travaillez aujourd'hui, car demain vous pouvez en être empêché.
3. La Paresse va si lentement, que la Pauvreté l'attrape bientôt.
4. L'oisiveté ressemble à la rouille; elle consume plus vite que le travail n'use. La clef dont on se sert est toujours claire.

« Image vive autant que simple. C'est ainsi que le vieux Caton, un Franklin de l'antiquité romaine, disait à son fils Marc : « Le brave homme, entends-tu, mon fils, c'est celui dont les outils » reluisent. » Tâchons donc que nos outils soient toujours clairs, principalement l'outil qui fait tous les autres : la Volonté. Exerçons-la sans cesse et tenons-la en bon état, de peur qu'elle ne se rouille. Un esprit très distingué a dit : Les hommes meurent encore plus d'ennui que de fatigue, et vous voyez tomber surtout ceux qui n'ont plus rien à faire. »

5. Un seul homme avec des moyens passables, peut opérer de grands changements et venir à bout de choses importantes, si d'abord il forme un bon plan, s'il renonce aux passe-temps frivoles qui pourraient distraire son attention, s'il fait de l'exécution de ce plan sa seule étude et son unique affaire.
6. A accomplir une chose utile, il y a en même temps honneur et plaisir.
7. Quand tu sais qu'une chose est mal, ne laisse aucun plaisir te tenter, aucun profit te séduire, aucune ambition te corrompre, aucun exemple t'entraîner : ainsi tu vivras gaiement, car une bonne conscience est une fête perpétuelle... Elle fait jaillir la joie dans tous les coins du cœur.
8. Si vous voulez que votre affaire se fasse, allez-y vous-même; si vous voulez qu'elle ne soit pas faite, envoyez-y quelqu'un.
9. Quel est le nom du jour où les paresseux travaillent, et où les fous se réforment? — Demain.

« Un proverbe espagnol, dans un sens analogue, dit très joliment : C'est par le chemin de Tout-à-l'heure qu'on arrive au château de Rien du tout. »

10. Avec du travail et de la patience, une souris parvient à couper un câble. Petits coups répétés abattent grands chênes. Goutte par goutte, l'eau creuse le roc.

11. Un laboureur sur ses jambes est plus haut qu'un gentilhomme à genoux.

« Pensée d'un tour original et d'un sens profond, pour signifier que la profession de travailleur honnête est préférable à celle de courtisan oisif. »

12. La Faim peut bien regarder à la porte du travailleur, mais elle n'ose entrer chez lui.

13. Pensez à ce que vous faites lorsque vous vous endettez : vous donnez des droits à un autre sur vous. Si vous ne pouvez pas payer au terme fixé, vous serez honteux de voir paraître votre créancier, vous vous abaisserez à de pitoyables excuses, peut-être à des menteries méprisables et ridicules.

14. Couchez-vous sans souper, plutôt que de vous lever demain avec une dette.

15. La pauvreté ôte souvent à l'homme tout ressort et toute vertu : il est difficile à un sac vide de se tenir debout.

« Quelle image saisissante! Comment l'oublier? Remplissons donc sans cesse notre sac, c'est-à-dire travaillons sans cesse, et accumulons les œuvres utiles, afin de multiplier nos chances de succès en toutes choses, et d'avoir le plus de billets possible à cette grande loterie qu'on appelle la vie. »

Napoléon Ier disait : « Toute heure perdue pour le travail est une chance de malheur pour l'avenir. »

16. Ce sont les fous qui donnent les festins, ce sont les malins qui les mangent.

17. Si les coquins savaient tous les avantages de l'honnêteté, ils deviendraient honnêtes par coquinerie.

18. La ruse et la mauvaise foi sont les ressources des gens qui n'ont pas assez d'esprit pour être honnêtes.

19. La méchanceté est sottise. Un imbécile n'a pas de quoi être bon : l'étoffe lui manque. C'est un homme qui ne voit pas juste et qui calcule de travers. Les mauvais cochers tournent toujours trop court.

20. Voulez-vous savoir combien vaut l'argent? Essayez d'en emprunter.

21. Soyez en garde contre les petites dépenses : il ne faut qu'une petite fente par où l'eau se glisse, pour submerger un grand navire.

22. Renoncez à vos folies dispendieuses, et vous aurez moins à vous plaindre de la dureté des temps, de la pesanteur des impôts et des charges de votre maison.

23. Il est certain que les impôts sont très lourds. Cependant, si nous n'avions à payer que ceux que le gouvernement nous demande, nous pourrions espérer d'y faire face plus aisément; mais nous en avons beaucoup d'autres, et qui sont plus onéreux pour quelques-uns de nous. Notre paresse nous coûte le double de ce que nous prend le gouvernement, notre orgueil le triple, et notre extravagance le quadruple.

24. Si tu achètes le superflu, tu finiras par vendre le nécessaire. Réfléchis toujours avant de profiter d'un bon marché. J'ai vu quantité de personnes ruinées pour avoir fait de bons marchés. C'est une folie d'employer son argent à acheter un repentir.

25. Avec ce que coûte un vice, on élèverait deux enfants.

26. Celui qui est connu pour payer ponctuellement et exactement à l'échéance, peut, en tout temps et toute occasion, trouver tout l'argent dont ses amis disposent. Et c'est quelquefois très utile. Après le travail et l'économie, rien ne contribue davantage à la fortune d'un jeune homme que la ponctualité et l'intégrité dans les affaires.

27. La mauvaise humeur est la malpropreté de l'âme.

Mais au milieu de ses innombrables occupations, Franklin ne perd pas un instant de vue la culture de son « être moral ». Là encore, son ingéniosité, sa clairvoyance, sa sagacité et sa ténacité le servent merveilleusement.

Pour tenir sa conscience en éveil, il classe sous treize dénominations toutes les vertus qu'il doit acquérir en les répartissant de la manière suivante :

1. *Tempérance.* — Ne mangez pas jusqu'à vous alourdir ; ne buvez pas jusqu'à vous exciter.

2. *Silence.* — Ne parlez que de ce qui peut servir à autrui ou à vous-même ; évitez les conversations oiseuses.

3. *Ordre.* — Que chaque chose chez vous ait sa place ; que chacune de vos affaires ait son temps.

4. *Résolution.* — Prenez la résolution de faire ce que vous devez et exécutez ce que vous avez résolu.

5. *Travail.* — Ne perdez pas de temps : soyez toujours occupé à quelque chose d'utile. Supprimez tout ce qui ne sert à rien.

6. *Économie.* — Ne faites aucune dépense que pour le bien des autres ou pour le vôtre, c'est-à-dire ne gaspillez rien.

7. *Sincérité.* — Ne trompez jamais personne : que vos pensées soient droites et justes et parlez selon vos pensées.

8. *Justice.* — Ne nuisez à personne, soit en lui faisant du mal, soit en négligeant de lui faire le bien auquel votre devoir vous oblige.

9. *Modération.* — Évitez les extrêmes. N'ayez pas pour les injures le ressentiment que vous croyez qu'elles méritent.

10. *Propreté.* — Ne souffrez rien de malpropre autour de vous, ni dans vos vêtements, ni dans votre demeure.

11. *Tranquillité.* — Ne vous laissez pas troubler par des bagatelles, ou par les accidents ordinaires et inévitables de la vie.

12 et 13. *Chasteté et Humilité.*

Son dessein était d'acquérir l'habitude de ces treize vertus, mais en portant son attention sur une seule à la fois, car, comme il le disait si judicieusement : « Un homme qui veut nettoyer un jardin, commence par une plate-bande ou par une allée, et ne passe à la seconde que quand il a fini le travail de la première. » Et il ajoutait : « Si nous prenions autant de peine pour vaincre nos défauts que nous en prenons pour les cacher, nous en serions bien vite délivrés. »

Comprenant qu'un examen de conscience était nécessaire pour juger de ses progrès, il marquait chaque soir, d'une croix noire, chaque faute qu'il reconnaissait avoir commise contre l'une ou l'autre de ces vertus. Il arriva ainsi, peu à peu, à extirper les mauvaises herbes de sa pensée.

Et, à ce propos, M. Deschanel fait très justement remarquer « que si cette méthode pouvait paraître compliquée, il y a lieu de considérer que tout exercice soit corporel, soit spirituel, soit mixte, présente au début, les mêmes caractères de complication et de minutie ; la pratique les efface peu à peu. Songez, par exemple, aux exercices militaires, à ceux de la gymnastique et mieux encore à ceux de la musique. Tout cela n'est d'abord, ni moins compliqué, ni moins assujettissant ; peu à peu cependant, on s'y fait, l'habitude vient et le résultat demeure. »

Non content de se perfectionner lui-même, il entreprit de perfectionner tout ce qui l'entourait. Ses concitoyens, qui appréciaient sa sagesse et sa justice, lui confièrent successivement de hauts emplois et finalement l'envoyèrent, sans qu'il le demandât, à l'assemblée générale de Pensylvanie, où il joua un rôle très actif. Dans les différentes charges qu'il assuma, il usa constamment de son influence pour faire adopter les plus utiles mesures.

C'est ainsi qu'il organisa la sûreté générale, qu'il établit, d'un côté, une école gratuite, de l'autre une Académie pour l'instruction et l'éducation de la jeunesse, puis il fonda la première bibliothèque commune. Après cela, il ouvrit le premier hôpital et fonda l'union contre l'incendie. C'est encore à lui que l'on doit l'usage « des petites cheminées » qui chauffent avec économie et ne fument point. Il s'occupa également de l'éclairage des rues, du pavage et du balayage. Enfin, pour accroître la prospérité de son pays, il essaya, de développer l'industrie de la soie et réorganisa le service des postes, très négligé.

On reste confondu devant une aussi prodigieuse activité, une résistance morale et physique aussi puissante. A ceux qui lui en exprimaient leur étonnement, il répondait simplement par ce précepte admirable de sagesse : « Quand on divise bien son temps et qu'on n'en perd point, on arrive à faire tenir un nombre de choses de plus en plus grand dans une journée bien arrangée, comme dans un navire bien arrimé ou dans une malle bien faite. Et, par conséquent, plus on augmente son travail à faire, plus on trouve moyen d'en abattre, quand on a de l'ordre et de la précision. »

Ne voulant jamais rien entreprendre avant d'avoir bien pesé le pour et le contre, toutes les fois qu'il avait une affaire importante ou difficile, il ne prenait ses résolutions qu'après un très mûr examen poursuivi pendant plusieurs jours. Il les notait au fur et à mesure qu'elles se présentaient à son esprit ; il avait pour cela un papier divisé en deux colonnes où il les inscrivait successivement en face les unes des autres.

Avec de telles dispositions, on n'est nullement surpris de le voir, à vingt-sept ans, se consacrer à l'étude des langues : le latin, le français, l'italien et l'espagnol, et ensuite à celle des sciences, particulièrement la chimie et la physique. Les découvertes que l'on faisait chaque jour dans ce domaine excitaient son attention. Son esprit curieux et observateur entrevoyait là une nouvelle carrière à parcourir. Les découvertes qu'il fit en physique, en 1752, ont eu des conséquences qui se déroulent encore aujourd'hui dans des proportions considérables (voir Electricité).

« On a dit, avec raison, que Franklin était adroit, rusé, pour le bien. Il inventait, en effet, toutes sortes de procédés pour en faire le plus possible, et pour apprendre aux autres à le pratiquer aussi, et le plus commodément, ou de la manière la plus féconde, à peu de frais. »

Voici, par exemple, un moyen imaginé par lui pour obliger

avec une même somme d'argent un nombre indéfini de personnes. Il écrivit à un de ses amis : « Vous trouverez ci-inclus un billet de vingt louis d'or. Je ne prétends pas vous donner cette somme; je vous la prête seulement. Quand vous serez de retour dans votre pays, vous ne manquerez certainement pas de faire d'assez bonnes affaires pour pouvoir payer toutes vos dettes. Cela supposé, quand vous rencontrerez quelque autre honnête homme dans le même embarras passager que celui où vous vous trouvez en ce moment, vous pourrez me payer en lui prêtant cette somme, en lui enjoignant de s'acquitter par la même opération, dès qu'il le pourra et qu'il en trouvera l'occasion. J'espère que cet argent passera ainsi par bien des mains, avant qu'il rencontre un coquin qui en arrête la circulation. C'est un expédient de mon invention pour faire le bien à peu de frais. Je ne suis pas assez riche pour dépenser beaucoup à rendre service; ce qui m'oblige à y suppléer par quelque adresse et à faire le plus possible avec presque rien. »

« Ce procédé, fait observer M. Deschanel, est un tour ingénieux pour obliger avec la même somme un grand nombre de personnes et, de plus, pour éveiller en chacune d'elles le sentiment de la mutualité. Cette longue suite de prêts successifs est comme la chaîne dont parle Platon, qui se forme en suspendant à une pierre d'aimant un anneau, puis un autre, et peu à peu toute une longue suite attachée tout entière à cette force de la pierre qui est à l'extrémité supérieure. Cet aimant, dans le cas présent, c'est l'esprit de fraternité. Et vous voyez combien de bonnes actions peuvent se rattacher à la première. » Ailleurs, Franklin exprime le même sentiment : « Si j'ai eu le bonheur de vous être utile, la seule récompense que je désire, c'est que vous-même, à votre tour, soyez prêt à servir quiconque pourrait avoir besoin de votre assistance, afin qu'il s'établisse ainsi une réciprocité de bons offices, car le genre humain n'est qu'une seule famille. »

Parfois, il lui arrivait de donner à ses lettres, un tour humoristique relevé d'une légère pointe de fine raillerie qui ne manque pas de saveur. En voici un exemple :

Étant député des États-Unis en France, il reçut un jour de sa fille, restée en Amérique, une lettre dans laquelle elle lui demandait des dentelles et des plumes, pour figurer dans une fête nationale.

Voici ce qu'il lui répondit :

« Vous ne filez donc plus, vous ne tricotez donc plus, ma chère Sally? Vous dites que vous voulez être parée parce que cela témoignera du goût de votre père; mais le goût de votre père c'est qu'au milieu de la misère universelle, vous ne soyez pas parée.

» Faites comme votre père, portez vos manchettes jusqu'à ce qu'elles soient trouées, cela vous fera de la dentelle; et quant aux plumes, si vous en voulez, vous en trouverez à la queue de tous les coqs d'Amérique. »

Il possédait également un sens prophétique étonnant, émanation de sa foi profonde dans le progrès. C'est ainsi que, lors de son séjour à Paris, l'Académie des sciences lui offrit le spectacle d'un des premiers aérostats lancés dans les airs.

« Que pensez-vous de ce navire aérien? lui demanda un des membres. — C'est un enfant, répondit-il, l'avenir est à lui. »

GEORGES WASHINGTON.
(Galerie de Peinture, New-York.)

Jamais une prédiction ne reçut plus éclatante confirmation, car depuis lors l'homme a marché à la conquête de l'air et le moment est proche où il pourra crier victoire.

Lorsqu'il décida de se consacrer tout entier aux études scientifiques, il prit une détermination qui l'honore autant que ses travaux. C'était en 1746; le petit apprenti chandelier, tendeur de mèches, avait alors quarante ans; son éducation était parachevée; il avait acquis un savoir solide et varié, et fait fortune. Que va-t-il faire? Sans doute prendre un repos bien mérité et jouir largement de sa brillante situation? ou bien encore, chercher comme tant d'autres, à doubler, tripler son capital? Ni l'un ni l'autre.

L'historien Mignet nous révèle, à ce sujet, toute sa grandeur d'âme et sa beauté de caractère.

« Industrieux sans être avide, sachant entreprendre et puis s'arrêter, il ne voulut pas que la richesse fût l'objet d'une préoccupation trop prolongée de sa part. Après avoir consacré la moitié de sa vie à l'acquérir, il se garda bien d'en perdre l'autre moitié à l'accroître. Son premier but étant atteint, il s'en proposa d'autres d'un ordre plus élevé : cultiver son intelligence, servir sa patrie, travailler au progrès de l'humanité, tels furent les beaux desseins qu'il conçut et qu'il exécuta. A quarante ans, il se regarda comme suffisamment riche, remit ses affaires à son associé et se livra aux travaux et aux actes qui devaient faire de lui un savant inventif, un patriote glorieux et le placer parmi les Grands Hommes. »

Son dernier titre de gloire fut de réaliser cette puissante union des treize colonies anglaises d'Amérique en vue de leur défense commune et de la conquête de leur indépendance. Finalement, il participa, avec Georges Washington, à la libération de son pays et à la fondation de la grande république américaine.

Ainsi se termina la carrière de celui qu'on a appelé à juste titre : « Le Patriarche du travail, de la science et de la liberté. »

NOTES EXPLICATIVES

1. FRANKLIN (Benjamin), philosophe, physicien et homme d'Etat. Né à Boston en 1706 ; mort à Philadelphie en 1790. Son nom reste surtout attaché à de précieuses découvertes sur l'électricité et à l'invention du paratonnerre. Ne pas le confondre avec FRANKLIN (John), navigateur anglais, mort en explorant le pôle Nord en 1847. — 2. BOSTON, port très actif sur l'Atlantique (Etats-Unis), 595,000 habitants. — 3. PLUTARQUE (voir De Bruyn). — 4. SOCRATE, illustre philosophe grec (468-400 av. J.-C.). Sa méthode d'enseignement était la conversation et l'interrogation. — 5. ADDISON, homme d'Etat et célèbre écrivain anglais (1672-1719). — 6. PHILADELPHIE, beau port sur l'Atlantique (Etats-Unis). Son nom signifie « ville des amis ». Créée par William Penn. 1,368,000 habitants. — 7. DOLLAR (5 francs); SHILLING (1,25 fr.); PENNY (12 1/2 centimes. — 8. LONDRES (voir Bauwens). — 9. CATON, Romain célèbre par l'austérité de ses principes; orateur éloquent et écrivain (237-142 avant J.-C.). — 10. NAPOLÉON Ier (voir Bauwens). — 11. PLATON, célèbre philosophe grec, disciple de Socrate. Auteur de magnifiques *Dialogues* (429-347 av. J.-C.). — 12. PENSYLVANIE (*sylvanie* = forêt). Un des Etats de l'Union américaine, fondé par Penn, William. Ville principale : Philadelphie. — 13. PARIS (voir Clouet). — 14. AÉROSTAT (voir notice). — 15. WASHINGTON (Georges). Affranchit les Etats de l'Amérique du Nord de la domination anglaise, avec le concours du général français

La Fayette. Il fut le premier président de la République des Etats-Unis, de 1789 à 1797. Il se distingua par une haute raison pratique, une volonté calme et forte, une probité, une droiture et une pureté d'intentions que rehaussait encore sa grande simplicité.

BIBLIOGRAPHIE

1. J. BIGELOW, *The live of Franklin*. Philadelphie, 1847. — 2. Em. DESCHANEL, *Vie de Benjamin Franklin*. Paris, 1848. — 3. CONDORCET, *Éloge de Franklin*. Paris, 1847. — 4. B. FRANKLIN, *la Science du bonhomme Richard* (conseils et maximes). — 5. Mignet, savant historien français (1796-1884).

ÉLECTRICITÉ

NOTICE HISTORIQUE

Il faut remonter jusqu'à la fin du XVIᵉ siècle, soit à trois cents ans en arrière, pour voir apparaître l'étude de l'électricité, en même temps que la méthode expérimentale.

Les anciens ne connaissaient que la propriété attractive de l'ambre jaune (en grec *Electron*, d'où est venu le mot *Electricité*) pour les corps légers. Il en est fait mention par le Grec Thalès, six cents ans avant Jésus-Christ, et par le Romain Pline, au premier siècle de notre ère.

Cette étude du fluide mystérieux comprend deux parties :

1° L'électricité statique, obtenue par les machines à frottement, qui ne réside qu'à la surface des corps et tend toujours à abandonner ses conducteurs pour diverses causes (action de l'air, mais surtout de l'humidité) ;

2° L'électricité dynamique, c'est-à-dire l'électricité en mouvement, découverte vers 1791 seulement, et qui devait révolutionner le monde scientifique. Le médecin anglais Gilbert fit, le premier, dans la seconde moitié du XVIᵉ siècle, des essais sur différents corps qui jouissaient de la propriété de s'électriser : ambre, pierres précieuses, verre, soufre, cire, résine, et finalement, un tube de verre frictionné avec un morceau de laine. La force attractive ainsi obtenue faisait mouvoir une aiguille placée sur un pivot.

Tel fut le point initial ; la première étape.

Vint alors l'Allemand Otto de Guéricke, de Magdebourg, qui, en 1650, substitua au tube de verre de Gilbert, un globe de soufre qu'on faisait tourner rapidement d'une main avec une manivelle et que l'on frottait de l'autre main avec une pièce de drap. La machine électrique, très rudimentaire, était née ; ce fut la deuxième étape.

Un physicien anglais, Hauksbée, remplaça la sphère de soufre par une sphère de verre qu'on frottait au moyen de la main et il obtint une force attractive plus puissante. On préféra cependant le tube de Gilbert qui contenait en germe la future machine électrique.

En 1729, deux physiciens anglais, Grey et Weyler, firent une découverte capitale : celle du transport de l'électricité le long de certains corps qu'ils nommèrent conducteurs. Ils reconnurent que le verre, le soufre, la résine, les huiles, le diamant arrêtent le transport du fluide électrique (mauvais conducteurs); tandis que les métaux, les liquides acides ou alcalins, l'eau, le corps des animaux, etc., lui laissaient un libre passage (bons conducteurs). Double découverte qui faisait faire un pas immense à la science de l'électricité : a) transport de l'électricité à distance; b) la division des corps en électriques et non électriques. Ce fut la troisième étape, préparant admirablement le terrain et constituant un acheminement vers plus de clarté.

En effet, les faits se rapportant à la nouvelle science étaient épars, confus; il fallait les expliquer et les relier entre eux, c'est-à-dire créer la théorie de l'électricité. Ce fut la quatrième étape, accomplie par le savant français Dufay, qui prouva que tous les corps indistinctement étaient électrisables, pourvu qu'ils fussent isolés, c'est-à-dire tenus avec un manche de verre ou de résine — et que les corps organisés doivent leur conductibilité à l'eau qu'ils renferment. Il fut ainsi amené à établir les deux principes suivants, d'une importance capitale et décisive : 1° les corps électrisés attirent tous ceux qui ne le sont pas et les repoussent dès qu'ils le sont devenus par le voisinage ou par le contact d'un corps électrisé; 2° il y a deux sortes d'électricité : vitrée ou positive — et résineuse ou négative. La première est celle du verre, des pierres précieuses, du poil d'animaux, la laine, etc.; la seconde est celle de la résine, de l'ambre, de la soie, du fil, etc.

Le principe né de la découverte de ces deux électricités est que « des électricités de même nom se repoussent et que celles de noms contraires s'attirent ».

A partir de 1733, des modifications successives furent apportées à la machine électrique de Hauksbée. D'abord le physicien allemand Boze construisit une machine avec un globe de verre creux, traversé par une tige de fer et qu'on faisait tourner à l'aide d'une manivelle pendant qu'une main bien sèche, appuyant sur ce globe, y développait de l'électricité par le frottement.

Un conducteur de fer-blanc, sur lequel s'accumulait le fluide, était porté par un homme sur un plateau de résine.

Plus tard, deux savants allemands, Wolfius et Hausen, en modifièrent quelque peu la forme, en la munissant de gros conducteurs, isolés au moyen de cordons de soie, suspendus au plafond ou portés sur des pieds de verre. Bientôt après, Winckler, professeur à Leipzig (Allemagne), substitua un coussin à la main de l'opérateur. Enfin, Ramsden, opticien anglais, remplaça le globe de verre par un plateau circulaire de la même substance. Ce plateau frottait, en tournant, contre quatre coussins de peau rembourrés de crin; l'électricité s'y développait, passait sur deux conducteurs isolés par des pieds de verre.

L'année 1770 marqua la cinquième et dernière étape, car l'usage de ce nouvel appareil devint général après quelques modifications. La machine électrique, source d'électricité statique, avait donc mis cent cinquante ans avant de voir le jour. La science de l'électricité va entrer dans une nouvelle phase, un progrès immense va s'accomplir : l'électricité dynamique va entrer en scène par la découverte, en 1746, de la « bouteille de Leyde », due à Mussenbroeck, de Leyde (Hollande), grâce à la composition de laquelle ce physicien parvint à accumuler une grande puissance électrique et, par suite, à transmettre celle-ci à une grande distance, avec une rapidité déconcertante. L'attention de tous les savants est mise en éveil : ils étudient, modifient, transforment le nouvel appareil. Lente et ingénieuse élaboration, digne de faire réfléchir et d'encourager les travailleurs et les chercheurs. L'abbé Nollet, en France, Watson et Bévis, en Angleterre, prouvent que la forme de la bouteille n'entre pour rien dans le résultat; que le choc est plus violent quand le verre est plus mince; que la force de la décharge augmente proportionnellement à l'étendue de la surface du verre et que son intensité est indépendante de la force de la machine électrique.

Plus tard, l'eau renfermée dans la bouteille fut remplacée par de la grenaille de plomb; une feuille d'étain, enveloppant la bouteille jusqu'à une certaine hauteur, remplaça dès lors la main. On put ainsi placer la bouteille sur un support en bois sans qu'il fût besoin d'une personne pour la tenir. Plus tard encore, on substitua des feuilles d'or à la grenaille. Cette fois, l'appareil est définitivement fixé. Aussi simple que la pile de Volta (physicien italien, 1745-1827), il va cependant ouvrir des horizons nouveaux à la science, provoquer des révélations inespérées et donner une impulsion intense à l'esprit de recherche. En effet, les phénomènes produits artificiellement par la bouteille de Leyde, amènent les savants à les rapprocher de ceux de la foudre qui, jusqu'alors, n'avaient excité qu'une curiosité stérile, des conceptions bizarres, des superstitions les plus déplorables.

Dès 1735, Wall et Grey, en Angleterre, l'abbé Nollet, en France, sont frappés de l'analogie qui existe, d'une part, entre l'étincelle électrique et l'éclair; d'autre part, entre le craquement de cette étincelle et le bruit du tonnerre. En 1750, Barbaret et de Romas, savants français, se rallièrent à cette opinion. Mais aucun des cinq ne put invoquer aucune expérience de physique, capable de la confirmer. Il appartenait à Benjamin Franklin (voir biographie) de fixer, en 1751, par des expériences concluantes, la doctrine de l'identité de la foudre et de l'électricité. Sa démonstration faite à l'aide d'un cerf-volant, le conduisit ensuite à l'invention du paratonnerre, dont la première application fut faite en 1760, sur la maison d'un marchand de Philadelphie. Les expériences se multiplièrent, décisives, en Russie par Richman, et, en France, par de Romas.

Mais si cette invention fut acceptée avec enthousiasme en Amérique, il n'en fut pas de même en Europe où elle rencontra une opposition systématique, surtout en Angleterre et en France.

En Angleterre? par haine contre Franklin qui avait été l'un des auteurs principaux de l'émancipation des Etats-Unis; en France? par la jalousie de Nollet et sous le fallacieux prétexte que c'était un danger pour la sûreté publique. Cette double hostilité finit par tomber devant l'évidence des faits. La vérité, quoi qu'on fasse, finit toujours par triompher; la France adopta le paratonnerre en 1782 et l'Angleterre en 1788.

Depuis lors, une modification capitale a été apportée au paratonnerre par le chimiste belge Melsens, qui fut professeur à l'école vétérinaire de Bruxelles et à qui ses travaux et ses découvertes valurent le prix Montyon (voir le Père Girard). Son système repose non plus sur l'emploi d'une haute tige, mais sur une multitude de petites aigrettes disséminées sur le toit des édifices, constituant ainsi un véritable réseau métallique protecteur qui a centuplé notre sécurité. A côté de ce moyen efficace, il est sage d'y joindre quelques précautions qui ont leur importance. C'est ainsi qu'il est dangereux de laisser ouvertes, portes et fenêtres ; de se placer près de la cheminée ; de se trouver à l'extérieur et de s'abriter sous un arbre, une meule de foin ou de paille, au pied d'une tour ou d'un bâtiment élevé. Ce qu'il y a de mieux, c'est de se coucher, et d'attendre la fin de l'orage. Il est prudent aussi de s'abstenir de téléphoner, de lancer un cerf-volant et de sonner les cloches.

Pendant que s'accomplissaient les admirables travaux dans le domaine de l'électricité statique, un professeur de Bologne (Italie),

LOUIS GALVANI.
(D'après un dessin d'A. Bourgoin.)

nommé Galvani, publiait, en 1791, un travail, fruit de quatorze années d'expériences et dans lequel était révélée l'existence, sous forme de courant continu, de l'électricité en mouvement ou dynamique. Branche de physique entièrement nouvelle et qui devait être féconde en applications merveilleuses, d'une portée incalculable.

Le simple fait qui le mit sur la voie de son immortelle découverte, montre une fois de plus, le prix inestimable de l'esprit d'observation.

Un soir de l'année 1780, Galvani posa distraitement, sur la tablette de bois qui servait de support à la machine électrique, une grenouille écorchée, destinée à ses études anatomiques. Un de ses aides ayant approché la pointe d'un scalpel des nerfs de la grenouille au moment où l'on tirait une étincelle de la machine électrique, la grenouille se mit à sauter. Etrange phénomène que Galvani voulut éclaircir. Il renouvela l'expérience non seulement sur des corps de grenouilles disséquées, mais sur des corps morts ou vivants, et chaque fois le même phénomène se produisit. Pendant six ans, avec une inlassable ténacité, il poursuivit ses essais, en se servant de la machine électrique. En 1786, il résolut d'étudier les effets que produirait l'électricité naturelle. A cette fin, il suspendit par un petit crochet de cuivre, des grenouilles mortes, à la grille de fer du jardin et il remarqua qu'aux approches de l'orage, les grenouilles s'agitaient. Ces effets identiques le transportèrent d'une joie qui se transforma bientôt en surprise déconcertante. Il s'aperçut un jour, que, quand l'air n'était pas chargé d'électricité, les grenouilles s'agitaient chaque fois que le vent faisait frotter le crochet de cuivre contre le fer de la grille. Il en conclut que le corps des animaux était comme un réservoir de fluide électrique; d'où « électricité animale » ou « galvanisme » donné à son système.

Malheureusement pour lui, il se confina dans cette idée et fut victime des apparences; elles l'égarèrent en lui faisant supposer que la source de l'électricité en mouvement se trouvait dans le corps des animaux même. Ce fut là son erreur. Mais il n'en reste pas moins vrai que l'ensemble de ses expériences renfermait tous les éléments qui devaient conduire le célèbre Volta à ses immortels travaux. Ce physicien, professeur à l'Université de Pavie (Italie) (1745-1827), possédait le double talent d'observer et de réaliser, ce qui lui donnait une supériorité sur Galvani qui n'était qu'un parfait observateur. Volta plaça, dans les métaux, l'origine de l'électricité que Galvani plaçait dans le corps des animaux. Pour cela, il lui avait suffi de constater, grâce à ce don de pénétration acquis au prix d'une longue pratique, que le corps de l'animal était simplement un réservoir d'humidité dans lequel plongeaient les deux métaux. Il partit de là pour construire avec ces éléments, un appareil très simple qui révolutionna le monde savant et auquel il donna le nom de pile. Il se composait, en effet, d'une rondelle de zinc sur laquelle était posé un morceau de drap de même forme imbibé d'eau salée ; ensuite une rondelle de cuivre, puis une de zinc et une de drap, et ainsi de suite sans intervertir l'ordre. L'électricité dégagée par le contact des deux métaux s'accumulait aux deux extrémités de la pile, qu'on nomma pôles et auxquels on adapta deux conducteurs métalliques. C'est en 1799 qu'il fit connaître l'instrument auquel il a attaché son nom.

Les résultats ne se firent pas longtemps attendre. Deux expérimentateurs anglais, Nicholson (1753-1815) et Carlisle, réalisèrent, avec la pile, des expériences qui servirent de point de départ à toutes les applications chimiques de cet appareil. A la même époque, Cruikshank, physicien allemand, et Davy, physicien anglais, démontrèrent que le courant voltaïque peut décomposer tous les corps.

ALEXANDRE VOLTA.
(Musée de Peinture, Gênes.)

La pile de Volta subit de nombreuses transformations. Tout d'abord, sa position verticale offrait un inconvénient sérieux : par l'évaporation, les rondelles se desséchaient ; alors on était obligé de les humecter constamment. Il suffisait de coucher la pile dans une auge remplie de liquide. Idée simple, mais grande par les résultats qu'elle donna à Cruikshank en 1802. Depuis, d'autres formes lui ont été données notamment par le physicien allemand Ruhmkorff, en 1839, et enfin par son compatriote Bunsen (1811-1899), dont l'appareil est universellement employé.

On considère, à juste titre, la pile de Volta comme un des instruments les plus merveilleux qui soient sortis des mains de l'homme, en raison de la diversité et du nombre des effets auxquels elle donne naissance : effets physiques, effets chimiques, effets physiologiques. Chaleur, lumière, force mécanique, décomposition chimique, action puissante sur les organes des êtres vivants, telle est la variété des attributs de la pile qui en fait un instrument universel.

Et, durant cent années, on voit défiler toute une phalange de physiciens qui apportent leur tribut à la fée électricité. En 1820, Œrsted, physicien danois, reconnait qu'un courant voltaïque circulant autour d'une aiguille aimantée, écarte celle-ci de sa position naturelle. L'électricité dynamique agissait donc sur les aimants, c'est-à-dire sur les corps magnétiques. Cette constatation remarquable fut la source d'une nouvelle branche de la physique : l'électro-magnétisme (*magnes* = aimant), qui conduisit le physicien français Pouillet à construire (1831) le premier électro-aimant et permit à Morse, peintre et physicien américain, d'imaginer son télégraphe électrique (1843). En même temps, les célèbres physiciens français Arago (1812-1896) et Ampère (1775-1836) et le physicien anglais Faraday (1791-1867) ouvraient une voie nouvelle à l'électricité; voie pleine d'imprévu et de surprises successives. Ce dernier découvre que les courants électriques agissent à distance sur d'autres courants; que le magnétisme d'un aimant peut produire des courants électriques et inversement. Découverte qui permit d'obtenir des courants beaucoup plus intenses que ceux connus jusqu'alors : l'induction électrique était découverte. En donnant naissance à la bobine de Ruhmkorff, l'induction permit à l'Ecossais Graham Bell d'inventer, en 1876, son téléphone; à Edison (voir la biographie) et à Hugues, physicien anglais, d'imaginer le microphone en 1877; à Rœntgen (voir la biographie), de découvrir ses fameux rayons invisibles. En 1870, Edison créa sa lampe à incandescence qui supplante les autres systèmes d'éclairage. Apparait enfin l'illustre Belge Zénobe Gramme (voir la biographie), dont la dynamo résolut d'une façon éclatante et définitive les deux problèmes de l'éclairage et de la force motrice.

Comme on le voit, l'électricité a reçu les applications les plus précieuses et les plus variées. La galvanoplastie lui doit ses merveilleuses productions; la médecine, des applications thérapeutiques; la télégraphie sans fil, ses révélations stupéfiantes; le four électrique du savant français Moissan, ses belles expériences qui ont bouleversé les vieilles notions sur les limites d'affinité des corps, en combinant à 4 ou 5,000 degrés des substances paraissant douées d'une incurable aversion; la locomotion électrique, ses progrès constants. Ce furent les Français Planté et Trouvé qui firent marcher la première voiture électrique.

Où s'arrêtera cette puissance de l'électricité ? Nul ne peut le prévoir.

Tout récemment, des savants ont reconnu l'influence intensive de la lumière électrique sur les végétaux, étude qui pourrait amener, dans un avenir prochain, un bouleversement dans la science horticole. Il en est de même pour la stérilisation (destruction des mauvais ferments ou bactéries) de l'eau qui, on le sait, propage quantité de maladies infectieuses : fièvre typhoïde, choléra, dysenterie, etc. L'application des propriétés microbicides (*micro* = petit ; *cœdere* = tuer ; qui tue les microbes) de la lumière a produit des résultats marquants. L'appareil du physicien français Nogier qui a pour base la volatisation du mercure sous l'influence d'un courant électrique, volatisation qui s'accompagne de l'émission d'une quantité considérable de rayons ou radiations ultra-violettes, permettait de stériliser 180 litres par minute. Or, le perfectionnement apporté récemment à l'outillage de la lampe aux vapeurs de mercure par le physicien Stoecklé, de Genève (Suisse, sur le lac Léman ; 110,000 habitants), permet de stériliser 12,000 litres d'eau à l'heure.

D'autre part, la découverte de la « téléphotographie » (*télé* = loin) ou transmission à distance, par les fils télégraphiques, des photographies, dessins, images ou écritures dont l'origine remonte à plus de cinquante ans avec l'abbé Caselli (savant italien, inventeur du télégraphe écrivant ou pantélégraphe) (*pan* = tout) (1815-1891), fut réalisée pour la première fois en 1906 par Korn, de Munich (Bavière), et perfectionnée par Edouard Belin, de Lyon (France), qui est parvenu (février 1909), avec son système, à transmettre une photographie de Lyon à Paris en huit minutes.

Mais une autre découverte, plus merveilleuse encore, apparaît à l'horizon : celle de la « télévision », c'est-à-dire la reproduction nstantanée, par les fils télégraphiques, sur un lointain écran, des traits mobiles d'une physionomie vivante, les mouvements et les gestes d'une personne éloignée ainsi que les objets qui l'entourent.

Ce problème a préoccupé beaucoup de chercheurs : Adriano de Païva et Senlecq, en Amérique ; Arton et Perry, en Angleterre ; Marcel Desprez, Maurice Leblanc, Lazare Weiller et Cartier Saint-René, en France. Mais ce ne fut qu'en 1909 qu'apparut le premier appareil dû à Ernst Ruhmer, de Berlin (Allemagne), et qui fut perfectionné en France en 1910 par G. Rignoux et ses collaborateurs A. Fournier et G. Merlin. Enfin en 1911 de nouveaux perfectionnements furent apportés par Rossing, de l'Institut technologique de Saint-Pétersbourg, et, en France, par Armengaud. Le nouvel instrument porte le nom de *téléphote* (*tèle* = loin; *photos* = lumière).

L'électricité est donc devenue le véhicule de toutes les forces de la nature; elle s'offre à toutes les besognes; elle envahit tout et sollicite les efforts de tous les chercheurs.

BIBLIOGRAPHIE

1. KRAFFT (Gustave), *Causeries scientifiques*. Edit. Hanchoz, Lausanne, 1903. — 2. FIGUIER, *Grandes Inventions*. Edit. Hachette, Paris, 1859. — 3. SARTIAUX et ALIANET, *Principales Découvertes et publications concernant l'électricité, de 1852 à 1900*, Paris, 1903.

Wilhelm RŒNTGEN

1845

Parmi la phalange des grands hommes auxquels l'Allemagne a donné le jour, Wilhelm Rœntgen occupe, sans conteste, une des premières places.

Ce savant physicien, né à Lennep en 1845, est pour son pays ce que Curie, quelques années plus tard, a été pour la France : un souverain de la science, autant par la beauté morale de sa vie, que par son intelligence toujours en éveil et la multiplicité de ses travaux, qui ont jeté sur sa patrie un vif éclat, rendu d'éminents services à la science et doté l'humanité d'inestimables bienfaits.

Peu de temps après sa naissance, ses parents, commerçants aisés, allèrent s'établir en Hollande. C'est ainsi que, dès sa plus tendre enfance, il eut le bonheur de fréquenter les meilleures écoles de ce petit pays, berceau de tant d'hommes illustres, puis plus tard celles non moins renommées de l'Allemagne et de la Suisse.

WILHELM ROENTGEN.

Au cours de brillantes études qu'il fit à l'Université de Zurich, d'où il sortit en 1869, un de ses professeurs, l'éminent savant Kundt, s'était rendu compte de la diversité de ses dons et avait pressenti l'avenir plein de promesse qui s'ouvrait devant lui. Ce professeur sagace avait assisté, en effet, chez son brillant élève, à l'éclosion et aux manifestations de qualités maîtresses, avant-coureurs du succès : la vigueur de l'esprit, l'acuité de l'observation, l'acharnement au travail, une vaillance continue, calme et modeste, enfin une volonté ferme que rehaussaient encore de hautes et saines pensées où s'affirmait déjà l'homme futur.

C'est de cette époque que date, chez lui, la décision bien arrêtée de renoncer à la position toute faite, à l'avenir assuré, que lui offrait la brillante situation commerciale de ses parents, et de se livrer à l'étude longue et pénible, mais pleine d'attrait, des sciences naturelles. Dominé par l'ardent et noble désir de ne rien devoir qu'à lui-même, il prit la résolution de se créer, par son travail, une vie de souveraine indépendance, utile à la science et à l'humanité.

Avec de telles dispositions d'esprit et de cœur, il n'est pas étonnant qu'il se soit attiré successivement l'estime, les sympathies et l'affection du corps professoral, et que son professeur Kundt, après l'avoir choisi comme préparateur, l'ait emmené avec lui à l'Université de Wurzbourg, en 1870, puis à celle de Strasbourg, en 1874, où le jeune savant se fit recevoir priva-docent. L'année suivante, le gouvernement, voulant rendre hommage à son grand mérite, le chargea d'un cours à l'Académie de Hohenheim. Revenu à Strasbourg, en 1876, comme professeur adjoint de physique à l'université, il est appelé, en 1879, à Giessen, en qualité de professeur titulaire; de là, il passe au même titre à Wurzbourg en 1888 et, enfin, à Munich en 1899.

Toutes ces étapes ont leur éloquence, car elles mettent en lumière la haute valeur du savant qui honore les universités, allemandes, et elles glorifient tout à la fois le talent et le labeur, — juste récompense et légitime hommage dus au vrai mérite. Toutefois, on ne connaît de Rœntgen aucun ouvrage ou publication spéciale ; c'est que toujours il s'est contenté de consigner les résultats de ses travaux si remarquables à divers titres, en des Mémoires et des notes parues dans des revues, notamment dans les *Annales de physique et de chimie*, essaimant ainsi de par le monde savant les résultats de ses constantes recherches, le fruit de son inépuisable activité.

Au nombre de ses multiples découvertes, dont l'énumération

serait trop longue, une seule suffit à lui assurer la gloire : c'est celle, en 1895, des « Rayons » qui portent aujourd'hui son nom, mais qu'il a appelés « Rayons X » par la raison qu'il en ignorait la nature. Ce sont des rayons lumineux non perceptibles à l'œil, qui, sous le passage d'un courant électrique, jaillissent d'une ampoule ou tube de Crookes, où le vide est poussé très loin. Ces rayons traversent presque tous les corps opaques, impressionnent les plaques photographiques, illuminent les substances fluorescentes et jouissent de propriétés thérapeutiques.

Cette mémorable découverte fut tout d'abord accueillie avec une certaine incrédulité, tant la chose paraissait invraisemblable, stupéfiante. Mais ce scepticisme, fort compréhensible du reste, disparut bientôt pour faire place à l'admiration. Par contre, les expériences concluantes de Rœntgen excitèrent au plus haut degré la curiosité du monde savant, et l'enthousiasmèrent au point de séduire toute une pléiade d'esprits d'élite qui se donnèrent pour mission de rechercher la nature des fameux « Rayons X », ainsi que leurs propriétés physiques. C'est de là que sont nées ces deux choses merveilleuses : la radioscopie et la radiographie.

Les applications si déconcertantes des « Rayons » de Rœntgen et du « Radium » de Curie, sont appelées à rendre des services incalculables dont on connaîtra toute l'étendue et la portée le jour où l'on aura une connaissance plus approfondie de ces deux mystérieuses sources d'énergie, et que les appareils auront reçu leur complet perfectionnement.

Ainsi le génie latin et le génie germanique marchent puissamment unis vers des conquêtes pacifiques, impérissables parce que humanitaires. Et ce spectacle, n'est-ce pas ce qui fait la grandeur et la beauté de la science? Dans ce domaine, tous les esprits entrevoient le même but, tous les cœurs éprouvent les mêmes sentiments; il n'y a plus de castes, ni de races, ni de système philosophique, ni de haine, ni de rancune. Rien n'y divise les hommes; au contraire tout les unit. Ce qui subsiste et doit nécessairement subsister comme essence du progrès, c'est une rivalité digne et pacifique, une émulation noble et salutaire, profitable à chacun.

Rœntgen et Curie se sont donné la main par-dessus les frontières; ils ont ouvert à la science — sentinelle vigilante — des perspectives d'avenir illimitées, en même temps que des horizons nouveaux, infinis, consolants, à l'humanité qui attend et espère.

Quoique d'un âge avancé — il a soixante-quatre ans — Rœntgen ne quitte point son laboratoire. Comme Pasteur, il mourra à la tâche — au champ d'honneur ! Belle et noble figure contemporaine, il donne à la jeunesse le précieux exemple de la virilité physique soutenue par une énergie morale jamais lassée, de la modestie sans pose et du désintéressement sans ostentation.

NOTES EXPLICATIVES

1. L'empereur Guillaume II décora le génial savant de l'ordre de la Couronne royale et lui décerna le titre de « conseiller intime du roi ». En 1896, sa ville natale lui accorda le « droit de bourgeoisie » avec la qualification de « Excellence ». Hommage touchant qui constitue la plus belle récompense. — 2. CURIE (voir biographie). — 3. LENNEP, ville de Prusse (non loin de Dusseldorf); 10,500 habitants. — 4. ZURICH (voir Pestalozzi). — 5. WURZBOURG, ville de Bavière, sur le Mein; 75,000 habitants. — 6. STRASBOURG (voir Gutenberg). — 7. PRIVAT-DOZENT ou docent). Professeur libre dans les universités d'Allemagne. Quand il est sans traitement, il est payé par ses auditeurs. — 8. GIESSEN, ville d'Allemagne, État de Hesse ; 26,000 habitants. — 9. MUNICH, capitale de la Bavière, sur l'Isar; riche bibliothèque, admirables musées, notamment les Pinacothèques; 500,000 habitants. — 10. CROOKES (William). Chimiste et physicien anglais, né à Londres en 1832. Il fit paraître, en 1878, le mémorable travail intitulé : *Physique moléculaire dans le vide*. D'après ce travail, il admet un quatrième état de la matière : l'état extra-gazeux, où la matière est radiante. Le tube ou ampoule qui porte son nom est basé sur ce principe; il a servi à Rœntgen dans ses immortelles expériences. — 11. FLUORESCENCE. Propriété de certains corps de transformer la lumière qu'ils reçoivent, en radiations lumineuses de plus grande longueur d'ondes. Elle n'est qu'une phosphorescence de courte durée. — 12. THÉRAPEUTIQUE (*therapeuein* = soigner). Partie de la médecine qui enseigne la manière de traiter les maladies. — 13. PASTEUR (voir biographie).

N. B. — Les « Rayons X » ne constituent qu'une faible partie des merveilleux phénomènes physiques qui se produisent lorsque l'on fait passer un courant électrique puissant ou mieux de très forte pression dans un tube vide d'air ou, pour parler plus exactement, où l'air est très raréfié.

« Geissler, dès 1858, étudia ces phénomènes, mais avec des tubes où le vide était très impartait, ou bien qu'il avait remplis de gaz différents. Crookes réussit un peu plus tard, à faire beaucoup mieux. Il observa que lorsqu'il y a très peu d'air dans le tube la « cathode », c'est-à-dire la plaque métallique où aboutit dans le tube le pôle négatif de la source électrique, donne naissance à des radiations spéciales — appelées rayons « cathodiques » ou de Crookes, qui rendaient fluorescentes certaines substances, étaient sensibles à l'action de l'aimant et se laissaient réfléchir par un miroir ou réfracter — concentrer en un même point — par une lentille.

» En 1892, Hertz annonça que les rayons cathodiques traversaient de minces feuilles de métal placées sur leur passage à l'intérieur du tube de Crookes et Lenard, en 1894, ayant muni un tel tube d'une fenêtre en aluminium, constata que les rayons sortis de l'ampoule traversaient aussi le papier et impressionnaient la plaque photographique, d'où les noms de *radiographie* (*radius* = rayon ; *graphein* = décrire) et de *radioscopie* (*radius* = rayon ; *skopein* = examiner, observer). En novembre 1895, enfin, Rœntgen ayant enveloppé un tube à vide de carton, de façon qu'aucune lumière ne parût en sortir, constata que les matières fluorescentes qu'on approchait de l'ensemble s'illuminaient mystérieusement. Le savant physicien allemand étudia de très près le phénomène et découvrit bientôt que les effets signalés par Lenard en dehors du tube de Crookes étaient dus, non pas comme l'avait cru ce savant, à des rayons cathodiques passant à travers la fenêtre d'aluminium, mais à une espèce particulière de radiations, très différentes des autres, qui traversaient toutes les substances avec plus ou moins de facilité suivant leur poids atomique, se mouvaient en ligne droite, ne pouvaient être ni réfléchies, ni réfractées et étaient insensibles à l'action de l'aimant.

» Rœntgen appela ces radiations : rayons X. Il les étudia à fond au point de vue physique et signala dès le début leur importance énorme au point de vue de la chirurgie

» Le temps est loin cependant où le médecin devait étudier péniblement une fracture à l'aide d'un écran incommode sur lequel le profil du membre se dessinait vaguement. En quinze ans, la pratique radiographique a fait d'énormes progrès et est arrivée récemment à de véritables merveilles. Nous nous proposons d'examiner rapidement les plus remarquables.

» Tout d'abord, on a énormément perfectionné la source productive des rayons Rœntgen. Dans les premiers tubes à rayons X, l'aire où se formaient les radiations était grande et par conséquent les images obtenues étaient floues et peu distinctes. Grâce aux recherches du professeur anglais Herbert Jackson, qui imagina de monter dans le tube une « anode » — l'opposite de la cathode — de platine, de façon à faire partir tous les rayons du même point, on obtient aujourd'hui des images aux ombres tranchées, et à contours bien nets, riches en détails et bien analysables. Les ampoules modernes comprennent aussi un régulateur de vide qui évite que celui-ci ne dépasse une certaine limite et provoque la production de radiations dont l'action sur la plaque photographique est plus faible. Enfin, les dimensions des tubes se sont beaucoup accrues.

» On a aussi notablement perfectionné les appareils servant à produire le courant alternatif à haute tension qui provoque les décharges dans le tube de Rœntgen en cherchant, non à augmenter le nombre des étincelles, mais leur puissance. M. Snook, de Philadelphie, est arrivé aussi à utiliser des puissances de 100,000 volts qui ont permis la radiographie instantanée. On a inventé le diaphragme tubulaire qui accroît encore la netteté des images et permet, en l'appliquant étroitement sur les organes, surtout dans l'abdomen pour l'examen des calculs biliaires, par exemple, d'obtenir des images beaucoup plus nettes. Enfin, on a imaginé divers appareils qui permettent de repérer exactement sur les radiographies, la position des divers organes ou des corps étrangers qui s'y trouvent, à l'intérieur du corps du sujet, de façon à faciliter dans une grande mesure la tâche du chirurgien.

» Mais la dernière conquête de la radiographie, c'est son application au cinématographe, rendue possible par l'instantané et réalisée pour la première fois à Paris par MM. Comandon Limon et Pathé frères, dont on connait déjà les curieux films microcinématographiques. La radiocinématographie n'a d'ailleurs pas été réalisée sans difficultés, précisément parce que, comme nous l'avons vu, les rayons X ne peuvent être réfractés. On ne saurait donc les concentrer à l'aide de lentilles et si l'on voulait faire de la radiocinématographie « directe », on devrait donc travailler toujours en « lumière parallèle » et employer des films ayant exactement la taille des objets mouvants à photographier. On serait donc réduit, soit à ne représenter que de petits animaux — grenouilles, souris — soit à utiliser de très grandes bandes pelliculaires, chose fort difficile, étant donné qu'elles doivent se mouvoir à l'allure de seize clichés par seconde !

» On a tourné la difficulté en photographiant non l'objet lui-même, mais sa projection sur un écran fluorescent. On a affaire alors à des rayons ordinaires. En l'espèce, on a employé un écran recouvert de tungstate de calcium qui donne une fluorescence riche en rayons photographiques, et un objectif en quartz, à l'ouverture de 1. à 1.55. En outre, on emploie une source électrique très puissante — 40 à 60 milliampères, 60,000 à 100,000 volts — avec un interrupteur spécial qui permet de ne produire les rayons X que pendant le trente-deuxième de seconde nécessaire à la photographie de chaque vue, ce qui permet de ménager l'ampoule pendant la moitié de la durée totale nécessaire à la production du film. Néanmoins, celle-ci est encore très courte.

» On a pu obtenir déjà de cette façon des pellicules permettant de décomposer le mouvement des souris, des grenouilles, d'une main humaine, d'un tibia, d'un fémur et d'un coude de singe, les os apparaissant à travers la masse musculaire; le mouvement des organes d'un cobaye pendant la digestion, ses intestins étant remplis de bismuth, etc. Bref, lorsque la méthode aura été perfectionnée, on pourra pour ainsi dire « disséquer à vif » et ouvrir aux recherches physiologiques et anatomopathologiques un champ nouveau, sans doute fécond.

» Peut-être la nouvelle découverte parviendra-t-elle à projeter une plus vive lumière sur les attachants mystères psychiques qui se déroulent dans l'écorce cérébrale.

» Elle rendrait alors un précieux service à la psychologie physiologique. »

Thomas-Alva EDISON

1847

Que de fois n'entend-on pas dire de quelqu'un qui a réussi : « Ce n'est pas étonnant, il a eu la chance pour lui, c'est un veinard »; ou bien encore : « Le succès lui fut aisé; n'avait-il pas pour lui l'intelligence, l'instruction et les protections? »

Sans doute, certaines circonstances, des dispositions particulières, des dons naturels peuvent provoquer l'éclosion de grands talents ou faire surgir des hommes de génie.

Phot. Daily-Mirror, Londres.
THOMAS-ALVA EDISON.

Mais, quant à croire ou à affirmer que cela suffit, c'est se complaire dans une déplorable erreur contre laquelle proteste la vie de tous ceux qui, dans les sciences, les arts, les lettres, la politique, ont conquis une place élevée par leurs découvertes, leurs travaux ou leurs actes.

Par contre, à côté d'exemples que nous pouvons admirer, il nous est, hélas! souvent donné de déplorer des manifestations absolument inverses. Que de fois ne voit-on pas des hommes intelligents, instruits, ayant, comme on dit, la boule en main, se trouver incapables de réaliser quoi que ce soit au cours de leur existence! Ils possèdent tous les rouages nécessaires pour produire quelque chose, mais il leur manque les ressorts qui doivent les actionner : l'initiative intelligente, la volonté réfléchie, la persévérance dans l'effort, la grandeur d'âme en face de la souffrance. Là est le secret de tant de vies improductives et ternes.

Ceux-là ignorent certainement la vie des grands lutteurs intellectuels. Et, sous ce rapport, combien celle de l'illustre Edison est édifiante et suggestive tout à la fois !

Un veinard ! disent les uns ; un chançard ! ajoutent les autres ; — et ils ont raison.

Edison a eu la chance de naitre au sein d'une famille pauvre ; la chance d'aimer la lecture et le travail ; la chance d'avoir eu le courage de s'instruire lui-même ; la chance de cultiver son esprit subtil et pratique d'observateur ; la chance d'avoir mis à profit toutes les occasions ; la chance d'avoir tout entrepris résolument, sans jamais se rebuter ni éprouver de défaillance ; la chance d'avoir apporté dans toutes ses occupations une ténacité indomptable et une confiance en soi constante et forte ; la chance enfin d'avoir aimé la vie familiale et d'avoir fui les lieux de perdition et les mauvais compagnons. Oui, il a eu toutes ces chances et, par surcroit, celle de conquérir l'amour et l'estime de ses chefs.

Edison est un chançard !

A votre tour, jeunes gens, de le devenir. La voie est ouverte. Il n'y a plus de secret : il suffit de suivre pas à pas le laborieux ouvrier dans ses différentes étapes et de se rendre compte de ses débuts rudes et difficiles, de l'emploi qu'il a fait de ses premières années, du chemin pénible par lequel il est arrivé à ses grandes découvertes et ensuite à la célébrité.

L'Amérique est son berceau. Ses parents vivaient dans la gêne : son père, tour à tour tailleur, pépiniériste, grainetier, brocanteur, parvenait à grand'peine à élever ses enfants ; sa mère, une ex-institutrice, dut s'occuper de sa première éducation, car la pauvreté de la famille ne lui permit de suivre d'humbles cours scolaires que pendant trois mois à peine. Quoique très rares, les leçons maternelles produisirent de bons résultats : le jeune Thomas apprit à lire et à écrire — et ce fut tout. Son enfance n'eut rien de bien remarquable ; rien ne révéla les étonnantes facultés dont il était doué. Ce que l'on peut noter seulement, c'est l'amour passionné pour la lecture qu'il manifesta dès ses jeunes années. Il lisait tous les livres qui lui tombaient sous la main, et chaque livre nouveau qu'il dévorait, venait augmenter la somme de ses connaissances. Bagage bien insignifiant, il est vrai ; mais l'enfant a mieux que ce frêle bagage : il a l'esprit de décision et la constance de la volonté.

Il a douze ans. Un soir, pendant le souper, son père lui dit : « Thomas, tu es robuste, d'âge raisonnable ; le moment est venu où tu dois gagner ton pain, car la maison est pauvre. Je t'ai trouvé de l'occupation, tu entreras demain en qualité de garçon d'équipe au service d'une compagnie de chemin de fer. » Et l'enfant de répondre aussitôt : « Père, vous avez raison ; la vie est difficile ici ; je suis fort et je sais lire ; je me sens en état de travailler, de gagner ma vie, et de remplir plus tard mes devoirs d'assistance filiale envers vous et ma bonne mère. »

Le lendemain, il entrait à son poste. Il ne tarda pas à faire preuve de décision ingénieuse et à révéler son esprit sagace. En voyageant, il constate qu'entre les stations souvent très éloignées, les voyageurs seraient heureux de pouvoir se procurer des fruits et des rafraîchissements. Quoique sans ressources, il ne lui faut pas longtemps pour s'entendre avec un buffetier, organiser un service et se créer ainsi, grâce à son initiative intelligente, une situation très profitable. Econome et tempérant, il consacre ses bénéfices à l'achat de livres et, comme par son industrie il s'était créé un peu de loisir, le personnel du train, dont il était aimé, le laissait se réfugier dans un coin du wagon aux bagages où il lisait à son aise. N'allez pas croire qu'il s'adonna à la lecture d'ouvrages futiles : ce précoce génie se mit à étudier la physique et les mathématiques dans des volumes qui durent être bien étonnés de se trouver dans des mains si jeunes. Comment parvint-il à les comprendre? Par une patience prodigieuse et un courage opiniâtre qui feraient honte à la plupart de nos adolescents.

Mais l'enfant était un positiviste. Il voulait voir pour croire. Il se mit donc en tête de se créer un petit laboratoire dans le coin qu'on lui avait abandonné et de vérifier par des expériences ce que les savants traités lui enseignaient.

Le voilà donc faisant emplette d'un petit fourneau, de creusets, de cornues, de réactifs, de sels, d'acides, qu'il introduit furtivement dans son étroit réduit ; et notre jeune physicien se met à l'œuvre. Pendant les stations des trains, quittant son laboratoire, il se glissait dans les bureaux télégraphiques, questionnant les employés, cherchant à s'initier au jeu des appareils, car l'électricité le préoccupait déjà. Un an se passe. Son laboratoire, si modeste qu'il fût, lui coûtait pas mal d'argent ; il chercha à accroître ses bénéfices. Les voyageurs qui, grâce à ses soins, pouvaient se rafraîchir en route, étaient privés de journaux. Aussitôt, il rêve de leur en donner. Au passage de son convoi dans une ville de quelque importance, il en fait provision et a, ainsi, l'occasion de pénétrer dans les imprimeries. Pendant qu'on lui préparait son ballot, il étudiait le travail des compositeurs et le fonctionnement des presses. Quand il eut tout vu, examiné, compris, il acheta un vieux matériel d'imprimerie qu'il installe dans son wagon, s'entend avec une agence d'informations qui lui envoie des nouvelles aux diverses stations du parcours, et fait un journal qu'il rédige, qu'il compose, qu'il imprime lui-même et qu'il vend en cours de route aux voyageurs. Il a treize ans.

S'imagine-t-on quel déploiement d'ingéniosité, de volonté obstinée il a fallu pour réaliser cela !

Malheureusement, en faisant des expériences dans son laboratoire roulant, il met le feu au wagon. Jour de détresse !... Le chef de train, furieux, saccage son laboratoire et démolit son imprimerie. Le désastre est complet. Thomas est ruiné et Gros-Jean comme devant. Désolé, il quitte la compagnie et s'en va à Port-Huron, ville qu'habitent ses parents, fonder un petit journal intitulé : *Paul l'indiscret*. Mais ses collaborateurs anonymes commettent des abus. On s'en prit à lui, et un gentleman outragé l'ayant rencontré sur le quai, l'empoigna et le jeta dans la rivière. Par bonheur, il savait nager. A partir de ce jour, il renonça à ce dangereux métier. Dans sa détresse, une circonstance lui fournit l'occasion de poser un acte d'héroïsme. Il sauva, au prix de sa vie, un enfant qu'un train allait écraser : c'était le fils d'un chef de gare. Le père, par reconnaissance, initia Thomas à la télégraphie et lui procura un emploi au bureau télégraphique de Port-Huron.

Le voilà dans le milieu répondant à ses aptitudes et aux besoins de son esprit d'observation et d'intuition. Dès lors, sa voie est tracée : l'étude des sciences physiques et de la mécanique va s'emparer de tout son être et devenir son unique préoccupation.

Bientôt, il compta parmi les employés les plus intelligents, mais non les plus sûrs. Il avait, en effet, le grave défaut de s'absorber et il n'était pas de sonnerie capable de le tirer de ses rêveries scientifiques. Bref, on dut le congédier.

Il fallait vivre, chercher fortune. Il voyagea.

A Memphis, en 1864, il eut l'idée qu'il était possible de faire passer simultanément deux dépêches venant en sens inverse par le même fil et, vers la même époque, il inventa un cadran et un enregistreur chimique pour la télégraphie, tout en poursuivant cependant ses recherches sur la double dépêche.

En 1868, il essaya son système à Boston; l'essai ne fut pas concluant. Il partit pour New-York; là, il eut la bonne fortune de se voir confier la réparation d'un appareil électrique dans une grande maison de banque et l'habileté de le remettre rapidement en état de fonctionner. Non content de cela, il lui vint, en examinant cet instrument, l'idée d'y joindre un mécanisme de son invention qui fit merveille. Il le proposa à la société; son offre fut acceptée avec enthousiasme.

L'élan est donné; Edison va marcher de succès en succès : la Compagnie des télégraphes de l'Ouest lui octroie une magnifique rémunération pour avoir le droit d'exploiter sa première invention télégraphique; et, coup sur coup, il prend trente-six brevets pour des perfectionnements apportés par son électrométographe à l'appareil télégraphique Morse; trente-cinq pour les télégraphes automatiques ou chimiques et huit pour son système de transmission simultanée d'un grand nombre de dépêches se croisant.

Alors, il établit à Newark une usine pour l'exploitation de ses inventions. C'est là qu'il épousa une de ses ouvrières, Marie Stillevall, une femme digne de lui. Son mariage fut l'occasion d'une distraction qui rappelle celle de l'illustre Newton.

« Après avoir montré à sa jeune épouse la maison dont elle serait désormais la reine et le sourire, Edison lui dit : « Permettez-moi de vous quitter pour quelques minutes. » Il part et se rend dans son laboratoire. Là, il se met à réfléchir, à travailler; le temps vole, il a tout oublié. Heureusement, un des témoins du mariage, qui avait été achever la journée au théâtre, passe, au retour, devant le laboratoire d'Edison; il y voit de la lumière, s'en étonne, entre et s'écrie : « Malheureux! que fais-tu là, à cette heure? — Tu le vois. — Mais il est minuit. — J'aime à travailler la nuit. — Mais, rêves-tu? Tu es marié de ce matin! »

Edison s'éveille comme en sursaut, éteint ses fourneaux, renverse ses cornues, brûle son bel habit et revient trouver Marie qui pleurait déjà son mari perdu! »

Des succès retentissants et la grande aisance récompensèrent le laborieux et génial travailleur. Les affaires prirent une extension si considérable, qu'il dut transporter son usine à Menlo-Park, non loin de New-York, pour y faire des installations plus vastes. Il y a maintenant sa demeure, séparée de son immense laboratoire où il poursuit ses recherches avec le concours d'aides qui suivent sa direction. Aujourd'hui, il est à la tête de la plus importante fabrique d'appareils électriques qui soit au monde et, malgré son grand âge, il est resté un travailleur infatigable, s'acharnant à arracher de nouveaux secrets à la nature, bravant, en quelque sorte, les ans et la souffrance.

On l'a vu maintes fois passer soixante heures sans quitter sa table, se contentant d'un morceau de pain, mangé à la hâte, pour tout aliment. C'est de ce grand labeur ininterrompu que sont sorties tant de grandes inventions ou de remarquables perfectionnements dont il serait quasi impossible de donner l'énumération : ses inventions se chiffrent, en effet, à plus de six cents (applications ingénieuses et inattendues aux phénomènes de l'électricité). Outre les perfectionnements apportés au télégraphe, on lui doit notamment le microphone qui rendit pratique le téléphone Bell (1877); la même année, il découvre le phonographe; en 1878, il invente la lampe à incandescence et imagine le mégaphone, le cinématographe, le kinétophone, le dictographe.

Quoique absorbé par la multitude de ses recherches et de ses créations, il a conservé le goût qu'il avait étant jeune, pour la lecture, mais il choisit maintenant ses auteurs; et, à ce sujet, il émet une opinion qui mérite d'être retenue : « Il vaut mieux, dit-il, lire douze fois un bon livre que de lire douze ouvrages médiocres. »

Un éminent chroniqueur français, Stéphane Lauzanne, qui a vu le vénérable vieillard le 9 mars 1908, rend compte de sa visite en termes impressionnants, dans un article intitulé : *La Résurrection d'Edison. — Ses rêves.*

« Je viens de causer avec un homme qui sort de la tombe : je viens de causer avec Edison.

« La science, qui a ses cruautés, a aussi ses miracles de bienfaisance. Elle avait arraché ce savant à son laboratoire et l'avait jeté presque agonisant sur un lit d'hôpital. Elle le rend aujourd'hui, presque guéri, à la vie et au travail.

Il y a huit jours, j'avais aperçu, à travers une porte entrebâillée, Edison, la figure entourée de bandages, l'œil rougeâtre sortant de la paupière, le visage blanc comme la cire. Un léger commencement de paralysie s'était déclaré dans la bouche, faisant craindre que peut-être le glorieux savant ne perdit l'usage de la parole.

J'ai retrouvé aujourd'hui Edison levé, assis dans un fauteuil, l'œil calme et clair, articulant lentement, mais sans fatigue, et, pendant une demi-heure, j'ai pu causer avec lui, quoique la surdité dont il est affecté lui rendit parfois difficile la compréhension de mes paroles.

Sur ses lèvres encore pâles, Edison eut un sourire confiant quand je lui parlai de la terrible quinzaine qu'il venait de traverser, il me dit :

— La mort, voyez-vous, n'est pas si forte qu'on le croit. Moi qui suis un vieillard, j'ai été plus fort qu'elle. Il suffit de vouloir, il suffit de lutter pour vaincre.

Et comme je lui demandais s'il n'en voulait pas à la science, qui, pour la troisième fois, avait voulu le tuer :

— En vouloir à la science, dit Edison avec bonhomie, mais c'est une grande bonté de sa part de m'envoyer ainsi, de temps en temps, me reposer à l'hôpital, car l'hôpital est le seul endroit où je puisse me reposer. Chez moi, je ne le puis. La séduction qu'exerce sur moi mon laboratoire est trop forte. J'y passe mes jours et mes nuits sur ma table d'expériences, jusqu'à ce que je tombe d'épuisement. Alors, en bonne mère, la science, de temps à autre, m'impose quelque opération qui me contraint à l'inactivité, et, dans cette inactivité, je retrouve la force, la vigueur et le calme.

— Et vous n'avez pas eu, demandai-je, un instant d'anxiété ou d'appréhension ?

— Si, me répondit cet homme étrange, j'ai eu de longues heures d'inquiétude, et je les ai encore, car, à l'heure actuelle, j'ai six mille batteries électriques sur lesquelles je poursuis six mille expériences différentes. Chaque expérience dure deux ans, et plusieurs de mes batteries sont arrivées à terme. Quel résultat vont-elles bien me donner ?

Et le savant continua :

— Voyez-vous, Monsieur, il y a deux problèmes qui hantent mon cerveau, et ces deux problèmes touchent à l'industrie de l'automobile, qui, aujourd'hui, bouleverse le monde. Je crois que l'acier dont on se sert pour fabriquer les diverses pièces d'une automobile n'est pas une matière assez résistante, et je cherche un métal idéal qui donnera au mécanisme du châssis la robustesse qui lui manque encore. Et puis, je crois fermement qu'il convient d'appliquer cette force admirable qui s'appelle l'électricité, à l'automobile. Je cherche, en conséquence, la batterie type, celle qui, sous le plus petit volume et le plus petit poids, arrivera à donner la plus grande dose d'énergie et de vitesse. J'ai déjà, depuis sept ans que j'ai consacré ma vie à ce travail, obtenu des résultats ; mais j'en trouverai encore d'autres, si on ne m'interrompt pas trop dans l'avenir par des opérations chirurgicales.

Et Edison montre quatre petits livres jaunes qu'il a là, à côté de lui, sur une table. C'est l'histoire au jour le jour de chacune des six mille batteries, avec des notes sur la manière dont elles se sont comportées.

Quand on a amené le savant à l'hôpital, il n'a pas voulu quitter ses livres, et on a dû l'autoriser à les prendre avec lui.

Je demande encore à Edison :

— Ne reviendrez-vous jamais en France ?

— J'y reviendrai, me répondit-il, si ma santé et mon travail me le permettent. La France est un pays que chaque savant aime profondément. Son foyer intellectuel rayonne sur le monde entier. C'est elle qui a été à la tête de la découverte de l'automobile ; c'est elle qui est à la tête de la découverte des ballons dirigeables. La science du monde est tributaire de la science de la France.

Cependant, Mme Edison, qui assiste à l'entretien, me fait comprendre par un signe qu'une conversation plus longue pourrait fatiguer le convalescent. Je me lève à regret et prends congé, tandis qu'Edison, jusqu'à la porte, m'accompagne de son regard qui, il y a huit jours, était comme voilé par la mort, et qui, aujourd'hui, cherche déjà à percer les mystères de la vie. »

Quel enseignement, quelle leçon, il se dégage de ce simple et court entretien !

Et toute cette existence, quel poignant exemple elle offre de ce que peut une volonté bien arrêtée, raisonnée, réfléchie, qui ne connaît ni défaillance, ni révolte ! Quelle odyssée admirable et suggestive que celle de cet enfant du peuple qui est parvenu seul, à une haute position conquise à force de travail, d'opiniâtreté, d'empire sur soi-même et de génie !

Que sortira-t-il encore de cette tête méditative et puissante? C'est ce que l'avenir nous apprendra.

En attendant le jour des révélations, inclinons-nous devant ce surhomme dont le succès n'a nullement altéré ni la modestie, ni la simplicité, ni la cordialité sereine; magnifions au fond de notre cœur ce glorieux vaillant qui, de l'initiative fit un culte, et du travail un dieu.

NOTES EXPLICATIVES

1. EDISON (Thomas). Né le 10 février 1847, à Milan, comté d'Erié (Etats-Unis d'Amérique). — 2. INITIATIVE. Action de celui qui propose ou fait le premier quelque chose. — 3. CREUSET. Vase pour faire fondre ou calciner certaines substances. — 4. CORNUE (de corne). Vase à col étroit et courbé pour la distillation. — 5. RÉACTIF (voir chimie). — 6. SEL. Composé résultant de la substitution d'un métal à l'hydrogène dans un acide. — 7. ACIDE. Composé hydrogéné qui fait passer au rouge la teinture bleue de tournesol et qui peut former des sels. — 8. PHYSICIEN (*phusis* = nature). Qui s'occupe des propriétés des corps et des lois qui tendent à modifier leur état ou leur mouvement sans modifier leur nature. — 9. LABORATOIRE (*laborare* = travailler). Lieu disposé pour faire des expériences ou des préparations avec certains instruments et certains produits. — 10. ANONYME (*an* = privatif; *onuma* = nom). Qui est sans nom d'auteur. — 11. GENTLEMAN (mot anglais). Homme bien élevé. — 12. MEMPHIS. Ville des Etats-Unis, sur le Mississipi: 115,000 habitants. Ce nom est aussi celui de la capitale de l'ancienne Egypte, sur le Nil. Elle comptait 700,000 habitants. Sur son emplacement s'élève un petit bourg de 3,200 habitants. — 13. BOSTON. Port des Etats-Unis sur l'Atlantique; 595,000 habitants. Ville d'Angleterre, 15,000 habitants. — 14. NEW-YORK (voir Franklin,. — 15. MÉTOGRAPHE (*méto* = transmission; *graphein* = écriture). — 16. MORSE. Peintre et physicien américain. Inventeur d'un appareil très répandu de télégraphie électrique (1791-1862).— 17. AUTOMATIQUE. Qui opère ou s'opère par des moyens mécaniques, sans le concours de la volonté. — 18. NEWARK. Port des Etats-Unis; 265,000 habitants. — 19. NEWTON (voir biographie). — 20. MICROPHONE (*micro* = petit; *phono* = son). Appareil qui permet de transmettre au loin, les sons les plus faibles. Il fut perfectionné par Hughes. — 21. PHONOGRAPHE (*phono* = son; *graphein* = écrire). Appareil qui enregistre et reproduit les sons. — 22. INCANDESCENCE. Etat d'un corps chauffé jusqu'à devenir blanc. 23. MÉGAPHONE (*mega* = grand; *phono* = son). Appareil qui amplifie le son. — 24. CINÉMATOGRAPHE (voir notice). — 25. KINÉTOPHONE (*kinetos* = mouvement; *phono* = son) ou cinématographe parlant. — 26. DICTOGRAPHE (*dictio* = dit; *graphein* = écrire). Appareil à dicter la correspondance. Plus de sténographie. A n'importe quelle heure et n'importe où, l'on pourra dicter aussi vite que l'on voudra lettre ou article et, le moment venu, l'appareil répétera le texte sur un mouvement réglé à volonté, au secrétaire ou au dactylographe. Au dictographe peut s'adapter le TÉLECTOGRAPHE du physicien français Eldeher, permettant la dictée à distance au moyen d'un circuit téléphonique, et l'enre-

gistrement des communications téléphoniques. — 27. Sténographie (*stenos* = serré, *graphein* = écrire). Art de se servir de signes abréviatifs et conventionnels pour écrire aussi vite que la parole. — 28. Dactylographe (*daktulos* = doigt ; *graphein* = écrire). — 29. Chroniqueur (*kronos* = temps). Qui écrit des articles de journaux où se trouvent les faits, les nouvelles du jour. — 30. Batterie électrique. Groupement de plusieurs bouteilles de Leyde.

BIBLIOGRAPHIE

1. M. Barrué, *Thomas Edison*. Edit. Dentu, Paris. — 2. M. Surmay, *Causeries sur l'électricité*. Paris, 1880.

LE CINÉMATOGRAPHE

NOTICE HISTORIQUE

L'impression lumineuse reçue par la rétine subsiste pendant un dixième de seconde, après la disparition de l'objet qui en était la cause. Plateau, éminent physiologiste belge, utilisa cette particularité du phénomène de la vision, à la construction d'un instrument ingénieux qui, devenu un jouet, a fait les délices de notre enfance. Il porte le nom de *zootrope* (*zóon* = animal; *tropos* = animé); ou encore celui de *phenakistiscope* (*phenakos* = trompeur; *skopein* = examiner; qui donne l'illusion du mouvement). En 1885, le savant français Raynaud combina sous le nom de *praxinoscope* (*praxis* = mouvement; *skopein* = examiner), un appareil de principe analogue, mais destiné à la projection. Marey Etienne, physiologiste français (1830-1903), voulant appliquer l'observation photographique au vol des oiseaux, qu'il étudiait depuis un certain temps, créa une sorte de fusil avec lequel on visait l'oiseau pendant une partie de son vol. Le canon, très large, contenait l'objectif; à la place de la batterie, une chambre noire à mécanisme automatique logeait une plaque sensible qui tournait sur elle-même, et un obturateur tournant, actionné par un mouvement d'horlogerie. L'oiseau étant visé, le déclanchement de la détente du fusil mettait le mouvement d'horlogerie en marche, et par une suite de petits déplacements coupés d'arrêts pendant lesquels agissait l'obturateur, douze images successives se trouvaient prises en une seconde sur tout le pourtour de la plaque. Le succès de ces premiers essais conduisit Marey à la construction de l'appareil admirable qui permit d'imprimer sur un ruban pelliculaire sans fin, animé d'un mouvement rapide, des images successives, se suivant à un vingt-cinq millième de seconde.

Cette opération reçut le nom de *chronophotographie* (*khronos* = temps; méthode d'analyse du mouvement par la photographie).

La chronophotographie donna naissance au cinématographe (*kinématos* = mouvement; *graphein* = décrire; projeter sur un écran des vues animées).

C'est en 1895, qu'Edison réalisa un appareil à bande pelliculaire (film) susceptible de reproduire un mouvement d'une certaine durée, tel qu'une lutte, un assaut d'escrime; appareil qui saisit quarante-six impressions par seconde et dans lequel la continuité de la vision s'établit au cinquantième de seconde; la bande de gélatine se déroule de $2^m,30$ par seconde; la vitesse moyenne est de 80 kilomètres à l'heure; enfin les images minuscules doivent être agrandies cinquante-sept mille fois pour être reproduites en grandeur naturelle. Mais, par suite d'imperfections diverses, et dans le désir de multiplier considérablement le nombre d'images pendant une seconde, l'inventeur ne put exécuter de projections visibles que pour un nombre très limité de spectateurs; imperfection à laquelle remédia le physicien français Lumière, de Lyon, à qui l'on doit le cinématographe actuel.

Un film moyen mesure environ 300 mètres de long et contient dix-sept images par pied (1/3 de mètre). En le déroulant à la vitesse d'un pied par seconde, on prend en dix minutes plus de dix mille mouvements.

En ces derniers temps, un événement remarquable, tant au point de vue industriel que scientifique, s'est accompli : c'est la cinématographie en couleurs naturelles dont l'inventeur est un Anglais, M. Albert Smith. Les essais qu'il a faits, en la salle des ingénieurs civils, à Paris (décembre 1908), ont été concluants : il a reproduit, en des scènes cinématographiques, des vues de villes et des paysages avec les vraies teintes et les vraies couleurs cinématographiées directement (voir note explicative Rœntgen), d'où le nom de *kinéma-color* donné à l'appareil.

Désormais, le cinématographe occupe dans nos habitudes, dans nos distractions, une très large place. Si l'on a soin — et on doit le souhaiter dans l'intérêt de tous — de faire un choix intelligent, judicieux des sujets, « il peut donner aux spectateurs le goût de la beauté réelle et de l'art. Par des scènes empruntées à l'existence dure et probe des prolétaires, il peut glisser dans la foule quelque amour pour l'héroïsme obscur et un peu de santé morale. Il peut être aussi un puissant élément d'instruction au moyen de tableaux documentaires, élus de préférence parmi les sujets scientifiques qui sont les plus nobles, les plus passionnants, les plus poétiques et les plus utiles. Enfin, il peut être d'un grand secours dans l'enseignement de la médecine ». Du reste, on est déjà entré dans ces différentes voies; et s'il y a eu quelques écarts regrettables, il est à espérer que l'on finira par considérer, d'une façon absolue, le cinématographe comme un précieux facteur d'éducation morale et intellectuelle.

LE TÉLÉGRAPHE

NOTICE HISTORIQUE

Téle = loin; *graphein* = écrire (qui porte l'écriture au loin).

L'emploi de signaux de différents systèmes très rudimentaires remonte à la plus haute antiquité. Les savants des XVIe et XVIIe siècles cherchèrent vainement à faire bénéficier la télégraphie des progrès accomplis par les sciences physiques.

Guillaume Amontons, physicien français, songea à poster de loin en loin, des hommes munis de télescopes pour observer des signaux dont la signification n'était connue qu'aux deux postes extrêmes (1690). Enfin, en 1791, Claude Chappe, ingénieur français, inventa un ingénieux télégraphe aérien à bras mobiles. Chacun des bras portait une lettre alphabétique qui se lisait de loin à l'aide d'un télescope dès que le bras était levé. Ce système fut adopté avec enthousiasme et établi en 1794, entre Paris et Lille (France).

Le premier télégraphe électrique fut construit à Genève (Suisse), en 1774, par le Français Lesage. Il se composait de vingt-quatre fils conducteurs, affectés chacun à une lettre de l'alphabet; on lançait la décharge d'une machine électrique à travers ces fils et les mouvements de balles de sureau placées aux extrémités indiquaient les lettres transmises. En 1811, le physicien anglais Sommering utilisa le phénomène de la décomposition de l'eau, le seul connu alors de tous les effets remarquables des piles. Comme Lesage, il eut autant de fils que de lettres; à l'extrémité était un voltamètre (*volt* = unité pratique électrique de force électromotrice; *metron* = mesure), appareil permettant de décomposer l'eau par un courant électrique.

En 1820, Ampère (voir Gramme), s'appuyant sur la découverte faite par le physicien danois Œrsted, de l'électro-magnétisme (déviation de l'aiguille aimantée sous l'action du courant électrique), proposa un appareil semblable à celui de Sommering, mais où les voltamètres étaient remplacés par des aiguilles aimantées au-dessus desquelles était dirigé le courant.

En 1832, le baron Schilling, officier russe, imagina un télégraphe où les signaux étaient produits par cinq aiguilles ou barreaux aimantés, qu'il réduisit ensuite à deux. Gauss et Weber, en Allemagne (1833); Cooke et Wheatstone, en Angleterre (1837), firent fonctionner des télégraphes basés sur les mêmes idées.

L'appareil écrivant inventé par Steinheil (Munich, 1837) fut le premier de tous ceux qui marquaient des signaux sur une bande de papier. En l'expérimentant, Steinheil découvrit le rôle de la terre comme conducteur, et cette découverte lui permit dès lors de supprimer le fil de retour. Cette même année, le physicien américain Morse faisait breveter son électro-aimant et, en 1843, il réalisait son premier appareil.

L'électro-aimant fut aussi adopté, en 1840, par Wheatstone, l'inventeur de tant de télégraphes ingénieux. Depuis lors, on a imaginé un très grand nombre de systèmes de télégraphes, entre autres le télégraphe multiplex, permettant à plusieurs agents de transmettre ou de recevoir simultanément sur un seul et même fil (Edison et Van Rysselberghe; voir les biographies) et le télégraphe autographique (voir Lenoir). La France n'adopta qu'assez tard le télégraphe électrique. Ce n'est qu'en 1844, sur l'initiative d'Alphonse Fay et grâce à la persévérance et à l'éloquence persuasive d'Arago, que la première ligne fut posée entre Paris et Rouen.

Les deux appareils les plus universellement employés sont ceux de Morse (avec des points et des lignes) et celui du physicien anglais Hughes (appareil imprimeur). Le texte transmis porte le nom de *télégramme* (*gramma* = écriture).

En ce qui concerne les câbles, les premiers essais ont été tentés en 1840 par Wheatstone, et en 1842 par Morse. Le premier câble qui ait traversé la Manche, en 1851, fut confectionné par les frères Breit, de Londres. En 1853, on en établit un entre l'Angleterre et l'Irlande; en 1857, entre la France et la Corse; en 1858, entre Terre-Neuve et l'Irlande, mettant ainsi en communication l'ancien et le nouveau monde; en 1858, entre Malte et Alexandrie; en 1870, entre Marseille et Bone (Algérie); en 1887, entre la France et plusieurs points de l'Algérie; enfin, en

1897, entre l'Amérique et la France. Le texte transmis s'appelle *cablogramme*.

La télégraphie sans fil est basée sur l'émission et les propriétés de propagation des ondes hertziennes; les courants induits, obtenus au moyen de l'oscillateur de l'ingénieur allemand Hertz (1887), se propagent comme la lumière, le son, etc., par des ondes concentriques. L'onde hertzienne fait plusieurs milliers de lieues à la seconde.

Le récepteur le plus employé est le tube à grenailles ou cohéreur (radio-conducteur) du physicien et chimiste français Branly (1890), qui a permis de réaliser la télégraphie sans fil. La dépêche transmise porte le nom de *radiotélégramme (radius* = rayon).

En 1895, le professeur russe Popoff fit les premières expériences en rade de Cronstadt. En 1896, l'Italien Marconi, avec des appareils plus parfaits, put installer plusieurs postes, et, en 1899, il réussit à faire communiquer les deux côtes anglaise et française, à travers une portée de 48 kilomètres. En France, les premiers postes complets ont été créés par Ducretet (1897).

Quelques années plus tard, par les efforts des officiers français Tissot et Ferrié on a pu franchir, en mer, des distances de 300 à 400 kilomètres. De son côté, Marconi réussit en 1902 à communiquer de la côte anglaise à la côte américaine, soit à 5,000 kilomètres. Depuis lors, des progrès incessants et qui tiennent du prodige ont été réalisés, grâce à l'appareil que deux ingénieurs italiens, Tosi et Bellini, ont construit et auquel ils ont donné le nom de *radio-goniomètre (radius* = rayon; *gonia* = angle; *metron* = mesure). Il permet de résoudre le double problème d'envoyer les ondes dans une direction déterminée et de découvrir la position d'un poste quelconque transmetteur d'ondes, système qui vient d'être perfectionné par l'ingénieur allemand Kiebitz en substituant des antennes horizontales aux verticales.

En 1910 Marconi parvint à communiquer de Buenos-Ayres (capitale de l'Argentine, Amérique du Sud, 1,200,000 habitants) à Londres (capitale de l'Angleterre, 5,500,000 habitants), soit une distance de 11,000 kilomètres.

Sur terre, la portée du système est plus réduite à cause des obstacles qu'on ne peut vaincre que par la grande élévation des antennes (longs conducteurs électriques). C'est pourquoi la tour-

Eiffel (Paris), haute de 300 mètres, deviendra, sous peu, un poste géant qui rayonnera sur l'univers. Par lui, la France sera, dans un avenir prochain, reliée à toutes ses colonies. Elle l'est déjà avec la côte septentrionale et la côte occidentale de l'Afrique ainsi qu'avec le Canada, distant de 6,000 kilomètres.

A ce sujet, nous croyons bien faire de reproduire ici un article paru en mai 1908 dans une revue scientifique française :

« M. Bouquet La Grye a fait avant-hier, à l'Académie des sciences de Paris, une communication sensationnelle.

» Le vénérable savant a, en effet, lu un Mémoire sur une nouvelle application de la télégraphie sans fil, qui laisse loin derrière elle tout ce qui a été tenté jusqu'à ce jour. En deux mots, il s'agirait de lancer l'onde hertzienne avec une énergie telle qu'elle ferait le tour de la planète et reviendrait à son point de départ! Déjà, a dit en substance M. Bouquet de La Grye, la tour Eiffel envoie des messages par télégraphie sans fil à 6,000 kilomètres de distance, et avec des décharges plus fortes, cette distance pourrait être aisément doublée. Augmentons encore les décharges électriques, avec des antennes dix ou douze fois plus grandes que celles dont nous nous servons actuellement; installons, par exemple, au sommet du pic de Ténériffe, qui a 3,700 mètres de hauteur, un poste de télégraphie sans fil, et l'onde rayonnera dans tout l'Atlantique et dans toute la Méditerranée.

» Or, si à une heure donnée, ce poste transmet un signal quelconque, tous les navires qui se trouveront dans l'une ou l'autre de ces mers et qui seront pourvus d'un appareil récepteur, c'est-à-dire d'un tube Branly ou cohéreur, recevront aussitôt avis du signal.

» La télégraphie sans fil marche à pas de géant, et le téléphone également sans fil, qui vient de naître, nous réserve sans aucun doute d'autres merveilles. Qu'y a-t-il de plus extraordinaire que cette transmission de la parole humaine avec son articulation et son timbre particulier, à travers d'immenses espaces sans qu'il existe un lien entre le point de départ et le point d'arrivée?

» C'est que là aussi, nous trouvons une onde, et cette onde, comme l'onde hertzienne, conserve malgré la distance, sa personnalité, son autonomie.

» Insistons quelque peu sur ce fait inouï de l'autonomie des ondes.

» Tout le monde sait que la chaleur, la lumière, l'électricité, etc., se propagent dans l'éther, ou plutôt c'est l'éther qui, en « vibrant », détermine ces divers phénomènes. Suivant la grandeur de l'onde de l'éther, nous avons donc ou la chaleur ou l'électricité. Mais il est infiniment probable qu'il existe dans la nature d'autres forces que nous ignorons actuellement, donnant, elles aussi, naissance à ces ondes. Eh bien ! qu'y a-t-il de plus surprenant que cette constatation, que toutes ces ondes différentes qui se traversent mutuellement, qui s'entrechoquent, qui se mélangent, conservent néanmoins leur identité, si nous pouvons nous exprimer ainsi ?

» Lorsque le générateur de Hertz envoie dans l'espace son onde voyageuse, cette onde, avant de parvenir au poste récepteur, est obligée de se frayer un passage au milieu de milliards et de milliards d'autres ondes lumineuses, calorifiques, électriques, magnétiques, etc.; et ce passage elle se le fraie, puisque le délicat cohéreur de Branly nous révèle immédiatement sa présence.

» L'homme ne peut, en présence de la savante harmonie qui régit les forces naturelles, que s'incliner sans comprendre. Car il ne comprend pas ! Il se sert de l'électricité, il ignore ce qu'est l'électricité; il reçoit la lumière de l'astre du jour, il ignore ce qu'est la lumière; il envoie des ondes hertziennes à des milliers de kilomètres, il ignore comment cette onde se propage au milieu de tant d'autres; et, dans un ordre d'idées différent, il vit et il ignore ce qu'est la vie; il pense et il ignore comment il pense. »

BIBLIOGRAPHIE

1. BELLOC, *la Télégraphie historique*. 1890. — 2. SARTIAUX et ALIANET, *Principales Découvertes et publications concernant l'électricité de 1852 à 1900*. Paris, 1903.

LE TÉLÉPHONE

NOTICE HISTORIQUE

Téléphone (*tèle* = loin ; *phône* = voix ; qui porte la voix au loin).

La recherche d'un moyen pratique de transmettre la voix humaine, à toute distance et avec une intensité suffisante, date seulement de la fin du XVIIIe siècle. C'est, en effet, en 1782, qu'un moine espagnol, dom Gauthey, proposa de correspondre au loin, de station en station, au moyen de longs tubes métalliques à l'intérieur desquels la voix se propageait ; mais on recula devant la grande dépense qu'entraînerait l'exploitation du système. Il est encore employé cependant à l'intérieur des maisons. Un autre appareil, simple celui-là et connu depuis fort longtemps comme jouet d'enfants, est celui qui se compose d'une ficelle portant à chaque bout un cornet acoustique. En 1837, le célèbre physicien suisse, Auguste de La Rive, constata que l'aimantation ou la désaimantation d'un fer doux sous l'action d'un courant, produisait des sons particuliers ; en 1854, un mécanicien français, Froment (Paul), obtenait, à distance, des sons musicaux à l'aide d'un vibrateur électrique ; en 1860, Bourseul, employé des lignes télégraphiques françaises, faisait connaître nettement, dans une lettre, le principe du téléphone électrique. Malheureusement, l'ingénieur des télégraphes s'en moqua. Cette lettre, traduite en allemand, tomba sous les yeux d'un pauvre apprenti chimiste, nommé Philippe Reiss, de Francfort, qui s'en inspira pour imaginer, en 1861, un appareil auquel il donna le nom de *téléphone*. Il put faire entendre, avec cet appareil, des chants exécutés à 100 mètres de distance. Cet événement produisit une immense sensation. Seulement, l'appareil avait un défaut : il ne reproduisait ni le timbre ni l'intensité du son et, par suite, était incapable de transmettre la voix. Reiss avait conscience de l'imperfection de son instrument, mais il ne lui fut pas donné de le perfectionner ;

il fallait de l'argent, et l'inventeur était pauvre. Il sollicita un appui ; il fut éconduit, et son nom tomba dans l'oubli. C'est alors qu'il se rencontra à New-York (capitale des Etats-Unis, 3 millions 916,000 habitants) des physiciens clairvoyants ; l'un d'eux, Graham Bell, comprit tout de suite le parti que l'on pouvait tirer de cette idée géniale. Il perfectionna l'appareil grâce à l'emploi de la « bobine » du physicien allemand Ruhmkorff, basée sur « l'induction électrique », découverte auparavant par Faraday, physicien anglais. La transmission de la voix humaine était réalisée (1876). L'instrument était d'une étonnante simplicité, mais sa portée se trouva, pour diverses causes, limitée à quelques kilomètres ; ce qui n'empêcha pas l'inventeur de gagner 100 millions. Heureusement, le microphone (*micro* = petit ; *phône* = son ; qui transmet les sons les plus faibles), imaginé en 1877 par Edison et perfectionné par Hughes, l'inventeur du télégraphe imprimant, vint bientôt fournir un organisme transmetteur infiniment plus puissant que les transmetteurs magnétiques et rendre possibles la création et le fonctionnement de réseaux téléphoniques très étendus. Ce développement fut encore renforcé en 1909 par l'application d'un nouveau microphone construit par Egner et Gunnar, ingénieurs suédois. On put téléphoner de Stockholm (capitale de la Suède, sur la Baltique ; 344,000 habitants) à Cologne (Allemagne, sur le Rhin ; 373,000 habitants) ; distantes de 1,512 kilomètres, et ensuite de Stockholm à Paris, séparés par plus de 2,270 kilomètres. Du reste, dès 1890, l'ingénieur-aviateur français Ader avait apporté des perfectionnements en fabriquant des appareils utilisateurs qui portent encore son nom.

Paris est la première ville d'Europe qui ait été dotée d'un réseau téléphonique. C'est entre Paris et Bruxelles qu'a été établi, en 1886, le premier circuit qui ait relié deux pays. Enfin, le plus ancien câble téléphonique sous-marin est celui qui fut immergé en 1891, entre la France et l'Angleterre.

Il convient de signaler le système de télégraphie et de téléphonie simultanées imaginé par le physicien belge Van Rysselberghe, et en outre la téléphonie sans fil, dont les premières expériences, ayant donné un résultat évident, à l'aide de la terre et de l'eau comme conducteurs, datent de 1894 ; elles furent exécutées par le savant anglais Gavey. En 1902 les physiciens français Ducretet et Maiche communiquèrent à près de 7 kilomètres, système que l'électricien allemand Ruhmer perfectionna. Mais ce sont les ondes hertziennes de la télégraphie sans fil qui paraissent devoir résoudre le problème avec des modifications d'installation essentielle, car les appareils téléphoniques n'admettent pas l'emploi des puissantes décharges appliquées à la radiotélégraphie. De tous les systèmes connus, celui sur lequel on a des renseignements les plus nets, est le système de l'électricien américain de Forest, dont les belles expériences, en 1907, à 9 kilomètres de distance, font entrevoir que la téléphonie sans fil à distance quelconque doit être une conquête prochaine.

Mais déjà le téléphone ne se contente plus de transmettre les messages parlés, avec certains inconvénients. Grâce à une remarquable invention, ces lacunes n'existent plus. On écrit maintenant par téléphone : l'appareil porte le nom de *téléwriter* (*tèle* = loin ; *writer*, mot anglais qui signifie écrire). Il a été inventé en 1898 par le physicien écossais Foster Ritchie. La personne avec laquelle on désire communiquer n'est pas chez elle ? Peu importe. Si, à son téléphone, comme au nôtre, a été adapté le petit appareil très simple, on peut lui transmettre instantanément une commande, une lettre, un article, un dessin, qu'elle trouvera à son retour, et auxquels elle pourra répondre de même, sans que nous ayons besoin d'attendre.

C'est ainsi que « l'humanité progresse, et que, devant elle, l'horizon s'élargit sans cesse et s'illumine ».

BIBLIOGRAPHIE

1. P. Ducretet, *Traité élémentaire de télégraphie et de téléphonie*. Paris, 1903. — 2. Mazoyer, Faure et Naud, *la Poste, le Télégraphe, le Téléphone*. Paris, 1902. — 3. Documents Paris, Académie des Sciences).

François VAN RYSSELBERGHE

1846-1893

L'habitude regrettable que nous avons contractée de ne fixer notre attention que sur les choses qui frappent fortement nos regards et s'imposent forcément à notre esprit, fait que nous négligeons, et par suite que nous ignorons bien des choses intéressantes qui renferment toujours quelque précieux enseignement ou qui ouvrent à nos facultés des horizons nouveaux.

FRANÇOIS VAN RYSSELBERGHE.

C'est ainsi que les hommes qui ont attaché leurs noms à ces grandes choses : Amérique, imprimerie, chemin de fer, paratonnerre, bateaux à vapeur, télégraphe, éclairage électrique, etc., nous sont plus ou moins familiers (encore que nous ne les connaissions que superficiellement), par le fait que ces noms sont intimement liés à de merveilleuses découvertes.

Mais, par contre, nous nous soucions peu ou point, soit des perfectionnements remarquables apportés à ces inventions par d'autres hommes de talent, au puissant et rude labeur ; soit à certaines inventions dont les applications ne tombent pas directement sous nos sens et qui rendent cependant des services incalculables, soit dans les laboratoires des chimistes, soit dans les cabinets des physiciens, des astronomes, des chirurgiens et dans certaines industries.

Les bienfaits qu'elles apportent ainsi à notre bien-être, à notre confort ou à notre sécurité passent inaperçus.

Il y a là tout à la fois une injustice et une ingratitude; et il importe de les réparer chaque fois qu'elles se présentent à nos regards ou à notre esprit.

Pour ne citer qu'un exemple entre mille, combien parmi nous connaissent, ne fût-ce que de nom, l'illustre Belge Van Rysselberghe (François), dont la vie et les œuvres constituent une page admirable, du plus haut intérêt pour la science, édifiante surtout par le puissant enseignement éducatif qui s'en dégage? L'unanimité des regrets que provoqua sa mort est une preuve de la valeur transcendantale de l'homme et des services éminents qu'il a rendus à la science et à l'humanité.

Le milieu familial au sein duquel s'est passée son enfance, avait ce caractère tout patriarcal qui se perd de plus en plus de nos jours et qui par cela même, peut être donné en modèle à nos familles ouvrières et bourgeoises.

Issu du peuple, Van Rysselberghe fut le fils de ses œuvres dans la plus noble acception du mot. Son père, simple ouvrier charpentier, était un homme intelligent, doué d'un rare bon sens, conscient de ses devoirs de père. Il voua à ses enfants un culte excluant d'ailleurs toute faiblesse; il leur sacrifia sa vie entière; il trouva dans son énergie, dans son amour, dans son intelligence, les éléments nécessaires pour les élever dignement. Il guida ses fils dans la voie de l'honneur, du devoir et du travail; ranimant leur courage dans les moments de faiblesse, applaudissant à leurs efforts, à leurs succès; leur montrant sans trêve le but à atteindre. Il réussit au delà de toute espérance; ses fils formèrent une pléiade de citoyens d'élite, légitime récompense que procure seule l'union indéfectible de l'amour paternel, de l'amour filial et de l'amour fraternel.

François était l'aîné de neuf enfants. Il avait compris, adolescent, qu'il devait seconder son père; il devint son collaborateur, puis le guide et le soutien de la famille. Lui aussi donna depuis son enfance, l'exemple du travail acharné, de la volonté, de la persévérance.

Après son école primaire, il fit d'excellentes études moyennes et subit l'examen de gradué en lettres, en 1863. Il n'avait pas 17 ans. Avec son mince bagage scientifique, il n'hésita pas; il se jeta résolument dans la lutte pour la vie. Au début, le combat fut âpre, mouvementé : il remplit d'abord les fonctions de surveillant dans deux collèges, puis celles de professeur de mathématiques élémentaires dans un institut privé. Là, en échange de ses leçons, le directeur lui enseigne le commerce et les hautes mathématiques ; il suit en même temps le cours de physique et de chimie. Cette préparation lui permit d'entrer comme professeur à l'école de navigation d'Ostende. C'est dans cette dernière ville qu'il commença ses études scientifiques supérieures. Sans avoir jamais assisté à un cours universitaire, il subit avec succès, en 1867 et en 1869, les épreuves de la candidature en sciences physiques et mathématiques. C'est également à cette époque, sous l'impression de l'océan, « ce grand inspirateur », qu'il fut pris de passion pour l'étude de la météorologie, science à laquelle il devait attacher son nom.

Dans une notice qu'il publia en 1873, il est un passage que nous devons méditer et qui montre une fois de plus que l'esprit d'observation est bien la source de tous les progrès des sciences : « A chaque bourrasque, dit-il, je figurais sur des cartes synoptiques et au moyen de renseignements de journaux anglais, l'état météorologique de l'Europe pendant que j'observais avec soin les variations des instruments. Je suivis ainsi la marche de plusieurs tempêtes et bientôt j'acquis la conviction que la météorologie est appelée à rendre des services immenses à la navigation. »

Rien d'étonnant, dès lors, que le premier instrument sorti de ses mains (1875) ait été le marégraphe destiné à l'inscription automatique des fluctuations de la mer et des fleuves.

A la même époque, son attention est attirée sur les deux appareils ayant pour objet l'inscription des phénomènes météorologiques. Aussitôt surgit dans son esprit le projet de combiner un appareil peu coûteux dans lequel un seul burin graverait, avec une rigoureuse exactitude et sur un seul cylindre tournant, les variations d'un grand nombre d'instruments météorologiques d'une nature quelconque. Il résolut le problème ; le météorographe vit le jour et figura à Paris au Congrès de géographie en 1875, où il valut à son inventeur une médaille d'or et les palmes académiques.

C'est une merveille mécanique et électrique ; l'ingéniosité des dispositions est surprenante ; on dirait un être intelligent, fantastique, sortant du repos à des instants mathématiquement espacés, mettant alors en mouvement ses organes multiples et délicats, et gravant dans le métal les indications du thermomètre sec et du thermomètre humide, la hauteur du baromètre, la quantité de pluie tombée, la vitesse et la direction du vent.

Du coup, la renommée était acquise à Van Rysselberghe; son météorographe fonctionna non seulement en Europe, mais aussi à Java, au Japon, aux Indes anglaises.

Le hardi travailleur, lorsqu'il lui arrivait de jeter un regard en arrière, devait éprouver une bien légitime satisfaction en mesurant le chemin qu'il avait franchi depuis ses pauvres débuts.

Mais, fidèle à sa devise : « En avant toujours », il trouve dans le sentiment de l'œuvre accomplie de nouvelles forces pour une nouvelle étape. De 1876 à 1882, il est attaché au service météorologique de l'Observatoire de Bruxelles; puis, en 1882, il est chargé du cours d'électricité à l'Université de Gand. Malgré ces postes très absorbants, il trouve encore assez de loisirs pour se livrer à des recherches d'où sortit la création du télé-météorographe dont le but est d'enregistrer automatiquement et à grande distance les indications météorologiques. Cette invention lui valut, à l'Exposition d'électricité de Paris, en 1884, la médaille d'or, et, de la part du gouvernement français, la croix d'officier de la Légion d'honneur.

Mais les honneurs le touchent peu; il est inaccessible à l'orgueil; son esprit plane bien au-dessus des vanités humaines. Rien ne peut ralentir ses travaux, ni distraire son amour pour la science. Maintes fois, on le vit passer plusieurs nuits de suite à la recherche de la solution d'un problème, ne s'arrêtant que s'il l'avait trouvée ou si la fatigue parvenait à vaincre sa force de résistance, cependant remarquable. L'invention la plus populaire, celle qui contribua le plus à répandre son nom dans le monde entier, est son système pratique de télégraphie et de téléphonie simultanées. Le succès fut retentissant et bientôt (1884) ce système fut inauguré en Belgique. Travail qui nécessita une somme de science, de sagacité, d'énergie et de persévérance qui déconcerte. En cette circonstance, on l'a vu, sous le coup d'engagements pris à brève échéance, obligé d'inventer et de combiner pour ainsi dire au jour le jour, des appareils et des dispositifs de circuits. Bien d'autres eussent, sinon renoncé à la tâche, du moins éprouvé des défaillances, Mais il avait la trempe de ces hommes que les difficultés excitent et raidissent; sa devise devait être : « Je veux, donc je peux ». Il avait la foi qui soulève les montagnes; et puis, il savait communiquer sa confiance et son enthousiasme à ses collaborateurs et s'en faire des amis dévoués. C'est alors que le roi le nomma chevalier de son Ordre et, quelque temps après, ingénieur assistant au ministère des Postes et Télégraphes.

Mais son activité était loin d'être épuisée. Séduit par les merveilles des systèmes multiples de Grey et d'Edison, il voulut aussi apporter sa part de progrès dans le domaine télégraphique. Ni les préoccupations que lui créa l'introduction de ses inventions téléphoniques dans les pays étrangers, ni les nombreux et lointains voyages qu'il dut entreprendre dans le même but, ne parvinrent à le distraire du nouveau projet qu'il avait conçu : trouver des appareils et des combinaisons capables de transmettre, avec plus de régularité et de sûreté qu'on ne l'avait fait, douze, dix-huit et même vingt-quatre dépêches simultanément par un seul et même fil conducteur. Dépasser l'illustre Grey! dépasser le célèbre Edison! Il triompha cependant. Cette nouvelle invention, d'une conception vraiment géniale, reçut le nom de *télégraphe phonomultiplex* et eut un grand retentissement surtout aux Etats-Unis, contrée aux communications ultra-rapides. Là encore, l'œuvre témoignait d'aptitudes exceptionnelles, d'un véritable génie inventif ayant pour guides la science et l'esprit d'observation.

Toutes ces créations successives, presque simultanées et combien absorbantes, le retrouvent debout, prêt à aborder un autre sujet, d'un puissant intérêt : l'éclairage public. Après de longues études, des essais laborieux, des expériences pénibles qui soumirent sa patience à de rudes épreuves, il trouva le moyen de distribuer l'électricité par l'intermédiaire de l'eau comprimée, transformée ainsi en énergie mécanique destinée à actionner des dynamos. Malgré les critiques dont son système fut l'objet et la résistance qu'il rencontra pour le faire prévaloir, il eut la satisfaction d'obtenir, à Anvers, une concession pour l'éclairage public. Il allait pouvoir réaliser sa conception nouvelle, lorsque la mort vint, comme un coup de foudre, abattre cet homme d'élite, aussi grand par le cœur que par le talent, en pleine force de l'âge, dans toute la plénitude de ses facultés, presque à l'apogée de la gloire. Il avait quarante-sept ans. Il est mort comme devait mourir un homme de sa trempe, comme mouraient les héros antiques, dans le calme et la sérénité. Lors de ses funérailles, chacun redit sa loyauté, sa bonté pour les humbles, son amour du foyer, son talent à discerner les aptitudes et les qualités de ses subordonnés, aptitudes qu'il faisait valoir, dont il savait tirer parti comme il savait les récompenser.

En dehors des fonctions, qu'il remplit avec distinction, et de ses admirables inventions, il publia dans des revues spéciales des travaux remarquables qui dénotent l'incomparable variété de son savoir et sa haute compétence, notamment en matière de météorologie et d'électricité. Il fut en outre un des plus dévoués et des plus anciens collaborateurs de la revue *Ciel et Terre*. Enfin, il prit, entre temps, une large part aux travaux des divers Congrès de l'Association française pour l'avancement des sciences.

En fournissant une carrière empreinte d'un labeur surhumain et embellie par les plus hautes qualités morales, Van Rysselberghe n'a pas seulement enrichi le domaine de la science, mais aussi celui de l'humanité.

La jeunesse, les travailleurs de toutes conditions, les savants, pourront y trouver un précieux exemple de puissance créatrice due à l'esprit d'observation uni au labeur prodigieux et persévérant, en même temps qu'un modèle incomparable de beauté morale. Il ne fut pas seulement un professeur d'énergie, mais aussi un professeur de bonté, sans feinte et sans masque.

NOTES EXPLICATIVES

1. Van Rysselberghe (François). Né à Gand (Belgique) le 24 août 1846; mort à Anvers le 6 février 1893. — 2. Ostende, station balnéaire d'une réputation mondiale, sur la mer du Nord (Belgique). — 3. Météorologie, partie de la physique qui traite des phénomènes atmosphériques (tonnerre, éclair, arc-en-ciel, pluie, neige, etc.). Elle est d'un grand secours aux navigateurs. — 4. Synoptique (*sun* = avec; *optomai* = je vois). Qui permet d'un coup d'œil de saisir les diverses parties d'un ensemble. — 5. Marégraphe (marée; *graphein* = écrire, décrire). — 6. Météorographe (*météore* = chose qui se passe en l'air; *graphein* = décrire). — 7. Paris (voir Clouet). — 8. Java, île de la Malaisie (océan Indien). Capitale Batavia (colonie hollandaise). — 9. Japon ou Nippon. Empire de l'Asie orientale composé de quatre grandes îles (Grand Océan). — 10. Indes anglaises, colonies anglaises dans l'Asie méridionale.— 11. Bruxelles (voir Stephenson). — 12. Gand (voir Bauwens). — 13. Légion d'honneur (voir Jacquard). — 14. Télémétéorologie (*télé* = au loin; *météo* = chose qui se passe

dans l'air; *logos* = langage). Instrument qui sert à inscrire les phénomènes atmosphériques qui se manifestent au loin. — 15. GREY, physicien anglais (voir électricité). — 16. EDISON (voir biographie). — 17. DYNAMO (voir Gramme). — 18. Anvers (voir Felu).

BIBLIOGRAPHIE

1. Revue *Ciel et Terre*. Treizième année, Bruxelles. — 2. Documents (Observatoire de Bruxelles).

Zénobe GRAMME

1826-1901

Un préjugé, assez répandu, est de croire que la franche gaieté et la bonne jovialité sont incompatibles avec le travail sérieux, et qu'un homme de talent ou de génie ne peut se concevoir sous les traits d'un homme à l'âme expansive et joyeuse.

Erreur profonde, préjudiciable au libre jeu et au parfait équilibre des facultés.

La bonne humeur, au contraire, non pas la bonne humeur intermittente, capricieuse et fantasque, mais régulière, opportune et communicative, rend l'esprit plus dispos, le corps plus allègre, le travail plus agréable et plus supportable.

Dans un de ses ouvrages, Quetelet montre par de multiples exemples que

ZÉNOBE GRAMME.

la belle humeur s'allie au vrai savoir et qu'elle contribue à rendre la science plus aimable et à entretenir la santé chez le savant. Et Franklin n'a-t-il pas dit : « La mauvaise humeur est la malpropreté de l'âme » ?

Parmi les multiples exemples de grands travailleurs que l'on pourrait citer à l'appui de cette affirmation, celui de l'illustre Gramme est typique.

Son biographe dit de lui : « Autant il était gai et même facétieux au dehors, autant à l'atelier il était réfléchi. A table, en famille, ou avec des amis, son caractère jovial se déliait. Il aimait à rappeler ses farces de jeunesse et lançait des boutades d'un esprit du reste très fin. »

Mais qu'était-ce que Zénobe Gramme ? — et qu'a-t-il fait pour que son nom vénéré se soit imposé à l'admiration du monde entier et soit entré dans le séjour de la gloire la plus pure ?

Ce qu'il a fait ? Il a doté l'humanité de la merveilleuse et féerique *dynamo-électrique* qui a révolutionné l'industrie et la vie sociale (pp. 492 et 499).

Ce qu'il était et quelle fut sa carrière ?

Écoutez cette histoire, jeunes gens, méditez-la et gravez-la au plus profond de votre cœur. C'est la plus précieuse école d'éducation sociale que vous puissiez rêver.

Comme Franklin, Palissy et tant d'autres, il est issu d'une humble famille : son père était un modeste employé chargé de famille. Dès l'âge le plus tendre, il révéla un esprit sagace, une grande lucidité d'esprit et une force d'observation peu commune. Très original aussi, il trouvait toujours des mots ou des gestes qui savaient désarmer le courroux maternel. « Tout jeune enfin, il se montra très ingénieux ; à neuf ans, il construisit dans une étable, un refuge pour ses lapins, qui se fermait à l'aide d'un loquet à secret connu de lui seul, et d'un mécanisme parfait. Une petite sœur, de deux ans à peine, était confiée à sa garde durant les grands travaux du ménage. Alors, il la passait à son cou, la petite s'accrochant à sa forte chevelure, et il n'en continuait pas moins, avec ses camarades, d'interminables parties de billes. Enfin, un jour, il se mit en tête de placer l'enfant dans un chariot mécanique qu'il avait construit.

» Dès son enfance, l'ingénieux petit Zénobe manifesta des préférences caractéristiques pour le travail manuel. Il passait ses heures de loisir chez un menuisier où il avait un plaisir extrême à voir travailler les ouvriers et à causer avec eux. »

Aussitôt ses études primaires terminées, il entra en apprentissage chez un menuisier et acquit rapidement une habileté remarquable, grâce à une règle de conduite qu'il s'était imposée : « avant d'entreprendre un travail un peu sérieux, il se recueillait plus ou moins longtemps, pour penser et méditer, et non pour rêver. »

« Mais une fois l'heure venue de déposer les outils, il abandonnait, du moins en apparence, toute préoccupation, pour apparaître sous les dehors d'un gai compagnon, d'un boute-en-train dont chacun recherchait la compagnie. »

A ces heureuses dispositions se joignaient des goûts simples, une grande assiduité au travail, une conduite irréprochable et une vive répulsion pour le cabaret. Il passait ses soirées chez lui ou chez des amis ; c'était un jeune homme d'intérieur, aimant le foyer par-dessus tout.

Sa famille s'étant établie à Huy, il se fit inscrire comme élève à l'école gratuite pour jeunes ouvriers. Aux cours qui s'y donnaient le soir, il prit pour la lecture un goût particulier. Enfin, lorsque la famille alla se fixer à Liége en 1849, il suivit assidûment pendant deux ans les cours de l'école industrielle et y remporta plusieurs distinctions.

« A cette époque, il était déjà hanté de l'idée des inventions, car il avait été frappé des manifestations de cette force mystérieuse : l'électricité. Et il répétait, sérieusement, qu'un jour il inventerait quelque chose. Au reste, il montra toujours une confiance pour ainsi dire illimitée en son ingéniosité naturelle : il n'était aucun travail, surtout s'il s'agissait de quelque combinaison à réaliser, qui n'excitât son amour-propre et dont il ne sortît, à force de réflexion et de ténacité tranquille. Aux heures de repos, il employait tous ses instants soit à dessiner sur le bois des assemblages nouveaux, soit à perfectionner les outils manuels en vue de leur assurer une utilisation plus aisée et un rendement meilleur. »

Telle fut la préparation initiale de l'homme qui allait, dix ans plus tard, bouleverser le monde des savants et étonner par un coup de maître, la génération actuelle. Sans doute, la nature l'avait favorisé, mais les dons qu'il en avait reçus fussent restés inertes et improductifs s'il n'avait acquis par lui-même et fortifié par l'étude, les qualités qui lui ont permis de s'acheminer lentement, mais sûrement vers le triomphe final. C'est qu'il ne suffit pas de posséder un capital, il faut avoir le bon sens, le courage, l'énergie et la persévérance de le faire fructifier. Et c'est en cela que résident toute la noblesse et la véritable grandeur du génial inventeur.

Hanté par l'idée des voyages, il quitte Liége en 1855 et se rend à Bruxelles avec l'espoir d'y trouver une occupation plus lucrative. Il fut cruellement déçu et obligé de vivre avec la modique somme de 40 centimes par jour : régime de privations qui faillit le conduire au tombeau.

De là, il se rend à Lyon, puis à Marseille, et enfin à Paris (1856), où il trouva à s'employer dans un grand atelier de menuiserie. L'année suivante (1857), il épousa une veuve, Mme Hortense Nysten, qui avait une fille. « Un jour il rencontra, par hasard, Joseph Van Malderen, contremaître de la Société l'Alliance, vaste atelier où l'on construisait des appareils magnéto-électriques, destinés à l'éclairage des phares. Cet ancien compagnon le fit admettre à l'Alliance (1860), comme ouvrier modeleur. » Frappé par les phénomènes de l'induction, il cherche à les expliquer, il veut comprendre ce dont personne autour de lui ne se préoccupait. Au cours de ses réflexions, il pressent que, de ce côté, il y a quelque chose à faire ; il y concentre tout son esprit ; et, en quelques semaines, il parvient à connaître la structure et le fonctionnement des machines mieux que les compagnons qui les avaient construites.

C'est alors que dans le silence et l'isolement, il compose, à son usage, une théorie pour l'explication des phénomènes électriques. Sur ces entrefaites, il quitte en 1864 l'Alliance et va se perfectionner chez Ruhmkorff et, un an plus tard, chez le célèbre ingénieur français Bazin. Le mystère de la force électrique ne cesse de le préoccuper. Sans maître, armé seulement d'un traité élémentaire de physique et d'un dictionnaire qui, longtemps, ont constitué toute sa bibliothèque, il étudie, sans relâche, la science électrique ; science effroyablement ardue pour un homme qui ne peut comprendre le texte du traité sans feuilleter à tout instant le dictionnaire.

« Ayant constaté avec autant de surprise que de joie que ses conceptions personnelles concordaient en grande partie avec les travaux des physiciens célèbres : Ampère, Franklin, Faraday, il puisa dans cette heureuse constatation une force nouvelle. »

L'idée de sa merveilleuse machine ayant mûri dans son esprit, il renonce à son métier pour s'adonner tout entier à ses recherches. « Malgré son manque de ressources pécuniaires, il y consacre tous ses instants. Avec une plaque de gutta-percha, deux aimants, quelques kilogrammes de fil de cuivre et une cuisine pour laboratoire, le tenace ouvrier se met à l'œuvre obscurément, sans relâche, avec une conviction et une persévérance qu'admiraient, en secret, sa femme et sa fille. » Il eut fatalement de nombreuses déceptions et par suite quelques défaillances rapidement surmontées, grâce à celles qui partageaient son existence mouvementée et qui s'étaient donné la tâche, combien grande et belle, de ranimer son énergie et de relever sa foi en la réussite.

« Le dévouement de ces êtres modestes fut admirable. Elles travaillaient, elles aussi, sans répit et le cœur joyeux, afin de suppléer, par leur labeur, aux ressources qui leur étaient, jusque-là, venues du chef de la famille. »

Enfin le grand jour arriva! — 1868; date à jamais mémorable, qui vit les efforts de l'inventeur couronnés de succès.

Mais, hélas! chose à peine croyable, l'ère des grandes difficultés allait seulement commencer. Il fallait, en effet, une installation convenable et l'intervention financière de quelque capitaliste intéressé à l'œuvre et capable d'en assurer l'essor. « Il

Mme GRAMME.

s'agissait pour lui, simple ouvrier tenant en main l'une des plus prestigieuses inventions du génie humain, de séduire des hommes de science et des hommes d'affaires. Les péripéties auxquelles cette chasse à l'homme et aux capitaux donna lieu, sont telles que leur énumération ferait plus pour la gloire de l'inventeur que la découverte elle-même n'a fait pour sa fortune. » La lecture de la correspondance et du journal de Gramme étreint douloureusement le cœur au récit des difficultés sans nombre qu'il eut à surmonter en ce moment suprême de sa carrière.

Sans se laisser abattre un seul instant par le découragement; sans se départir de son calme, et même de la gaité qui était le réconfort des siens, « il fit preuve au cours de recherches, de démarches, de négociations laborieuses, ingrates et longtemps décevantes, d'une énergie morale inébranlable, d'une patience à toute épreuve, mais surtout d'une discrétion admirable envers les deux femmes qui, humblement, péniblement, travaillaient pour lui donner du pain. C'est que Gramme entendait ne devoir qu'à lui-même la forme définitive et les applications directes de sa machine, brevetée en 1869 ". Mais il était écrit qu'aucune émotion, que nulle souffrance ne lui serait épargnée : à peine s'est-il remis au travail dans le silence de son modeste logis, que la guerre de 1870 éclate : «il quitte Paris et vient se fixer en Belgique, chez sa sœur. Sauvé!... Hélas! quel n'est pas son désespoir! Les plans, les dessins de son merveilleux appareil, il les a oubliés dans le train! Ils sont perdus, et avec eux toute sa vie de labeur, les avantages que la science et l'humanité en auraient retiré et, enfin, le bien-être qu'il rêvait pour les siens.

" Il fait télégraphier dans toutes les directions. Il passe des heures anxieuses dans une attente désespérée. Enfin la réponse vient : une dame qui se trouvait dans le même compartiment que lui, s'était aperçue de son oubli peu après son départ, et avait renvoyé le précieux rouleau par le courrier suivant.

" L'émotion fut tellement grande qu'en revoyant ses papiers et ses griffonnages, cet être d'un courage surhumain, pleura comme un enfant. "

La guerre terminée, il rentre à Paris et reprend ses travaux. Successivement, il invente et construit sa machine à quatre pôles ; en 1872, la première machine industrielle pour la galvanoplastie ; en 1873, la première machine pour l'éclairage; en 1874, la machine appelée type normal ou d'atelier. Enfin, de 1874 à 1885, il continue à inventer, à perfectionner et à appliquer. Ces inventions lui valurent de nombreuses et justes distinctions. Une manifestation grandiose, présidée par M. Montefiore-Levy, sénateur belge, eut lieu en son honneur à l'Exposition universelle de Bruxelles en 1897.

« Parlant plus tard de cette fête triomphale, Gramme avouait qu'elle l'avait profondément ému, mais il ajoutait qu'il eût préféré ne pas en être... C'est que l'illustre inventeur était resté tel qu'on avait connu le petit menuisier modeleur. Simple sans rusticité, modeste sans humilité, il ne subissait que contraint la pompe des solennités, et il essayait toujours de s'y soustraire. "

Travailleur infatigable et méthodique, chercheur persévérant, esprit original et pénétrant, Gramme n'a cessé jusqu'à son dernier jour de se livrer à des observations, à des études personnelles sur cette science de l'électricité, au progrès de laquelle ses inventions ont donné un si merveilleux essor.

Arrivé au faîte des honneurs, de la fortune et de la gloire, il aurait pu prétendre à un repos bien mérité et vivre dans l'opulence. Il n'en fit rien, se contentant — comme le sage de l'antiquité — de faire des heureux autour de lui, à être bon et généreux inépuisablement, et bienveillant toujours. Il évita de tomber dans les travers et les ridicules du « parvenu », grâce à son bon sens, à sa modestie, à son amour du travail, à son caractère si digne et à ses habitudes toutes de simplicité. Aussi, ne changea-t-il rien à son genre de vie. Comme autrefois, il partait à l'heure fixe pour le travail; il rentrait pour le dîner et ne sortait plus, heureux de se trouver dans son « home », au milieu des siens. Sa devise aurait pu être : « Le travail c'est la vie; repos ailleurs ! »

ANDRÉ AMPÈRE.

Comme on le voit, Gramme est non seulement un grand homme par l'éclat et la haute portée de ses inventions, il l'est aussi par l'exemple admirable de cette brillante carrière scientifique, accomplie à force d'indomptable énergie et d'études, par un homme que l'humilité de ses origines et l'absence d'instruction préparatoire semblaient vouer pour toujours à une activité purement manuelle. « Il est un de ces inventeurs féconds dont l'humanité garde à jamais la mémoire et dont les générations qui s'en vont lèguent pieusement le souvenir à celles qui les remplacent. »

Aussi ne peut-on songer, sans un serrement de cœur, que le nom de cet illustre Belge faillit sombrer dans l'oubli. Sans l'intervention d'un groupe d'initiés, ses admirateurs, une immense ingratitude eût été consommée, une inconcevable injustice eût été commise. Grâce à leur initiative et à leur impulsion, un monument lui fut élevé, en 1905, dans la grande cité wallonne où il avait reçu les premiers éléments de la science électrique.

NOTES EXPLICATIVES

1. Gramme (Zénobe). Né à Jehay-Bodegnée (Belgique) en 1826 ; mort à Paris en 1901. — 2. Quetelet (Lambert-Adolphe) (1796-1874). Né à Gand. Grand mathématicien. On lui doit des ouvrages très documentés sur l'évolution des sciences, des lettres et des arts en Belgique. Il fut également un astronome distingué dont la renommée franchit nos frontières. Dirigea l'Observatoire de Bruxelles. — 3. Franklin (voir biographie). — 4. Dynamo (*dunamis* = force). Machine qui transforme l'énergie mécanique en énergie électrique. — 5. Palissy (voir biographie). — 6. Huy, petite ville très pittoresque et très industrielle de la province de Liége, sur la Meuse (Belgique); 15,000 habitants. — 7. Liége (voir Grétry). — 8. Bruxelles (voir Stéphenson). — 9. Lyon (voir Jacquard). — 10. Marseille (voir Ph. de Girard). — 11. Magnéto électrique (voir électricité). — 12. Induction (du latin : *in* = dans, et *ducere* = conduire). Production de courants dans un circuit sous l'influence d'un aimant ou d'un courant. — 13. Ruhmkorff, grand physicien (1803-1877). Né à Hanovre (Allemagne); produisit des courants d'induction dans une bobine à deux fils. Invention féconde en résultats pratiques. — 14. Bazin, célèbre ingénieur français (1826-1898). Ses nombreuses découvertes lui ont acquis une renommée universelle. Sa foreuse circulaire et tubulaire servit au percement du mont Cenis. Né à Angers. — 15. Ampère, illustre physicien français (1775-1836), né à Lyon ; trouva les principes de la télégraphie électrique et découvrit la loi fondamentale de l'électro-dynamique. — 16. Faraday, illustre physicien et chimiste anglais (1791-1867) que ses fameuses découvertes sur l'électricité ont rendu célèbre à l'égal d'Ampère. Né près de Londres (Newington-Butts). — 17. Paris (voir Clouet). — 18. Galvanoplastie (voir notice).

N. B. — « Pour bien comprendre l'originalité et la valeur de l'invention de Gramme, il faut se rappeler que ce qui retarda, pendant de longues années, l'utilisation pratique de l'électricité, ce fut la difficulté de produire régulièrement et économiquement des courants de grande intensité. Les applications électriques étaient ainsi limitées aux signaux télégraphiques et aux dépôts métalliques (galvanoplastie), et ne mettaient en action que des courants irréguliers et relativement faibles ; elles furent longtemps monopolisées entre les mains d'un petit nombre de personnes.

» Les choses en étaient là, quand Gramme construisit une machine rustique, sous un volume des plus restreints, produisant des courants continus très puissants et très réguliers.

» Quand on parlait de sa découverte devant sa femme, Gramme montrait celle-ci en disant : « Le véritable inventeur, le voilà. »

Et maintenant que le nom de l'illustre Liégeois est sorti de l'ombre — éblouissant, majestueux — tout fait espérer qu'il se répandra au sein de nos populations et qu'il s'imposera à l'attention et à la vénération de tous les peuples civilisés.

Dans la *Revue scientifique*, M. Duponchel met en relief, d'une façon saisissante, l'œuvre grandiose de l'inventeur auquel il rend le plus éclatant hommage. Page à la puissante expression, aux idées profondes, qui constitue un autre monument élevé à la mémoire de Gramme et mérite de figurer dans une anthologie (*anthos* = fleur; *legein* = choisir). Recueil de morceaux choisis dans les œuvres des écrivains.

BIBLIOGRAPHIE

1. O. COLSON, directeur de la revue *Wallonia*, a publié, chez Thone (Liége), *la Vie et les Œuvres de Zénobe Gramme*, en une brochure admirablement documentée, d'une facture attrayante et renfermant des détails très intéressants. Nous nous en sommes largement inspiré pour faire notre travail. — 2. Aimé LEMOINE, *Réflexions sur Zénobe Gramme et son œuvre*.

L'ÉCLAIRAGE

NOTICE HISTORIQUE

De temps immémorial, l'homme a cherché à s'affranchir de l'horreur des ténèbres.

D'abord, il fut obligé de se contenter de la lumière produite par le foyer, et par là, il fut amené à remarquer que certains bois donnaient plus de clarté que d'autres. Les bois résineux (la résine est une matière onctueuse et inflammable qui suinte à la surface de certains végétaux) furent choisis pour en faire des torches.

Tels furent les premiers flambeaux.

On en vint ensuite à extraire la matière résineuse, à y tremper des fibres ligneuses et à faire de la chandelle de résine. Puis on découvrit l'huile à brûler extraite de la graine de navette et de la graine de pavot.

Cette substance étant liquide, il fallut un vase facile à transporter et propre à recevoir l'huile et la mèche. On imagina la lampe. Les peuples indiens, tous les habitants de la haute Asie, les Egyptiens et les Hébreux ont fait usage, dès la plus haute antiquité, de lampes servant à la combustion de l'huile. On possède les modèles d'un grand nombre de formes variées de lampes, provenant des Egyptiens, des Romains et des Grecs. C'étaient des vases en forme de coupe, généralement oblongs, munis d'une espèce de gouttière ou de bec où venait poindre une mèche ronde en coton qui trempait dans l'huile; mais le niveau de l'huile baissant par le fait de la combustion, il en était de même de la clarté; en outre, la lampe fumait et répandait une mauvaise odeur.

Les chandelles de suif ont été employées pour la première fois en Angleterre, au XIIe siècle. En France, la corporation des fabricants de bougies est déjà mentionnée dans le *Livre des métiers* d'Etienne Boileau, ainsi que celle des fabricants de chandelles sous Philippe le Bel (1268-1314).

L'éclairage public se fit d'abord avec des lanternes dans lesquelles on plaçait une chandelle ou une bougie. Ce ne fut qu'en 1765 que deux Français, Bourgeois et l'abbé de Périgny, inventèrent les réverbères en substituant l'huile au suif. En 1821, on leur appliqua la lampe perfectionnée d'Argand, physicien de Genève (1755-1803), qui inventa la cheminée de verre et disposa la mèche dans un double cylindre creux où l'air passait, ce qui donna à la flamme de la puissance et de la netteté. C'est ainsi que les mèches plates ou roulées, employées jusqu'alors, furent remplacées par les mèches cylindriques. Cette invention mémorable porta tout d'un coup, presque à sa perfection, l'art de l'éclairage au moyen des lampes : système qui sollicita l'esprit ingénieux de quelques constructeurs français. En effet, en 1782, un pharmacien de Paris, nommé Quinquet, confectionna la lampe avec réservoir d'huile supérieur au bec. Ce fut le premier appareil d'éclairage qui reçut l'application des cheminées de verre et des mèches circulaires, imaginées par Argand. Mais dans le quinquet, le réservoir d'huile étant placé à un niveau supérieur au bec où s'effectue la combustion, ce réservoir projetait une ombre qui empêchait la lumière de rayonner circulairement. Divers essais furent entrepris, vers la fin du xviii° siècle, pour faire disparaître ce défaut. Ce ne fut qu'en 1800, que l'horloger français Carcel inventa la lampe qui porte son nom. Il plaça le réservoir d'huile à la partie inférieure de la lampe et imagina un mécanisme pour faire monter l'huile. Carcel est mort en 1812, sans avoir retiré de bénéfice de son importante création. Son compatriote Philippe de Girard (voir la biographie) subit le même sort avec son système de lampe hydrostatique.

Comme on ne connaissait pas encore les principes de la combustion, on fut bien longtemps avant de perfectionner les lampes. En 1836, Franchot, mécanicien français, inventa une lampe dite à « modérateur », qui constitua un notable perfectionnement, car l'ascension de l'huile s'opérait automatiquement, tandis qu'il fallait auparavant la refouler au moyen d'un piston.

La découverte du gaz d'éclairage fut l'origine d'un système nouveau, bien supérieur et moins dispendieux. C'est à Jean-Pierre Minckelers (né à Maestricht en 1748 ; mort en 1824), professeur à l'Université de Louvain (Belgique), qu'est due la découverte du gaz de houille et sa première application aux aérostats et à l'éclairage.

Il avait remarqué que du soufre se montrait à la surface de la houille. Le 1ᵉʳ octobre 1782, ayant mis de la houille pulvérisée dans un canon de fusil et l'ayant soumise à l'action du calorique, il obtint aussitôt et en abondance un gaz inflammable quatre fois plus léger que l'air atmosphérique.

Cette découverte fut appliquée d'abord aux aérostats en novembre 1783, sous les auspices et l'inspiration du duc Louis d'Aremberg, connu dans le monde scientifique sous le nom de « duc aveugle ».

Sur ces entrefaites, Minckelers avait perfectionné son invention au point de vue de l'éclairage et, dès 1785, le savant professeur utilisa ce gaz pour éclairer les locaux de la « Pédagogie du Faucon »,

JEAN-PIERRE MINCKELERS.

à Louvain (actuellement l'hôpital militaire), où il donnait ses cours ; il devançait d'un an l'Ecossais Dundonald et de treize ans l'Anglais Murdock qui éclaira au gaz, en 1805, la manufacture de James Watt (voir vapeur). On a longtemps attribué cette admirable découverte à Philippe Lebon, ingénieur et chimiste français (1767-1804). Or, Lebon n'avait que quinze ans à l'époque où Minckelers et son généreux inspirateur, le duc d'Aremberg, faisaient partir, dans le parc du château de Héverlé-lez-Louvain, le premier ballon gonflé au gaz (novembre 1783). Le duc d'Aremberg actuel s'occupe d'ailleurs encore activement de la question aérostatique, et c'est sur son initiative que, depuis 1905, on organise chaque année des fêtes commémoratives de l'invention du gaz et de son application. Toutefois, il est juste de dire que Philippe Lebon eut aussi l'idée de faire servir à l'éclairage les gaz qui se produisent pendant la combustion du bois, et que dans un Mémoire, il indiqua la possibilité de distiller toutes les substances grasses. Il mourut en 1804, après s'être ruiné en essais infructueux. Le gaz qu'il préparait était peu éclairant, impur et fétide, et sa combustion donnait naissance à des produits nuisibles.

C'est l'Angleterre qui, la première, adopta en 1810, ce mode d'éclairage. En France, il y avait répugnance générale et hostilité de la part de ceux dont les industries devaient souffrir de cette invention : l'Allemand Winsor, associé avec Murdock, qui avait voulu l'y introduire en 1815, succomba dans la suite et se ruina. Malgré cette aversion, l'éclairage au gaz triompha ; il fut établi à Paris, en 1820, et peu à peu dans toutes les villes importantes : Berlin en 1826, Vienne en 1833.

Il existe, en outre, dans la nature, divers liquides qui sont formés, comme le gaz de houille, de carbone et d'hydrogène, et peuvent servir à l'éclairage. Telle est l'huile de schiste ou d'asphalte provenant de la distillation du bitume, et le pétrole (*petra* = pierre; *oleum* = huile).

On fait encore usage de l'acétylène et de l'alcool (voir notice sur la chimie).

Vers 1831, la bougie stéarique a remplacé la bougie de cire et ensuite la chandelle, dont l'usage est si désagréable. Le suif est la réunion de deux produits : l'un, solide, appelé acide stéarique ; l'autre, liquide, appelé acide oléique. Il suffit d'éliminer l'élément liquide. Cette découverte est due au chimiste français Chevreul (1786-1889).

L'application de l'huile de schiste à l'éclairage est due à un fabricant français, Selligue, qui imagina une lampe pour la combustion des hydro-carbures liquides. La lampe à hydrogène liquide (térébenthine dissoute dans l'alcool) est due à Jobard, de Bruxelles (1833).

Enfin, on a trouvé un dernier mode d'éclairage, supérieur à celui du gaz, c'est l'éclairage électrique. En 1813, Davy (voir la biographie) remarqua, le premier, qu'en écartant légèrement deux crayons de charbon parcourus par le courant électrique fourni par une pile, on obtenait un arc lumineux ; mais ce n'est qu'en 1849 que Foucault, physicien français, trouva un appareil permettant d'utiliser ce phénomène; on eut alors la lampe à arc.

La lampe à incandescence (dans le vide), imaginée par Edison en 1878 (voir la biographie), ne parut qu'en 1881. Elle est basée sur l'échauffement des conducteurs sous l'action du courant; échauffement qui arrive à les porter au blanc. Enfin, en 1873, apparaît la première machine pour l'éclairage, inventée par Zénobe Gramme (voir la biographie). Cette découverte permit de répandre à flots la lumière dans les grands magasins, les usines, les ateliers, les rues; et le jour est proche où ce système si commode, si hygiénique, supplantera complètement l'éclairage au gaz.

AÉROSTATION — AVIATION

NOTICE HISTORIQUE

L'art de se maintenir et de se diriger dans les airs préoccupe l'humanité depuis les temps les plus reculés. C'est ainsi que le vol de l'oiseau fut particulièrement étudié par le savant grec Aristote (IVe siècle av. J.-C.), Pline l'Ancien, naturaliste romain (Ier siècle ap. J.-C.). Galien, anatomiste grec (IIe siècle ap. J.-C.); Albert le Grand, moine allemand (XIIe siècle); Léonard de Vinci, génial

JEAN ET ÉTIENNE MONTGOLFIER.

artiste italien (XVe siècle) qui fut un des prophètes et des pionniers de l'aviation en construisant un ingénieux appareil au moyen d'ailes de toile et de roseaux et d'un ressort puissant comme moteur. Dans la suite, nombreux sont ceux qui, tout d'abord, ne firent intervenir d'autre force motrice que celle des muscles de l'homme (hommes volants) et dont l'issue fut trop souvent fatale à leurs auteurs. Le premier essai de ce genre date de 1678 et est dû à un serrurier français. La description de son appareil se trouve dans le *Journal des savants* du 12 décembre 1678. Mais ce n'est qu'au XIXe siècle que les expériences se multiplient. En 1809, Degen, horloger de Vienne, fit un essai de vol; en 1850, l'Anglais Monk Mason construisit un appareil qui lui permit de planer pendant quelques secondes; en 1863, l'ingénieur français de Louvrié présenta à l'Académie des sciences la description et la figure d'un appareil qu'il désigne sous le nom d'*aéronave* (*aêr* ou *aéros*=air; *navigium*=navire); en 1875, le Belge De Groof, tisserand de Gand, tenta à Londres une expérience qui lui coûta la vie.

L'apparition de l'*aérostat* (*aéros*=air; *istão*=qui se tient) ou *ballon* (forme de balle) fut un événement mémorable; il renfermait en germe toute la science aéronautique de l'avenir. On sait que l'appareil s'élève grâce à la légèreté spécifique du gaz dont il est rempli. La théorie repose sur le principe formulé par Archimède (voir Ruolz) et démontré par Galilée (voir biographie) : « Tout corps plongé dans un fluide (eau, air, gaz), éprouve une poussée de bas en haut, égale au poids du fluide déplacé. » Ce corps restera donc en équilibre, tombera ou s'élèvera suivant que son poids est égal, supérieur ou inférieur au poids du fluide déplacé.

L'idée première des aérostats revient, sans conteste, non au Portugais Gusmao (XVIIe siècle) qui n'a laissé ni théorie, ni appareil, mais bien aux frères Montgolfier et que, par suite, la France est incontestablement le berceau de cette invention.

C'est, en effet, le 5 juin 1783, que Etienne et Joseph Montgolfier, fabricants de papier à Annonay (France), lancèrent un ballon captif fait de toile d'emballage doublée de papier et dont l'air était chauffé à l'aide d'un réchaud suspendu en dessous de l'orifice. Cet événement, si simple en apparence, provoqua un enthousiasme indescriptible à Annonay.

Le physicien Charles et le constructeur Robert renouvelèrent l'expérience, mais en remplissant le ballon de gaz hydrogène (*hydro* = eau; *gennan* = produire. Ainsi appelé parce qu'en se combinant avec l'oxygène, il forme de l'eau), découvert en 1781 par le chimiste anglais Cavendish, et qui pèse quatorze fois moins que l'air. Le ballon, lancé le 27 août 1783, du Jardin des Tuileries (Paris), s'éleva à 1,000 mètres.

Le 19 septembre, Etienne Montgolfier répéta l'expérience du

ballon à air chaud, à Versailles, devant le roi Louis XVI et Franklin. L'aérostat s'éleva à 500 mètres, emportant dans une cage suspendue à la partie inférieure du ballon, un mouton, un coq et un canard qui revinrent sains et saufs.

Le 21 octobre, Montgolfier et le physicien français Pilâtre de Rozier firent une ascension en ballon captif et, en novembre, ce dernier fit sur une montgolfière libre, avec le marquis d'Arlandes, officier français, le premier voyage aérien. En novembre également eut lieu, dans le parc du duc d'Aremberg, à Héverlé-lez-Louvain (Belgique), le premier lancement de ballon gonflé au gaz d'éclairage.

En décembre, le physicien Charles et le constructeur Robert firent la première ascension dans un ballon à gaz d'éclairage. Cette expérience a marqué une grande date dans l'histoire de l'art aéronautique, car c'est à cette occasion que Charles créa tous les moyens qui ont été mis en usage depuis lors dans les voyages aériens : la soupape, la nacelle, le lest, l'enduit de caoutchouc appliqué sur l'enveloppe, enfin l'usage du baromètre.

Le 7 janvier 1785, l'aéronaute français Blanchard et un Irlandais, le docteur Jeffries, accomplirent la traversée du bras de mer qui sépare l'Angleterre de la France (de Douvres à Calais) dans un ballon à gaz hydrogène. Voyage d'une audace incroyable pour une époque où la science aéronautique était encore pleine d'hésitations et d'incertitudes.

Après ces voyages d'essai, entrepris par curiosité, vinrent les voyages scientifiques. Le premier fut accompli à Hambourg (Allemagne), le 18 juillet 1803, par Etienne Robert (dit Robertson), physicien et professeur belge, né à Liége en 1763, mort à Paris en 1837. Il s'éleva à près de 8,000 mètres. En France, Biot et Gay-Lussac exécutèrent en 1804 une très belle ascension et recueillirent de nombreux renseignements sur la physique de l'air; dans un second voyage, ce dernier s'éleva seul à 7,000 mètres. En 1836, Green franchit 600 kilomètres en dix-huit heures avec un ballon de 2,500 mètres cubes; en 1862, les Anglais Glaisher et Coxwell atteignirent 8,840 mètres; en 1864, Nadar avec un 6,000 mètres cubes fit 700 kilomètres (huit personnes); en 1870, Rollier et Bézier, porteurs de dépêches pendant le siège de Paris, emportés par le vent, atterrirent en Norwège parcourant 1,246 kilomètres en quatorze heures quarante minutes; en 1875, les frères Tissandier, aéronautes français, renouvelèrent l'expérience; leurs compatriotes Crocé-Spinelli et Sivel trouvèrent la mort dans une ascension à 10,000 mètres; en 1911, les Allemands Berson et Suring s'élevèrent à 10,800 mètres; Suring et Flemming, à 9,000 mètres; en 1912, Wolff et Koschel atteignirent plus de 9,000 mètres.

On a imaginé également le parachute, appareil destiné à donner plus de sécurité à la descente aérostatique. L'invention en est due, selon les uns, à Etienne Robertson (cité plus haut), selon d'autres, à l'aéronaute français Jacques Garnerin qui, le 22 octobre 1797, s'élança, muni de son appareil, d'une hauteur de 1,000 mètres.

Les ascensions en ballon faites à l'occasion de fêtes, de réjouissances ou de joutes sportives, captivent et passionnent encore le public. Bien des noms d'aéronautes seraient à citer; les plus populaires furent, incontestablement, les Français Nadar, Toulet, Godard et l'Italien Capazza.

L'invention des aérostats fit faire un pas considérable à la question de la navigation aérienne : le véhicule était créé, il s'agissait de le diriger en utilisant un moteur convenable. Tout d'abord les machines, pourvues d'un moteur mécanique, ont été appliquées aux « aéronats » (ballons dirigeables). L'ère de ceux-ci s'ouvre, en 1852, avec l'aéronaute français Giffard qui tenta d'appliquer la vapeur; expérience renouvelée en 1872, par son compatriote Dupuy de Lôme, avec un aérostat à hélice et actionné par un propulseur que sept hommes mettaient en mouvement dans la nacelle. En 1883 et 1884, Gaston Tissandier fit, en même temps que les savants officiers français Renard et Krebs, des ascensions dans lesquelles il appliqua les dynamos électriques, mais sans grand succès. Durant un quart de siècle encore, une série de recherches plus ou moins vaines éprouva la patience et la ténacité des vaillants lutteurs jusqu'au jour où l'on vit évoluer, en des randonnées et des raids impressionnants, les aéronats aux formes allongées : le *République*, le *Ville de Paris*, le *Colonel Renard*, le *Zodiac* (en France); le *Zeppelin* cubant 15,000 mètres cubes, le *Parseval*, le *Gross*, etc. (en Allemagne). En 1900, le comte de La Vaulx fit 1,925 kilomètres en trente-cinq heures quarante-cinq minutes; en 1910, Balsan, avec un 3,000 mètres cubes, franchit 1,345 kilomètres en vingt-sept heures; le *Gross* fit, en janvier 1910, un parcours avec huit personnes à la vitesse de 60 kilomètres à l'heure; le dirigeable militaire le *République* fut moins heureux. Le 26 septembre 1910, il se brisa dans une chute de 200 mètres, écrasant le capitaine Marchal et ses trois compagnons d'armes. Au mois d'août 1910, le célèbre aéronaute suisse Spelterini traversa les Alpes au-dessus du massif du mont Blanc (4,810 mètres) avec un 2,000 mètres cubes, ayant à bord quatre voyageurs. Il compte plus de six cents voyages à son actif. Enfin en janvier 1912, le Français Dubonnet parcourut environ 2,000 kilomètres.

A côté du problème du « plus léger que l'air » qui a passionné trop longtemps les chercheurs en leur faisant négliger celui du « plus lourd que l'air », lequel a donné naissance à un art nouveau : l'*aviation* (*avis* = oiseau). L'appareil, qui porte le nom d'*aéroplane*, est basé sur le principe du cerf-volant; il est, selon le nombre de ses *plans*, dénommé *monoplan* (un plan); *biplan* (deux plans); *triplan* (trois plans). Déjà en 1848, le Français Henson construisit un monoplan muni d'un moteur qui actionnait deux hélices ayant 3 mètres de diamètre et ressemblant beaucoup à celui de son compatriote Blériot; seulement, le poids de l'assemblage était trop considérable. A noter aussi les essais intéressants de l'Anglais Springfellow (1868) et ceux qui furent plus concluants de son compatriote Heram-Maxim (1889) et des Français Tatin et Richet (1890). Le principe et la forme de l'aéroplane étaient trouvés. Un demi-siècle se passe avant qu'un nouvel essai se produise. La catastrophe où Lilienthal, aéronaute allemand, trouva la mort (août 1896), parut donner raison aux adversaires du « plus lourd que l'air; » or sa chute de 15 mètres avait été provoquée uniquement par une rafale formidable. La constance et la hardiesse de cette noble victime de l'aviation furent admirables, quand on pense qu'il fit, de 1891 à 1896, plus de deux mille vols planés de 17 à 1,100 mètres avec un simple appareil d'osier drapé de calicot, avec lequel il se lançait d'une hauteur de 30 mètres. Procédant comme lui, le peintre suisse Bœklin réussit quelques vols à Zürich (1894). En 1896, Lengley, avec un appareil de 30 kilogrammes, franchit 1,200 mètres, époque à laquelle l'Anglais Pilscher commençait ses expériences arrêtées en septembre 1899 par une chute mortelle.

Mais déjà les travaux de Chanute, né à Paris en 1832, mort en novembre 1910 et qui s'était fixé en Amérique, faisaient grand bruit. S'inspirant de la découverte du Français Mouillard (1890), il conçut l'aéroplane du type cellulaire qui fut essayé en 1896 par

Herring et Avery. Mille glissades furent réussies par ces deux hardis Américains dont certaines atteignirent 150 mètres en quatorze secondes.

Il convient cependant de rappeler que le premier créateur d'ailes fut en réalité l'ingénieur français Clément Ader. Pour faire ses recherches, il voulut la fortune. Il l'obtint par des perfectionnements apportés au téléphone en fabriquant des appareils utilisateurs qui portent encore son nom et enfin en créant le *théâtrophone* (*theatron* = théâtre ; *phônè* = voix. Appareil destiné à transmettre au moyen d'un téléphone et d'un microphone, une audition musicale). En 1897, Ader vola pendant 300 mètres avec un appareil qu'il nomma *avion*. Son vol ne fut arrêté que par une rafale qui rejeta l'appareil contre les baraquements d'un camp. On peut dire qu'il fut le véritable précurseur de l'*Aviation*. Ayant englouti toute sa fortune (un million et demi) dans ses divers essais, « voyant les pouvoirs publics se refuser à accepter son invention, battu par tous les vents humains plus cruels que ceux du ciel ; vieilli dans le chagrin et le travail dans l'éternel bouillonnement cérébral des créateurs », il se réfugia près de Toulon (port sur la Méditerranée, 102,000 habitants) où il mourut dans un complet isolement, léguant son *Avion n° 1* au Conservatoire des arts et métiers de Paris.

Après Ader, les expériences de vol plané furent reprises par le capitaine français Ferber, aidé par Voisin, ingénieur constructeur, et encouragé par Archdeacon. Le 30 septembre 1899, il lança un planeur d'un sommet des environs de Genève (Suisse). L'appareil se brisa. D'autres furent essayés jusqu'au jour fatal où l'habile capitaine fit une chute mortelle (septembre 1909).

A cette liste des premiers essais, viennent s'ajouter ceux du constructeur français Esnault-Pelterie, exécutés en octobre 1904. Puis viennent les expériences décisives des frères Wright (Wilbur et Orville), modestes mécaniciens américains qui, après quatre années d'un constant labeur, firent paraître, en 1902, un appareil avec lequel ils firent près de mille ascensions dont l'une comporta 190 mètres. En 1903, ils ajoutèrent un moteur à gaz actionnant une hélice, constituant ainsi un appareil de 335 kilogrammes qui leur permit de voler 226 mètres en cinquante-neuf secondes, contre un vent de 36 kilomètres à l'heure. Mais s'ils étaient parvenus à voguer dans l'air en s'y maintenant en « équilibre », chaque fois qu'ils essayaient de s'écarter de la ligne droite, pour « virer » à droite et à gauche, ils devaient atterrir. Il leur fallut un an de recherches et d'expériences pour résoudre ce nouveau problème : « le gauchissement des ailes », qui permet de « virer » en assurant la stabilité et la direction de l'aéroplane. Toutefois, d'après des documents tout récents, et indiscutables, la paternité du « gauchissement » appartiendrait au Français Mouillard, auteur de *l'Empire de l'air*, précurseur de l'aviation. Il communiqua sa découverte, 20 novembre 1890, à Channut, trop vieux pour l'expérimenter, et qui fut le maître des Wright auxquels, sans nul doute, il signala les travaux de Mouillard. Du reste, Channut avait cru bon de traduire en anglais les documents lui confiés par l'ingénieux français. Aussi, rien d'étonnant à ce que les Wright parvinrent à boucler la boucle, en effectuant un trajet aérien de forme circulaire. Le 5 octobre 1905, ils accomplissaient en ligne courbe un parcours de 38 1/2 kilomètres en trente-huit minutes. Leur dernier modèle de 1907 leur valut un triomphe définitif — et depuis ce jour,

Monoplan en plein vol (Olieslagers).

où le premier circuit fermé fut accompli, l'aviation pratique exista.

C'est alors qu'entre en scène le Brésilien Santos Dumont qui, en France, réussit les premiers vols mécaniques : 220 mètres en novembre 1906. Puis apparaît l'aviateur français Farman. Le 26 octobre 1907 il fait 770 mètres; le 13 janvier 1908 il remporte le prix fondé par deux généreux protecteurs de l'aviation : Deutsch (de la Meurthe) et Archdeacon, en faisant 1,000 mètres en circuit fermé; enfin il effectue le 21 mars 1908 un parcours de 2,000 mètres. Son compatriote Delagrange, de son côté, vole 3,925 mètres en six minutes et demie, et le 6 juillet réussit un vol de vingt minutes dix-neuf secondes, gagnant le prix fondé par Armengaud, autre

Mécène français. En octobre 1908 W. Wright, emmenant un passager, évolue à la vitesse de 50 kilomètres dans l'heure; le 31 décembre il parcourt en une envolée 124 3/4 kilomètres en deux heures vingt minutes; le 20 mai 1909 P. Tissandier couvre 55 kilomètres dans l'heure; enfin le 26 juillet de la même année, Blériot traverse la Manche, de Calais à Douvres (31 kilomètres), exploit renouvelé par de Lesseps (mai 1910), Rolls (Anglais—juin 1910); Moisant (août 1910); Sopwith (Anglais—décembre 1910); Prier (avril 1911) (de Londres à Paris sans escale, 380 kilomètres); en juillet de la même année onze aviateurs ont franchi le bras de mer : Gibert, Vedrines, Garros, Vidart, Kimmerling, Train, Valentine, Beaumont (Conneau), Tabuteau, Barra et Renaux-Senoucques. En mars 1912 Salmet exécute le raid Londres-Paris, aller et retour; en avril Hamel accomplit la même prouesse et Mlle Quimby, Américaine, franchit le détroit.

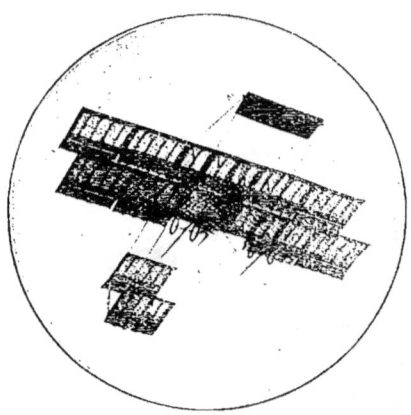

Biplan en plein vol (Kinet).

Vient ensuite la mémorable « Grande semaine d'aviation française » à Bétheny, près de Reims, en Champagne, du 20 au 28 août 1909, qui fut une véritable révélation et d'où est sorti un élan irrésistible qui engendra les brillants résultats ultérieurs.

En ce qui concerne les voyages de ville à ville et de pays à pays, le premier fut exécuté le 13 juillet 1909 par le Français Blériot (40 kilomètres). Depuis lors, ils se sont succédé avec une fréquence remarquable, comportant des étapes de 100 à 1,600 kilomètres. Il convient de signaler l'exploit qui coûta la vie à Chavez : la traversée des Alpes au col du Simplon, de Brigue (Suisse) à Domodossola (Italie), le 23 septembre 1910. Enfin le circuit européen, du 18 juin au 7 juillet 1911 (1,600 kilomètres), à travers quatre pays : France, Belgique, Hollande, Angleterre, avec neuf étapes : Paris, Liége, Spa, Utrecht, Bruxelles, Roubaix, Calais, Londres, Calais, Paris. La phalange des aviateurs comprenait quarante et un partants dont dix-huit arrivèrent à Liége (320 kilomètres), onze traversèrent le détroit et neuf achevèrent la formidable randonnée : Vidart, Gibert, Garros, Beaumont, Renaux et Senoucques, Kimmerling, Barra, Tabuteau, Vedrines. En 1912, Brindejonc vole au-dessus des Pyrénées (2,500 mètres d'altitude) en parcourant 200 kilomètres.

Les résultats en hauteur sont plus stupéfiants encore. En 1897, Ader vole à 1 mètre de hauteur; en 1902, W. Wright, à 1^m,50; en 1906, Santos Dumont, à 2 mètres; en 1908, Farman, à 6 mètres, et Wright, à 110 mètres. Depuis lors, on a atteint la hauteur vertigineuse de plus de 4,000 mètres.

En ce qui concerne la vitesse, on constate la même progression : en 1907, Farman fait 52 1/2 kilomètres dans l'heure; à l'heure actuelle on en fait près de 200.

Quant à la durée du vol, elle n'atteignait en 1908, que quelques minutes, avec Farman et Delagrange ; en juillet, Blériot volait huit minutes et Wright triomphait au camp français d'Avours avec un vol de soixante-deux minutes. Aujourd'hui, on tient l'air pendant sept et huit heures.

Depuis 1910, on a fondé des écoles d'aviation où les aviateurs en renom ont organisé des cours pour faire l'éducation des pilotes, comme on en a créé pour la formation des chauffeurs d'automobile. En outre, on est en pleine exploitation industrielle de machines volantes de tous genres. Parmi les nouveautés, il convient de citer « l'hydro-aéroplane » (hydro = eau) qui, à volonté, « atterrit » ou « amerrit » (partir de la surface de la mer et s'y poser). Désormais les aviateurs n'auront plus à redouter le danger des eaux. Dans ce mouvement intense, la France tient la tête. De son côté, la Belgique n'est pas restée inactive, et elle peut être fière de ceux de ses enfants qui, comme Ch. Van den Born, Jan Olieslagers, Tick, Verschaeve, Verrept, Daniel et Nicolas Kinet (tous trois morts, hélas), ont porté glorieusement son renom dans le domaine de l'aviation. D'autre part, l'Allemagne déploie une intense et fiévreuse activité dans la construction des « dirigeables ». C'est ainsi que le nouveau *Zeppelin* aura 148 mètres de long et une capacité de 19,000 mètres cubes; il atteindra 72 kilomètres à l'heure.

Parmi la pléiade des aviateurs, on rencontre un certain nombre de vaillantes femmes (six Françaises, cinq Anglaises, deux Américaines, une Allemande) dont les exploits de quelques-unes méritent d'être notés : Mme la baronne Raymonde Delaroche, Mlles Hélène Dutrieu, Marvingt, Jeanne Herveu, Moisant ; Mmes Marthe Niel, Franck-Hewartson, Driancourt, Mlle Denise Moore qui se tua le 28 juillet 1911, enfin l'Américaine Mlle Quimby qui traversa le détroit en avril 1912.

Il ne peut être question dans ce court exposé de relater, d'une façon détaillée, les progrès incessants accomplis et, moins encore, de dresser la liste interminable des aviateurs. A ce double point de vue, il est intéressant de consulter les publications spéciales.

Bien que l'on soit encore dans l'ère de l'apostolat, l'opinion générale est que le nouvel engin, fait d'art et de science, deviendra

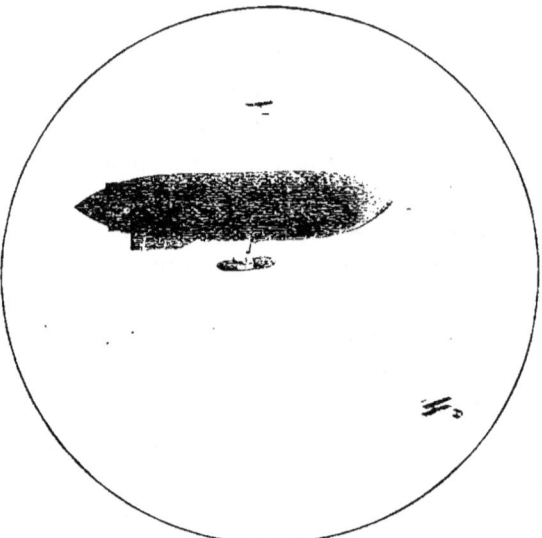

Dirigeable, monoplan et biplan.

un moyen de transport et de communications internationales, et que, par suite, dans un avenir peut-être proche, notre mode d'existence devra se transformer. En attendant, il est douloureusement regrettable de voir que les hommes ont pensé, tout d'abord, utiliser l'aéroplane comme engin de guerre. Espérons que les bombes jetées du haut des aéroplanes italiens en Tripolitaine auront été les premières et les dernières. « Si la nature a donné le vol à des oiseaux de proie, il ne faut pas que l'homme en augmente le nombre en les fabriquant de ses propres mains. » Après tout, c'est peut-être un mal pour un bien, car, du jour où toutes les grandes puissances seront pourvues d'une flotte aérienne, les guerres deviendront impossibles. Puisse bientôt luire le jour où le *pacifisme* ne sera plus un vain mot; où tous les peuples seront unis par ces fragiles et charmants liens que seront les aéroplanes, à travers l'espace éthéré, « région où l'âme est plus pure, la raison plus forte, et le sentiment du devoir plus profond, plus divin ».

Certes, avant que s'accomplissent ces transformations dans la vie sociale, bien des années passeront, car la partie mécanique de l'aéroplane est encore bien défectueuse. C'est elle la cause de tous les arrêts, de tous les échecs. Et cependant que d'études patientes, de recherches minutieuses, d'essais ingénieux se font chaque jour pour découvrir le moteur idéal! A qui reviendra la palme dans cette recherche? Qu'importe! D'où qu'il vienne, le miracle sera le bienvenu. En attendant, saluons avec vénération les nobles victimes de la Science aéronautique mortes au champ d'honneur et dont le martyrologe, depuis 1908 jusqu'à ce jour (fin mai 1912), compte cent quarante victimes.

Admirons et rendons hommage à tous les intrépides professeurs d'énergie — et ils sont légion aujourd'hui — dont l'initiative, l'audace, le sang-froid, l'endurance et la persévérance tiennent du prodige ; hommes dévoués qui sacrifient, dans l'intérêt de la Science, leur temps, leur fortune, leur santé et leur vie.

« Et cette auréole sanglante qui plane sur la tête de tous ceux qui s'aventurent dans l'espace, est bien faite pour donner au sport nouveau, une allure profondément émouvante et pathétique. »

BIBLIOGRAPHIE

1. G. TISSANDIER, *Simples Notions sur les ballons*. Paris, 1876 ; *Voyages dans les airs*. Paris, 1887.— 2. LAMIRAULT, *Grande Encyclopédie*. — 3. Adhémar DE LA HAULT, *la Conquête de l'air*, revue bi-mensuelle. Bruxelles, 214, rue Royale. — 4. Lebègue, Bruxelles. Abonnements : *la Vie au grand air*, *l'Aéro*, *l'Aéronautique*, *l'Aérophile*, *l'Aérostation*, *l'Avion*, *le Cerf-Volant*, *l'Encyclopédie de l'aviation*, *le Mois aéronautique*, *la Revue aérienne*, *la Revue de l'aviation*, *le Sport universel illustré*.

Vicomte Ferdinand de LESSEPS

1805-1894

Jadis, il fallait des mois pour aller, par eau, soit aux Indes, soit en Californie ; aujourd'hui, c'est l'affaire de quelques semaines.

Comment ce remarquable progrès a-t-il été réalisé ?

La chose est bien simple. Le jour où l'homme s'aperçut que les montagnes constituaient d'infranchissables obstacles à ses

FERDINAND DE LESSEPS.

voyages, à ses relations, à son commerce, il les transperça de part en part ; de même un moment vint où, fatigué de doubler le cap de Bonne-Espérance pour se rendre aux Indes, il se dit qu'en coupant l'isthme de Suez, il économiserait un temps considérable.

Mais comment couper un isthme ?

Un savant français, Ferdinand de Lesseps, résolut la question en creusant un canal qui relie aujourd'hui la mer Rouge à la mer

Méditerranée, et qui est certes l'œuvre la plus considérable du siècle. C'est une merveille industrielle d'un genre tout à fait spécial, car elle ne frappe pas les sens, et il faut en quelque sorte de la réflexion, de l'étude même, pour en concevoir la grandeur autant que l'utilité civilisatrice et commerciale.

Rien, en effet, ne rappelle la puissance des efforts qu'il a fallu faire pour ouvrir un chemin à travers le désert; œuvre qui est et restera la gloire de l'illustre Français, directeur des travaux, et l'orgueil de la France dont les nationaux ont fourni l'argent nécessaire à l'édification de cette entreprise gigantesque.

Mais, dira-t-on, les hommes qui ont percé des montagnes pour faire passer leurs chemins de fer étaient bien capables de creuser des bras de mer pour abréger la route de leurs vaisseaux!

En effet, cela paraît tout simple, en théorie. A distance on ne se rend pas compte des difficultés de la pratique; on ne voit pas les combats qu'il a fallu soutenir contre la nature : un désert aride; point d'eau; un sable mouvant ou des rochers; un climat torride; le simoun impitoyable; des fièvres mortelles. Voilà de quoi faire reculer les plus audacieux. Et ce n'est pas tout, car il est d'autres combats qu'on ne voit pas non plus; ce sont ceux qu'il a fallu livrer à la routine avec laquelle la malveillance avait fait une alliance défensive.

L'Angleterre, agissant sous l'inspiration de ses projets d'avenir sur l'Egypte et de ses futures convoitises, voyait d'un mauvais œil l'exécution d'une entreprise qui, semblait-il, devait lui enlever une partie de son prestige. Elle mit des bâtons dans les roues en suscitant des difficultés, soit directement en jetant les hauts cris et en déclarant, par la bouche de ses ingénieurs, le projet inexécutable et même dangereux par suite de la différence de niveau des deux mers, soit indirectement en poussant le gouvernement turc, suzerain du vice-roi d'Egypte, à en empêcher l'exécution.

Cette accumulation d'obstacles matériels renforcés par le parti pris, la mauvaise foi et l'envie, eût fait hésiter, reculer tout autre que de Lesseps. Mais l'Angleterre avait à faire à un entêté qui avait foi en son œuvre, et qui, grâce à une vigueur d'intelligence et une force de caractère peu communes, fera l'impossible pour la mener à bonne fin.

La lutte commença. Il vainquit d'abord les résistances du

gouvernement turc qui, poussé par l'Angleterre, refusa longtemps d'accorder l'autorisation nécessaire à l'ouverture du canal, dont l'établissement avait été concédé par le vice-roi d'Egypte, Mohammed Saïd Pacha, dès 1854.

Il combattit ensuite, par des conférences, par une publicité à laquelle on n'était pas encore habitué, les assertions d'ingénieurs autorisés par leur réputation; d'hommes d'Etat d'une influence redoutable, qui se hâtèrent, soit par esprit de dénigrement, soit par défaut de lumières ou pour d'autres raisons, de condamner comme chimérique et irréalisable, une entreprise que d'autres avant lui avaient entrevue et abandonnée.

Le résultat fut qu'il parvint à fonder la « Compagnie universelle de l'isthme de Suez », avec un capital de 200 millions, péniblement recueillis par souscriptions. C'était suffisant pour commencer. Le plus fort était fait. Il n'y avait plus à vaincre que des difficultés d'ordre matériel, et si elles naissaient au cours des travaux, on saurait bien s'en rendre maître avec de l'énergie, des bras et de l'argent.

Les travaux commencèrent le 25 avril 1859. Ce jour-là, il y avait sur la plage de Port-Saïd, encore vierge de constructions, environ cent cinquante personnes entourant M. de Lesseps qui, une pioche à la main, prononça un discours très court : « Au nom de la Compagnie universelle du Canal maritime de Suez, dit-il, et en vertu des décisions de mon conseil d'administration, nous allons donner le premier coup de pioche sur le terrain qui ouvrira l'accès de l'Orient au commerce et à la civilisation de l'Occident. »

Peu de paroles, de l'action, c'était la devise du moment. M. de Lesseps avait été obligé de beaucoup parler pour triompher des difficultés soulevées par les ennemis et les envieux de son œuvre, il allait maintenant beaucoup travailler.

Oh! il fallut encore lutter contre l'Angleterre dont les émissaires arrêtèrent les convois d'eau, s'opposèrent au transport des bagages, et empêchèrent l'enrôlement des fellahs; mais le vice-roi, admirateur de de Lesseps, déploya tant d'énergie qu'il fut, à la fin, maître chez lui.

Deux mille ouvriers purent être réunis dans l'isthme; des convois de transport avec des escortes fournies par le gouvernement égyptien, furent organisés pour leur procurer le matériel, les outils nécessaires aux travaux et les vivres indispensables à leur existence dans ce désert où, au début, il n'y avait pas même de l'eau.

Malgré tout, il règne une intense activité dès la fin de 1859; les dragues commencent à fonctionner; dix chantiers sont établis; Port-Saïd prend naissance. Au commencement de 1861, c'est déjà une ville de 2,000 habitants sédentaires; des ateliers, des magasins, des constructions de toutes sortes s'y élèvent. A cette époque, huit mille ouvriers travaillaient dans les ateliers et les chantiers; chiffre qui fut bientôt triplé puisque, à la fin de 1862, l'on comptait vingt-six mille ouvriers.

Pendant ce temps, Ismaïlia s'élevait avec la même rapidité que Port-Saïd qui s'agrandissait tous les jours. Enfin, au début de 1863, le nombre des ouvriers s'accrut encore. Il y en avait trente-six mille dans l'isthme lorsque la mort du vice-roi vint arrêter les travaux et presque tout remettre en question. La Turquie, poussée par l'Angleterre, intervint et exigea de la Compagnie la rétrocession des terrains que le vice-roi d'Egypte lui avait concédés; en même temps, elle supprimait la corvée, de façon à priver l'entreprise de la grande quantité de fellahs employés aux travaux.

Mais l'infatigable promoteur veillait; vigilant et actif, il para le nouveau coup médité contre son œuvre, en faisant jouer toutes les influences. Finalement, la France intervint et arrangea l'affaire. Et ainsi tombèrent une fois encore les machinations ourdies contre l'intéressante et utile entreprise. Les chantiers, déserts pendant quelques mois, se repeuplèrent bien vite, non seulement d'hommes, mais de machines puissantes qui remplacèrent avantageusement les fellahs. Les travaux reprirent partout et ne furent plus enrayés. L'ensemble des machines à vapeur représentait une force de 10,000 chevaux; l'enlèvement mensuel des déblais, colossal, immense, atteignit plus de 1 million de mètres cubes. A la fin de 1867, il y en avait encore 40 millions à enlever, soit plus de la moitié du total général; mais de Lesseps qui avait fixé à 1869, le terme de l'entreprise, mit tout en œuvre; il fit installer partout des machines dont le rendement se chiffra à 2 millions de mètres cubes par mois.

Le 16 octobre 1869, le canal était complètement terminé et, le 17 novembre suivant, il était ouvert à la grande navigation.

Une fois de plus, le génie de l'homme, uni à une puissante

énergie et à une constance réfléchie et invincible, avait triomphé de tous les obstacles que lui avaient opposés la nature, la routine malveillante et les préjugés. Et la France compta un grand Français de plus.

Mais l'ère des difficultés n'était point close encore. Des objections furent soulevées au sujet du transit du canal et du droit de tonnage perçu sur les navires qui le traversaient. Ferdinand de Lesseps fut contraint, par la force, de s'incliner devant les décisions prises par le khédive d'Egypte, de concert avec la Porte (Cour du sultan de Turquie).

En 1879, encouragé par le succès de sa première entreprise, il commença en faveur du percement de l'isthme de Panama une campagne vigoureuse, alla en Amérique (il avait alors soixante-quatorze ans), pour se rendre compte par lui-même de l'importance du travail à accomplir, multiplia les conférences et les moyens de propagande. Sur ces entrefaites, des troubles éclatèrent en Egypte. Ferdinand de Lesseps, comme président d'administration de la Compagnie de Suez, se rendit sur le bord du canal, et obtint d'Arabi-Pacha la promesse que la liberté de navigation serait respectée sur le canal (1882). Tout à coup, on apprit que les armateurs anglais demandaient la construction d'un canal parallèle et exclusivement placé sous le contrôle britannique. De Lesseps négocia avec Gladstone et aboutit à un arrangement.

L'échec final, en 1890, de l'entreprise de Panama, puis les poursuites encourues par le conseil d'administration de la compagnie dont faisait partie son fils Charles, attristèrent ses derniers jours.

NOTES EXPLICATIVES

1. LESSEPS (Vicomte Ferdinand de). Ingénieur et diplomate. Né à Versailles en 1805 ; mort en 1894. Lors de l'inauguration solennelle du canal, la cité de Londres lui conféra le droit de bourgeoisie, et l'Académie des sciences l'appela dans son sein. En 1884, il fut élu membre de l'Académie française, et le 17 novembre 1899, sa statue fut inaugurée solennellement à Port-Saïd. — 2. INDE, péninsule ou presqu'île de l'Asie méridionale. — 3. CALIFORNIE. Pays à l'ouest de l'Amérique du Nord. — 4. CAP DE BONNE-ESPÉRANCE, au sud de l'Afrique. — 5. ISTHME DE SUEZ, reliait l'Afrique à l'Asie, entre la mer Rouge et la Méditerranée. SUEZ, port sur la mer Rouge. — 6. SIMOUN, vent brûlant, qui

souffle dans le Sahara, du midi au nord. — 7. FELLAH, paysan ou laboureur égyptien. — 8. EGYPTE, contrée du nord-est de l'Afrique. Elle a à sa tête un vice-roi ou khédive, vassal de la Turquie, mais soumis à l'influence prépondérante de l'Angleterre. Dix millions d'habitants. Villes principales : Le Caire, Alexandrie, Damiette, etc. Sa civilisation est la plus ancienne des civilisations humaines ; elle remonte à cinq ou six mille ans. Les rois indigènes portaient le nom de Pharaons. Quatre cents ans avant Jésus-Christ, elle passa aux mains des Ptolémées. — 9. TURQUIE ou Empire ottoman. Un des Etats de la péninsule des Balkans et de l'Asie occidentale. Capitale Constantinople ou Stamboul (anciennement Byzance). Le pouvoir absolu était exercé par un sultan. Depuis 1911, ce pays est doté d'une Constitution. — 10. PANAMA, ville et port de la république de Panama, sur l'océan Pacifique. — 11. ARABI-PACHA, vice-roi d'Egypte. — 12. GLADSTONE. Homme d'Etat anglais (1809-1898). — 13. VERSAILLES (voir Renkin). — 14. LONDRES (voir Bauwens). — 15. PARIS (voir Clouet).

BIBLIOGRAPHIE

1. Documents (Bibliothèque nationale de Paris). — 2. L. HUARD, *le Canal de Suez*. Edit. Boulanger, Paris.

CANAUX ET TUNNELS

NOTICE HISTORIQUE

Les voies de communication, si rares autrefois, si nombreuses, si variées et si admirables aujourd'hui, sont considérées, à juste titre, comme un des plus puissants facteurs de la civilisation.

On comprend, dès lors, les efforts prodigieux déployés par les nations civilisées, les sacrifices énormes qu'elles se sont imposés pour les multiplier, les entretenir et les perfectionner; et ainsi s'expliquent la création de canaux, les percements d'isthmes, la construction de tunnels et de ponts, œuvres souvent cyclopéennes qui frappent l'imagination de stupeur et provoquent l'admiration.

De temps immémorial, l'utilité des canaux de navigation a été reconnue par les peuples avancés. Plusieurs siècles avant notre ère, les Chinois et les Egyptiens en avaient déjà un grand nombre. L'un des canaux construits par ces derniers mettait en communication Alexandrie (port d'Egypte sur la Méditerranée), le lac Maréotis et le Nil. La circulation y était encore très active sous les empereurs romains, mais elle diminua insensiblement, faute d'entretien, jusqu'à la fin du XVIIIe siècle.

En 794, Charlemagne essaya de joindre la mer Noire à la mer du Nord par un canal qui, partant de l'Althmuhl, affluent du Danube, aurait abouti à la Rednitz, qui se jette dans le Mein, affluent du Rhin; mais les travaux furent abandonnés après sa mort.

L'art des canaux à navigation ne commença à être sérieusement cultivé que dans le courant du XVe siècle; ce furent les habitants de la Lombardie (Italie) qui commencèrent et donnèrent, avec le concours d'habiles ingénieurs, une impulsion rapide aux entreprises de canalisation.

Ce fut Léonard de Vinci, peintre célèbre et grand savant, de Florence, qui, vers 1515, introduisit en France les écluses à « sas » (partie du canal comprise entre les deux portes d'une écluse) sur la rivière de l'Ourcq, pour communiquer avec la Seine à Paris. Adam de Craponne, ingénieur provençal du XVIe siècle, imagina d'employer les canaux pour mettre en communication les bassins des différents fleuves. Le plus ancien canal de ce genre est celui de Briare, qui joint la Seine à la Loire et qui fut construit par l'ingénieur Hugues Crosnier, en 1642. Quelques années plus tard, un ingénieur français, Paul de Riquet, conçut et construisit, de 1666 à 1681, le canal du Midi ou du Languedoc, qui relie l'Atlantique, par la Garonne, à la Méditerranée.

Le besoin d'abréger la durée de la navigation maritime a fait naître aussi l'idée d'ouvrir des voies nouvelles aux navires, en perçant les isthmes qui séparent les différentes parties de l'Océan. C'est ainsi que Périandre, tyran de Corinthe et l'un des sept sages de la Grèce (625 à 585 av. J.-C.), eut le premier l'idée de percer l'isthme de Corinthe (entre la Grèce et la Morée), idée qui fut reprise par Démétrius Poliorcète, roi de Macédoine, de 295 à 287 avant Jésus-Christ; par Jules César (101-44 av. J.-C.), et par les empereurs romains Caligula qui régna de 37 à 41 après Jésus-Christ, et Néron, qui régna de 54 à 68. Ce dernier seul s'occupa sérieusement de cet ouvrage. Plus de la moitié du canal était déjà terminée, lorsqu'une révolte des Gaules l'obligea de revenir en Italie. Il n'en fallut pas davantage pour faire abandonner une entreprise que l'opinion générale regardait comme funeste, parce que, disait-on, le niveau du golfe de Corinthe dépassait tellement celui du golfe d'Athènes, que l'Attique et les îles seraient submergées. Cette erreur subsista jusqu'au XIXe siècle.

Le projet fut repris et exécuté de 1882 à 1893. Les navires allant de France et d'Italie en Grèce, peuvent ainsi éviter un long et dangereux parcours sur les côtes du Péloponèse (Morée).

Les constructeurs ont, après des études faites sur les plans de de Lesseps, suivi exactement le tracé prévu par Néron. Sa longueur est de 6,300 mètres; sa largeur, au plafond, de 22 mètres, et sa profondeur, de 8 mètres.

Quant à la canalisation maritime de l'isthme de Suez, la question s'est posée depuis la plus haute antiquité; mais elle a changé d'aspect suivant les temps. Les Pharaons, rois de l'ancienne Egypte, et les Ptolémées, rois d'Egypte, de 323 à 30 avant Jésus-Christ, préoccupés de faciliter l'écoulement des produits de l'Egypte vers l'Arabie, avaient relié la vallée du Nil à la mer Rouge par un canal qui fut en activité jusqu'au VIIIe siècle de notre ère. Ferdinand de Lesseps en a fait une œuvre d'un intérêt plus général, en coupant l'isthme.

A la fin du XVIIIe siècle, pendant l'occupation de l'Egypte par l'armée française, le général Bonaparte, désireux de se créer une route vers l'Inde, chargea le savant Lepère de rédiger un rapport sur la jonction des deux mers. Cet ingénieur proposa de rétablir l'œuvre des anciens rois, avec des modifications qui devaient en augmenter l'utilité. Quant à la coupure directe de l'isthme, elle lui parut une entreprise inexécutable, ses études malheureuses ayant fait naître en lui des appréhensions relatives à la différence de niveau entre les deux mers et au danger de submersion des contrées riveraines. Les savants Laplace et Fourier protestèrent, en affirmant que la différence de niveau était insignifiante, mais ce fut en vain.

Les études furent reprises dès 1841 pour aboutir à l'admirable succès que l'on sait. Bien que de Lesseps n'eût point à sa disposition les engins perfectionnés d'aujourd'hui, la grande œuvre fut achevée en dix ans (1859-1869). Ces dix années ont suffi pour transformer un pays désert en une contrée que sillonnent maintenant des barques et des vaisseaux de tout tonnage et de toute nation ; une population nombreuse et active peuple l'isthme ; trois villes ont surgi comme par miracle : Port-Saïd (42,000 habitants) et Suez (15,000 habitants), aux extrémités, et Ismaïlia (1,000 habitants), au milieu.

Grâce à cette œuvre prestigieuse (le canal a 162 kilomètres de long ; sa largeur à fleur d'eau varie de 70 à 100 mètres; sa profondeur est de 8 mètres), la distance entre les ports de l'Occident et ceux de l'Orient se trouve abrégée de plus de 3,000 lieues. Il est vrai que cela a coûté 432 millions. Mais qu'importe ! l'argent n'est rien dès qu'il s'agit du bien général.

Le percement de l'isthme de Panama, qui a échoué en 1890, avait déjà été entrevu au début du XIXe siècle par le célèbre voyageur et écrivain allemand Alexandre de Humboldt (voir la biographie). Les travaux ont été repris en ces dernières années pour le compte des Etats-Unis d'Amérique, à qui la République de Panama a cédé une zone (zone canal), qui est devenue ainsi territoire national des Etats-Unis. Depuis lors, une activité prodigieuse, incessante a été déployée pour creuser le canal.

Il a fallu tout d'abord procéder sur les divers points de l'isthme, long de 250 kilomètres, à une œuvre gigantesque d'assainissement du sol, indispensable au succès de l'herculéenne entreprise. Pour faire disparaître la malaria, la fièvre jaune et une foule de désordres intestinaux, le service sanitaire a organisé une inspection médicale des lieux contaminés, distribué des médicaments, construit des égouts, drainé les terrains submergés, pavé les rues, édifié des habitations hygiéniques protégées contre les moustiques. Aujourd'hui, trente mille ouvriers (dont vingt mille nègres) travaillent dans l'isthme. De puissants excavateurs enlèvent journellement de 30 à 40,000 mètres cubes de déblais ; ce laborieux travail touche à sa fin. D'après les prévisions, la dépense sera formidable : on prévoit de 300 à 500 millions de dollars (le dollar vaut 5 francs). Quant à la date d'achèvement, elle est très problématique ; la colossale entreprise a subi tant de vicissitudes, qu'il est hasardeux de se prononcer. On compte cependant l'inaugurer en 1913, d'après l'affirmation du Président des Etats-Unis.

Quoi qu'il en soit, ceux-ci sont assez riches pour faire face à toutes les éventualités ; et si l'on joint à cela les puissantes qualités de la race américaine, on peut être assuré qu'ils ne reculeront devant rien pour faire réussir une entreprise qui permettra à leur marine de passer, sans quitter les eaux nationales, de l'Atlantique dans le Pacifique. Le succès final n'est pas douteux. Le jour du triomphe sera une date mémorable dans l'histoire de l'humanité : la jonction des deux Océans amènera dans la vie économique du monde une révolution égale, sinon supérieure à celle qu'a produite le canal de Suez ; l'Europe et l'Asie se tiendront véritablement par la main, et les navires ne seront plus tenus de faire le long et dangereux périple par le cap Horn ou le détroit de Magellan (extrême pointe de l'Amérique du Sud).

La construction de certaines voies ferrées a nécessité, elle aussi, des travaux longs et périlleux qui n'ont été exécutés qu'au prix de grands sacrifices et d'efforts audacieux autant que gigantesques, tels certains ponts et tunnels. Parfois l'homme a devant lui, pour lui barrer le chemin, des précipices vertigineux, des vallées profondes, des montagnes énormes, véritables défis aux forces humaines. Que fera-t-il devant ces masses granitiques qui se dressent entre certaines nations comme d'infranchissables barrières? Il se fera titan et il passera. Avec les seules armes de la science et de la volonté intelligemment audacieuse, il forera le roc, et la montagne sera vaincue. Les tunnels percés à travers les Alpes en sont des preuves glorieuses.

Le premier en date est celui du mont Cenis, entre la France et l'Italie, et dont l'idée première est due à un modeste montagnard français, Joseph Médail, de Bardonnèche (1832). Malheureusement, il mourut trop tôt et l'enthousiasme du début s'éteignit avec lui. Mais l'idée était née; et il en est des idées comme des semences : là où elles tombent, elles germent.

C'est à un ingénieur belge (un Liégeois), Henri Maus, qu'échut l'honneur de faire les études nécessaires à ce laborieux travail. Il publia son projet en 1849 et imagina alors de se servir d'une machine perforatrice à air comprimé. Ses projets furent plus tard perfectionnés. Dès 1857, on se mit à l'œuvre à l'aide de machines construites en Belgique; et en 1871, le passage, long de 12,220 mètres, était ouvert. Il avait coûté 75 millions de francs.

On s'attaqua ensuite (1872) aux flancs du Saint-Gothard (entre la Suisse et l'Italie); là, des difficultés inouïes se présentèrent; des masses d'eau s'élançant du roc en jets violents aussi gros que le bras d'un homme, renversèrent plus d'une fois les machines, dispersèrent les travailleurs et inondèrent les travaux; des blocs de granit ne cédèrent qu'à la dynamite; ailleurs, on eut à prévenir des éboulements de couches argileuses. Malgré tout, le tunnel, long de 14,920 mètres, fut achevé (1882), entraînant une dépense d'environ 93 millions. Cette ligne fut la grande route d'Angleterre aux Indes, viâ Ostende (Belgique), Bâle (Suisse), Milan et Brindisi (Italie), jusqu'au jour où fut creusé le tunnel du Simplon.

A peine le Gothard était-il vaincu, que l'Autriche s'entendait avec la Suisse pour frayer un passage au travers de l'Arlberg (1880-1883) sur une longueur de 10,257 mètres, à raison de 3,750 francs par mètre. Cette voie de communication permet à la France de communiquer directement avec l'Autriche par la Suisse, sans avoir à subir les frais du transit allemand.

A son tour, le Simplon subit le même sort (1898-1906). La longueur du tunnel est de 19,729 mètres; il constitue la ligne la plus directe entre l'Europe du Nord-Ouest et l'Italie, faisant ainsi une sérieuse concurrence à celle du Gothard. Mais la concurrence n'est-elle pas une des conditions les plus favorables au développement du progrès!

« Ainsi tombent une à une les barrières naturelles qui séparent les peuples, en attendant que ces derniers soient assez sages pour faire disparaître aussi les barrières artificielles que les douanes mettent entre eux en les divisant de sympathies et d'intérêts. »

BIBLIOGRAPHIE

1. M. Chaumette, *Découvertes et Inventions*. Edit. E. Ardant, Limoges. — 2. A. Dubois, *Aujourd'hui et autrefois*. Edit. Lebègue, Bruxelles. — 3. L. Huard, *le Canal de Suez*. Edit. Boulanger, Paris.

Guillaume HARVEY

1578-1657

Le phénomène de la circulation du sang est un de ceux qui retient le plus couramment notre attention, mais sans éveiller toutefois des idées d'ordre supérieur. Cela paraît si simple, si naturel, que l'intérêt historique qui s'y rattache passe complètement inaperçu, et que, par suite, on croit avec la meilleure foi du monde que sa connaissance remonte aux premiers âges de la civilisation. Or, bien peu d'entre nous se doutent de la longue et lente élaboration qu'a nécessitée l'étude de ce problème si intéressant, si complexe et sur lequel le dernier mot n'a pas encore été dit. On ignore, en général, que l'idée de la circulation du sang et de ses lois date de trois siècles à peine.

Ce n'est, en effet, qu'en 1619, qu'un savant anglais, Guillaume Harvey, a donné une explication exacte de ce phénomène entrevu partiellement par quelques précurseurs.

GUILLAUME HARVEY.
(Bibliothèque nationale, Londres.)

Illustre médecin et un des plus grands hommes dont l'Angleterre s'honore, Harvey était le fils d'un modeste négociant de Folkstone. Il fit ses études au collège de Canterbury, puis à l'Université de Cambridge où il suivit les cours de médecine.

L'étude des grands problèmes de la physiologie captiva particulièrement sa curiosité, ayant la prescience des bienfaits que leur solution pouvait produire. Reprenant la belle image d'Aristote, il compare le sang à l'eau qui circule éternellement entre le ciel et la terre. « L'eau, dit-il, tombe sous forme de pluie, pour féconder la terre, puis les rayons du soleil la ramènent dans l'atmosphère sous forme de vapeur; elle s'y condense et retombe de nouveau. De même, le sang chassé par le cœur dans les artères porte partout la chaleur et la vie ; puis vicié et refroidi, il retourne vers le cœur, qui le renvoie vers les organes d'où il était venu. »

Seulement, à cette époque, les erreurs les plus grossières, les préjugés les plus décevants se donnaient carrière quant à l'action du sang et au rôle prépondérant qu'il joue dans l'existence des êtres ; en outre, le corps de l'homme étant considéré comme chose sacrée, nulle expérience, nulle étude ne pouvait être faite sur lui, même après sa mort. Aussi, bien audacieux et bien héroïques surtout étaient les grands esprits qui, voulant s'affranchir de ces errements au nom de la science pure et de l'humanité, se permettaient de venir troubler, renverser les croyances séculaires et tyranniques.

Oser considérer le sang comme source de la chaleur et de la vie animale ; oser porter le scalpel sur des cadavres, quel sacrilège ! quel crime ! quelle abomination ! De tels forfaits méritaient les pires châtiments.

Harvey osa, comme avaient osé avant lui André Vésale, Michel Servet, Réaldo Colombo, Césalpin et Fabrice d'Aquapendente.

En voulant substituer une vérité nouvelle à une erreur consacrée par les siècles, Harvey devait s'attendre à soulever bien des orages. Du reste, il ne s'était fait à cet égard aucune illusion : « Ce que je vais annoncer, disait-il, est si nouveau que je crains d'avoir tous les hommes pour ennemis, tant les préjugés et les doctrines, une fois acceptés, sont enracinés chez tout le monde. »

Aussi la résistance fut-elle impitoyable : la mauvaise foi de ses adversaires se glissa dans les discussions ; on lui suscita des ennuis sans nombre, des tracas de tous genres ; il fut harcelé et traqué comme un être malfaisant, puis abandonné de presque tous ses clients qu'éloignait de lui l'opposition sourde et occulte de ceux qui n'osaient lutter avec lui à visage découvert. Tout cela l'affligea profondément, mais sans ralentir son ardeur ni diminuer son amour pour la vérité.

Au milieu de ses tribulations, il eut cependant une consolation : ce fut la protection intelligente et dévouée de Charles Ier, roi d'Angleterre ; mais il ne jouit pas longtemps de cet honneur et de cet appui réconfortant, son royal protecteur étant mort sur l'échafaud en 1649. Cet événement permit à ses ennemis de donner libre cours à leur haine : le directeur du collège d'Oxford excita les paysans et les habitants de la ville contre lui : la multitude ameutée pilla et incendia sa maison. Cette inqualifiable vengeance porta un coup affreux au malheureux Harvey dont la maison représentait presque toute sa fortune. Mais une perte plus grande était l'anéantissement de sa bibliothèque qui contenait les précieuses observations recueillies pendant tant d'années.

Ainsi, le noble dévouement de Harvey à ses convictions scientifiques consomma sa ruine. La nature elle-même ne l'épargna pas, comme si les souffrances que ses contemporains lui avaient fait endurer n'eussent pas été suffisantes : il perdit l'usage de la parole l'année de sa mort, survenue en 1657.

Toutefois, il eut la consolation, sur la fin de sa vie, de voir sa découverte admise par le monde savant tout entier. La science lui doit encore un grand nombre de découvertes en anatomie et en physiologie.

Avant de mourir, cet homme de bien et de noble énergie fit venir ses frères et ses neveux, les embrassa, leur donna à chacun un souvenir et s'éteignit paisiblement dans leurs bras.

NOTES EXPLICATIVES

1. HARVEY (Guillaume). Né à Folkstone en 1578 ; mort en 1657. Son corps repose à Hamsteed, près de Londres, où l'on voit encore son tombeau. Une statue lui a été élevée dans une salle du collège de Cutler. — 2. FOLKSTONE, port d'Angleterre, sur la Manche ; 24,000 habitants. Un service de paquebots est établi entre ce port et Calais (France). — 3. CANTERBURY, ville d'Angleterre. Magnifique cathédrale. 24,000 habitants. — 4. OXFORD, 32,000 habitants. Université renommée. — 5. CAMBRIDGE, sur la Cam, célèbre par son université. 37,000 habitants. — 6. LONDRES (voir Bauwens). — 7. ARISTOTE, philosophe, naturaliste et savant grec; précepteur d'Alexandre le Grand. Fonda l'école philosophique péripatéticienne. Il fut une des intelligences les plus vastes qui aient jamais existé (384-322 av. J.-C.). — 8. VÉSALE, SERVET, COLOMBO, CÉSALPIN, FABRICE D'AQUAPENDENTE (voir la notice sur la physiologie).

BIBLIOGRAPHIE

1. Robert WILLIS, les Travaux et la vie de Harvey. Londres, 1847. — 2. L. FIGUIER, les Grands Savants du XVIIe siècle.

L'ANATOMIE ET LA PHYSIOLOGIE

NOTICE HISTORIQUE

L'anatomie (*ana* = à travers; *tomé* = couper) est l'art de disséquer les animaux et les végétaux. Cette science ne s'occupe donc que des corps organisés pour nous faire connaître les organes et les parties élémentaires qui entrent dans la composition de ces êtres, non seulement au point de vue de leurs formes, de leur structure, de leurs connexions et de leurs propriétés physiques, mais encore sous celui de leur texture, de leurs propriétés chimiques, de leur développement et de leurs altérations.

L'anatomie est la base de toutes les sciences qui ont pour objet les organismes vivants, telles que les sciences zoologique, physiologique et médicale, qui leur sont redevables de tous leurs progrès.

Elle est relativement toute moderne. Parmi les causes qui ont retardé ses progrès, on doit surtout citer les préjugés religieux des Anciens. L'art des embaumements doit avoir fait connaître cette science aux Egyptiens; cependant, il paraît que c'est en Grèce qu'elle prit véritablement naissance. Ses premiers philosophes et savants eurent assez de succès, mais, réduits par les préjugés religieux à ne disséquer que des cadavres d'animaux, ils ne durent connaître l'homme que par analogie. Il faut venir jusqu'à Aristote (voir Harvey) pour trouver un savant d'une certaine valeur. On lui doit des données sérieuses sur la zoologie comparée. C'est lui qui, le premier, accompagna son texte de figures avec renvois.

Il faut franchir deux siècles pour trouver un plus grand anatomiste : c'est Galien, anatomiste grec (131-201), dont les écrits anatomiques et physiologiques témoignent d'énormes recherches et d'une grande sagacité. Mais, ne pouvant disséquer des hommes, il disséqua des singes; de là des erreurs inévitables qui ont entravé la science aussi longtemps qu'a duré la foi dans le « maître », c'est-à-dire quatorze cents ans. Galien a régné pendant cette longue période en anatomie comme Aristote en philosophie. La foi en lui était si grande, si aveugle, que lorsque les observations faites sur un cadavre se trouvaient en désaccord avec ses écrits, on en regardait le texte comme altéré. Le fanatisme alla plus loin : Sylvius, un anatomiste français du xvi⁰ siècle, déclara que les hommes de son temps étaient autrement conformés que ceux du temps de Galien, et on le crut. A la même époque que Galien vivait l'illustre médecin Hippocrate dont les opinions étaient en désaccord avec celles de Galien.

Au xiv⁰ siècle (1306), Mondini di Luzzi, savant italien, disséqua le premier cadavre qui ait été, dans les temps modernes, livré au scalpel.

ANDRÉ VÉSALE.

Enfin, André Vésale vint, qui affranchit l'anatomie en ruinant la réputation de Galien. Né à Bruxelles en 1514, mort en 1564, cet illustre Belge, dont la statue se dresse sur une des places de sa ville natale, est regardé comme le père de l'anatomie humaine. Depuis lors, elle a marché d'un pas rapide. C'est ainsi qu'en 1756, la faculté de médecine de Paris obtint le droit de disposer des cadavres des suppliciés.

C'est à partir d'André Vésale que la physiologie (*physio* ou *phusis* = nature ; *logos* = discours), science qui traite du jeu et des fonctions des organes, prit son essor ; c'est vers cette époque qu'il est fait mention de la circulation du sang dans un ouvrage de théologie dû à Michel Servet, théologien et médecin espagnol, né en Aragon (Espagne), en 1509, mort à Genève en 1553. Ses discussions théologiques au sujet de ses travaux scientifiques lui créèrent un ennemi mortel dans le fanatique Calvin (propagateur de la Réforme en France et en Suisse où il est né [1509-1564], qui profita de sa présence en Suisse pour le faire arrêter et brûler vif. C'est dans ce livre que se trouve résumée la circulation pulmonaire ou petite circulation.

Dix ans après sa mort, deux professeurs, l'un de l'Université de Padoue (Realdo Colombo), l'autre de l'Université de Pise (Césalpin), confirmèrent les idées de Servet.

Une découverte qui contribua plus positivement à faciliter les recherches de Harvey fut celle des valvules des veines, due à Fabrice d'Aquapendente. Le célèbre professeur d'anatomie de Padoue signala, en 1574, l'existence dans les veines de valvules semi-lunaires. Il remarqua très bien que ces valvules ou soupapes s'ouvrent du côté du cœur et par conséquent s'opposent au retour du sang vers le cœur. Il constata le fait anatomique, mais il ne sut en tirer aucune conséquence pour la physiologie; cette gloire était réservée à son élève Harvey qui posa définitivement les bases de cette admirable science.

FRANÇOIS BICHAT.

Dix ans après la mort d'Harvey, le célèbre anatomiste italien Malpighi (1628-1694) confirma sa théorie, grâce au microscope perfectionné en 1624 par Galilée. Vers la même époque (1637), le Hollandais Swammerdam reconnaît les viscères des insectes les plus petits et donne sa *Bible de la Nature*.

En 1638, Loewenhoek, Hollandais aussi, applique le microscope à l'étude intime des organes, fait connaître la composition des fluides animaux et découvre un nouveau monde : le monde microscopique. A la fin du XVIIe siècle, le savant suédois Rudbeck fait connaître les vaisseaux lymphatiques et chylifères. Au XVIIIe siècle, le nombre des découvertes est trop grand pour être énuméré; trop longue aussi la liste des anatomistes et des physiologistes éminents qui ont concouru aux progrès de la physiologie.

Il convient cependant de signaler particulièrement le savant hollandais Boerhaave (1668-1738), surnommé *l'admirable médecin;* le célèbre professeur suisse Albert de Haller (1708-1777), dont la théorie sur la sensibilité et l'irritabilité fit une révolution en physiologie; et enfin, l'illustre Français Bichat qui fit paraître, fin du

XVIII° siècle, l'*Anatomie générale appliquée à la physiologie et à la médecine*, ouvrage conçu et exécuté avec tant de supériorité que, malgré quelques erreurs de détail, c'est encore un des meilleurs que l'on connaisse. La vie de ce jeune savant n'est connue que par ses immenses travaux et par ses ouvrages. Né à Thoirette (Jura) en 1771, il étudia d'abord à Lyon, puis se rendit à Paris où il fut accueilli par le célèbre Dessault. Celui-ci étant mort, Bichat publia les œuvres chirurgicales de son maître ; il entra à la même époque dans la carrière du professorat et enseigna avec un égal succès l'anatomie et la médecine opératoire. Doué d'une merveilleuse activité, il consacra ses jours et ses nuits à plusieurs ouvrages, où sont consignées ses précieuses découvertes. A trente et un ans (1802), il terminait une vie usée par le travail, vie bien courte, mais qui a suffi pour lui assurer l'immortalité.

GEORGES CUVIER.

On lui a érigé une statue à l'Ecole de médecine de Paris.

Depuis lors, l'anatomie a progressé sans cesse, au point d'occuper une place prépondérante dans le domaine médical, grâce aux merveilleuses et déconcertantes opérations qu'elle inscrit chaque jour à son actif.

A la même époque (1769-1832), la France vit Cuvier (né à Montbéliard) étonner le monde savant en démontrant que le globe avait été peuplé par des races d'animaux éteintes, et en reconstituant le squelette de ces animaux à l'aide de débris dispersés çà et là. Il créa ainsi une nouvelle science : la paléontologie *(paléo* = ancien ; *ontos* = être ; *logos* = discours).

Une doctrine opposée, en partie à la sienne, a surgi, grâce aux travaux remarquables d'Etienne Geoffroy Saint-Hilaire, célèbre zoologiste français, né à Etampes en 1772, mort à Paris en 1844.

Il s'attacha à démontrer l'unité de composition organique entre les diverses espèces d'animaux. On le considère comme le « Père de l'histoire naturelle ». Son fils Isidore, professeur de zoologie au Muséum en 1841, fonda la Société de zoologie et d'acclimatation.

Enfin, apparait, en Angleterre, l'illustre naturaliste Charles

Darwin (1809-1882), dont la doctrine produisit la révolution la plus marquante et la plus discutée dans le domaine des sciences naturelles.

Bien qu'elle ait rencontré des contradicteurs, elle n'en domine pas moins le XIXe siècle par la hardiesse et la profondeur de ses conceptions. Elle consiste à admettre la descendance de tous les êtres organisés d'une seule forme primitive, par le principe de la sélection naturelle, en vertu duquel, dans la lutte pour l'existence, les êtres les mieux doués, les mieux armés, se perpétuent seuls et font souche.

CHARLES DARWIN.
(Bibliothèque nationale, Londres.)

Darwin s'est fait ainsi le restaurateur et le propagateur de la théorie de Lamarck (naturaliste français, 1744-1829), dite théorie de la « Variabilité des espèces » et de la « Descendance » ou du « Transformisme » et, par suite, le créateur de la théorie de la sélection naturelle. Il a consigné sa doctrine dans un ouvrage intitulé : *Origine des espèces* et qui a été traduit dans toutes les langues.

A ces noms, il convient d'ajouter ceux des illustres savants belges : Plateau (Joseph-Antoine) (1801-1883), né à Bruxelles ; Van Beneden père (1809-1894), né à Malines, et son fils Edouard (1846-1910), né à Louvain, dont les remarquables travaux en biologie, en zoologie, en physiologie et en anatomie ont enrichi le domaine scientifique et jeté un vif éclat sur l'armée si nombreuse des savants belges, parmi lesquels il convient de citer le célèbre chimiste Spring, mort en 1911. Un autre nom s'impose également à l'admiration des hommes de science : Gaudry (Albert), une des plus belles figures scientifiques contemporaines, mort à Paris en novembre 1908, à l'âge de quatre-vingt-un ans. On le regarde, à juste titre, comme un des fondateurs de la paléontologie moderne. Son ouvrage *Enchaînements du monde animal* a eu un grand retentissement. Il ne quitta sa chaire au Museum qu'en 1904. Depuis lors, et malgré son grand âge, il n'a cessé de travailler jusqu'à sa mort. A côté de lui se place son compatriote Claude Bernard, le plus illustre représentant de la science expérimentale à la fin du XIXe siècle (1813-1878).

Antoine CLESSE

1816-1889

Les belles et saines traditions se perdent, la vieille gaité disparaît, on ne chante plus. Quelle triste chose! Toute la vieille Europe souffre de ce mal; la France n'y a pas échappé. La France! berceau de la chanson populaire qui ne prit véritablement son vol qu'au début du XIX° siècle.

C'est à cette époque, en effet, que fut fondée la première société chantante célèbre, sous le titre de Caveau moderne. Cette institution donna naissance à une multitude de sociétés chantantes qui, de Paris, se propagèrent dans toutes les villes importantes de France et, ensuite, au delà des frontières. C'est alors que l'on vit apparaître des chansonniers de valeur, Désaugiers, Béranger, pour ne citer que ceux-là, qui détinrent incontestablement le sceptre de la chanson jusqu'au moment où apparurent Pierre Dupont, Nadaud, Antoine Clesse et tant d'autres. Le croirait-on? La France possède à elle seule plus de chansons que toutes les nations réunies, bien que l'Allemagne et la Suisse soient aussi, sous ce rapport, des nations privilégiées.

ANTOINE CLESSE.

Et malgré cela, la chanson se meurt — la chanson est morte! Et l'on se met à regretter le temps passé. Temps heureux où sur les routes, dans les fêtes et les kermesses, des musiciens ambulants réjouissaient le peuple par une multitude de chants célébrant la gloire, exaltant le travail et le courage civique; magnifiant tout ce qui est beau, vrai et juste; peignant les aspirations du peuple, les plaintes et les espoirs des classes laborieuses; chansons pastorales, chantant l'amour, les bois, les jours d'été, les jours d'automne, les soirées d'hiver; rappelant les souvenirs attendrissants; fêtant les événements du foyer.

Temps passé où, au foyer, à l'atelier, à la campagne, partout enfin, s'élevaient des refrains entraînants et d'où montaient des hymnes d'allégresse qui faisaient la vie plus douce, moins morose et plus supportable; rendaient la douleur moins amère et la mort même moins terrible.

Temps passé où poètes et chansonniers s'entendaient pour bercer l'âme du peuple, répandre la joie et la gaité dans les cités, entretenir chez les travailleurs la santé morale, inséparable de la santé physique; procurer à tous, grands et petits, riches et pauvres, des délassements pour l'esprit et le cœur; accomplissant ainsi tout à la fois une œuvre humanitaire et une œuvre sociale.

Que nous sommes loin de cette époque qui fait songer avec tristesse, à la plèbe de nos villes, se délectant d'ineptes refrains ou de couplets obscènes, délaissant les productions poétiques si pures et si saines des chansonniers d'où s'exhale un religieux sentiment de la fraternité universelle.

Combien il est regrettable de voir notre jeunesse actuelle préférer à cette tradition salutaire, les music-hall d'aujourd'hui dont les spectacles débridés, se déroulant dans des salles à l'atmosphère délétère, étouffent les sentiments délicats, faussent le goût, pervertissent le sens moral, émoussent peu à peu l'amour du foyer.

Pauvre jeunesse! parents inconscients! qui s'enlisent dans des plaisirs malsains, des distractions trompeuses, qui ne laissent après elles que des regrets, un vide affreux, un dégoût des saintes et belles choses de l'esprit et du cœur.

Doit-on désespérer de voir revenir les beaux jours? Non, non, ils renaîtront! Une réaction se fera, la fièvre du moment ne sera que passagère; elle se dissipera ainsi qu'un méchant rêve ou un atroce cauchemar. Les manifestations de ces dernières années nous en donnent l'assurance : la glorification toute récente, à Mons, d'un chansonnier du siècle dernier; la chanson remise en honneur par les universités populaires belges, principalement dans la province de Hainaut; les réunions hebdomadaires des pères de familles organisées par certains instituteurs français pour la culture du chant et de la lecture, sont de bon augure pour l'avenir.

C'est un réveil ; puisse-t-il être suivi de lendemains réparateurs, qui nous rendront le foyer d'autrefois, les réunions de famille au coin du feu, les délicieuses veillées d'antan.

Antoine Clesse (c'est le nom du chansonnier montois) était fils d'armurier et armurier lui-même. La lutte pour la vie ne l'empêcha pas d'employer ses moments de loisir à composer des chansons qui ont fait sa renommée et dans lesquelles il s'est montré le chantre généreux de l'ouvrier, de la vertu civique, du peuple et de la patrie.

Il y apporta non seulement un talent souple, original, mais surtout l'honnêteté, le sentiment du droit et du devoir.

Lors de l'inauguration du monument commémoratif que la ville de Mons a élevé à la mémoire de cet artisan-poète, le 21 juin 1908, M. Leclercq, échevin de la ville, a fait, en termes éloquents et dans un style élégant, l'apologie du chansonnier qui honora son pays.

Clesse avait quelques mois lorsque ses parents vinrent se fixer à Mons — que l'on considère à juste titre comme son berceau. Parlant de cette ville, Clesse disait : « J'y ai grandi à l'ombre de son beffroi ; mes poumons ont vécu de son air ; mon père et ma mère y dorment sous un cyprès de son cimetière. Mons a été le sanctuaire de toutes mes joies et de toutes mes pensées : ma femme et mes enfants y sont nés, et c'est là que la muse est venue sourire à l'apprenti armurier. »

Mons est ma patrie. La Belgique est ma mère !

En 1884, la grande naturalisation lui fut accordée, l'unissant ainsi, indissolublement, à la terre belge.

Pour apprécier le caractère et les mérites de l'homme, il suffit de parcourir son œuvre, dont la lecture laisse une impression de charme et de réconfort.

Béranger disait : « Mes chansons, c'est moi ! »

Clesse pouvait dire de même.

Ses chansons sont d'autant mieux « Lui » qu'il devait à lui seul toute la somme de ses connaissances littéraires, philosophiques et historiques. A peine avait-il connu l'école primaire. Au sortir de cet enseignement rudimentaire, il avait appris le maniement de la lime et du marteau.

> Quand je sortis de l'école primaire,
> Dans ma terreur du grec et du latin,
> J'appris gaiement le métier de mon père !

Ainsi éloigné de tout maître, il apprit par lui-même et par lui seul. Il lut les grands écrivains ; il butina dans tous les domaines de la poésie, depuis le traité de Boileau jusqu'aux conceptions lyriques de Lamartine et de Victor Hugo, en passant par les chansons de Béranger.

Il s'assimilait ainsi les formes souples et ondoyantes de la poésie, en même temps qu'il pénétrait l'âme des grands poètes.

Les événements politiques — ceux de 1830, en Belgique, et ceux de 1848, en France — marquèrent de leur empreinte l'esprit du chansonnier populaire. L'idée de patrie domine dans son esprit. Nos ancêtres de cette époque professaient peut-être avec plus de passion que nous le culte du patriotisme, parce qu'ils avaient lutté pour conquérir l'unité belge, et qu'ils craignaient de perdre les profits de cette conquête; leurs sentiments se reflétaient dans l'esprit de Clesse qui chérissait par-dessus tout son pays, sa Belgique. Il la rêvait unie, goûtant le calme de la concorde et les bienfaits de la prospérité. Point de division entre les Belges :

> . . . . . . Flamands, Wallons
> Ce ne sont là que des prénoms,
> Belge est notre nom de famille !

Au journal *Le Courrier français*, qui osait écrire que la Belgique est une nation sans nationalité, il ripostait fièrement :

> Belge est un nom que nul ne peut nous prendre.
> Un peuple meurt ! Son nom ne meurt jamais !

Et comme déjà, de son temps, s'agitaient les grands problèmes sociaux, il les signala dans cette œuvre vibrante dont le titre : *Ce que veut l'ouvrier*, semble un appel de combat, tandis que le poème n'inspire, au contraire, que des solutions pacifiques. Ici, le service personnel ; là, l'égalité de tous ; ailleurs, les pensions de vieillesse ; ailleurs encore, l'instruction abondamment répandue! Il signala tout cela et chanta la justice et l'humanité de ces réformes. Il espérait! Il avait foi dans l'avenir, dans un avenir de bonheur pour les masses profondes du peuple. Les déshérités, les humbles, les petits doivent nourrir les grands espoirs :

> Comme moi, lève le front!
> Espère, Jacques Bonhomme!
> Comme moi, lève le front!
> Jacques, les beaux jours viendront.

Sa muse ne se borne pas à parcourir les voies qui mènent à l'émancipation et à l'élévation du peuple, non plus que celles qui conduisent à la glorification de la Patrie. Elle vagabonde capricieusement par les sentiers discrets de l'intimité familiale; elle se joue aimablement des moindres événements du foyer domestique. Toute l'œuvre est jonchée de fleurs symbolisant le bonheur des époux, les joies de l'enfance, la douce et sereine beauté de l'aïeul!

Sa muse célébra l'étau du poète armurier, l'étau de son père, l'étau qui ne peut vieillir, que l'usure ne peut atteindre parce qu'il est le bien de la famille, le patrimoine des ancêtres, pieusement légué à la descendance :

> Tu sus, en tes jours triomphants,
> Gagner le pain de ma jeunesse!
> Gagne celui de mes enfants!
> Ne t'use pas, mon vieil étau!

Tous les domaines ont sollicité son activité poétique.

Il a exalté la bière en des strophes entraînantes dont il composa l'air, et qui bientôt franchirent frontières et contrées pour aller égayer les fêtes et les kermesses lointaines.

Et, chose digne de remarque, Clesse apporta dans tous les sujets qu'il traitait l'austère pureté des termes. En ce point, il s'écartait de Béranger auquel on l'a comparé : comme lui, sans doute, il aima à célébrer les grands mots de *liberté* et de *Patrie*, de *famille* et de *travail*; comme lui, il ne redouta pas de dépeindre les émois du cœur et de magnifier l'éternelle beauté, mais son verbe gardait toujours l'aspect moralisateur, le relief de la pureté, la chasteté du style.

On s'explique dès lors, l'étonnante fortune de ses chansons.

Elles lui ouvrirent les portes des palais royaux comme celles des grandes sociétés littéraires, aussi bien qu'elles popularisèrent son nom sur les lèvres des plus humbles. Elles lui accordèrent l'amitié des grands écrivains de l'époque, comme l'affection des illustrations de la politique et des sciences.

En 1848, Béranger lui écrivait : « Vous voilà parvenu au premier rang des chansonniers de notre époque. » Et Alexandre Dumas père consacrait les paroles du chansonnier français, en donnant à Clesse le titre de « Béranger belge ». Gustave Nadaud alla plus loin en disant que « Nul ne le surpassait en France ».

Ainsi Antoine Clesse éprouva déjà de son vivant cette suprême jouissance de voir son œuvre appréciée, son nom acclamé. Mais il n'en tirait aucune vanité, reportant au contraire sur ses compatriotes et sa ville d'adoption, tout l'honneur qui lui échoyait, heureux simplement des bienfaits qu'il répandait autour de lui et du bien qu'il faisait à tous — un bien qui reste et ne périra point.

La ville de Mons a fait mieux et plus encore : elle a perpétué par la pierre et le bronze le souvenir de celui qui l'avait tant aimée. Manifestation touchante qui « constitue à la fois un triomphe et un enseignement ».

« Elle fut, en effet, la glorification du labeur, de la persévérance, de l'intelligence d'un homme qui, par sa seule volonté, s'éleva jusqu'à la renommée et laissa à la postérité un nom aimé et respecté.

» Elle montra une fois de plus que le travailleur peut aspirer à l'illustration et à la célébrité par la culture de son esprit et la fermeté de son caractère, car Antoine Clesse fut un laborieux et un vaillant. On le voyait toujours alerte et gai devant son étau, fier et heureux à la fois de son métier, qu'il pratiquait avec bonheur ».

Le travail c'est la santé, donnait-il comme titre à l'une de ses chansons. Toute sa vie, toute son œuvre reflète cette belle santé. Il ne pouvait en être autrement : c'était un homme simple et doux, plein d'affabilité, d'une sérénité toujours égale, d'une gaîté franche et vive. Il s'avançait vers chacun, souriant, le mot aimable sur les lèvres, la main cordialement tendue, aimant tout ce qui était bon et généreux. Considérant comme un devoir l'assistance qu'il prêtait à ceux qui faisaient appel à son influence, il les accueillait avec bonhomie. « La satisfaction que procure la reconnaissance d'un seul, disait-il, efface l'impression pénible que cause l'ingratitude de cent. » Ces qualités du cœur, il les montrait au milieu des siens qu'il adorait, appréciant avant tout le bonheur du foyer familial.

Dans maintes circonstances, il fit montre d'une grandeur d'âme peu commune. C'est ainsi qu'avant la guerre franco-allemande, ses amis de Paris voulurent qu'il acceptât la croix de la Légion d'honneur; il la refusa en leur disant : « Des événements dangereux pour mon pays peuvent se produire, je veux que ma plume reste libre pour le cas où je devrais le défendre. »

En 1861, des ouvriers borains s'étant vu condamner à la prison pour avoir commis des violences pendant une grève, il adressa au roi Léopold Ier une chanson intitulée : *Faites grâce aux pauvres charbonniers;* la grâce fut accordée et les ouvriers vinrent le remercier en pleurant.

« Cela, disait-il, est mon plus beau succès littéraire. »

NOTES EXPLICATIVES

1. CLESSE (Antoine). Né à La Haye (Hollande), en mai 1816; mort à Mons en mars 1889. Son père, maître armurier dans les armées françaises, était d'origine lorraine; sa mère, Rosalie Delmeule, était de Frasnes-lez-Buissenal (Hainaut). Un décret du gouvernement belge (3 juin 1884) lui accorda la grande naturalisation. Le monument commémoratif est dû au sculpteur Du Bois et à l'architecte Rau; le talent de l'un et de l'autre s'est affirmé en des conceptions artistiques d'un bel ensemble harmonieux. La cantate, évoquant la vie et les œuvres de Clesse, qui fut chantée et tant acclamée lors de la cérémonie inaugurale, a pour auteurs, le regretté Jules Declève pour le poème, et Désiré Prys pour la musique. C'est à l'initiative de M. Jules Carlier que fut formé, il y a une dizaine d'années, le comité qui a mené à bonne fin le projet du monument. La réussite lui fait le plus grand honneur. — 2. DESAUGIERS (Marc-Antoine). Chansonnier français (1772-1827). Né à Fréjus. — 3. BÉRANGER (Pierre-Jean). Chansonnier français (1780-1857). Né à Paris. — 4. DUPONT (voir biographie). — 5. NADAUD (Gustave). Chansonnier français, né à Roubaix en 1820; mort en 1893. — 6. MONS. Ville de Belgique sur la Trouille; 25,000 habitants. Centre d'un vaste bassin houiller. Remarquable cathédrale de Sainte-Waudru. — 7. BOILEAU, célèbre poète satirique français (1636-1711). — 8. LAMARTINE, célèbre poète français (1790-1869). — 9. VICTOR HUGO, un des plus illustres poètes français (1802-1885). — 10. 1848, date de la troisième révolution française, qui renversa le roi Louis-Philippe d'Orléans, et qui eut son contre-coup en Belgique. — 11. STROPHE, stance d'une ode (*stance* = nombre

déterminé de vers formant un sens complet; *ode* = petit poème divisé en strophes).

N. B. — Bien d'autres chansonniers populaires seraient à citer : poètes de terroir, aux poèmes pleins de charme simple, gai ou touchant, de refrains alertes, de sentiments faits d'émotion pénétrante et de beauté morale. Ils expriment, en une langue savoureusement pittoresque, les joies du foyer, les gaietés et les tristesses quotidiennes; les émois de la vie, la belle nature, l'amour.

1. REBOUL, Jean, boulanger (Nimes, France, 1796-1864). — 2. JASMIN (Jacques Boé, dit), coiffeur (Agen, France, 1798-1864). Poète gascon. — 3. DEFRÉCHEUX, Nicolas, boulanger (Liége, Belgique, 1825-1874). Biographie par E Laveille, Liége, 1904. — 4. BOTREL, Théodore, barde breton (Dinan, France, 1868-1912). — 5. MOUSSERON, Jules, ouvrier mineur (Denain près Valenciennes, France).

BIBLIOGRAPHIE

1. Documents (Discours de M. Leclercq, échevin de la ville de Mons). — 2. *Antoine Clesse*. Par son petit-fils, Antoine FRANÇOIS. Brochure intéressante, éditée par la maison Loret, de Mons. C'est le tribut que paie un petit-fils reconnaissant à un grand-père qui fut bon, aimant et dévoué. Cette brochurette, d'une lecture attachante, d'une facture agréable, retrace la vie intime du « cher disparu ».

Pierre DUPONT

1821-1870

Depuis bientôt quarante ans, le poète-chansonnier français Pierre Dupont n'est plus. Rares sont ceux qui s'en souviennent et, chose regrettable, bien peu de la génération actuelle connaissent ses œuvres.

Les grands critiques de l'époque s'intéressèrent cependant à ses productions. Au lendemain de sa mort (1er août 1870), Jules Janin, l'éminent collaborateur du *Journal des Débats*, écrivait : « En dépit des grands succès du premier jour, et des vrais connaisseurs accourus à son refrain, nous ne saurions dire par quelle suite de peines et même de dangers le chansonnier obtint péniblement l'adoption de la foule. » Cela se conçoit; outre les événements politiques de l'époque, Pierre Dupont abordait un genre tout nouveau qui venait contrarier les goûts du public, bouleverser ses habitudes séculaires. Ses productions, de haute intellectualité, de saine morale et écrites en une belle langue, apportaient une nouvelle orientation à la chanson populaire.

PIERRE DUPONT.
(D'après une photogravure de A. Lumière, Lyon.)

Jusqu'à sa mort, ou à peu près, son répertoire d'une portée si bienfaisante, parce que moralisatrice, eut une vogue justement méritée. C'est que nul mieux ni plus que lui n'a su, dans son genre, faire vibrer l'âme du peuple, la remuer dans ses fibres les plus profondes, l'envelopper d'une atmosphère plus pure et plus vibrante. Enfant du peuple et du village, il connaissait mieux que personne les attraits de la nature, témoin de son enfance, et le sort des travailleurs auprès desquels il avait vécu. Rien d'étonnant à ce qu'il connût tous les trésors des lieux champêtres et comprît les aspirations et les besoins des prolétaires.

Comme tant d'autres cependant, il aurait pu mettre sa lyre aux gages du vice en flattant les bas instincts et en se faisant l'esclave des goûts vulgaires. Il n'en fit rien : conscient du rôle que tout honnête homme doit jouer ici-bas lorsque la nature l'a marqué du sceau du génie ou du talent, il mit, au service du progrès, les dons que la nature lui avait départis. Il se fit le chantre de la nature, le chansonnier du peuple honnête et laborieux ; il chanta tout ce qui est beau, tout ce qui est vrai et juste, tout ce qui réconforte et console. Ses vers sont remarquables par les aspirations saines qu'ils révèlent, par l'élévation des sentiments qu'ils traduisent : les charmes de la nature, l'amour du travail, de puissants appels à la concorde et à la cordialité.

Pierre Dupont fut donc utile et son œuvre salutaire ; par cela même, il est digne de sortir de l'ombre où l'a plongé l'humeur changeante et inconsciente de la foule.

Il naquit à Rochetaillée, près de Lyon, le 21 avril 1821. Ayant perdu sa mère alors qu'il était très jeune, il fut élevé par un vieux prêtre, son parrain, qui l'envoya au petit séminaire de Largentière. Il en sortit pour entrer comme apprenti dans une filature de soie à Lyon où son père était ouvrier. Plus tard, il devint clerc de notaire et ensuite employé de banque. Il vint à Paris en 1839. A cette époque, il fit la connaissance, à Provins, chez son grand-père, du poète Pierre Lebrun qui, appréciant ses aptitudes, le tira de ces situations inférieures.

Ses goûts littéraires se révélèrent par le poème les *Deux Anges* qui le mit en relief. Appelé par le tirage au sort à rejoindre son régiment, Lebrun prit l'initiative d'une souscription destinée à lui donner un remplaçant. Elle réussit : elle permit au jeune poète, non seulement de s'exonérer du service militaire, mais à couvrir les frais d'impression de son premier volume. L'Académie lui décerna un prix en 1842 et l'attacha aux travaux de la rédaction du *Dictionnaire;* position assez médiocre qu'il abandonna dès que le succès de ses premières chansons lui donna l'espoir de pouvoir vivre de sa plume (1847).

« Sa popularité fut rapide ; il l'obtint tout d'un coup par quelques chansons pleines de fraîcheur, d'originalité et d'une saveur rustique toute particulière et dont la plupart du temps, chacune est un petit chef-d'œuvre. Théophile Gautier, le grand poète, le présenta au monde littéraire, charmé de la note nouvelle, imprévue, que ses chansons faisaient entendre ; et la même vogue s'attacha pendant de longues années à chacune de ses compositions, chants rustiques et chants politiques. Le poète, comme il l'a dit dans un de ses petits poèmes, « écoute tour à tour les forêts et la foule ». Et, en effet, il fait jaillir sa double inspiration de poète et de musicien des grandes symphonies agrestes, des voix que parle la nature entière, ou des clameurs, des désespoirs, des aspirations, des plaintes de la foule.

» La chanson telle que la comprenaient nos pères : la Muse en goguette, la chanson à boire ou même la simple romance lui étaient absolument étrangères. Ses compositions, même les plus naïves, se rapprochent davantage de la symphonie, de l'idylle, de la pastorale, voire de l'hymne. Bientôt, élargissant le cadre où se mouvaient ses premiers sujets, il entreprit de chanter chaque face de la création, les prés, les bois, les rivières et de leur consacrer à chacun un petit poème. *Les Sapins, le Mois de Mai, la Chanson des foins, le Renouveau*, et bien d'autres venant après *les Bœufs, la Vigne, le Chien du berger, le Noël des paysans*, montrèrent la flexibilité de cette Muse nouvelle, habile à écouter la nature, à en surprendre les secrets. Dupont écrivit encore *les Pins, les Platanes, les Tilleuls*, comme si chaque arbre lui dictait ses souvenirs et ses confidences. Il n'est point de note champêtre, rustique, qu'il n'ait recueillie et comme transposée dans ses vers : la voix de l'eau qui chante, le bruit du vent, le murmure harmonieux des pins. Il reflète avec la même sincérité les paysages, la plaine « verte l'hiver, jaune l'été », « les grands bœufs blancs marqués de roux », la Vigne « qui fait craquer son corset vert ».

» Par ces compositions, où la plus grande naïveté révèle le plus grand art, la chanson, genre inférieur, était élevée à la hauteur de toute la poésie contemporaine.

» Les chants politiques et philosophiques renferment des beautés non moins éclatantes ; mais la critique, toujours portée à amoindrir l'œuvre nouvelle au profit de l'œuvre déjà consacrée par le succès, les étouffa sous la vogue des chants rustiques. L'esprit de parti contribua aussi beaucoup à en diminuer le mérite. Dupont est un poète humanitaire ; ses chansons sur la vie des ouvriers sont de véritables cris de douleur. Sa première, *Chant des ouvriers* (1846), est un chef-d'œuvre d'attendrissement et de mélancolie. Dans cette voie, il retraça les physionomies diverses des métiers, leurs joies, leurs douleurs, leurs dangers particuliers ; il chanta le tisserand, le chauffeur, le pêcheur, le braconnier, le carrier, comme il avait chanté les sapins et les platanes ; il dit la *Chanson de la soie* comme il avait dit la *Chanson des prés*. Ses poésies patriotiques ne s'élèvent pas, pour la plupart, à la même hauteur : Dupont est un poète trop humain et trop fraternel pour créer un hymne de sang ; l'attendrissement perce toujours chez lui, même au milieu des plus fières inspirations, et le cri de guerre s'achève en un appel à la concorde. Pourtant le *Chant du transporté*, les *Adieux de Kossuth*, le *Chant du Danube*, la *Nouvelle Alliance*, sont des morceaux d'une poésie à la fois forte et vraie.

» En 1851 (date du coup d'Etat de Napoléon III qui, de président, devint empereur), quelques chansons politiques d'une allure républicaine assez prononcée, le firent rechercher par la police, un peu trop chatouilleuse de ce temps-là. Il réussit à se cacher pendant les six mois qui suivirent le coup d'Etat ; enfin, surpris et arrêté, il fut condamné à sept ans de déportation à Lambessa. Pierre Dupont traqué comme une bête fauve ! Pierre Dupont transformé en conspirateur ! Pierre Dupont, le doux et pacifique poète, considéré comme un être dangereux ! Quelle aberration ! Toutefois, sa grâce fut sollicitée et obtenue et, dès ce moment, il se tint à l'écart de la politique.

» Mais le premier engouement avait cessé. Ces événements firent tort à la réputation du poète et, peu à peu, il redescendit dans l'ombre. Il ne tarda pas à retourner dans sa province, continuant son œuvre, sans éclat, sans bruit, quoique ses dernières productions soient peut-être d'une beauté plus correcte et plus magistrale que les précédentes.

» C'est ainsi que, toute sa vie, il se dépensa sans compter, s'oubliant lui-même, ne songeant pas aux lendemains incertains : son insouciance fut extrême et son imprévoyance excessive. Il ne sut jamais calculer ni faire une affaire ; les questions d'argent le laissaient complètement indifférent. S'il rencontra la vogue, la notoriété, il ne rencontra point la fortune ni même l'aisance. Les dernières années furent une lutte permanente, sinon contre la misère, du moins contre la gêne, parfois aussi douloureuse et aussi cruelle. » Il est consolant cependant de savoir qu'il n'a jamais cessé d'être entouré d'une famille aimante et dévouée, pourvoyant à tous ses besoins. Il était particulièrement l'objet des soins d'une sœur qui fut pour lui comme une seconde mère.

Né pour chanter, il a chanté jusqu'aux derniers jours de sa vie ; vie si agitée qu'elle en fut écourtée : il avait à peine cinquante ans lorsqu'il mourut à Saint-Etienne (Loire) le 25 juillet 1870. Sa célébrité ne lui survécut pas longtemps ; le silence, sinon l'oubli, se fit autour de ses œuvres. Les événements avaient changé le cours des idées, produit des revirements, modifié les goûts. Le public retourna au répertoire suranné ou se délecta des refrains ineptes qui, quelques années après 1870, prirent leur vol, grâce à des chansonniers de bas étage, sortis on ne sait de quelle fange : exploiteurs du vice, âmes vénales dont la tâche est de ruiner la santé morale de la jeunesse et du peuple.

NOTES EXPLICATIVES

Bien qu'ignorant des choses essentielles de la musique, Pierre DUPONT composait lui-même les airs de toutes ses chansons. Tout en écrivant les vers, il cherchait et fredonnait le motif sur lequel il les voulait chanter ; puis, quand il l'avait trouvé, il le faisait noter par un musicien. La tâche, en ceci, devenait d'autant plus difficile qu'il fallait trouver un musicien si modeste, et si bon musicien pourtant, que rien n'échappât à son intelligence. On lui chantait la note ; il l'écrivait d'une main fidèle ; il la transcrivait comme si elle eût été sienne. Enfin, il trouvait l'accompagnement facile, inspiré, digne en un mot de la chose chantée. C'est ainsi que la musique s'accorde on ne peut mieux avec la poésie et fait pour ainsi dire corps avec elle. On sent que la double inspiration est venue d'un seul jet, et l'effet produit est souvent saisissant et d'une rare vigueur.

Pour la notation, Dupont eut recours au ténor Audran (père du compositeur), à Gounod, à Parisot, à Lebrun, son protecteur de la première heure. Mais il eut surtout la chance d'avoir pour ami, à l'époque de sa grande production, un véritable artiste, Ernest Reyer, devenu depuis lors le grand compositeur que l'on sait, et qui est mort en janvier 1909.

La ville de Lyon a élevé un monument à Pierre Dupont, au milieu de la verdure, en un coin délicieux de la grande cité.

BIBLIOGRAPHIE

1. POUGIN, Arthur, Supplément à la *Biographie universelle des musiciens*, de FÉTIS. — 2. *Grand Dictionnaire universel du XIXe siècle*. Paris, 1870. — 3. Ch. BAUDELAIRE, *Notice sur Pierre Dupont*.

Le Père DAMIEN

1840-1889

Au nombre des maux qui affligent l'humanité, il n'en est certes pas de plus redoutable que la lèpre; nul ne répand l'épouvante à un plus haut degré, car aucun n'exerce des ravages plus effrayants, plus hideux. Aussi, quelle que soit l'incommensurable pitié que l'on ressente à la vue d'un lépreux, on ne peut se défendre d'un sentiment d'horreur et de dégoût. Est-ce à dire que les malheureux qui en sont atteints soient abandonnés à leur triste sort? Si cela fut autrefois, il n'en est plus de même aujourd'hui. Pour l'honneur de l'humanité, il s'est rencontré des hommes bons divinement, héroïques simplement, qui, sans ostentation, sans éclat, comme s'ils accomplissaient une mission toute *naturelle*, ont renoncé aux joies de la société pour aller vivre au milieu des parias et s'imposer la tâche de les soigner, de les consoler, de les éduquer afin d'adoucir leurs souffrances, verser l'espérance dans leurs âmes meurtries et ainsi leur rendre la vie plus supportable et la mort moins terrible.

LE PÈRE DAMIEN.
(JOSEPH DE VEUSTER.)

Nombreux sont ces hommes au sublime dévouement dont le Père Damien (Joseph De Veuster), missionnaire belge, a été un des modèles les plus accomplis.

Le petit village de Tremeloo, qui fut son berceau, est désormais acquis à l'histoire. C'est là qu'il naquit en janvier 1840. Ses parents étaient de modestes cultivateurs dont l'humble demeure était imprégnée d'une atmosphère de bonté et de simplicité, et où la pratique des vertus patriarcales était en honneur. Joseph goûta dans son enfance tout le charme pénétrant de ce milieu salutaire et y reçut l'ineffable empreinte que laissent après elles la concorde et l'union dans la famille.

Tout contribua, du reste, à mûrir son caractère. En outre des dispositions exceptionnelles pour l'étude, il était doué d'un courage, d'une intrépidité à toute épreuve qui devait plus tard lui permettre d'affronter tous les obstacles de quelque nature qu'ils fussent, de supporter les pires situations et la vue des plus lamentables misères.

Il entra à l'école moyenne de Braine-le-Comte, petite ville du Hainaut. Là, il se passionna pour l'étude ; son zèle industrieux le portait à profiter de tout pour s'instruire : les promenades elles-mêmes étaient utilisées ; les vacances, d'ordinaire si enviées et si impatiemment attendues par les jeunes gens, lui causaient du chagrin, par la raison que cet arrêt dans les études pouvaient suspendre ses progrès.

Dès qu'il eut dix-huit ans, il fit part à ses parents de sa résolution d'entrer dans les ordres religieux et de se faire missionnaire. D'abord, les parents diffèrèrent leur consentement, soit à cause de la longue et rude préparation que nécessitait cette carrière, soit pour mieux se convaincre de la réalité de cette vocation. Mais devant la persistance de leur fils, ils finirent par céder.

Le 8 octobre 1860, il prononça ses vœux, et dès ce moment, il s'adonna aux études ardues qu'exigeait l'œuvre à laquelle il allait vouer toute son existence. Son activité, son acharnement au travail, sa constance surtout lui firent accomplir des progrès rapides et remarquables. Outre qu'il avait l'esprit ouvert et le jugement solide, il possédait une puissance de travail peu commune qui lui permettait de prolonger ses veilles bien au delà des limites ordinaires. Ce labeur acharné n'altérait en rien son excellente nature et son bon caractère ; il resta gai et serviable toujours.

C'est dans ces dispositions d'esprit et de cœur que cet obscur villageois va livrer le grand et pacifique combat du missionnaire, et remplir un sacerdoce plein de beauté et de grandeur. Jeune, vigoureux, intelligent, instruit, il n'éprouve nulle hésitation à aller ensevelir sa jeunesse, son existence, dans une île lointaine, perdue au sein de l'océan Pacifique.

Il dit donc adieu à sa patrie, à sa famille qu'il ne devait plus revoir. Le 30 octobre 1863, il s'embarque à Brême pour les îles Sandwich où il aborda le 19 mai 1864. Dès son arrivée au milieu des Canaques, peuple inoffensif, doux et affectueux, mais ignorant, superstitieux, décimé par les vices et la lèpre, le jeune prêtre se mit à l'œuvre avec, dans l'âme, ce feu sacré et cette foi inaltérable qui enfantent les miracles.

Après avoir évangélisé sur certains points de l'île, il ne tarde pas à entrevoir toute l'étendue de l'œuvre morale et sociale à accomplir; à pressentir la somme immense des efforts à déployer; à se rendre compte enfin de la misérable existence que mènent ceux que la lèpre a terrassés, et les conditions déplorables dans lesquelles ils végètent, souffrent et meurent.

Tous les lépreux de l'archipel sont relégués, par ordre du gouvernement, dans un coin de l'île Molokai, afin d'éviter la contamination, enrayer le mal et l'empêcher de se propager. Quel douloureux spectacle que l'application de cette mesure inéluctable, de cette loi inexorable de déportation! Rien de plus navrant que cette séparation imposée aux Canaques au cœur si affectueux, si sensible. Ici c'est un enfant qui est l'idole de sa mère; là une jeune fille qui faisait la joie de ses parents; ailleurs, c'est une mère de famille aimée de son époux, chérie de ses enfants dont plusieurs sont en bas âge; c'est enfin un père de famille arraché par le gendarme à l'affection des siens qui ne peuvent le suivre. Et cette cruelle séparation s'opère par la force, sans laisser aucun espoir de retour.

A l'époque où le Père Damien vint exercer son ministère, un hôpital, élevé par les soins du gouvernement hawaïen, abritait environ huit cents lépreux auxquels on faisait, chaque semaine, des distributions de vivres et de vêtements. Mais cette sollicitude était impuissante à faire oublier aux infortunés lépreux leur dure et pénible condition. Sans pasteur, sans médecin, ils offraient à l'héroïsme chrétien l'occasion d'un bel et constant dévouement. Il manquait, en effet, à cette organisation une chose essentielle : la vie — mais la vie avec ses manifestations multiples et variées. C'est alors que les missionnaires entreprirent d'instaurer ce régime bienfaisant.

Pour le réaliser, il fallait un homme d'une trempe spéciale; il manquait un héros! — le Père Damien se présenta! Sur son désir, il est appelé à prendre possession de l'île Molokaï et de la direction de l'hôpital. Dès ce moment (1873), il est confiné dans la léproserie avec défense du gouvernement d'en sortir. Il va vivre désormais au milieu des lépreux et pour eux uniquement. Il n'ignore rien de ce qui l'attend ; en adoptant ses chers lépreux, il sait qu'il se voue à une existence de rudes labeurs et d'interminables souffrances. Ni le spectacle repoussant qu'il aura constamment sous les yeux, ni les besognes répugnantes de chaque jour, ni les privations de tous genres, rien ne peut le rebuter. Le tableau que le courageux missionnaire fait de la léproserie dépasse tout ce que l'imagination peut enfanter d'horrible. Le retracer est nécessaire, afin de mieux juger le calvaire que, pendant seize ans, l'apôtre de la charité parcourut sans défaillance et avec un sang-froid, une intrépidité qui témoigne d'une force d'âme bien au-dessus des forces humaines incapables, à elles seules, de braver tant de misères physiques et morales. L'antiquité, quoi qu'on dise, n'offre rien de semblable : il ne s'agit point ici d'une action d'éclat s'accomplissant en un court laps de temps, mais d'un héroïsme continu, qui se prolonge des mois, des années, toute une vie !

« La lèpre, dit le Père Damien, est une maladie quasi incurable. Elle s'engendre peu à peu par la corruption du sang ; ses premiers symptômes sont des taches noirâtres qui apparaissent sur la peau, surtout sur les joues ; les parties qui en sont affectées restent privées de sensibilité. Au bout de quelque temps, ces taches couvrent tout le corps, et alors s'ouvrent des plaies, principalement aux pieds et aux mains ; les chairs se rongent en exhalant une odeur fétide ; l'haleine même devient tellement infecte que l'air en est empoisonné. J'ai eu beaucoup de peine à m'habituer à vivre dans cette atmosphère. Maintenant, la délicatesse de mon odorat ne m'occasionne plus cette souffrance, et j'entre sans difficulté dans les chambres infectes des pauvres lépreux. Quelquefois, cependant, j'éprouve encore de la répugnance ; c'est lorsqu'il s'agit de confesser des malades dont les plaies sont remplies de vers semblables à ceux qui dévorent es cadavres dans la tombe. Ici, point de médecins ; un blanc qui est lépreux et moi qui ne le suis point, suppléons aux soins de la médecine. »

C'est ainsi que, médecin de l'âme et du corps, le Père Damien distribuait tout à la fois les secours matériels et les secours spirituels. Une grande bonté pour tous, dit-il, une tendre charité pour les nécessiteux, de larges secours accordés aux plus infirmes et aux plus moribonds, une instruction solide suffisent pour obtenir le relèvement moral et intellectuel des lépreux.

Un autre missionnaire, le Père Albert, admirable de dévouement comme tant d'autres, décrit ainsi la lèpre : « Elle ronge et dévore, avec une activité toujours croissante, les parties saillantes de la tête, ainsi que les autres extrémités du corps, mains, pieds, coudes, genoux. Quelques-uns n'ont plus de nez; d'autres, au contraire, en ont un excessivement développé. Beaucoup voient tomber, l'une après l'autre, les phalanges de leurs doigts des mains et des pieds, au milieu de cruelles souffrances. Il en est dont toute la figure n'offre au regard horriblement stupéfait, qu'une vaste plaie d'un rouge vif sanglant. Enfin, cette maladie en engendre beaucoup d'autres : la paralysie, la cécité, la surdité, l'aphonie. »

Tel était le milieu épouvantable dans lequel le Père Damien voulut exercer son apostolat, sans penser un seul instant au danger qui le menaçait et le guettait à chaque pas.

Malgré cette tâche plus que surhumaine, il souffrait de ne pouvoir étendre plus encore sa bienfaisante action : cette idée le tourmente; il connait les besoins de la population; il sait qu'une organisation pratique, salutaire s'impose. Son plan est tracé. Il n'aura de repos que lorsqu'il l'aura exécuté. Après bien des démarches, il obtient l'autorisation de sortir de la léproserie et de parcourir l'île à son gré. Aidé des indigènes et secondé par d'autres missionnaires, il édifie en divers points de l'île des logements en bois convenables, des chapelles, des établissements d'instruction, des orphelinats; il fonde des sociétés chorales et instrumentales, crée des champs de culture, organise des services d'infirmiers et d'infirmières. Partout son intervention passe toute mesure : il s'impose des voyages longs et périlleux à travers un sol montagneux, volcanique, exécutés presque toujours à pied, car les moyens de locomotion faciles et rapides font défaut dans cette région désolée; il s'improvise maçon et charpentier; pour lui, rien n'est impossible; il ne connait pas d'obstacles; inlassable, il se dépense sans compter, afin de répandre plus de vie, de bien-être et d'espérance au sein des populations.

Avant son arrivée, les lépreux morts étaient enfouis en pleine terre, sans cérémonie aucune. Pour relever le moral de la colonie, il instaure les cérémonies religieuses et fait placer les corps dans des cercueils qu'il confectionne lui-même. Pendant son séjour dans cette île de désolation, il en fit plus de mille. Si invraisemblable que cela paraisse, lui et ses zélés compagnons conservaient, en dépit de ce travail écrasant, un entrain et une gaîté que beaucoup ne soupçonnent guère chez ces pionniers de la civilisation. Ils savaient que la bonne humeur, non seulement conserve la santé, mais qu'elle a, sur ceux qui souffrent, une salutaire influence. « C'est bien dans les larmes, dit le Père Damien, que je sème la bonne semence. Du matin au soir, je suis au milieu des misères physiques et morales qui navrent le cœur. Cependant, je tâche de me montrer toujours gai afin de relever le courage de mes infirmes. »

Rien d'étonnant donc à ce que ce sublime et incomparable promoteur fût l'objet d'une vénération infinie et acquit un ascendant considérable qui lui assurait un grand prestige soit auprès des lépreux, soit auprès du gouvernement hawaïen dont la constante intervention mérite d'être soutenue par la charité privée. Tout marchait donc à souhait; les améliorations succédaient aux améliorations; les institutions auxquelles l'illustre martyr avait donné l'impulsion, prenaient un essor plein de promesses. Confiant dans les résultats obtenus, il envisageait d'un œil tranquille le sort de ceux dont il était l'ami et le père. Désormais, la stabilité était assurée à l'œuvre à laquelle il avait travaillé sans défaillance et sans amertume.

Mais l'heure arriva, hélas! où le vaillant chrétien fut atteint à son tour de la terrible maladie. Il en reconnut lui-même l'existence en 1885, et le médecin ne put que confirmer ses fâcheuses prévisions. Cette révélation ne troubla en rien sa conscience si pure et si sereine; témoin la lettre, sublime en sa simplicité, par laquelle il annonce la nouvelle à son supérieur : « Il m'est interdit dorénavant d'aller à Honolulu parce que je suis atteint de la lèpre. On en découvre des marques sur ma joue et à mon oreille gauches; mes sourcils commencent à tomber; bientôt je serai entièrement défiguré. Je demeure calme, résigné et toujours heureux au milieu de mon peuple. » Il n'en continua pas moins l'exercice de son ministère, cependant que son corps lentement se consumait sous les étreintes du mal. Après quatre années de souffrances et de noble résignation, il s'éteignit doucement dans la plus touchante sérénité, léguant aux générations l'exemple le plus poignant, le plus accompli de la fraternité et de la solidarité dont l'histoire fasse mention.

C'est pourquoi il est beau, il est salutaire surtout, de ne point laisser tomber de tels héroïsmes dans le gouffre de l'oubli. Un sentiment de souveraine justice nous impose à tous le devoir de les saluer, non en passant, mais éternellement, avec une inaltérable vénération.

NOTES EXPLICATIVES

1. TREMELOO, village natal du Père Damien (Joseph De Veuster), est situé entre Malines, Louvain et Aerschot (province de Brabant). — 2. LA LÈPRE (*lepra* = écaille). Infection chronique de la peau déterminée par un bacille spécifique découvert fin du XIXe siècle par le savant norvégien A. HANSEN; bacille qui provoque des plaies sous forme de plaques ou écailles. Elle est contagieuse et héréditaire. Jusqu'à présent, la science est restée impuissante; le bacille est connu, mais le remède curatif ou préventif n'est pas encore trouvé. Elle existait en Egypte et dans les Indes quinze cents ans avant Jésus-Christ. Elle fut connue des Grecs et des Arabes. Importée en Europe par les armées romaines, c'est surtout à l'époque des croisades que ses ravages devinrent effrayants. Pour la combattre, on pratiqua l'isolement : dès qu'un cas de lèpre était signalé, le malade était conduit à l'église ; on chantait sur lui l'office des morts, puis on le menait à l'enclos des lépreux. Chaque lépreux portait un costume spécial et devait signaler sa présence ou son passage dans les lieux habités, par le bruit d'une cliquette. Plus tard, on créa des établissements spéciaux (léproseries, ladreries ou maladreries) dont, au XIIIe siècle, on comptait près de dix-neuf mille en Europe. Grâce à ces mesures sévères et inhumaines, la lèpre cessa d'affliger nos contrées. Toutefois, sa réapparition en Europe a donné l'idée d'installer des sanatoriums (ou *sanatoria*) pour lépreux, notamment en France, en Angleterre, en Russie, en Turquie, en Chine, en Amérique, en Océanie. D'autre part, le régime hygiénique, en si grand honneur aujourd'hui, constitue un facteur d'une importance capitale ; il permet d'opposer une barrière aux maladies en général, et aux maladies contagieuses en particulier. — 3. BRÈME, ville et port d'Allemagne, sur le Wéser; 164,000 habitants. — 4. ILES SANDWICH ou HAWAI. Archipel de la Polinésie, dans le Grand Océan ou océan Pacifique, sous la dépendance des Etats-Unis depuis 1898; 81,000 habitants. La capitale est Honolulu. L'archipel compte huit îles dont une, celle de Hawaï, est plus grande que toutes les autres ensemble; sa superficie égale celle de la Belgique. On y trouve trois volcans dont un est toujours en activité.

BIBLIOGRAPHIE

1. *Vie du Père Damien*, par le Rév. P. Philibert Tauvel. Edit. Desclée, De Brouwer et Cie, Bruges, 1890. — 2. *Hommage national de la Belgique au Père Damien*. Brochure publiée après l'inauguration du monument érigé au Père Damien, à Louvain, le 16 décembre 1894, et que nous devons à l'extrême amabilité du secrétaire de l'Institut Damien.

Henri-Auguste DE BRUYNE

1868-1892

Honorer les héros, c'est les multiplier ! Vérité profonde, pensée pleine de grandeur et de puissance creatrice que les Grecs de l'antiquité mettaient en pratique pour exalter l'amour de la patrie et entretenir les forces vives de l'énergie morale et physique du citoyen.

Ils avaient une foi indéfectible dans le prestige qu'exercent sur les hommes, les actions d'éclat; aussi, professaient-ils un culte tout particulier pour leurs grands hommes qu'ils glorifiaient en des fêtes triomphales. Pour les immortaliser, écrivains et artistes mettaient au service de cette noble idée leur plume et leur ciseau qui ont enfanté tant de chefs-d'œuvre.

C'est ainsi que s'est perpétuée jusqu'à nos jours, la mémoire des augustes figures de l'antiquité et que se sont transmises d'âge en âge les gloires les plus pures de la Grèce antique.

Cette tradition si féconde, si souverainement éducatrice, s'est peu à peu éteinte, au point de n'être plus observée qu'à de très rares occasions. Ce qui était une règle, un usage, est devenu une exception. C'est pourquoi il est consolant et réconfortant tout à la fois, de voir surgir, de temps à autre, comme une résurrection du passé, la glorification d'un héros ou d'un martyr de la science.

Il était réservé à un petit pays, la Belgique, à une modeste cité, Blankenberghe, de rendre au monde un spectacle digne de l'antiquité; il appartenait à nos vaillants soldats de le remettre en honneur.

Le XIXe siècle touchait à sa fin — c'était le 9 septembre 1900. La petite ville de Blankenberghe, si coquette, si souriante et d'ordinaire si paisible, était ce jour-là toute frémissante, toute palpitante; elle semblait, en ce jour mémorable, incarner l'âme de la nation. Une foule, venue de tous les points du pays et de l'étranger, se pressait vibrante, mais recueillie et émue, sur la digue.

La charmante cité s'apprêtait, en effet, à magnifier un des plus beaux traits d'héroïsme dont l'histoire fasse mention; à glorifier hautement un de ses enfants dont le corps repose depuis bientôt seize ans, loin, bien loin de la patrie, là-bas, au continent noir plein de mystère, d'épouvante et d'ombre, et dont le nom est devenu un symbole et un drapeau.

M. Chomé, l'éminent directeur de la *Belgique militaire*,

HENRI-AUGUSTE DE BRUYNE.

comprit le premier qu'il fallait perpétuer le souvenir du jeune héros en lui érigeant un monument. C'est sous son inspiration que se constitua un comité dont la tâche ne fut pas aisée. Mais, guidé par l'inébranlable conviction et la ténacité de M. Chomé, le comité accomplit des prodiges; pendant six ans, il fit un appel incessant à la générosité de tous, grands et petits, riches et pauvres, pour recueillir des souscriptions. Leurs efforts furent couronnés de succès. La réussite de la manifestation fut la plus belle des récompenses pour le promoteur et les organisateurs.

En cette circonstance solennelle, on eût dit que l'homme et la nature se fussent concertés pour donner à la cérémonie un caractère d'universalité émouvante, pour en rehausser plus encore la haute signification et lui donner un éclat exceptionnel : le soleil déversait ses paillettes d'or, la mer vaste et belle, imposante et majestueuse, témoin de l'enfance et des premiers jeux du héros, avait pris, ce jour-là, des reflets argentés ; ses voix mystérieuses

Vue de Blankenberghe.

s'étaient faites plus douces, plus caressantes et mêlaient leur chant aux hymnes des hommes.

Nulle occasion ne pouvait être mieux choisie pour affirmer une fois de plus la communauté de sentiments et la solidarité qui existent entre tous les éléments de la grande famille qu'est la Patrie. D'un côté, le peuple laborieux, sensible et aimant, se dresse debout, fier d'assister aux honneurs rendus à un de ses enfants; de l'autre, les représentants des pouvoirs publics dont la présence rapproche les esprits et fortifie l'union ; enfin, l'armée, cette école de saine discipline et d'endurance virile, ce foyer d'honneur, de solidarité et de vertus civiques, et à laquelle on est redevable de cette inoubliable journée.

C'est que Henri De Bruyne était un soldat, un fils de la caserne.

Issu d'une honnête et modeste famille de Blankenberghe, il s'était engagé en 1886 — il avait dix-huit ans. Incorporé au régiment du 2ᵉ de ligne, il ne tarda pas à gagner l'estime et l'affection de ses chefs, grâce à sa bonne conduite, à son application laborieuse, à son caractère droit et ferme.

Le 1ᵉʳ janvier 1887, pour ses étrennes, il eut les galons de caporal; le 1ᵉʳ avril 1888, comme cadeau de Pâques, il fut promu sergent. L'avenir s'annonçait donc pour lui sous les meilleurs auspices. Mais dans sa modeste poitrine battait un cœur qui avait des aspirations plus grandes, plus larges. Il sollicita l'honneur de pouvoir coopérer à l'œuvre de la civilisation africaine. Sa demande fut accueillie.

En 1889, il part, plein de vie et d'ardeur, pour se lancer dans l'inconnu. Il quitte tout ce qui lui promet une vie facile, agréable, charmante : le foyer bien-aimé, une carrière pleine de promesses, un avenir souriant. Il oublie tout, pour se vouer tout entier à une mission qu'il sait être remplie de dangers, de difficultés, d'obstacles et de souffrances. Mais rien ne peut rebuter cette nature d'élite.

Après deux ans de séjour au Congo, pendant lesquels il se distingua par une activité et une intrépidité qui lui firent accomplir de signalés travaux, il est nommé sous-lieutenant de la force publique et désigné comme adjoint au lieutenant Lippens en résidence à Kassongo.

En arrivant à son poste, il trouve son chef gravement malade. A partir de cet instant, son existence ne sera plus qu'une suite de souffrances, de résignation et de sacrifices. Dévoué à son chef, il s'en fait le consolateur, le soutien, l'ami fidèle. C'est alors qu'éclate une insurrection des indigènes; tous deux tombent aux mains de Sefu, chef de la tribu révoltée et traître à ses engagements envers l'Etat Indépendant du Congo. Tous deux sont victimes de ses menaces, de sa cruauté barbare. Les lettres que l'on possède des deux martyrs sont navrantes ; elles dépeignent sous un jour lamentable leur épouvantable existence. Qu'on en juge par la lettre que Lippens écrit au lieutenant Sheerlinck, son chef, peu de temps avant le dernier acte de la tragédie qui se prépare :

« La situation est désespérée. Depuis quatorze mois, je suis mortellement malade. Après avoir eu la dysenterie à Léopoldville et une rechute en route, j'ai été, dès mon arrivée à Kassongo, atteint de la variole suivie d'une terrible maladie de poitrine consécutive; ensuite, nouvelle dysenterie extrêmement violente; après cela, une épatite suivie d'un abcès au foie; l'abcès a percé en dedans, mais j'ai le foie hypertrophié. J'ai, de plus, une maladie de cœur, de l'estomac et des intestins et une grave affection des reins. »

Cet atroce état de choses dura un an. Sefu ne veut pas se déranger pour négocier avec les représentants de l'Etat du Congo. Il impose ses volontés, ses conditions. C'est De Bruyne qui est chargé de les faire connaître à Sheerlinck, établi sur l'autre rive, loin de Kassongo.

Il se met en route, escorté et surveillé par trois cents Arabes. Avant d'arriver au bord du fleuve, il obtient la permission d'écrire à Sheerlinck pour lui faire part de la situation et lui donner rendez-vous pour le lendemain au bord du fleuve.

La missive mérite d'être rapportée. Elle donne la mesure des horribles traitements qu'on lui inflige. L'indignation, le mépris, le dégoût percent sous chaque mot. Son caractère élevé y apparaît dans tout son stoïcisme. Il ne se plaint pas des douleurs physiques; ce qui lui importe, c'est sa dignité qui souffre et se révolte : être traité en vil esclave par le plus vil des maîtres :

« La situation est terrible, écrit-il; Lippens est en butte à toutes sortes d'infamies et je suis au milieu de ces bandits. Je n'ai jamais vu un individu aussi stupide, aussi abruti, aussi lâche, aussi menteur que cet ignoble assassin Sefu. Je suis traité ici en vil esclave, etc., etc. »

Au reçu de cette lettre, Sheerlinck songea · — Demain, nous le sauverons.

Le lendemain, c'était le 15 novembre 1892.

De Bruyne apparaît sur la rive gauche du fleuve; le lieutenant et le médecin sont sur l'autre rive. L'état du jeune soldat est si lamentable que ses camarades peuvent à peine le reconnaître. Il apparaît comme un spectre : décharné, livide, couvert de quelques haillons, les pieds ensanglantés, blessés par les ronces des chemins.

Comment dépeindre ce contraste poignant qui se présente sur les deux rives, en cet instant suprême?

D'un côté, le prisonnier, l'esclave — l'impuissance! de l'autre, la sécurité, la liberté! — 90 mètres les séparent — l'immensité! si l'on songe que la moindre imprudence peut amener une catastrophe, car Sheerlinck ne peut traverser la rivière sans exposer De Bruyne à être assassiné immédiatement par ses gardiens; les ordres de Sefu sont formels.

Mais les moments sont comptés. Le prisonnier est là, debout, les pieds dans l'eau. Il va parler. Il parle...; pas un bruit; tous écoutent, angoissés, cette voix dans le silence. Son récit est long, circonstancié. Son courage ne faiblit point; rien ne peut altérer sa fierté : que penseraient ses ennemis qui l'observent, le guettent, épient ses moindres mouvements?

Le récit terminé, une conversation courte, rapide, s'engage :
Sheerlinck lui demande : « Savez-vous nager? — Oui. — Alors jetez-vous à l'eau et passez la rivière; pendant ce temps nous tiendrons vos gardiens en respect avec nos armes. »

La chose est donc facile, le salut certain. Mais lui, le héros, songe à son chef Lippens qui souffre seul, là-bas, et qui attend avec impatience son retour.

Sheerlinck devine sa pensée et la grandeur de ses scrupules; il essaie de les vaincre : « Mon pauvre ami, Lippens n'est plus en vie, vous pouvez vous évader, sans manquer ni à l'honneur ni au dévouement que vous professez envers votre chef. Vous ne le retrouverez plus.

— Et s'il était encore en vie? objecta le jeune soldat.

— Ce serait miraculeux; c'est impossible, riposte Sheerlinck.

— Les Arabes, fit De Bruyne, m'ont assuré qu'il n'est pas mort.

— Mensonge, reprit le lieutenant, c'est pour vous engager à rester. Allons! décidez-vous! L'occasion est unique. Pourquoi retourner chez vos bourreaux? Songez aux supplices qui vous attendent! Faites le saut! »

Un calme effrayant régnait. La voix portait aisément au-dessus de l'eau silencieuse.

Point de doute! Un violent combat se livrait dans les pensées et le cœur du jeune captif. On voyait luire des larmes dans ses yeux caves. C'était la liberté offerte, la fin des tortures, le retour à la patrie... Sheerlinck et le docteur Hinde insistent, très pressants, la gorge étreinte. L'obstination du jeune sergent les désole, les angoisse. Ils supplient, implorent : le vaillant soldat reste impassible, du moins, en apparence, car nul ne saura jamais le drame affreux qui se passa en ce moment suprême dans son cœur meurtri, dans son âme bouleversée.

— Pensez, lui dit Sheerlinck, au retour dans votre patrie; pensez au bonheur de revoir vos parents, vos amis; pensez à la perspective d'une vie longue et heureuse!

Un silence poignant succède à ce dernier appel.

Que va décider le petit soldat?

Sa décision est irrévocable; sa résolution est inébranlable! Un seul instant suffit pour lui rappeler les sentiments de solidarité qui le lient au sort de son chef, de son ami.

C'est alors que son héroïque abnégation se révèle dans toute sa mâle beauté. Il n'hésite plus, et il répond avec une simplicité énergique : « Non, non, je ne puis abandonner Lippens; je n'ai pas la preuve qu'il est mort. Je vous en supplie, ne me tentez pas! » Et, n'ayant pas la force de crier « adieu! », il fait un geste douloureux, se retire stoïquement, avec calme et à pas lents, pour se remettre entre les mains des Arabes, avec la certitude qu'il marchait à la mort.

Quinze jours plus tard, il tombait avec son chef sous le poignard de ses bourreaux.

Un pareil acte, une telle abnégation de soi, provoque irrésistiblement l'enthousiasme. Vingt-quatre ans, du sang plein les veines, la soif de vivre... et renoncer à l'existence parce qu'un pauvre homme, inévitablement et prochainement condamné par la nature même, mais qui vous fut bon, aurait peine et douleur à se voir seul, à se sentir abandonné, cela, non, n'est pas d'une âme vulgaire!

Vous êtes venu trop tard, petit sergent, jeune Belge, cœur de héros : Plutarque est mort!

Sacrifice inutile, vaines souffrances, dira-t-on. Sans doute, De Bruyne n'a rien ajouté au patrimoine commun dans le domaine matériel ou intellectuel. Mais il en est tout autrement du domaine moral qu'il a fécondé par son exemple. La semence précieuse qu'il y a jetée lèvera, prometteuse d'une moisson fructueuse.

C'est pourquoi M. Léon Chomé a eu raison de dire : « Nous avons tenu à faire surgir De Bruyne de l'ombre, afin qu'il stimulât éternellement, par sa noble action, nos soldats de l'Aurore. »

NOTES EXPLICATIVES

1. De Bruyne (Henri-Auguste). Né à Blankenberghe (Belgique) le 2 février 1868; mort en Afrique le 1ᵉʳ décembre 1892. — 2. Blankenberghe, ravissante station balnéaire belge, très fréquentée, sur la mer du Nord. — 3. Kassongo, localité du Congo belge dans la région de la rivière Lomami, affluent du fleuve Congo. — 4. Plutarque, historien et moraliste grec. Né à Chéronée l'an 50 de notre ère; mort en 125. Il est l'auteur d'un ouvrage célèbre : *Vies des hommes illustres*, de la Grèce et de Rome.

BIBLIOGRAPHIE

Nous devons à l'extrême obligeance de M. Léon Chomé, l'éloquent et enthousiaste biographe de De Bruyne, la documentation qui nous a servi à faire notre travail.

LE CONGO

NOTICE HISTORIQUE

Le Congo, vaste région du centre de l'Afrique, comprend un territoire d'une richesse incalculable, d'une surface équivalente à quatre-vingt-dix fois celle de la Belgique, et sillonnée par un fleuve immense de 4,800 kilomètres de longueur, avec, sur son parcours, trente-deux cataractes. De nombreux affluents constituent avec lui un bassin de 2,478,000 kilomètres carrés.

Cette contrée porte aujourd'hui le nom de Etat Indépendant du Congo, dont la genèse remonte à 1876. C'est, en effet, à cette date que Léopold II, roi des Belges, réunit à Bruxelles une conférence géographique internationale à laquelle assistaient des sommités scientifiques, des notabilités politiques de tous les pays de l'Europe. Le roi leur exposa tout un plan humanitaire qu'il avait conçu, mûri et dont il avait hâte de voir entreprendre l'exécution. Il s'agissait d'ouvrir à la civilisation la seule partie du globe où elle n'avait pas encore pénétré; de percer les ténèbres qui enveloppaient des populations entières; d'établir des stations scientifiques et hospitalières entre le littoral oriental et l'intérieur du continent, et ainsi d'arriver à l'extinction

LÉOPOLD II, ROI DES BELGES.

progressive de la traite et de l'esclavage, exercés par les Arabes farouches, sanguinaires, inhumains.

Ainsi fut fondée l'Association internationale africaine, œuvre humanitaire qui rappelle l'admirable et héroïque campagne menée au xviᵉ siècle par le missionnaire Las Casas et les nobles efforts déployés au xixᵉ siècle par le cardinal Lavigerie.

Quatre expéditions furent d'abord organisées de 1877 à 1880. Il s'agissait alors de rechercher les moyens d'assurer la marche des caravanes et des explorateurs, depuis Zanzibar jusqu'au lac Tanganika; de créer des stations intermédiaires et, enfin, une base sur la rive ouest du lac, d'où partiraient les expéditions vers le cœur de l'Afrique et vers la côte occidentale.

La première expédition partit d'Ostende le 15 octobre 1877. Elle était composée du capitaine Crespel, du lieutenant Cambier, du docteur Maes et de M. Marno.

Le 12 décembre, ils débarquent à Zanzibar. Dès ce moment, ces vaillants pionniers vont s'enfoncer dans l'inconnu, s'élancer au-devant de tous les périls, presque sans renseignements, ayant tout à créer. Sans perdre de temps, le capitaine Crespel, chef de l'expédition, confie au brave Cambier la périlleuse mission d'aller reconnaître la côte et rechercher la possibilité et les moyens de circuler. Le 18 janvier, Cambier et ses compagnons s'embarquent, accomplissent leur tâche et reviennent à Zanzibar, où ils apprennent la mort de l'infortuné Crespel.

Cambier reçoit l'ordre de prendre le commandement de l'expédition et on lui adjoint Wauthier, des carabiniers, et le docteur Dutrieux. La caravane est formée et se met en route, bien déterminée à vaincre toutes les forces aveugles qui lui barreront le chemin. C'est dès ce moment décisif, solennel, que Cambier va se révéler un pionnier incomparable. Digne émule de Stanley, il va refaire le parcours exécuté par le célèbre voyageur anglais. Comme lui, il va affronter les mêmes difficultés, courir les mêmes périls, braver les mêmes dangers. Comme lui, il va soutenir une lutte terrible, incessante, contre la nature meurtrière, les éléments implacables, les indigènes défiants et hostiles. Des déceptions cruelles journalières, des embûches à chaque pas! Comment résister à un tel déchaînement d'obstacles? Certes, les forces physiques ne suffiraient pas à la tâche, si des forces supérieures ne venaient y suppléer : l'abnégation, la foi indéfectible dans le succès, le sentiment profond et inaltérable du devoir, la puissante vision des responsabilités.

Pour se faire une idée de ce que peut être une telle entreprise, il est nécessaire de lire le récit palpitant que Stanley a fait dans son ouvrage intitulé : *Comment j'ai retrouvé Livingstone*. Cette relation si émouvante prouve, une fois de plus, cette vérité : que l'homme s'ignore ; qu'il ne sait pas tout ce que son être renferme de forces cachées, d'énergie insoupçonnée ; qu'il ne se rend pas compte du trésor de vertus que la nature a déposé en lui ; toutes choses qui, libérées, mises en œuvre, donnent le jour à la maîtrise de soi et à la volonté réfléchie, raisonnée, agissante. Cambier a conscience de sa force, de la supériorité de l'esprit sur la matière ; il triomphe de tout, et le 12 août 1879, il a le bonheur de contempler les flots du lac Tanganika. Il arrive à Karéma, point le plus favorable pour établir une station, selon l'avis donné par Stanley qui venait de traverser l'Afrique de l'est à l'ouest. Cambier se met à l'œuvre et fonde un poste qui, plus tard, deviendra une véritable cité.

Sa mission accomplie, il remet le commandement de ce poste au capitaine Ramaeckers, du génie, dont la haute intelligence et la puissante énergie assurent le succès de cette première station ; puis il reprend le chemin du pays natal. Mais il n'y séjourne pas longtemps ; sa présence est nécessaire là-bas. Il n'hésite point ; il repart, à peine remis de ses fatigues.

Une seconde expédition fut commandée par le capitaine Popelin, accompagné du docteur Van den Heuvel et du lieutenant Dulalis. Le courageux Popelin, quoique miné par la fièvre, reste à son poste ; il lutte, il édifie ; finalement il meurt d'épuisement en mai 1882.

Ramaeckers fut le chef d'une troisième expédition en 1880, en compagnie des lieutenants d'artillerie Becker et Deleu. Mais le 25 février 1881, le chef, admirable d'endurance et de dévouement, expire, terrassé par les excès de travail et les fièvres, sans avoir eu la consolation de voir, à son côté, un compatriote. Ce fut une grande perte pour l'Association, car il avait révélé des qualités d'explorateur de premier ordre.

C'est pendant cette première et glorieuse période que Stanley, de retour en Europe, vanta au roi des Belges les immenses richesses naturelles du bassin du Congo. Un plan fut dressé ayant en vue la pénétration de l'Afrique par l'ouest, dans un but non seulement scientifique et humanitaire, mais aussi commercial.

Dès ce moment, le titre d'Association internationale africaine est remplacé par celui d'Association internationale du Congo, dont le programme était le même avec, en plus, une idée politique : celle de faire reconnaître et accepter par les Puissances, sa souveraineté dans le bassin du Congo. Cette reconnaissance eut lieu à la mémorable Conférence de Berlin, en novembre 1884 : l'acte signé en février 1885 mit fin à l'Association internationale en constituant l'Etat indépendant du Congo, sous la souveraineté de Léopold II.

Depuis lors, les expéditions se sont suivies nombreuses et décisives; les découvertes ont succédé aux découvertes; les stations se sont multipliées; les cités se sont élevées et ont prospéré; enfin, des forts ont été établis à Basoko au nord et à Lusambo au sud. A l'abri de ces derniers, l'Etat préparait silencieusement la campagne destinée à écarter définitivement le péril arabe.

Les spécialistes les plus compétents prétendaient qu'avant la fin de 1892, les Arabes seraient à Boma. On comptait sans la vigilance et l'organisation intelligente des Belges. Quand ils furent prêts, vers la fin de 1891, la guerre commença. Elle dura dix-neuf mois et se termina en janvier 1894, par la destruction absolue de la puissance arabe. Dès lors, on appliqua des mesures radicales, édictées par l'Etat, pour supprimer la traite, qui a presque totalement disparu. Tandis que ces événements se déroulaient à l'est, une série d'expéditions entreprises au nord, aboutissaient à l'occupation du bassin de l'Uellé et de la région s'étendant jusqu'au Nil et aux confins du Darfur, en dépit des efforts des Mahdistes. C'est ici que se place un épisode digne d'être cité. Une armée de mille hommes se trouvait dans le bassin de l'Aruwimi, se dirigeant vers Lado, sous le commandement du capitaine commandant d'état-major G. Leroi, un de nos brillants officiers. Après une marche de trois semaines à travers les marécages, une révolte se produisit tout à coup à l'arrière de l'armée, vers l'ouest. Dans ces conditions, la situation était désespérée, insoutenable. Il ne restait plus au commandant et à ses officiers, pour échapper au massacre, que de se jeter vers l'est avec leurs fidèles compagnons. A l'est, c'était le salut ! Mais le vaillant officier, malgré les sollicitations et les objurgations du médecin et de son interprête, n'écoute que la voix du devoir. Il est le chef; il doit donner l'exemple et en imposer par son attitude ferme et résolue. Bravement, il se dirige vers le foyer de la révolte pour y rétablir l'ordre. Mais, à peine est-il arrivé, qu'il tombe mortellement frappé. Héros obscur, comme tant d'autres dont on ignore les noms! C'est que là-bas, on combat non pour la gloire, mais pour une noble cause : l'émancipation d'une race malheureuse, et que l'on meurt pour accomplir son devoir.

A partir de 1895, l'ère des grandes expéditions militaires semble close et l'Etat se consacre au développement de ses ressources, à l'organisation de son administration et à l'extirpation de la barbarie des indigènes. Dans cette œuvre dont la nécessité n'est plus discutable, des fautes individuelles ont été commises, des abus et des délits ont été constatés. Chaque fois que les auteurs de ces méfaits ont été découverts, ils ont été sévèrement punis. Ces quelques ombres, inévitables au début de toute entreprise coloniale, ne doivent pas faire perdre de vue les extraordinaires résultats obtenus au Congo.

Toute une organisation a été improvisée : plus de deux cents postes ont été fondés; plus de quatorze cents agents assurent, jusqu'aux points les plus éloignés du territoire, le respect des prescriptions de l'autorité; plus de deux mille cinq cents blancs se livrent paisiblement à leurs occupations, à l'ombre protectrice du drapeau bleu étoilé d'or qui est celui de l'Etat. Une armée de plus de quinze mille hommes, organisée et disciplinée à l'européenne, fait régner la paix et la tranquillité.

Environ 600 kilomètres de chemin de fer sont mis en exploitation, 1,600 sont en construction, 450 sont projetés; 1,800 kilomètres de télégraphe et de téléphone ont été tendus d'un bout à l'autre du territoire; cent dix steamers ont été lancés sur le haut fleuve; soixante-deux sociétés commerciales mettent le territoire en valeur. Le commerce général de l'Etat atteignait, en 1904, un chiffre de 93 millions. Enfin, plus de treize millions de lianes à caoutchouc ont été plantées et permettront, dans peu d'années, de réaliser un grand rendement.

Aux progrès matériels, il faut ajouter l'évolution progressive des populations indigènes. De plus, des mesures pour la protection des indigènes ont été arrêtées et sont appliquées avec sévérité par quarante-quatre tribunaux et conseils de guerre.

De nombreux médecins, payés par l'Etat, soignent blancs et noirs, et des hôpitaux ont été établis dans la plupart des centres importants. Des lazarets et des hospices ont été érigés pour l'isolement des malades atteints de maladies contagieuses.

Des écoles professionnelles ont été créées par le gouvernement pour l'éducation des enfants abandonnés. Plus de quatre cents écoles répandent l'instruction; quatre cent soixante-treize missionnaires évangélisent le territoire. Cette organisation si compliquée, introduite au prix d'incroyables difficultés, est constamment perfectionnée. Quelles que soient les divergences d'opinions émises au sujet de cette vaste entreprise, il est souverainement juste de saluer en passant, cette œuvre grandiose qui a fait sortir de l'ombre ce petit pays qu'est la Belgique. Elle a révélé à l'Europe ce dont elle est capable en fait d'initiative, d'organisation, de patience, d'efforts persévérants. Elle lui a permis de révéler au monde, combien il y a chez elle d'énergie latente, de bon sens, de virilité, qualités qui n'attendent que l'occasion de se manifester. Elle a ouvert enfin un champ d'expérience qui a mis en relief la haute valeur morale, intellectuelle et physique des officiers et sous-officiers belges.

Le 20 août 1908, les Chambres belges ont voté, après de longs et passionnants débats, l'annexion du Congo à la Belgique, donnant ainsi à notre pays sa première colonie. C'est le fait le plus important et le plus significatif de notre histoire depuis la révolution de 1830. Un ministère des Colonies a été créé; l'honorable M. Jules Renkin, qui en est le premier ministre en date, se préoccupe déjà d'organiser l'enseignement primaire sur des bases sérieuses et de faire régner la justice sur tous les points du territoire. C'est de bon augure pour l'avenir du Congo belge. Une ère nouvelle d'utiles et salutaires réformes va s'ouvrir pour donner à la patrie sœur tout l'essor qu'elle mérite.

A ce vote historique est venu s'en joindre un second, le 18 novembre 1909, celui du service personnel et obligatoire basé sur le principe d'*un fils par famille*, supprimant ainsi le *remplacement* et la *conscription* (tirage au sort).

Aux noms des braves que nous avons cités, il faudrait ajouter une liste interminable d'hommes remarquables, tels Hanssens, Verdyck, Fivé, Daenen, Henry, Chaltin, Hodister, Lothaire, Coquilhat, Dhanis, Thys, Van Gele, Le Marinel, Baert, Roget,

Vankerckhoven, Chavanne, Jacques, Ponthier, Delcommune, Lemaire, Hanolet, Delporte, Stairs, Brasseur, Milz, La Kethulle, Vandevelde, Oscar Michaux, qui a publié l'ouvrage remarquable : *Pourquoi et comment nous devons coloniser*, et tant d'autres encore qui ont si noblement consacré le meilleur de leur existence à combattre pour la régénération de la race noire.

Ce spectacle de grandeur morale, de stoïcisme, de noble bravoure donné par nos soldats, loin de la mère patrie, doit nous réjouir, en même temps que nous rassurer sur les destinées du pays. Ceux qui, en Belgique, se sont demandé, en certaines circonstances, « si à l'heure du danger, nos soldats sauraient se battre vaillamment et défendre le sol natal », ne peuvent plus aujourd'hui en douter. Non, le doute n'est plus permis — le fut-il jamais ? — quand on réfléchit à la façon dont ils se sont comportés là-bas, sous le chaud soleil africain, dans un pays immense. « Ils n'ont pas craint d'attaquer, au nom de l'humanité, l'armée redoutable et puissante des Arabes, trafiquants de chair humaine ; ils ont osé, à la tête de troupes nègres qui ne comprenaient pas leur langue, parcourir des milliers de kilomètres, à travers des régions inexplorées, bravant les périls de toute nature. Sans autre action sur leurs soldats que l'ascendant moral, entrainant derrière eux les masses noires électrisées par l'exemple de la bravoure, ils ont attaqué ceux qui, depuis des siècles, étaient les maîtres redoutés de ces régions lointaines dont ils traitaient les habitants comme un vil bétail. »

Souvenons-nous que nombreux sont les héros qui sont tombés dans les combats ; nombreux aussi ceux qui ont succombé sous l'influence du climat tropical et que, malgré tout, des centaines d'autres se sont levés pour revendiquer l'honneur d'aller continuer l'œuvre commencée. Et les Arabes vaincus se voient forcés d'abandonner les régions fertiles où ils ont fait sans entraves, pendant tant de siècles, leurs terribles razzias d'esclaves.

« Oh ! Belgique ! tu as le droit d'être fière de tes enfants. Au jour du danger, tu peux avoir confiance en eux. S'ils se disputent l'honneur d'aller mourir au loin pour accomplir une œuvre d'humanité, tu peux compter sur leur vaillance le jour où ton vieux sol sacré serait menacé par l'invasion étrangère. Alors, les plus timorés eux-mêmes sentiraient se réveiller en eux, l'ardeur guerrière qui a fait vibrer pendant tant de siècles le cœur des Belges. »

Le lion belge regarde d'un œil calme et pacifique le travail du peuple et les progrès de la patrie. Étrangers, nos frères et nos amis, puissiez-vous le laisser longtemps, toujours, dormir en paix, et ne pas oublier que le sommeil n'est point la mort!

BIBLIOGRAPHIE

1. CHOMÉ, Léon, directeur de la *Belgique militaire*, auquel nous sommes redevable d'une précieuse documentation. — 2. BANNING, Emile, *l'Afrique*. Bruxelles, 1877. — 3. CHAPAUX, Albert, *le Congo historique*. Bruxelles, 1894.

LISTE ALPHABÉTIQUE DES INVENTIONS ET DÉCOUVERTES

A

Acétylène	146
Acide carbonique . . .	143
Acide prussique . . 401,	405
Actinium	147
Aéromètre	144
Aéronat	504
Aéronave	502
Aéroplane.	505
Aérostat	502
Aérostation	501
Aiguille	365
Alcali	154
Alchimie	141
Alcool	142
Amérique . . . 272,	279
Ammoniaque	141
Ampoule de Crookes . .	450
Analyse chimique . 134, 144,	206
Analyse spectrale . . 185,	207
Anatomie	529
Anesthésie . . 150, 151,	154
Aniline	146
Ankylostomasie . . .	397
Antiseptie, aseptie . . 393,	394
Argenture . . . 313,	319
Astrologie . . 181, 190,	195
Astronomie . 177, 179, 181, 191,	212
Attraction universelle . .	219
Automobile . . . 89,	459
Aviation 501,	505
Azote	144

B

Bactériologie . . 382, 393,	397
Balance hydrostatique . 142,	211
Balancier spirale . . .	217
Ballon 502,	504
Baromètre.	228
Bateau à vapeur . 62, 77, 84,	87
Batterie électrique . 460,	462
Benzine	146
Bésicles (lunettes pour le nez) .	202
Bicycle	88
Bicyclette.	88
Biologie . . . 147, 382,	390
Blanchiment de la toile . .	144
Bleu de Prusse. . . .	142
Bobine de Ruhmkorff . .	444
Bombe calorimétrique . .	145
Botanique.	419
Bougie 489,	498
Boussole	278
Bouteille	199
Bouteille de Leyde . . .	439

C

Câble	468
Cadran solaire	215
Calcium 152,	154
Calcul infinitésimal (différentiel et intégral) . . 219,	223
Calendrier. . . . 191,	195
Canaux et tunnels . . .	519
Carte postale . . . 335,	336
Célérifère	88
Céramique . . . 141,	303
Chaîne (horlogerie) . . .	217
Chambre noire . . . 190,	203
Chandelle.	489
Chaudière tubulaire . 61, 83, 327,	332
Chemin de fer	98
Chimie	141
Chlore . . 143, 144, 152,	155
Chloroforme . . . 151,	154
Chronomètre . . . 208,	217
Chronophotographie . .	463
Chronothermomètre. . 59,	65
Cinématographe . 451, 458,	463
Circulation du sang . 525,	530
Ciseaux	367
Clepsydre.	215
Clicherie, clicher . . .	21

Cohéreur	469
Compas de proportions	211
Congo (Le)	565
Corderie	363
Corps flottants (Loi de l'équilibre des)	211
Coulage des glaces	198
Couleurs (matières colorantes)	145
Cristal	198
Cristallographie	125
Croup ou diphtérie	397

D

Dactylographie	462
Daguerréotypie	23
Daltonisme	194
Dé	367
Décomposition de la lumière	225
Dictographe	458, 461
Diorama	23
Dispersion de la lumière (Loi de la)	206
Dorure et argenture	141, 313, 319
Draisienne	88
Dynamite	167
Dynamo	89, 444, 486, 489, 492
Diphtérie	397

E

Eclairage	481, 495
Electricité	437
Electro-aimant; électro-magnétisme	207, 444
Electro-chimie (Electrolyse)	152, 155
Electrode	322
Electrolyse (Electro-chimie)	152, 155
Electro-métallurgie	321
Electro-métographe	457, 461
Electrographie	323
Electrotypie	323
Email	302
Emission (Théorie de l')	206
Enseignement (Méthodes) (Pestalozzi. Frœbel. Père Girard)	231, 245, 259
Enveloppe de lettre	335
Epingle	367
Estampe	21
Etamage des glaces	90, 198
Ether	142, 151, 154
Ethérisation	154

F

Faïence	307
Fermentation	382, 390, 394
Filature de coton	55, 69
Filature de soie	45, 48
Filature de lin et de chanvre	60
Filet de pêche	47
Fluor	146
Four électrique	444
Fusée (horlogerie)	217

G

Galvanisation	322
Galvanisme	442
Galvanoglyphie	323
Galvanographie	323
Galvanoplastie	22, 321
Gaz (Les)	134, 135, 143, 158
Gaz d'éclairage	497
Gaz hilarant	150
Gaz hydrogène	502
Giffard (Le)	102
Glaces étamées et glaces coulées	198
Glycérine	144, 382
Gravitation universelle	183, 224
Gravure	21, 323
Grenier mobile	59

H

Hélice	86
Héliographie	22
Héliotypie	36
Hélium	146, 168
Hémisphères de Magdebourg	230
Histoire naturelle	170, 532
Horlogerie	215
Hydraulique	40, 43, 55, 65, 80
Hydro-aéroplane	509
Hydrogène	502
Hydrostatique	211, 214

I

Imprimerie	16, 19, 31
Iode	152, 155
Isochronisme (Loi de l')	210, 214
Induction électrique	444

J

Jardin botanique	419
Jardins d'enfants	245, 250
Jante (vélocipède)	88

K

Kaléidoscope	208
Kinémacolor	464
Kinétographe ou cinématographe	24, 458
Kinétophone . . .	458, 461

L

Lampe	59, 495
Lampe à arc . . .	151, 499
Lampe à incandescence . .	444, 458, 461, 499
Lampe à huile de schiste . .	498
Lampe des mineurs . .	95, 152
Lampe à hydrogène . .	498
Lampe hydrostatique . .	59, 65
Lampe à mercure . . .	445
Lanterne magique . .	203
Laudanum	142
Lentilles achromatiques . .	204
Lèpre . . .	552, 553, 555
Linotype	24
Lithographie . .	21, 22, 32
Locomobile . . .	84
Locomotion électrique . .	445
Locomotive . .	82, 83, 98
Lois de Keppler . . .	191
Logarithmes (Table des) . .	185
Lumière (Théorie sur la) . . 205, 206, 220, 225	
Lunette d'approche . .	202, 203

M

Machine à tisser et à filer	48, 55, 60, 74
Machine à vapeur .	60, 61, 76, 80, 82
Machine à coudre . .	357, 361
Machine à tailler les pierres dures	59
Machine pneumatique . .	230
Machine à polychromer . .	33
Machine électrique . .	437
Machine à tricoter . .	369
Machine à faire le bois de fusil.	59
Machine à réduire les statues .	59
Machine perforatrice . .	523
Machine à décortiquer . .	33, 36
Machine à écrire . .	363
Magnésium, Magnésie .	151, 154
Manganèse . . .	143
Marégraphe . . .	479, 482
Marmite de Papin . . .	76
Mégaphone . . .	458, 461
Méningite cérébro-spinale .	397
Métallisation . . .	322
Météorographe . .	59, 65, 479, 482
Métier à filets de pêche . .	47
Métier à tisser . . .	54, 55
Métographe . . .	457, 461
Microbiologie . . .	382, 393
Microcinématographie . .	451
Micro-organisme . . .	382
Microphone .	444, 458, 461, 474
Microscope	204
Miroirs	202
Montre	217
Morphologie . . .	397
Moteur	89, 90
Motocyclette . . .	89
Mouvement (Lois du) .	210, 211
Myopie . .	190, 194, 202

N

Navigation . . .	77, 84

O

Océanographie . . .	294
Ondulations (Théorie des) .	206
Optique	201
Œuvres philanthropiques	104, 111
Oxyde	152, 154
Oxygène	135, 142

P

Paléontologie . . .	532
Pantélégraphe . . .	445
Parchemin . .	19, 278, 333
Papier . . .	19, 326, 333
Papier buvard . . .	335
Papier réactif . . .	143
Parachute	504
Paratonnerre . . .	440
Pâte à papier en paille et en bois	326
Pathologie . . .	397
Pédale de bicyclette . .	88
Pendule (Le) . .	210, 216
Pendule compensateur . .	218
Peste	397
Pétrin mécanique . .	90
Phagocytose . . .	398
Phénakistiscope . . .	463

Phlogistique.		134, 139, 143
Photocollographie		36
Phonographe		458, 461
Photographie.		. 22, 206
Phosphore		142, 143
Phototypie		. 33, 36
Physiologie		397, 529
Pile de Volta		144, 151, 442
Pneumatique		88
Polarisation		206
Polonium		147, 168
Porcelaine		304, 307
Potasse		151, 154
Potassium.		151, 154
Poterie, porcelaine		304, 307
Poudre à canon		141, 146
Poudre détonnante		144
Poudre sans fumée		146
Praxinoscope		463
Presbytie		190, 194, 202
Presse chromolithographique		33
Presse hydraulique		33
Presse lithographique		31
Presse rotative		31, 32
Prophylaxie		384, 390
Psychologie		256

R

Radiations ultra violettes.		445
Radio-cinématographie		451
Radio-goniomètre		469
Radiographie		451
Radioscopie		451
Radio-télégramme		469
Radium		164, 167
Rage.		385
Raphigraphie		130
Rayons X.		449, 450
Réfraction de la lumière		190, 195, 205, 220
Réverbère.		496
Ressort (horlogerie)		216

S

Sablier		215
Sérothérapie		396
Sérum		385, 391, 396
Sodium		152, 154
Soude		152, 154
Soupape de sûreté		76

Sous-marin		87
Stérilisation		384, 390, 445
Stéréoscope		207
Stéréotypie		20
Sucre de betterave		. 59, 143
Synthèse chimique		144, 158
Système des poids et mesures		139, 140, 185

T

Taille des pierres dures		59
Tannage des cuirs		90
Télectographe		461
Télégraphe		444, 445, 457, 467, 480
Télégraphe sans fil		469
Télémétéorographe		480, 482
Téléphone		444, 458, 473
Téléphote		446
Téléphotographie		445
Télescope		202, 204, 211
Télévision		445
Téléwriter		475
Théatrophone		506
Thérapeutique		396, 450
Thermochimie		145, 159
Thermomètre		218, 227
Thorium		147, 168
Timbre postal		336
Tissage		53
Tissus		53
Tôle vernie		59
Tricot		53, 368
Tricycle		83, 89
Tunnels		519
Turbine		59, 65
Typhus		397
Typographie		20

U

Uranium		146

V

Vaccinations :		
1. — Charbon		385, 397
2. — Choléra.		385, 397
3. — Croup		397
4. — Piqûre de serpent		397
5. — Rage		385
6. — Rouget des porcs		385
7. — Variole, vérole		295, 299

Vaisseaux lymphatiques . .	531
Valvules des veines . . .	531
Vapeur . . 60, 61, 76, 78, 79, 93	
Vélocipède	88
Velours	56
Verre 141,	197
Verre à vitres	198
Verre de lampe . . .	496
Verre dépoli	59
Verre gravé et taillé. . .	198
Verroterie. . . .	198
Virus 384,	396
Voltamètre	467
Voyages, explorations . .	281

Z

Zoologie	532
Zootrope	463

LISTE ALPHABÉTIQUE DES PERSONNAGES CITÉS DANS L'OUVRAGE

A

Ader.	474, 506
Abruzzes (Duc des) . . .	292
Albert (Le Père) . . .	553
Alde Manuce	20
Alembert (d')	184
Amerigo Vespucci . .	276, 279
Amman (Jean)	111
Amontons. . .	75, 227, 467
Ampère . . 206, 444, 467, 492
Amundsen	293
Aquapendente (Fabrice d')	526, 531
Arago . . 64, 65, 185, 206, 444
Archimède . . 142, 202, 320
Aremberg (Louis, duc d') .	497, 503
Argand	496
Aristarque	181
Aristophane	201
Aristote . 228, 283, 501, 525, 529
Arkwright.	55
Arlandes (Marquis d') . .	503
Armengaud	446
Arnauld	152, 155
Arton	445

B

Bacon (Roger) . . .	202, 283
Balboa (Vasco Numez de) .	284
Barberet	440
Barbier	363
Barbier de Laserre . .	129
Barlow	216
Barrow	205
Bauhin	419
Bauwens	67
Bazin	492
Becquerel.	146
Beethoven	337
Behem ou Behaim .	271, 278
Behring	396
Belin (Edouard) . . .	445

Bell (André)	266
Bell (Graham) . 112, 266, 444, 474
Bellini	469
Bergmann.	143
Bernard (Claude) . .	256, 533
Bernouilli (Daniel) . .	86, 184
Bernouilli (Jacques) . . .	184
Bernouilli (Jean) . 184, 219, 225
Berthelot . . . 144, 145, 156
Berthollet.	144
Berthoud	217
Berzélius . . . 144, 147, 151
Bevis	439
Bexen (L'abbé). . . .	173
Bichat	531
Biot	503
Black	139, 143
Blackette	83
Blanchard.	503
Blasco de Garay . . .	84
Blenkinsop	83
Bodmer	55
Bodoni	20
Boerhaave . . 414, 417, 531
Boëttger	308
Bonardo	224
Bonet (Jean)	111
Bonnet	420
Bonplan (Aimé) . . .	287
Borel	203
Borelli	224
Boucher	199
Bouillaud	224
Bouquet de La Grye . .	470
Bourgeois (de Châteaublanc) .	496
Bourseul	473
Boyle (Robert) . 75, 140, 143, 230
Boze	438
Bradley	184
Braidwood	111
Braille . . . 113, 127, 363

— 580 —

Branly	469
Bravais	420
Bréguet	217
Breit.	468
Brémont	147
Brewster	207, 208
Briggs (H.)	186
Brogniart	420
Buffon (Georges, comte de)	169
Bulwer (John)	111
Bunsen	207, 443
Burdo (Adolphe)	291
Burnet	111

C

Cabral (Pédro Alvarès)	284
Callet	186
Calmette	397
Candolle (de)	420
Carcel	496
Carlisle	443
Carrière	397
Cartier Saint-René	445
Carton (Le chanoine)	115
Cartwright	55
Caselli (L'abbé)	445
Cassini	184
Castro	111
Caus (Salomon de)	78, 80
Cavé	83
Cavendish	502
Cawley	81
Caxton	20
Celsius	228
Césalpin	526, 531
Chalmers	336
Chantemesse	397
Chanute	505, 507
Chappe	467
Charcin	397
Charcot	293
Charles	502, 503
Chavez	508
Chevreul	144, 498
Chomète	368
Claudet	23
Clesse	535
Clouet (Louis)	401
Colard Mansion	20
Colomb (Christophe)	267

Colombo (Réaldo)	526, 531
Comandon Limon	451
Coménius (Jean Amos Komensky)	240, 242
Cook (James)	285
Cook	293
Cooke	468
Copernic	174, 224, 285
Coxwell	503
Craponne (Adam de)	520
Crépin (F.)	420
Crocé-Spinelli	504
Crompton	55
Crookes	450
Cros	24
Crosnier	520
Cruikshank	443
Cugnot	82, 89
Curie (M. et Mme)	143, 147, 163
Curie (Jacques)	164
Cuvier	532

D

Daguerre	23
Daimler	90
Dallery	83, 86
Dallond	204
Dalton	194
Damien (Le Père)	549
Darwin	533
Dasypodius	216
Daubenton	173
Davaine	397
Davy (Humphry)	96, 148, 321, 443
Debierne	147
De Bruyne	557
De Genne	55
De Haldat	207
Dehesselle (Monseigneur de)	116
De Jussieu (Laurent)	417, 420
De Jussieu (Bernard)	420
Delambre	138, 140, 204
De l'Ecluse	419
Delisle	86
Demaraise	54
De Naeyer	325
De Saussure	420
Desprez	445
Dessault	532
Descartes	205, 226

— 581 —

Devaux Charbonnel	24
De Veuster (Père Damien)	549
Deveux	143
Dickens (J.)	85
Didot (Firmin)	20, 21, 23
Didot Saint-Léger	334
Diesterweg	253
Dodonée	419
Dollfus	54
Drebbel	204, 227
Dritzchen	14
Duchesne	142
Duclaux	397
Ducornet	377
Ducos	24
Ducretet	469, 474
Dufay	438
Dumas (J.-B.)	64, 320
Dumont d'Urville	287
Dundonald	497
Dunlop	88
Dupont (Pierre)	543
Dupuy de Lôme	504
Dygby	111

E

Edison (Thomas)	453, 464, 499
Egner	474
Ehrenberg (Chrétien)	288, 394
Ehrlich	398
Eldeher	461
Elkington	319
Elzevier	20
Engelmann	22
Estienne	20
Euclide	202, 207
Euler	184, 206
Evans (Olivier)	60, 82

F

Faraday	206, 444, 492
Farenheit	227
Fellenberg (E.)	238, 243
Felu	371
Fermat	180, 223
Ferrand	358
Ferrié	469
Finiguerra Maso	21
Fizeau	23, 205
Flammarion	185

Flamsteed	184
Flourens	154
Fontenelle	217, 223
Forest (Fernand)	88, 90
Forest (de)	475
Foster Ritchie	475
Foucault (Léon)	205
Foucault	130, 363, 499
Fourier	521
Fournier (Alexandre)	124
Fournier	446
Franchot	496
Franklin (Benjamin)	423, 440
Franklin (John)	291
Fresnel	206, 226
Froben	20
Frœbel	245
Froment	473
Fulton	87, 291
Fust ou Faust	15

G

Galien	207, 501, 529
Galilée	142, 183, 204, 209, 285
Galvani	321, 441
Gama (Vasco de)	284
Garay (Blasco de)	84
Garnerin	504
Gaudry	533
Gauthey (Dom)	473
Gauthier (L'abbé)	85
Gauss	468
Gavey	474
Gay-Lussac	503
Geissler	450
Geoffroy St-Hilaire (Etienne)	532
Geoffroy St-Hilaire (Isidore)	532
Gerlache (de)	293
Gersin	397
Giffard	102, 504
Gilbert	437
Gioja (Flavio)	278
Girard (Philippe de)	57, 84, 496
Girard (Jean-Grégoire)	259
Glaisher	503
Glidden	363
Goubet	87
Gourdin	116
Gramme	319, 324, 444, 485
Gregory	205

Greely	. . . . .	292
Grétry	. . . . .	347
Grey .	. . . .	438, 440
Gruet	. . . . .	217
Guéneau de Montbeillard	.	173
Guéricke (Otto de)	. .	230, 437
Guérin	. . . .	394
Guettard	. . . .	420
Guinand	. . . .	205
Gunnard	. . . .	474
Gusmao	. . . .	502
Gutenberg	. . .	11
Guthry	. . . .	154

H

Habrech	. . . .	215
Haerne (L'abbé de)	. .	115
Hall	. . . . .	62
Halley	. . .	184, 224, 278
Haller (Albert de)	. .	420, 531
Hansen	. . . .	555
Hargraeves	. . .	55
Harracks	. . . .	55
Harrisson	. . . .	218
Harvey	. . . .	525
Hauksbée	. . . .	437
Hault (Frédéric de la)	.	90
Hausen	. . . .	439
Haüy (Valentin)	. 113, 117, 123, 128
Haüy (L'abbé René Just)	.	125
Heilman (André)	. .	14
Heilman	. . . .	55
Heinicke	. . . .	111
Hèle	. . . . .	217
Heron d'Alexandrie	. .	202
Herschel	. . .	185, 205
Hertz	. . .	207, 451, 469
Highs	. . . .	55, 74
Hipparque	. . .	181
Hippocrate	. . .	530
Hooke	. . 81, 204, 224, 226
Houzeau	. . . .	43
Howe	. . . .	360, 361
Hudson	. . . .	87
Hughes	. . . .	444, 468
Huls	. . . . .	85
Humboldt (Alexandre de)	.	287, 521
Huygens	. 40, 75, 206, 216, 225

I

Ingenhousz	. . . .	420

J

Jackson (Herbert)	. . .	451
Jackson (Charles)	. .	154
Jacob-Makoy	. . .	422
Jacobi	. . . .	321
Jacquard	. . . .	45
Jansen (Zacharie)	. .	203, 204
Janssen	. . . .	185
Janvier	. . . .	218
Jeffries	. . . .	503
Jenner	. . . .	295
Jessop	. . . .	79
Jobard	. . . .	498
Jobert	. . . .	154
Jouffroy (Marquis de)	.	86

K

Keppler	. . .	187, 224, 285
Kiebitz	. . . .	469
Kirchhoff	. . . .	207
Kloproth	. . . .	147
Kobell	. . . .	323
Koch	. . . .	397
Koechlin	. . . .	54
Kolle	. . . .	397
Korn	. . . .	445
Krebs	. . . .	504
Kunckel	. . . .	143

L

Lagrange	. . .	138, 140, 184
Lalande	. . . .	186
Lamarck	. . .	420, 533
Lamb	. . . .	369
Langethal	. . . .	248
La Pérouse	. . .	286
Laplace	. . . .	185, 521
La Rive (Auguste de)	.	319, 473
Las Casas	. . .	275, 278, 566
Laserre (Barbier-Charles de)	.	129
Lasteyrie (Comte de)	. .	22
Lavigerie (Cardinal)	. .	566
Lavoisier	. . . .	133
Leblanc (Maurice)	. .	445
Lebon (Philippe)	. .	497
Lehman	. . . .	198
Leibnitz	. . .	180, 223, 225
Lénard	. . . .	451
Lenoir	. . . .	89, 323
Léopold Ier	. . .	100

Léopold II	565
Lepaute	217
L'Epée (Abbé de)	119
Lepère	521
Leroi (Gustave)	568
Le Roy (Pierre)	217
Le Sage	467
Lesseps (Ferdinand de)	513
Leupold	82
Levasseur	90
Leverrier	185
Liebig	154
Lindley	420
Linné	228, 407, 419
Lippershey	203
Lippius	216
Lippmann	24
Lister	394
Livingstone	289
Locke	240, 243
Loewenhoeck	393, 531
Luca della Roba	308
Lucas Championnière	394
Lumière	464

M

Mac Clure	291
Macquer	308
Magellan	284
Magnin	360
Maiche	474
Malpighi	420, 531
Malus	206
Malvoz	397
Mansion Colard	20
Marey	463
Marconi	469
Marc Polo (Paolo Marco)	278, 283
Marenholtz (Baronne de)	253
Margraff	143
Marillac (Louise de)	107
Marinoni	27
Mariotte (L'abbé Edme)	75, 78, 420
Martens (Thierry)	20
Martin	397
Maso Finiguerra	21
Maudsley	60
Mauly	83
Maus	523
Maxwell	206

Méchain	140
Médail	523
Melsens	440
Mercator	183
Merlin	446
Metchnikoff	398
Michaux	88
Middendorff	248
Minckelers	496
Mirbel	420
Mohl	420
Moissan	146, 444
Moitrel d'Elément	143
Monaco (Prince de)	294
Mondini di Luzzi	530
Montgolfier	502
Montaigne	240, 242
Montyon	266
Morse	444, 461, 468
Morton	154
Mouillard	505, 507
Mueseler	96, 153
Muller	394
Murdock	83, 489
Mussenbroeck	439

N

Naegli	397
Nansen	292
Nares	292
Neper ou Napier	186
Newcomen	81, 96, 101
Newton	183, 190, 206, 207, 219, 227, 285
Niebuhr	285
Nicholson	144, 151, 443
Nicole	397
Niepce	22
Nobel	167
Nocard	395
Nogier	445
Nollet (L'abbé)	439, 440
Nordenskiold	292
Normand	87
Numez de Balboa	284

O

Oberkampf	54
Œrsted	321, 444
Ortélius	184
Otto de Guéricke	230, 437

P

Paiva (Adriano de)	445
Palissy	301
Palmer	323
Panhard	90
Paolo Marco (Marc Polo)	278, 283
Papin	40, 75, 80
Paracelse	142
Parry	292
Pascal	229
Pasteur	379, 394
Pathé	451
Paucton	86
Peary	293
Penn	435
Pereire	111
Périgny (L'abbé de)	496
Perry	445
Pestalozzi	231
Picard	225
Pilâtre de Rozier	503
Planté	445
Plantin	20
Plateau	463, 533
Platon	181, 202, 283, 435
Pline l'Ancien	197, 419, 437, 501
Ponce	111
Popoff	469
Porta	22, 203
Pouillet	444
Pragneau	363
Priestley	139, 144, 420
Prince de Monaco	294
Prony	186
Ptolémée (Claude)	181, 202
Pythagore	181

Q

Quare	216
Quetelet	485, 492
Quinquet	496

R

Ramsay (W.)	143, 146, 168
Ramsden	439
Rayleigh	143, 146
Raymondi	21
Raynaud	463
Réaumur	227
Reiss	473
Remington	363
Renard	504
Rennie	86
Rennequin ou Renkin	39
Rhéticus	179
Richard-Lenoir	73
Richman	440
Riffe (Jean)	14
Rignoux	446
Riquet (Paul de)	520
Ritchie Foster	475
Robbia (Luca Della)	308
Robert	502, 503
Robert (Louis)	334
Robert (Etienne) dit Robertson	503, 504
Rodenbach	124
Roemer	184, 205
Rœntgen	447
Rogier (Charles)	100
Romas (de)	440
Romirez	111
Rose (Gustave)	228
Rossing	446
Roth (D^r)	117
Rouelle	143
Rousseau	240, 243
Roux	397
Royer	397
Rudbeck	410, 531
Ruolz (Henri de)	311
Ruhmer	446, 475
Ruhmkorff	443, 492

S

Saconnay	24
Saint Vincent de Paul	103
Salomon de Caus	78, 80
Santos Dumont	507
Sarrazin	54
Sauvage	87
Savery	80
Savino Degli Amanti	202
Scheele	139, 143
Scheffer	16
Schilling	468
Schleiden	420
Schimper	420
Schmalger	54
Schmidt	147
Scholle	218

Schultz	420
Schwartz	336
Schwilgue	216
Scott	293
Seguin (Marc)	62, 84, 98
Selligues	204, 498
Senebier	420
Sénèque	202, 283
Senefelder	22
Senlecq	445
Serpollet	89, 90
Servet (Michel)	526, 530
Shackleton	293
Sholes	363
Sicard (L'abbé)	121
Simpson	154
Sivel	504
Sivrac	88
Smith	86
Smith (Albert)	464
Snook	451
Socrate	425, 435
Soddy	168
Sommering	467
Soubeiran	154
Soulé	363
Spelterini	505
Spencer (Thomas)	321
Spring	533
Stahl	143
Stanley (John) (Rowland)	290, 567
Stas (Jean)	146
Steinheil	218, 468
Stéphan	335
Stéphenson	83, 93
Stevin (Simon)	184
Stoecklé	445
Storer	218
Sualem Renkin	39
Swammerdam	531
Sylvius	530

T

Talbot	23
Tarra (Jules)	112
Thalès	181, 437
Théophraste	197, 419
Thévart	198
Thierry-Martens	20
Thimonnier	355
Thomson	88
Tissandier	503, 504, 508
Tissot	469
Tomarkin	397
Tompion	216
Torricelli	229
Tosi	469
Tournefort	410, 416, 419
Trevithick	82, 83
Triest (Le chanoine Pierre)	114
Trouvé	445
Truffault	88
Tschiffeli	234
Tycho-Brahé	180, 182, 190, 215

V

Vallot	185
Van Beneden père et fils	533
Van Helmont	111, 143
Van Rysselberghe	477
Van Tieghem	420
Vasco de Gama	283, 284
Vaucanson	48, 51, 55
Verrazzano	87
Vésale (André)	526, 530
Vespucci (Vespuce Amérigo)	276
Vic (Henri de)	215
Vieille	146
Vinci (Léonard de)	501, 519
Virchow	397
Vivian	82
Vlacq	186
Volta	442

W

Wall	440
Wallis	111
Waren	154
Washington	435
Watt (James)	78, 81, 101
Watson	439
Wéber	468
Wehrli (J.)	243
Weiller	445
Weyler	438
Wheatstone	207, 218, 468
Willems	395
Winckler	439

Wolff	504
Wolff (Gaspard) . . .	420
Wolfius	439
Wright (Wilbur et Orville) .	506
Wright	319

Z

Zédé	87
Zeppelin (Comte de) . . .	504
Zwysen	116

TABLE DES MATIÈRES

Préface	7	Christophe Colomb		267
Gutenberg (Jean)	11	Voyages et Explorations (notice		
L'Imprimerie (notice historique)	19	historique)		281
Marinoni (Hippolyte)	27	1. Vasco de Gama		284
Renkin-Sualem	39	2. Magellan (Fernand de)		284
Jacquard (Joseph)	45	3. Cook (James)		285
Les Tissus (notice historique)	53	4. La Pérouse (Jean-François de)		286
Girard (Philippe de)	57			
Bauwens (Liévin)	67	5. Dumont d'Urville		287
Papin (Denis)	75	6. Humboldt (Alexandre de)		287
La Vapeur (notice historique)	79	7. Livingstone (David)		289
Stéphenson (Georges)	93	8. Stanley (Henry)		290
Saint Vincent de Paul	103	9. Clure (Mac)		291
Les Sourds-Muets et les Aveugles (notice historique)	111	10. Franklin (John)		291
		11. Parry		292
a) L'abbé Jules Tarra	112	12. Nares		292
b) Le chanoine Pierre Triest	114	13. Greely		292
c) Le chanoine Charles Carton	115	14. Abruzzes (Duc des)		292
		15. Nordenskiold (Adolphe-Eric)		292
d) L'abbé de Haerne	115			
e) Achille Gourdin	116	16. Nansen (Fridtjof)		292
L'Epée (Charles, abbé de)	119	17. Gerlache (Adrien de)		293
Haüy (Valentin)	123	18. Charcot (Jean)		293
Braille (Louis)	127	19. Shackleton		293
Lavoisier (Antoine-Laurent)	133	20. Peary		293
La Chimie (notice historique)	141	21. Cook		293
Davy (Humphry)	149	22. Amundsen		293
Berthelot (Marcelin)	157	23. Scott		293
Curie (Pierre)	163	Jenner (Edouard)		295
Buffon (Georges, comte de)	169	Palissy (Bernard)		301
Copernic (Nicolas)	175	La Céramique (notice histor.)		307
L'Astronomie (notice histor.)	181	Ruolz (Henri de)		311
Keppler (Jean)	187	La Galvanoplastie (notice historique)		321
Le Verre (notice historique)	197			
L'Optique (notice historique)	201	De Naeyer (Louis)		325
Galilée	209	Le Papier (notice historique)		333
L'Horlogerie (notice historique)	215	Beethoven (Ludwig von)		337
Newton (Isaac)	219	Grétry (Modeste)		347
Le Thermomètre et le Baromètre (notice historique)	227	Thimonnier (Barthélemy)		355
		Les Instruments de couture (notice historique)		365
Pestalozzi (Henri)	231			
Frœbel (Frédéric)	245	Felu (Charles)		371
Girard (Jean-Grégoire)	259	Pasteur (Louis)		379

La Bactériologie (notice histor.)	393	L'Éclairage (notice historique).		495
Clouet (Louis)	401	L'Aérostation, l'Aviation (notice		
Linné (Charles). . . .	407	historique)		501
La Botanique (notice histor.) .	419	Lesseps (Ferdinand de) . .		513
Franklin (Benjamin) . . .	423	Les Canaux et les Tunnels (no-		
L'Électricité (notice histor.) .	437	tice historique . . .		519
Rœntgen (Wilhelm) . . .	447	Harvey (Guillaume) . . .		525
Edison (Thomas) . . .	453	L'Anatomie et la Physiologie .		529
Le Cinématographe (notice his-		Clesse (Antoine) . . .		535
torique)	463	Dupont (Pierre)		543
Le Télégraphe (notice histor.).	467	Damien (Le Père) (Joseph De		
Le Téléphone (notice histor) .	473	Veuster)		549
Van Rysselberghe (François) .	477	De Bruyne (Henri) . . .		557
Gramme (Zénobe) . . .	485	Le Congo (notice historique) .		565

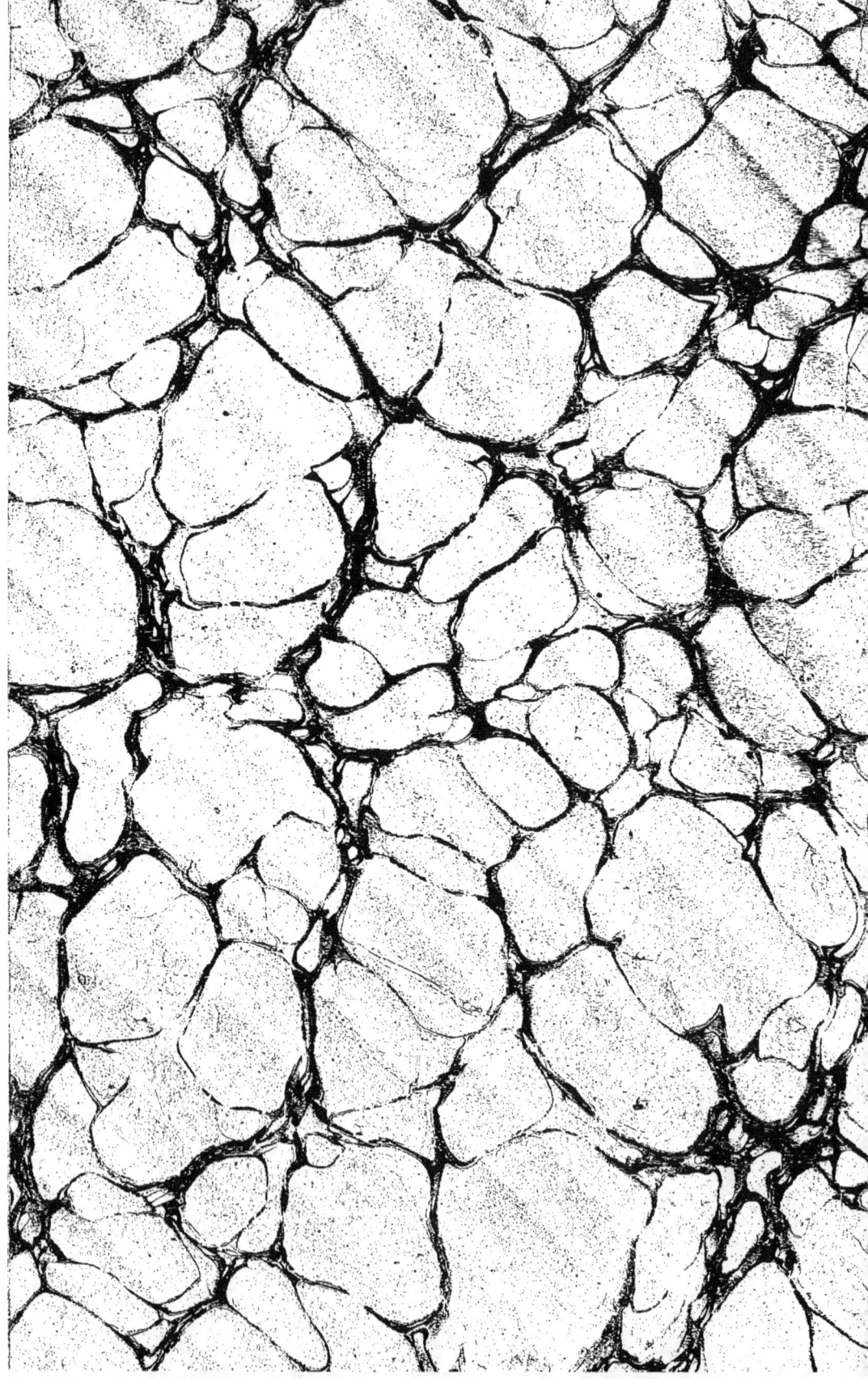

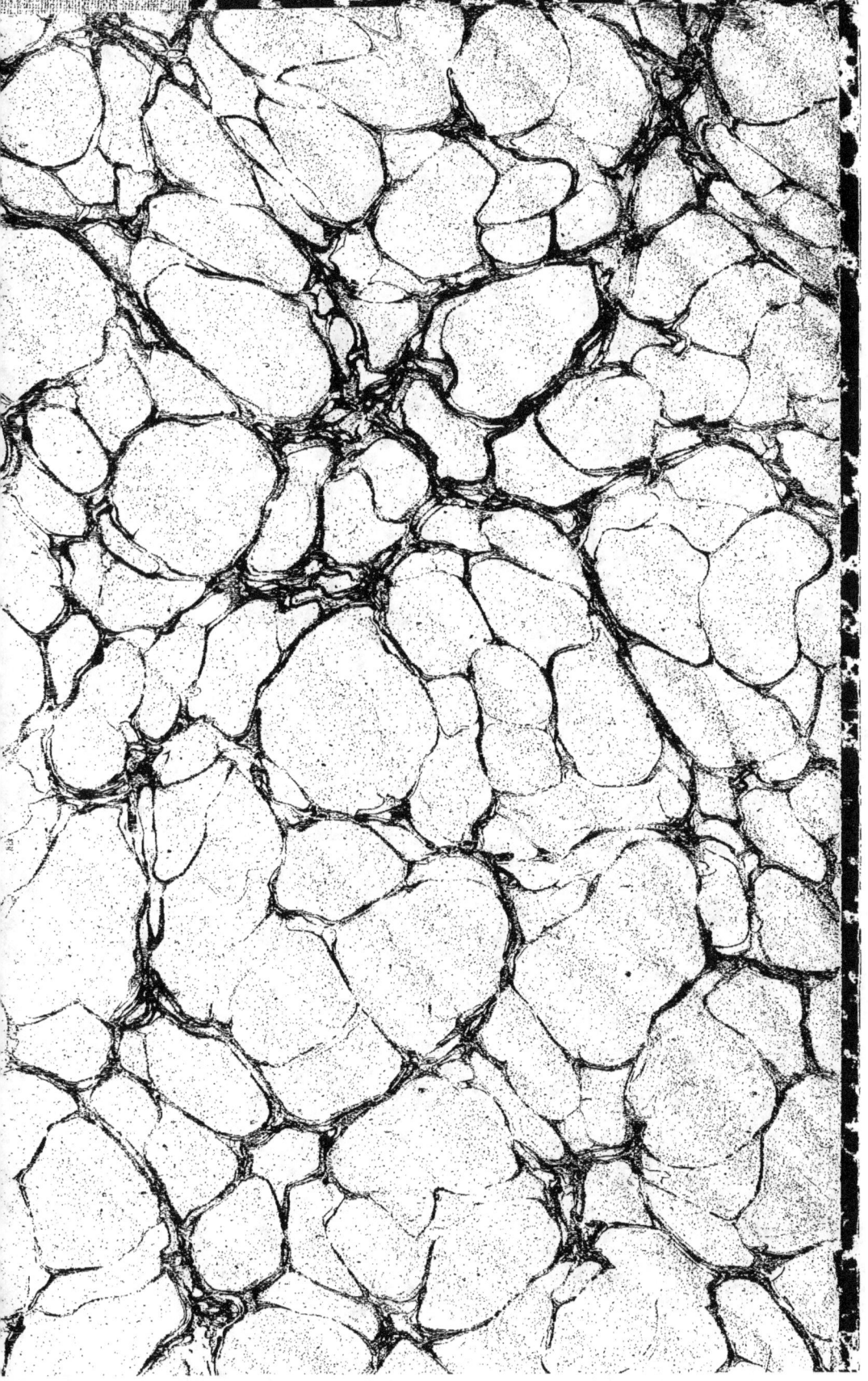

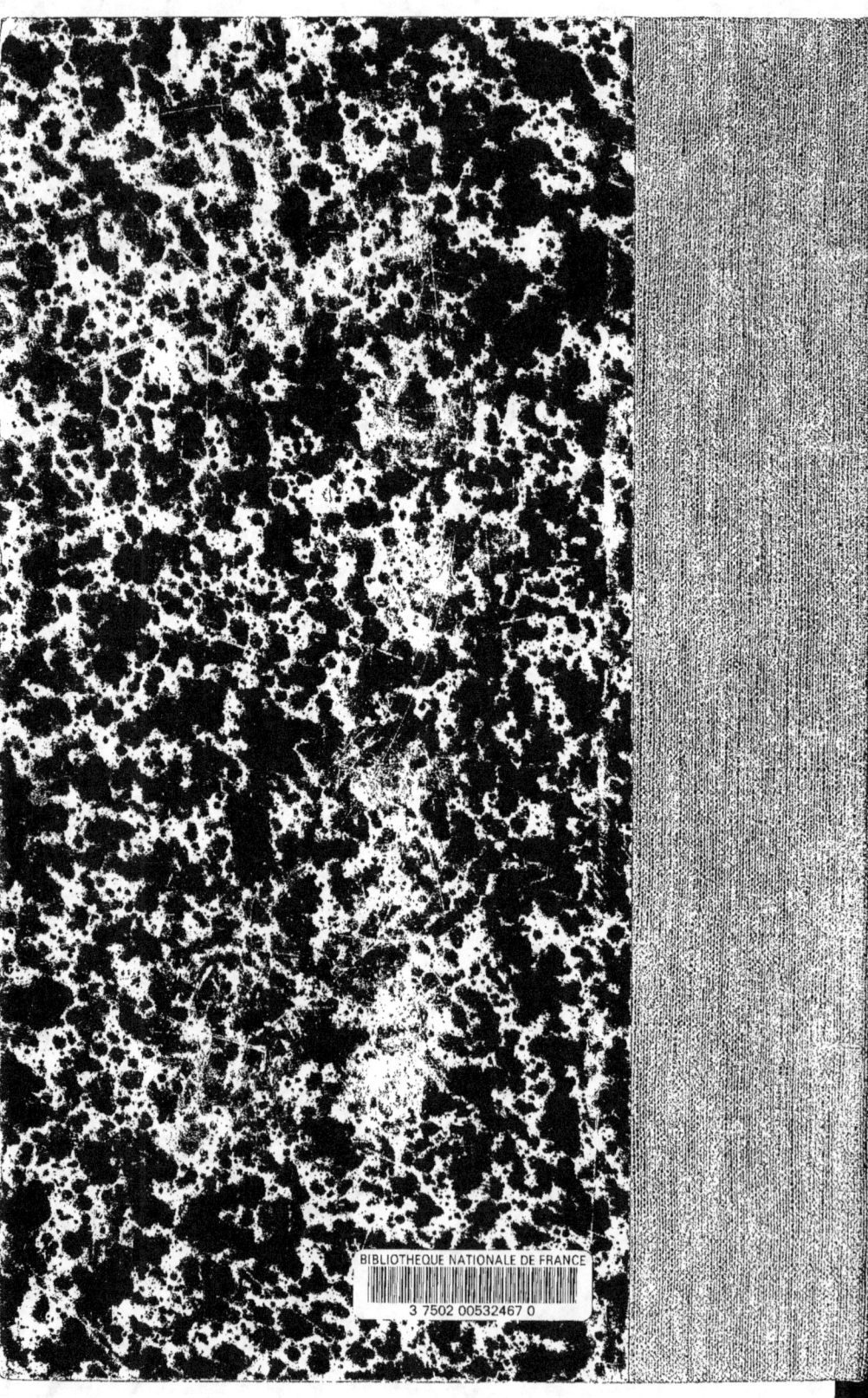

www.ingramcontent.com/pod-product-compliance
Lightning Source LLC
Chambersburg PA
CBHW070642240426
43663CB00048B/1611